Schriftenreihe zum internationalen Einheitsrecht und zur Rechtsvergleichung

Band 29

ISSN 1866-6701

Verlag Dr. Kovač

Angelique Weikum-Groß

Public Private Partnership
in der Russischen Föderation

Bestandsanalyse und Rechtsvergleich
zum deutschen Recht

Verlag Dr. Kovač

Hamburg
2013

VERLAG DR. KOVAČ GMBH
FACHVERLAG FÜR WISSENSCHAFTLICHE LITERATUR

Leverkusenstr. 13 · 22761 Hamburg · Tel. 040 - 39 88 80-0 · Fax 040 - 39 88 80-55

E-Mail info@verlagdrkovac.de · Internet www.verlagdrkovac.de

Bibliografische Information der Deutschen Nationalbibliothek
Die Deutsche Nationalbibliothek verzeichnet diese Publikation
in der Deutschen Nationalbibliografie;
detaillierte bibliografische Daten sind im Internet
über http://dnb.d-nb.de abrufbar.

ISSN: 1866-6701
ISBN: 978-3-8300-6544-9

Zugl.: Dissertation, Humboldt-Universität zu Berlin (HUB), 2012

© VERLAG DR. KOVAČ GmbH, Hamburg 2013

Vorwort

Die vorliegende Arbeit wurde im Wintersemester 2011/2012 an der Juristischen Fakultät der Humboldt-Universität zu Berlin als Dissertation angenommen. Die Arbeit behandelt Fragen des russischen öffentlichen Wirtschaftrechts.

Aufrichtigen Dank schulde ich meinem Doktorvater Prof. Dr. Alexander Blankenagel für die Anregung zu dieser Arbeit, die vielen konstruktiven Hinweise, die jederzeitige Bereitschaft Teile der Arbeit kritisch zu lesen sowie die außerordentliche Unterstützung bei allen organisatorischen Fragen. Prof. Dr. Rosemarie Will danke ich für die Betreuung als Zweitgutachterin.

Diese Arbeit wäre nicht entstanden ohne die Einladung und die großzügige Gestaltung des promotionsbegleitenden Auslandsaufenthalts durch Herrn Michael Schwarz und Herrn Innokentij Ivanov. Allen ehemaligen Kollegen in Moskau und den Referendariatsstationen, die mir den ersten Einblick in das Vergaberecht und die Teilhabe an ihrem wertvollen Wissen ermöglichten, möchte ich an dieser Stelle herzlich danken.

Meinen Freunden gilt mein ganz besonderer Dank. Vor allem meine Freunde in Russland haben mir bei der Recherche für diese Arbeit mit viel Engagement zur Seite gestanden.

Herzlich danken möchte ich ferner meinem Mann Sergej Weikum für den großartigen Einblick hinter die Kulissen des russischen Wirtschaftssystems und seine stets aufmunternden Worte und Taten. Nicht zuletzt danke ich meiner Mutter Ludmilla Groß für die erste Berührung mit dem russischen Recht und die großzügige, uneingeschränkte Unterstützung.

Berlin, März 2012   *Angelique Weikum-Groß*

5

Inhalt

Abkürzungsverzeichnis

ABMG	Gesetz über die Erhebung von streckenbezogenen Gebühren für die Benutzung von Bundesautobahnen mit schweren Nutzfahrzeugen (Autobahnmautgesetz)
AD	Autobahndreieck
AK	Autobahnkreuz
AS	Autobahnanschlussstelle
AU	Ausschreibungsunterlagen
BauO Bln	Bauordnung Berlin
BayVBl	Bayerisches Verwaltungsblatt
BDI	Bundesverband der Deutschen Industrie
BGB	Bürgerliches Gesetzbuch
BGBl.	Bundesgesetzblatt
BGHZ	Entscheidungssammlung des Bundesgerichtshofs
BMBF	Bundesministerium für Bildung und Forschung
BMVBS	Bundesministerium für Verkehr, Bau und Stadtentwicklung
BodenGB	russisches Bodengesetzbuch
BOOT	PPP-Modell nach dem Muster *Build Own Operate Transfer*
BOT	PPP-Modell nach dem Muster *Build Operate Transfer*
BVerwGE	Entscheidungssammlung des Bundesverwaltungsgerichts
DBFOT	PPP-Modell nach dem Muster *Desing Build Finance Operate Transfer*
Difu	Deutsches Institut für Urbanistik
DÖV	Die Öffentliche Verwaltung
EBRD	*European Bank of Reconstruction and Development*

EGBGB	Einführungsgesetz zum Bürgerlichen Gesetzbuch
EGRJUL	Einheitliches staatliches Register juristischer Personen
EGRP	Einheitliches staatliches Register der Rechte an unbeweglichem Vermögen und darauf bezogenen Rechtsgeschäfte
EIB	*European Investment Bank*
EisenbahnG	russisches Eisenbahnverkehrsgesetz
ErbbauVO	Verordnung über das Erbbaurecht
ErinnereGB	russisches Gesetz über das Erdinnere
EUWID	Europäischer Wirtschaftsdienst
EWG	Europäische Wirtschaftsgemeinschaft
FAIP	Föderales zweckgebundenes Investitionsprogramm, russ.: *Federal'naâ adresnaâ investicionnaâ programma*
FAS	Föderaler Antimonopoldienst der RF, russ.: *Federal'naâ antimonopol'naâ služba Rossijskoj Federacii*
FB	Föderaler Bezirk
ForstGB	russisches Forstgesetzbuch
FPG	Finanz-Industrielle Gruppen, russ.: *finansovopromyšlennye gruppy*
FSB	Föderaler Sicherheitsdienst, russ.: *Federalna služba bezopasnosti*
FStrPrivFinG	Fernstraßenprivatfinanzierungsgesetz
FWZ	Freie Wirtschaftszonen
FZ	Föderales Gesetz
FZP	Föderales Zielrogramm, russ.: *Federal'naâ celevaâ programma*
GČP	staatlich-private Partnerschaft, russ.: *gosudarstvenno-častnoe partnërstvo*
GG	Grundgesetz der Bundesrepublik Deutschland
GÖW	Gesellschaft für öffentliche Wirtschaft
GUP	Staatliches Unitärunternehmen, russ.:

	gosudarstvennoe unitarnoe predpriâtie
GUS	Gemeinschaft Unabhängiger Staaten
GWB	Gesetz gegen Wettbewerbsbeschränkungen
HIK RF	Handels- und Industriekammer der Russischen Föderation
IHK	Industrie- und Handelskammer
ISO 9	Norm für Transliteration kyrillischer in lateinische Zeichen
KfW	Kreditanstalt für Wiederaufbau
KonzG	russisches Konzessionsgesetz
KOT	komplexe Flächenerschließung, russ.: *kompleksnoe osvoenie territorij*
KPdSU	Kommunistische Partei der Sowjetunion
M1	Teilstrecke der Verkehrsstraße M-1 „Belarus" Moskau-Minsk, Odincovo
M10	Teilstrecke der Verkehrsverbindung Moskau – St. Petersburg
Minèkonomrazvitiâ	Ministerium für wirtschaftliche Entwicklung der RF
Minfin	Ministerium für Finanzen der RF
Minkultury	Kultusministerium der RF
Minobrazovaniâ	Bildungsministerium der RF
Minprom	Industrieministerium der RF
Minregion	Ministerium für Entwicklung der Regionen der RF
Mintopènergo	Energieministerium der RF
Mintrans	Verkehrsministerium der RF
MKAD	Moskauer Ringautobahn, russ.: *Moskovskaâ kol'cevaâ avtomobil'naâ doroga*
MROT	Gesetzlicher Mindesttagessatz, russ.: *minimal'nyj razmer oplaty truda*
MSZ 3	Müllverbrennungsanlage Nr. 3, russ.: *musorošžigatel'nyj zavod Nr. 3*
MUP	Munizipales Unitärunternehmen, russ.: *municipal'noe unitarnoe predpriâtie*

11

MVK	Geheimschutzkommission, russ.: *Mežvedomstvennaâ kommisiâ po zaŝite gosudarstvennoj tajny*
Nadex	Schwebebahn *Nadzemnyj Èkspress*, St. Petersburg
NatMonopolG	russisches Gesetz über natürliche Monopole
NÈP	Neue Wirtschaftspolitik, russ.: *Novaâ èkonomičeskaâ politika*
NJW	Neue Juristische Wochenschrift
NWVBl	Nordrhein-Wesfälische Verwaltungsblätter
NZBau	Neue Zeitschrift für Baurecht
OAO	offene Aktiengesellschaft nach russischem Recht, russ.: *otkrytoe akcionernoe obŝestvo*
OECD	Organisation für wirtschaftliche Zusammenarbeit und Entwicklung
OOO	Gesellschaft mit beschränkter Haftung nach russischem Recht, russ.: *obŝestvo s ograničennoj otvetstvennost'û*
ÖPP-Beschleunigungsgesetz	Gesetz zur Beschleunigung der Umsetzung von Öffentlich Privaten Partnerschaften und zur Verbesserung gesetzlicher Rahmenbedingungen der Öffentlich Privaten Partnerschaften
OT	Orlovskij-Tunnel unter der Newa, St. Petersburg
PFI	*Private Finance Initiative*
PPP	*Public Private Partnership*
PPP-G St. Petersburg	russisches Gesetz über *Public Private Partnerships* der Stadt St. Petersburg
PrivatisierungsG	russisches Privatisierungsgesetz
PSA	*Production Sharing Agreements*
PSA-G	russisches Gesetz über *Production Sharing Agreements*
PSC	*Public Sector Comparator*
PSP	*Private Sector Participation*
RIW	Recht der internationalen Wirtschaft
Rosavtodor	Russische Straßenverkehrsbehörde, russ.: *Rossijskie avtomobil'nye dorogi (Rosavtodor)*

Rosstroj	föderale Agentur für Bau, Wohn- und Kommunalwesen, russ.: *Federal'noe agentstvo po stroitel'stvu i žilisno-kommunal'nomu hozâjstvu*
Rostehnadzor	Föderaler Dienst für Umwelt-, Technik- und Atomaufsicht, russ.: *Federal'naâ služba po èkologičeskomu, tehnologičeskomu i atomnomu nadzoru.*
RSFSR	Russische Sozialistische Föderative Sowjetrepublik
RSPP	Russische Union der Industriellen und Unternehmer, russ.: *Rossijskij soûz promyšlennikov i predprinimatelej*
RŽD	offene Aktiengesellschaft Russische Eisenbahn, russ.: *OAO Rossijskie železnie dorogi*
SelbstVwG	russisches Selbstverwaltungsgesetz
SRP	Produktionsteilungsvereinbarungen, russ.: *soglasenâ o razdele produkcii*
StädtebauGB	russisches Städtebaugesetzbuch
SWTP	*Southwest Wastewater Treatment Plant*
SWZ	Sonderwirtschaftszonen, russ.: *Osobye èkomoničeskie zony*
SWZ-G	russisches Gesetz über Sonderwirtschaftszonen der RF
UdSSR	Union der Sozialistischen Sowjetrepubliken
UK	Verwaltungsgesellschaft, russ.: *upravlâûsaâ kompaniâ*
VAS	Oberstes Wirtschaftsgericht, russ.: *Federal'nyj arbitražnyj sud*
VerfRF	Verfassung der Russischen Föderation
VergabeG	russisches Vergabegesetz
VergabeR	Zeitschrift für das gesamte Vergaberecht
VerkehrsStrG	russisches Verkehrsstraßengesetz
VerwArch	Verwaltungsarchiv
VgV	Verordnung über die Vergabe öffentlicher Aufträge (Vergabeverordnung)

13

VIFG	Verkehrsinfrastrukturfinanzierungsgesellschaft
VK	Vergabekammer
Vnešèkonombank	Staatskorporation Bank für Entwicklung und au-ßenwirtschaftliche Tätigkeit der RF, russ.: *Bank pazvitiâ i vnešneèkonomičeskoj deâtel'nosti*
VOB/A	Teil A der Vergabe- und Vertragsordnung für Bau-leistungen
VOB/B	Teil B der Vergabe- und Vertragsordnung für Bau-leistungen
VOF	Verdingungsordnung für freiberufliche Leistungen
VOL/A	Teil A der Vergabe- und Vertragsordnung für Leistungen
VOL/B	Teil B der Vergabe- und Vertragsordnung für Leistungen
VÜA Bund	Vergabeüberwachungsausschuss des Bundes
VwVfG	Verwaltungsverfahrensgesetz
WasserGB	russisches Wassergesetzbuch
WHSD	Verkehrsstraße *Western Highspeed Diameter*, St. Petersburg
WiRO	Wirtschaft und Recht in Osteuropa
ZAO	geschlossene Aktiengesellschaft nach russischen Recht, russ.: *zakrytoe akcionernoe obŝestvo*
ZfBR	Zeitschrift für deutsches und internationales Bau-recht
ZfIR	Zeitschrift für Immobilienrecht
zfo	Zeitschrift Führung Organisation
ZGB	Zivilgesetzbuch der RF
ZKAD	Ringautobahn im Moskauer Gebiet
ZRP	Zeitschrift für Rechtspolitik

Tabellen- und Abbildungsverzeichnis

Einleitung

Im Zuge des rasanten Wirtschaftswachstums in der Russischen Föderation (RF) seit Beginn des letzten Jahrzehnts wurde die Entwicklung der maroden russischen Infrastruktur zunehmend zum strategischen Ziel der russischen Wirtschaftspolitik. Die russische Wirtschaft leidet an starker Abhängigkeit vom Rohstoffexport und bedarf tiefgreifender Strukturreformen.[1] Für ein nachhaltiges Wirtschaftswachstum sind hohe, langfristige Investitionen in die Instandhaltung, Erweiterung und Modernisierung der Infrastruktur notwendig, die in der RF – wie in den meisten ehemaligen Sowjetrepubliken – bisher dramatisch gering und ineffektiv waren. Von großer Bedeutung sind für postkommunistische Volkswirtschaften vor allem Investitionen aus dem Ausland, welche neben der Beschaffung von Kapital den Zugang zum Know-how der ausländischen Wirtschaftsteilnehmer ermöglichen. Seit Russland von der weltweiten Finanz- und Wirtschaftskrise so hart wie keines der BRIC-Staaten getroffen wurde und der russische Staatshaushalt im Jahr 2009 erstmals seit vielen Jahren ein Defizit aufwies, wurde die Verbesserung des Investitionsklimas im Land unumgänglich.[2] Die Modernisierungs- und Diversifizierungsrhetorik von Präsident Medwedew und Ministerpräsidant Putin ist Ausfluss dieser Entwicklung.[3] Gleichzeitig führte die Stärkung der staatlichen Wirtschaftslenkungsfunktion in der Vergangenheit allmählig zur Systematisierung der Infrastruktur- und Wirtschaftsförderung. Die wirtschaftspolitische Herausforderung besteht für die russische Regierung also darin, private – insbesondere ausländische[4] – Investitionen in die postkommunistische Volkswirtschaft einzubinden, während der russische Markt ungeachtet seines großen Umfangs und der Menge vorhandener Ressourcen aufgrund unzureichender rechts- und wirtschaftspolitischer Stabilität für ausländische Investoren nach wie vor Anlass zur Vorsicht bietet.

---

[1] So zuletzt die russische Ministerin für wirtschaftliche Entwicklung *Elvira Nabiullina*, in: Business Guide Deutschland Russland, S. 16.

[2] Vgl. *Hosp*, in: FAZ vom 19. Juli 2011, S. 9.

[3] So zuletzt Ministerpräsident *Wladimir Putin* in Novomoskovsk, Tula-Gebiet, am 14. September 2009 und BDI-Präsident *Hans-Peter Keitel,* Business Guide Deutschland Russland, S. 30.

[4] So auch *Nabiullina*, in: Business Guide Deutschland Russland, S. 16.

Bei der Gestaltung der Zusammenarbeit des Staates mit dem privaten Investor bieten sich verschiedene Möglichkeiten. Eine Kombination aus Flexibilisierung der öffentlichen Aufgabenerfüllung und Effizienzsteigerung bei der Durchführung komplexer, langwieriger Projekte durch Einbindung privaten Kapitals sowie technischen und betriebswirtschaftlichen Know-hows des Privaten unter gleichzeitiger Beibehaltung von Steuerungs- und Kontrollmöglichkeiten der öffentlichen Hand auf die Art und Qualität der Leistungserbringung verspricht das Konzept der staatlich-privaten Partnerschaft, der sog. *Public Private Partnership* (PPP).[5] In den vergangenen Jahrzehnten wurden in vielen Ländern umfassende Rechtsrahmen für die Beschaffung von privaten Investitionen mit Hilfe von PPP geschaffen – von der *Public Private Initiative*-Initiative in Großbritannien über PPP in Mitteleuropa bis hin zu Südamerika und Südostasien.[6] Seit 2004 hat das Konzept auch in die russische Diskussion Eingang gefunden und unter verstärkter Förderung durch die russische Regierung fortentwickelt. Den ersten Anstoß gab dem PPP-Diskurs in Russland das G8-Gipfeltreffen in Evian Anfang Juni 2003, auf dem u.a. die Absicht der Regierungen der teilnehmenden Staaten zur Förderung von PPP geäußert wurde.[7] *Gosudarstvenno-častnoe partnërstvo* (GČP)[8] – der russische Begriff für PPP – wurde erstmals im Jahre 2004 von Ministerpräsident *Michail Fradkov* mit dem erklärten Ziel in die Diskussion einge-

---

[5] Vgl. dazu exemplarisch *Dreher*, NZBau 2002, 246; *Eichhorn*, in: *Budäus/Eichhorn*, Public Private Partnership, Neue Formen öffentlicher Aufgabenerfüllung, S. 199; *Fabian/Farle*, DStR 2004, 929; *Tettinger*, NWVBl 2005, 1. Der englische Begriff *Public Private Partnership* (PPP) ist wörtlich als öffentlich-private Partnerschaft zu übersetzen. Jedoch meint PPP keine Partnerschaft des privaten Sektors mit der Öffentlichkeit, sondern die Partnerschaft mit dem Staat. Damit müsste auch PPP konsequenterweise als staatlich-private und nicht als öffentlich-private Partnerschaft übersetzt werden. Im deutschen Raum hat sich jedoch die Bezeichnung Öffentlich-private Partnerschaft (ÖPP) weitgehend durchgesetzt. Schließlich hat sich auch der deutsche Gesetzgeber mit der Verabschiedung des ÖPP-BeschleunigungsG für diese Bezeichnung entschieden. M.E. ist dem Begriff der staatlich-privaten Partnerschaft der Vorzug zu geben, so dass im Rahmen dieser Arbeit auch weiterhin von staatlich-privater Partnerschaft die Rede sein wird.
[6] S. exemplarisch für China *Li*, Das Experiment von Public Private Partnerships in China: Theorie - Praxis - Problem - Perspektive, Diss.
[7] Die Ergebnisse in russischer Sprache sind abrufbar unter: http://www.kremlin.ru/events/articles/2003/06/46645/156658.shtml. Alle Verweise auf Internetfundstellen und -adressen befinden sich auf dem Abrufstand von Juni 2011.
[8] Staatlich-private Partnerschaft, russ.: *GČP (gosudarstvenno-častnoe partnërstvo)*. Aufgrund der wörtlichen Übersetzung des russischen Begriffes *gosudarstvenno-častnoe partnërstvo* (GČP) als staatlich-private Partnerschaft liegt es nahe im Folgenden diese Bezeichnung zu verwenden. Um Verwechselungen vorzubeugen wird jedoch im Hinblick auf das russische PPP-Verständnis der Begriff GČP beibehalten.

bracht[9], eine verlässliche Grundlage für private Investitionen zu schaffen[10]. Auf einer Veranstaltung der Russischen Union der Industriellen und Unternehmer (RSPP)[11] am 16. November 2004 führte Präsident *Putin* aus, dass staatlich-private Partnerschaften den strategischen Interessen Russlands dienen könne.[12] Auch in den folgenden Jahren wies Präsident *Putin* wiederholt auf die Bedeutung des Instruments der Konzessionsvereinbarungen für die russische Wirtschaft hin.[13]

Doch hinkte die Umsetzung der PPP-Diskussion in die Praxis politischen Absichtserklärungen hinterher. Die ein Jahrzehnt andauernde Verabschiedung des Konzessionsgesetzes war ohne Beispiel in der russischen Gesetzgebungsgeschichte. Dennoch war in den letzten Jahren eine dynamische Entwicklung auf diesem Gebiet zu verzeichnen. Mit dem im Jahr 2005 schließlich verabschiedeten Gesetz über Konzessionsvereinbarungen (KonzG)[14] sowie der Erstellung von Standardkonzessionsvereinbarungen für verschiedene Arten von Infrastrukturobjekten wurde eine sonderrechtliche Grundlage für diese Form der staatlich-privaten Zusammenarbeit geschaffen. Das Gesetz über sog. *Production Sharing Agreements* (PSA-G)[15] existiert bereits seit dem Jahr 1995. Daneben haben die Föderationssubjekte der RF ihrerseits die Möglichkeit, eigene Rechtsgrundlagen für den Einsatz von GČP zu erlassen. So nahm etwa die Stadt St. Petersburg diese Möglichkeit im Jahre 2005 durch die Verabschiedung eines eigenen PPP-Gesetzes in Anspruch und belegt inzwischen mit vier Megaprojekten in der Baubranche den ersten Platz unter den PPP-aktiven Regionen. Gleichzeitig ging die russische Regierung auf internationaler Ebene Kooperationen auf dem Gebiet der PPP-Zusammenarbeit ein. Auf der Internationalen Konferenz des Ministeriums für Bildung und Wissenschaft der RF (*Minobrazovaniâ*) und der Organisation für wirtschaftliche Zusammenarbeit und Entwicklung (OECD)

---

[9] Vgl. *Kornyševa*, Kommersant vom 8. Oktober 2004 und *Smirnov*, Kommersant vom 7. Oktober 2004.

[10] Vgl. *Kuznezova/Zareckaâ*, in: *Sil'vestrov*, Staatlich-private Partnerschaft (russ.), S. 214.

[11] Russ.: *Rossijskij Soûz Predprinimatelej i Promyšlennikov.*

[12] Zit. nach *Varnavskij*, Konzessionen in der Transportinfrastruktur (russ.), S. 7.

[13] So *Putin* in der Rede auf dem Deutsch-Russischen Wirtschaftsforum in Tomsk am 27. April 2006, abrufbar unter: http://www.kremlin.ru/appears/2006/04/27/1458_type63376type63377_105087.shtml, sowie in der Rede zur Lage der Nation, abrufbar unter: http://www.kremlin.ru/text/appears/2006/05/105546.shtml.

[14] S. das föderale Gesetz über Konzessionsvereinbarungen (KonzG) vom 21. Juli 2005, Nr. 115-FZ, russ.: *O koncessionnyh soglašeniâh.*

[15] S. das föderale Gesetz über Vereinbarungen zur Teilung der Produktion vom 30. Dezember 1995, Nr. 225-FZ, russ.: *O soglašeniâh o razdele produkcii.*

im Dezember 2004 wurde eine detaillierte Strategie für die Entwicklung von PPP im Bereich der Innovationen ausgearbeitet.[16] Viele Regierungsprogramme und Gesetzgebungsakte enthalten Vorgaben in Bezug auf die Förderung von PPP. Ein Großteil der im Rahmen der Verkehrsstrategie 2010[17] beschlossenen Investitionen in die Verbesserung der Infrastruktur soll nach dem Willen der russischen Regierung in Form von PPP erfolgen.

Neben der Beteiligung der *Vnešèkonombank*[18] an der Finanzierung von PPP-Projekten entstand Ende 2005 der Investitionsfonds der RF[19], der Infrastruktur- und Innovationsprojekte – u.a. auch in Form von PPP – finanzieren soll. Im Juni 2007 beschlossen das russische Wirtschaftsministerium (*Minèkonomrazvitiâ*) und die *European Bank for Reconstruction and Development* (EBRD) ihre Zusammenarbeit auf diesem Gebiet. Ein weiterer Schritt war die Festlegung einzelner Vorhaben als offizielle PPP-Pilotprojekte durch die russische Regierung und deren aktive Förderung in der Folgezeit. Einige Projekte wurden in den letzten Jahren bereits erfolgreich ausgeschrieben bzw. vergeben. So soll bspw. der Hochgeschwindigkeitsring *Western High Speed Diameter (WHSD)*[20] westlich des Stadtzentrums von St. Petersburg als mautfinanziertes privatbetriebenes Bauwerk die Regionen im Norden und Süden der Stadt verbinden und den Hafen an das regionale Straßennetz anschließen. Das gewaltige Gesamtvolumen des Projekts beträgt rd. 5,7 Mrd. EUR, während das größte Projekt auf demselben Sektor in Deutschland – der Bau eines Teilabschnitts der Bundesautobahn A1 zwischen Hamburg und Bremen – bei rd. 1 Mrd. EUR liegt.

Die im Jahr 2008 ausgebrochene Finanz- und Wirtschaftskrise hatte globale Auswirkungen und ihre Folgen sind schwer abschätzbar. Obgleich sich Russland im Jahre 2008 angesichts besserer Kapitalisierung, strengerer Regulierung sowie drittgrößter Fremdwährungsreserven der Welt in einer weit besseren Situation als 1998 befand, wurde die russische Wirtschaft aufgrund der starken Abhän-

---

[16] S. die Ergebnisse der Internationalen Konferenz das Minobrazovaniâ und der OECD vom 16.-17. Dezember 2004, abrufbar unter: http://www.ipr.inage.ru/ppp/results.ru.html.
[17] S. die Anordnung der Regierung der RF über die Modernisierung des Verkehrssystems Russlands vom 18. Dezember 2006, Nr. 1761-r, russ.: *Modernizaciâ transportnoj sistemy Rossii (2010-2015 gody)*.
[18] Russ.: *gosudarstvennaâ korporaciâ "Bank razvitiâ i vnešneèkonomičeskoj deâtel'nosti (Vnešèkonombank)"*.
[19] Russ.: *Investicionnyj fond Rossijskoj Federacii*. Die Homepage des Fonds ist abrufbar unter: http://archive.minregion.ru/WorkItems/ListNews.aspx?PageID=373.
[20] Russ.: *Zapadnyj skorostnoj diametr*.

gigkeit von der weltweiten Erdölnachfrage im Zuge der Krise stark in Mitleidenschaft gezogen. Das Investitionsklima verschlechterte sich rasant. Der Kapitalabfluss aus Russland im privaten Sektor hat im Jahr 2008 rd. 129,9 Mrd. USD (davon allein im Dezember 2008 rd. 50 Mrd. USD) betragen. Der russische Haushalt wies 2009 erstmals seit zehn Jahren ein Defizit von voraussichtlich rd. 1,5 bis 2 Mrd. RUB auf. Für das Jahr 2010 wurde ein föderales Haushaltsdefizit von rd. 2.937 Mrd. RUB erwartet, welches vor allem aus Mitteln des Reservefonds und des Nationalen Wohlfahrtsfonds gedeckt werden sollte.[21] Gleichzeitig wurden in Fachkreisen dramatische Veränderungen der russischen Bankenlandschaft erwartet. Die Kluft zwischen großen – meist staatlich kontrollierten – Banken und kleinen Banken werde wachsen, so dass letztere weniger wettbewerbsfähig werden. Im Angesicht der Krise bestreitete das Verkehrsministerium der RF (*Mintrans*) Anfang des Jahres mögliche negative Auswirkungen auf die laufenden Infrastrukturprojekte.[22] Doch schon am 23. Januar 2009 erklärte der Vize-Bürgermeister von St. Petersburg *Alexander Vahmistrov* auf einer Pressekonferenz in St. Petersburg, dass aufgrund der Finanzkrise und der damit verbundenen Budgetkürzungen die in Vorbereitung stehenden Projekte vorläufig gestoppt und die Fristen für bereits laufenden Projekte verschoben werden sollten. Mit Gewissheit kann behauptet werden, dass die Krise PPP-Projekte in Russland verlangsamt hat. Doch selbst unter schwierigen Bedingungen schien der Fachdiskurs nicht gänzlich zu verstummen.[23] Die russische Regierung betonte in dem Zusammenhang wiederholt, dass PPP-Hindernisse im Zuge der Finanzkrise auf Seiten der privaten Wirtschaft und nicht der russischen Regierung entstanden seien.[24]

Ausgehend von einer detaillierten Bestandsaufnahme der bisherigen russischen PPP-Projekte sollen im Rahmen der folgenden Arbeit die PPP-Rahmenbedingungen in der RF untersucht werden. Dabei geht der Blick über das Sonderrecht der Konzessionsvereinbarungen und der PSA hinaus und reicht bis in die an-

---

[21] Vgl. Angaben des Instituts für Ostrecht München, Chronik der Rechtsentwicklung Dezember 2009, 01/10, S. 2.

[22] Vgl. *Ekimovskij*, Kommersant vom 4. Februar 2009.

[23] Die erste PPP-Konferenz fand am 3.-4. März 2005 in Moskau statt. Doch auch im Herbst 2008 wurden allein in Moskau drei Konferenzen zum Thema PPP durchgeführt; darunter die Konferenz *Public Private Partnership in Russia Strategic Management Forum* am 5. September 2008. Anfang 2009 fand eine Reihe von Runden Tischen statt, die Änderungen der bestehenden Gesetzgebung beraten haben. Am 8. Juli 2010 initiierte schließlich auch die IHK Frankfurt Main eine Konferenz zum Thema „Der russische Markt für PPP-Projekte".

[24] So zuletzt *Putin* in Novomoskovsk, Tula-Gebiet, am 14. September 2009.

grenzenden Rechtsgebiete des öffentlichen und privaten Wirtschaftsrechts. Um das Untersuchungsthema einzugrenzen, war eine Akzentsetzung erforderlich. Zum Einen wurde der Schwerpunkt der Untersuchung auf den Bereich der Infrastruktur gelegt. Ferner konzentriert sich die Untersuchung auf die Perspektive des privaten Investors, indem sich der Fokus auf die möglichen Gefahren bzw. Nachteile der russischen Rechtslage für den privaten Partner richtet. Daneben werden die Grundlagen von PPP nach deutschem Recht insoweit behandelt, als sie im Rahmen des Rechtsvergleichs relevant oder für das Verständnis der Zusammenhänge von Bedeutung sind. Wo immer es dem besseren Verständnis dient, werden Parallelen zu den entsprechenden Vorschriften des deutschen Rechts gezogen. Besondere Aufmerksamkeit gilt im Rahmen der gesamten Untersuchung dem Vergaberecht. Im Interesse der Brauchbarkeit für den Praktiker wird hierbei eine systematisierende und daher möglichst vollständige Darstellung angestrebt. Die Arbeit kann den Dienst einer Information über den derzeit geltenden Rechtszustand ähnlich einem Handbuch jedoch kaum leisten. Eine vollständige Darstellung PPP-relevanten Rechtsvorschriften bzw. der PPP-Realität würde den Rahmen der Untersuchung sprengen.

Die vorliegende Arbeit gliedert sich in fünf Teile. In **Teil 1** wird eine praktische Bestandsaufnahme der russischen PPP-Projekte vorgenommen (§ 1), welche in Pionierprojekte im Bereich der kommunalen Infrastruktur, in sog. Megaprojekte sowie in weitere Projekte unterteilt wird. Die Darstellung der PPP-Praxis wurde vorangestellt, um dem Leser das Potenzial des russischen PPP-Marktes vor Augen zu führen. In **Teil 2** der Untersuchung werden die inhaltlichen und methodischen Grundlagen der Arbeit gelegt und die PPP-Grundlagen in Deutschland (§ 2) sowie in Russland dargestellt. Die Untersuchung beginnt mit der Einordnung des PPP-Begriffs in das System der in Deutschland existierenden Formen der Zusammenarbeit zwischen dem Staat und privaten Investoren. Es folgt eine knappe Darstellung des Wesens sowie der vertrags- und vergaberechtlichen Grundlagen von PPP nach deutschem Recht. Eine besondere Betonung wird anschließend auf die Darstellung des russischen GČP-Verständnisses einschließlich der einzelnen GČP-Formen nach russischem Recht gelegt (§ 3). Der Teil schließt mit der Darstellung der GČP-Rechtsgrundlagen nach russischem Recht (§ 4). **Teil 3** befasst sich mit den PPP-Rahmenbedingungen nach dem KonzG. Da das KonzG als derzeit wichtigstes russisches PPP-Instrument einzuordnen ist, wird das russische Konzessionsmodell zum Hauptfeld der Untersuchung. Das KonzG stellt indes keineswegs ein eigenständiges, vom nationalen Recht unabhängiges Rechtsgebiet dar. Daher haben neben Regelungen des KonzG weitere PPP-relevante Regelungen des russischen Wirtschaftsrechts Eingang in die Untersuchung gefunden. Neben dem geltenden Recht werden ferner die Ausschreibungsunterlagen der einzelnen Projekte untersucht. Auf die Darstellung der gesetzlichen Grundlagen des KonzG (§ 5) folgt eine Darstellung der vergaberechtlichen Regelungen (§ 8) sowie der Regelungen zur Vertragsdurchführung (§ 7). Die Untersuchung schließt mit der Einordnung des Konzessionsmodells in das System der PPP-Formen nach deutschem Recht. Anschließend wird in **Teil 4** die Regelung alternativer GČP-Modelle nach russischem Recht vorgestellt (§ 8). Es handelt sich dabei um die BOT/BOOT-Modelle, die auf Grundlage des russischen Zivilgesetzbuches (ZGB) gestaltet werden können. Die alternativen GČP-Formen werden ebenso auf ihre PPP-Qualität nach deutschem Verständnis untersucht. Dem schließt sich eine Darstellung der Finanzierungsgrundlagen für PPP-Projekte in Russland an (§ 9). In **Teil 5** folgt eine Zusammenfassung der im Rahmen der Untersuchung gewonnenen Erkenntnisse (§ 10). Es werden insbesondere die Versäumnisse des russischen Gesetzgebers sowie Unregelmäßigkeiten auf dem Gebiet der praktischen Umsetzung nachgezeichnet. Abschließend gilt es, auf der Grundlage der wichtigsten Untersuchungsergebnisse einen Ausblick auf die künftige Entwicklung von PPP in der RF zu geben.

Teil 1: PPP-Projekte in Russland. Die praktische Bestandsaufnahme

§ 1 Überblick über die russische PPP-Praxis

In seiner kürzlich veröffentlichen Dissertation führt der amtierende Verkehrsminister der RF *Igor Levitin*[25] die Ergebnisse einer im Jahre 2007 unter 20 Städten, 14 Gebieten und Bezirken und einem Föderationssubjekt der RF durchgeführten Umfrage vor, wonach 69% der Befragten angaben, PPP-Projekte bereits durchgeführt zu haben oder gegenwärtig durchzuführen. Unklar bleibt dabei, was im Rahmen dieser Umfrage konkret unter PPP verstanden wurde. Insgesamt bewertet der Autor das Maß der Aufklärung der an der Umfrage beteiligten Behörden über PPP-Methoden und -Strukturen als unzureichend.[26] Tatsächlich nahm im Zuge der Schaffung materieller Gesetzesbestimmungen für PPP die praktische Umsetzung der PPP-Vorhaben nach und nach Fahrt auf. Die faktische Entwicklung der gesetzlichen Grundlagen seit dem Inkrafttreten des Konzessionsgesetzes hinkt jedoch den Bedürfnissen der Praxis hinterher. Auch die Einführung des Konzessionsgesetzes im Jahre 2005 belebte den russischen PPP-Markt nur unwesentlich. Deutlich wird es zum Einen anhand der geringen Anzahl der derzeit initiierten Vorhaben und zum Anderen daran, dass in einigen russischen Regionen PPP-Projekte im Bereich der kommunalen Infrastruktur bereits seit den 1990er Jahren durchgeführt wurden.[27]

Im Folgenden werden staatlich-private Vorhaben in der RF vorgestellt, wobei zunächst auf die seit den 1990er Jahren und damit noch vor dem Erlass des KonzG initiierten Projekte eingegangen wird. Den Hauptteil der Untersuchung bilden die sog. Megaprojekte, die nach dem Erlass des KonzG ins Leben gerufen wurden und ihrerseits in die Konzessionsvorhaben unter Beteiligung der RF und sonstige PPP-Modelle unter Beteiligung der regionalen Verwaltungen zu unterteilen sind. Anschließend sollen einige ausgewählte Projekte, die aus Mitteln des Investitionsfonds der RF finanziert werden sollen, sowie weitere geplante Projekte vorgestellt werden.

---

[25] Vgl. *Levitin/Majboroda/Stepanov*, Theoretische Aspekte partnerschaftlicher Beziehungen (russ.), S. 56.

[26] Vgl. *Levitin/Majboroda/Stepanov*, Theoretische Aspekte partnerschaftlicher Beziehungen (russ.), S. 67.

[27] So auch Izvestiâ vom 25. April 2001, Èkspert 2000, 32 (244), Vedomosti vom 29. April 2002.

A. Pionierprojekte in der Kommunalwirtschaft

I. Wasseraufbereitungsanlagen Südbutovo und Zelenograd, Moskau

Projektstart	1996
Bau	12 Monate
Betrieb	12,5 Jahre
Investitionsvolumen	rd. 31 Mio. EUR
Eigentum an den Anlagen während der Betriebsphase	(teilweise) Investor
Modell	BOOT/Erwerbermodell in Form des Betreibermodells
Anwendbares Recht	wohl nur ZGB

Tabelle 1: Projektdaten Wasseraufbereitungsanlagen Südbutovo und Zelenograd, Moskau

Die ersten PPP-Projekte wurden in Russland im kommunalen Bereich durchgeführt. Die landesweit ersten internationalen Ausschreibungen zur Vergabe kommunaler Aufträge initiierte in Russland die Stadt Moskau im Jahre 1996. Es handelte sich um zwei Vorhaben im Bereich der (Ab-)Wasserwirtschaft in den Moskauer Stadtteilen Südbutovo und Zelenograd. An den Vorhaben beteiligte sich erstmals ein deutsches Unternehmen – die *SHW Hölter Wassertechnik Betriebsgesellschaft mbH* (heute *WTE Betriebsgesellschaft mbH*, deren Tochterunternehmen *WTE Wassertechnik GmbH*[28] die Auftragsdurchführung übernahm), welches im Rahmen der Durchführung einer offenen Ausschreibung den Zuschlag zur Ausführung der Aufträge bekam. Am Ausschreibungsverfahren Südbutovo beteiligten sich neben *SHW Hölter* auch die Unternehmen *Degrèmont* aus Frankreich und *VA-Tech* aus Großbritannien. Als Auswahlkrite

---

[28] S. Unternehmensangaben, abrufbar unter: www.wte.de.

rien wurden die Verwendung neuster Technologien, die Höhe der in der Bau- und Betriebsphase anfallenden Investitionskosten sowie die Dauer der Bauphase genannt.[29]

Die Struktur beider Projekte ist weitgehend ähnlich. *SHW Hölter* schloss mit der Stadt Moskau jeweils eine Investitionsvereinbarung ab, wonach das Unternehmen eine Projektgesellschaft mit dem städtischen Wasserversorgungsunternehmen *MUP Mosvodokanal* bildete. An der Betreibergesellschaft **ZAO STAÈR** hält die *SHW Hölter* 70% der Anteile, während die restlichen 30% dem *MUP Mosvodokanal* gehören.[30] Das Eigentum an den zu errichtenden Anlagen sollte zwölf Jahre lang der Projektgesellschaft gehören und am Ende der Vertragslaufzeit an die Stadt Moskau übergehen.[31] Am Ende der Betriebsphase sollen die Betriebsrechte beim *MUP Mosvodokanal* verbleiben. Der Zustand der Anlagen wird durch eine ständige Aufsicht, bestehend aus Vertretern der Moskauer Stadtverwaltung und *MUP Mosvodokanal,* kontrolliert. Damit handelte es sich um BOOT-Modelle, nach denen das Eigentum am PPP-Objekt (teilweise) dem Investor zustand. Die Bauphase sollte im Jahre 1997 beginnen und insgesamt 17 Monate andauern. Die Bauarbeiten wurden durch das Bauunternehmen *Transhydrostroj* ausgeführt und sind inzwischen abgeschlossen.[32] Die seit dem Jahr 1998 laufende Betriebsphase soll 12 Jahre andauern. Die Rückübergabe der Anlagen wurde auf den 30. Juni 2011 festgesetzt.

Die Finanzierung des Vorhabens wurde vollständig durch die deutsche Seite übernommen.[33] Die Investitionen in Höhe von rd. 31 Mio. EUR stellte *SHW Hölter* zu 25% als Eigenkapital zur Verfügung, während die restlichen 75% durch ein Bankenkonsortium finanziert wurden. Das Land Nordrhein-Westfalen (NRW) beteiligte sich als Bürgschaftsgeber am Projekt.[34] Als Finanzierungsmodell wurden die sog. *availability payments* – leistungsunabhängige, periodische Zahlungen des Auftraggebers an den Investor – gewählt. Damit erfolgt keine direkte Refinanzierung durch Gebührenzahlungen der Nutzer der Anlage, was dem Investor eine gewisse Sicherheit bietet. Die Zahlungen setzen sich aus einem Fixbetrag und einem von der gelieferten Wassermenge abhängigen variab-

---

[29] Vgl. *Martusevič*, ÖPP in der Kommunalwirtschaft (russ.), S. 107.
[30] Vgl. *Nikiforov*, S. 41.
[31] Vgl. *Kašin*, a.a.O.
[32] Vgl. *Nikiforov*, S. 42.
[33] Vgl. *Nikiforov*, S. 42.
[34] Vgl. *Martusevič*, ÖPP in der Kommunalwirtschaft (russ.), S. 109.

len Betrag zusammen. Das Währungsrisiko wurde dadurch minimiert, dass der Euro als Währung gewählt wurde.[35] Nicht bekannt ist, welches Recht bei der Durchführung der Ausschreibung bzw. der Vertragsabwicklung angewendet wurde. Da zu dem Zeitpunkt weder das KonzG noch das PPP-G St. Petersburg noch das VergabeG verabschiedet waren[36], dürften diesbezüglich allein zivilrechtliche Regelungen anwendbar gewesen sein.

Neben den Projekten Südbutovo und Zelenograd ist das Unternehmen *WTE Wassertechnik GmbH* derzeit an weiteren Projekten mit der Stadt Moskau beteiligt. Dazu zählen die Wasseraufbereitungsanlage Südwest sowie ein Werk zur Natriumhypochloritproduktion[37], deren Bau und Betrieb jeweils in den Jahren 2003/2004 und 2007/2008 ähnlich strukturiert wurden.

II. Wasseraufbereitungsanlagen, Neftejugansk

Projektstart	*2001*
Bau/Betrieb	*1 Jahr*
Investitionsvolumen	*rd. 380 Mio. RUB*
Eigentum an den Anlagen während der Betriebsphase	*öffentliche Hand*
Modell	*formelle Privatisierung*
Anwendbares Recht	-

Tabelle 2: Projektdaten Wasseraufbereitungsanlagen, Neftejugansk

---

[35] Vgl. *ders.*, S. 108.

[36] Das VergabeG a.F. ist im Jahre 1999 in Kraft getreten.

[37] Das rd. 5,9 Mrd. RUB teuere Projekt hat den 30-monatigen Bau sowie den anschließenden 15 bis 20-jährigen Betrieb des Werkes nach einem BOOT-Modell zum Gegenstand. Die PPP-Vereinbarung wurde zwischen der Regierung der Stadt Moskau und dem Moskauer Tochterunternehmen der *EVN/WTE*-Gruppe – *EVN Umwelt Service* – abgeschlossen. Unter Einsatz modernster Technik werden 50.000 m^2/a Natriumchlorit produziert, die das gefährliche Chlorgas in der russischen Metropole ersetzen sollen. Zusätzlich einigten sich die Parteien auf einen Verpfändungsvertrag über die Anteile an der Projektgesellschaft *WTE Südwest*, die ihrerseits mit *MUP Mosvodokanal* eine Betreibergesellschaft gegründet hat. Die offizielle Grundsteinlegung erfolgte am 30. September 2009.

Im Jahre 2001 wurde in der Stadt Neftejugansk, Autonomer Kreis der Hanten und Mansen, ein weiteres Vorhaben im Bereich der (Ab-)Wasserwirtschaft ins Leben gerufen.[38] Mit der Projektgesellschaft *OOO Ûganskvodokanal* wurde ein Vertrag über die unentgeltliche Nutzung der Anlagen für die Dauer von einem Jahr geschlossen. Die Anteile an der Projektgesellschaft verblieben vollständig im Eigentum der öffentlichen Hand. Ob das Unternehmen künftig im Wege des Verkaufs der Unternehmensanteile durch die öffentliche Hand privatisiert oder der Betrieb der kommunalen Anlagen an einen Privaten vergeben wird, bleibt abzuwarten. Derzeit ist das Projekt als Fall der formellen Privatisierung einzuordnen, da lediglich eine private Rechtsform gewählt wurde, ohne dass sich private Wirtschaftsteilnehmer an der Projektausführung beteiligen.

III. Wasseraufbereitungsanlagen, Sysran

Projektstart	2001
Betrieb	5 Jahre
Investitionsvolumen	rd. 3 Mrd. RUB
Eigentum an den Anlagen während der Betriebsphase	öffentliche Hand
Modell	BOT-/Inhabermodell-ähnlich
Anwendbares Recht	ZGB, wohl VergabeG a.F.

Tabelle 3: Projektdaten Wasseraufbereitungsanlagen, Sysran

Infolge der Wirtschaftskrise im Jahre 1998 stand das mit der Wasserversorgung der Stadt Sysran, deren Verbrauch auf jährlich 28 Mio. m^3 Wasser geschätzt wird, betraute munizipale Unternehmen (MUP) kurz vor der Insolvenz.[39] Um dieser Lage abzuhelfen, traf die Stadt Sysran Anfang 2001 die Entscheidung, die Erfüllung der öffentlichen Aufgaben im Zusammenhang mit der Wasserversorgung auf einen privaten Investor zu übertragen. Anschließend wurde die Projektgesellschaft *OOO Syzran'vodokanal* mit einem Stammkapital von rd. 3 Mrd. RUB gegründet. Die Anteilseigner der Projektgesellschaft bildeten größere

---

[38] Vgl. *Martusevič*, ÖPP in der Kommunalwirtschaft (russ.), S. 99 ff.
[39] Vgl. *Martusevič*, ÖPP in der Kommunalwirtschaft (russ.), S. 95 ff.

Industrieunternehmen der Region, die gleichzeitig die Hauptabnehmer der Leistungen der Projektgesellschaft waren. Ein Interessenskonflikt war damit vorprogrammiert. Als Großabnehmer sind die Anteilseigner in erster Linie an billigen Dienstleistungen und nicht an der Nachhaltigkeit der Wasserversorgung interessiert.[40] Im Juni 2001 schlossen die Stadtverwaltung und die Projektgesellschaft *OOO Syzran'vodokanal* einen Vertrag über die sog. operative Verwaltung[41] für die Dauer von fünf Jahren ab. Im Juli 2001 wurden schließlich die Aktiva des MUP an die Projektgesellschaft übertragen und die Belegschaft des MUP durch die Projektgesellschaft vollständig übernommen. Praktische Schwierigkeiten ergaben sich insoweit, dass der Vertrag keine technische Beschreibung des Objekts enthielt. Die Bewertung der bestehenden Anlagen erfolgte auf Grundlage der Bilanz des ehemals mit dem Betrieb betrauten MUP, was jedoch zu Unsicherheiten in Bezug auf die tatsächliche Beschaffenheit der Anlagen führen dürfte. Der Vertrag enthielt ferner keine Regelungen in Bezug auf die Festlegung oder Änderung der Tarifpolitik. Die Investitionspolitik des privaten Partners fand hierbei keinerlei Berücksichtigung.

Der Vertrag enthielt ferner keine konkreten Investitionsverpflichtungen seitens des privaten Partners, sondern sah lediglich Ausarbeitung von Vorgaben betreffend den Anlagebetrieb durch den Investor selbst vor[42]. Mangels gegenseitigen Aushandelns des Leistungspakets lässt diese Gestaltung Zweifel an der PPP-Qualität des Vorhabens aufkommen. Als Refinanzierungsform wurden jährliche *availability payments* in Höhe von 450 MROT[43] vereinbart. Da es sich dabei um einen leistungs- bzw. aufwandunabhängigen Betrag handelt, bietet diese Zahlungsform keinen Anreiz für die Optimierung der Betriebseffizienz etwa im Wege der Vornahme von langfristigen Modernisierungsmaßnahmen, was ein weiteres Argument gegen die Einordnung des Projekts als PPP darstellt.

---

[40] So auch *ders.*, S. 110.

[41] Russ.: *operativnoe upravlenie.*

[42] Ein solches Programm ist jedoch nach Angaben von Martusevič auch nach Aufnahme des Betriebs nicht ausgearbeitet worden, vgl. *Martusevič*, S. 97.

[43] Mindesttagessatz, russ.: *minimal'nyj razmer oplaty truda.*

IV. Southwest Wastewater Treatment Plant (SWTP), St. Petersburg

Projektstart	2002
Bau	2,5 Jahre
Betrieb	12 Jahre
Investitionsvolumen	rd. 170 Mio. EUR
Eigentum an den Anlagen während der Betriebsphase	(teilweise) Investor
Modell	BOOT/Erwerbermodell
Anwendbares Recht	ZGB, wohl VergabeG a.F.

Tabelle 4: Projektdaten *Southwest Wastewater Treatment Plant* (SWTP), St. Petersburg

Das Projekt zur Erneuerung und anschließendem Betrieb von Wasseraufbereitungsanlagen in St. Petersburg – *Ûgozapadnye očistnye sooruženiâ* (sog. ÛZOS) oder *Southwest Wastewater Treatment Plant* (SWTP)[44] – wurde, nachdem die Bauarbeiten bereits 1986 aufgenommen und 1995 aufgrund fehlender Finanzierung wieder eingestellt wurden, auf Initiative der Stadt St. Petersburg im Dezember 1997 gestartet. Das Projekt wurde als sog. strategisches Projekt international ausgerichtet, da es den Schutz der Wasserressourcen der Ostsee betraf. Im Ergebnis beteiligten sich mehrere nordeuropäische Staaten – Schweden, Finnland und Dänemark – sowie internationale Bauunternehmen und Finanzinstitute an der Realisierung des Projekts. Im Juni 2002 verabschiedete die Stadt ein Spezialgesetz[45], das die rechtliche Grundlage zur Verwirklichung des Vorhabens darstellen sollte. Das gegründete Konsortium **SWTP Construction Oy** bestehend aus *NCC International AB, Skanska East Europe Oy* und *YIT Construction Ltd.* wurde Generalübernehmer des Projekts und führte das Ausschreibungsverfahren zur Auswahl der Subunternehmer durch. Zusammen mit *GUP Vodokanal*

---

[44] Offizielle Homepage des Projekts ist abrufbar unter: http://www.kolpinowater.ru/.
[45] Das Gesetz über das Zielprogramm der Stadt St. Petersburg zu SWTP, russ.: *O celevoj programme Sankt-Peterburga „O zaveršenii stroitel'stva Ûgozapadnyh očistnyh sooruženij"*.

St. Petersburg und *NEFKO*, russ.: *Severnaâ èkologičeskaâ finansovaâ meždunarodnaâ organizaciâ*, gründete *SWTP Construction Oy* die Projektgesellschaft *SČK OOO Nordvod*. Nach Abschluss der Bauphase sollte die Projektgesellschaft aufgelöst und die Betreibergesellschaft *Èkovod* gegründet werden. Einer der Vertragspartner des dreiseitigen Vertrages mit der Projekt- sowie der Betreibergesellschaft wurde auf Seiten des Staates jeweils *GUP Vodokanal St. Petersburg*. Das Eigentum an den Anlagen sollte für die Dauer der Betriebsphase der Projektgesellschaft zustehen und am Ende der Vertragslaufzeit auf die öffentliche Hand übergehen. Dem Investor wurde die Option eingeräumt, die Anteile an der Projektgesellschaft zu verkaufen. Die Bauphase des Projekts dauerte von Dezember 2002 bis Juli 2005 an. Die Anlagen sollen bis ins Jahr 2017 betrieben werden.

Die Finanzierung des rd. 170 Mio. EUR (rd. 11,5 Mrd. RUB) teuren Projekts erfolgte in Höhe von rd. 45 Mio. EUR durch die *Nordic Investment Bank* (NIB) und in Höhe von rd. 7,98 Mio. EUR aus Mitteln der Stadt St. Petersburg. Im Übrigen beteiligten sich an der Finanzierung die EBRD, der *Finnfund* sowie der *Swedfund*. Die Finanzierung durch die Stadt erfolgte in Form von Zahlungen durch *GUP Vodokanal* an die Projektgesellschaft. Daneben wurde eine Direktvereinbarung mit der Stadt St. Petersburg für den Fall der Nichtzahlung durch *GUP Vodokanal* geschlossen.

V. Elektrizitätsversorgung, Wladimir

Projektstart	*2003*
Bau/Betrieb	*11 Monate (Verlängerungsoption)*
Investitionsvolumen	*nicht bekannt*
Eigentum an den Anlagen während der Betriebsphase	*öffentliche Hand*
Modell	*nicht bekannt*
Anwendbares Recht	*ZGB, wohl VergabeG a.F.*

Tabelle 5: Projektdaten Elektrizitätsversorgung, Wladimir

Die Initiative zur Übertragung der Elektrizitätsversorgung der Stadt Wladimir ging im Jahre 2003 von *RAO EÈS* aus.[46] Im Juli 2003 führte die Administration des Gebietes Wladimir mit *RAO EÈS* sowie den städtischen Versorgern *OAO Vladimirènergo* und *OOO Vladimirregiongaz* die ersten Vorgespräche zur Schaffung der Projektgesellschaft *OAO Vladimirskie kommunal'nye sistemy.* Eine große Rolle beim Vorantreiben des Projekts spielte die Teilnahme der Gebietsverwaltung als Vertreter der Politik. Am 24. September 2003 wurde schließlich der Pachtvertrag über die städtischen Unternehmen *MUP Vladimirskie èlektričeskie seti* und *MUP Teplovye seti* geschlossen. Als Verpächter des munizipalen Eigentums der Stadt Wladimir trat nicht die Stadtverwaltung auf, da die Beendigung des sog. Rechts der Bewirtschaftung[47] durch das *MUP Vladimirskaâ gorodskaâ èlektričeskaâ set'* nicht erfolgte, sondern das MUP selbst. Als Pächter trat die Projektgesellschaft *OAO Vladimirskie kommunal'nye sistemy* auf. Der Vertrag wurde auf elf Monate geschlossen mit der Option der automatischen Verlängerung, falls keine der Parteien die Beendigung des Vertragsverhältnisses verlangt.[48]

VI. Müllverbrennungsanlage Nr. 3 (MSZ 3), Moskau

Projektstart	*2004*
Bau	*2,5 Jahre*
Betrieb	*12,5 Jahre*
Investitionsvolumen	*rd. 175,4 Mio. EUR*
Eigentum an den Anlagen während der Betriebsphase	*(teilweise) Investor*
Modell	*BOOT/Erwerbermodell*
Anwendbares Recht	*ZGB, wohl VergabeG a.F.*

---

[46] Vgl. *Martusevič*, S. 103.
[47] Russ.: *pravo hozâjstvennogo vedeniâ.*
[48] Eine derart kurze Laufzeit wurde offenbar zwecks Umgehung der Registrierungspflicht der Pachtverträge mit einer Laufzeit ab 12 Monaten gewählt.

Tabelle 6: Projektdaten Müllverbrennungsanlage Nr. 3 (MSZ 3)[49], Moskau

Das im Jahre 2004 ins Leben gerufene Projekt zur Modernisierung der Müllverbrennungsanlage Nr. 3 in Moskau, in der jährlich 4 Mio. Tonnen Haushalts-, Gewerbe- und Sperrmüll verarbeitet werden, basiert auf dem Beschluss der Regierung der Stadt Moskau über das Verfahren der Heranziehung von Investitionen in die Rekonstruktion der Müllverbrennungsanlage Nr. 3 vom 30. September 2003[50]. Darauf folgte der Beschluss der Stadtregierung über die Rekonstruktion der Müllverbrennungsanlage Nr. 3 vom 29. September 2004[51]. Im Rahmen der offenen internationalen Ausschreibung gab ein Energieversorgungsunternehmen aus Österreich – *EVN*[52] – als einziger Bieter am 27. Januar 2004 ein Angebot ab und wurde am 17. Februar 2004 als Gewinner der Ausschreibung verkündet. Eignungsvoraussetzungen waren neben der Finanzkraft des Bewerbers die Beschäftigung von mind. 75% russischer Subunternehmer, Erfahrungen in ähnlichen Projekten sowie bei Investitionstätigkeit in Russland, womit der Kreis der ausländischen Mitbewerber erheblich eingeschränkt sein dürfte.

Im Rahmen eines BOOT-Modells hat die Stadt Moskau das Unternehmen mit Planung, Bau und Betrieb der Anlage betraut. Das Investitionsvolumen des Projekts beläuft sich auf rd. 175,4 Mio. EUR. Die PPP-Vereinbarung kam zwischen der Regierung der Stadt Moskau als Subjekt der RF und der *EVN AG* zustande. Auf staatlicher Seite wurde zudem das *GUP Èkotehprom* beteiligt. 70% der Anteile an der geschaffenen Projektgesellschaft *OAO EVN MSZ 3* mit Sitz in Moskau, die ihrerseits durch die *EVN Projektgesellschaft* mit Sitz in Österreich zu gründen war, gehören dem Investor, die restlichen 30% dem GUP.

Die Stadtverwaltung einigte sich mit der Projektgesellschaft auf einen Pachtvertrag über die Anlage und das Grundstück. Die Projektgesellschaft verpflichtete sich ihrerseits in einem Unterpachtvertrag sowie einem Service-/Managementvertrag mit der Betreibergesellschaft, der den Betrieb und die Instandhaltung der

---

[49] Russ.: *musoro-sžigatel'nyj zavod (MSZ)*.

[50] S. Beschl. vom 30. September 2003, Nr. 814-RR, abrufbar unter: http://dgs.mos.ru/nrmdocs/detailtext.asp?d=13&dc=217&dr=206325.

[51] S. Beschl. vom 29. September 2004, Nr. 1915-RP, abrufbar unter: http://dgs.mos.ru/nrmdocs/d217dr317605m429.html.

[52] Der *EVN*-Unternehmensgruppe gehört derzeit die *WTE*-Gruppe an, der ihrerseits die Unternehmen *WTE Betriebsgesellschaft mbH* und *WTE Wassertechnik GmbH* angehören, s. Homepages der Unternehmensgruppen *EVN* und *WTE*, abrufbar unter: http://www.evn.at/ und http://www.wte.de/.

Anlage zum Gegenstand hatte. Die Bauarbeiten wurden im Dezember 2004 aufgenommen und dauerten bis Juni 2007 an. Die Betriebsphase soll Ende 2011 abgeschlossen sein. Das Eigentum an der Anlage sollte mit Abschluss der Bauphase auf die Projektgesellschaft übergehen und für den festgelegten Zeitraum des Betriebs bis zur vollständigen Kaufpreiszahlung bei dieser verbleiben. Nach Ende der Vertragslaufzeit soll das Eigentumsrecht auf die Stadtregierung übertragen werden.

Abgesichert wird die Eigentumsübertragungsverpflichtung durch einen Aktienverpfändungsvertrag, mit dem die Anteile an der Projektgesellschaft an die Stadtregierung verpfändet werden. Dabei wurde der Verpfändung der Anteile an die öffentliche Hand gegenüber der Verpfändung an die finanzierende Bank der Vorrang eingeräumt. Das Pfandrecht der Stadt zieht ein Vollstreckungsrecht in die verpfändeten Aktien für den Fall der Nicht- oder nicht rechtzeitiger Übereignung auf die öffentliche Hand nach sich. Die Refinanzierungsverpflichtung besteht zwischen der Projektgesellschaft und der *EVN AG*. Das Projekt gehört ferner zu den durch die Kreditanstalt für Wiederaufbau (KfW) finanzierten Projekten. Exportversicherer – Österreichische Kontrollbank und Euler-Hermes – sichern das Projekt ab.

VII. Zwischenergebnis

In allen vorgestellten Projekten, die in Russland seit den 1990er Jahren auf regionaler Ebene im Bereich der Kommunalwirtschaft initiiert wurden, diente der desolate Zustand der kommunalen Anlagen, die hohe Verschuldung gegenüber den Zuliefererunternehmen sowie die fehlende Fähigkeit der öffentlichen Hand, anderweitig an private Investitionen zu kommen, als Anreiz für die Übertragung der kommunalen Aufgaben auf private Investoren. Die Darstellung zeigt, dass es bei den Projekten zu differenzieren gilt. Bei den BOT/BOOT-Projekten – Südbutovo, Zelenograd, Südwest, Natriumhypochloritwerk, SWTP, MSZ 3 – hat die öffentliche Hand einen großen Teil kommerzieller Risiken übernommen. Es handelte sich meist um Projekte, bei denen die privaten Investitionen durch Direktzahlungen der öffentlichen Hand und ggf. durch zusätzlich vereinbarte *availability payments* amortisiert wurden. Ein Projekt – Wasseraufbereitungsanlagen Neftejugansk – konnte sich hingegen als ein Fall sog. formeller Privatisierung – Schaffung einer Gesellschaft privater Rechtsform, die vollständig in staatlicher Hand verbleibt – erweisen. Bei anderen Projekten – Sysran, Wladimir

– waren Einzelheiten der Projektstruktur nicht bekannt, so dass eine Zuordnung nicht möglich war.

Die besondere Aktivität von PPP-Teilnehmern in der Wasserwirtschaft ist wohl darauf zurückzuführen, dass die Entrichtung von Kommunalgebühren in Russland traditionell mengenunabhängig erfolgt, so dass die Höhe künftiger Einnahmen aus dem Betrieb der Wasseraufbereitungsanlagen bereits im frühen Stadium des Projekts mit relativer Verlässlichkeit berechnet werden kann. Probleme dürften sich hingegen aus Unsicherheiten in Bezug auf den Zustand und die Beschaffenheit bestehender Kommunalanlagen sowie Ungewissheiten im Zusammenhang mit der jeweiligen Tarifpolitik ergeben. In der russischen Literatur ist in Bezug auf die ersten russischen Kommunalinfrastrukturprojekte bemängelt worden, dass die meisten Betreiber keine Investitionen in die Anlagen getätigt hätten, sondern diese vordergründig für Zwecke eigener Versorgung genutzt haben.[53] Auffällig ist, dass – mit Ausnahme des SWTP-Projekts – alle aus der Zeit vor dem Erlass des Konzessionsgesetzes bekannten PPP-Projekte durch die Stadt Moskau an eine Unternehmensgruppe – die *EVN*-Gruppe – vergeben wurden. Im Projekt MSZ-3 wurde der Bewerberkreis durch die Anforderung an Erfahrungen der Bewerber auf dem russischen Markt zusätzlich eingeschränkt. Darüber hinaus sind die Einzelheiten der Durchführung der Ausschreibungsverfahren – insbesondere das auf das Vergabeverfahren anwendbare Recht – nicht bekannt, so dass die Beurteilung der Einhaltung vergaberechtlicher Grundsätze schwierig ist.

B. Sog. Megaprojekte im Verkehrsinfrastruktursektor

Das Inkrafttreten des KonzG sollte den Startschuss für eine Vielzahl von PPP-Projekten in der RF geben. Die praktische Verwirklichung dieses Vorhabens bleibt jedoch derzeit hinter den anfänglichen Erwartungen zurück. Zum Einen wurden derzeit weniger Projekte realisiert als erwartet. Zudem wurden Vorhaben teilweise auch nach Erlass des KonzG nicht auf Grundlage des neuen Gesetzes realisiert. Die Marktteilnehmer suchten nach anderen Wegen und gestalteten ihre Projekte nach anderen Modellen. Zu unterscheiden gilt es daher die Konzessionsvorhaben, die unter Beteiligung der RF durchgeführt werden, und sonstige PPP-Modelle, deren Initiatoren meist regionale Verwaltungen sind. Im Folgenden sollen einzelne Vorhaben dargestellt und insbesondere auf Fragen nach

---

[53] So etwa im Projekt Sysran, vgl. *Martusevič*, S. 94.

dem anwendbaren Recht, nach dem Ablauf des Ausschreibungsverfahrens und der Projektstruktur untersucht werden. Im Rahmen der Projektstruktur sollen der Leistungsumfang, die Vertragsparteien, die Besitz- und Eigentumsverhältnisse, die Risikoverteilung sowie die Finanzstruktur der Projekte herausgearbeitet werden.

I. Western Highspeed Diameter (WHSD), St. Petersburg

Zu den unangefochtenen Vorreitern auf dem Gebiet von PPP gehört die Stadt St. Petersburg, wo bislang die meisten PPP-Projekte initiiert wurden, deren Umfang derzeit auf insgesamt rd. 165 Mrd. RUB geschätzt wird.[54] Die Entscheidung zur Einleitung des Vorhabens zur Errichtung des *Western Highspeed Diameter* (WHSD)[55] fiel ein Jahr nach Inkrafttreten des KonzG – im Jahre 2006. Das Vorhaben sollte als angesehenes Pilotprojekt den Weg für die Gestaltung von PPP-Projekten in Form von Konzessionen ebnen.

1.Die Projektdaten

Projektstart	*2006*
Bau/Betrieb	*nicht bekannt*
Investitionsvolumen	*5,7 Mrd. EUR (rd. 212,7 Mrd. RUB)*
Privater Finanzierungsanteil	*2,9 Mrd. EUR (rd. 107,8 Mrd. RUB)*
Modell	*BOT/Inhabermodell in Form des Konzessionsmodells*
Eigentum an den Anlagen während der Betriebsphase	*öffentliche Hand*
Anwendbares Recht	KonzG

Tabelle 7: Projektdaten *Western Highspeed Diameter* (WHSD)[56]

---

[54] Vgl. *Brusser/Rožkova*, Staatlich-private Partnerschaft – der neue Mechanismus der Investitionsbeschaffung (russ.).
[55] Russ.: *Zapadnyj skorostnoj diametr*. Offizielle Homepage des Projekts ist abrufbar unter: http://www.whsd.ru/.
[56] Informationen in Anlehnung an die Angaben des Projektpasses, s. WHSD-Projektpass, bestätigt durch Anordnung der Regierung der RF vom 30. November 2006, Nr. 1708-r.

Die Verkehrsstraße soll der 46,6 km langen, westlichen Umfahrung der Stadt St. Petersburg dienen. Der Bau wird seit Herbst 2005 durch die Stadt ausgeführt und soll durch den privaten Investor übernommen und fertig gestellt werden. Ziel des Vorhabens ist die Verbindung des Seehafens von St. Petersburg mit einem geplanten Fähr-Terminal und dem Flughafen Pulkovo sowie mit den Hauptverkehrswegen ins Baltikum, nach Skandinavien und in den Osten Russlands.

2. Das anwendbare Recht

Bei dem Projekt handelt es sich um ein Konzessionsvorhaben, welches auf Grundlage des KonzG ausgeführt werden soll.

3. Der Ablauf des Ausschreibungsverfahrens

Die Entscheidung über die Ausschreibung zum Abschluss der Konzessionsvereinbarung über den Bau des WHSD traf die Regierung der RF am 31. Oktober 2006.[57] Bereits am 1. Februar 2000 wurde die Wahl des Streckenabschnitts bestimmt. Nachdem die Projektierungsphase im Jahre 2004 begann, wurden in den Jahren 2005-2006 die ersten (Teil-)Abschnitte durch die Stadt in Eigenregie fertig gestellt. Weitere (Teil-)Abschnitte wurden projektiert, Überwachungs- und Kontrollorgane beteiligt, öffentliche Anhörungen durchgeführt und erforderliche Genehmigungen eingeholt. Die Durchführung der offenen Ausschreibung wurde am 17. November 2006 bekanntgegeben. Anschließend wurde die Vorbereitung der Ausschreibungsunterlagen durch den Investitionsfonds der RF vorfinanziert.

Die Anforderungen an die Bewerber waren gem. Pkt. 1.3, Band 2[58]: Jahresumsatz von mind. 60 Mrd. RUB in den letzten fünf Jahren, Gewinn in den letzten zwei Jahren und Erfahrung in Finanzierung von mind. zwei Konzessionsprojekten in den letzten zehn Jahren mit einem Mindestumfang für Bauarbeiten von rd. 10 Mrd. RUB, von denen mind. 40% privat zu beschaffen waren. Zudem sollte der Bewerber seine Erfahrung im Bau von mind. zwei (mind. sechsspurigen) Verkehrsstraßen mit dem Mindestumfang von 10 Mrd. RUB sowie mind. zwei mautbetriebenen (mind. 30 km langen) Verkehrsstraßen nachweisen.

Nachdem die Angebotsöffnung ursprünglich für den 15. Januar 2007 und die Zuschlagserteilung für Juni 2007 angesetzt waren, lief die Einreichungsfrist für

---

[57] S. Anordnung der Regierung der RF vom 31. Oktober 2006, Nr. 1494-r.
[58] S. Ausschreibungsunterlagen, Band 2, bestätigt durch Verordnung der Regierung der Stadt St. Petersburg vom 1. November 2006, Nr. 1344.

Teilnahmeanträge bis Ende Januar 2007. Nachdem die Stadt am 29. Dezember 2006 die Antworten auf die ersten Teilnehmerfragen veröffentlicht hatte, wurden die Ausschreibungsunterlagen am 15. Januar 2007 erstmalig geändert und am 8. Februar 2007 erneut Teilnehmerfragen beantwortet. Die Präqualifikationsphase war schließlich am 16. März 2007 mit dem Ergebnis abgeschlossen, dass vier Bewerber in die engere Auswahl gekommen waren: das Konsortium **MLA Lieferasphalt GmbH** bestehend aus *ALPINE Mayreder Bau GmbH, FCC-Construccion S.A.* und *Deutsche Bank AG*, das Konsortium **OOO Zapadnyj skorostnoj diametr – Nevskij Meridian** (OOO *ZSD Nevskij Meridian*) bestehend aus *Hochtief PPP Solutions GmbH, Strabag AG*[59], *Boygues Travaux Publics, Suri Holdings Ltd., OAO Mostootrâd-19, Egis Projects* und *ZAO Gazprombank*, das Konsortium **Sankt-Peterburgskaâ skorostnaâ magistral' B.V.** bestehend aus *Bechtel International Inc., Enka Holding* und *Intertoll Infrastructure Developments* sowie das Konsortium **OOO Vincida Grupo de Inversiones 2006, S.L.** bestehend aus *Obrascon Huantre Lain, S.A.* und *OHL Concesiones S.L.*

Es folgten Änderungen der Ausschreibungsunterlagen vom 3. April 2007, vom 15. August 2007, vom 23. November 2007, vom 20. Februar 2008 sowie vom 30. April 2008. Im weiteren Verlauf kam es zu wiederholten Fristenverschiebungen. Die Angebotsfrist wurde vom 24. August 2007 erst bis 23. November 2007, dann bis 20. Februar 2008 und anschließend erneut bis 23. April 2008 verlängert. Nachdem schließlich nur ein Bewerber übrig blieb, stand der Gewinner am 7. Juni 2008 fest. Die Entscheidung über den Abschluss der Konzessionsvereinbarung mit *OOO ZSD Nevskij Meridian* fiel am 10. Juni 2008. Am 20. Juni 2008 wurde die Meldung nach Art. 35 Abs. 1 KonzG veröffentlicht. Den Zuschlag sollte nach Art. 32 Abs. 7 KonzG der einzige Bieter *OOO ZSD Nevskij Meridian* erhalten. Seit Oktober 2008 verhandelten die Parteien über den Abschluss der Konzessionsvereinbarung. Ende Oktober 2008 wurde aus Regierungskreisen – entgegen der Aussage von Gouverneurin *Matvienko* einige Monate zuvor – bekannt, dass die Stadt St. Petersburg die Finanzierung des WHSD-Vorhabens für das Jahr 2009 aufgrund der weltweiten Finanzkrise zu kürzen beabsichtigt. Am 10. Februar 2009 erklärte *Jurij Molčanov*, Vizegouverneur der Stadt St. Petersburg, dass der Bau des WHSD in den Jahren 2009-2010 aus

---

[59] Sowohl *Hochtief* als auch *Strabag* gehörten zu dem Zeitpunkt der *Basic Element*-Gruppe des russischen Magnats *Oleg Deripaska* an.

Staatsmitteln fortgesetzt wird.[60] Die Fertigstellung der Projektanlagen verschiebe sich von 2012 auf die Jahre 2013-2014. Beteiligt an der Ausschreibung haben sich *Transstroj* und *Mostootrâd-19*, die jeweils bereits an dem PPP-Vergabeverfahren teilnahmen. Im April 2009 erklärte Ministerpräsident *Putin*, in den folgenden zwei Jahren rd. 20 Mrd. RUB an Investitionskosten für WHSD bereit zu stellen.[61] Im Mai 2009 wurde schließlich bekannt, dass ein Teil des Projekts nunmehr konventionell ausgeschrieben wird.[62] Die Frage nach der privaten Finanzierung sollte nach Aussage des Vizegouverneurs erst im Jahr 2010 wieder aufgegriffen werden. Schließlich wurde die öffentliche Ausschreibung des Vorhabens am 7. Februar 2011 erneut bekanntgegeben. Die Erläuterungen der Ausschreibungsunterlagen wurden am 5. und 24. März sowie am 1. Juli 2011 und die Tarife für die Nutzung der Mautstraße am 7. April 2011 veröffentlicht. Die Entscheidung über die Ausschreibung soll nunmehr noch im Jahr 2011 erfolgen.

4. Die Projektstruktur

4.1. Vertragsparteien

Auf Seiten des Konzessionsgebers trat gem. Pkt. 2 der Einführung zu AU, Band 1, die Stadt St. Petersburg auf, vertreten durch die Regierung der Stadt. Die WHSD-Verordnung sah ursprünglich die gleichzeitige Beteiligung sowohl der Föderation als auch der Stadt St. Petersburg auf Seiten des Konzessionsgebers vor. Art. 11 Abs. 2 WHSD-Verordnung sah für die öffentliche Hand Gesamtgläubigerschaft sowie Teilschuldnerschaft vor. Erst kurz vor Ablauf der Angebotsfrist hat die Föderation auf Unzweckmäßigkeit ihrer Beteiligung erkannt.[63] Problematisch an zwei Konzessionsgeber wäre zwar die Verteilung der Haftung im Innenverhältnis. Für den Konzessionsnehmer käme damit hingegen ein weiterer Schuldner in Betracht, so dass ihn die doppelte Konzessionsgeberstellung im Zweifel besserstellte. Der föderale Verkehrsstraßendienst (*Rosavtodor*)[64] trat als bevollmächtigtes Organ der Regierung der Stadt St. Petersburg auf. Zudem

---

[60] Zit. nach *Polonskij*, a.a.O.; *Puškarskaâ/Mironenko*, Kommersant vom 11. Februar 2009; *Baženov*, Kommersant Dengi vom 10. November 2008, S. 18-20.
[61] Vgl. *Lušina/Adrianov*, Kommersant-SPB, Nr. 67 (4122), vom 15. April 2009.
[62] Vgl. *Puškarskaâ*, Kommersant-SPB, Nr. 82 (4137), vom 8. Mai 2009.
[63] S. Anordnung der Regierung der RF, Nr. 542-r, vom 22. April 2008.
[64] Russ.: *Federal'noe dorožnoe agenstvo (Rosavtodor)*.

sollte im Wege einer Ausschreibung nach dem VergabeG eine sog. Staatliche Managementgesellschaft[65] geschaffen werden.

4.2. Leistungsumfang

Das Projekt soll nach dem Konzessionsmodell in Form eines BOT-Modells ausgeführt werden. Vertragsgegenstand soll gem. Pkt. 2.1 AU, Band 1[66], die Planung, Errichtung, Inbetriebnahme, den Betrieb und die Instandhaltung des Konzessionsobjekts umfassen. Eine wesentliche Besonderheit des WHSD-Vorhabens besteht darin, dass der Konzessionsgeber sich gem. Pkt. 1.7.1.1 AU, Band 3, das Recht vorbehalten hat, den Anteil der durch den Konzessionsgeber selbst im Vorfeld des Vertragsabschlusses bereits durchgeführten und durch den Konzessionsnehmer noch durchzuführenden Bauarbeiten zu bestimmen. Die Kalkulationsrisiken des Bewerbers wurden dadurch erhöht, da der Zeitpunkt des Abschlusses sowie die Qualität der Vorarbeiten des Konzessionsgebers bei Angebotserstellung ungewiss waren.

4.3. Eigentumsverhältnisse

Die Eigentumsrechte am Konzessionsobjekt erwirbt gem. dem Projektvertrag die Stadt St. Petersburg, während dem Auftragnehmer lediglich Besitz- und Nutzungsrechte am Objekt zustehen sollen, vgl. Pkt. 2.1 AU, Band 1.

4.4. Die Risikoverteilung

Die Risiken im Zusammenhang mit der Planung und Errichtung des Objekts sollen – soweit aus derzeitigen Ausschreibungsunterlagen ersichtlich – vollständig bei dem Konzessionsnehmer verbleiben. Davon umfasst war u.a. das Risiko der Preissteigerungen für Baumaterialien. Über Betreiberrisiken enthalten die Ausschreibungsunterlagen keine Angaben.

4.5. Finanzstruktur

Nachdem der Gesamtumfang der Investitionen ursprünglich mit rd. 82,7 Mrd. RUB angegeben wurde, wurde dieser nachträglich um mehr als das Doppelte auf rd. 212,7 Mrd. RUB (5,7 Mrd. EUR) erhöht. Dabei ist unklar, ob die nachträgliche Erhöhung auf anfängliche Fehlschätzungen oder nachträgliche Erweiterung des Leistungspakets zurückzuführen ist. Der private Finanzierungsanteil soll rd. 107,8 Mrd. RUB (2,9 Mrd. EUR) betragen. Damit wurde die hälftige Teilung

---

[65] Russ.: *gosudarstvennaâ upravlâûŝaâ kompaniâ.*
[66] S. Ausschreibungsunterlagen, Band 1, bestätigt per Verordnung der Regierung der Stadt St. Petersburg vom 1. November 2006, Nr. 1344.

der Investitionsausgaben zwischen dem Staat und dem privaten Investor vorgenommen. Der Investitionsfonds der RF beteiligt sich an der Finanzierung des Vorhabens in Höhe von rd. 71,3 Mrd. RUB. Weitere rd. 33,6 Mrd. RUB werden aus dem Haushalt der Föderation bereit gestellt.

Die Refinanzierung soll im Wege der Mauterhebung durch den Investor erfolgen. Einen Teil der Mauteinnahmen soll der Private in Form der Konzessionsgebühr an den Konzessionsgeber abführen. Die Konzessionszahlungen sollten ursprünglich minimal gehalten werden.[67] Welche Höhe derzeit im Gespräch ist, ist nicht bekannt. Die Mautgebühr für Pkw soll 100 RUB und 150-300 RUB für Lkw betragen.[68] Die berechnete Passierfrequenz beläuft sich auf 100.000 Fahrzeuge pro Tag. Die Ausschreibungsunterlagen sehen einen Vertragserfüllungsbürgschaft durch den Investor in Höhe von 500.000 RUB vor, vgl. Pkt. 1.7.1 AU, Band 2. Ferner hat der Investor eine Bietungsgarantie über 300 Mio. RUB vorzulegen, vgl. Pkt. 1.7.1 AU, Band 2 und Pkt. 2.2 AU, Band 3.

Damit ergeben sich hohe Investitionsrisiken für den Privaten, da er mit seinen Investitionen in Vorleistung tritt und die künftigen Einnahmen nicht hinreichend sicher berechnen kann. Dies wirft die Frage nach den Garantien für den Investor auf, welche die Parteien in diesem Fall durch Vereinbarung von Ausgleichzahlungen zur Gewährleistung des Mindestgewinns des Konzessionsnehmers – einer Form von *availability payments* – gelöst haben. Pkt. 1.7.1.2 AU, Band 3, sieht solche Ausgleichszahlungen vor. Darüber hinaus soll für das WHSD-Vorhaben ein *direct agreement* der Regierung mit den finanzierenden Banken zur Absicherung des Investors abgeschlossen werden. Im März 2010 wurde ferner bekannt, dass der erfolgreiche Bieter Staatsgarantien in Höhe von insgesamt 25 Mrd. RUB über eine Laufzeit von 20 Jahren für die Emission von Infrastrukturanleihen zur Verwirklichung des Projekts erhalten soll.[69]

II. Orlovskij-Tunnel unter der Newa (OT), St. Petersburg

Das Vorhaben des Orlovskij-Tunnel (OT) steht im engen Zusammenhang mit dem WHSD-Vorhaben.[70]

---

[67] Vgl. *Arhipov*, Èkspert, vom 27. November 2006.
[68] Vgl. *Sysoev*, Aktuelle Instrumente der Investitionsentwicklung der Regionen (russ.), S. 115.
[69] Vgl. *Gasnikova*, Kommersant-SPB vom 17. März 2010.
[70] Die Projektinformationen sind auf der Projekthomepage abrufbar unter: http://www.orlov-tunnel.ru/.

1. Die Projektdaten

Projektstart	*2007*
Bau	*5 Jahre*
Betrieb	*25 Jahre*
Investitionsvolumen	*1,3 Mrd. EUR (rd. 47,7 Mrd. RUB)*
Privater Finanzierungsanteil	*300 Mio. EUR (rd. 11 Mrd. RUB)*
Modell	*BOT/Inhabermodell in Form des Betreiber-modells*
Eigentum an den Anlagen während der Betriebsphase	*öffentliche Hand*
Anwendbares Recht	*KonzG*

Tabelle 8: Projektdaten Orlovskij-Tunnel unter der Newa (OT), St. Petersburg[71]

Das OT-Vorhaben sieht die Errichtung eines 2-km-langen sechsspurigen Tunnels unter der Newa in St. Petersburg vor. Auf diese Weise soll die – im Zentrum der Stadt bislang einmalige – ununterbrochene Verbindung der Straßen *Piskarevskij Prospekt* am rechten und *Orlovskaya*-Straße am linken Newa-Ufer geschaffen werden. Der Tunnel ist ein Teil der Verkehrsverbindung entlang der Wolga-Baltischen Wasserstraße und schafft den direkten Anschluss des Stadtzentrums an die Ringautobahn und das überregionale Straßennetz.

2. Das anwendbare Recht

Wie das WHSD-Vorhaben soll auch das OT-Vorhaben auf Grundlage des KonzG durchgeführt werden.

3. Der Ablauf des Ausschreibungsverfahrens

Nachdem die Begründung für den Investitionsbedarf, die Beteiligung der Überwachungs- und Kontrollorgane sowie die Umwelt- und Sicherheitsprüfung bereits im Jahr 2005 erfolgten und im April 2006 die zu 100% im Staatseigentum stehende *AO Orlovskij Tonnel'* gegründet wurde, traf die Regierung der RF am

---

[71] Informationen in Anlehnung an die Angaben des Projektpasses, s. OT-Projektpass, bestätigt durch Anordnung der Regierung der RF vom 30. November 2006, Nr. 1708-r.

31. Mai 2007 die Entscheidung über die Durchführung der Ausschreibung zum Abschluss der Konzessionsvereinbarung.[72] Das Ausschreibungsverfahren lief zügig an. Die Bekanntmachung der Ausschreibung erfolgte am 3. September 2007. Die Frist zur Einreichung der Teilnahmeanträge war auf den 30. November 2007 festgesetzt. Bereits Ende November 2007 veröffentlichte die Stadt erste Erläuterungen zu den Ausschreibungsunterlagen, so dass die Präqualifikation am 21. Dezember 2007 abgeschlossen wurde. Zur Ausschreibung wurden vier Bieterkonsortien zugelassen: das Konsortium **OOO Nevskaâ konzessionnaâ kompaniâ** bestehend aus Unternehmen der *Vinci-Gruppe*, das Konsortium **OOO Nevskij Tonnel'** bestehend aus *Strabag AG, Suri Holdings Limited, Züblin AG* und *Egis Project S.A.*, das Konsortium **ZAO Bouygues Project Operating** bestehend aus Unternehmen der *Bouygues-Gruppe* sowie das Konsortium **Neva Traverse GmbH** bestehend aus *Hochtief Construction AG, Hochtief PPP Solutions* und *Royal Boskalis Westminster NV*.

Dic Anforderungen an die Bewerber waren gem. Pkt. 1.3 AU, Band 2[73], ein Jahresumsatz von mind. 5 Mrd. RUB in den letzten fünf Jahren sowie ein Gewinn in den letzten zwei Jahren, Erfahrung in Finanzierung von mind. zwei Konzessionsprojekten mit einem Mindestumfang für Bauarbeiten von mind. 10 Mrd. RUB, von denen mind. 40% privat beschafft werden sollten, in den letzten zehn Jahren, Erfahrung bei der Errichtung von mind. zwei (mind. sechsspurigen) Verkehrsstraßen mit einem Mindestumfang von 5 Mrd. RUB sowie mind. zwei mautbetriebenen Verkehrsstraßen.

Nachdem am 26. März 2008 und 11. November 2008 erneut Bieterfragen beantwortet wurden, wurden die Ausschreibungsunterlagen am 4. Mai 2008, am 9. September 2008, am 11. November 2008 und anschließend am 19. Dezember 2008 geändert. Die Angebotseinreichungsfrist wurde zunächst auf Ende 2008 und der Abschluss der Ausschreibung auf Februar 2009 festgelegt. Im Oktober 2008 fiel die Entscheidung in der OT-Ausschreibung zugunsten der *OOO Nevskaâ konzessionnaâ kompaniâ*. Seit Oktober 2008 verhandelten die Parteien über den Abschluss der Konzessionsvereinbarung. Jedoch wurde auch dieses Projekt im Januar 2009 aufgrund der Finanzkrise vorerst gestoppt. Im Mai 2009

---

[72] S. die Anordnung der Regierung der RF über die OT-Konzessionsvereinbarung vom 31. Mai 2007, Nr. 695-r, russ.: *O zaklûčenii koncessionnogo soglašeniâ v otnošenii Orlovskogo tonnelâ pod r. Nevoj v g. Sankt-Peterburge.*
[73] S. Ausschreibungsunterlagen, Band 2, bestätigt durch Verordnung der Regierung der Stadt St. Petersburg vom 3. September 2007, Nr. 1090.

wurde auf der V. Konferenz „Die Transportinfrastruktur Russlands" in St. Petersburg beschlossen, dass am 18. Februar 2010 eine neue Ausschreibung zur Durchführung des OT-Vorhabens bekannt gemacht wird.[74] Das Ausschreibungsverfahren wurde im März 2010 neu gestartet und wiederholt zugunsten der *OOO Nevskaâ konzessionnaâ kompaniâ* entschieden, nachdem die übrigen Teilnehmer ihre Beteiligungen zurückgezogen hatten. Schließlich wurde am 19. Juni 2010 die Konzessionsvereinbarung unterzeichnet. Als Teilnehmer des erfolgreichen Konsortiums treten nunmehr zu jeweils 50% neben der *Vinci*-Gruppe das dem Duma-Abgeordneten *Vitalij Ûžilin* unterstehende Unternehmen *First Quantum Partners*, das sich in der Vergangenheit bereits am Bau des St. Petersburger Seehafens beteiligt hat.

4. Die Projektstruktur

4.1. Leistungsumfang
Das Projekt wird wie das WHSD-Vorhaben nach dem Konzessionsmodell in Form eines BOT ausgeführt. Der Leistungsumfang erstreckt sich gem. Pkt. 2.1 AU, Band 1, auf die Planung, Errichtung, Inbetriebnahme und den Betrieb des Konzessionsobjekts sowie die Entrichtung von Konzessionszahlungen.

4.2. Vertragsparteien
Auf Seiten des Konzessionsgebers tritt gem. der Einführung zu AU, Band 1[75], die Stadt St. Petersburg auf, vertreten durch die Regierung der Stadt. Ferner agiert *Rosavtodor* als zuständiges Exekutivorgan auf Seiten des Konzessionsgebers. Als Staatliche Managementgesellschaft wurde nach den Bestimmungen des VergabeG die *OAO Orlovskij Tonnel'* gegründet.

4.3. Eigentumsverhältnisse
Die Eigentumsrechte am Konzessionsobjekt erwirbt die Stadt St. Petersburg, während dem Auftragnehmer lediglich Besitz- und Nutzungsrechte am Objekt zustehen, vgl. Pkt. 2.1 AU, Band 1. Die Eigentumsstruktur ist damit der des WHSD-Vorhabens weitgehend ähnlich.

4.4. Risikoverteilung
Der Konzessionsnehmer trägt die Projektierungs- und Baurisiken. Der Konzessionsgeber hat im Wege der Vereinbarung von *availability payments* das Risiko

---

[74] Vgl. *Karpova*, Kommersant, 94 (4149) vom 28. Mai 2009.
[75] S. Ausschreibungsunterlagen, Band 1, bestätigt per Verordnung der Regierung der Stadt St. Petersburg vom 3. September 2007, Nr. 1090.

der Verkehrsintensität bzw. Tarifhöhe übernommen. Anzumerken ist jedoch, dass der Konzessionsnehmer zumindest dann nicht von den Risiken befreit wird, wenn die Höhe der *availability payments* an diese Umstände geknüpft wird. Ob dies im vorliegenden Fall erfolgt ist, ist nicht bekannt. Ferner trägt der Konzessionsgeber das Risiko der Beschaffenheit der zur Vertragserfüllung benötigten Grundstücke. Die Ausschreibungsunterlagen differenzieren in Bezug auf die Haftung des Konzessionsgebers zwischen den Grundstücken des Konzessionsobjekts und sonstigen zur Vertragserfüllung benötigten Grundstücke. Beide Vertragspartner gemeinsam tragen ausweislich der Projektunterlagen die Risiken der unterirdischen Grundstücksnutzung.

4.5. Finanzstruktur

Nachdem die Investitionshöhe ursprünglich 26,4 Mio. RUB betragen sollte, beläuft sie sich nach derzeitigen Angaben auf 44,7 Mrd. RUB (rd. 1,3 Mrd. EUR). Davon soll jeweils ein Drittel durch den privaten Investor, den Investitionsfonds der RF und die Regierung der Stadt St. Petersburg getragen werden. Das Unternehmen *First Quantum Partners* soll nach Aufforderung der Gouverneurin *Matvienko* in das Projekt eingestiegen sein, nachdem sich die Finanzierung des Seehafen-Projekts *Morskoj Fasad* durch die Stadt auf etwa die gleiche Summe wie der private Finanzierungsanteil im OT-Projekt belief. Indem das Unternehmen die im Seehafen-Projekt erhaltenen Finanzmittel ins OT-Vorhaben investiert, soll die Projektfinanzierung in wirtschaftlich turbulenten Zeiten überhaupt erst möglich geworden sein.[76] Die *Vnešèkonombank* hat bereits im frühen Stadium ihr Interesse am Projekt bekundet und soll die Finanzierung der privaten Investitionskosten in Höhe von rd. 14,9 Mrd. RUB neben der Sberbank und der EBRD übernehmen. Die im Vorfeld der Vereinbarung zu entrichtende Bietungsgarantie beläuft sich ausweislich der Ausschreibungsunterlagen auf 200.000 RUB, vgl. Pkt. 1.7.1 AU, Band 2. Die durch den Investor vorzulegende Vertragserfüllungsbürgschaft soll auf 25 Mio. RUB ausgestellt sein, vgl. Pkt. 4 des Anhangs 5 zu AU, Band 3.

Während die durch den Privaten zu zahlende Konzessionsgebühr minimal gehalten werden soll, erfolgt die Refinanzierung nicht direkt in Form der Mauterhebung, sondern in Form von regelmäßig durch den Staat zu leistenden *availability payments*. Im Rahmen des zwischen dem Konzessionsgeber und den

---

[76] Vgl. *Puškarskaâ*, Kommersant-SPB, 108/P (4408) vom 21. Juni 2010.

finanzierenden Banken abgeschlossenen *direct agreements* erteilt der Konzessionsgeber seine Zustimmung in die Abtretung von Ansprüchen des Konzessionsnehmers und die Verpfändung seiner Anteile an der Projektgesellschaft an die finanzierenden Banken. Ferner regelt das *direct agreement* die Finanzierungskonditionen sowie die gegenseitigen Informationspflichten der Parteien.

4.6. Gerichtsstand

Pkt. 4.2 des Anhangs 4 zu AU, Band 3, enthält eine Schiedsgerichtsvereinbarung zugunsten des Internationalen Schiedsgerichts bei der Handels- und Industriekammer der RF, Moskau.

III. Nadzemnyj Ekspress (Nadex), St. Petersburg

Das Vorhaben zum Bau des *Nadzemnyj Ekspress* (Nadex) in St. Petersburg[77] ist das erste Projekt, bei dem sich die öffentliche Hand trotz Geltung des föderalen Konzessionsgesetzes gegen die Ausrichtung des Vorhabens nach diesem Modell entschieden hat. Gewählt wurde vielmehr die flexiblere gesetzliche Grundlage des regionalen PPP-Gesetzes.

1. Die Projektdaten

Projektstart	2007
Bau	3 Jahre
Betrieb	27 Jahre
Investitionsvolumen	rd. 1 Mrd. EUR (rd. 34 Mrd. RUB)
Privater Finanzierungsanteil	Nicht bekannt
Modell	BOOT/Erwerbermodell
Eigentum an den Anlagen während der Betriebsphase	privater Investor
Anwendbares Recht	PPP-G St. Petersburg

---

[77] Informationen zum Projekt sind abrufbar unter: www.nadex.ru.

Tabelle 9: Projektdaten *Nadzemnyj Ekspress* (Nadex), St. Petersburg[78]

Im Rahmen des Nadex-Vorhabens soll eine insgesamt 29,9 km lange, überirdische Bahnverbindung im Süden von St. Petersburg entstehen. Die Bahnstrecke soll fünf Stadtteile miteinander verbinden und den Flughafen Pulkovo sowie die Vororte Petergof und Strelna an das Bahnnetz anschließen. Da die Stadt bislang lediglich über ein unterirdisches Bahnnetz verfügt, handelt es sich bei dem Vorhaben um ein für St. Petersburg neues Verkehrsmittel.

2. Das anwendbare Recht

Im Gegensatz zu den WHSD- und OT-Vorhaben soll Nadex auf Grundlage des Gesetzes über *Public Private Partnerships* der Stadt St. Petersburg (PPP-G St. Petersburg)[79] durchgeführt werden. Gem. Pkt. 4.1 des Informationsmemorandums finden das KonzG und das VergabeG ausdrücklich keine Anwendung.[80] Zu beachten ist, dass neben dem regionalen PPP-Sondergesetz auch zahlreiche weitere Gesetze der Stadt St. Petersburg Anwendung finden dürften. Zu beachten ist insbesondere das föderale Haushaltsrecht der Stadt St. Petersburg. Gem. Pkt. 4.1 des Informationsmemorandums ist die Aufnahme des Vorhabens in ein sog. regionales zweckgebundenes Haushaltsprogramm geplant, um die zeitlichen Beschränkungen des Haushaltsrechts zu umgehen.

3. Der Ablauf des Ausschreibungsverfahrens

Die erste Planung des Vorhabens erfolgte bereits im Jahre 1998 durch *OAO Promtransproekt* in Zusammenarbeit mit *ZAO Investproekt*. Im Dezember 2005 wurde das Vorhaben in den sog. Generalplan der Stadt St. Petersburg aufgenommen. Die kanadische *SNC Lavalin* hatte dafür bereits 2006 eine Machbarkeitsstudie vorgelegt, die inzwischen vom St. Petersburger Projektionsbüro *Lengidrotrans* noch einmal überarbeitet wurde. Öffentliche Anhörungen fanden

---

[78] Informationen in Anlehnung an die Angaben des Projektpasses, s. OT-Projektpass, bestätigt durch Anordnung der Regierung der RF vom 30. November 2006, Nr. 1708-r.

[79] S. das Gesetz der Stadt St. Petersburg über die Teilnahme der Stadt St. Petersburg an staatlich-privaten Partnerschaften vom 25. Dezember 2006, Nr. 627-100, russ.: *Ob učastii Sankt-Peterburga v gosudarstvenno-častnyh partnërstvah.*

[80] S. das föderale Gesetz vom 8. November 2007, Nr. 259-FZ, russ.: *Ustav avtomobil'nogo transporta i gorodskogo nazemnogo èlektričeskogo trasporta.* Es findet ferner das Gesetz der Stadt St. Petersburg die Nutzung von Immobilien der Stadt St. Petersburg Anwendung, russ.: *O porâdke predostavleniâ ob"ektov nedvižimosti, nahodâŝihsâ v sobstvennosti Sankt-Peterburga dlâ stroitel'stva i rekonstrukcii.*

im Dezember 2007 statt, woraufhin die Ergebnisse im März 2008 veröffentlicht wurden. Anschließend wurde die *OAO Nadzemnyj Èkspress* gegründet und steht derzeit zu 100% im Eigentum der Stadt.

Die Bekanntmachung über die Ausschreibung des Vorhabens erfolgte am 28. Dezember 2007. Die Einreichungsfrist für Bewerbungen um die Teilnahme lief am 25. April 2008 mit dem Ergebnis ab, dass sich insgesamt sechs internationale Konsortien um die Teilnahme beworben haben. Am 7. Mai 2008 wurde bekannt, dass sich das Konsortium **Strel'na Èkspress** bestehend aus *Bombardier Transportation* und *VINCI Concessions Vosstran Russie*, das Konsortium **Ûžnyj Èkspress** bestehend aus *Alstom Transport S.A., Bouygues Travaux Publics S.A., Transdev S.A.* und *Mostotrâd 19*, das Konsortium **Èkspress Severnoj Stolicy** bestehend aus *Strabag AG, Siemens AG, Basic Element* und der *VTB-Bank* sowie ein weiteres Konsortium bestehend aus *ANSALDO Trasporti - Sistemi Ferroviari S.p.A., Škoda Transportation s.r.o., ATM Azienda Transporti Milanesi S.p.A.* und *Soares da Costa Grupo SGPS* zur Teilnahme an der Ausschreibung präqualifiziert haben.

Die Bewerber sollten gem. Kap. 2 Pkt. 2.5 AU Unterlagen vorlegen, die Aussagen über den Umsatz und Gewinn des Unternehmens in den letzten fünf Jahren, ihrer Erfahrung bei der Durchführung von PPP-Projekten im Bereich des städtischen Bahnverkehrs sowie der Beschaffung der erforderlichen Investitionen zulassen. Jedoch wurden die in diesem Zusammenhang aufgestellten Kriterien nicht zur Berücksichtigung im Rahmen der Eignungsprüfung im Teilnahmewettbewerb, sondern erst im Stadium der Wertung der Angebote berücksichtigt.

Das erste Seminar für die Ausschreibungsteilnehmer fand am 7. August 2008 statt. Die Angebotsfrist sollte ursprünglich bis 25. November 2008 laufen, die Auswertung der Ergebnisse bis zum 24. Dezember 2008 stattfinden und der Abschluss der PPP-Vereinbarung schließlich am 14. August 2009 erfolgen. Im Zuge der Finanzkrise 2008 wurde zunächst berichtet, dass die Stadt ihren Investitionsanteil erhöhen und mehr Risiken übernehmen wolle.[81] Im Januar 2009 erklärte der Vize-Bürgermeister von St. Petersburg *Alexander Vahmistrov* dass das Projekt aufgrund der weltweiten Finanzkrise vorläufig gestoppt werde. Eine entsprechende Verordnung der Stadtregierung werde für April 2009 erwartet. Am 24. März 2009 wurde schließlich offiziell verkündet, dass die Angebotsfrist aufgrund der hohen Nachfrage durch Ausschreibungsteilnehmer bis November

---

[81] Vgl. *Sokolova*, Die Abflugbereitschaft (russ.), a.a.O.

2009 verlängert werde. Am 15. März 2010 wurde das Projekt neu ausgeschrieben. Doch bereits im Mai 2011 wurde bekannt, dass die Stadt nunmehr, lediglich die Betriebsphase des Vorhabens als PPP auszuschreiben.[82] Sollte diese Variante nach Abschluss der Risikoprüfung vogezogen werden, werde die Ausschreibung im Herbst 2011 stattfinden.

4. Die Projektstruktur

4.1. Leistungsumfang

Der private Auftragnehmer verpflichtet sich gem. Pkt. 1 des Informationsmemorandums[83] zur Planung, Errichtung, Finanzierung und dem Betrieb der Anlagen. Gem. Pkt. 5.2.2 des Informationsmemorandums obliegen dem Auftragnehmer Versicherungsverpflichtungen in Bezug auf die Anlagen. Dem Auftragnehmer ist ferner ausdrücklich untersagt, andere als die vereinbarten baulichen Anlagen auf den Grundstücken zu errichten, vgl. Pkt. 5.2.2 des Informationsmemorandums. Im Gegenzug stellt die Stadt dem Auftragnehmer ein bestehendes Bauprojekt zu Verfügung, beteiligt sich bei der Einholung von erforderlichen Genehmigungen und überträgt dem Auftragnehmer die vorgesehenen Grundstücke.

4.2. Vertragsparteien

Auf Seiten des Konzessionsgebers tritt die Stadt St. Petersburg auf, vertreten durch das Komitee für Investitionen und strategische Projekte der Stadtregierung St. Petersburg.

4.3. Eigentumsverhältnisse

Die Eigentumsrechte am Konzessionsobjekt erwirbt der Auftragnehmer, der nach Ablauf der Vertragslaufzeit zur Übereignung der Anlagen an die Stadt verpflichtet ist, vgl. Pkt. 5.2.2 und 5.2.5 des Informationsmemorandums. Die Grundstücke sollen im Rahmen von Pacht- oder anderen Nutzungsverhältnissen übertragen werden, vgl. Pkt. 1 des Informationsmemorandums. Gem. Pkt. 4.2 des Informationsmemorandums sollen die im Eigentum der Stadt stehenden Grundstücke an den Auftragnehmer grundsätzlich verpachtet werden. Im Falle der Verpachtung der Grundstücke an Dritte werden bei Bedarf dreiseitige Nutzungsverträge abgeschlossen, während in der Betriebsphase die Verträge mit Dritten nach Möglichkeit gekündigt und die Grundstücke an den Auftragnehmer

---

[82] S. *Gasnikova*, Kommersant-SPB, 85/P (4625) vom 16.05.2011.
[83] Das Informationsmemorandum ist abrufbar unter: http://www.nadex.ru/downloads/att/file55.pdf.

verpachtet werden sollen. Über die im privaten Eigentum stehenden Grundstücke sollen in der Bauphase dreiseitige Nutzungsverträge geschlossen werden. In der Betriebsphase ist der Erwerb der Grundstücke durch die Stadt und eine anschließende Verpachtung an den Auftragnehmer vorgesehen.

4.4. Risikoverteilung

Dem Auftragnehmer obliegen die Risiken der Planung, Errichtung und des Betriebs der Anlagen, die Genehmigungs- und Finanzierungsrisiken. Der Auftraggeber trägt im Wege der Vereinbarung von *availability payments* das Risiko der (Nicht-)Auslastung der Bahnstrecke und der damit verbundenen Mindereinnahmen.

4.5. Finanzstruktur

Die Gesamtinvestitionskosten betragen rd. 34 Mrd. RUB (rd. 1 Mrd. EUR). Die durch den privaten Investor vorzulegende Bietungsgarantie zur Absicherung der Vertragsabschlussverpflichtungen soll auf 150 Mio. RUB ausgestellt sein, vgl. Pkt. Kap. 3 7.4 AU sowie Anhang 2 zum Kap. 1 AU. Eine Bankgarantie zur Absicherung der Vertragserfüllung soll in Höhe von 300 Mio. RUB gewährt werden, vgl. Kap. 4 Pkt. 5.1 AU.

Gem. Pkt. 1 sowie Pkt. 5.2.3 des Informationsmemorandums übernimmt die Stadt einen Teil der Kosten für die Errichtung und Inbetriebnahme der Anlagen und leistet *availability payments* im Laufe der Betriebsphase. Der Auftragnehmer gewährleistet die Einziehung der Maut und die Abführung der erhobenen Mautgebühren an die Stadt. Dabei behält der Auftragnehmer den vereinbarten Anteil dieser Gebühren als ein Entgelt für den Betrieb der Anlage ein. Die Initiatoren rechnen mit 170.000 Passagieren pro Tag und einer Amortisationszeit für Investitionen von ca. 18 Jahren. Die weitere Verteilung der Einkünfte aus dem Vorhaben – insbesondere Werbe- und Mieteinnahmen – soll Gegenstand von Verhandlungen werden. In Bezug auf die Tarife wird erwartet, dass diese in das geltende Gebührensystem des städtischen Nahverkehrs eingebunden werden, vgl. Pkt. 2.5 des Informationsmemorandums. Gem. Pkt. 5 AU ist der Abschluss eines *direct agreement*s mit den finanzierenden Banken vorgesehen. Internationale Kreditinstitute haben ihr Interesse an der Beteiligung an der Projektgesellschaft bekundet.

IV. Ausbau des Flughafens Pulkovo (Pulkovo), St. Petersburg

1. Die Projektdaten

Projektstart	2009
Bau	3 Jahre
Betrieb	30 Jahre
Investitionsvolumen	rd. 1,2 Mrd. EUR
Privater Finanzierungsanteil	nicht bekannt
Modell	BOOT/Erwerbermodell
Eigentum an den Anlagen während der Betriebsphase	(teilweise) privater Investor
Anwendbares Recht	PPP-G St. Petersburg

Tabelle 10: Projektdaten Ausbau des Flughafens Pulkovo (Pulkovo), St. Petersburg[84]

2. Das anwendbare Recht

Auf die Rechtsbeziehungen der PPP-Vertragsparteien findet wie beim Nadex-Vorhaben das PPP-G St. Petersburg Anwendung.

3. Der Ablauf des Ausschreibungsverfahrens

Per Ukaz des Präsidenten der RF vom 25. September 2007 wurden die im Eigentum der Föderation stehenden Anteile an der *OAO Aèroport Pulkovo* – mit Ausnahme der Flugsicherung sowie der Wahrnehmung der Sicherheits-, Zoll- und Migrationskontrolle, welche nicht privatisierungsfähig sind, vgl. LuftGB – an die Stadt St. Petersburg übertragen.[85] Bis ins Jahr 2007 befanden sich die Vermögenswerte des Flughafens Pulkovo – entweder in Form eines GUP oder direkt – im staatlichen Eigentum. Nunmehr hat die *OAO Aèroport Pulkovo* den

---

[84] Informationen in Anlehnung an die Homepage des Projekts, abrufbar unter: http://www.transport.spb.ru/pulkovo/.

[85] S. Ukaz des Präsidenten der RF vom 25. September 2007, Nr. 1283, sowie die Anordungen der Regierung der RF vom 16. Oktober 2008, Nr. 1432-r, und vom 29. Dezember 2007, Nr. 1940-r.

Betrieb des Flughafens übernommen. Daraufhin beschloss die Regierung der Stadt, die Rekonstruktion des Flughafens als PPP-Projekt auszuschreiben. Die Planung des Projekts wurde im Jahre 2007 getrennt ausgeschrieben. Der Zuschlag ging an das britische Planungsbüro *Grimshaw & Partners*.[86]

Am 25. April 2008 traf die Regierung der Stadt St. Petersburg die Entscheidung über den Abschluss der PPP-Vereinbarung und die Durchführung der offenen Ausschreibung zur Errichtung, Modernisierung und Erweiterung des Flughafens Pulkovo.[87] Am 13. Mai 2008 wurde das vorläufige Informationsmemorandum zu dem Vorhaben veröffentlicht.[88] Am 26. Mai 2008 wurden die Ausschreibungsunterlagen zur Durchführung des Teilnahmewettbewerbs veröffentlicht.[89] Nachdem am 1. August 2008 bekannt wurde, dass sich neun Unternehmen um die Teilnahme am Wettbewerb beworben haben, haben sich am 11. August 2008 sieben Bewerber für die Ausschreibung präqualifiziert: das indische Konsortium **GMR Infrastructure Ltd.**, das türkische Konsortium **TAV Airports Holding Company** und das Konsortium **OAO Petroport-koncessii** bestehend aus *Vienna International Airport* und *ZAO UK Lider*, das Konsortium **OOO Nevskij aèroport** bestehend aus *Basic Element* und *Changi Airport*, das Konsortium **OOO Nevskoe nebo** bestehend aus *Macquarie Capital Group* und *Macquarie Renaissance Infrastructure Fund*, das Konsortium **OOO Meždunarodnyj aèroport Sankt-Peterburg** bestehend aus *Hochtief Airports, Hochtief Airport Capital* und *Renova Industries* sowie das Konsortium **OOO Vozdušnye Vorota Severnoj Stolicy** bestehend aus *Fraport AG, VTB-Bank* und *Horizon Air Investment*.

Die Anforderungen an die Ausschreibungsteilnehmer waren Erfahrung im Betrieb mind. eines Flughafens mit einem Verkehrsaufkommen von mind. 10 Mio. Passagieren pro Jahr in den letzten zwei Jahren sowie beim Bau mind. eines Flughafens mit einem Investitionsvolumen von mind. 500 Mio. USD, vgl. Pkt. 2.2.2 AU. Ferner musste der Auftragnehmer Erfahrung bei der Investitionsbeschaffung im Rahmen von mind. zwei Projekten mit einem Investitionsvolumen von jeweils mind. 500 Mio. USD bzw. einem Projekt von mind. 1 Mrd. USD

---

[86] Vgl. *Sokolova*, Die Abflugbereitschaft (russ.), a.a.O.
[87] S. die Verordnung der Regierung der Stadt St. Petersburg vom 16. April 2008, Nr. 393.
[88] Das Informationsmemorandum ist abrufbar unter: http://www.transport.spb.ru/pulkovo/File/rxsdzhzzucwl.pdf.
[89] Die Ausschreibungsunterlagen sind abrufbar unter: http://www.transport.spb.ru/pulkovo/File/News/p7385ajq8haj.pdf.

sowie einen Mindestjahresumsatz von 1 Mrd. USD in den letzten drei Jahren vorweisen, vgl. Pkt. 2.2.2 AU.[90]

Anschließend fanden am 19. September 2008 sowie am 2. und 24. Oktober 2008 Seminare für Ausschreibungsteilnehmer statt. Nachdem die Teilnehmer die Ausschreibungsunterlagen für die zweite Etappe der Ausschreibung am 23. September 2008 erhalten haben, wurde ihnen bereits am 19. November 2008 der Entwurf der PPP-Vereinbarung überreicht. Auch im Pulkovo-Projekt wurden die Ausschreibungsfristen wiederholt verschoben. Ursprünglich war die Angebotsfrist bis zum 5. Februar 2009 angesetzt, die Auswahl des erfolgreichen Bieters für den 12. März 2009 und der Abschluss der PPP-Vereinbarung für den 30. Juli 2009 geplant. Mitte Dezember 2008 wurde jedoch bekannt, dass die Angebotsfrist bis zum 21. Mai 2009 verlängert wird und die Entscheidung über den erfolgreichen Bieter am 28. Juni 2009 fallen soll. Wesentliches Hindernis bei der Einhaltung der ursprünglichen Fristen sollen Schwierigkeiten der Ausschreibungsteilnehmer bei der Beschaffung von Bankgarantien gewesen sein.[91] Im Januar 2009 erklärte der Vize-Bürgermeister von St. Petersburg und Mitglied der Auswahlkommission *Alexander Vahmistrov* dass das Projekt aufgrund der Finanzkrise vorläufig gestoppt werde. Die Anordnung der Stadtregierung vom 16. April 2008, Nr. 393, wurde mit der Anordnung vom 26. Januar 2009, Nr. 77, abgeändert. Dennoch fanden weitere Seminare mit den Ausschreibungsteilnehmern am 20. Februar und 23. März 2009 statt. Nach Tagungen der Auswahlkommission am 21. Mai 2009, 11. Juni 2009 und 25. Juni 2009 wurde schließlich bekannt, dass die Ausschreibung zugunsten von *OOO Vozdušnye Vorota Severnoj Stolicy* entschieden wurde.[92] Nachdem am 16. Juli 2009 ein *Memorandum of Understanding* zwischen der Stadtregierung, der *Fraport AG* und der *VTB*-Gruppe unterzeichnet wurde, kam es am 30. Oktober 2009 schließlich zur Unterzeichnung der PPP-Vereinbarung im Smolnij. Der *financial close* ist inzwischen erfolgt. Die Fertigstellung der Projektanlagen soll bis 2013 erfolgen.

---

[90] So mussten etwa die Konsortien *Elis* und *Novaport* von der Ausschreibung ausgeschlossen werden, da sie den genannten Anforderungen nicht genügten, vgl. *Zajceva/Temkin*, Vedomosti vom 12. Juli 2008.

[91] So *Mironenko/Ekomovskij*, Kommersant vom 18. Dezember 2008.

[92] Vgl. *Adrianov/Puškarskaâ*, Kommersant-SPB, 113 (4168) vom 26. Juni 2009. Zur Wertung der Angebote im Einzelnen s. *dies.*, a.a.O.

4. Die Projektstruktur

4.1. Leistungsumfang

Der private Auftragnehmer verpflichtet sich zur Finanzierung, Modernisierung und Erweiterung, zum Betrieb – mit Ausnahme des Betriebs des Terminals 2, der weiterhin von der *OAO Aèroport Pulkovo* durchgeführt werden soll – und der Instandhaltung des Flughafens, vgl. Pkt. 1.3 des Informationsmemorandums. Ferner ist der Auftragnehmer verpflichtet, vereinbarte Entgeltzahlungen an die Stadt zu entrichten, das Objekt auf eigene Kosten zu versichern und in Betrieb zu nehmen sowie das Terminal Pulkovo 2 an die *OAO Aèroport Pulkovo* zu übergeben und am Ende der Vertragslaufzeit das gesamte PPP-Objekt an die Stadt zurück zu übertragen. Die Stadt verpflichtet sich zur Übergabe der vereinbarten Grundstücke an den Auftragnehmer.

Die *OAO Aèroport Pulkovo* trägt die Verpflichtung zur Übergabe der vereinbarten Grundstücke und sonstiger Vermögensgegenstände. Zudem verpflichtet sie sich zur Abtretung ihrer vertraglichen Rechte an den privaten Investor. Der *OAO Aèroport Pulkovo* steht das Recht zu, die Nutzung der Grundstücke durch den privaten Investor zu überwachen. Sowohl die Stadt als auch die *OAO Aèroport Pulkovo* verpflichten sich ferner zur Mitwirkung bei der Beschaffung von notwendigen Genehmigungen.

4.2. Vertragsparteien

Auf Seiten des Konzessionsgebers werden das Komitee für Verkehrs- und Transitpolitik, das Komitee für Strategische Investitionsprojekte sowie die *OAO Aèroport Pulkovo* agieren. Das Komitee für Verkehrs- und Transitpolitik nimmt Kontrollfunktionen gegenüber der im Eigentum der Stadt stehenden *OAO Aèroport Pulkovo* wahr. Der Vorsitzende des Komitees gehört dem Aufsichtsrat der Gesellschaft an. Das Komitee für Strategische Investitionsprojekte ist auf Basis des Komitees für Verwaltung munizipalen Eigentums geschaffen worden und ist für die Durchführung der Ausschreibung sowie Vermittlung zwischen der Stadt und dem privaten Investor verantwortlich. Für Pulkovo wurde das PPP-G St. Petersburg im März 2008 dahingehend modifiziert, dass nunmehr die OAO eigenständig auf Seiten des Konzessionsgebers auftreten kann.

4.3. Besitz- und Eigentumsverhältnisse

Der Flughafenbetrieb mit dem dazu gehörigen Grundstück wird auf die *OAO Aèroport Pulkovo* übertragen, welche diese ihrerseits an den Auftragnehmer verpachtet. Nichtbebaute Grundstücke werden dem Auftragnehmer direkt zur Nutzung überlassen. Die errichteten Anlagen des Konzessionsobjekts werden – entsprechend den jeweiligen Finanzierungsanteilen – (Teil-)Eigentum beider Vertragsparteien.[93] Ferner verpflichtet sich der Auftragnehmer zum Erwerb aller beweglichen Vermögensgegenstände der *OAO Aèroport Pulkovo*.[94] Der Auftragnehmer trägt die Gefahr des zufälligen Untergangs und der zufälligen Verschlechterung des Konzessionsobjekts. Am Ende der Vertragslaufzeit sollen sämtliche Eigentumsanteile an Konzessionsgeber übertragen werden. Im Vergleich zu den Konzessionsprojekten sind die Verpfändung des im Eigentum des Konzessionsnehmers stehenden Projektgegenstands sowie die Abtretung der Rechte des Auftragnehmers auch während der Bauphase möglich.

4.4. Finanzstruktur

Die Höhe der Investitionsgesamtkosten beträgt insgesamt rd. 1,2 Mrd. EUR. 13,9 Mrd. RUB entfallen auf den Hauptteil des Projekts – den Bau des neuen Terminals[95] – während sonstige Infrastruktur mit weiteren 4,5 Mrd. RUB finanziert werden soll. Die Amortisationsdauer für Investitionen soll 15 Jahre betragen.[96] Die Bietungsgarantie soll in Höhe von 100 Mio. RUB gewährt werden, vgl. 3.11 AU. Die Pflicht zur Gewährung einer Bankgarantie zur Absicherung der Vertragserfüllung durch den Auftragnehmer in Höhe von 500 Mio. RUB enthält Pkt. 4.2 AU. Die Regulierung der Tarife erfolgt durch die öffentliche Hand. In der Anfangsphase ist von der Fortgeltung der derzeit geltenden Tarife auszugehen. Die Anhebung der Tarife ist derzeit nicht vorhersehbar. Soweit ersichtlich, ist derzeit keine Kompensation der Ausfälle in Form von Ausgleichszahlungen oder einer Vertragsverlängerungsoption vorgesehen. Es sollen Steuer- und Zollvergünstigungen für die Einfuhr von technischen Anlagen gelten. Die EBRD soll sich mit 100 Mio. EUR an der Finanzierung des Projekts beteiligen.

---

[93] Vgl. *Sokolova*, Die Abflugbereitschaft (russ.), a.a.O.
[94] Schwierigkeiten ergeben sich regelmäßig bei der Bewertung der zu übernehmenden Aktiva. Zu beachten in dem Zusammenhang ist etwa das gegen die Firma *Soveks* laufende Gerichtsverfahren, das am 30. Dezember 2008 wegen Verletzung wettbewerbsrechtlicher Bestimmungen der Art. 178 Abs. 1 StrafGB eingeleitet wurde, vgl. *Temkin/Zajceva*, Vedomosti St. Peterburg vom 19. Januar 2009. Gemeinhin anerkannt ist, dass Strafverfahren nach Art. 178 Abs. 1 StrafGB oftmals zur Druckausübung auf den Verhandlungspartner missbraucht werden und selten zu Gerichtsverhandlungen führen.
[95] Vgl. *Sokolova*, Die Abflugbereitschaft (russ.), a.a.O.
[96] Vgl. *Voronov/Andropova*, a.a.O.

V. Ausbau der Teilstrecke der Verkehrsverbindung Moskau – St. Petersburg (M10)

1. Die Projektdaten

Projektstart	*2007*
Bau	*3 Jahre*
Betrieb	*27 Jahre, Verlängerungsoption 5 Jahre*
Investitionsvolumen	*rd. 1,33 Mrd. EUR (rd. 66,2 Mrd. RUB)*
Privater Finanzierungsanteil	*rd. 1 Mrd. EUR (rd. 37 Mrd. RUB)*
Modell	*Inhabermodell in Form des Konzessionsmodells*
Eigentum an den Anlagen während der Betriebsphase	*öffentliche Hand*
Anwendbares Recht	*KonzG*

Tabelle 11: Projektdaten Ausbau der Teilstrecke der Verkehrsverbindung Moskau – St. Petersburg (M10)

Das Vorhaben zum Ausbau der Teilstrecke der Verkehrsverbindung Moskau – St. Petersburg betrifft den Ausbau der Verkehrsstraße auf dem 15. bis 58. Kilometer der Strecke. Die Verkehrsstraße bildet eine der wichtigsten Verkehrsadern Russlands. Ein Viertel der derzeit bestehenden Verkehrsverbindung verläuft durch Ortschaften und verfügt zum Teil über nur zwei Fahrspuren in jede Richtung. Geplant sind fünf Fahrspuren auf dem Abschnitt Moskau-Sheremetjevo, vier Fahrspuren bis Zelenograd und im Übrigen dreispuriger Ausbau. Das Projekt umfasst 7 große Anschlussstellen, 37 Brücken (darunter drei mit einer Länge zwischen 330-1400 Metern) sowie ein Mauterhebungssystem.

2. Das anwendbare Recht

Auf das Vorhaben finden das KonzG sowie das VerkehrsStrG Anwendung.

3. Der Ablauf des Ausschreibungsverfahrens

Im Jahre 2007 wurden die ersten Vorbereitungen für die Durchführung der Ausschreibung zur Auswahl des Investors für den Bau und Betrieb der mautbetriebenen Verkehrsstraße getroffen. Bereits im November 2006 wurde der Projektpass beschlossen.[97] Im April 2007 traf die Regierung der RF die Entscheidung, das Vorhaben in Form einer Konzession im Rahmen einer offenen Ausschreibung zu vergeben.[98] Die AU[99] zu dem Projekt wurden am 13. September 2007 beschlossen.[100] Nachdem die Vorbereitung der Ausschreibungsunterlagen durch den Investitionsfonds der RF vorfinanziert wurde, erfolgte am 24. September 2007 die Bekanntmachung über die Ausschreibung.

Die Öffnung der Umschläge mit Teilnahmeanträgen fand am 29. Januar 2008 statt. Am 14. Februar 2008 standen die Ergebnisse der Präqualifikation fest. Von insgesamt drei Bewerbern haben sich zwei für die Teilnahme an der Ausschreibung präqualifiziert – das Konsortium **OOO Severo-Zapadnaâ koncessionaâ kompaniâ** bestehend aus *VINCI Concessions, VINCI Construction Grands Projets* und *Eurovia* und das Konsortium **OAO Stoličnyj trakt** bestehend aus *ZAO Lider,* der spanischen *FCC Construcción S.A.,* der portugiesischen *Brisa – Auto-Estradas de Portugal S.A.,* der österreichischen *Alpine Bau GmbH, OOO Strojgazkonsalting* und der *OAO Gazprombank.*[101] Der dritte Bewerber – das Konsortium **AERH Highway B.V.** – hat die Qualifikationsphase nicht überschritten. Nachdem die Zuschlagserteilung für den Oktober 2008 und die Angebotswertung bis zum 25. November 2008 geplant waren und bis zum 3. März 2009 die Konzessionsvereinbarung abgeschlossen werden sollte, wurden die Fristen auch bei diesem Projekt nachträglich verschoben. Die Bieternachfragen mit anschließenden Änderungen der Ausschreibungsunterlagen wurden am 29. November 2007, am 4. Juni 2008, 28. Juli 2008 und schließlich am 6. August

---

[97] S. die Anordnung der Regierung der RF vom 30. November 2006, Nr. 1708-r, derzeit in der Fassung vom 1. August 2008, s. dazu die Anordnung der Regierung der RF vom 1. August 2008, Nr. 1115-r.
[98] S. die Anordnung der Regierung der RF vom 24. April 2007, Nr. 511-r, und die Anordnung des Mintrans vom 20. Dezember 2007, Nr. 521-r.
[99] Die Ausschreibungsunterlagen sind in der Fassung vom 4. August 2008 abrufbar unter: http://www.rosavtodor.ru/doc/konkurs_piter/tom1.pdf, Band 1, und http://www.rosavtodor.ru/doc/konkurs_piter/tom3.pdf, Band 3.
[100] S. Prikaz des Föderalen Verkehrsdienstes vom 13. September 2007, Nr. 64.
[101] Die Ergebnisse der Präqualifikation sind abrufbar unter: http://www.rosavtodor.ru/doc/moskva_piterVn3Tic.pdf.

2008 beantwortet. Bieterkonferenzen fanden am 10. und 11. Juni 2008 statt. Am 16. September 2008 lief die Angebotsfrist schließlich ab und die Angebotsöffnung wurde vorgenommen. Am 30. Oktober 2008 wurde bekannt, dass das Angebot der *OAO Stoličnyj trakt* nicht berücksichtigt werden konnte, da es die Mindestanforderungen nicht erfüllte. Gem. dem KonzG wurde anschließend eine Frist von sechs Monaten für den Abschluss des PPP-Vertrages mit der *OOO Severo-Zapadnaâ koncessionaâ kompaniâ* bestimmt.[102] Bis Ende 2008 sollten die zur Durchführung der Arbeiten notwendigen Grundstücke durch die öffentliche Hand zur Verfügung gestellt werden. Am 19. Februar 2009 fand ein Treffen der Vertreter des erfolgreichen Bieters mit dem stellvertretenden Minister *Mišarin* statt, in dem die eingegangenen Verpflichtungen gegenseitig bestätigt und Korrekturen im Hinblick auf die Finanzierung des Vorhabens vorgenommen wurden.[103] Im Juni 2009 war die Vertragsabschlussphase noch immer nicht abgeschlossen.[104] Am 27. Juli 2009 kam es schließlich zum Vertragsschluss mit *OOO Severo-Zapadnaâ koncessionaâ kompaniâ*. Der *financial close* ist inzwischen erfolgt.

Großes Aufsehen erregte das Projekt in der russischen und westlichen Presse aufgrund des Widerstands einer Umweltschutzinitiative der Stadtbevölkerung, welche die Einstufung des auf der geplanten Trasse liegenden, tier- und pflanzenartenreichen Waldgebietes, des sog. Chimki-Waldes, in ein Waldschutzgebiet forderte und die durchgeführte Umweltexpertise als unzureichend erachtete. Über 20.000 Unterstützer aus rund 160 Ländern hatten eine Online-Petition an den Baukonzern Vinci untezeichnet. Nachdem die Initiative den Rechtsweg vor russischen Gerichten erschöpft hatte, wurde Klage beim EGMR eingereicht. Dennoch wurde das Forstgebiet mit Verfügung der RF[105] in ein Verkehrs- und Industriegebiet umgewidmet.

Angesichts der Ähnlichkeit zu den oben geschilderten Konzessionsvorhaben sollen die folgenden Ausführungen zur Projektstruktur knapp gehalten werden. Auf

---

[102] Die Mitteilung des Föderalen Verkehrsdienstes ist abrufbar unter: http://www.rosavtodor.ru/shownewsn.php?id=9591.

[103] Die Mitteilung des Föderalen Verkehrsdienstes ist abrufbar unter: http://www.rosavtodor.ru/shownewsn.php?id=10389.

[104] Vgl. *Mel'nikov*, Anhang zu Kommersant, 110 vom 23. Juni 2009.

[105] S. die Verfügung der RF vom 5. November 2009, Nr. 1642-r. Nachdem Präsident Medwedew im August 2010 umfangreiche Prüfung der Alternative zusagt hatte, wurde im Juni 2011 endgültig verkündet, dass die Rettung des Waldgebietes angesichts des fortgeschrittenen Stadiums des Projekts nicht mehr möglich sei, vgl. Kommersant FM vom 08.06.2011.

Seiten des Konzessionsgebers wird die RF durch *Rosavtodor* vertreten. Geleitet wird das Projekt vom *Minfin* der RF. Der Leistungsumfang erstreckt sich auf Bau und den Betrieb der Verkehrsstraße, wobei das Eigentum am Konzessionsobjekt stets beim Konzessionsgeber verbleiben soll.[106] Vom Konzessionsgeber werden die Risiken des Verkehrsaufkommens und der Inflation, das Risiko nachträglicher Rechtsänderungen sowie der höheren Gewalt getragen. Zu den vom Konzessionsnehmer übernommenen Risiken gehören neben den üblichen Herstellungs- und Betreiberrisiken das Währungskursrisiko sowie das Risiko der Kreditzinsschwankungen. Die Risiken der Einholung erforderlicher Genehmigungen sowie die Planungsrisiken tragen die Parteien gemeinsam.

Nachdem sich das Projektgesamtvolumen ursprünglich auf rd. 54 Mrd. RUB belaufen sollte, wurde es anschließend auf rd. 59,6 Mrd. RUB (1,33 Mrd. EUR) erhöht. Hiervon sollen rd. 25,8 Mrd. RUB durch den Investitionsfonds der RF zur Verfügung gestellt werden. Die jährlichen Betriebsausgaben des Investors werden nach Rechnungen aus dem Jahr 2007 auf rd. 153 Mio. RUB geschätzt. Der Durchschnittstarif für die Verkehrsstraße beträgt 3,6 RUB (rd. 0,08 EUR) pro Kilometer. Die Ausschreibungsunterlagen sehen *availability payments* als Kompensationszahlungen für den Fall der Gewinnausfälle vor.[107] Die EBRD und die EIB bekundeten ihr Interesse an der Finanzierung des Vorhabens. Die für die Finanzierung durch die EIB in Höhe von 200 Mio. EUR erforderliche Umweltverträglichkeitsprüfung nach Anhang I der UVP-Richtlinie 85/337/EWG wurde durch den Investor durchgeführt.

---

[106] Vgl. *Knaus*, S. 35.
[107] Vgl. *Knaus*, S. 35.

VI. Bau der Teilstrecke der Verkehrsstraße M-1 „Belarus" Moskau-Minsk (M1), Odincovo

Projektstart	2007
Bau	2 Jahre
Betrieb	28 Jahre
Investitionsvolumen	rd. 25,7 Mrd. RUB (rd. 571 Mio. EUR)
Privater Finanzierungsanteil	rd. 14,7 Mrd. RUB (rd. 210 Mio. EUR)
Modell	Inhabermodell in Form des Konzessionsmodells
Eigentum an den Anlagen während der Betriebsphase	öffentliche Hand
Anwendbares Recht	KonzG

Tabelle 12: Projektdaten Bau der Teilstrecke der Verkehrsstraße M-1 „Belarus" Moskau-Minsk (M1), Odincovo[108]

Die Verkehrsstraße M-1 „Belarus" Moskau-Minsk soll im Wege des 18,5 km langen Ausbaus unter Umfahrung der Stadt Odincovo die Stadt Moskau an den MKAD anschließen. Die Entscheidung über den Abschluss der Konzessionsvereinbarung wurde durch die Regierung der RF am 24. April 2007 getroffen.[109] Die Ausschreibungsunterlagen[110] zu dem Projekt wurden am 20. September 2007 bekanntgemacht.[111] Die Vorbereitung der Angebotsunterlagen durch die Bieter wurde vom Investitionsfonds der RF vorfinanziert.

Von den insgesamt vier Bewerbern um die Teilnahme an der offenen Ausschreibung haben sich am 14. Februar 2008 zwei Konsortien präqualifiziert – das Konsortium **OOO Zapadnye dorožnye koncessii** bestehend aus *Atlantia*

---

[108] Informationen des Rosavtodor, abrufbar unter: http://www.rosavtodor.ru/shownewsn.php?id=11098.

[109] S. die Anordnung der Regierung der RF vom 24. April 2007, Nr. 512-r.

[110] Die Ausschreibungsunterlagen sind in der Fassung vom 4. August 2008 abrufbar unter: http://www.rosavtodor.ru/doc/konkurs_piter/konkur_doc.pdf, Band 1, und http://www.rosavtodor.ru/doc/konkurs_piter/konkr_doc_tom_3.pdf, Band 3.

[111] S. Prikaz des Rosavtodor vom 20. September 2004, Nr. 71.

S.p.A., Autostrade per l'Italia S.p.A. und *Cooperativa Muratori Cementisti – C.M.C. di Ravenna* und das Konsortium **OAO Glavnaâ doroga** bestehend aus *ZAO Lider, FCC Construccion S.A., Brisa – Auto-Estradas de Portugal, S.A., Alpine Bau GmbH, OOO Strojgazkonsalting* und *OAO Gazprombank.*[112] Das M1-Ausschreibungsverfahren lief dem M10-Ausschreibungsverfahren parallel. Die Bieternachfragen mit anschließenden Änderungen der Ausschreibungsunterlagen wurden am 29. November 2007, am 4. Juni 2008, 28. Juli 2008 und schließlich am 6. August 2008 beantwortet. Die Angebotsöffnung fand am 17. September 2008 statt. Am 18. September 2008 wurde jedoch festgestellt, dass nur ein Bieter – *OAO Glavnaâ doroga* – ein Angebot abgegeben hat.[113] Daraufhin wurde die Ausschreibung per Prikaz des *Rosavtodor* für fehlgeschlagen erklärt, vgl. Art. 32 Pkt. 7 i.V.m. 36 Pkt. 3 KonzG. Am 17. Oktober 2008 wurde *OAO Glavnaâ doroga* als Ausschreibungsteilnehmer zugelassen und die Frist für den Abschluss des PPP-Vertrages mit diesem auf sechs Monate festgelegt.[114]

Die Föderale Antimonopolbehörde der RF (FAS)[115] leitete Ende Oktober 2008 ein Verfahren gegen *Rosavtodor* wegen Verletzung des Art. 17 des Gesetzes über den Wettbewerb (WettbewerbG)[116] ein, da die an die Bewerber gestellten Anforderungen als zu hart gewertet wurden. Die Beschwerde soll von Unternehmen *ZAO CNIIÈUS* eingereicht worden sein. Insbesondere sei die Voraussetzung der einschlägigen Erfahrung mit Mautverkehrsstraßen bzw. Infrastrukturprojekten auf Konzessionsbasis (mind. zehnjährige Erfahrung und mind. zwei Projekte im Verkehrsbereich) nicht hinnehmbar, da viele russische Unternehmen – insbesondere *Mostotrest* und *Transstroj* – mangels solcher Projekte in der RF durch diese unzumutbar benachteiligt seien. Am 13. Oktober 2008 hat die FAS entschieden, dass die Anforderungen von *Rosavtodor* wettbewerbsrechtlichen

---

[112] Die Ergebnisse der Präqualifikation sind abrufbar unter: http://rosavtodor.ru/doc/belarusssRpem.pdf.

[113] S. Prikaz des Mintras (Rosavtodor) vom 18. September 2008, Nr. 81, abrufbar unter: http://www.rosavtodor.ru/doc/konkurs_piter/prikaz_81.pdf.

[114] S. die Anordnung des Rosavtodor vom 17. Oktober 2008, Nr. 434-r, abrufbar unter: http://www.rosavtodor.ru/shownewsn.php?id=9549.

[115] Russ.: *Federal'naâ antimonopol'naâ služba Rossijskoj Federacii.* Bemerkenswerterweise bildet die Aufdeckung und Ahndung wettbewerbswidriger Eingriffe staatlicher Organe in den Wettbewerb den Schwerpunkt der Tätigkeit der FAS, vgl. *Nußberger,* in: *dies.* (Hrsg.), Einführung in das russische Recht, S. 347.

[116] S. das föderale Gesetz über den Wettbewerb vom 26. Juli 2006, Nr. 135-FZ, russ.: *O zaŝite konkurencii.*

Bestimmungen widersprechen.[117] Rechtliche Folgen soll diese Entscheidung jedoch erst für künftige Projekte haben, während das Ausschreibungsverfahren im M1-Verfahren wirksam blieb. /

Am 17. Juli 2009 wurde das Vertragswerk von *Rosavtodor* und *OAO Glavnaâ doroga* unterzeichnet. Der Projektumfang beläuft sich auf rd. 25,7 Mrd. RUB (rd. 571 Mio. EUR), wovon rd. 10 Mrd. RUB durch den Investitionsfonds der RF zur Verfügung gestellt werden sollen. Die geplante Gebühr für die Nutzung der Verkehrsstraße beläuft sich auf 4,99 RUB (rd. 0,11 EUR) pro Kilometer. Die EBRD und die EIB bekundeten Interesse an der Finanzierung des Vorhabens.

VII. Weitere Megaprojekte in Planung

Im Jahre 2010 sollten nach offiziellen Angaben die Ausschreibung folgender weiterer Großvorhaben bekanntgegeben werden – Ringautobahn (ZKAD), Moskauer Gebiet,[118] die Teilstrecke der Verkehrsverbindung Moskau – St. Petersburg auf den 58.-684. Kilometern, die Verkehrsstraße M4 Don[119], M8 Richtung Archangelsk sowie die Teilstrecken der Verkehrsstraße M1 Belarus auf den 33.-84. und den 231.-380. Kilometern und M3 Ukraina. Im Februar 2007 wurde zudem das Konzept zur Überdachung von vier Eisenbahnlinien in Richtung Kursk, Pawelezk und Riga sowie ein Abschnitt der Metro-Linie Filewsk in Form des Konzessionsmodells mit insgesamt 30 km Hochstraßen mit einem Gesamtvolumen von 1,4 Mrd. bis 3 Mrd. USD bekannt gegeben.

---

[117] Vgl. *Kas'min*, Vedomosti vom 14. Oktober 2008.

[118] Das Vorhaben beinhaltet den Ausbau des Zentralen Autobahnrings um das Moskauer Stadtgebiet. Die Ausarbeitung der Ausschreibungsunterlagen durch Rosavtodor und *Dorogi Rossii* wurde im Jahr 2007 beschlossen, s. die Anordnungen der Regierung der RF über die Ausarbeitung der Projektunterlagen vom 29. Dezember 2007, Nr. 1724-r, sowie über die Annahme des Projektpasses zur Ausarbeitung der Ausschreibungsunterlagen vom 23. Juni 2008, Nr. 897-r.

[119] S. die Anordnung des Mintrans vom 1. Oktober 2007, Nr. 320-r, und vom 12. Mai 2008, Nr. 177-r. Nachdem ursprünglich bereits 2010 mit dem Bau des aus zwei Teilstücken bestehenden und insgesamt 1.517 km langen Vorhabens begonnen werden sollte, ließ man inzwischen verlauten, dass das Vorhaben konventionell ausgeschrieben werden soll, vgl. Ekimovskij, Kommersant vom 4. Februar 2009. Anfang 2011 wurde Rosavtodor mit der Ausschreibung des Vorhabens als PPP betraut.

C. Weitere Projekte

In der Literatur werden ferner viele weitere Vorhaben als GČP-Projekte bezeichnet. Unklar ist oft, wie diese im Einzelnen strukturiert sind und ob diese
tatsächlich in Form von PPP organisiert werden sollen.

I. Vom Investitionsfonds der RF mitfinanzierte Großprojekte

Das zur Registrierung von durch den Investitionsfonds der RF finanzierten Projekten geschaffene Register beinhaltet derzeit 36 Eintragungen.[120] Im Folgenden
sollen nur einige Großprojekte beispielhaft skizziert werden.

1. Erschließung des Niederen Angaragebietes, Krasnojarsker Region

Das Projekt[121] Erschließung des Niederen Angaragebietes, Krasnojarsker Region, mit der Gesamtlaufzeit von 14 Jahren beinhaltet die Fertigstellung des
Wasserkraftwerks *Bogučanskaâ GÈS* mit einer Jahresleistung von 3.000 MW,
die Errichtung einer Aluminiumhütte mit einer Kapazität von 600.000 Tonnen
pro Jahr sowie den Bau eines Zellstoff- und Papierkombinats als Kern einer
neuen Industrieregion. Hinzu kommen Investitionen in die dazu gehörige Infrastruktur, darunter der Bau von Stromübertragungsnetzen, die Modernisierung
der Straßenverbindung Kansk – Aban – Bogutschany – Kodinsk, die Errichtung
einer Brücke über den Fluss Angara sowie die Errichtung einer Eisenbahnlinie
zwischen Karabula und Jarki. Projektträger ist die *OAO Korporaciâ razvitiâ
Krasnoârskogo kraâ* – ein Zusammenschluss der Gebietsverwaltung Krasnojarsk, der Wasserkraftholding *OAO GidroOGK* (Tochterunternehmen von *RAO
EÈS*), der *Vnešèkonombank* sowie der Holding *Basic Element* von *Oleg
Deripaska*. Die Gesamtkosten werden mit rd. 360 Mrd. RUB beziffert. Davon
sollen 34,2 Mrd. RUB (etwa 15%) vor allem zur Finanzierung von Infrastrukturmaßnahmen aus dem Investitionsfonds stammen.[122] Die Stadtverwaltung
plant ferner weitere PPP-Vorhaben. Welche davon tatsächlich ausgeschrieben
werden, bleibt derzeit unklar. Im Februar 2009 wurde bekannt, dass eines der

---

[120] Das Register ist abrufbar unter: http://archive.minregion.ru/WorkItems/S-
Page.aspx?PageID=408.
[121] Informationen zum Projekt sind abrufbar unter: http://www.krskstate.ru/invest/invest-
proekty/priangarie.
[122] Vgl. *Zvetkov/Medkov*, S. 9.

beteiligten Unternehmen – *Rusal* – das Investitionsprogramm zur Entwicklung des Niederen Angaragebietes kürzt.[123]

2. Erdölverarbeitende Betriebe, Nizhnekamsk

Im Rahmen des Vorhabens Erdölverarbeitungs- und Petrochemiekomplex in Nizhnekamsk, Republik Tatarstan, sollen aus dem Investitionsfonds u.a. eine 117 km lange Erdölpipeline und eine 128 km lange Rohrleitung für Ölprodukte sowie 28,5 km Bahnverbindungen finanziert werden.[124] Die Projektkosten belaufen sich auf insgesamt rd. 130,3 Mrd. RUB, davon werden rd. 16,5 Mrd. RUB (etwa 13%) (beantragt waren 34,1 Mrd. RUB) durch den Investitionsfonds getragen. Die Kapazitäten des aus drei Großanlagen bestehenden Industriegebiets werden auf die Verarbeitung von 7 Mio. Fass Erdöl pro Jahr ausgelegt sein. Projektträger ist die tatarische Ölgesellschaft *Tatneft*. Aus dem Investitionsfonds sollen Teile der benötigten Infrastruktur finanziert werden. Weitere Strukturelemente des Projekts sind nicht bekannt, so dass eine Einordnung als PPP schwierig ist. Denkbar ist, dass es sich lediglich um eine staatliche Subventionsform handelt.

3. Kysyl – Kuragino

Ein weiteres Projekt beinhaltet die Errichtung der Eisenbahnverbindung Kysyl – Kuragino, welche die Rohstoffgewinnung in der Republik Tyva unterstützen soll. Der Investitionsfonds gewährt eine Finanzierung in Höhe der Hälfte der Gesamtinvestitionskosten von rd. 131,6 Mrd. RUB.[125] Die Bauphase soll bis 2013 andauern, die Amortisationsdauer insgesamt 11 Jahre betragen.[126] Bezüglich dieses Vorhabens ist ebenso unklar, ob es sich dabei um eine schlichte staatliche Finanzierung handelt. Gegen die Einstufung des Projekts als PPP spricht, dass es sich um keine Aufgabe der Daseinsvorsorge, sondern um gezielte Förderung eines bestimmten Marktteilnehmers auf dem Rohstoffmarkt handelt.

4. Verkehrsinfrastruktur im Südwesten des Tschita-Gebiets

Gegenstand des Projekts ist die Ausbeutung der Metallerzvorkommen im Südwesten des Gebiets Tschita und Errichtung der dafür benötigten Verkehrsinfrastruktur. Projektträger ist der Metallkonzern *Norilskij Nikel*. Die Gesamtkosten

---

[123] Vgl. *Sedurina*, Kommersant vom 17. Februar 2009.
[124] Vgl. *Zvetkov/Medkov*, S. 8.
[125] Vgl. die Anordnung der Regierung der RF vom 12. Dezember 2007, Nr. 1791-r.
[126] Vgl. *Zvetkov/Medkov*, S. 7 f.

für die Erschließung der Lagerstätten, den Bau von vier Anreicherungskombinaten, der Eisenbahninfrastruktur und weiteren Vorhaben belaufen sich auf rd. 141,3 Mrd. RUB. Beantragt wurde eine Kofinanzierung aus dem Investitionsfonds in Höhe von rd. 44,5 Mrd. RUB, genehmigt wurden rd. 40 Mrd. RUB (etwa 13%). Die Mittel sollen für den Bau der benötigten Eisenbahninfrastruktur verwendet werden. Der Finanzierungsanteil von *Norilskij Nikel* soll sich auf 25% belaufen.

5. Weitere Großprojekte des Investitionsfonds

Der Vollständigkeit halber seien noch folgende Projekte erwähnt: die Modernisierung und Erweiterung der Verkehrsstraße Komsomolsk am Amur – *Sovetskaja Gavan* um einen Tunnel, die Errichtung eines Industriezentrums Novokomsomolsk im Tula-Gebiet, die Erschließung des südlichen Jakutiens, die Errichtung und Modernisierung der Wasserver- und Abwasserentsorgungsanlagen in Rostov am Don und der Region, das Belkomur-Vorhaben (Industrie- und Infrastrukturentwicklung der Republik Komi, der Perm-Region und des Archangelsk-Gebiets[127]), die Erschließung des Goldvorkommens *Natalskinskoe* und die Schaffung eines Metallurgie-Clusters im Priamurje.

II. Weitere PPP-Projekte

1. (Ab-)Wassersektor

Am 9. Dezember 2009 wurde in Nishnij Nowgorod eine PPP-Vereinbarung zwischen dem Entsorgungsdienstleister *Remondis* und der Stadt Arsamas unterzeichnet.[128] Die dafür gegründete Projektgesellschaft *Remondis Arsamas Service*, an der die Stadt mit 25% und *Remondis Aqua GmbH & Co. KG* mit 75% beteiligt sind, soll ab April 2010 vorerst 15 Jahre lang den operativen Betrieb der Wasserver- und Abwasserentsorgung der Stadt ausführen und übernimmt dafür sämtliches bewegliches Vermögen des kommunalen Unternehmens *Gorvodokanal* sowie den Großteil der insgesamt 480 Mitarbeiter. In den nächsten Jahren sollen rd. 21 Mio. EUR in die Verbesserung der Infrastruktur fließen. Die spanische *Agbar*-Gruppe beabsichtigt die Wasserver- und Abwasserentsorgung der Stadt Nishnij Nowgorod zu übernehmen und hat der Stadtverwaltung

---

[127] S. dazu auch *Zvetkov/Medkov*, S. 10.
[128] Vgl. EUWID Wasser vom 15. Dezember 2009.

Anfang 2010 einen entsprechenden Vorschlag unterbreitet.[129] Ein weiteres Projekt beinhaltet die Errichtung und Modernisierung von Wasser- und Abwasseranlagen in Rostov am Don und dem Südwesten des Gebietes Rostov am Don. Der private Investor *Vodokanal OAO Evrazijskij* soll den Auftrag – mittels der Projektgesellschaft *Voda Rostova* – übernommen haben. Rd. 33,6 Mrd. RUB von insgesamt rd. 42,8 Mrd. RUB finanziert in das Projekt der Investitionsfonds der RF. Die Bauarbeiten wurden im September 2008 abgeschlossen. Die Betriebsphase des Projekts soll bis 2021 andauern. In der Stadt Katajsk des Gebietes Kurgansk wurden die Wärmeversorgungsobjekte für eine Laufzeit von 20 Jahren an die *ZAO Toblènèrgo* zur Konzession freigegeben. Finanziert wurde das Projekt unter Beteiligung der *Vnešèkonombank*. Das Eigentum an den Objekten verbleibt bei der Stadt. Am 18. Juli 2007 wurden die Ergebnisse der offenen Ausschreibung bekannt gegeben.[130] Das Unternehmen *Rosvodokanal*, welches zu 90% der *AlfaGroup* und zu 10% der *Deutschen Bank* gehört und 24% des russischen (Ab-)Wassermarktes beherrscht, ist in Rostov und Omsk sowie im Süden Russlands im Wassersektor aktiv. Eine Konzession im Gebiet Lugansk hat das Unternehmen in 2008 gestartet. Viele Projekte von *Rosvodokanal* werden durch EBRD finanziert. Zu den gescheiterten Projekten zählt etwa das in 2008 nicht fortgesetzte Vorhaben in der Wasserwirtschaft in Volgograd. Weitere Projekte im (Ab-)Wassersektor sind in Voronesh[131], Saratov[132] und Perm[133] vorgesehen.[134]

2. Abfallsektor

Anfang November 2009 wurde die Ausschreibung für die Konzessionsvergabe an einer Müllverbrennungsanlage im Industriepark Janino in St. Petersburg mit

---

[129] Vgl. *Krasil'nikova*, Kommersant-NN, 9 (4307) vom 21. Januar 2010.

[130] Vgl. *Ûrčenko*, Pressedienst des Gouverneurs des Gebietes Kurgansk (russ.), a.a.O.

[131] Vgl. *Lobanova*, Kommersant Voronesh, 120 (4658) vom 5. Juli 2011. Das Konzessionsvorhaben sieht Investitionen in Höhe von 2 Mrd. RUB in den ersten 3 Jahren der 30-jährigen Laufzeit des Projekts vor. Die jährliche Konzessionsgebühr soll 798,5 Mio. RUB betragen. Der Ausschreibung sind Auseinandersetzungen des derzeit mit der (Ab-)Wasserversorgung betrauten *MUP Vodokanal Voroneža*, das seine Schulden gegenüber der Stadtverwaltung nicht mehr bedienen konnte, vgl. Semin/Lobanova/Dem'ânenko, Kommersant Voronesh, 107 (4645) vom 16. Juni 2011.

[132] Vgl. *Petunin*, Kommersant Saratov, 106 (4644) vom 15. Juni 2011.

[133] Vgl. *Polina*, Kommersant Perm, 119 (4657) vom 2. Juli 2011.

[134] Einen Überblick über Projekte und Ausschreibungen bietet für die Abfallwirtschaft das Staatliche Ausschreibungsportal, abrufbar unter: www.waste.ru

einem Gesamtvolumen von 200-300 Mio. EUR veröffentlicht.[135] Der Vertrag nach dem DBFOT-Modell mit einer Laufzeit von 25 Jahren sollte noch 2010 unterzeichnet werden. Unter den Bewerbern befanden sich *Keppel Seghers Engineering Singapore Pte. Ltd., Strabag AG,* ein Konsortium von *Helector S.A.* und *Aktor S.A.* sowie die deutsche bzw. schweizerische Tochterunternehmen *OOO Essential 812* und *OOO TDF Ekoteh Janino.* Am 6. April 2010 wurden die letztgenannten Unternehmen von der Ausschreibung ausgeschlossen. Die Verantwortung für die Durchführung des Projekts auf Seiten der Stadt trägt der ehemalige Partner von *DLA Piper,* die jetzt ihrerseits als Berater des Projekts auftritt. Ein ähnliches Projekt ist für die Ortschaft Novoselki vorgesehen. Ferner ist die Stadt an Investitionen im Bereich Klärwerksbau und Trinkwasserversorgung interessiert.

3. Energie- und Hochbausektor

Schließlich sind vereinzelte Projekte aus dem Energie- und Industriesektor bekannt. Im Jahre 2008 wurde in Kaliningrad die gesamte Wärmeversorgung der Stadt, die bislang von *MUP Kaliningradskie teploseti* betrieben wurde, an einen privaten Partner zur Konzession übertragen. Ein weiteres Wärmeversorgungsprojekt ist in Novosibirsk geplant.[136] Aus dem Bereich Hochbau ist das Vorhaben zum Bau und Betrieb von zwei Schulen und drei Kindertagesstätten in St. Petersburg mit dem Gesamtvolumen von 2,2 Mrd. RUB zu nennen.[137] Im Gebiet Krasnojarsk soll das *Vankorskoe*-Erdölvorkommen von *Rosneft* und *Basic Element* modernisiert werden. Die öffentliche Hand investiert rd. 800 Mio. USD, die Wirtschaft rd. 5 Mrd. USD. Ein ähnliches Projekt ist für den Gaskondensatbetrieb im *Kovtynskoe*-Vorkommen vorgesehen.

D. Bewertungsansätze und Einordnung als PPP

Die dargestellten Vorhaben in der russischen Kommunalwirtschaft der 1990er Jahren lassen sich als die erste Generation der PPP-Projekte in Russland ansehen. Für diese ersten PPP-Projekte existierte noch keine spezielle Rechtsgrundlage. Mangels Veröffentlichung der Ausschreibungsunterlagen und aufgrund nur weniger bekannter Projektdaten kann diesbezüglich nicht von Transparenz ge-

---

[135] Vgl. *Byčina,* Kommersant-SPB, 190 (4245) vom 13. Oktober 2009; 53/P (4353) vom 29. März 2010 und 60 (4360) vom 7. April 2010.

[136] Vgl. *Ânuškevič,* Kommersant Novosibirsk, 120 (4658) vom 5. Juli 2011 und *dies.,* Kommersant Novosibirsk, 122 (4660) vom 7. Juli 2011.

[137] Vgl. *Privalov,* Kommersant-SPB, 60 (4600) vom 7. April 2011.

sprochen werden. Nicht alle Projekte aus dieser Zeit, die in der Literatur als GČP-Projekte bezeichnet werden, haben sich indes als PPP erwiesen. In der bereits zitierten Studie von *Levitin*[138] wird etwa das Projekt im Bereich des öffentlichen Nahverkehrs in Petrozavodsk als PPP angeführt, wo eine auf Basis eines MUP gegründete Gesellschaft *OOO Passažirskie perevozki* öffentliche Aufgaben ohne Einschaltung von Privaten auf Grundlage eines Pachtvertrages wahrnimmt. Zudem spricht *Levitin* in seiner Studie im Hinblick auf die Dauer der Projekte davon, dass die meisten der angeführten Vorhaben nur kurze Laufzeiten – von einem halben Jahr bis zu zwei Jahren – hatten, was dem Dauerhaftigkeits- und dem Lebenszyklusgedanken von PPP grundlegend widerspricht. Hingegen sind alle vier Projekte – Südbutovo, Zelenograd, Südwest und das Natriumhypochloritproduktionswerk in Moskau – als BOOT-Modelle mit PPP-typischer Risikostruktur und Finanzierungskomponente als PPP zu qualifizieren. Das Vorhaben Wasseraufbereitungsanlagen in Neftejugansk erwies sich dagegen bereits auf den ersten Blick nicht als PPP. Zwar wurde im Rahmen des Projekts durch die öffentliche Hand die Projektgesellschaft *OOO Ûganskvodokanal* gegründet. Die Anteile an der Projektgesellschaft verblieben jedoch vollständig im Eigentum der öffentlichen Hand. Damit handelt es sich lediglich um einen Fall formeller Privatisierung und damit gerade nicht um PPP. Das im Jahr 2001 in der Stadt Sysran initiierte Projekt im Bereich der (Ab-)Wasserwirtschaft – Wasseraufbereitungsanlagen Sysran – weist hingegen deutliche PPP-charakteristische Züge auf. An der Einordnung als PPP bestehen im Sysran-Projekt dennoch Zweifel. Gegen die PPP-Qualität spricht vor allem die kurze Laufzeit des Projekts. Über die Ergebnisorientiertheit des Ausschreibungsverfahrens bzw. (Teil-)Finanzierung des Projekts durch den Privaten ist nichts bekannt. Die Projektstruktur des Vorhabens SWTP weist wiederum alle PPP-typischen Elemente auf und ist somit wohl als ein PPP-Vorhaben im engeren Sinne einzustufen. Mangels näherer Informationen über das Projekt Elektrizitätsversorgung Wladimir kann das Projekt nicht abschließend im Hinblick auf seine PPP-Qualität beurteilt werden. In Frage kommt zwar die Qualifizierung als ein Gesellschaftsmodell. Dies setzt jedoch zumindest eine PPP-typische Risikoverteilung sowie eine Output-Orientierung im Rahmen des Ausschreibungsverfahrens voraus. Zweifel an der PPP-Eigenschaft bestehen auch hier aufgrund der kurzen Grundlaufzeit des Projekts, weshalb die Vereinbarkeit mit dem Lebenszyklusan-

---

[138] Vgl. *Levitin/Majboroda/Stepanov*, Theoretische Aspekte partnerschaftlicher Beziehungen (russ.), S. 57.

satz schwierig sein dürfte. Ferner ist nichts über die Investitionsverpflichtungen des privaten Partners bekannt. Die Projektstruktur MSZ 3 Moskau weist hingegen alle PPP-typischen Elemente auf und ist somit wohl als ein PPP-Vorhaben im engeren Sinne einzustufen.

Um den russischen Infrastrukturausbau anzukurbeln, wurde PPP in Russland mit Verabschiedung der spezialgesetzlichen Regelungen des KonzG und des PPP-G St. Petersburg nicht nur ausdrücklich legalisiert, sondern auch seitens der Politik aktiv gefördert. Auf deren Grundlage wurde ab 2004 die zweite Generation der PPP-Projekte – der sog. Megaprojekte – ins Leben gerufen. Doch konnten bislang nur wenige Großprojekte tatsächlich begonnen werden. Ein wesentlicher Grund hierfür dürfte die weltweite Finanz- und Wirtschaftskrise gewesen sein. Bislang wurden vier der insgesamt sieben Megaprojekte – OT, Pulkovo, M10 und M1 – vergeben, während das derzeit teuerste WHSD-Vorhaben zunächst bis 2011 stillgelegt wurde. Bei allen vier Projekten spielte die politische Unterstützung seitens der verantwortlichen Hoheitsträger eine entscheidende Rolle. Damit war der Erlass des KonzG letztlich nicht für diese Entwicklung ursächlich und hat im Ergebnis nicht die erhoffte Wirkung gehabt. Die Zukunft der übrigen Vorhaben bleibt derzeit ungewiss. Anzumerken ist insgesamt, dass es sich bei den Megaprojekten in der Tat um höchst investitionsstarke Projekte handelt. Das Gesamtvolumen des WHSD-Projekts beträgt rd. 5,7 Mrd. EUR, während das größte Projekt im selben Sektor in Deutschland – der Bau eincs Teilabschnitts der Bundesautobahn A1 zwischen Hamburg und Bremen – bei rd. 1 Mrd. EUR liegt. Interessant ist ferner, dass in Russland bislang keine Hochbauprojekte initiiert wurden, während in Deutschland die meisten PPP-Projekte auf den Bereich Hochbau entfallen.

Weitere vom Investitionsfonds finanzierte Projekte sind dagegen nicht zwingend als PPP einzustufen. Dennoch kann wohl mit Sicherheit behauptet werden, dass auch künftig Infrastrukturausbauprojekte aus staatlichen Mittel – ob der Föderation oder des Investitionsfonds – finanziert werden. Die Belebung des PPP-Marktes ist auch in einzelnen Regionen – insbesondere in der Abfallentsorgung und -verarbeitung sowie der Wasserver- und Abwasserentsorgung – allmählich spürbar, wenngleich das Terrain für ausländische Investoren bislang noch weitgehend unbekannt blieb und die PPP-Qualität aufgrund knapper Informationen noch schwer zu beurteilen ist. Wie sich der PPP-Markt in Russland weiter entwickeln wird, bleibt derzeit abzuwarten.

Teil 2: Public Private Partnership in Deutschland und Russland. Die Grundlagen

Das Konzept von PPP basiert auf einer langfristigen Beziehung zwischen dem Staat und der privaten Wirtschaft und zielt auf die Errichtung/Modernisierung bzw. den Betrieb von Infrastrukturobjekten zur Erfüllung öffentlicher Aufgaben ab. Private Unternehmen werden auf stets unterschiedliche Art und Weise in die jeweiligen Phasen von Planen, Bauen/Herstellen, Finanzieren und Betreiben öffentlicher Infrastruktur eingebunden. In der deutschen PPP-Literatur ist indes vieles umstritten. Keinesfalls kann man von einem einheitlichen Begriffsverständnis oder gefestigten theoretischen Strukturen sprechen. Im Rahmen der folgenden Untersuchung ist eine mehr oder minder definierte, einheitliche Grundlage für den Rechtsvergleich dennoch unabdingbar. Angesichts der Fülle der in der Literatur vertretenen Ansätze und der Vielgestaltigkeit der Erscheinungsformen werden die PPP-Grundlagen im Folgenden nicht umfassend dargestellt, sondern lediglich skizziert.

§ 2 PPP-Grundlagen in Deutschland

A. Historischer Rückblick

I. PPP-Initiative in Deutschland

Der Inhalt der PPP-Initiative in Deutschland geht auf die im Vereinigten Königreich gemachten Erfahrungen zurück.[139] Die Entwicklung in Deutschland verlief hingegen im Vergleich zu vielen seiner Nachbarländer eher zaghaft.[140] Ausgehend vom Referenzmodell Gewährleistungsstaat erfolgte jedoch auch in Deutschland zunehmend eine institutionelle Verknüpfung der Sektoren Staat und Wirtschaft auf bisher überwiegend von der öffentlichen Hand wahrgenommenen Aufgabenfeldern.

---

[139] Zu den Entwicklungen im englischsprachigen Raum s. *Kouwenhoven*, in: *Kooiman*, Modern Governance – New Government-Society Interactions, S. 119 ff.

[140] Vgl. *Alfen/Fischer*, in: *Weber/Schäfer/Hausmann*, Praxishandbuch Public Private Partnership, S. 6.

1. Anfänge staatlich-privater Zusammenarbeit im deutschen Beschaffungswesen

Deutschland hat eine lange Tradition der gemischtwirtschaftlichen Wahrnehmung öffentlicher Aufgaben.[141] So haben etwa in der Stadtentwicklung seit jeher private Bauträger und Planungsgesellschaften mit Stadtentwicklungsbehörden kooperiert. Anzuführen ist etwa die Zusammenarbeit von Städten – etwa der Stadt Düsseldorf – mit englischen Gasgesellschaften im 19. Jahrhundert in Form von Konzessionsverträgen. In der Folgezeit übernahmen die Städte die Versorgung im Nahverkehr wieder überwiegend selbst. Aus dieser Zeit stammt das bis heute dominierende Modell der Stadtwerke.[142] Andererseits wurden besonders im Elektrizitätssektor in der Weimarer Republik verschiedentlich gemischtwirtschaftliche Gesellschaften – etwa die *Bewag* Berlin – gebildet.[143] Nach dem Zweiten Weltkrieg wurde die Fortführung der Gemischtwirtschaftlichkeit vielfach befürwortet. Über PPP-Beispiele aus dieser Zeit ist jedoch wenig bekannt. *Püttner*[144] konstatiert insgesamt, dass es der Erfolg solcher Kooperationen letztlich von der konkreten Gestaltung abhängig ist; gemischtwirtschaftliche Unternehmen in der Vergangenheit jedoch erfolgreicher waren als Konzessionsverträge.

Aus den 1970er Jahren sind kommunale Finanzierungsmodelle wie kommunales Leasing, geschlossene Immobilienfonds, Betreibermodelle oder Forfaitierung bekannt.[145] In den 1980er Jahre haben Städte und Gemeinden im Rahmen interkommunaler Standortkonkurrenz große Projekte mit privaten Unternehmen insbesondere im Bereich der Stadtentwicklungspolitik initiiert.[146] Diese Entwicklung – die in der Literatur vereinzelt als erste PPP-Generation bezeichnet wird[147] – lässt jedoch nur wenige Züge von PPP in seiner heutigen Form erkennen. Dies änderte sich im Zuge der Deregulierung und Modernisierung der Verwaltung

---

[141] Vgl. *Fürst*, in: *Brandt/Bredemeier/Jung/Lange*, Public Private Partnership in der Wirtschaftsförderung, S. 174, der als Beispiele v.a. gemeinwirtschaftliche Betriebe und Vereine mit Beteiligung öffentlicher und privater Akteure anführt.

[142] Vgl. dazu *Püttner*, in: *Budäus* (Hrsg.), Kooperationsformen zwischen Staat und Markt, S. 98 m.w.N.

[143] *Ders.*, S. 98.

[144] Vgl. *ders.*, S. 98 f.

[145] Vgl. *Budäus*, in: *Budäus* (Hrsg.), Kooperationsformen zwischen Staat und Markt, S. 12 m.w.N.

[146] Vgl. *Sack*, in: *Budäus* (Hrsg.), Kooperationsformen zwischen Staat und Markt, S. 55.

[147] Vgl. *Budäus*, in: *Budäus* (Hrsg.), Kooperationsformen zwischen Staat und Markt, S. 12.

seit Ende der 1980er Jahre als sich die sog. PPP der zweiten Generation[148] zunehmend etabliert hat. Auf dieser Stufe entwickelten sich sog. ganzheitliche PPP-Modellen[149], deren Grundlagen unten dargestellt werden.

2. Neuere Entwicklungen auf dem PPP-Markt

Der zunehmende globale Wettbewerb und die EU-Osterweiterung setzten neue Rahmenbedingungen für staatlich-private Zusammenarbeit. Aufgrund der Liberalisierungspolitik der EU in wichtigen Infrastruktursektoren sowie der sich deutlich abzeichnenden Förderpolitik für staatlich-private Kooperationen auf Bundes- und Landesebene seit Ende der 1990er Jahre kam es zu einem neuen Schub für die Verbreitung von PPP.[150] Der Grundstein für PPP-Modelle in der Straßenverkehrsinfrastruktur wurde bereits im Jahr 1994 mit der Verabschiedung des Fernstraßenprivatfinanzierungsgesetzes (FStrPrivFinG)[151] gelegt. Das Gesetz ermöglichte die Durchführung von sog. F-Modellen durch die Einräumung des Mauterhebungsrechts für bestimmte Autobahnabschnitte. Im Frühjahr 1996 hat sich der Wissenschaftliche Beirat der Gesellschaft für öffentliche Wirtschaft (GÖW) auf einer Fachtagung erstmals intensiv mit dem Thema PPP befasst. In der Folgezeit wurden zahlreiche Initiativen – etwa die der Verwaltungshochschule Speyer, der Bertelsmann-Stiftung, der Arbeitsgemeinschaft für wirtschaftliche Verwaltung sowie der organisationsübergreifenden Zusammenschlüsse wie die D-21-Initiative, des Bundesverbands PPP, der Industrie- und Bauverbände – ins Leben gerufen.[152] Im Jahr 2002 wurde die Gründung der sog. PPP-*Task Force* beim Finanzministerium des Landes Nordrhein-Westfalen als Bundeskompetenzzentrum und später mehrere *Task Forces* der Bundesländer beschlossen.

Auf Grundlage des FernStrPrivFinG wurden im Jahr 1999 die Bauarbeiten für das bundesweit erste F-Modell – die 800 m lange, 220 Mio. EUR teure Warnowquerung bei Rostock – und 2001 für das zweite F-Modell – den 176

---

[148] Vgl. *ders.*, S. 14.
[149] Vgl. *BMVBS*, Erfahrungsbericht – Öffentlich-Private-Partnerschaften in Deutschland, S. 7.
[150] Vgl. *Sack*, in: *Budäus* (Hrsg.), Kooperationsformen zwischen Staat und Markt, S. 55; *Brandt*, in: *Brandt/Bredemeier/Jung/Lange*, Public Private Partnership in der Wirtschaftsförderung, S. 32 m.w.N.
[151] Mit dem FStrPrivFinG wurde die EU-Richtlinie 1999/62/EG über die Erhebung von Gebühren für die Benutzung bestimmter Verkehrswege durch schwere Nutzfahrzeuge umgesetzt. Die Richtlinie sollte der Behinderung des Warenverkehrs durch uneinheitliche Mauterhebung entgegenwirken.
[152] Vgl. *Sack*, in: *Budäus* (Hrsg.), Kooperationsformen zwischen Staat und Markt, S. 52.

Mio. EUR teuren Herrentunnel bei Lübeck – begonnen. Im Jahre 2000 wurde das bisher umstrittenste PPP-Projekt Deutschlands – Errichtung und Betrieb der Lkw-Mauteinrichtungen auf Bundesautobahnen durch *Toll Collect* – ausgeschrieben.[153] Im Jahre 2003 wurde die Verkehrsinfrastrukturfinanzierungsgesellschaft (VIFG) für den Bereich der Bundesfernstraßen gegründet.[154] Im Auftrag des Lenkungsausschusses beim BMVBS erstellte eine Beratergruppe im August 2003 das Gutachten „PPP im öffentlichen Hochbau", in dem die rechtlichen Grundlagen für Vorbereitung und Durchführung von PPP-Modellen in Deutschland ausgearbeitet wurden.[155] Laut Gutachten stellte die derzeit geltende Rechtslage zwar kein PPP-Hindernis dar, benachteiligte diese Kooperationsform jedoch vielfach gegenüber der konventionellen Beschaffungsvariante. Anfang April 2004 wurde im Deutschen Bundestag ein gemeinsamer Antrag der Fraktionen von SPD und Bündnis 90/Die Grünen zur Förderung staatlich-privater Partnerschaften debattiert. Die Koalition einigte sich auf die Verbesserung der PPP-

---

[153] Vgl. dazu etwa *Rügemer*, „Heuschrecken" im öffentlichen Raum, S. 67 ff. Die Ausschreibung zur Einführung streckenbezogener (statt bisher zeitbezogener) Autobahngebühren für schwere Lkw wurde durch den Bund am 5. Januar 2000 bekannt gegeben. Am 31. Januar 2001 erhielt der Bund Angebote der *FELA Management AG*, der *AGES* sowie des Konsortiums *Toll Collect GbR*, bestehend aus der *Deutschen Telekom AG*, der *Daimler Financial Services AG* sowie der *Compagnie Financiere et Industriele des Autoroutes (Cofiroute) S.A.* Das Angebot der *AGES* konnte mangels finanzieller Leistungsfähigkeit nicht berücksichtigt werde. Am 16. November 2001 reichte *Toll Collect* das endgültige Angebot ein. Ursprünglich sah der Betreibervertrag vor, dass das Mautsystem bis spätestens zum 31. August 2002 errichtet und am 1. Januar 2003 in Betrieb genommen wird. Die *AGES* konnte im Wege des Nachprüfungsverfahrens vor dem OLG Düsseldorf erreichen, dass sie wieder am Ausschreibungsverfahren beteiligt wird. Am 30. April 2002 reichten beide Unternehmen erneut Angebote ein. Erfolgreicher Bieter wurde *Toll Collect*. Im Juli 2002 wandte sich *AGES* gegen die Vergabeentscheidung und erreichte die Aussetzung des Verfahrens. Im September 2002 einigten sich *Toll Collect* und *AGES* überraschend auf die Einreichung eines gemeinsamen Angebots. Die PPP-Vereinbarung wurde schließlich am 20. September 2002 in Zug und eine Zusatzvereinbarung in Basel Stadt in der Schweiz unterzeichnet. Der Inbetriebnahmetermin, der nunmehr auf den 1. September 2003 lautete, konnte vom Betreiberkonsortium nicht eingehalten werden. Das System wurde erst am 1. Januar 2005 in technisch reduzierter Form und am 1. Januar 2006 in vertraglich vereinbarter Form aufgenommen. Am 29. Juli 2005 reichte das BMVBS Klage gegen das Konsortium ein. Die Forderungen des Bundes belaufen sich auf 1,6 Mrd. EUR Vertragsstrafen sowie 3,5 Mrd. EUR Einnahmeausfälle. Das Schiedsgerichtsverfahren ist derzeit nicht abgeschlossen.

[154] Problematisch an der Gründung der VIFG ist, ob und inwieweit die Kreditfinanzierung von Verkehrinfrastrukturprojekten auf diese verlagert und damit aus dem Haushalt ausgegliedert werden kann, was faktisch darauf abzielte, die Maastricht-Kriterien zu unterlaufen, so *Budäus/Grüb*, Public Private Partnership: Theoretische Bezüge und praktische Strukturierung, S. 247.

[155] S. *PPP-Beratergruppe*, Gutachten im Auftrag des Lenkungsausschusses beim BMVBW.

Rahmenbedingungen, den Aufbau eines föderalen PPP-Kompetenznetzwerks und verstärkten Einsatz von PPP im eigenen Aufgabenbereich.[156] Die EU-Kommission beeinflusste den Prozess mit der Vorlage des PPP-Grünbuches[157]. Auf Grundlage der sog. 28-Punkte-Liste des Lenkungsausschusses wurde vom Deutschen Bundestag am 30. Juni 2005 das sog. ÖPP-Beschleunigungsgesetz (ÖPP-BeschleunigungsG)[158] in dritter Lesung verabschiedet und trat am 8. September 2005 in Kraft. Das Gesetz sah Änderungen des Vergabe- und Haushaltsrechts, des Steuerrechts sowie des Fernstraßenbauprivatfinanzierungs- und Investmentgesetzes vor.[159] Breiten Raum nahmen vergaberechtliche Regelungen ein, vgl. Art. 1 und 2 ÖPP-BeschleunigungsG, mit denen insbesondere die neue Vergabeart des sog. Wettbewerblichen Dialogs eingeführt wurde.[160] Ferner wurden Fragen des Dienstleistungsauftrags, der Bestimmung des Auftragsschwerpunkts i.S.d. § 99 Abs. 6 Satz 2 GWB, der Zulässigkeit des Nachunternehmereinsatzes sowie der Grund- und Grunderwerbsteuerbefreiung geregelt. Schließlich sieht das ÖPP-BeschleunigungsG eine Erweiterung der Anlagemöglichkeiten von offenen Immobilienfonds (Nießbrauchsrechte an Grundstücken als Investmentquelle)[161], die Integration von PPP-Projektgesellschaften in die Portfolios geschlossener Immobilienfonds sowie die Schaffung von Infrastrukturfonds als geschlossene Fonds vor.

Nachdem die PPP *Task Force* im BMVBS zum 28. Februar 2009 ihre Tätigkeit beendet hatte, nahm die Gesellschaft *Partnerschaften Deutschland ÖPP Deutschland AG* ihre Arbeit auf. Die Gesellschaft wurde nach dem Vorbild der britischen *Partnerships UK* – einer staatlich-privaten Gesellschaft – gegründet, mit Eigenkapital von rd. 20 Mio. EUR ausgestattet und zu 49,9% in das Eigen-

---

[156] Vgl. *Fleckenstein*, DVBl 2006, 75.

[157] S. *EU-Kommission*, Grünbuch zu öffentlich-privaten Partnerschaften und den gemeinschaftlichen Rechtsvorschriften für öffentliche Aufträge und Konzessionen vom 30. April 2004, KOM (2004) 327 edg.

[158] S. das Gesetz zur Beschleunigung der Umsetzung von Öffentlich Privaten Partnerschaften und zur Verbesserung gesetzlicher Rahmenbedingungen der Öffentlich Privaten Partnerschaften (ÖPP-Beschleunigungsgesetz) vom 1. September 2005, BGBl. 1 S. 2676.

[159] S. dazu ausführlich *Fleckenstein*, DVBl 2006, 75 (79).

[160] Vgl. dazu ausführlich *Fleckenstein*, DVBl 2006, 75 (77 ff.).

[161] Das bislang geltende Recht sah in § 67 Abs. 1 und Abs. 2 Satz 1 Investmentmodernisierungsgesetzes vor, dass die Kapitalanlagegesellschaften nur in Immobilien investieren dürfen, bei denen das Eigentum oder Erbbaurechte erworben werden können. Damit eigneten sich Grundstücke, die Gegenstand von PPP-Projekten sein können, regelmäßig nicht als Anlageobjekte. Mit dem neu eingeführten § 67 Abs. 2 Satz 3 darf eine Kapitalgesellschaft auch Nießbrauchsrechte an öffentlich genutzten Grundstücken erwerben.

tum einer privaten Beteiligungsgesellschaft überführt. Auf Landesebene hat als erstes Bundesland Schleswig-Holstein im Juni 2007 ein PPP-Gesetz verabschiedet.[162]

Mit der Einführung der Lkw-Maut wurden 2005 vier Pilotprojekte für A-Modelle – Ausbau der Teilstrecken der Bundesautobahnen A8, A4, A5 und A1 – gestartet. Nach einer im Auftrag der PPP *Task Force* durchgeführten Studie des Deutschen Instituts für Urbanistik (Difu)[163] gab es in Deutschland im Jahr 2005 rd. 200 konkrete PPP-Projekte auf kommunaler Ebene.[164] Nach Informationen der PPP-Projektdatenbank[165] sind die PPP-Fallzahlen seit 2003 kontinuierlich gestiegen, so dass im Juli 2010 etwa 140 Partnerschaften mit einem Gesamtauftragsvolumen von über 5,5 Mrd. EUR zustande gekommen und mehr als 150 weitere Projekte in Vorbereitung waren. Derzeit liegt der PPP-Anteil bei Beschaffungen der öffentlichen Hand in Deutschland bei 2-4%. Die Bundesregierung strebt die Erhöhung dieses Anteils auf bis zu 15% an.[166] Unter den Bundesländern gehört NRW zu den Vorreitern.[167] Während der Bund bisher mit der Realisierung von PPP-Projekten zurückhaltend war, dominieren die Kommunen auf diesem Gebiet.[168] In Zeiten der Finanzkrise sind viele Projekte aufgrund schlechterer Finanzierungsbedingungen an der Hürde der Wirtschaftlichkeit gescheitert, so dass der Markt nach Jahren des Wachstums derzeit zu stagnieren

---

[162] S. Gesetz über die Zusammenarbeit zwischen Trägern der öffentlichen Verwaltung und Privaten, abrufbar unter: http://www.schleswig-holstein.de/cae/servlet/contentblob/420486/publicationFile/ChanceSichern.pdf. Nach Meinung von *Budäus/Grüb*, Public Private Partnership: Theoretische Bezüge und praktische Strukturierung, S. 247, wirkt das Gesetz dem angestrebten Bürokratieabbau bzw. der Rechtsbereinigung indes eher entgegen.

[163] S. *Difu*, Public Private Partnership Projekte – Eine aktuelle Bestandsaufnahme in Bund, Ländern und Kommunen, September 2005.

[164] Vgl. *Difu*, Public Private Partnership Projekte – Eine aktuelle Bestandaufnahme in Bund, S. 8 ff.

[165] Die im Auftrag des BMVBS eingerichtete PPP-Projektdatenbank ist abrufbar unter: http://www.ppp-projektdatenbank.de/. Erfasst sind darin solche Projekte, bei denen von den fünf Lebenszykluselementen die Elemente Planen, Bauen, Betreiben und Finanzieren enthalten sind, während Art und Umfang der einzelnen Elemente noch zum Teil erheblich differieren, vgl. *BMVBS*, PPP-Handbuch. Leitfaden für Öffentlich-Private Partnerschaften, S. 9 f.

[166] S. Positionspapier des Hauptverbands der Deutschen Bauindustrie „Der Markt für ÖPP-Projekte in Deutschland", August 2009.

[167] Nach Informationen der PPP-Projektdatenbank wurden 52 der insg. 180 PPP-Projekte in NRW initiiert, abrufbar unter: http://www.ppp-projektdatenbank.de/.

[168] Nach Informationen der PPP-Projektdatenbank entfallen auf den Bund 10, auf die Kommunen 131 der bisherigen 180 PPP-Projekte.

scheint.[169] Zudem wirkte sich das Konjunkturpaket II der Bundesregierung negativ auf die PPP-Bereitschaft der Kommunen aus, die nunmehr kurzfristig über Finanzmittel für Infrastrukturvorhaben verfügten. Werden den Kommunen Gelder für Infrastrukturmaßnahmen zur Verfügung gestellt, entscheiden sie sich für die konventionelle Beschaffungsvariante.[170] Ein PPP-Hindernis wurden ferner die in der Regel längeren Ausschreibungszeiten der PPP-Projekte, während das Konjunkturpaket II nur Investitionen vorsah, die zwischen dem 27. Januar 2009 und 31. Dezember 2010 begonnen und bis 31. Dezember 2011 abgeschlossen sein sollten. Positiv dürfte sich auf die PPP-Attraktivität künftig die Erweiterung der Lkw-Maut auf Bundesfernstraßen und die Anhebung der Mautsätze für bestimmte mautpflichtige Lkw um 0,02 EUR pro Kilometer zum 1. Januar 2011 auswirken, vgl. Mauthöhenverordnung auf Grundlage des § 3 Abs. 2 ABMG. Betrachtet man die finanzielle Lage der Länder und Gemeinden, bleiben kaum Zweifel, dass eine weitere Privatisierungswelle zu erwarten ist. Ob dies auch für PPP einen Anstieg bedeuten wird, bleibt derzeit abzuwarten. Bereits im März 2009 forderten die Fraktionen von SPD und Union die Regierung auf, ein weiteres PPP-Vereinfachungsgesetz auszuarbeiten.[171] Zwar konnte die vom Deutschen Bundestag in seiner Sitzung vom 19. März 2009 geforderte Vorlage eines Gesetzentwurfs durch die Bundesregierung nicht termingerecht vor Ende der 16. Legislaturperiode erfolgen. Beim Tag der Deutschen Bauindustrie im Juni 2009 führte jedoch Bundeskanzlerin *Angela Merkel* aus, dass die Möglichkeiten von PPP noch nicht ausgeschöpft seien.[172]

B. Überblick über die Formen der staatlich-privaten Zusammenarbeit

Die öffentliche Hand ist bei der Erfüllung öffentlicher Aufgaben auf die Mitwirkung von Privaten angewiesen. Traditionell werden Bau-, Liefer- und sonstige Dienstleistungen im Wege konventioneller Vergabe öffentlicher Aufträge beschafft. Geleitet von Überlegungen zur Modernisierung der Verwaltung und

---

[169] Vgl. dazu *Salewski*, Financial Times Deutschland vom 21. Dezember 2009; *Stumberger/Tillmann/Salewski*, Financial Times Deutschland vom 23. Dezember 2009, die als Beispiele für solche gescheiterten Projekte den Gefängnisbau in Gablingen bei Augsburg sowie den Spurenausbau eines Streckenabschnitts der A5 nennen.

[170] Vgl. dazu *Salewski*, Financial Times Deutschland vom 21. Dezember 2009; *Stumberger/Tillmann/Salewski*, Financial Times Deutschland vom 23. Dezember 2009.

[171] *Ebd.*

[172] S. Auszug aus der Rede von Bundeskanzlerin *Merkel* am Tag der Deutschen Bauindustrie am 27. Mai 2009 in Berlin, abrufbar unter: http://www.bundesregierung.de/nn_916176/Content/DE/Bulletin/2009/05/63-3-bkin-bauindustrie.html.

Schaffung des sog. „schlanken Staats"[173] – d.h. Begrenzung der Verwaltungsaufgaben auf die Kernkompetenzen staatlichen Handelns – suchte man in der Vergangenheit zunehmend nach neuen Formen der Zusammenarbeit. Neben der klassischen Privatisierung haben sich mehrere solcher Formen herausgebildet, die sich im Hinblick auf den Grad der Übertragung öffentlicher Aufgaben auf den Privaten unterscheiden. So wird unter dem Begriff der *Private Sector Participation* (PSP) oder Privatsektorbeteiligung jedwede Form der Beteiligung des Privaten an hoheitlicher Aufgabenerfüllung – auch als *outsourcing* bekannt – verstanden, das sog. *New Public Managements*-Konzept.[174] Hiervon ist der Begriff der Privatisierung zu unterscheiden. Der Begriff der Privatisierung im weiteren Sinne umfasst neben der sog. formellen Privatisierung, die sog. materielle und die sog. funktionale Privatisierung.[175] Bei der **formellen Privatisierung** – auch als Organisationsprivatisierung bezeichnet[176] – werden Verwaltungseinheiten in Gesellschaften mit privater Rechtsform und Managementstruktur überführt, während die öffentliche Hand zu 100% Eigentümerin der Gesellschaft bleibt. Bei der **materiellen Privatisierung** – auch als Aufgabenprivatisierung, echte Privatisierung oder Privatisierung im engeren Sinne bezeichnet[177] – geht eine bestehende öffentliche Betriebseinheit vollständig in den Verantwortungsbereich eines Privaten über. Im Folgenden wird übersichtlichkeitshalber lediglich die materielle Vollprivatisierung als Privatisierung im engeren Sinne verstanden. Schließlich werden bei der **funktionalen Privatisierung** bestimmte Aufgaben oder Leistungen dem Wirkungsbereich des Privaten zugeführt.

Damit stellt sich die Frage nach dem Verhältnis der Privatisierung zum Begriff von PPP.[178] Sowohl die Privatisierung im engeren Sinne als auch die formelle

---

[173] Vgl. *Voßkuhle*, GVwR I, § 1, Rn. 62; *Schmitz*, in: *Stelkens/Bonk/Sachs*, Verwaltungsverfahrensgesetz, § 1, Rn. 280.

[174] Vgl. *Alfen/Fischer*, in: *Weber/Schäfer/Hausmann*, Praxishandbuch Public Private Partnership, S. 3.

[175] Vgl. *Kämmerer*, Privatisierung, S. 16 ff.; *Bonk*, DVBl 141 (146); *Stelkens/Bonk/Sachs*, Verwaltungsverfahrensgesetz, § 1, Rn. 101 m.w.N.

[176] Vgl. dazu exemplarisch *Stober*, NJW 2008, 2301 (2307). Als Beispiele sind die Umwandlungen der *Deutschen Bundesbank* und der *Deutschen Bundespost* anzuführen.

[177] Vgl. *Dreher*, NZBau 2002, 245 (246); *Tettinger*, NWVBl 2005, 1 (2); *Stober*, in: *Wolff/Bachof/Stober/Kluth*, Verwaltungsrecht, vor § 90, Rn. 13; *Kopp/Ramsauer*, Verwaltungsverfahrensgesetz, Rn. 105. Als Beispiel wird etwa der Verkauf kommunaler Stadtwerke angeführt.

[178] Vgl. hierzu *Dreher*, NZBau 2002, 246, der PPP begrifflich nicht mit der Privatisierung gleichsetzt, jedoch Überschneidungen einräumt; *Tettinger*, NWVBl 2005, 1 (2), der PPP zwar

Privatisierung fallen streng genommen nicht unter den PPP-Begriff. Das Rechtsinstitut PPP befindet sich vielmehr im Einzugsbereich der funktionalen Privatisierung.[179] Der Begriff der funktionalen Privatisierung – auch als sog. *Contracting out* bezeichnet – beschreibt eine Kooperationsform der öffentlichen Hand mit Privaten, bei der die öffentliche Aufgabe und die Leistungsverantwortung zwar bei der öffentlichen Hand verbleibt, die Leistungserbringung aber durch einen Privaten erfolgt.[180] Es handelt sich vielmehr um unmittelbare Staatsverwaltung, während aus Sicht des Bürgers die Handlungen der Privaten Handlungen der Behörde sind und dem Letzteren keine Entscheidungsbefugnisse zukommen[181]. Die öffentliche Hand überträgt also weder eine bisher öffentliche Aufgabe auf einen Privaten – wie bei der materiellen Privatisierung – noch erfüllt sie eine weiterhin öffentliche Aufgabe selbst in einer Organisationsform des Privatrechts – wie bei der formellen Privatisierung. Während Erstere die vollständige Übertragung der hoheitlichen Aufgabe in den Zuständigkeitsbereich des Privaten unter endgültiger Aufgabe sämtlicher Kontroll- oder Einflussrechte der öffentlichen Hand voraussetzt und eine Zusammenarbeit des Staates mit dem Privaten gerade ausschließt, beteiligt die Letztere gar keine Privaten am Privatisierungsprozess, da lediglich die Rechtsform des neugegründeten Unternehmens privatrechtlich ist. Dahingegen stellt die materielle Teilprivatisierung – die teilweise Privatisierung von öffentlichen Betrieben im Wege der Gründung von Gesellschaften mit öffentlichen und privaten Anteilseignern – eine klassische Form des PPP dar, sog. Gesellschaftsmodell.

Abb. 1: Verhältnis von PPP und Privatisierung

---

als eine besondere Spielart der Privatisierung sieht, diese aber dennoch von klassischen Privatisierungsformen abgrenzt.

[179] Vgl. *Knütel*, in: *Siebel/Röver/Knütel*, Rechtshandbuch Projektfinanzierung und PPP, Rn. 1271 ff.

[180] Vgl. *Becker*, ZRP 2002, 303 (304); *Dreher*, NZBau 2002, 245 (247); *Stober*, in: *Wolff/Bachof/Stober/Kluth*, Verwaltungsrecht, vor § 90, Rn. 16; *Tettinger*, NWVBl 2005, 1(2)

[181] Vgl. *Schoch*, DVwBl 1994, 962 f.

Bei der funktionalen Privatisierung ist weiter zu unterscheiden. Diese Art Privatisierung von bestimmten Aufgaben oder Leistungen kann entweder in Form der konventionellen Beschaffungsvariante – bei der einzelne Teilleistungen eines komplexen Vorhabens an den Privaten vergeben werden – oder in Form von Lebenszyklusprojekten durchgeführt werden – bei denen das Zusammenwirken der öffentlichen Hand mit dem Privaten auf klar definierte Leistung und Gegenleistung beruht. Während im ersten Fall keine PPP vorliegt, handelt es sich im zweiten Fall um PPP-Zusammenarbeit. Auf bloßen Leistungsaustausch gerichtete Verträge – z.B. Kauf- oder Werkverträge – fallen nicht unter PPP.[182] Es handelt sich weder allein um staatliche Erfüllung öffentlicher Aufgaben noch um reine Marktbeziehungen, sondern um Kooperation an der Schnittstelle zwischen Markt und Staat.[183] Im System der unterschiedlichen Formen der Aufgabenübertragung auf Private stellt PPP daher einen dritten Weg dar. In Bezug auf den Grad der Aufgabenübertragung und des damit einhergehenden Einflussverlustes der öffentlichen Hand, lassen sich die drei Formen der Zusammenarbeit wie folgt darstellen:

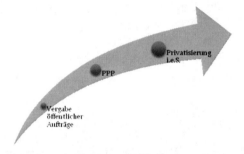

Abb. 2: Formen der Zusammenarbeit nach dem Grad der Aufgabenübertragung

Schließlich unterscheiden sich PPP-Vorhaben von der traditionellen Beschaffung dadurch, dass die Refinanzierung des Vorhabens allein über den entgeltlichen Betrieb der zuvor errichteten Infrastruktur erfolgt. Traditionell wird die Infrastruktur gegen Entgelt errichtet und anschließend durch den öffentlichen Auftraggeber selbst oder einen Dritten betrieben oder genutzt, sog. konventionelle Beschaffungsvariante.

---

[182] So *Püttner*, in: *Budäus* (Hrsg.), Kooperationsformen zwischen Staat und Markt, S. 99.
[183] Vgl. *Ziekow*, VerwArch 2006, 626 (629).

C. Wesen von PPP als alternative Beschaffungsvariante

I. Begriffsverständnis und Definition

Das Phänomen PPP ist in Deutschland nicht unumstritten.[184] Ebenso verhält es sich mit dem Begriff von PPP, der trotz seiner schnellen Verbreitung in der rechtswissenschaftlichen Literatur nicht einheitlich verstanden wird. Trotz zahlreicher in der Literatur vorgeschlagener Definitionen wird zum Teil vertreten, dass es einen definitorisch abgrenzbaren PPP-Begriff nicht gibt.[185] Gleichzeitig konstatiert auch Difu eine gewisse Neigung der Kommunen, sich recht frei dieser Begrifflichkeit zu bedienen.[186] Vielfach wird bemängelt, es herrsche eine begriffliche Beliebigkeit und der PPP-Begriff werde unstrukturiert verwendet.[187] Nicht selten wird dem Begriff nachgesagt, „Modernität zu suggerieren, dabei aber als schillernder Sammelbegriff lediglich Unverbindliches zu transportieren"[188]. Bei der Schwierigkeit, eine Definition zu finden, handle es sich indes „mehr um ein Verarbeitungsproblem der sich mit der chamäleonhaften Faktizität von PPP befassenden Wirtschaftsdisziplinen als um ein Problem des Analyseobjekts PPP"[189]. Es bestehe die Gefahr, dass eine Definition der Komplexität,

---

[184] Zu den Kritikern zählen etwa *Rügemer,* „Heuschrecken" im öffentlichen Raum, S. 67 ff.; *ders.,* 2006, S. 62 ff. sowie der Mitbegründer der Initiative „PPP-Irrweg" *Waßmuth* und der baden-württembergische Grünen-Politiker *Ralf Frühwirt.* In der öffentlichen Diskussion befürchtet man, dass sich hinter dem PPP-Begriff reine Vorfinanzierungs- oder *Sale-and-lease-back*-Modelle verbergen, die zu Lasten künftiger Steuerzahlergenerationen gehen und keine adäquaten Effekte auslösen, vgl. *Alfen/Mayrzedt/Tegner,* PPP-Lösungen für Deutschlands Autobahnen, abrufbar unter: www.uni-weimar.de/Bauing/bwlbau, S. 12. Zuletzt gab es scharfe Kritik an der Durchführung des A1-Autobahnausbauprojkts durch das *A1-mobil*-Konsortium, s. dazu *Kirbach,* Die Zeit vom 15. Juli 2010. Ferner hat der Bundesrechnungshof in seinem Gutachten vom Januar 2009 die Unwirtschaftlichkeit der A- und F-Modelle inbs. aufgrund deutlich höherer Transaktionskosten bemängelt, vgl. *Bundesrechnungshof,* Gutachten des Bundesbeauftragten für Wirtschaftlichkeit in der Verwaltung zu Öffentlich Privaten Partnerschaften (ÖPP) im Bundesfernstraßenbau, abrufbar unter: http://bundesrechnungshof.de/bundesbeauftragter-bwv/ergebnisse-des-bwv-1/sonstige-gutachten-berichte-bwv/05-V3-2006-0201.pdf.

[185] Vgl. *Ziekow,* VerwArch 2006, 626 (628).

[186] Vgl. *Difu,* Public Private Partnership Projekte – Eine aktuelle Bestandaufnahme in Bund.

[187] Vgl. *Budäus/Grüb,* Public Private Partnership: Theoretische Bezüge und praktische Strukturierung, S. 249; *Budäus,* in: *Budäus* (Hrsg.), Kooperationsformen zwischen Staat und Markt, S. 11; *Jaeger,* NZBau 2001, 6 (7); *Tettinger,* NWVBl 2005, 1 f.

[188] So *Schoch,* in: *Erichsen,* Kommunale Verwaltung im Wandel, S. 101 (103).

[189] Vgl. *Ziekow,* VerwArch 2006, 626 (629).

Multidimensionalität, Mannigfaltigkeit des PPP-Konzepts sowie dem steten Formenwandel kooperativer Aufgabenerfüllung nicht genügend Rechnung tragen kann.[190]

Im Grünbuch der EU-Kommission werden unter PPP langfristige Formen der Zusammenarbeit von Staat und Privaten verstanden, wo der Private die (Teil-)Finanzierung, bestimmte Projektrisiken und eine „wichtige Rolle"[191] bei der Aufgabenerfüllung übernimmt, während sich die öffentliche Hand auf die Bestimmung der Ziele konzentriert.[192] Folgende PPP-Definition ist seit dem Gutachten der PPP-Beratergruppe[193] in der PPP-Literatur am häufigsten zu finden: „langfristige, vertraglich geregelte Zusammenarbeit zwischen der öffentlichen Hand und der Privatwirtschaft zur wirtschaftlichen Erfüllung öffentlicher Aufgaben über den gesamten Lebenszyklus eines Projekts, wobei die erforderlichen Ressourcen (z.B. Know-how, Betriebsmittel, Kapital und Personal) von den Partnern in einen gemeinsamen Organisationszusammenhang eingestellt und vorhandene Projektrisiken entsprechend der Risikomanagementkompetenz der Projektpartner angemessen verteilt werden"[194].

Andere Autoren sehen den Begriff dagegen sehr weit. So wird PPP weitgehend als Oberbegriff für unterschiedliche Formen und Inhalte der vertraglichen und außervertraglichen Kooperation bzw. Zusammenarbeit zwischen Staat und Privaten verstanden.[195] Laut *Hartmann*[196] umfasst PPP jede Form staatlich-privaten Zusammenwirkens, das durch Kommunikation, Koordination oder Kooperation gekennzeichnet ist und der Bewältigung anstehender Probleme und Aufgaben-

---

[190] So *Ziekow/Windhoffer*, Public Private Partnership. Struktur und Erfolgsbedingungen von Kooperationsarenen, S. 25; *Burgi,* Funktionale Privatisierung und Verwaltungshilfe, S. 98 f.; *Brandt*, in: *Brandt/Bredemeier/Jung/Lange*, Public Private Partnership in der Wirtschaftsförderung, S. 36; *Kämmerer*, Privatisierung, S. 66 ff.

[191] Umstritten ist dabei was unter der „wichtigen Rolle" zu vestehen ist. Einigkeit besteht jedoch dahingehend, dass sich die Rolle des Privaten nicht in der Finanzierung des Vorhabens erschöpfen darf.

[192] S. *EU-Kommission*, Grünbuch zu öffentlich-privaten Partnerschaften und den gemeinschaftlichen Rechtsvorschriften für öffentliche Aufträge und Konzessionen vom 30. April 2004, KOM (2004) 327 edg., S. 3.

[193] Vgl. *PPP-Beratergruppe*, Gutachten im Auftrag des Lenkungsausschusses beim BMVBW, Kap. 2.

[194] Vgl. auch *Alfen/Fischer*, in: *Weber/Schäfer/Hausmann*, Praxishandbuch Public Private Partnership, S. 3; *BMVBS*, Erfahrungsbericht – Öffentlich-Private-Partnerschaften in Deutschland, S. 4.

[195] Vgl. *Bonk*, in: *Stelkens/Bonk/Sachs*, Verwaltungsverfahrensgesetz, § 54, Rn 43a.

[196] So *Hartmann*, zit. nach *Budäus/Grüning*, S. 37 und 48.

komplexe unter Berücksichtigung technischer, wirtschaftlicher und gesellschaftlicher Aspekte dienen soll. Nach *Budäus/Grüb*[197] ist PPP dagegen ein nur allgemein gehaltener und wenig strukturierter Sammelbegriff für heterogene, vielschichtige Formen und Kategorien zur Einbindung des privatwirtschaftlichen Sektors in die Finanzierung bzw. Wahrnehmung bisher öffentlicher Aufgabenerfüllung. Dennoch zeichnet sich in der deutschen Lehre inzwischen ab, dass nicht jede irgendwie geartete, sondern vielmehr eine besondere Form der Zusammenarbeit von Staat und Privaten als PPP verstanden werden kann.[198] *Fürst*[199] führt hierzu aus, dass die Formenvielfalt von PPP zwar wachse und es deshalb schwieriger werde, PPP von anderen Formen der Kooperation zwischen dem öffentlichen und privaten Bereich abzugrenzen. Dies sei jedoch zumindest dort möglich, wo sich PPP auf kooperatives Projektmanagement bezieht. Daher wird im Rahmen dieser Arbeit – wie in verwaltungswissenschaftlichen Abhandlungen überwiegend auch[200] – nur diejenige Partnerschaft als relevant angesehen, bei der sich die Zusammenarbeit zwischen Staat und Privaten zu einer vertraglichen Kooperation verdichtet hat. Im Folgenden werden weitere Merkmale von PPP vorgestellt, die das im Rahmen der Arbeit zugrunde gelegte PPP-Verständnis prägen.

II. Merkmale von PPP

Aufgrund der Offenheit des vagen PPP-Begriffs ist eine präzise Inhaltsbestimmung und Abgrenzung des Begriffs schwierig. Für den Rechtsvergleich ist jedoch eine mehr oder minder definierte, einheitliche Grundlage unabdingbar. Ohne eine bestimmte PPP-Definition zugrunde zu legen, sind daher im Folgenden zunächst wichtigste PPP-Wesensmerkmale herauszuarbeiten, die sich aus

---

[197] Vgl. *Budäus/Grüb*, Public Private Partnership: Theoretische Bezüge und praktische Strukturierung, S. 247. So auch *Schuppert*, Grundzüge eines zu entwickelnden Verwaltungskooperationsrechts, S. 5; *Fürst*, in: *Brandt/Bredemeier/Jung/Lange*, Public Private Partnership in der Wirtschaftsförderung, S. 174; *Bonk*, in: *Stelkens/Bonk/Sachs*, Verwaltungsverfahrensgesetz, § 54, Rn. 43a; *Jaeger*, NZBau 2001, 6 (7); *Tettinger*, NWVBl 2005, 1 (2); *Thierstein*, in: *Brandt/Bredemeier/Jung/Lange*, Public Private Partnership in der Wirtschaftsförderung, S. 168; *Eschenbruch*, in: *Kulartz/Kus/Portz*, § 99, Rn. 276; *Dreher*, NZBau 2002, 245 (247).
[198] Statt vieler *Ziekow/Windhoffer*, Public Private Partnership. Struktur und Erfolgsbedingungen von Kooperationsarenen, S. 38 ff.; *Brandt*, in: *Brandt/Bredemeier/Jung/Lange*, Public Private Partnership in der Wirtschaftsförderung, S. 35.
[199] Vgl. *Fürst*, in: *Brandt/Bredemeier/Jung/Lange*, Public Private Partnership in der Wirtschaftsförderung, S. 174.
[200] S. etwa *Bonk*, in: *Stelkens/Bonk/Sachs*, Verwaltungsverfahrensgesetz, § 54, Rn 43a; *Kopp/Ramsauer*, Verwaltungsverfahrensgesetz, Einf. Rn. 109 m.w.N.

der Zusammenschau der PPP-Untersuchungen in der deutschen Literatur ergeben. So wird für die Einstufung einer Kooperationsform als PPP beinahe einstimmig das Vorliegen solcher Kriterien wie Chancen-/Risikoverteilung[201], Aufgabenteilung[202] sowie Gleichberechtigung der beteiligten Parteien[203] vorausgesetzt. Ferner sei PPP durch die Merkmale der Langfristigkeit[204] sowie der (Teil-) Finanzierung durch den Privaten[205] gekennzeichnet. Viele Autoren verlangen zudem eine vertragliche Grundlage für die Zusammenarbeit.[206] Schließlich fordern einige Stimmen eine Gemeinschaftlichkeit der Aufgabenerfüllung[207], während andere von einer organisatorischen Eigenständigkeit der Beteiligten ausgehen[208]. Die sich in der Lehre herauskristallisierenden PPP-Merkmale sind daher neben den Elementen der Vertraglichkeit, Langfristigkeit und Partnerschaftlichkeit auch die Aufgabenteilung und Risikoallokation, der sog. Lebenszyklusansatz sowie die sog. Outputspezifizierung und die Finanzierung des Kooperationsvorhabens.

1. Vertragliche Grundlage

Allen PPP-Vorhaben ist zunächst eine vertragliche Grundlage eigen. Sowohl die in diesem Kapitel unter III dargestellte sog. Vertrags-PPP als auch die sog. Organisations-PPP verfügen jeweils über eine vertragliche Grundlage, während die sog. Handschlag-PPP im Rahmen dieser Arbeit – wie in verwaltungswissenschaftlichen Abhandlungen überwiegend auch[209] – nicht als PPP-Zusammenarbeit im engeren Sinne verstanden wird. Im Rahmen von PPP richtet

---

[201] Vgl. *Roggencamp*, Public Private Partnership – Entstehung und Funktionsweise, S. 55 f.; *Beckmann/Witte*, Stadtplanung im Rahmen von Public Private Partnership, S. 8; *Leinemann*, Die Vergabe öffentlicher Aufträge, Rn. 753.

[202] Vgl. *Roggencamp*, Public Private Partnership – Entstehung und Funktionsweise, S. 55 f.; *Brandt*, in: *Brandt/Bredemeier/Jung/Lange*, Public Private Partnership in der Wirtschaftsförderung, S. 36; *Leinemann*, Die Vergabe öffentlicher Aufträge, Rn. 753.

[203] Vgl. *Roggencamp*, Public Private Partnership – Entstehung und Funktionsweise, S. 55 f.

[204] Vgl. *Sack*, in: *Budäus* (Hrsg.), Kooperationsformen zwischen Staat und Markt, S. 52 f.; *Leinemann*, Die Vergabe öffentlicher Aufträge, Rn. 753.

[205] So *Leinemann*, Die Vergabe öffentlicher Aufträge, Rn. 753.

[206] Vgl. *Sack*, in: *Budäus* (Hrsg.), Kooperationsformen zwischen Staat und Markt, S. 52 f.; *Beckmann/Witte*, Stadtplanung im Rahmen von PPP, S. 8; *Brandt*, in: *Brandt/Bredemeier/Jung/Lange*, Public Private Partnership in der Wirtschaftsförderung, S. 36.

[207] Vgl. *Roggencamp*, Public Private Partnership – Entstehung und Funktionsweise, S. 55 f.

[208] Vgl. *Sack*, in: *Budäus* (Hrsg.), Kooperationsformen zwischen Staat und Markt, S. 52 f.; *Brandt*, in: *Brandt/Bredemeier/Jung/Lange*, PPP in der Wirtschaftsförderung, S. 36.

[209] S. etwa *Bonk*, in: *Stelkens/Bonk/Sachs*, Verwaltungsverfahrensgesetz, § 54, Rn 43a; *Kopp/Ramsauer*, Verwaltungsverfahrensgesetz, Einf. Rn. 109 m.w.N.

sich der Leistungsumfang des Auftragnehmers regelmäßig nach einem einheitlichen Vertragswerk, das sämtliche Leistungspakete während der gesamten Vertragslaufzeit umfasst.[210]

2. Aufgabenteilung

Eine PPP-Beziehung setzt ferner zwingend einen Akteur aus dem öffentlichen sowie einen Akteur aus dem privatwirtschaftlichen Bereich voraus.[211] Dabei ist PPP vom Gedanken der Arbeitsteilung im Rahmen der Aufgabenerfüllung geleitet[212] und setzt keine Gleichwertigkeit der gegenseitigen Beiträge, sondern lediglich einen substanziellen Beitrag des Privaten zur Aufgabenerfüllung voraus[213]. In den verschiedenen Phasen des Projekts leisten jeweils der Private und der öffentliche Partner unterschiedliche Beiträge zur Erfüllung des jeweils angestrebten oder des gemeinsamen Ziels. Während der Auftraggeber für die Erfüllung des öffentlichen Interesses verantwortlich bleibt, sorgt der private Partner für die Qualität der angebotenen Leistung und die Preisgestaltung.

3. Partnerschaftlichkeit

Im Gegensatz zur Privatisierung, wo eine endgültige Übertragung der öffentlichen Aufgabe auf einen Privaten erfolgt, stehen bei PPP die Akteure und die zwischen ihnen durch die Partnerschaft geknüpften Beziehungen im Vordergrund.[214] Dabei sollen die PPP-Vertragsparteien – wenngleich durch unterschiedliche Interessen und Handlungsrationalitäten geleitet – ein gemeinsames, mit der Kooperation angestrebtes Ziel verfolgen.[215] Diese Zielgemeinschaft bedeutet hinsichtlich der Individualziele lediglich Zielkomplementarität, hinsicht-

---

[210] Vgl. dazu exemplarisch *Schede/Pohlmann*, in: *Weber/Schäfer/Hausmann*, Praxishandbuch Public Private Partnership, S. 104 ff.

[211] Vgl. *Budäus/Grüb*, Public Private Partnership: Theoretische Bezüge und praktische Strukturierung, S. 248. S. dazu auch *Naschold*, in: *Budäus/Eichhorn* (Hrsg.), Public Private Partnership: Theoretische Bezüge und praktische Strukturierung, S. 67 ff., der es als sog. Schnittstelle von öffentlichem und privatem Sektor bezeichnet, und *Roggencamp*, Public Private Partnership – Entstehung und Funktionsweise, S. 34, der von Zusammenwirken im intermediärem Bereich zwischen den Sektoren spricht.

[212] Vgl. *Ziekow/Windhoffer*, PPP. Struktur und Erfolgsbedingungen von Kooperationsarenen, S. 46, so sinngemäß auch *Leinemann*, Die Vergabe öffentlicher Aufträge, Rn. 753.

[213] Vgl. *Ziekow/Windhoffer*, Public Private Partnership. Struktur und Erfolgsbedingungen von Kooperationsarenen, S. 47.

[214] Vgl. *Ziekow*, VerwArch 2006, 626 (632) m.w.N.

[215] Vgl. *Krohn*, NZBau 2005, 94; *Reicherzer*, DÖV 2005, 603; *Tettinger*, NWVBl 2005, 1 (2); *Ziekow/Windhoffer*, PPP. Struktur und Erfolgsbedingungen von Kooperationsarenen, S. 49; so sinngemäß auch *Proll/Drey*, Die 20 Besten: PPP-Beispiele aus Deutschland, S. 16.

lich der gemeinschaftlichen Ziele naturgemäß Zielidentität.[216] Es liegt auf der Hand, dass PPP-Parteien in der Regel jeweils unterschiedliche Prioritäten setzen. Während die öffentliche Hand die Erfüllung einer öffentlichen Aufgabe anstrebt, verfolgt der Private das Interesse, mithilfe des Auftrags einen Gewinn zu erzielen und ggf. neue Geschäftsfelder zu erschließen. Für den Partnerschaftlichkeitscharakter ausreichend ist indes, dass es sich dabei um nicht konfliktäre Ziele handelt und eine Verträglichkeit der Zielsetzungen vorliegt.[217] Ferner ist eine gewisse Gleichstellung der PPP-Vertragspartner ein wesentliches PPP-Identifizierungsmerkmal im Gegensatz zum im Verwaltungsrecht laut *Ziekow*[218] vorherrschenden Über- und Unterordnungsverhältnis. Dieses Merkmal ermöglicht die Existenz einer partnerschaftlichen – d.h. im Wesentlichen kooperativen – Interaktionsbeziehung zwischen den Akteuren.[219] Ferner wird als eines der PPP-Merkmale eine *win-win*-Situation am Ende der Vertragsbeziehung angeführt.[220]

4. Langfristigkeit und Lebenszyklusansatz

Bei der PPP-Beziehung handelt es sich um eine langfristige, auf Dauer angelegte Projektbeziehung.[221] Dabei bedeutet das Merkmal der Dauerhaftigkeit keine exakte Festlegung im Hinblick auf Mindest- und Höchstlaufzeiten oder gar Bestimmung der optimalen Zeitdauer.[222] Die größte Bedeutung kommt im Rahmen von PPP dem Merkmal des sog. Lebenszyklusansatzes zu, der auch als ganzheitlicher Ansatz bezeichnet wird[223]. Das PPP-Konzept erfordert zunächst die Bestimmung der Lebenszyklusphasen, in die sich das PPP-Projekt gliedert, so-

---

[216] Vgl. *Ziekow/Windhoffer*, Public Private Partnership. Struktur und Erfolgsbedingungen von Kooperationsarenen, S. 52.

[217] Vgl. *Budäus/Grüb*, Public Private Partnership: Theoretische Bezüge und praktische Strukturierung, S. 248; *Budäus*, in: *Budäus* (Hrsg.), Kooperationsformen zwischen Staat und Markt, S. 16.

[218] Vgl. *Ziekow/Windhoffer*, Public Private Partnership. Struktur und Erfolgsbedingungen von Kooperationsarenen, S. 40.

[219] Vgl. *ders.*, S. 39.

[220] Vgl. *Roggencamp*, Public Private Partnership – Entstehung und Funktionsweise.

[221] Statt vieler *Budäus*, in: *Budäus* (Hrsg.), Kooperationsformen zwischen Staat und Markt, S. 14 und 19; *Leinemann*, Die Vergabe öffentlicher Aufträge, Rn. 753; *Proll/Drey*, Die 20 Besten: PPP-Beispiele aus Deutschland, S. 11.

[222] Vgl. *Ziekow/Windhoffer*, Public Private Partnership. Struktur und Erfolgsbedingungen von Kooperationsarenen, S. 43 f.

[223] So *Budäus*, in: *Budäus* (Hrsg.), Kooperationsformen zwischen Staat und Markt, S. 15 f.; *BMVBS*, Handbuch, S. 9; *Horn/Peters*, BB 2005, 2421.

wie die Herausarbeitung der maßgeblichen Erfolgsbedingungen.[224] Im Gegensatz zur herkömmlichen Beschaffung erbringt der Private keine isolierten Teilleistungen, sondern übernimmt umfassende Verantwortlichkeiten im Rahmen der Planung, Erstellung und Finanzierung sowie des Betriebs und ggf. der Verwertung des Projektgegenstands. PPP bedeutet also mehr als bloßen einmaligen oder wiederholten Leistungsaustausch, sondern setzt ein konsensorientiertes Verhalten in allen Phasen des Projekts voraus.[225] Während des gesamten Lebenszyklus besteht ein kontinuierlicher Abstimmungsbedarf.[226] Bereits in der Konzeptionsphase und anschließend in der Bauphase sind die Kosten von Betrieb und Instandhaltung zu berücksichtigen. Das phasenübergreifende Kostenbewusstsein führt zur Kalkulation aller anfallenden Kosten bereits in der Planungsphase, schafft so Anreize zu Zeit- und Kosteneinsparungen und trägt zudem zur Schnittstellenreduzierung bei, sog. Leistungserbringung aus einer Hand. Der Lebenszyklusansatz soll so entscheidend zur Effizienz- und Effektivitätssteigerung bei der öffentlichen Aufgabenerfüllung beitragen.

5. Risikoallokation

Während der gesamten Projektlaufzeit soll die Verantwortung der Partner optimal verteilt werden. Den Fragen der Risikoidentifizierung, Risikobewertung und Risikoverteilung haben die Parteien oberste Priorität einzuräumen und zur systematischen Bearbeitung dieser Fragen ausreichende Ressourcen bereit zu stellen.[227] Grundüberlegung einer PPP-Risikoverteilung ist, dass jede Vertragspartei die Risiken übernimmt, welche sie aufgrund ihrer spezifischen operativen Erfahrung und der vereinbarten Aufgabenzuordnung am ehesten beeinflussen kann. Im Kern bedeutet dies, dass der mit der Durchführung des PPP-Projekts während der gesamten Vertragslaufzeit betraute Auftragnehmer das Risiko für den Erfolg und die Qualität seiner Leistung übernimmt.[228] Umgekehrt trägt der Auftraggeber das Risiko dafür, dass seine Beschreibung der Leistungsziele dem von ihm angestrebten Erfolg und seinen Bedürfnissen entspricht.

---

[224] So *Ziekow*, VerwArch 2006, 626 (635).

[225] Vgl. *Ziekow/Windhoffer*, Public Private Partnership. Struktur und Erfolgsbedingungen von Kooperationsarenen, S. 45. Nach sog. bayerischer Auffassung liegt ein PPP-Projekt bereits vor, wenn der Vertrag mindestens drei Lebenszykluselemente enthält, wobei der Betrieb auf jeden Fall integriert sein muss, vgl. *BMVBS*, PPP-Handbuch. Leitfaden für Öffentlich-Private Partnerschaften, S. 9.

[226] Vgl. *Budäus*, in: *Budäus* (Hrsg.), Kooperationsformen zwischen Staat und Markt, S. 15 f.

[227] Statt vieler *Leinemann*, Die Vergabe öffentlicher Aufträge, Rn. 753.

[228] Vgl. *Schede/Pohlmann*, in: *Weber/Schäfer/Hausmann*, Praxishandbuch PPP, S. 106.

6. Outputspezifizierung

Das Leistungsziel beschränkt sich im Rahmen von PPP regelmäßig auf die funktionale Leistungsbeschreibung.[229] Bei PPP geht es in der Regel um die Erfüllung einer Aufgabe, bei der die einzelnen Rechte, Kosten, Leistungen und Risiken der Partner im Vorhinein nicht vollständig festgelegt werden können.[230] Deshalb soll es PPP-Parteien möglich bleiben, nicht von vornherein die konkreten Leistungsanforderungen, sondern lediglich die Beschaffungserwartung – also neben Mindestanforderungen an das Projekt lediglich die sog. *outputs* – zu definieren. Diese *outputs* bilden dann die Grundlage für eine funktionale, ergebnisbezogene Leistungsbeschreibung, die dem Privaten Spielraum für Kreativität, Innovationen und unternehmerische Entscheidungen belässt. Die Ergebnisorientierung der funktionalen Leistungsbeschreibung[231] – eng verbunden mit dem Lebenszyklusansatz – ermöglicht die Optimierung der Aufgabenerfüllung.[232] Mit der Outputspezifizierung in engem Zusammenhang steht ferner das Element der leistungsbezogenen Vergütung, die – etwa mittels Bonus-/Malus-Regelungen – Anreize zur optimalen Leistungserbringung schaffen soll.

7. Anteil privater Finanzierung

Die Finanzierung des PPP-Projekts durch den privaten Partner grenzt PPP von der konventionellen Beschaffungsvariante ab.[233] Die zumindest teilweise private Finanzierung ist ein zwingendes PPP-Merkmal.[234] Unzweifelhaft ist die Finanzierung eines der Hauptmotive der öffentlichen Hand. PPP ist jedoch nicht nur eine alternative Finanzierungsform, sondern – wie bereits aus obigen Merkmalen ersichtlich – vielmehr eine alternative Beschaffungsvariante.[235] Einige deutsche Autoren sprechen sich zwar für die Einordnung von reinen Finanzierungslösungen als PPP-Modelle aus.[236] Das Element der privaten Finanzierung birgt

---

[229] *Dies.*, S. 106.

[230] Vgl. *Budäus*, in: *Budäus* (Hrsg.), Kooperationsformen zwischen Staat und Markt, S. 15.

[231] Vgl. *Alfen/Fischer*, in: *Weber/Schäfer/Hausmann*, Praxishandbuch Public Private Partnership, S. 25 f.

[232] Insg. wird der erwartete Effizienzvorteil von PPP aufgrund von Lebenszyklusansatz und Outputspezifizierung in Deutschland auf 10% bis 20% geschätzt.

[233] So wird PPP in der Literatur teilweise eine sog. *marriage for money* bezeichnet, vgl. *Bovaird*, Public-private partnership: from contested concepts to prevalent practice, S. 201.

[234] Vgl. *Leinemann*, Die Vergabe öffentlicher Aufträge, Rn. 753.

[235] Vgl. *BMVBS*, Erfahrungsbericht – Öffentlich-Private-Partnerschaften in Deutschland, S. 4; *Alfen/Fischer*, in: *Weber/Schäfer/Hausmann*, Praxishandbuch Public Private Partnership, S. 3; *Ziekow*, VerwArch 2006, 629; *Finanzministerium NRW*, S. 9 f.

[236] So *Tettinger*, NWVBl 2005, 1 (3).

indes die Gefahr der Umgehung haushaltsrechtlicher Vorgaben. Bei den sog. gestreckten Beschaffungsgeschäften, durch die ein zu erbringender Finanzierungsaufwand nicht vollständig in den Haushalt des jeweiligen Haushaltsjahres eingestellt wird, sondern über mehrere Haushaltsjahre gestreckt wird, handelt es sich um unzulässige Umgehungsgeschäfte.[237] Neben der Finanzierungskomponente muss PPP daher ein organisatorisches Modell für die Durchführung öffentlicher Aufgaben sein.[238] An dieser Stelle ist ferner die Abgrenzung zum sog. schlichten Sponsoring[239] vorzunehmen, bei dem der Private weder in die Entscheidungsfindung noch in die eigentliche Aufgabenerfüllung und die Aufgabenverantwortung eingebunden wird. Hierbei handelt es sich von vornherein um keine Form von PPP.[240]

III. PPP-Formen

In Bezug auf die Unterscheidung einzelner PPP-Formen besteht in der Literatur ebenso wie bezüglich der PPP-Definition keine Einigkeit. *Budäus*[241] behauptet gar, unterschiedliche Formen von PPP mit ihren spezifischen Problemfeldern seien in der aktuellen Diskussion wenig oder gar nicht erkennbar. Eine gewisse Linie bei der Klassifizierung von PPP in einzelne Erscheinungsformen scheint sich jedoch durchaus abzuzeichnen.[242]

Als eine der Kategorien von PPP gilt das sog. **informelle Verwaltungshandeln**[243] – auch als sog. Handschlag-PPP bezeichnet, die vor allem bei kleinen

---

[237] So *Budäus*, in: *Budäus* (Hrsg.), Kooperationsformen zwischen Staat und Markt, S. 23.

[238] Vgl. *Hart/Welzel/Gerstlberger/Sack*, Public Private Partnership und E-Government, S. 3.

[239] Vgl. *Ziekow/Windhoffer*, Public Private Partnership. Struktur und Erfolgsbedingungen von Kooperationsarenen, S. 61; so sinngemäß auch *Fürst*, in: *Brandt/Bredemeier/Jung/Lange*, Public Private Partnership in der Wirtschaftsförderung, S. 174.

[240] Vgl. *Ziekow/Windhoffer*, Public Private Partnership. Struktur und Erfolgsbedingungen von Kooperationsarenen, S. 61. Den Anknüpfungspunkt für diese Unterscheidung bildet die Formulierung des Grünbuchs der EU-Kommission zur „wichtigen Rolle" des Privaten, die sich nicht in der reinen Finanzierung erschöpfen darf, vgl. EU-Kommission, Grünbuch zu öffentlich-privaten Partnerschaften und den gemeinschaftlichen Rechtsvorschriften für öffentliche Aufträge und Konzessionen vom 30. April 2004, KOM (2004) 327 edg., S. 3.

[241] Vgl. *Budäus*, in: *Budäus* (Hrsg.), Kooperationsformen zwischen Staat und Markt, S. 11.

[242] Vgl. *Harms*, in: *Budäus* (Hrsg.), Kooperationsformen zwischen Staat und Markt, S. 115 ff.; *Rudolph*, in: *Fettig/Späth*, Privatisierung kommunaler Aufgaben, S. 181 ff.; *Tettinger*, in: *Budäus/Eichhorn*, PPP, Neue Formen öffentlicher Aufgabenerfüllung, S. 126 ff.; *Hoeppner/Gerstlberger*, AWV, Public Private Partnership, 23 ff.; *Becker*, ZRP 2002, 303.

[243] Vgl. *Bonk*, DVBl 2004, S. 141 (143); *Burmeister*, VVDStRL 1993, 193 (203 ff.); *Gerstlberger/Hoeppner*, S. 18; *Becker*, ZRP 2002, 303 (304); *Ziekow/Windhoffer*, Public Private Partnership. Struktur und Erfolgsbedingungen von Kooperationsarenen, S. 20; a.A. *Tettinger*, NWVBl 2005, 1 (4), der die Handschlag-PPP nicht zu PPP zählt. Als Beispiel für das infor-

Projekten sowie im Rahmen der Vorfeldtätigkeit formalisierter Projekte als Absprachen, Verständigungen und Agreements vorkommt. An anderer Stelle unterscheiden Autoren zwischen sog. **strategischen** und sog. **operativen PPP**.[244] Strategische PPP soll der lediglich strategischen Planung und Ausarbeitung von Konzepten sowie ggf. der Initiierung und Begleitung von operativen Partnerschaften auf Basis der erarbeiteten Strategien dienen.[245] Dahingegen haben operative Partnerschaften die Durchführung konkreter Projekte zum Gegenstand.[246] Ähnlich unterteilt *Kruzewicz*[247] PPP in informations- und kommunikationsorientierte Kooperationen einerseits sowie in handlungsorientierte Kooperationen mit weiteren Subtypen andererseits. Im umfassenden Sinne verstandene Lebenszyklus-PPP-Modelle werden seit neuerem auch als „**vollkommen**" bezeichnet.[248] Bei „**unvollkommenen**" PPP-Modellen beschränkt sich die Teilnahme des Privaten vor allem auf Vorfinanzierung von Maßnahmen.

Soweit ersichtlich hat sich jedoch vor allem die Unterscheidung zwischen sog. Vertrags-PPP auf Basis des Tauschmodells mit seinen einzelnen PPP-Vertragsmodellen und sog. Organisations-PPP auf Basis des sog. Pool-Modells[249] weitgehend durchgesetzt. **Vertrags-PPP** – auch als Projekt-PPP bezeichnet[250] – beruhen auf Leistung und Gegenleistung für eine zeitlich befristete Dauer in einem abgegrenzten Projekt.[251] Insoweit spricht man auch von sog. Gegenstands- und Zeitbegrenzung.[252] Bei dieser Form der Zusammenarbeit re-

---

melle Verwaltungshandeln führt *Bonk*, DVBl 2004, S. 141 (143), den Atomkonsens zwischen der Bundesregierung und der Energiewirtschaft im Jahr 2000, der gegenstand der Grundsatzentscheidung des BVerfG vom 19.2.2002, NVwZ 2002, 585, wurde.

[244] Vgl. *Ziekow/Windhoffer*, Public Private Partnership. Struktur und Erfolgsbedingungen von Kooperationsarenen, S. 24.

[245] Als Beispiel führen die Autoren die Gründung einer Entwicklungs- und Marketinggesellschaft mit programmatischer bzw. initiativer Tätigkeit an.

[246] S. zu dieser Differenzierung *Oppen/Sack/Wegener*, Innovationsinseln inkorporatistischen Engagements, S. 27; *Budäus/Grüning*, in: *Budäus/Eichhorn*, Public Private Partnership, Neue Formen öffentlicher Aufgabenerfüllung, S. 55.

[247] Vgl. *Kruzewicz*, S. 35 f.

[248] Vgl. *Alfen/Fischer*, in: *Weber/Schäfer/Hausmann*, Praxishandbuch Public Private Partnership, S. 5.

[249] Vgl. *Budäus/Grüb*, Public Private Partnership: Theoretische Bezüge und praktische Strukturierung, S. 251.

[250] So etwa *Püttner*, in: *Budäus* (Hrsg.), Kooperationsformen zwischen Staat und Markt, S. 99.

[251] Vgl. *Budäus/Grüb*, Public Private Partnership: Theoretische Bezüge und praktische Strukturierung, S. 251; *Budäus*, in: *Budäus* (Hrsg.), Kooperationsformen zwischen Staat und Markt, S. 17.

[252] Vgl. *Sack*, in: *Budäus* (Hrsg.), Kooperationsformen zwischen Staat und Markt, S. 54.

sultiert der Kooperationsbedarf aus der Komplexität der Vertragsstruktur und aus der Unsicherheit der Prämissen des auf die Zukunft gerichteten Tauschmodells. Die einzelnen PPP-Vertragsmodelle werden im nächsten Abschnitt vorgestellt. Bei **Organisations-PPP** – auch als institutionelle oder institutionalisierte PPP, als Kooperationsmodell oder als gemischtwirtschaftliche Unternehmung bezeichnet[253] – geht es nicht um einen vertraglich geregelten Leistungsaustausch, sondern um das ebenfalls vertraglich definierte, unbefristete Zusammenlegen von Ressourcen der Partner in einen Ressourcenpool.[254] Der Ressourcenpool ist durch die Parteien zwecks Erreichung eines bestimmten Ergebnisses gemeinsam zu managen und nicht als ein bestimmtes Projekt, sondern als eine generelle Aufgabe zu verstehen.[255] Während die Rechtsgrundlage für Vertrags-PPP in der Regel der zwischen den Parteien abgeschlossene Vertrag ist, bildet für Organisations-PPP das GmbH-Gesetz die Grundlage der Kooperation. Bei Organisations-PPP resultiert der Kooperationsbedarf aus der für ein Pool-Modell notwendigen Zielbestimmung, dem Festlegen des Ressourcenmanagements und der Verteilung der Ergebnisse auf die Partner.[256] Das Modell Organisations-PPP wird im Folgenden unter dem sog. Gesellschaftsmodell behandelt.

IV. PPP-Vertragsmodelle

Die PPP-Vertragsmodelle unterscheiden sich jeweils durch die Eigentums- und Besitzverhältnisse, den vertraglichen Leistungsumfang, die Betriebs- und Verwertungsmodalitäten, die Entgeltstruktur und die Risikoverteilung.[257] In der Praxis finden wohlgemerkt überwiegend Mischmodelle Anwendung, die Elemente von mehreren der genannten Modelle kombinieren.

---

[253] Vgl. *Reichard*, in: *Budäus* (Hrsg.), Kooperationsformen zwischen Staat und Markt, S. 77.

[254] Vgl. *Budäus/Grüb*, Public Private Partnership: Theoretische Bezüge und praktische Strukturierung, S. 254; *Budäus*, in: *Budäus* (Hrsg.), Kooperationsformen zwischen Staat und Markt, S. 17; *Reichard*, in: *Budäus* (Hrsg.), Kooperationsformen zwischen Staat und Markt, S. 77 ff.; *Harms*, in: *Budäus* (Hrsg.), Kooperationsformen zwischen Staat und Markt, S. 115 ff.

[255] Vgl. *Budäus/Grüb*, Public Private Partnership: Theoretische Bezüge und praktische Strukturierung, S. 256.

[256] Vgl. *Budäus*, in: *Budäus* (Hrsg.), Kooperationsformen zwischen Staat und Markt, S. 19.

[257] Zu den Modellen s. *Alfen/Fischer*, in: *Weber/Schäfer/Hausmann*, Praxishandbuch Public Private Partnership, S. 57 ff.; *Eschenbruch*, in: *Kulartz/Kus/Portz*, § 99, Rn. 281 ff.; *BMVBS*, PPP-Handbuch. Leitfaden für Öffentlich-Private Partnerschaften, S. 73 ff.

Inhabermodell	Bau auf dem Grundstück des Auftraggebers mit der Folge der §§ 946, 94 BGB
Erwerbermodell	Bau auf dem Grundstück des Auftragnehmers mit Eigentumsübertragung auf die öffentliche Hand am Ende der Laufzeit
Vermietungsmodell	Mietweise Überlassung an den Auftraggeber, ggf. Vereinbarung einer Kaufoption
Leasingmodell	Überlassung an den Auftraggeber, ggf. Vereinbarung einer Kaufoption, Berücksichtigung der Teilamortisation bei der Berechnung des dem Privaten zustehenden Entgelts sowie des Kaufpreises
Contractingmodell	Bau technischer Anlagen zu einem durch die bisherigen Ausgaben der öffentlichen Hand limitierten Entgelt
Konzessions- / Betreibermodell	Finanzierung der Projektkosten durch Drittnutzer
Gesellschafts- /Kooperationsmodell	Bildung einer gemeinsamen Gesellschaft

Tabelle 13: PPP-Vertragsmodelle

1.Inhabermodell

Im Rahmen des Inhabermodells[258] errichtet der Auftragnehmer das Vorhaben regelmäßig auf dem Grundstück des Auftraggebers.[259] Gem. §§ 946, 94 BGB geht das Eigentum an den auf dem Grundstück errichteten baulichen Anlagen als wesentlichen Bestandteilen des Grundstücks per Gesetz ins Eigentum des Grundstückseigentümers über. Das Eigentum an beweglichen Sachen, deren Übereignung Vertragsgegenstand ist, ist nach §§ 929 ff. BGB zu verschaffen. Das Nutzungsrecht des Auftraggebers resultiert damit bereits aus dem Eigentumsrecht nach §§ 903 ff. BGB. Dem Auftragnehmer wird während der Betriebsphase in der Regel ein umfassendes Nutzungs- und Besitzrecht an der Immobilie im Wege eines Erbbaurechts nach § 1 Abs. 1 ErbbauVO, eines Nieß-

---

[258] Vereinzelt auch als Werklohnstundungsmodell bezeichnet, vgl. *Eschenbruch*, in: *Kulartz/Kus/Portz*, § 99, Rn. 281.

[259] Zum Inhabermodell s. *Schede/Pohlmann*, in: *Weber/Schäfer/Hausmann*, Praxishandbuch Public Private Partnership, S. 130 ff.; *Knütel*, in: *Siebel/Röver/Knütel*, Rechtshandbuch Projektfinanzierung und PPP, Rn. 1274.

brauchs i.S.d. § 1030 Abs. 1 BGB, der Konstruktion über Scheinbestandteile eines Grundstücks gem. § 95 BGB oder aufgrund schuldrechtlicher Vereinbarung eingeräumt. Das Risiko der allgemeinen Sach- und Preisgefahr trägt der Auftraggeber als Eigentümer der Projektanlagen. Das Inhabermodell ist das mit Abstand am häufigsten gewählte PPP-Modell in Deutschland.[260] In der Praxis von PPP handelt es sich bei den meisten PPP-Projekten um Inhabermodelle.[261]

2. Erwerbermodell

Beim Erwerbermodell erbringt der private Auftragnehmer die geschuldeten Leistungen regelmäßig auf in seinem Eigentum stehendem Grundstück und wird mit der Errichtung Eigentümer der Anlagen.[262] Der Auftragnehmer tritt regelmäßig als Bauherr auf und ist bis zum Ende der Betriebsphase Eigentümer des Projektgegenstands.[263] Der Projektgegenstand wird dem Auftraggeber während der Betriebsphase zur Nutzung überlassen, wobei die Verantwortung für den Betrieb weiterhin beim Auftragnehmer liegt. Zum Vertragsende wird das Eigentum an dem Grundstück und den auf diesem errichteten Anlagen auf den öffentlichen Auftraggeber übertragen. Soll der Bau auf dem Grundstück des Auftraggebers stattfinden, können die Parteien ein Erbbaurecht des Auftragnehmers vereinbaren, nach dem das Eigentum am Grundstück beim öffentlichen Auftragnehmer verbleibt und das Eigentum am Gebäude zunächst dem privaten Auftragnehmer zugeordnet wird, vgl. § 1 Abs. 1 ErbbauVO. Das gleiche Ergebnis kann im Wege von Scheinbestandteilvereinbarungen erreicht werden, vgl. § 95 BGB. Wird das Grundstück zuvor durch den Auftraggeber an den Auftragnehmer verkauft, spricht man vom sog. *Sale-and-Lease-Back*-Modell.[264] Trotz der Eigentümerstellung des Privaten wird die Gefahr des zufälligen Untergangs oder der zufälligen Verschlechterung der Sache infolge höherer Gewalt in der Regel auf die

---

[260] Vgl. *BMVBS*, Erfahrungsbericht – Öffentlich-Private-Partnerschaften in Deutschland, S. 13; *Schröder*, Financial Times Deutschland vom 21. Dezember 2009.

[261] Um Inhabermodelle handelt es sich bei mind. 73 der bisherigen 180 Projekte, vgl. Informationen der PPP-Projektdatenbank, abrufbar unter: http://www.ppp-projektdatenbank.de/. Als Beispiel ist etwa das Partikeltherapiezentrum Kiel mit dem Investitionsvolumen von 250 Mio. EUR zu nennen.

[262] Vgl. dazu etwa *Knütel*, in: *Siebel/Röver/Knütel*, Rechtshandbuch Projektfinanzierung und PPP, Rn. 1275.

[263] Vgl. *Schede/Pohlmann*, in: *Weber/Schäfer/Hausmann*, Praxishandbuch Public Private Partnership, S. 104.

[264] S. dazu BGH, NJW 1990, 829 (831); *Büschgen*, Praxishandbuch Leasing, § 17, Rn. 1 ff.; *Schede/Pohlmann*, in: *Weber/Schäfer/Hausmann*, Praxishandbuch Public Private Partnership, S. 123.

öffentliche Hand übertragen.[265] Ferner trägt der Auftraggeber regelmäßig das Risiko nachträglicher Rechtsänderungen sowie allgemeiner Preis- oder Lohnsteigerungen. Sonstige Projektrisiken liegen mit Ausnahme des Verwertungsrisikos beim Auftragnehmer. Erwerbermodelle sind in der bisherigen PPP-Praxis äußerst selten.[266]

3. Vermietungsmodell

Das Vermietungsmodell sieht die mietweise Überlassung eines im Eigentum des Privaten stehenden Grundstücks an den Auftraggeber vor. Die Instandhaltungs- und Instandsetzungspflichten des Auftragnehmers sind Bestandteil der Nutzungsüberlassung durch den Vermieter und resultieren bereits aus den gesetzlichen Vorschriften der §§ 535 ff. BGB. Dem Auftraggeber kann die Option eingeräumt werden, den Projektgegenstand am Ende der Vertragslaufzeit zu erwerben. Im Unterschied zu den Erwerber- und Inhabermodellen sind Gesamtplanung und schlüsselfertige Errichtung von Bauwerken nicht eigens Gegenstand der vertraglich vereinbarten Leistungspflichten, sondern resultieren lediglich aus der vertraglich vereinbarten Leistungspflicht, dem Auftraggeber den Projektgegenstand in einem bestimmten Zustand zu einem bestimmten Zeitpunkt zu überlassen.[267] Demzufolge ist auch die Finanzierung dieser Phasen nicht Leistungsgegenstand. Die Entgeltkalkulation beim Vermietungsmodell basiert auf der Berechnung der marktüblichen Miete für eine vergleichbare Immobilie sowie den Betriebskosten. Dem Auftraggeber wird am Ende der Vertragslaufzeit eine Kauf- oder Nutzungsverlängerungsoption eingeräumt, wobei sich der Kaufpreis nach dem bei Optionsausübung zu ermittelnden Verkehrswert orientiert. Damit besteht grundsätzlich keine Eigentumsübertragungspflicht des Privaten am Ende der Laufzeit, sondern eine Rückgabepflicht des Auftraggebers. Der Auftragnehmer trägt die allgemeine Sach- und Preisgefahr nach der gesetzlichen Risikoverteilung gem. §§ 535 Abs. 1 Satz 2 und 538 BGB. Auch Mietmodelle sind in der PPP-Praxis nicht weit verbreitet.[268]

---

[265] Vgl. *Schede/Pohlmann*, in: *Weber/Schäfer/Hausmann*, Praxishandbuch Public Private Partnership, S. 107.

[266] Die PPP-Projektdatenbank weist lediglich eines der insg. 180 Projekte – das Bildungszentrum Ostend in Frankfurt am Main – als Erwerbermodell aus.

[267] Vgl. *Schede/Pohlmann*, in: *Weber/Schäfer/Hausmann*, Praxishandbuch Public Private Partnership, S. 117 f.

[268] Die PPP-Projektdatenbank weist insg. 10 der 180 PPP-Projekte als Mietmodelle aus. Als Beispiel ist das Finanzzentrum Altmarkt Kassel zu nennen.

4. Leasingmodell

Das Leasingmodell ähnelt im Wesentlichen dem Vermietungsmodell, unterscheidet sich jedoch durch die Kalkulation der Leasingzahlungen, welche in aller Regel die Vorfinanzierung des am Ende der Laufzeit beabsichtigten (Rück-) Erwerbs des Projektgegenstandes einschließen. Das Entgelt umfasst regelmäßig nur einen Teil der Herstellungskosten nebst Gewinnmargen und gerade keine Vollamortisation.[269] Aufgrund der Teilamortisation der Investitionskosten des Auftragnehmers während der Betriebsphase, bemisst sich der Kaufpreis im Falle der Ausübung des Kaufrechts an dem bereits bei Vertragsschluss kalkulierten Restwert des Objekts. Der Auftragnehmer trägt als Leasingnehmer regelmäßig die Mehrheit der Projektrisiken.[270]

5. Contractingmodell

Das Contractingmodell wird regelmäßig im Bereich der Energie- und Wärmeversorgung angewandt und dient der Auslagerung der Energieversorgung eines im Eigentum des öffentlichen Auftraggebers stehenden Gebäudes auf den Privaten.[271] Ein Unterschied des Contractingmodells besteht neben der in der Regel wesentlich kürzeren Vertragslaufzeit darin, dass es sich beim Projektgegenstand um kein eigenständiges Bauwerk, sondern um eine technische Anlage handelt. Die technische Anlage geht in der Regel bereits im Zeitpunkt ihrer Errichtung in das Eigentum des Auftraggebers als Grundstückseigentümer über, vgl. §§ 946, 94 BGB. Das Eigentumsrecht des Privaten an den Anlagen ist wie bei den oben beschriebenen Modellen ebenfalls möglich. Während der Betriebsphase ist der Auftraggeber von der unmittelbaren Nutzung der Anlage vertraglich ausgeschlossen. Ziel der Auslagerung ist die Ausschöpfung etwaiger Einsparungspotenziale. Das vertragliche Entgelt für die durch den Auftragnehmer erbrachten Leistungen darf die bisherigen Kosten des Auftraggebers für entsprechende Leistungen nicht überschreiten, so dass es dem Auftragnehmer obliegt, durch die energiewirtschaftlich optimierte Bewirtschaftung der Anlage die Betriebskosten zum Zwecke der Refinanzierung und Gewinnerzielung auf das Minimum zu senken. Berechnungsgrundlage sind die bisherigen Energiekosten bzw. der bis-

---

[269] Vgl. *Schede/Pohlmann*, in: Praxishandbuch Public Private Partnership, /*Schäfer/Hausmann*, S. 117.
[270] Da es sich regelmäßig um Immobilien handeln wird, ist insoweit der Immobilien-Leasing-Erlass vom 23. Dezember 1991 maßgebend.
[271] Vgl. *Schede/Pohlmann*, in: *Weber/Schäfer/Hausmann*, Praxishandbuch Public Private Partnership, S. 137 m.w.N.

herige Energieverbrauch des Auftraggebers. Für den Auftragnehmer besteht der wirtschaftliche Anreiz darin, seine Gewinnmarge durch optimale Ausschöpfung der Energieeinsparpotenziale zu maximieren.[272] Die Beteiligung des Auftraggebers an den eingesparten Energiekosten ist möglich. Umgekehrt ist eine Beteiligung des Auftraggebers an den überschießenden Investitionskosten denkbar. Die vertraglichen Risiken – vor allem das Optimierungsrisiko – liegen überwiegend beim Auftragnehmer.

6. Gesellschaftsmodell

Im Rahmen des Gesellschaftsmodells[273] werden PPP-Projekte meist aufgrund der zu erbringenden Finanzierungsleistungen mittels spezieller Projektgesellschaften strukturiert. Die Bildung solcher Projektgesellschaften – auch als gemischtwirtschaftliche Unternehmen bezeichnet[274] – wird als das sog. Gesellschaftsmodell verstanden, welches im Wege der Kombination mit anderen PPP-Vertragsmodellen zustande kommt. Das Gesellschaftsmodell sieht private und öffentliche Kapitalbeteiligung vor und wird ab einem Beteiligungsanteil des öffentlichen Auftraggebers von 50% bzw. ab einer Sperrminorität von 25% angenommen.[275] Die Höhe der Beteiligung an der Projektgesellschaft ist später für die Frage relevant, in welchem Umfang eine materielle Privatisierung stattgefunden hat.[276] Nicht dazu gerechnet werden üblicherweise andere Formen gemischter Organisationen, an denen die öffentliche Hand und Nonprofit-Organisationen beteiligt sind – etwa im Wohlfahrts- und Kulturbereich.[277] Dem öffentlichen Auftraggeber stehen sämtliche gesellschaftsrechtliche Beteiligungsformen offen, von denen keine als generell vorzugswürdig bzw. generell ausgeschlossen gilt. Die Auswahl der geeigneten Gesellschaftsform orientiert sich an den für das jeweilige Vorhaben einschlägigen Kriterien – wie Projektzweck,

---

[272] Vgl. *Tiefenbacher*, NZM 2000, 161; *Schede/Pohlmann*, in: *Weber/Schäfer/Hausmann*, Praxishandbuch Public Private Partnership, S. 141.

[273] Vgl. *Hellermann*, in: *Hoppe/Uechtritz*, Handbuch Kommunale Unternehmen, § 7, Rn. 184; *Tettinger*, NWVBl 2005, 1 (4). Das Gesellschaftsmodell wird auch als Kooperationsmodell bezeichnet, vgl. *Hellermann*, in: *Hoppe/Uechtritz*, Handbuch Kommunale Unternehmen, § 7, Rn. 200; *Mehde*, VerwArch 2000, 540 (544); *Tettinger*, in: *Budäus/Eichhorn*, Public Private Partnership, Neue Formen öffentlicher Aufgabenerfüllung, S. 125 (129).

[274] Vgl. *Budäus*, in: *Budäus* (Hrsg.), Kooperationsformen zwischen Staat und Markt, S. 12.

[275] Vgl. *Reichard*, in: *Budäus* (Hrsg.), Kooperationsformen zwischen Staat und Markt, S. 78.

[276] Vgl. *Eschenbruch*, in: *Kulartz/Kus/Portz*, § 99, Rn. 277.

[277] So *Reichard*, in: *Budäus* (Hrsg.), Kooperationsformen zwischen Staat und Markt, S. 78. Nach Angaben von *Reichard* haben auf Bundesebene 23% aller Beteiligungen den Status einer PPP, auf Länderebene 34%, auf kommunaler Ebene 39%.

Projektrisikopotenzial, Know-how und Zuverlässigkeit anderer Gesellschafter sowie Notwendigkeit des Verbleibs von Steuerungsinstrumenten bei der öffentlichen Hand.[278]

Zu beachten gilt, dass der Auftraggeber als juristische Person des öffentlichen Rechts selbst kein Mitglied des Vorstands, des Aufsichtsrats bzw. der Geschäftsführung einer Kapitalgesellschaft sein kann. Allerdings steht den Gesellschaftern einer GmbH ein besonderes Weisungsrecht gegenüber der Geschäftsführung zu, welches diese mit entsprechender Mehrheit der Stimmrechte in der Haupt- bzw. Gesellschafterversammlung ausüben können. In Personengesellschaften kann dem öffentlichen Auftraggeber zwar auch die Geschäftsführung und Vertretung der Gesellschaft übertragen werden. Bei der KG bedarf es dafür einer Rechtsstellung als Komplementär. Jedoch haftet dieser – wie im Übrigen alle Gesellschafter der anderen Personengesellschaften – persönlich, unmittelbar und unbeschränkt. Eine Haftungsbeschränkung kann dann nur über die Konstruktion der GmbH & Co. KG erreicht werden, bei der sich die GmbH als Komplementär an der KG beteiligt. Gesellschaftsmodelle sind in der PPP-Praxis kaum verbreitet.[279]

7. Vertragsgegenstand und anwendbares Recht

Ein PPP-Modell hat regelmäßig die Planung und Herstellung, den Betrieb sowie die Finanzierung eines Projektvorhabens zum Gegenstand. Allen PPP-Modellen liegt ein einheitliches Vertragswerk zugrunde, wobei es sich regelmäßig um einen sog. Typenkombinationsvertrag handelt, was die Frage nach dem anwendbaren Recht aufwirft.[280]

Zum Einen stellt sich die Frage, ob der PPP-Vertrag zivilrechtlicher oder öffentlich-rechtlicher Natur ist. Während die konventionellen Beschaffungsverträge nach herrschender Meinung rein zivilrechtlich sind[281], ist die Frage, ob das PPP-Konzessionsmodell als koordinations- oder subordinationsrechtlicher öffentlich-rechtlicher oder als zivilrechtlicher Vertrag einzuordnen ist, äußerst umstritten

---

[278] Vgl. *Schede/Pohlmann*, in: *Weber/Schäfer/Hausmann*, Praxishandbuch Public Private Partnership, S. 150.

[279] Nur 3 der 180 Projekte weist die PPP-Projektdatenbank als Gesellschaftsmodelle aus. Als Beispiel für ein Gesellschaftsmodell ist der Neubau von insg. 90 Schulen im Kreis Offenbach in NRW mit dem Gesamtinvestitionsvolumen von rd. 131 Mio. EUR zu nennen.

[280] Vgl. *Schede/Pohlmann*, in: *Weber/Schäfer/Hausmann*, Praxishandbuch Public Private Partnership, S. 113.

[281] Statt vieler *Schlette*, Verwaltung als Vertragspartner, S. 149 m.w.N.

und hängt nach herrschender Meinung von seiner konkreten Ausgestaltung ab.[282] Ein öffentlich-rechtlicher Vertrag gem. §§ 54 ff. VwVfG liegt vor, wenn der Gegenstand und die Rechtsnatur des Rechtsverhältnisses unter Betrachtung der gesamten vertraglichen Regelung dem öffentlichen Recht zuzuordnen ist. Abzustellen ist auf den wesentlichen Sachverhalt oder den prägenden Verfahrensgegenstand sowie den Vertragszweck. Nicht als öffentlich-rechtlich sind Verträge zu qualifizieren, die zwar mittelbar der Vorbereitung oder Erfüllung öffentlicher Aufgaben dienen, die aber nicht eine unmittelbare Änderung oder Ausgestaltung einer öffentlich-rechtlichen Berechtigung oder Verpflichtung selbst regeln.[283] Verträge über die Errichtung und den Betrieb von Bauwerken für Zwecke öffentlicher Einrichtungen sind dem Zivilrecht zuzuordnen.[284] Schwieriger verhält es sich mit sonstigen Projektgegenständen – etwa dem *Toll Collect*-Betreibervertrag, der lediglich den Betrieb der Autobahnmauteinrichtungen zum Gegenstand hat. Trotz des eindeutigen Schwerpunkts im Zivilrecht, will die herrschende sog. Schwerpunkttheorie[285] auch dann einen öffentlich-rechtlichen Vertrag annehmen, wenn dieser trotz zivilrechtlichen Schwerpunkts nicht unwesentliche öffentlich-rechtliche Vertragsteile beinhaltet. Kann ein Machtgleichgewicht der Vertragsparteien bejaht werden, ist von einem koordinationsrechtlichen Vertrag auszugehen.[286] Der m.E. sachgerechteren Auffassung, welche die einzelnen Vertragsteile gemischter Verträge nach dem jeweiligen Fachrecht behandelt[287], kann das Gegenargument der Rechtswegaufspaltung jedenfalls dann nicht entgegengehalten werden, wenn – wie in PPP-Verträgen üblich – eine Schiedsgerichtsvereinbarung zugunsten eines bestimmten Rechtswegs getroffen wird.

Nimmt man die Anwendbarkeit des Zivilrechts an, ist in der Planungs- und Herstellungsphase regelmäßig das Werkvertragsrecht gem. §§ 631 ff. BGB an-

---

[282] Vgl. *Bonk*, in: *Stelkens/Bonk/Sachs*, Verwaltungsverfahrensgesetz, § 54, Rn. 43l und 74 ff. m.w.N. Vgl. dazu auch ders., DVBl 2004, 141 (144).

[283] Vgl. *Kopp/Ramsauer*, Verwaltungsverfahrensgesetz, § 54, Rn. 38 ff.

[284] S. dazu OVG Münster, NJW 1991, 61.

[285] So BGHZ 56, 365 (368); BVerwGE 22, 138 (139); BGHZ 76, 16 (20); *Maurer*, Allgemeines Verwaltungsrecht, § 14, Rn. 11; *Schlette*, Verwaltung als Vertragspartner, S. 137 f. m.w.N.

[286] Vgl. *Maurer*, Allgemeines Verwaltungsrecht, § 14, Rn. 12 ff.

[287] So *Hufen*, Verwaltungsprozessrecht, § 11, Rn. 93; *Lange*, NVwZ 1983, 313 (320); *Fluck*, Grundprobleme des Öffentlich-Rechtlichen Vertragsrechts, S. 189 f.

wendbar.[288] In der Betriebsphase wird hingegen das Kaufrecht nach den §§ 433 ff. BGB angewendet, da wesentlicher Vertragszweck in der Überlassung des Projektgegenstands und am Ende der Vertragslaufzeit des Eigentums an diesem besteht und damit den typischen Pflichten des Verkäufers im Rahmen eines Ratenkaufs nach §§ 433, 449 BGB entspricht. Die Betriebs- und Managementleistungen richten sich regelmäßig nach §§ 611 ff. und §§ 631 ff. BGB. In der Finanzierungsphase folgt das anwendbare Recht dem Recht der jeweils zu finanzierenden Projektphase und ist somit das Kauf-, Werk- oder Dienstvertragsrecht. Bei entsprechender Parteivereinbarung kann ggf. Darlehensrecht nach den §§ 488 ff. BGB zur Anwendung kommen.[289]

Unterschiede zu Inhaber- und Contractingmodellen ergeben sich insoweit, dass Leasing- und Vermietungsmodelle in der Regel keine Planungs-, Bau- und Finanzierungsphasen vorsehen, während sich deren Nutzungsüberlassung mangels kaufrechtlichen Charakters der Beziehung in erster Linie nach dem Mietvertragsrecht richtet. Das Inhaber- und das Contracting-Modell sehen keine Nutzungsüberlassungsphasen vor.

V. Weitere Klassifizierungsansätze

Ferner werden PPP-Formen nach dem Refinanzierungsregime bzw. weiteren Merkmalen klassifiziert.

1. Klassifizierung im Verkehrstraßenbereich

Im Bereich der mautbetriebenen Verkehrsstraßen unterscheidet man sog. F- und sog. A-Modelle.[290]

F-Modell	Neubau von Autobahnabschnitten (Brücken, Tunnel, Gebirgspässen)
A-Modell	Autobahnspurenausbau

---

[288] Vgl. *Schede/Pohlmann*, in: *Weber/Schäfer/Hausmann*, Praxishandbuch Public Private Partnership, S. 114 ff.
[289] Vgl. *dies.*, S. 116.
[290] Vgl. dazu exemplarisch *Alfen/Fischer*, in: *Weber/Schäfer/Hausmann*, Praxishandbuch Public Private Partnership, S. 57; *Leinemann*, Die Vergabe öffentlicher Aufträge, Rn. 766 ff.; *Eschenbruch*, in: *Kulartz/Kus/Portz*, § 99, Rn. 291 ff.; *Alfen/Mayrzedt/Tegner*, PPP-Lösungen für Deutschlands Autobahnen, S. 51 ff.

1.1. F- Modelle

Die F-Modelle ermöglichen es dem Privaten, den Neubau von Autobahnab-schnitten auszuführen und durch Mauterhebung zu refinanzieren, während der Staat nur bis zu 20% des Gesamtvolumens des Vorhabens (mit-)finanziert. Die gesetzliche Grundlage für das F-Modell bildet das Fernstraßenbauprivatfinanzie-rungsgesetz (FStrPrivFinG). Die Aufgabenübertragung auf den Privaten erfolgt durch Beleihung, so dass dieser relative Handlungsfreiheit bei der Aufgabener-füllung hat. Als Konzessionsgeber tritt die Kommune oder das Bundesland auf. Das F-Modell wird auch als das Betreibermodell im Straßenbau bezeichnet.[291] Bisher wurden mit der **Warnowquerung** in Rostock[292] und der **Travequerung** (Herrentunnel) in Lübeck[293] nur zwei F-Modelle umgesetzt. Ein weiteres F-Modell – die **Strelasundquerung** in Strahlsund auf Rügen ist im Jahre 2003 ge-scheitert und wurde nicht als PPP ausgeschrieben. Geplant sind derzeit die **Hafenquerspange** in Hamburg (A252), die 9 km lange, 511 Mio. EUR teure **Elbquerung** bei Hamburg (A20), die **A21** bei Lüneburg, der 8 km lange, 348 Mio. EUR teure **Albaufstieg** zwischen AS Mühlhausen und AS Hohestadt, das 8,7 km lange, 809 Mio. EUR teure Teilstück der **A100** zwischen AD Neukölln und AS Landsberger Allee, die 1100 m lange, 237 Mio. EUR teure **Weserquerung** (A281) und die 19 km lange, 5,6 Mrd. EUR **Fehmarnbeltquerung** (A1).

1.2. A- Modelle

Dahingegen sieht das später entwickelte A-Modell den Spurenausbau von Auto-bahnen vor. Als Konzessionsgeber treten beim A-Modell der Bund und das je-weilige Bundesland auf, die bis zu 50% des Gesamtprojektvolumens finanzieren und Eigentümer der errichteten Anlagen werden. Eine spezielle gesetzliche Grundlage ist für das A-Modell nicht erforderlich, da der Private lediglich als weisungsabhängiger Erfüllungsgehilfe auftritt. Die Mauterhebung erfolgt durch einen unabhängigen privaten Betreiber – *Toll Collect* – derzeit ausschließlich von Lastkraftwagen, während der Private keinen Einfluss auf die gesetzlich

---

[291] So *Eschenbruch*, in: *Kulartz/Kus/Portz*, § 99, Rn. 291.

[292] Die Bauarbeiten an der Warnowquerung wurden im Jahre 1999 begonnen, so dass bereits 2003 der Betrieb des Straßenabschnitts aufgenommen wurde. Jedoch stellte sich bereits 2004 heraus, dass das Projekt nicht die prognostizierte Auslastung erreicht, so dass die Betreiberge-sellschaft Warnowquerungsgesellschaft (WQG) Zahlungsunfähigkeit drohte. In der Folge wurde der Betreibervertrag neu verhandelt und im Jahr 2006 von 30 auf 50 Jahre verlängert.

[293] Die Travequerung wurde nach Baubeginn im Jahr 2001 im Jahr 2005 in Betrieb genom-men.

festgelegte Höhe der Maut hat. Dabei tritt *Toll Collect* in der Regel als Verwaltungshelfer und lediglich für die Mautnacherhebung als Beliehener auf.

Als A-Modelle umgesetzt wurde bislang der Bau der Teilstrecken der Bundesautobahnen **A8** zwischen Augsburg West und München Allach (53 km), **A4** zwischen Landesgrenze Hessen/Thüringen und Gotha (44 km), **A1** zwischen Buchholz und Bremen (72,5 km) sowie **A5** zwischen Malsch und Offenbrug (59,8 km). Die Teilstrecken der **A8** Ulm/Elchingen und Augsburg West (41 km Ausbau und 17 km Betrieb, 850 Mio. EUR) sowie der **A9** zwischen AS Lederhose und Landesgrenze Tschechien/Bayern (19 km Ausbau und 46,5 km Betrieb, 400 Mio. EUR) befinden sich derzeit im Ausschreibungsverfahren. Geplant sind ferner A-Modelle bezüglich der Teilstrecken **A1** zwischen Lotte und Münster, **A30** zwischen Rheine und Lotte, **A7** zwischen Bordesholm und Hamburg (95 km), **A7** zwischen Salzgitter und Drammetal (90 km) sowie **A6** zwischen Wiesloch/Ranensberg und Weinsberg (58 km).

2. Klassifizierung nach Refinanzierungsregime

Im Hinblick auf die Refinanzierung unterscheidet man zwischen den sog. **Betreibermodellen**, die durch vertraglich vereinbarte, regelmäßige Entgeltzahlungen des Auftraggebers refinanziert werden, auf der einen Seite und den sog. **Konzessionsmodellen**, wo die Nutzer der errichteten und durch den Privaten betriebenen Anlagen die Refinanzierungslast tragen, auf der anderen Seite.[294] Bei den oben beschriebenen Vertragsmodellen kann es sich sowohl um Betreiber- als auch um Konzessionsmodelle handeln. Die entsprechenden Auftrags- und Konzessionsmodelle unterscheiden sich insbesondere dadurch, dass im ersten Fall das Risiko der Refinanzierung durch die Nutzung beim öffentlichen Auftraggeber liegt, während im zweiten Fall der private Betreiber direkt auf die Entgelte der Nutzer angewiesen ist.[295]

2.1. Betreibermodell

Die Refinanzierung des Projekts erfolgt im Rahmen des Betreibermodells – teilweise auch als Auftragsmodell bezeichnet – unmittelbar durch den öffentlichen Partner selbst, der die vereinbarte Vergütung – sog. *availibility payments*

---

[294] Vgl. *Leinemann*, Die Vergabe öffentlicher Aufträge, Rn. 756; *Eschenbruch*, in: *Kulartz/Kus/Portz*, § 99, Rn. 287; *Alfen/Fischer*, in: *Weber/Schäfer/Hausmann*, Praxishandbuch Public Private Partnership, S. 4.

[295] Vgl. *Sack*, in: *Budäus* (Hrsg.), Kooperationsformen zwischen Staat und Markt, S. 54.

oder Verfügbarkeitsprämie – entrichtet, sog. haushaltsfinanzierte PPP-Projekte.[296] Eine Anpassung der Entgeltzahlungen findet nur unter bestimmten Voraussetzungen statt. Möglich sind etwa ein vertraglich vereinbarter Inflationsausgleich, Bonus-/Malusregelungen oder auch vereinbarte Leistungsregelungen.

2.2. Konzessionsmodell

Im Unterschied zum Betreibermodell tritt der Auftraggeber beim Konzessionsmodell – auch als Mautmodell bezeichnet – nicht als Nutzer des Projektgegenstands und der sonstigen Leistung des Auftragnehmers auf. Die Besonderheit besteht in der Refinanzierung des Vorhabens durch Nutzerentgelte der Drittnutzer, die nicht selbst Parteien des PPP-Vertrages sind, sog. (dritt-) nutzerfinanzierte PPP-Projekte. Der private Partner wird im Wege der Beleihung mit der Berechtigung zur Erhebung von Gebühren ausgestattet oder im Wege einer Tarifgenehmigung zur Erhebung eines privatrechtlichen Entgelts berechtigt.[297] Der Auftraggeber kann sich ggf. im Wege der sog. Anschubfinanzierung auch an den Kosten des Auftragnehmers beteiligen. Die Projektstruktur kann in Abhängigkeit von der im Einzelfall gewählten Variante der oben beschriebenen Vertragsmodelle variieren. Man unterscheidet zwischen der Dienstleistungskonzession, die lediglich den Betrieb der Anlage zum Gegenstand hat, und der Baukonzession, die einen nicht nur unerheblichen Anteil an Bauleistungen beinhaltet. Da die spätere Nutzungsauslastung des Projektgegenstands im Zeitpunkt des Vertragsabschlusses oftmals schwer vorher zu sagen ist, trägt der Auftragnehmer regelmäßig das Risiko, dass die Nutzungsauslastung zur Refinanzierung seiner Kosten ausreicht. Mit Hilfe der sog. Nutzungsausfallgarantie, die in Form der Anschubfinanzierung oder der Abschlusszahlung erfolgt, bzw. einer Vertragsverlängerungsoption kann am Ende der Vertragslaufzeit ein eventueller Fehlbetrag ausgeglichen werden. Auch beim Konzessionsmodell sind allerdings die Zuzahlungen des öffentlichen Partners an den privaten Partner mög-

---

[296] Vgl. *Dreher*, NZBau 2002, 245 (247); *Fabian/Farle*, DStR 2004, 929; *Jaeger*, NZBau 2001, 6 (7); *Gottschalk*, in: *Budäus/Eichhorn*, Public Private Partnership, Neue Formen öffentlicher Aufgabenerfüllung, S. 160; *Storr*, LKV 2005, 521 (522); *Reuter*, NVwZ 2005, 1246 (1247); *Becker*, ZRP 2002, 303 (304); *Stelkens/Schmitz*, in: *Stelkens/Bonk/Sachs*, Verwaltungsverfahrensgesetz, § 9, Rn. 162b; *Bonk*, in: *Stelkens/Bonk/Sachs*, Verwaltungsverfahrensgesetz, § 54, Rn. 43g; *Knütel*, in: *Siebel/Röver/Knütel*, Rechtshandbuch Projektfinanzierung und PPP, Rn. 1285.

[297] Vgl. *Portz*, in: *Ingestau/Korbion*, § 32 VOB/A, Rn. 1 und 2.

lich und üblich.[298] Konzessionsmodelle sind im Straßenverkehrsbereich sehr verbreitet, während deren Anwendung in anderen Bereichen noch Einzelfallcharakter hat.[299]

3. Klassifizierung nach Finanzierungsart

Im Hinblick auf die Finanzierung des Privaten unterscheidet man die Projektfinanzierung und das Modell der sog. Forfaitierung mit Einredeverzicht. Unter Projektfinanzierung versteht man die Finanzierung einer sich selbst tragenden, abgrenzbaren Wirtschaftseinheit, wobei der *Cashflow* der Projektgesellschaft den Kapitaldienst der Finanzierung sichert.[300] In der PPP-Praxis wurden bisher jedoch nur wenige PPP-Projekte mittels Projektfinanzierung umgesetzt.[301]

Eine weitverbreitete Alternative zur Projektfinanzierung stellt die sog. Forfaitierung mit Einredeverzicht dar, die auch als sog. Mogendorfer Modell[302] bezeichnet wird. Der Hintergrund dabei ist, dass Kommunalkredite in der Regel zu günstigeren Bedingungen aufgenommen werden können. Mittels Forfaitierung wird dem Privaten eine Kreditaufnahme zu den Bedingungen des Kommunalkredits ermöglicht.[303] Bei der Forfaitierung werden bestehende oder zukünftige Einzelforderungen durch einen Forderungsverkäufer – privaten Auftragnehmer – an den Forderungskäufer – die finanzierende Bank verkauft.[304] Der Auftraggeber erteilt dem Privaten nach Abnahme bestimmter Bauabschnitte in der Planungs- und Herstellungsphase dem Projektfortschritt entsprechend statt eines Entgelts sog. Bautestate, welche die vereinbarungsgemäße Leistungserbringung bestätigen. Die Bautestate beinhalten ferner, dass der Auftraggeber auf die Gel-

---

[298] Vgl. *Leinemann*, Die Vergabe öffentlicher Aufträge, Rn. 758.

[299] Als Konzessionsmodelle weist die PPP-Projektdatenbank insg. neun PPP-Projekte auf, darunter das Rudolf Harbig-Stadion in Dresden.

[300] Vgl. *Proll/Drey*, Die 20 Besten: PPP-Beispiele aus Deutschland, S. 10; *Knütel*, in: *Siebel/Röver/Knütel*, Rechtshandbuch Projektfinanzierung und PPP, Rn. 1285.

[301] Nach Informationen der PPP-Projektdatenbank handelt es sich dabei um nur sechs Projekte – ein kommunales, ein Bundes- und vier Landesprojekte – gegenüber den 94 Projekten, die mittels Forfaitierung realisiert wurden. Als investitionsstärkstes Beispiel ist der Neubau des Bundesministeriums für Bildung und Forschung (BMBF) in Berlin zu nennen.

[302] S. dazu *Schede/Pohlmann*, in: *Weber/Schäfer/Hausmann*, Praxishandbuch Public Private Partnership, S. 134 f.; *Proll/Drey*, Die 20 Besten: PPP-Beispiele aus Deutschland, S. 11 f.; *Eschenbruch/Windhorst/Röwekamp/Vogt*, Bauen und Finanzieren aus einer Hand, S. 35; *Bunsen/Sester*, ZflR 2005, 81 (83); *Reidt/Stickler*, in: *Jacob*, Freiberger Handbuch zum Baurecht, § 29, Rn. 38.

[303] Vgl. dazu exemplarisch *Leinemann*, Die Vergabe öffentlicher Aufträge, Rn. 757.

[304] Vgl. *Proll/Drey*, Die 20 Besten: PPP-Beispiele aus Deutschland, S. 11.

tendmachung von Einwendungen, die ihm dem Auftragnehmer gegenüber zustehen, gegenüber der Bank verzichtet und dem Auftraggeber die den Bautestaten entsprechenden Zahlungsverpflichtungen ratenweise gestundet werden. Die Bautestate verkauft der Auftragnehmer an die finanzierende Bank unter Abtretung seiner Forderungen gegen den Auftraggeber. Nach Abnahme der Gesamtleistung ist die Bank berechtigt, die abgetretenen Forderungen gegenüber dem Auftraggeber entsprechend der in den Bautestaten jeweils enthaltenen Stundungsabrede frei von Einwendungen geltend zu machen. Die während des Stundungszeitraums zu entrichtenden Zinsen trägt der Auftraggeber, während der Private so bereits im Laufe der einzelnen Bauabschnitte zu Geld kommt. Das Forfaitierungsmodell verlagert die Finanzierungsrisiken auf den Auftraggeber. Andererseits profitiert der Auftraggeber von niedrigeren Projektkosten. Bei der Projektfinanzierung kalkuliert der Auftragnehmer die im Vergleich zum Kommunalkredit höheren Finanzierungskosten in die Gesamtkosten ein und wälzt sie letztlich auf den Auftraggeber ab. Bei der Forfaitierung entstehen diese Kosten dagegen nicht. Das Forfaitierungsmodell ist in der deutschen PPP-Praxis stark verbreitet.[305]

4. Klassifizierung nach einzelnen Vertragselementen

PPP-Projekte lassen sich in einzelne, frei kombinierbare Projektphasen einteilen. Der Umfang der Zusammenarbeit kann durch die Kombination der Anfangsbuchstaben der englischen Bezeichnung für die einzelnen Projektphasen – wie *Design* (Planung), *Build* (Herstellung), *Finance* (Finanzierung), *Operate* (Betrieb) und *Transfer* (Übertragung) – beschrieben werden. Die jeweilige Eigentümerstellung des Auftragnehmers bezüglich des Projektgegenstands wird regelmäßig durch einen weiteren Zusatz *Own* (Eigentum) ausgedrückt. Die erläuterten Modelle lassen sich auch mit Hilfe der in der internationalen Praxis bekannten Modelle wie BOT (*Build, Operate, Transfer*), BOOT (*Build, Own, Operate, Transfer*) oder BTO *(Build, Transfer, Operate)* beschreiben.[306] Eine

---

[305] Nach Informationen der PPP-Projektdatenbank ist mit 94 Projekten der Großteil der PPP-Projekte mittels Forfaitierung umgesetzt worden. Den überwiegenden Anteil machen dabei mit insg. 79 Projekten die kommunalen Projekte aus, während die Länder 15 Projekte und der Bund bisher lediglich zwei Projekte mittels Forfaitierung initiiert haben. Als Beispiele für Finanzierung der PPP-Projekte mittels Forfaitierung sind die Offenbacher und Monheimer Schulprojekte zu nennen.

[306] Vgl. dazu exemplarisch *PPP-Beratergruppe*, Gutachten im Auftrag des Lenkungsausschusses beim BMVBW, Kap. 4.3.6.; *Leinemann*, Die Vergabe öffentlicher Aufträge, Rn. 760 ff.

trennscharfe Abgrenzung der einzelnen Modelle ist auf diese Weise jedoch nicht möglich. Da sich die BOT- und BOOT-Modellbezeichnungen international – und vor allem in der russischen Literatur – weitestgehend durchgesetzt haben, werden sie im Folgenden auch vereinzelt verwendet.

5. Weitere Klassifizierungen und Bezeichnungen

Der Vollständigkeit halber seien noch folgende Klassifizierungen erwähnt: Schuppert[307] differenziert zwischen informellen und kontraktbestimmten Kooperationen sowie gemeinsamen Gesellschaften, die sich nach dem Grad der Institutionalisierung unterscheiden sollen. Roggencamp[308] unterscheidet nach der Zusammensetzung der Beteiligten, den Gegenstandsbereichen von PPP sowie dem Formalisierungsgrad der Kooperation (informal bis vertraglich). Eschenbruch[309] führt schließlich ein sog. Betriebsführungsmodell an, bei dem lediglich die Betriebsführung einem Privaten übertragen wird, was im Kern eine Dienstleistung darstellt, gleichzeitig aber beispielsweise umfangreiche Regelungen zur Personalübernahme beinhalten kann.

D. Vergaberechtliche Grundlagen eines PPP-Vorhabens

Jeder PPP-Auftrag beinhaltet Planungs-, Bau-, Liefer-, Projektmanagement-, Instandhaltungs-, Wartungs-, Betreiberleistungen und nicht zuletzt Finanzierungsleistungen oder sonstige Dienstleistungen. Vergibt ein öffentlicher Auftraggeber i.S.d. § 98 GWB einen öffentlichen Auftrag i.S.d. § 99 GWB unterliegen solche Vorgänge dem Recht über die Beschaffung öffentlicher Aufträge – dem Vergaberecht. Die Rechtssicherheit bei der Auftragsvergabe hat hohe Priorität. Im Folgenden sollen PPP-relevante Regelungen des deutschen Vergaberechts überblicksartig skizziert werden. Nach einem kurzen Überblick über die Rechtsquellen soll den PPP-sensiblen Fragen im Rahmen des vergaberechtlichen Anwendungsbereichs, der Vergaberechtsgrundsätze und der Aufhebung des Vergabeverfahrens sowie der Frage nach der PPP-geeigneten Vergabeart nachgegangen werden.

---

[307] Vgl. *Schuppert*, Grundzüge eines zu entwickelnden Verwaltungskooperationsrechts, a.a.O.
[308] So *Roggencamp*, Public Private Partnership – Entstehung und Funktionsweise, S. 31 ff.
[309] So *Eschenbruch*, in: *Kulartz/Kus/Portz*, § 99, Rn. 289.

I. Rechtsquellen des Vergaberechts

Das deutsche Vergaberecht wird stark von europäischen Vorgaben geprägt und durch fortwährenden Erlass neuer EU-Richtlinien kontinuierlich neu gestaltet.[310] Für die Quellen des Vergaberechts gilt das sog. Kaskadensystem.[311] Ranghöchste Vorschriften sind die §§ 97 ff. GWB, denen die Vergabeordnung (VgV) im Rang untergeordnet ist. Die VgV bildet ihrerseits die Grundlage für die Verdingungsordnungen für Bauleistungen i.S.d. § 99 Abs. 3 GWB i.V.m. § 6 VgV (VOB/A und VOB/B), für Liefer- und Dienstleistungen i.S.d. § 99 Abs. 2 und 4 GWB i.V.m. § 4 VgV (VOL/A und VOL/B) sowie für freiberufliche Leistungen i.S.d. § 1 Satz 2 Spstr. 2 VOL/A i.V.m. § 5 VgV (VOF), die aufgrund des starren Verweises nach §§ 4-6 VgV selbst Verordnungsqualität erlangen.[312] Daneben gelten Regelungen auf Landesebene.

Eine der ersten im Rahmen des PPP-Vergabeverfahrens zu klärenden Fragen ist die Frage nach der einschlägigen Verdingungsordnung. Da PPP-Verträge regelmäßig ein sog. Leistungsbündel zum Gegenstand haben, ist diese Frage nicht immer einfach zu beantworten.[313] Gem. § 99 Abs. 6 Satz 2 GWB richtet sich die Abgrenzung nach dem Hauptgegenstand des Auftrags, sog. Schwerpunkttheorie.[314] Umfasst der öffentliche Auftrag neben Dienst- auch Bauleistungen, welche im Verhältnis zum Hauptgegenstand als Nebenarbeiten einzustufen sind, ist der Auftrag insgesamt als Dienstleistungsauftrag anzusehen.[315] Derzeit besteht keine Einigkeit darüber, ob der Hauptgegenstand eines Auftrags danach zu bestimmen ist, welche Auftragsart innerhalb des Gesamtvorhabens wertmäßig überwiegt, sog. *main value test*, oder welcher der Vertragsbestandteile den

---

[310] Die neuesten Umsetzungsschritte erfolgten mit der Verabschiedung neuer Verdingungsordnungen im Jahre 2009.

[311] So *Müller-Wrede*, in: *ders.*, Vergabe- und Vertragsordnung für Leistungen, § 1, Rn. 6. Die Kodifizierung des Vergaberechts ist auch in Deutschland relativ jung. Mit dem Vergaberechtsänderungsgesetz vom 1. Januar 1999 wurden vergaberechtliche Regelungen in den vierten Teil des GWB aufgenommen. Die VgV erst am 1. Februar 2001 in Kraft getreten. Das ÖPP-BeschleunigungsG vom 1. September 2005 führte schließlich zu zahlreichen Rechtsänderungen und umfassender Überarbeitung der Verdingungsordnungen im Jahr 2006.

[312] Vgl. OLG Brandenburg, Beschl. vom 13. Juli 2001 – Verg 3/01, NZBau 2001, 645.

[313] Vgl. *Leinemann*, Die Vergabe öffentlicher Aufträge, Rn. 792 ff.; *Hausmann/Mutschler-Siebert*, in: *Weber/Schäfer/Hausmann*, Praxishandbuch Public Private Partnership, S. 239.

[314] Vgl. *Eschenbruch*, in: *Kulartz/Kus/Portz*, § 99, Rn. 93.

[315] Vgl. dazu *Müller-Wrede*, in: *ders.*, Vergabe- und Vertragsordnung für Leistungen, §§ 20 ff. und 39 ff.

Hauptgegenstand des Vertrages bildet, sog. *main object test*.[316] Bei Bauaufträgen ist die VOB grundsätzlich auch dann anwendbar, wenn der Auftrag neben Bauleistungen auch Beitreiberleistungen von 30-jähriger Laufzeit vorsieht.[317] Planungsleistungen sind gem. § 1a Abs. 1 Nr. 1 Satz 3 VOB/A stets als Bestandteil eines Bauauftrages anzusehen. Hingegen liegt der Auftragsschwerpunkt im Rahmen des Contracting-Modells bei der Durchführung von bloßen Optimierungsleistungen bezüglich bereits eingebauter Anlagen und kleineren Einbauleistungen der wohl eher auf dem Dienstleistungselement.[318]

II. Anwendungsbereich des Vergaberechts

Der Anwendungsbereich des Vergaberechts ist eröffnet, wenn ein öffentlicher Auftraggeber i.S.d. § 98 GWB einen öffentlichen Auftrag i.S.d. § 99 GWB beschafft, keine Ausnahmetatbestände nach § 100 Abs. 2 GWB vorliegen und der Schwellenwert nach § 2 VgV erreicht ist. Unter einem öffentlichen Auftrag i.S.d. § 99 GWB sind entgeltliche Verträge zwischen öffentlichen Auftraggebern und privaten Unternehmen zu verstehen, die vor allem Liefer-, Bau- oder Dienstleistungen zum Gegenstand haben. Bei Privatisierungsmaßnahmen ist eine funktionale Gesamtbetrachtung anzustellen. Im Falle der sog. funktionalen Privatisierung, in deren Einzugsbereich PPP angesiedelt ist und wo der Auftraggeber sich bei der Erfüllung öffentlicher Aufgaben eines privaten Dritten bedient, im Außenverhältnis jedoch die Verantwortung für die Aufgabenerfüllung behält, wird in der Regel von einem öffentlichen Auftrag auszugehen sein.[319]

Schwierig kann im Falle der Vertragsgestaltung nach dem Konzessionsmodell die Abgrenzung zwischen öffentlichen Aufträgen und Konzessionen sein.[320] PPP-Projektverträge können sowohl Baukonzessionen nach § 98 Nr. 6 GWB i.V.m. § 6 VgV als auch Dienstleistungskonzessionen zum Gegenstand haben.[321] Die Vergabe von Baukonzessionen unterliegt gem. §§ 22, 22a VOB/A lediglich

---

[316] Vgl. *Hausmann/Mutschler-Siebert*, in: *Weber/Schäfer/Hausmann*, Praxishandbuch Public Private Partnership, S. 239, die sich für eine Gesamtbetrachtung aussprechen.

[317] Vgl. *Hausmann/Bultmann*, PPP im Hochbau, Vergaberechtsleitfaden, S. 20.

[318] So auch *Hausmann/Mutschler-Siebert*, in: *Weber/Schäfer/Hausmann*, Praxishandbuch Public Private Partnership, S. 253.

[319] Vgl. *Müller-Wrede*, in: *ders.*, Vergabe- und Vertragsordnung für Leistungen, § 1, Rn. 16 m.w.N.

[320] Vgl. *Hausmann/Mutschler-Siebert*, in: *Weber/Schäfer/Hausmann*, Praxishandbuch Public Private Partnership, S. 253.

[321] Vgl. *BMVBS*, PPP-Handbuch. Leitfaden für Öffentlich-Private Partnerschaften, S. 252; *Leinemann*, Die Vergabe öffentlicher Aufträge, Rn. 782 ff.; *Hausmann/Mutschler-Siebert*, in: *Weber/Schäfer/Hausmann*, Praxishandbuch Public Private Partnership, S. 240 f.

der sinngemäßen Anwendung der VOB/A und den Regelungen über Nachprüfungsverfahren nach den §§ 102 ff. GWB. Die Vergabe von Dienstleistungskonzessionen fällt hingegen nicht unter §§ 98, 99 GWB.[322] Zu beachten sind lediglich die allgemeinen EG-Grundsätze der Transparenz, Publizität, Nichtdiskriminierung und der objektiven Nachprüfbarkeit. Eine Baukonzession liegt vor, wenn der Auftragnehmer das Bauwerk auf seine Kosten errichtet und diesem im Gegenzug das Nutzungs- bzw. Verwertungsrecht an der erbrachten Leistung zusteht, während der Konzessionsnehmer überwiegend das wirtschaftliche Nutzungsrisiko trägt.[323] Von einer Dienstleistungskonzession spricht man hingegen, wenn der Staat eine im öffentlichen Interesse liegende Dienstleistung und die mit ihrer Ausübung verbundenen Risiken auf einen Privaten überträgt.[324] Bei gemischten Konzessionsverträgen dürfte der Vertrag insgesamt den Vorschriften über die Vergabe von Baukonzessionen unterliegen, wenn die Bauleistungen von mehr als nur untergeordneter Bedeutung sind oder die Nutzung eines bereits bestehenden Bauwerks vereinbart wird.[325]

Der sog. Leistungsbündelcharakter von PPP spielt neben seiner Bedeutung für die Bestimmung der einschlägigen Vergabeordnung noch eine weitere Rolle. Vorgänge wie Grundstücksvermietung oder -verpachtung, Grundstückserwerb oder -veräußerung, Gesellschaftsgründungen, Anteilsveräußerungen sowie die Eingehung arbeits- und gesellschaftsrechtlicher Verpflichtungen können vergaberechtlich irrelevant sein.[326] Insbesondere unterfällt die Gründung eines gemischtwirtschaftlichen Unternehmens im Rahmen des Gesellschaftsmodells als solche nicht dem Vergaberecht. Dies gilt nicht, wenn die Gesellschaftsgründung mit der Vergabe eines an sich ausschreibungspflichtigen Auftrages an die Gesellschaft im unmittelbaren Zusammenhang steht.[327] Solche Verträge, welche ausschreibungspflichtige und nicht ausschreibungspflichtige Bestandteile zum

---

[322] So EuGH, Urt. vom 7. Dezember 2000, C-324/98, WuW/E Verg. 385; s. dazu auch europäische Richtlinien 2004/18/EG und 2004/17/EG.
[323] Vgl. *Hausmann/Mutschler-Siebert*, in: *Weber/Schäfer/Hausmann*, Praxishandbuch Public Private Partnership, S. 241.
[324] So OLG Brandenburg, VergabeR 2002, 45 (48).
[325] Vgl. *Hausmann/Bultmann*, PPP im Hochbau, Vergaberechtsleitfaden, S. 17; *Hausmann/Mutschler-Siebert*, in: *Weber/Schäfer/Hausmann*, Praxishandbuch Public Private Partnership, S. 242.
[326] Vgl. *Eschenbruch*, in: *Kulartz/Kus/Portz*, S. 289; *Hausmann/Mutschler-Siebert*, in: *Weber/Schäfer/Hausmann*, Praxishandbuch Public Private Partnership, § 6, S. 237.
[327] S. dazu auch *Hausmann/Mutschler-Siebert*, in: *Weber/Schäfer/Hausmann*, Praxishandbuch Public Private Partnership, S. 254 m.w.N.

Gegenstand haben, sind im Wege der wirtschaftlichen Gesamtbetrachtung grundsätzlich insgesamt ausschreibungspflichtig.[328]

Zu öffentlichen Auftraggebern im Sinne des im Vergaberecht geltenden funktionalen Auftraggeberbegriffs zählen gem. § 98 Nr. 1 GWB neben Bund, Ländern und Kommunen sowie kommunalen Eigenbetrieben auch andere Einrichtungen, die zum Zweck der Aufgabenerfüllung nichtgewerblicher Art im Allgemeininteresse gegründet wurden und der Finanzierung oder Kontrolle durch die öffentliche Hand unterliegen, vgl. § 98 Nr. 2 GWB, Verbände des Bundes und der Länder oder Kommunalverbände, vgl. § 98 Nr. 3 GWB, sowie private Unternehmen, die im Bereich der Sektoren Trinkwasser- oder Energieversorgung und Verkehr tätig sind, vgl. § 98 Nr. 4 GWB, und staatlich subventionierte Auftraggeber und Baukonzessionäre, vgl. § 98 Nr. 5 und 6 GWB. PPP-relevant ist insofern, dass auch der private Partner durch die Beteiligung an einem PPP-Projekt den Status eines öffentlichen Auftraggebers erlangen kann. Zwar wird im Rahmen von PPP-Projekten regelmäßig eine Gebietskörperschaft oder ein Verband mehrerer solcher Körperschaften als öffentlicher Auftraggeber auftreten. Jedoch stellt sich die Frage nach der Anwendbarkeit des Vergaberechts bei einer späteren Auftragsvergabe durch den ausgewählten Bieter, die Bietergemeinschaft oder das gegründete gemischtwirtschaftliche Unternehmen erneut. Wird ein PPP-Projekt an eine gemischtwirtschaftliche Projektgesellschaft vergeben, ist das Vergaberecht auf die Beschaffung von weiteren, noch nicht mit dem Gründungsakt der Projektgesellschaft ausgeschriebenen Aufträgen anwendbar, wenn die Projektgesellschaft die Voraussetzungen des § 98 Nr. 2 GWB erfüllt.[329] Hierbei gilt für den privaten Partner jedoch keine Ausschreibungspflicht für die

---

[328] So OLG Düsseldorf, Beschl. vom 20. Juni 2001 – Verg 3/01, NZBau 2001, 696 (700); *Hausmann/Mutschler-Siebert*, in: *Weber/Schäfer/Hausmann*, Praxishandbuch Public Private Partnership, S. 244 ff., die im Ergebnis für sämtliche PPP-Modelle ein reines Grundstücksgeschäft ablehnen und damit die Ausschreibungspflichtigkeit bejahen. Darüber hinaus war lange Zeit umstritten, ob Finanzierungsleistungen als solche ausschreibungspflichtig sind. Der Streit ist inzwischen zugunsten der Ausschreibungsfreiheit der Finanzierungsleistungen entschieden, während das Gesamtvorhaben, welches Finanzierungsleistungen nur als Nebenleistunegn umfasst, ausschreibungspflichtig bleibt, vgl. dazu *Eschenbruch*, in: *Kulartz/Kus/Portz*, § 99, Rn. 283.

[329] Zu der lange umstrittenen Frage der Ausschreibungspflichtigkeit der sog. Inhouse-Vergaben hat EuGH vom 11. Januar 2005, Rs. C-26/03, Rn. 49, eindeutig klargestellt, dass das Vergaberecht auch dann greift, wenn an ein Unternehmen der Zuschlag erteilt werden soll, an dem neben privaten Anteilseignern der öffentliche Auftraggeber selbst beteiligt ist, s. dazu auch *Hausmann/Mutschler-Siebert*, in: *Weber/Schäfer/Hausmann*, Praxishandbuch Private Partnership, S. 249 f.

von ihm zu vergebenden Bauleistungen, vgl. § 6 Abs. 2 Nr. 3 VgV, sondern lediglich die Bindung an die VOB/B im Verhältnis zu seinen Subunternehmern.[330]

Die Anwendbarkeit des Vergaberechts richtet sich ferner nach der Zweiteilung des deutschen Vergaberechts in den sog. unterschwelligen und den sog. oberschwelligen Bereich. Ist der Schwellenwert des § 127 Nr. 1 GWB i.V.m. § 2 VgV erreicht,[331] ist der Anwendungsbereich des Vergaberechts eröffnet. Liegt der Auftragswert darunter, sind hingegen neben den als sog. Innenrecht zu beachtenden Basisparagraphen der VOB/A bzw. VOL/A[332] lediglich haushaltsrechtliche Bestimmungen anzuwenden, sog. nationales Vergabeverfahren nach § 3 VOL/A bzw. VOB/A[333]. Der Primärrechtsschutz nach den §§ 102 ff. GWB kommt für den vernachlässigten Bewerber auf dieser Stufe nicht in Betracht.[334]

Bei der Berechnung des Gesamtwerts des Bauauftrags ist bei PPP-Vergaben auch der Wert der Finanzdienstleistungen zu berücksichtigen.[335] Nicht geklärt ist durch die Rechtsprechung derzeit, ob der Wert der Betriebsleistungen einzuberechnen ist.[336] Dagegen könnte der Wortlaut des § 3 Abs. 7 VgV sprechen, der lediglich den Wert der Lieferungen in die Berechnung einbezieht.[337]

Ausnahmsweise nicht anwendbar ist das Vergaberecht, wenn Ausnahmetatbestände des § 100 Abs. 2 GWB vorliegen. Es handelt sich dabei etwa um Aufträge, für die eine europaweite Ausschreibung mangels grenzüberschreitenden Po-

---

[330] Vgl. *Hausmann/Bultmann*, PPP im Hochbau, Vergaberechtsleitfaden, S. 14.

[331] Die wichtigsten Schwellenwerte liegen derzeit bei 5.278.000 EUR für Bauleistungen und bei 211.000 EUR für sonstige Leistungen.

[332] Vgl. *Eschenbruch/Röwekamp*, in: *Kulartz/Kus/Portz*, § 100, S. 289.

[333] Die nationalen Vergabearten werden im Folgenden nicht erörtert, da PPP-Vergaben regelmäßig Auftragswerte aufweisen dürften, die oberhalb der Schwellenwerte liegen. Im Hinblick auf PPP-Dienstleistungsaufträge dürfte regelmäßig der Anhang IA zur VOL/A einschlägig sein, sog. *priority services*, und damit das Vergaberecht uneingeschränkt gelten, vgl. *Hausmann/Mutschler-Siebert*, in: *Weber/Schäfer/Hausmann*, Praxishandbuch Public Private Partnership, S. 238. Greift dagegen Anhang IB, wären ebenso nationale Vergabeverfahren einschlägig.

[334] Dieser Zustand wird in der deutschen Vergaberechtsliteratur als sehr problematisch empfunden. Das BVerfG nahm dazu mit seinem Beschl. vom 13. Juni 2006, Az. 1 BvR 1160/03, VergabeNews 2006, 108 f., deutlich Stellung. Eine Verfassungsbeschwerde gegen die Beschränkung des Primärrechtsschutzes im unterschwelligen Bereich wegen Verletzung von Art. 3 Abs. 1 und Art. 19 Abs. 4 GG wurde abgelehnt. Damit besteht grundsätzlich kein anderweitiger Primärrechtsschutz. Das OVG Rheinland-Pfalz hat sich in seinem Beschluss vom 25. Mai 2005, 7 B 10365/05, DVBl. 2005, 988, für den Verwaltungsrechtsweg ausgesprochen.

[335] So VK Arnsberg, Beschl. vom 7. März 2005 – VK 2/2005.

[336] Vgl. *Hausmann/Mutschler-Siebert*, in: *Weber/Schäfer/Hausmann*, Praxishandbuch Public Private Partnership, S. 244.

[337] So auch *Hausmann/Bultmann*, PPP im Hochbau, Vergaberechtsleitfaden, S. 18.

tenzials überflüssig erscheint oder schwerwiegende gegenläufige Interessen – wie etwa im Rüstungsbereich – entgegenstehen.[338] Ausnahmen in Bezug auf den Anwendungsbereich gelten gem. §§ 7, 8 und 9 VgV iVm der SektVO im sog. Sektorenbereich, der die Bereiche Trinkwasser-, Elektrizitäts- und Gas- sowie Wärmeversorgung oder den Verkehrsbereich umfasst. Das Gesetz schreibt in diesen Fällen entweder die Anwendbarkeit des die Basisparagraphen ergänzenden 3. Abschnitts der VOB/A bzw. VOL/A oder die Geltung der vereinfachten Regelungen des 4. Abschnitts unter Aufhebung der Anwendbarkeit der Basisparagraphen vor.

III. Vergaberechtliche Grundsätze gem. § 97 GWB

Der Wettbewerbs- und Transparenzgrundsatz gem. § 97 Abs. 1 GWB und das Gleichbehandlungsgebot gem. § 97 Abs. 2 GWB prägen das gesamte Vergabeverfahren. Ferner gilt das Gebot angemessener Berücksichtigung mittelständischer Interessen gem. § 97 Abs. 3 GWB, der Grundsatz der Auftragsvergabe an fachkundige, leistungsfähige und zuverlässige Unternehmen gem. § 97 Abs. 4 GWB sowie der Wirtschaftlichkeitsgrundsatz gem. § 97 Abs. 5 GWB.[339] Im Hinblick auf den Wettbewerbsgrundsatz ist die lange Dauer von PPP-Aufträgen problematisch. Bei Vorliegen eines wichtigen Grundes ist jedoch die Vergabe von langfristigen Aufträgen gerechtfertigt.[340] Im Rahmen von PPP ist das Investitionsvolumen in der Regel so hoch, dass kurze Vertragslaufzeiten den Bewerbern aufgrund der langen Amortisationsdauer der Investitionen nicht zumutbar sind.

Problematisch im Hinblick auf den Grundsatz nach § 97 Abs. 3 GWB, der die losweise Vergabe von Aufträgen – Teilung in Fach- und Teillose – vorsieht, ist, dass PPP-Modelle nach dem Lebenszyklus-Ansatz regelmäßig eine einheitliche Leistungserbringung aus einer Hand – durch einen privaten Partner – vorsehen.[341] Die Aufteilung in einzelne Leistungsbestandteile bzw. Bauabschnitte ist dem PPP-Wesen daher grundsätzlich fremd. Der Grundsatz der losweisen Ver-

---

[338] Zu den Ausnahmetatbeständen ausführlich s. *Leinemann*, Die Vergabe öffentlicher Aufträge, Rn. 51 ff.; *Eschenbruch/Röwekamp*, in: *Kulartz/Kus/Portz*, § 100, Rn. 20 ff.

[339] Zu den vergaberechtlichen Grundsätzen s. *Leinemann*, Die Vergabe öffentlicher Aufträge, Rn. 4 ff.; *Marx*, in: *Motzke/Pietzcker/Prieß*, Beck'scher VOB-Kommentar, § 97, Rn. 1; *Stickler*, in: *Reidt/Stickler/Glahs*, Vergaberecht: Kommentar, § 97, Rn. 1a.; *Roth*, in: *Müller-Wrede*, Vergabe- und Vertragsordnung für Leistungen, § 2, Rn. 7 ff.

[340] Vgl. *Roth*, in: *Müller-Wrede*, Vergabe- und Vertragsordnung für Leistungen, § 2, Rn. 11.

[341] Vgl. dazu *Hausmann/Mutschler-Siebert*, in: *Weber/Schäfer/Hausmann*, Praxishandbuch Public Private Partnership, S. 272 ff.

gabe steht jedoch seinerseits unter dem Vorbehalt der Zweckmäßigkeit und Wirtschaftlichkeit der Zerlegung des Auftrags, wobei die Komplexität, die Schwierigkeit und der Planungsaufwand eines Vorhabens zu berücksichtigen sind.[342] Ist also die Reibungslosigkeit und Effizienz der Leistungserbringung durch die losweise Vergabe gefährdet, sind Ausnahmen von diesem Grundsatz zulässig. Im Rahmen von PPP-Projekten besteht ein erheblicher Koordinierungsbedarf. Dabei sind nicht nur die einzelnen Leistungen mit zunehmendem Fortschritt des Projekts zu koordinieren, sondern auch die einzelnen Projektphasen fortwährend aufeinander abzustimmen[343]. Die Aufteilung der Gesamtmenge in Teillose dürfte daher dem Lebenszyklusansatz grundsätzlich widersprechen.[344] Dagegen steht der Lebenszyklusansatz der Aufteilung in vertikale Mengenlose grundsätzlich nicht entgegen.[345]

Aus dem Leistungsbündelgedanken folgt schließlich die Problematik der sog. Parallel- und Doppelausschreibungen. Als sog. Parallelausschreibungen werden gleichzeitige Ausschreibungen zweier zusammengehörender Leistungen in zwei getrennten Ausschreibungsverfahren verstanden, z.B. einer Bau- und einer Dienstleistung in getrennten Verfahren nach VOB und VOL. Das Problem ist durch die Rechtsprechung nicht abschließend gelöst. Mangels Transparenz für die Bieter bleiben Bedenken in Bezug auf die Zulässigkeit von Parallelausschreibungen bestehen.[346] Unter Doppelausschreibungen versteht man Verfahren, in denen in ein und demselben Vergabeverfahren alternative Varianten für ein bestimmtes Vorhaben, z.B. ausschließlich den Bau oder den Bau unter privater Finanzierung des Vorhabens.[347] Solche Doppelausschreibungen sind dann nicht von vornherein unzulässig, wenn die berechtigten Interessen der Bieter im Hinblick auf einen zumutbaren Arbeitsaufwand gewahrt bleiben, das Verfahren für die Beteiligten hinreichend transparent ist und sichergestellt ist, dass die

---

[342] Vgl. *Timmermann*, in: *Müller-Wrede*, Vergabe- und Vertragsordnung für Leistungen, § 5, Rn. 11 und 14.

[343] Vgl. *Hausmann/Mutschler-Siebert*, in: *Weber/Schäfer/Hausmann*, Praxishandbuch Public Private Partnership, S. 274 m.w.N.; LG Hannover, EuZW 1997, 638 (640).

[344] Vgl. *Hausmann/Bultmann*, PPP im Hochbau, Vergaberechtsleitfaden, S. 30.

[345] Vgl. *dies.*, S. 25.

[346] Vgl. *Hausmann/Mutschler-Siebert*, in: *Weber/Schäfer/Hausmann*, Praxishandbuch Public Private Partnership, S. 301.

[347] *Ebd.*

wirtschaftlichste Verfahrensweise zum Zug kommt.[348] Für diese Fälle sollten jedoch Kompensationsregelungen vorgesehen werden.

IV. Vergabearten

Im Hinblick auf Vergabearten unterscheidet man im deutschen Vergaberecht oberhalb der Schwellenwerte gem. § 101 GWB zwischen dem sog. Offenen Verfahren, dem sog. Nichtoffenen Verfahren, dem sog. Verhandlungsverfahren und dem sog. Wettbewerblichen Dialog gem. § 6a VgV. Die Hierarchie der Vergabearten gebietet, dass grundsätzlich das wettbewerblichere Verfahren vorzuziehen ist.[349] Damit ist das Abweichen vom Offenen Verfahren als dem gesetzlichen Regelfall nur bei Vorliegen restriktiv zu behandelnder Ausnahmetatbestände der § 3a VOB/A und § 3EG VOL/A möglich. Damit stellt sich die Frage nach den Vergabearten, die für die Durchführung von PPP-Vorhaben zulässig und am besten geeignet sind.

1. PPP-relevante Vergabearten

Im Rahmen von PPP-Vorhaben müssen die technischen und architektonischen Lösungen, häufig erst schrittweise im Vergabeverfahren ausgehandelt werden. Gem. § 15 Abs. 3 VOB/A bzw. §§ 15 und 18EG VOL/A gilt jedoch im Offenen Vergabeverfahren grundsätzlich das Verhandlungsverbot. Insbesondere sind Verhandlungen über Änderung der Angebote ausdrücklich untersagt. Gerade solche Verhandlungen sind im Rahmen von PPP jedoch häufig unerlässlich. Das Nichtoffene Verfahren unterscheidet sich vom Offenen Verfahren zwar darin, dass es aufgrund des vorgeschalteten Teilnahmewettbewerbs zweistufig abläuft. In der Formstrenge entspricht es jedoch dem Offenen Verfahren, so dass das Verhandlungsverbot ebenso Anwendung findet. Damit kommen das Offene und das Nichtoffene Verfahren lediglich für kleine, unkomplizierte PPP-Projekte in Frage. Im Regelfall sind jedoch ausschließlich der Wettbewerbliche Dialog und das Verhandlungsverfahren PPP-geeignet, so dass sich die folgende Darstellung auf diese Vergabearten beschränkt.

Interessant ist weiterhin das Verhältnis des Wettbewerblichen Dialogs und des Verhandlungsverfahrens zueinander, welches nicht gesetzlich geregelt ist. So-

---

[348] Vgl. *dies.*, S. 302 m.w.N.
[349] Vgl. *Kaelble*, in: *Müller-Wrede*, Vergabe- und Vertragsordnung für Leistungen, § 3, Rn. 22.

wohl nach den Vorgaben der europäischen Vergaberichtlinie[350] als auch nach deutschem Vergaberecht scheint jedoch der Wettbewerbliche Dialog aufgrund der Komplexität von PPP-Vorhaben eher auf PPP zugeschnitten als das Verhandlungsverfahren.[351] Unabhängig von dieser bisher nicht abschließend geklärten Frage nach dem rechtlichen Vorrang ist jedoch auch aus praktischer Sicht fraglich, ob eine der beiden Verfahrensarten für PPP-Vorhaben vorzugswürdig ist. Auf diese Frage soll im Anschluss an die Darstellung des Ablaufs des Ausschreibungsverfahrens eingegangen werden.

2. Ablauf des Ausschreibungsverfahrens

Bevor im Folgenden zwischen dem Wettbewerblichen Dialog und dem Verhandlungsverfahren unterschieden wird, sind vorab die beiden Verfahren gemeinsame anfängliche Ablaufstufen darzustellen.[352] Im ersten Schritt wird aufgrund des Wirtschaftlichkeitsgebots nach § 98 Abs. 5 GWB die Entscheidung für PPP und damit gegen die konventionelle Beschaffungsvariante mittels des sog. PPP-Eignungstests und des anschließenden Wirtschaftlichkeitsvergleichs getroffen. Im Rahmen des PPP-Eignungstests sind die Eckdaten des Projekts darauf zu prüfen, ob die spezifischen Voraussetzungen für die Abwicklung als PPP gegeben sind.[353] Im Rahmen der Erstellung des konventionellen Vergleichswertes – des sog. *Public Sector Comparator* (PSC) – wird dann anschließend die Summe aller Kosten geschätzt, die während des Betrachtungszeitraums für die konventionelle Beschaffungsvariante voraussichtlich angefallen wären.[354] Der PSC bildet die Kostenobergrenze im Rahmen der Wirtschaftlichkeitsuntersuchung, die bei definierter Leistungsqualität nicht überschritten werden darf.

---

[350] Erläuterungen der Europäischen Kommission zum Wettbewerblichen Dialog, CC/2005/04_rev1 vom 5. Oktober 2005, Ziff. 2.3, Fn. 8.

[351] So auch *Hausmann/Bultmann*, PPP im Hochbau, Vergaberechtsleitfaden, S. 46. Nur teilweise wird der Wettbewerbliche Dialog als ein spezielles Verhandlungsverfahren bezeichnet, vgl. *Prieß*, Handbuch des Europäischen Vergaberechts, S. 199; *Knauff*, NZBau 2005, 249 (256). Für Gleichrangigkeit der beiden Vergabearten sprechen sich *Müller/Veil*, VergabeR 2007, 298 (312); *Schröder*, NZBau 2007, 216 (217); *Pünder/Franzius*, ZfBR 2006, 20 (24); *Kus*, VergabeR 2006, 851 (853), aus.

[352] Zum Ablauf des Vergabeverfahrens s. insbesondere *BMVBS*, PPP-Handbuch. Leitfaden für Öffentlich-Private Partnerschaften, S. 269 ff.

[353] Vgl. dazu exemplarisch *Leinemann*, Die Vergabe öffentlicher Aufträge, Rn. 771; *BMVBS*, PPP-Handbuch. Leitfaden für Öffentlich-Private Partnerschaften, S. 44 ff.

[354] Vgl. *Weber/Schäfer/Hausmann*, Praxishandbuch Public Private Partnership, S. 11 f., 19 ff. und 499 ff.; *Leinemann*, Die Vergabe öffentlicher Aufträge, Rn. 778 ff.

Fällt die Vorentscheidung gegen eine Weiterverfolgung von PPP aus, ist das PPP-Ausschreibungsverfahren abzubrechen und ggf. die konventionelle Beschaffungsvariante zu prüfen.

Sind der öffentlichen Hand die Marktverhältnisse – insbesondere im Rahmen der Erstellung des Wirtschaftlichkeitsvergleichs – nicht hinreichend bekannt, kann sie mit Hilfe des sog. Markterkundungsverfahrens die Varianten technischer Ausführung oder unverbindliche Kostenschätzungen einholen.[355] Eine ähnliche, jedoch stärker formalisierte Möglichkeit stellt das sog. Interessenbekundungsverfahren nach § 7 Abs. 2 BHO dar.

2.1. Wettbewerblicher Dialog

Die neue Verfahrensart des Wettbewerblichen Dialogs hat der Gesetzgeber mit dem ÖPP-BeschleunigungsG für besonders komplexe Aufträge i.S.d. § 101 Abs. 5 Satz 1 GWB eingeführt[356], vgl. § 101 Abs. 1 Satz 1 GWB i.V.m. § 6a VgV. Ein Auftrag gilt als besonders komplex, wenn es dem Auftraggeber objektiv unmöglich ist[357], die technischen Mittel anzugeben, mit denen seine Bedürfnisse und Ziele erfüllt werden können, oder die rechtlichen oder finanziellen Bedingungen des Vorhabens anzugeben, vgl. § 6a Abs. 1 Nr. 1 VgV. Das Vergabeverfahren richtet sich nach § 6a VgV i.V.m. der jeweiligen Verdingungsordnung. Auf die Bekanntmachung der Ausschreibung im *Supplement* des Amtsblattes der EG[358] folgt der Teilnahmewettbewerb, in dem diejenigen Unternehmen ausgewählt werden, die zur Angebotsabgabe aufgefordert werden sollen, sog. Präqualifikationsverfahren. Maßstab für die Auswahl ist die Eignung der Bewerber zur Ausführung des ausgeschriebenen Auftrags, vgl. §§ 6 Abs. 3, 6a VOB/A bzw. § 6 Abs. 3-5 VOL/A.[359]

---

[355] Zwingend zu beachten gilt es dabei jedoch das Verbot vergabefremder Ausschreibung, vgl. *Hausmann/Mutschler-Siebert*, in: *Weber/Schäfer/Hausmann*, Praxishandbuch Public Private Partnership, S. 370 f.

[356] Die Europäische Kommission sieht v.a. bei PPP-Modellen ein Anwendungsfeld für den Wettbewerblichen Dialog, vgl. KOM (2004) 327 endg., S. 10 ff.

[357] S. dazu ausführlich *Hausmann/Mutschler-Siebert*, in: *Weber/Schäfer/Hausmann*, Praxishandbuch Public Private Partnership, S. 266.

[358] Die Internetquelle ist abrufbar unter: http://ted.publications.eu.int.

[359] Bei einer Vergabe nach VOB/A besteht im Rahmen eines sog. Präqualifikationsverfahrens die Möglichkeit einer vorgelagerten, auftragsunabhängigen Prüfung der Eignungsnachweise i.S.d. § 8 VOB/A durch den Verein für die Präqualifikation von Bauunternehmen. Eine erneute Einzelfallprüfung bezogen auf die präqualifizierten Leistungsbereiche im konkreten Vergabeverfahren wird dadurch entbehrlich, s. die Homepage des Vereins, abrufbar unter: www.pq-verein.de.

Fachkundig ist der Bieter, der über die in dem betreffenden Fachgebiet notwendigen technischen Kenntnisse verfügt, um die für die Vorbereitung und Ausführung des Vorhabens erforderliche Leistung zu erbringen.[360] Der Bieter ist leistungsfähig, wenn sein Betrieb in technischer, kaufmännischer, personeller und finanzieller Hinsicht so ausgestattet ist, dass er die Gewähr für eine fach- und fristgerechte Ausführung der zu erbringenden Leistungen bietet.[361] Der Bieter ist zuverlässig, wenn er seinen gesetzlichen Verpflichtungen – insbesondere zur Entrichtung von Steuern und sonstigen Abgaben – nachgekommen ist und eine sorgfältige und einwandfreie Ausführung der ausgeschriebenen und vom Bieter angebotenen Leistungen (einschließlich Gewährleistung) erwarten lässt.[362] Die Art und der Umfang der Nachweise, die der Auftraggeber zwecks Eignungsprüfung vom Bieter verlangen kann, sind in § 8 Nr. 3 VOB/A festgelegt.

Im Zusammenhang mit der Bildung von Konsortien oder sog. Bietergemeinschaften ergeben sich im Rahmen von PPP-Vergaben spezielle Probleme. Die Bietergemeinschaft ist eine Mehrzahl von Unternehmen, die gemeinschaftlich ein Angebot mit dem Ziel abgibt, einen bestimmten Auftrag zu erhalten. Bei jedem einzelnen Unternehmen muss die volle Zuverlässigkeit gegeben sein, während die Erfüllung der Kriterien der Fachkunde und Leistungsfähigkeit durch die Bietergemeinschaft ausreichend ist. Probleme können sich ergeben, wenn Bietergemeinschaften sich erst nach Beginn des Vergabeverfahrens zusammenschließen oder auseinander brechen. Wann solche Umstrukturierungen zulässig sind, ist häufig schwer zu beurteilen.[363] In der Phase des Teilnahmewettbewerbs untersagt § 6 Abs. 2 Nr. 1 VgV dem Auftraggeber grundsätzlich, bereits im Teilnahmewettbewerb die Bewerbung mit einer erst für den Fall der Auftragserteilung zu gründenden Projektgesellschaft zu verlangen.

In der darauf folgenden Dialogphase, die ggf. in mehreren Etappen durchgeführt wird, fordert der Auftraggeber die Bewerber zur Teilnahme am Dialog auf und wählt anschließend die Lösungsvorschläge aus. Die Vergabeunterlagen bestehend aus Bewerbungsbedingungen und Verdingungsunterlagen müssen in dieser Verfahrensphase – im Gegensatz zum Offenen Vergabeverfahren – noch keinen

---

[360] So VÜA Bund, Beschl. vom 17. Dezember 1997, 1 VÜ 23/97.
[361] So OLG Karlsruhe, NZBau 2002, 109.
[362] So OLG Düsseldorf, NZBau 2000, 540.
[363] Vgl. *Hausmann/Mutschler-Siebert*, in: *Weber/Schäfer/Hausmann*, Praxishandbuch Public Private Partnership, S. 304 f., die insoweit lediglich auf die allgemeinen Rechtsgrundsätze verweisen.

hohen Detaillierungsgrad aufweisen. Die Anforderungen an die Angebote können in Ausnahme zum Grundsatz der eindeutigen und erschöpfenden Leistungsbeschreibung vorerst vage gehalten werden. Ausreichend ist vielmehr die sog. funktionale Leistungsbeschreibung.[364] Damit sind Verhandlungen im Wettbewerblichen Dialog während der Dialogphase ohne Weiteres zulässig, vgl. § 6a Abs. 3 Satz 2 VgV. Die Parteien dürfen den Auftragsinhalt und die Auftragsbedingungen solange diskutieren, bis klar ist, was der Auftraggeber konkret beschaffen will und zu welchen Konditionen der Auftragnehmer leisten wird.[365] Der Auftraggeber darf lediglich keine anderen Leistungen beschaffen als vorher angekündigt.[366]

Nach dem förmlichen Abschluss der Dialogphase gem. § 6a Abs. 5 VgV und den Mitteilungen an die Teilnehmer nach § 6a Abs. 4 Satz 3 VgV, werden in der Angebotsphase endgültige Angebote abgegeben. Nach der Angebotsabgabe sind wesentliche Änderungen der Angebote und damit des Auftragsgegenstands nicht mehr zulässig. Der Vergabewettbewerb kommt im Offenen Verfahren und im Nichtoffenen Verfahren mit der Angebotsöffnung im Eröffnungstermin zum Ruhen, vgl. §§ 14 VOL/A bzw. VOB/A. § 15 VOL/A bzw. VOB/A postulieren das Verbot von Verhandlungen über den Angebotsinhalt, denn die im Wettbewerb erstellten Angebote müssen ohne weitere Erläuterungen wertbar und zuschlagsfähig sein.[367] Im Wettbewerblichen Dialog kann der Auftraggeber hingegen verlangen, dass Präzisierungen, Klarstellungen und Ergänzungen zu diesen Angeboten gemacht werden, vgl. § 6a Abs. 5 Satz 4 VgV. Das Angebot muss demnach endgültig, aber noch nicht vollständig verbindlich und annahmefähig sein, wobei die verbliebenen Gestaltungsspielräume nicht allzu groß sein dürfen.[368] Im Offenen Verfahren dürfen an dieser Stelle sogar Unvollständigkeiten

---

[364] Vgl. *Noch*, in: *Müller-Wrede*, Vergabe- und Vertragsordnung für Leistungen, § 8, Rn. 17 ff.; *Hausmann/Mutschler-Siebert*, in: *Weber/Schäfer/Hausmann*, Praxishandbuch Public Private Partnership, S. 291.

[365] Vgl. *Weyand*, § 101, GWB Anm. 10.5.1.

[366] Vgl. OLG Dresden, VergabeR 2004, 225 (229), s. dazu ausführlich *Hausmann/Mutschler-Siebert*, in: *Weber/Schäfer/Hausmann*, Praxishandbuch Public Private Partnership, S. 307 f.; *Kulartz*, in: *Kulartz/Kus/Portz*, § 101, Rn. 335.

[367] Unzulässige Nachverhandlungen sind insbesondere nachträgliche Preisangaben oder Preisänderungen sowie Änderungen des Leistungsinhalts, vgl. *Leinemann*, Die Vergabe öffentlicher Aufträge, Rn. 631.

[368] Vgl. *Hausmann/Bultmann*, PPP im Hochbau, Vergaberechtsleitfaden, S. 39.

oder Unklarheiten nicht mehr berichtigt werden, so dass der Wettbewerbliche Dialog trotz aller Einschränkungen im Ergebnis wohl größeren Spielraum bei Nachverhandlungen gibt.

Anschließend werden die Angebote im vierstufigen Verfahren nach §§ 16 und 19EG VOL/A bzw. § 16 VOB/A gewertet und der erfolgreiche Bieter ausgewählt.[369] In der ersten Phase werden die Angebote auf den Ausschluss wegen inhaltlicher oder formeller Mängel geprüft und auszuschließende bzw. ausschließbare Angebote ermittelt, vgl. §§ 16 Abs. 3, 4, 19EG Abs. 3, 4 VOL/A bzw. § 16 Abs. 1 VOB/A. Die darauffolgende Eignungsprüfung richtet sich nach den § 97 Abs. 4 GWB und §§ 16 Abs. 5, 19EG Abs. 5 VOL/A bzw. § 16 Abs. 2 VOB/A. Im dritten Schritt sind sodann die Preise gem. §§ 16 Abs. 6, 19EG Abs. 6, 7 VOL/A bzw. §16 Abs. 3-5 VOB/A auf ihre Angemessenheit zu überprüfen. Neben Angeboten, die unangemessen hohe Preise beinhalten, sind auch sog. Unterkostenangebote auszuschließen. Dumpingangebote, die zur gezielten Verdrängung von Wettbewerbern abgegeben werden, dürfen als Konsequenz des Wettbewerbsgrundsatzes nicht berücksichtigt werden. Schließlich ist im Rahmen eines wertenden Vergleichs und anhand eines Punktsystems, in dem die Kriterien und deren relative Gewichtung zueinander festgelegt werden (sog. Bewertungsmatrix), das wirtschaftlichste Angebot auszuwählen, vgl. §§ 16 Abs. 7, 8, 19EG Abs. 8, 9 VOL/A bzw. § 16 Abs. 6 VOB/A. Dabei finden nur solche Bewertungskriterien Berücksichtigung, die als Zuschlagskriterien in den Ausschreibungsunterlagen bekannt gemacht wurden.[370]

Der Abschluss des Vergabeverfahrens erfolgt im Wege der Vorabinformation an die Bieter gemäß § 13 VgV, der anschließenden Zuschlagserteilung an den erfolgreichen Bieter und der Bekanntmachung des vergebenen Auftrags im Amtsblatt der EG. Während der sog. Stillhaltefrist von 14 Tagen nach der Vorabinformation gilt gem. § 13 Abs. 6 VgV eine Zuschlagssperre. Ein während dieser Zeit erteilter Zuschlag ist gem. § 134 BGB nichtig.

2.2. Verhandlungsverfahren

Das Verhandlungsverfahren ist weder im europäischen noch im deutschen Vergaberecht ausdrücklich normiert, so dass lediglich die allgemeinen Grundsätze zu beachten sind. Deshalb ist das Verhandlungsverfahren ein sehr sorgfältig zu

---

[369] Vgl. dazu ausführlich *Leinemann*, Die Vergabe öffentlicher Aufträge, Rn. 596 ff.
[370] Vgl. *Hausmann/Mutschler-Siebert*, in: *Weber/Schäfer/Hausmann*, Praxishandbuch Public Private Partnership, S. 293.

begründender Ausnahmetatbestand, vgl. § 101 Abs. 4 i.V.m. Abs. 5 GWB. Die Zulässigkeit des Verhandlungsverfahrens ist etwa bei sog. konzept- oder technikoffenen und kreativen Leistungen gegeben. Indizien für die Zulässigkeit des Verhandlungsverfahrens liegen vor, wenn – wie bei PPP oft der Fall – das konkrete Leistungskonzept oder die planerische Gestaltung eines Vorhabens zwecks Ausweitung der potenziellen Angebotspalette selbst dem Wettbewerb unterstellt werden soll oder ein Gesamtpaket von Planung, Bau, Finanzierung und Betrieb eines Projekts über einen längeren Zeitraum ausgeschrieben wird, so dass kreative Lösungen mit Hilfe des Know-how-Einsatzes der Bieter notwendig sind, oder das Leistungspaket nicht mit der erforderlichen Eindeutigkeit oder unter unzumutbarer Verengung der Angebotspalette beschrieben werden kann.[371]

Das Verhandlungsverfahren kann gem. § 101 Abs. 4 GWB entweder mit oder ohne vorherigen europaweiten Teilnahmewettbewerb stattfinden. In der PPP-Praxis durchgesetzt hat sich das sog. gestufte Verhandlungsverfahren[372], welches ähnlich wie der Wettbewerbliche Dialog in zwei Phasen durchzuführen ist. Zunächst reichen die Bieter sog. indikative Angebote mit geringem Detaillierungsgrad und erst nach Abschluss von Gesprächen mit dem Auftraggeber sog. qualifizierte Angebote ein.[373]

Entgegen dem Verhandlungsverbot im Offenen Verfahren nach § 15 VOL/A bzw. VOB/A kann der Auftraggeber im Verhandlungsverfahren – wie im Wettbewerblichen Dialog auch – grundsätzlich uneingeschränkt über sämtliche Auftragsbedingungen mit den Bietern verhandeln.[374] Dabei darf freilich nicht gegen die allgemeinen Vergabegrundsätze des § 97 Abs. 1 bis 5 GWB und § 2 VOB/A bzw. §§ 2 und 2EG VOL/A verstoßen und etwas völlig anderes als ursprünglich ausgeschrieben beschafft werden.

Zwar führt der Auftraggeber ggf. nach weiteren Gesprächsterminen Zuschlagsverhandlungen entweder ausschließlich mit dem sog. *preferred bidder* (sog. lineare Strategie) oder mit mehreren Bietern parallel (sog. parallele Strategie), wobei Letzteres die Aufrechterhaltung des Wettbewerbsdrucks auf den

---

[371] Vgl. *Kulartz*, in: *Niebuhr/Kulartz/Kus/Portz*, § 101, Rn. 26; *Hausmann/Mutschler-Siebert*, in: *Weber/Schäfer/Hausmann*, Praxishandbuch Public Private Partnership, S. 259.
[372] Vgl. OLG Frankfurt, VergabeR 01, 299.
[373] Vgl. *Hausmann/Mutschler-Siebert*, in: *Weber/Schäfer/Hausmann*, Praxishandbuch Public Private Partnership, S. 262.
[374] Vgl. *Kulartz*, in: *Kulartz/Kus/Portz*, § 101, Rn. 17; *Boesen*, § 101, Rn. 43.

preferred bidder bewirkt.[375] Damit gilt im Verhandlungsverfahren auch nach Abgabe der endgültigen Angebote kein Nachverhandlungsverbot. Nach der Wertung der qualifizierten Angebote dürfen jedoch wesentliche Änderungen des qualifizierten Angebotes nicht mehr zugelassen werden. Das Wettbewerbsergebnis bleibt durch diese Verhandlungen unberührt. Die vorher aufgrund der Zuschlagskriterien festgestellte Bieterreihenfolge darf durch diese Verhandlungen nicht mehr verändert werden.[376] Als letzte Stufe der Angebotswertung wird für beide Vergabearten ein konkreter Wirtschaftlichkeitsvergleich zur konventionellen Beschaffungsvariante gefordert.[377]

3. Vorzuziehende PPP-Vergabeart

Fraglich ist, wie bereits oben angedeutet, ob eines der Vergabearten – der Wettbewerbliche Dialog oder das strukturierte Verhandlungsverfahren – für die Durchführung von PPP-Vorhaben vorzugswürdiger erscheint. Bei der Frage kommt es darauf an, ob zwischen den beiden Verfahrensarten praktische Unterschiede bestehen. Beide Verfahren können nämlich unter Vorschaltung eines Teilnahmewettbewerbs und kontinuierlicher Verengung des Bewerberkreises – mittels sukzessiver Abgabe von Lösungsvorschlägen im Wettbewerblichen Dialog bzw. indikativer Angebote im Verhandlungsverfahren – durchgeführt werden.

Als vermeintlicher Vorteil des Verhandlungsverfahrens wird hingegen oftmals seine höhere Flexibilität angeführt. Jedoch sind Verhandlungen bis zur Abgabe endgültiger Angebote in beiden Verfahrensarten uneingeschränkt zulässig, während danach ein Nachverhandlungsverbot greift. Fraglich ist damit, ob zwischen der Beschränkung auf Präzisierungen, Klarstellungen und Ergänzungen beim Wettbewerblichen Dialog und dem Verbot der wesentlichen Veränderung der verbindlichen Angebote beim Verhandlungsverfahren ein praktischer Unterschied besteht.[378] Insoweit ist wohl davon ausgehen, dass bei beiden Verfahrensarten Änderungen des Angebots mit einem *preferred bidder* nur noch in geringem Umfang verhandelbar sind. Ein Nachverhandlungsverfahren, das der Klärung von Fragen dienen soll, die vernünftig und kosteneffizient erst nach

---

[375] Vgl. *Hausmann/Bultmann*, PPP im Hochbau, Vergaberechtsleitfaden, S. 35.
[376] Vgl. OLG Düsseldorf, VergabeR 2003, 105; BayObLG Beschl. vom 23. Oktober 2003, Verg 13/03; VK Nordbayern, Beschl. vom 23. Juni 2003; *Hausmann/Bultmann*, PPP im Hochbau, Vergaberechtsleitfaden, S. 47 f.
[377] Statt vieler *Leinemann*, Die Vergabe öffentlicher Aufträge, Rn. 796.
[378] So auch *Hausmann/Bultmann*, PPP im Hochbau, Vergaberechtsleitfaden, S. 47 f.

Eingang der Angebote mit dem erfolgreichen Bieter geregelt werden können, wurde vom Europäischen Parlament zwar ursprünglich vorgeschlagen.[379] Nach § 6a Abs. 6 und 7 VgV werden solche Nachverhandlungen jedoch wesentlich eingeschränkt, um weitreichende Änderungen in dieser Ausschreibungsphase zu verhindern.[380] Damit kann ein praktischer Unterschied zwischen den beiden Verfahrensarten m.E. nicht bejaht werden.[381]

Die höhere Flexibilität des Verhandlungsverfahrens kann m.E. auch nicht aus seiner geringeren Formstrenge abgeleitet werden. Zwar unterliegt es keinen ausdrücklichen Verfahrensregelungen, jedoch ist auch das Verhandlungsverfahren kein wettbewerbsfreier Raum.[382] Die Berücksichtigung der allgemeinen Grundsätze sowie der inzwischen unüberschaubaren vergaberechtlichen Rechtsprechung schränkt etwaige Verhandlungsspielräume erheblich ein. Die Flexibilität des Verhandlungsverfahrens wird durch Einbußen im Hinblick auf die Rechtssicherheit wohl wieder aufgewogen. Insbesondere angesichts des bisher sehr restriktiven Verständnisses auf EU-Ebene in Bezug auf Zulässigkeit des Verhandlungsverfahrens dürfte der Wettbewerbliche Dialog mehr Rechtssicherheit bieten.[383]

Insgesamt lässt sich festhalten, dass keinem der Verfahren aus praktischen Gründen der Vorrang einzuräumen ist. Zum Teil wird vertreten, dass der Wettbewerbliche Dialog auf Erarbeitung von Lösungen zur Erfüllung des vom Auftraggeber formulierten Bedarfs und das Verhandlungsverfahren auf Optimierung unzulänglicher Angebote abzielen sollen, so dass das geeignetere Verfahren im konkreten Einzelfall je nach Projektanforderungen zu wählen ist.[384] Aus der

---

[379] Vgl. Stellungnahme und legislative Entschließung des Europäischen Parlaments vom 17. Januar 2002, A5/2001/378.
[380] Vgl. *Hausmann/Mutschler-Siebert*, in: *Weber/Schäfer/Hausmann*, Praxishandbuch Public Private Partnership, S. 269.
[381] So im Ergebnis auch *Hausmann/Mutschler-Siebert*, in: *Weber/Schäfer/Hausmann*, Praxishandbuch Public Private Partnership, S. 269.
[382] So *Kulartz*, in: *Kulartz/Kus/Portz*, § 101, Rn. 18.
[383] Vgl. *Hausmann/Mutschler-Siebert*, in: *Weber/Schäfer/Hausmann*, Praxishandbuch Public Private Partnership, S. 268. Ob darüber hinaus Unterschiede in Bezug auf die Aufhebung der Ausschreibung bestehen, ist derzeit nicht hinreichend klar. § 26 VOB/A ist mit der Rechtsprechung des BGH restriktiv zu handhaben. Im Wettbewerblichen Dialog ist die Beendigung während der Dialogphase möglich, soweit erkennbar wird, dass keine Leistung gefunden werden kann, § 6a Abs. 5 Satz 1 Nr. 2 VgV. Abzuwarten bleibt jedoch, ob die Rechtsprechung den gleichen restriktiven Ansatz im Wettbewerblichen Dialog vertreten wird.
[384] Vgl. *BMVBS*, PPP-Handbuch. Leitfaden für Öffentlich-Private Partnerschaften, S. 263; *Pünder/Franzius*, ZfBR 2006, 24.

Praxis ist derzeit nach wie vor kein PPP-Projekt bekannt, das im Wege des Wettbewerblichen Dialogs zustande gekommen wäre.

V. Aufhebung der Ausschreibung und Ausschreibungsfristen

Die Aufhebung des Vergabeverfahrens ist nach deutschem Recht als *ultima ratio* nur in abschließend aufgezählten Fällen der §§ 17, 17a VOB/A bzw. §§ 17, 20EG VOL/A zulässig. Die Aufhebung kommt in Betracht, wenn kein Angebot eingegangen ist, das den Ausschreibungsbedingungen entspricht, sich die Grundlagen der Ausschreibung wesentlich geändert haben, sie kein wirtschaftliches Ergebnis gehabt hat oder andere schwerwiegende Gründe gegen die Durchführung der Ausschreibung gegeben sind, etwa wenn dem Auftraggeber eine Fortführung des Vergabeverfahrens unzumutbar ist.[385] Die Aufhebungsvoraussetzungen sind nach der Rechtsprechung des BGH restriktiv zu handhaben.[386] Als schwerwiegende Gründe im Sinne der o.g. Vorschriften werden deshalb nur solche Umstände anerkannt, welche die Durchführung des Verfahrens und die Vergabe des Auftrags selbst ausschließen. Eine unrechtmäßige Aufhebung begründet eine Schadensersatzpflicht der öffentlichen Hand, die auf den Ersatz des positiven Interesses einschließlich des entgangenen Gewinns hinauslaufen dürfte.[387]

Darüber hinaus kommt im Vergabeverfahren den Ausschreibungsvorschriften über die Fristen gem. §§ 10, 12EG VOL/A und §§ 10, 10a VOL/B aufgrund des Bedürfnisses der Ausschreibungsteilnehmer nach Planungssicherheit eine elementare Bedeutung zu. Ein Verstoß gegen die Fristenregelungen stellt einen Vergabefehler dar.[388] Im Gegensatz zum Offenen und Nichtoffenen Verfahren, die konkrete Mindestfristen vorschreiben, existieren im Verhandlungsverfahren – wie im Wettbewerblichen Dialog – keine starren Fristen.

---

[385] S. OLG Düsseldorf, Beschl. vom 3. Januar 2005, Verg 72/04.

[386] Vgl. BGH Urt. vom 12. Juni 2001, NJW 2001, 3698. Eine Rechtsprechungsübersicht zu diesem Thema s. bei *Hausmann/Mutschler-Siebert*, in: *Weber/Schäfer/Hausmann*, Praxishandbuch Public Private Partnership, S. 312. Teilweise wird jedoch vertreten, dass im Rahmen eines Verhandlungsverfahrens § 26 Nr. 1 VOB/A bzw. VOL/A nicht anwendbar seien, s. *Hausmann/Mutschler-Siebert*, in: *Weber/Schäfer/Hausmann*, Praxishandbuch Public Private Partnership, S. 311 m.w.N.

[387] So *Leinemann*, Die Vergabe öffentlicher Aufträge, Rn. 797

[388] Vgl. *Noch*, Vergaberecht Kompakt, S. 155.

VI. Vergaberechtlicher Rechtsschutz

Zur Überprüfung der Vergabeentscheidung kann der unterlegene Bieter einen Nachprüfungsantrag bei der Vergabekammer stellen, die als gerichtsähnlicher Verwaltungsspruchkörper[389] per Beschluss, dem Verwaltungsaktqualität zukommt, entscheidet, vgl. § 114 Abs. 1 GWB. Antragsbefugt gem. §§ 107 Abs. 2 und 3 i.V.m. § 97 Abs. 7 GWB ist jedes Unternehmen, das ein Interesse am Auftrag hat und eine Verletzung seiner Rechte durch Nichtbeachtung von Vergabevorschriften geltend macht, die es gegenüber dem Auftraggeber unverzüglich gerügt hat, und ihm durch diese Verletzung ein Schaden entstanden ist oder zu entstehen droht. Gem. § 115 Abs. 1 GWB i.V.m. § 134 BGB bewirkt die Antragstellung eine Zuschlagssperre.

Gegen die Entscheidung der Vergabekammer steht der Rechtsweg zu den Vergabesenaten der Oberlandesgerichte offen. Der Beschwerderechtszug zum OLG umfasst neben dem Verfahren der Wiederherstellung des Suspensiveffekts nach § 115 Abs. 2 GWB die sofortige Beschwerde nach § 116 GWB, den Antrag auf Verlängerung der aufschiebenden Wirkung nach § 118 Abs. 1 Satz 3 GWB und die Vorabentscheidung über den Zuschlag. Darüber hinaus enthält das GWB weitreichende Regelungen zur Geltendmachung von Schadensersatzansprüchen, die auch über das Vertrauensinteresse hinausgehen können. Neben der Beweiserleichterung, wonach lediglich eine echte Chance auf den Zuschlag als Anspruchsvoraussetzung vorliegen muss, bestimmt § 124 Abs. 1 GWB eine Bindung der ordentlichen Gerichte an die bestandskräftige Entscheidung der Vergabekammer bzw. die Entscheidung des OLG.

E. Typische PPP-Einsatzfelder

Der dringende Bedarf an Umsetzung von PPP-Modellen wird in der Literatur übereinstimmend aus den in der Vergangenheit unterlassenen Investitionen in die öffentliche Infrastruktur in Verbindung mit der Finanzkrise der öffentlichen Haushalte abgeleitet.[390] Bisher breiteste Anwendung fand PPP in Deutschland

---

[389] Vgl. *Dreher*, in: *Immenga/Mestmäcker*, § 110, Rn. 10 f.; *Leinemann*, Die Vergabe öffentlicher Aufträge, Rn. 253 ff.
[390] Vgl. *Budäus/Grüb*, Public Private Partnership: Theoretische Bezüge und praktische Strukturierung, S. 250.

im Bereich des **öffentlichen Hochbau.**[391] So kommen PPP insbesondere beim Bau von Verwaltungsgebäuden[392] – Bildungs-[393] und Gesundheitseinrichtungen[394] ebenso wie im Bereich Freizeit[395] und Sicherheit[396] – oft zur Anwendung. Derzeit besonders verbreitet sind PPP-Projekte im Bereich Schulneubau und - ausbau.[397] Im Bereich der **Verkehrsinfrastruktur** ist PPP insbesondere beim Bau von Brücken, Tunnel, Gebirgspässen sowie den Spurenausbau von Bundesautobahnen und Bundesfernstraßen verbreitet, für die dann Private auf gebührenrechtlicher Grundlage ein eigenes Entgelt erheben können.[398] In der Literatur derzeit kaum thematisiert wurde PPP hingegen für den Sektor des ÖPNV und des Güterverkehrs sowie des Flugverkehrs.[399] Weit verbreitet ist PPP derzeit

---

[391] Vgl. *Sack*, in: *Budäus* (Hrsg.), Kooperationsformen zwischen Staat und Markt, S. 56 f.; *Schede/Pohlmann*, in: *Weber/Schäfer/Hausmann*, Praxishandbuch Public Private Partnership, S. 103.

[392] Nach Informationen der PPP-Projektdatenbank wurden bisher mit 169 Projekten die mit Abstand meisten PPP-Projekte in Deutschland im öffentlichen Hochbau umgesetzt. Nach dem bundesweit ersten Verwaltungsgebäude – dem Rathaus Gladbeck in NRW im Jahre 2004 folgten etwa allgemeine Verwaltungsgebäude in Unna und Gladbeck und ein Gerichtszentrum in Chemnitz sowie im Jahre 2004 das mit insg. 90 Schulen das bisher größte Schulprojekt im Kreis Offenbach in NRW (rd. 800 Mio. EUR) und im Jahre 2006 die Fürst-Wrede-Kaserne der Bundeswehr (rd. 167 Mio. EUR) .

[393] Vgl. *Napp/Walter*, in: *Brandt/Bredemeier/Jung/Lange*, Public Private Partnership in der Wirtschaftsförderung, S. 145 ff.; *Sack*, in: *Budäus* (Hrsg.), Kooperationsformen zwischen Staat und Markt, S. 51; *Budäus/Grüb*, Public Private Partnership: Theoretische Bezüge und praktische Strukturierung, S. 245.

[394] Das bisher größte PPP-Projekt im Gesundheitssektor ist das 300 Mio. EUR teure Protonentherapiezentrum an der Uniklinik Essen aus dem Jahr 2006. Weitere Projekte in dem Bereich sind die Unikliniken Heidelberg und Freiburg. S. dazu auch Empfehlungen zu PPP in der Krankenversorgung und medizinischen Forschung, Drs. 7063/06 und 7695/07. Vgl. *Budäus/Grüb*, Ergebnisqualität und Vertrauen als kritische Erfolgsfaktoren von PPP im Gesundheits- und Sozialwesen, S. 56 ff., die im Ergebnis die PPP-Geeignetheit des Bereichs der medizinischen Kernleistungen verneinen und den PPP-Anwendungsbereich auf die Infrastruktur der Gesundheitsfürsorge beschränken wollen. S. dazu auch *Wendel*, in: *Brandt/Bredemeier/Jung/Lange*, Public Private Partnership in der Wirtschaftsförderung, S. 83 ff.; *Budäus/Grüb*, Public Private Partnership: Theoretische Bezüge und praktische Strukturierung, S. 245, *Bode*, in: Sozialer Fortschritt, S. 64 ff.

[395] Vgl. *Sack*, in: *Budäus* (Hrsg.), Kooperationsformen zwischen Staat und Markt, S. 60.

[396] So etwa die JVA in Ratingen bei Düsseldorf und die JVAen in Heidelberg, München Stadelheim, Burg und Offenburg.

[397] Zu nennen sind etwa Projekte im Kreis Offenbach und der Stadt Monheim, vgl. *Sack*, in: *Budäus* (Hrsg.), Kooperationsformen zwischen Staat und Markt, S. 64 f.

[398] Bisher wurden insbesondere die Warnowquerung in Rostock und der Herrentunnel in Lübeck sowie die Autobahnen A8, A4, A5 und A1 als PPP realisiert.

[399] Vgl. *Sack*, in: *Budäus* (Hrsg.), Kooperationsformen zwischen Staat und Markt, S. 56 f.

ferner im Bereich der **kommunalen Infrastruktur**[400] – Energieversorgung, Wasserver- und Abwasserentsorgung, Abfallentsorgung. Der Großteil der derzeit laufenden PPP-Projekte stammt mit 96 Vorhaben aus dem kommunalen Bereich, wobei die Standorte allein von 40 Projekten in Nordrhein-Westfalen liegen.[401] Diskutiert wird PPP-Einsatz im Bereich der **Wirtschaftsförderung**[402] – so etwa bei der Existenzgründung und Technologiezentren[403]. Innerhalb der traditionellen Wirtschaftsförderung sollen systematische Strategien und Clusterpolitiken die traditionellen Methoden der klassischen Ansiedlungspolitik mit ihrer Orientierung auf Einzelfallförderungen verdrängen.[404] Als Beispiele für Initiativen für Wachstum und Beschäftigung sind das Dortmund-Projekt und die Wolfsburg AG zu nennen.[405] Im Bereich **innere Sicherheit**[406] werden Ordnungsaufgaben in den Städten und Gemeinden durch dauerhafte Inanspruchnahme privater Sicherheitsdienste – etwa in Augsburg, Celle, Saarbrücken und Suhl – auf Private übertragen. Der Bereich **E-Governement**[407] hat sich in der Praxis auch bereits als PPP-geeignet erwiesen. So schloss etwa das Landratsamt Ludwigslust einen langfristigen Betreibervertrag mit der *Deutschen Telekom*. Ferner sind die Projekte Digitales Ruhrgebiet[408] und Herkules – ein Informations- und Kommunikationssystem der Bundeswehr – zu nennen.

---

[400] Vgl. dazu *Böhm*, S. 42 ff., der nach Partnerschaften zur Standortförderung und projektbezogenen Partnerschaften unterscheidet. Vgl. dazu auch *Sack*, in: *Budäus* (Hrsg.), Kooperationsformen zwischen Staat und Markt, S. 59 f.; *Schuppert*, Grundzüge eines zu entwickelnden Verwaltungskooperationsrechts, S. 50 ff. m.w.N.; *Bauer*, in: VerwArch 1999, 561 ff.

[401] Vgl. *BMVBS*, PPP-Handbuch. Leitfaden für Öffentlich-Private Partnerschaften, S. 10.

[402] Vgl. dazu *Rehm/Thierstein/Sack*, in: *Brandt/Bredemeier/Jung/Lange*, Public Private Partnership in der Wirtschaftsförderung, S. 47 ff., 52 ff., 167 ff. und 198 ff.

[403] Vgl. *Musch*, in: *Brandt/Bredemeier/Jung/Lange*, Public Private Partnership in der Wirtschaftsförderung, S. 75 ff.

[404] Vgl. *Brandt*, in: *Brandt/Bredemeier/Jung/Lange*, Public Private Partnership in der Wirtschaftsförderung, S. 32.

[405] Vgl. dazu *Brandt* und *Woesthoff*, in: *Brandt/Bredemeier/Jung/Lange*, Public Private Partnership in der Wirtschaftsförderung, S. 32 und 104 ff.

[406] Vgl. *Sack*, in: *Budäus* (Hrsg.), Kooperationsformen zwischen Staat und Markt, S. 58; *Schede/Pohlmann*, in: *Weber/Schäfer/Hausmann*, Praxishandbuch Public Private Partnership, S. 103.

[407] Vgl. *Sack*, in: *Budäus* (Hrsg.), Kooperationsformen zwischen Staat und Markt, S. 51 und 59; *Schede/Pohlmann*, in: *Weber/Schäfer/Hausmann*, Praxishandbuch Public Private Partnership, S. 103.

[408] Vgl. *Sack*, in: *Budäus* Kooperationsformen zwischen Staat und Markt, (Hrsg.), S. 65.

§ 3 *Gosudarstvenno-častnoe partnërstvo* (GČP). Das russische Verständnis von PPP

A. Entstehungshintergrund und ökonomische Implikationen des GČP-Phänomens

I. Konzessionen im Zarenrussland

Die in Russland bereits im 16. Jahrhundert einsetzende Anwerbung ausländischer Fachleute sowie vom 18. Jahrhundert an zunehmende Öffnung für Investoren und Unternehmen aus dem Ausland wirkte sich positiv auf die Infrastruktur des Landes sowie die Knappheit von Human- und Finanzkapital aus, brachte jedoch gleichzeitig neue Abhängigkeiten mit sich.[409] Negative Folgen waren die Verzögerung oder das Ausbleiben von Innovationen, geringere Produktivität und schwächeres Wirtschaftswachstum unter zunehmenden ökologischen Auswirkungen. Im Gegensatz zum aus der Periode des Moskauer Staates um 1600 stammenden Institut der sog. *otkupa* – der Übertragung des Rechts auf Erhebung von Steuern und Abgaben auf Private[410], die noch keinen Gegenseitigkeitscharakter hatten, wurden staatlich-private Beziehungen mit dem Übergang vom absolutistischen Kaiserreich zur konstitutionellen Monarchie seit Mitte des 19. Jahrhunderts zunehmend vertragsähnlicher. So kam es Ende des 19. Jahrhunderts erstmals zur Zusammenarbeit in Form von Konzessionsvereinbarungen.

Im Krimkrieg 1853-1856 wurde der industrielle Rückstand Russlands vor allem auf dem Gebiet der Verkehrsinfrastruktur überdeutlich.[411] Insbesondere beim Ausbau des Eisenbahnnetzes war Russland im internationalen Vergleich rückständig.[412] Die erste öffentliche Eisenbahn mit Dampflokomotivbetrieb wurde erst 1837 zwischen St. Petersburg und *Carskoe Selo* in Betrieb genommen. Wegen der großen Nachfrage nach Eisen und Stahl aus dem Verkehrs- und Rüstungswesen kam es zunehmend zum Einsatz westlichen Kapitals und zum Transfer von Technologie und Fachleuten nach Russland.[413] Mit dem Ukaz über

---

[409] Vgl. *Troebst*, in: *Bohn/Neutatz*, Studienhandbuch Östliches Europa, Band 2: Geschichte des Russischen Reiches und der Sowjetunion, S. 69.

[410] Vgl. *Varnavskij*, Konzessionen in der Transportinfrastruktur (russ.), S. 19; *Persianov*, S. 4; *Ognev/Popov*, Konzessionsvertrag im Zivilrecht (russ.), S. 8 f.

[411] Vgl. *Troebst*, in: *Bohn/Neutatz*, Studienhandbuch Östliches Europa, Band 2: Geschichte des Russischen Reiches und der Sowjetunion, S. 72.

[412] Vgl. *Helmedach*, in: *Bohn/Neutatz*, Studienhandbuch Östliches Europa, Band 2: Geschichte des Russischen Reiches und der Sowjetunion, S. 83.

[413] Vgl. *ders.*, S. 80.

die Rechtsstellung der Ausländer vom 7. Juli 1860 wurde auch ausländischen Investoren Zugang zu den Handelsbeziehungen in Russland gewährt. Eine der ersten Konzessionen wurde im Jahre 1859 an den Unternehmer *Pavel von der Wiese* zum Bau der Eisenbahnlinie von Moskau nach Saratow vergeben.[414] Bereits im Jahre 1865 wurde dem Unternehmer *von der Wiese* eine zweite Konzession erteilt, die diesmal unter Beteiligung deutscher und russischer Aktionäre finanziert wurde. Weitere Konzessionen wurden nicht nur zum Bau neuer Eisenbahnverbindungen, von denen in der zweiten Hälfte des 19. Jahrhunderts etwa 1.000 Kilometer pro Jahr gebaut wurden, sondern auch zum Betrieb bereits bestehender Strecken vergeben.[415] In der Zeit von 1887 bis 1913 folgten viele weitere Konzessionen im Eisenbahn- und Bergbaubereich sowie in der chemischen Industrie, die überwiegend an Unternehmer aus Großbritannien, Frankreich, Deutschland und Belgien vergeben wurden.[416] Die Einnahmen aus Konzessionen übertrafen vielfach die Gewinnerwartungen der Investoren.[417] Dennoch ließ der anfängliche Konzessionsboom bereits Anfang der 1880er Jahre nach.[418] Die Oktoberrevolution von 1917 führte schließlich zur Auflösung aller bestehenden Konzessionsverträge und Enteignung der Konzessionsnehmer. Eine spezielle gesetzliche Grundlage zur Ausübung der Konzessiontätigkeit existierte zu dieser Zeit nicht.[419] Die Rechtsnatur der Konzessionsvereinbarungen aus dieser Periode wird heute als privatrechtlich qualifiziert.[420]

II. Die neue Wirtschaftspolitik (NÈP)

Auf Basis des entstehenden Eisenbahnnetzes zeichnete sich im Zeitraum des Übergangs von der konstitutionellen Monarchie von 1906 bis 1917 zur Periode des sowjetischen Rechts von 1917 bis zum Beginn der Perestrojka Ende der 1980er Jahre ein veritabler industrieller Boom ab.[421] In Zeiten des Kriegskommunismus[422] kam es jedoch zur Zerschlagung produzierender Großbetriebe und

---

[414] Vgl. *Hardina*, Staatlich-private Partnerschaft in der russischen Transformationsgesellschaft (russ.), S. 97.

[415] Vgl. *Varnavskij*, Konzessionen in der Transportinfrastruktur (russ.), S. 246.

[416] Vgl. *Ognev/Popov*, Konzessionsvertrag im Zivilrecht (russ.), S. 10.

[417] Vgl. *Varnavskij*, Konzessionen in der Transportinfrastruktur (russ.), S. 248.

[418] Vgl. *ebd.*

[419] Vgl. *Sosna*, Konzessionsvereinbarungen: Theorie und Praxis (russ.), S. 106.

[420] Vgl. *Ognev/Popov*, Konzessionsvertrag im Zivilrecht (russ.), S. 12.

[421] Vgl. *Troebst*, in: *Bohn/Neutatz*, Studienhandbuch Östliches Europa, Band 2: Geschichte des Russischen Reiches und der Sowjetunion, S. 73.

[422] Russ.: *voennyj kommunism*. Vgl. dazu auch *Lenin*, Gesammelte Werke, S. 219 ff.

damit zum Wegfall von Marktanreizen für die landwirtschaftliche Produktion mit der Folge schwerer Getreidebeschaffungskrisen.[423] Das Land stürzte in eine schwere Wirtschaftskrise der Jahre 1919/1920. Der Kurs der sog. Neuen Ökonomischen Politik (NÈP)[424], die in der Zeit von 1921 bis in die 1930er Jahre die schweren Folgen des Krieges beseitigen sollte[425], öffnete die sowjetische Wirtschaft für ausländische Investitionen erneut. Die Vergabe von Konzessionen wurde in den 1920-1930er Jahren als eine Form vertraglicher Beziehungen des Staates mit dem Privaten mit dem Ziel der Investitionsbeschaffung legitimiert.[426] Lenin[427] sah die Konzession als einen „Vertrag des Staates mit einem Kapitalisten, der die Organisation und Modernisierung der Produktion übernimmt und dabei einen Teil der Erzeugnisse an den Staat entrichtet und den anderen als seine Einnahmen einbehält".

Im Zeitraum von 1921 bis 1928 hat die sowjetische Führung rd. 2400 Bewerbungen auf Konzessionsvergabe erhalten, 178 von denen letztlich zum Abschluss von Konzessionsverträgen geführt haben.[428] Konzessionen wurden vor allem im Rohstoffbereich sowie im landwirtschaftlichen und industriellen Bereich vergeben. Die Konzessionsnehmer kamen mehrheitlich aus den USA, Großbritannien und dem Deutschen Reich. Anzumerken ist, dass Konzessionen sowohl zu Zarenzeiten als auch im Zuge der NÈP beinahe ausschließlich an ausländische Investoren vergeben wurden. So entfielen im Wirtschaftsjahr 1926/27, welches den Höhepunkt der Konzessionstätigkeit bildete, 28% des gesamten Konzessionsanlagevolumens auf britische Unternehmen, 23,6% auf die USA und 13,5% auf das Deutsche Reich.[429] Mit dem Deutschen Reich wurde die höchte Anzahl der Konzessionsverträge abgeschlossen.[430]

---

[423] Vgl. *Troebst*, in: *Bohn/Neutatz*, Studienhandbuch Östliches Europa, Band 2: Geschichte des Russischen Reiches und der Sowjetunion, S. 73.
[424] Russ.: *Novaâ Èkonomičeskaâ Politika (NÈP)*.
[425] Vgl. *Farhutdinov/Trapeznikov*, Investitionsrecht (russ.), S. 141.
[426] Vgl. *Zagorul'ko*, Ausländische Konzessionen in der nationalen Fischwirtschaft (russ.), S. 12. Zu den einzelnen Bereichen der Konzessionsvergabe s. *Farhutdinov/Trapeznikov*, Investitionsrecht (russ.), S. 140.
[427] Zit. nach *Ognev/Popov*, Konzessionsvertrag im Zivilrecht (russ.), S. 35.
[428] Vgl. *Varnavskij*, Konzessionen in der Transportinfrastruktur (russ.), S. 23; *Ignatûk*, Russische Gesetzgebung zur staatlich-private Partnerschaft (russ.). Dies erfolgte obwohl die Konzessionsvergabe ab Inkrafttreten des ZGB nicht mehr ausschließlich für ausländische Investoren zulässig war, vgl. *Amunc*, Rezension zu *Zagorul'ko* (Hrsg.), Ausländische Konzessionen in der UdSSR.
[429] Vgl. *Nötzold/Beitel*, Deutsch-sowjetische Wirtschaftsbeziehungen, S. 119.
[430] Vgl. *Varnavskij*, Konzessionen in der Transportinfrastruktur (russ.), S. 251.

1. Projekte

Eine der bekanntesten Konzessionen wurde die sog. *Lena Goldfields-Konzession* im Bergbau am Fluss Lena in Sibirien. Die drei das Konsortium *Lena Goldfields* bildenden amerikanischen und britischen Unternehmen verfügten bereits über Erfahrungen aus ihrer Tätigkeit im vorrevolutionären Russland. Der Vertrag mit *Lena Goldfields* wurde am 14. November 1925 unterzeichnet.[431] Die Konzession sollte eine Laufzeit von 30 bis 50 Jahren haben. Nachdem das Konsortium im Jahre 1925 seine Arbeit aufgenommen hat, wurde die Konzessionstätigkeit jedoch vom zunehmenden politischen Druck seitens sowjetischer Führung begleitet und kam schließlich im Jahre 1930 nach Anrufung des Schiedsgerichts durch die Konzessionsnehmer zum Erliegen.[432]

Ein weiteres großes Projekt war die Konzessionsvereinbarung mit dem deutschen Unternehmen *Junkers*. Anfang 1923 erhielt *Junkers* von der sowjetischen Führung die Konzession für die Herstellung von Flugzeugen und Flugzeugmotoren in der Nähe von Moskau. Zudem sah der Vertrag die Schaffung einer Luftverkehrsstrecke von Moskau nach Teheran zur Personen- und Güterbeförderung vor. Der Vertrag mit *Junkers* wurde geheim gehalten, da er faktisch den Bruch des Versailler Vertrages durch die deutsche Seite bedeutete.[433] Jedoch wurde auch diese Konzession bereits 1927 aufgelöst. Ein weiteres Beispiel für eine gescheiterte Konzession ist der Bau der Wasserstraße Wolga – Don – Asowsches Meer, für welches ein französisch-russisches Unternehmen *Dru Maksimov* im Jahre 1929 die Ausschreibung gewann.[434] Das Vorhaben scheiterte im Jahr 1938.[435]

2. Rechtliche Grundlagen

Zu Zeiten der NÈP unterschied man zwei Arten von Konzessionen. Die traditionelle Konzessionsform sah lediglich die Zahlung von sog. *royalties* vor, während nach der modernen Konzessionsform neben *royalties* und Steuern auch ein

---

[431] Abgedruckt bei *Zagorul'ko*, zit. nach *Amunc*, Rezension zu *Zagorul'ko* (Hrsg.), Ausländische Konzessionen in der UdSSR.

[432] S. *Lena Goldfields Company Limited* vs. UdSSR, Schiedsspruch vom 2. September 1930, Cornell Law Quarterly 36 (1950), S. 42-53, mit Anm. von *Nussbaum*, in: Cornell Law Quarterly 36 (1950), S. 31 ff.

[433] Vgl. *Zvorykina*, Staatliche und munizipale Konzessionen in Russland (russ.), 2002, S. 13.

[434] Vgl. *Bulatov/Zagorul'ko*, Wasserstraße Wolga-Don-Asowsches Meer. Nichtrealisierte Konzessionen (russ.), S. 120 ff.

[435] Vgl. *dies.*, S. 160.

Teil der erwirtschafteten Produktion an den Staat abzuführen war.[436] Weiterhin unterschied man zwischen sog. reinen Konzessionen, welche die traditionelle Beziehung zwischen dem Konzessionsnehmer und dem Konzessionsgeber begründeten, und den sog. gemischten Konzessionen, welche die Gründung staatlich-privater Betriebe zum Gegenstand hatten.[437] Als eine weitere Form der Konzessionen dieser Zeit wurden laut *Ognev/Popov*[438] die gemeinsamen Aktiengesellschaften gesehen, die zu Export- bzw. Importzwecken gegründet wurden.

Eine gesetzliche Grundlage für die Konzessionstätigkeit in der UdSSR existierte nicht. Man sprach von einem eigenständigen Rechtsgebiet des Konzessionsrechts.[439] Die Vertragsbeziehungen beruhten auf der Verordnung des Sowjetischen Volkskomitees über wirtschaftliche und rechtliche Grundlagen von Konzessionen (KonzVO)[440]. Die KonzVO beinhaltete einige wichtige Regelungen, war jedoch für die sowjetische Führung unverbindlich, da sie jederzeit durch eine andere Verordnung aufgehoben oder abgeändert werden konnte.[441] Für die Konzessionspolitik war das am 21. August 1923 geschaffene Hauptkonzessionskomitee beim Sowjetischen Volkskomitee der UdSSR zuständig. In einigen Sowjetrepubliken sowie in Berlin und London wurden Vertretungen des Konzessionskomitees eingerichtet.

Die Konzessionsverträge wurden auf Initiative des Volkskomitees oder des Bewerbers in der Regel mit dem Hauptkonzessionskomitee verhandelt und abgeschlossen.[442] Anschließend wurden die Verträge vom Sowjetischen Volkskomitee ratifiziert und als Spezialgesetze verabschiedet[443], so dass deren Bedingungen Vorrang vor den gesetzlichen Vorschriften der Sowjetunion bzw. der Sowjetrepubliken hatten.[444]

---

[436] Vgl. *Sysoev*, Aktuelle Instrumente der Investitionsentwicklung der Regionen (russ.), S. 103.
[437] Vgl. *ders.*, S. 107.
[438] Vgl. *Ognev/Popov*, Konzessionsvertrag im Zivilrecht (russ.), S. 26.
[439] Vgl. *Kurys'/Tišenko*, Konzession und Konzessionsrecht (russ.), S. 139 ff.
[440] S. die Verordnung des Sowjetischen Volkskomitees über wirtschaftliche und rechtliche Grundlagen von Konzessionen, russ.: *Ob obšĩh principah èkonomičeskih i ûridičeskih usloviâh koncessii*, vom 23. November 1920.
[441] Vgl. *Savinova*, Vertragliche Regelung der Konzessionsbeziehungen (russ.), S. 177.
[442] Vgl. *Varnavskij*, Konzessionen in der Transportinfrastruktur (russ.), S. 251.
[443] Vgl. *Kitanina*, Konzessionsvereinbarungen nach russischem Recht (russ.).
[444] Vgl. *Ognev/Popov*, Konzessionsvertrag im Zivilrecht (russ.), S. 14.

Die Rechtsnatur der Vereinbarungen war in der Literatur umstritten, wobei die Auffassung, welche die Konzessionsvergabe als Vereinbarungen zivilrechtlicher Natur mit öffentlich-rechtlichen Elementen sah, wohl vorherrschend war.[445] *Konoplânik/Subbotin*[446] bewerten die Vertragsbeziehung des Staates mit dem ausländischen Investor im sowjetischen Russland als reinen Werkvertrag bzw. als eine den heutigen *Production Sharing Agreements* (PSA) ähnliche Beziehung und nicht als traditionelle Konzession. Letztere setze nach Auffassung der Autoren Eigentumsrechte des Konzessionsnehmers an dem genutzten Land voraus.[447] Laut *Popov*[448] waren diese Konzessionen teilweise zivilrechtlicher und teilweise öffentlich-rechtlicher Natur. Laut *Varnavskij*[449] war die Konzession ursprünglich als ein einseitiger administrativer Akt einzuordnen und durchlebte in der Folgezeit die Entwicklung zum öffentlich-rechtlichen und anschließend zum zivilrechtlichen Vertrag. In Bezug auf die Frage nach dem Inhalt des Rechts des Konzessionsnehmers am Konzessionsobjekt bestand in der Rechtslehre ebenso keine Einigkeit.[450]

3. Vertragsinhalt und Eigentumsverhältnisse

Die russische Rechtslehre befasst sich eingehend mit den rechtlichen Grundlagen der NÈP-Konzessionen, da diese als Basis für die Weiterentwicklung und den erneuten Einsatz des Instituts im heutigen Russland gesehen werden. So ist etwa bekannt, dass das Eigentum an dem dem Konzessionsnehmer zur Nutzung überlassenen Vermögen der öffentlichen Hand stets dem Staat zustand. Die im Rahmen der Konzession erwirtschafteten Erzeugnisse standen im Eigentum des Konzessionsnehmers. An Vermögenswerten, die der Konzessionsnehmer erworben oder erwirtschaftet hat stand dem Konzessionsnehmer ein sog. beschränktes Eigentumsrecht zu. Gem. Art. 55 des am 1. Januar 1923 in Kraft getretenen Zivilkodex der RSFSR (ZK RSFSR) wurden die Konzessionsbetriebe zwar als Eigentum des Konzessionsnehmers eingeordnet. Das (beschränkte) Eigentumsrecht galt jedoch weder zeitlich unbegrenzt noch beinhaltet es das Recht zur

---

[445] Vgl. dazu die Diskussion bei *ders.*, S. 23 ff. Für öffentlich-rechtliche Natur spricht sich etwa *Kitanina*, Konzessionsvereinbarungen nach russischem Recht (russ.), aus.

[446] Vgl. *Konoplânik/Subbotin*, Staat und Investor, Band 1, S. 12.

[447] *Dies.*, S. 15.

[448] Vgl. *Popov*, Konzessionsvereinbarungen (russ.), S. 11.

[449] Vgl. *Varnavskij*, Konzessionen als Formen der Verwaltung staatlichen Eigentums (russ.), S. 14.

[450] *Ebd.*

Umgestaltung der Sache.[451] Damit waren dem Konzessionsnehmer letztlich nur Besitz- und Nutzungsrechte am erwirtschafteten Konzessionsvermögen einge-räumt.[452] Ein freies Veräußerungsrecht stand dem Konzessionsnehmer nicht zu, die Ausfuhrbefugnisse waren an die Genehmigung durch die öffentliche Hand gekoppelt.[453] Deshalb meinen *Vahtinskaâ*[454] und *Sysoev*[455] m.E. zu Recht, dass die Eigentumsrechte am Konzessionsobjekt ausschließlich beim Konzessionsge-ber lagen. Eine Abtretung der Rechte des Konzessionsnehmers aus dem Konzes-sionsvertrag war unzulässig. Der Konzessionsnehmer hatte neben dem Nut-zungsentgelt und Steuern auch das sog. anteilige Entgelt an den Konzessionsge-ber zu entrichten. Unter dem letzteren verstand man einen Prozentsatz der er-wirtschafteten Erzeugnisse in Form von Geld oder Sachleistungen.[456]

Gem. KonzVO bestand ein Verbot der Nationalisierung, Konfiskation und Requivisition des Vermögens des Konzessionsnehmers. In der russischen Litera-tur wird dieser Schutz als nicht hinreichend empfunden, da es in der Hand der sowjetischen Führung lag, die erlassenen Normen durch ein späteres Spezialge-setz wieder aufzuheben.[457] Die öffentliche Hand behielt im Falle des Abschlus-ses des Konzessionsvertrages einen bestimmten Geldbetrag als Sicherheit ein. Positiv zu bewerten ist, dass Pkt. 6 KonzVO ein Verbot der einseitigen Ände-rungen der Vertragsbedingungen durch den Konzessionsgeber vorsah.[458] Die Konzessionsverträge beinhalteten ferner regelmäßig Regelungen zur vorzeitigen Beendigung der Vertragsbeziehung und entsprechenden Entschädigungsansprü-chen des Konzessionsnehmers.[459] Aus heutiger Sicht positiv überraschend ist, dass die Verträge aus der NÈP-Zeit zur Beilegung von Streitigkeiten in der Re-gel Schiedsgerichtsvereinbarungen vorsahen.[460] Insgesamt waren Konzessionen der NÈP-Zeit stark von der sozialistischen Idee durchdrungen und unterschieden

---

[451] Vgl. *Karass*, Konzessionen im sowjetischen Recht (russ.), S. 112, zit. nach *Ognev/Popov*, Konzessionsvertrag im Zivilrecht (russ.), S. 15.
[452] Vgl. *Ognev/Popov*, Konzessionsvertrag im Zivilrecht (russ.), S. 19.
[453] Vgl. *Savinova*, Vertragliche Regelung der Konzessionsbeziehungen (russ.), S. 162.
[454] Vgl. *Vahtinskaâ*, Rechtsnatur der Konzessionärsrechte (russ.), a.a.O.
[455] Vgl. *Sysoev*, Aktuelle Instrumente der Investitionsentwicklung der Regionen (russ.), S. 106
[456] Vgl. *Ognev/Popov*, Konzessionsvertrag im Zivilrecht (russ.), S. 20. Das anteilige Entgelt kommt der heutigen Produktionsteilung nach dem PSA-G nahe.
[457] Vgl. *Savinova*, Rechtsgarantien der Konzessionäre (russ.), a.a.O.
[458] Zit. nach *Savinova*, Vertragliche Regelung der Konzessionsbeziehungen (russ.), S. 168.
[459] Vgl. *Ognev/Popov*, Konzessionsvertrag im Zivilrecht (russ.), S. 21 f.
[460] Vgl. *dies.*, S. 22. S. dazu auch die Schiedsgerichtsentscheidung in der Sache *Lena Goldfields Company Limited* vs. UdSSR, Schiedsspruch vom 2. September 1930, Cornell Law Quarterly 36 (1950), S. 42-53.

sich aufgrund der Eigentumskonzeption und der damit verbundenen Einschränkung der Betätigungsmöglichkeiten der Investoren grundsätzlich von Rechtskonzepten in kapitalistischen Rechtssystemen.

4. Schlusswort zu NÈP-Konzessionen

Anfang der 1930er Jahre wurde die Wirtschaftspolitik der sowjetischen Führung zunehmend verschärft, was schließlich im Jahre 1937 zum gänzlichen Erliegen der Konzessionsbeziehungen führte. Nach Auffassung von *Sysoev*[461] spielten die Konzessionen insgesamt keine große Rolle für die sowjetische Volkswirtschaft, waren jedoch für einzelne Industriebereiche von großer Bedeutung. Bekannt ist, dass die Konzessionsvergabe durch die sowjetische Führung nicht selten als politisches Druckmittel – etwa zu Zwecken der völkerrechtlichen Anerkennung der Sowjetunion als Völkerrechtssubjekt – missbraucht wurde.[462] Laut *Klišas*[463] war die völkerrechtliche Anerkennung der Sowjetunion durch Deutschland mit dem deutschen Interesse an russischen Konzessionen verbunden. Einigkeit besteht ferner darüber, dass die Beziehung zwischen dem Konzessionsnehmer und der sowjetischen Regierung nicht als gleichberechtigt gewertet werden kann. Zum Einen war die Sowjetführung stets in der Lage ihren Einfluss auf die Konzessionsbeziehung auszuüben, was sie letztlich mit dem Abbruch bestehender Verträge auch tat. Auf der anderen Seite spricht man in der Literatur zum Teil von imperialistischer Intervention seitens der Konzessionsnehmer.[464]

III. Die 1990er Jahre

Mit Beginn der Perestrojka Mitte der 1980er Jahre endete schließlich mit zunehmendem Rechtstransfer die abermalige Isolation der russischen Rechtswissenschaft. Während nach den 1940er Jahren staatlich-private Zusammenarbeit nicht mehr stattfand, wurde die Konzessionsproblematik bereits seit Ende der 1980er Jahre erneut diskutiert. Im Jahre 1992 hatte in Russland der Übergang zur Marktwirtschaft mit einem tiefgreifenden Strukturwandel –der Preis- und Handelsliberalisierung und ab 1993 weitreichender Privatisierung sowie der Set-

---

[461] Vgl. *Sysoev*, Aktuelle Instrumente der Investitionsentwicklung der Regionen (russ.), S. 108.

[462] So *Bernštain*, Grundriss des Konzessionsrechts der UdSSR (russ.), S. 27.

[463] Vgl. *Klišas*, Staatsarchiv der RF (russ.), S. 15.

[464] Statt vieler *Inšakova*, Konzessionen in der GUS (russ.), S. 4 f.

zung eines völlig neuen Rechtsrahmens – eingesetzt.[465] Nachdem der postsowjetische Gesetzgeber in den ersten Umbruchjahren stark zwischen angloamerikanischen und kontinentaleuropäischen Regelungsvorbildern und entsprechendem Rechtsberatungseinfluss einerseits sowie der eigenen Rechtstradition von vor 1917 samt dem Rückgriff auf vorrevolutionäre Regelungsmodelle andererseits geschwankt hatte, begann ab 1994 mit der Erarbeitung des ZGB eine neue Phase des russischen Wirtschaftsrechts.[466] Gleichzeitig erlebten staatlich-private Kooperationsbeziehungen in Form von Konzessionsvereinbarungen eine Renaissance in Osteuropa, was sich vor allem im Erlass von Konzessionsgesetzen durch viele osteuropäische Staaten niederschlug.[467]

Bereits in den 1990er Jahren wurden in der russischen Wasseraufbereitungswirtschaft erste Projekte in Form von staatlich-privaten Partnerschaften erfolgreich eingeleitet.[468] Die Wirtschafts- und Finanzkrise 1998-1999 – eine Art Schocktherapie, nach der die russische Wirtschaft erneut am Boden lag – schwächte das Vertrauen der ausländischen Investoren, da die ökonomischen und politischen Risiken für Infrastrukturprojekte erneut zunahmen.[469] Der Rechtsrahmen für ausländische Investitionen musste radikal überarbeitet werden, eine Aufgabe, die angesichts politisch und wirtschaftlich turbulenter Zeit besonders schwierig war.[470] Die Grundlage für den wirtschaftlichen Neuanfang sollten die Regelwerke zu ausländischen Investitionen in Russland im Allgemeinen sowie das Konzessionsgesetz (KonzG)[471] und das Gesetz über die *Production Sharing Agreements (PSA)* (PSA-G)[472] im Besonderen bieten. Das heutige Konzessionsgesetz

---

[465] Vgl. *Götz*, Osteuropa-Wirtschaft, 3/2003, 214 (215). Zum weitgehend erforschten Feld der Privatisierung in Russland s. etwa *Roggemann/Lowitzsch*, Privatisierungsinstitutionen in Mittel- und Osteuropa, S. 219 ff.

[466] Vgl. *Pashchenko*, in: *Nußberger* (Hrsg.), Einführung in das russische Recht, S. 211.

[467] So Montenegro im Jahr 1991, Kroatien im Jahr 1992, Kirgistan im Jahr 1992, Moldau im Jahr 1995, Bulgarien im Jahr 1997, Serbien im Jahr 1997, Ukraine im Jahr 1999.

[468] Vgl. *Ivanov*, zit. nach *Kašin*, a.a.O.

[469] Vgl. *Varnavskij*, Konzessionen in der Transportinfrastruktur (russ.), S. 121.

[470] Vgl. dazu auch *Sysoev*, Aktuelle Instrumente der Investitionsentwicklung der Regionen (russ.), S. 91.

[471] S. das Gesetz über Konzessionsvereinbarungen (KonzG), vom 21. Juli 2005, Nr. 115-FZ, russ.: *O kocessionnyh soglašeniâh.*

[472] S. das föderale Gesetz über Vereinbarungen zur Teilung der Produktion (PSA-G) vom 30. Dezember 1995, Nr. 225-FZ, russ.: *O soglašeniâh o razdele produkcii.*

hat eine lange, beschwerliche Entwicklung durchlebt, die heute in der russischen Literatur als beispiellos bezeichnet wird.[473]

Im Jahre 1991 wurden zunächst zwei investitionsrechtliche Regelwerke – das Gesetz der RSFSR über die Investitionstätigkeit in der RSFSR (InvestG RSFSR)[474] sowie das Gesetz der RSFSR über ausländische Investitionen in der RSFSR (AuslandsInvestG RSFSR)[475] – verabschiedet. Das AuslandsInvestG RSFSR erwähnte bereits die Möglichkeit der Investitionen in Form von Konzessionsvereinbarungen. Der Konzessionsvertrag wurde demnach angesichts der Nichtanwendbarkeit des allgemeinen Rechts sowie der Erforderlichkeit der Bestätigung durch den Obersten Sowjet der RSFSR als ein staatlicher Normativakt gesehen.[476] Art. 40 InvestG RSFSR enthielt für die Laufzeit von Konzessionsverträgen eine zeitliche Höchstgrenze von 50 Jahren und eine Regelung in Bezug auf die Zulässigkeit der einseitigen Änderung des Konzessionsvertrages, wonach solche Änderungen bei Vorliegen entsprechenden Allgemeinheits- oder Staatsinteresses möglich sein sollten.[477] Im Falle der Nationalisierung sollte sich der an den Investor zu leistenden Schadensersatz auch entgangenen Gewinn umfassen.

Die Arbeit am Gesetzentwurf zum neuen Konzessionsgesetz fing im Jahr 1992 an. Am 21. Juli 1993 wurde das Gesetz über Konzessionsvereinbarungen mit ausländischen Investoren (KonzG-Entwurf I)[478] durch den Obersten Sowjet der RSFSR zur Lesung angenommen, das Gesetzgebungsvorhaben jedoch letztlich von Präsident *Jelzin* zunächst gestoppt.

Das im Jahre 1992 verabschiedete Gesetz über das Erdinnere (ErdinnereG)[479], welches die Grundlage für das PSA-G bilden sollte, enthält keinerlei Regelun-

---

[473] Vgl. *Sosna/Subbotin*, Konzessionsgesetzgebung in Russland: Entstehungsprobleme (russ.), S. 102; *Vihrân*, Entstehungsperspektiven des Konzessionsinstituts im modernen Russland (russ.), S. 22.

[474] Das Gesetz der RSFSR über die Investitionstätigkeit in der RSFSR vom 26. Juni 1991, Nr. 1488-1, russ.: *Ob investicionnoj deâtel'nosti v RSFSR*.

[475] Das Gesetz der RSFSR über ausländische Investitionen in der RSFSR vom 4. Juli 1991, Nr. 1545-1, russ.: *Ob inostrannyh investiciâh v RSFSR*.

[476] Vgl. *Doronina*, Zur Frage über die Rechtsnatur von Konzessionsvereinbarungen (russ.), S. 48 ff.

[477] Vgl. *Savinova*, Vertragliche Regelung der Konzessionsbeziehungen nach dem Recht der RF (russ.), S. 128.

[478] S. Gesetzentwurf ... .

[479] S. das föderale Gesetz über das Erdinnere vom 21. Februar 1992, Nr. 2395-1, russ.: *O nedrah*.

gen zivilrechtlichen Charakters und lässt für den Bereich der Nutzung des Er-dinneren die Anwendbarkeit zivilrechtlicher Rechtsinstitute nicht zu.[480] Charak-teristisch für das Gesetz ist vielmehr die administrative bzw. verwaltungsrechtli-che Regulierung der Tätigkeit privater Investoren durch ein breites Instrumenta-rium imperativer Vorschriften.[481] Das Erdinnere ist gem. Art. 1 Abs. 2 Erdinner-eG staatliches Eigentum und vom Zivilrechtsverkehr ausgenommen. Die nach Art. 11 ErdinnereG vorgesehene Möglichkeit, mit dem Nutzer des Erdinneren einen Vertrag abzuschließen, wurde nicht als eine die öffentliche Hand bindende Regelung ausgestaltet und hatte bislang keine praktische Bedeutung.[482] Mit Ukaz des Präsidenten der RF über PSA-Fragen[483] wurde im Jahr 1993 das recht-liche Vakuum beseitigt, in dem bisherige PSA-Projekte bereits durchgeführt worden sind.[484] So wurden einige steuerrechtliche Fragen geklärt, die Beteili-gung in Form von Konsortien legalisiert und Regelungen in Bezug auf den Ex-port der erwirtschafteten Produktion sowie die Stabilität der Vereinbarung ge-troffen.

Nach Verabschiedung der Verfassung der RF (VerfRF)[485] wurde die Arbeit am neuen PSA-Gesetzentwurf wieder aufgenommen. Ende 1994 wurden offizielle Texte der Gesetzentwürfe zum KonzG und dem PSA-G durch den Rat der Staatsduma veröffentlicht.[486] Ein neuer Gesetzentwurf zum Gesetz über Konzes-sionsverträge mit russischen und ausländischen Investoren (KonzG-Entwurf II)[487] wurde im August 1995 durch die Regierung eingebracht.[488] Dabei war das

---

[480] So *Teplov*, Entwicklung der föderalen Gesetzgebung über das Erdinnere (russ.), S. 30; vgl. auch *Bobin*, Probleme zivilrechtlicher Regulierung der Nutzung des Erdinneren (russ.), S. 63, mit einer Forderung zivilrechtlicher Regulierung des Bereichs.

[481] So auch *Voznesenskaâ/Kormoš*, Rechtsstatus der Lizenz zur Nutzung des Erdinneren (russ.), S. 45.

[482] Vgl. dazu *Bobin*, Probleme zivilrechtlicher Regulierung der Nutzung des Erdinneren (russ.), S. 62.

[483] S. Ukaz des Präsidenten der RF über Fragen zu PSA im Bereich der Nutzung des Erdinneren vom 24. Dezember 1993, Nr. 2285, russ: *O voprosah soglašenij o razdele produkcii pri nedropol'zovanii.*

[484] Vgl. *Konoplânik/Subbotin*, Staat und Investor, Band 2, S. 7 ff.

[485] S. die Verfassung der RF vom 12. Dezember 1993, russ.: *Konstituciâ Rossijskoj Federacii.*

[486] Vgl. *Leont'ev*, Kommentar zum föderalen Gesetz über Konzessionsvereinbarungen (russ.), S. 1.

[487] S. Gesetzentwurf zum Gesetz über Konzessionsvereinbarungen mit russischen und ausländischen Investoren, angenommen zur Lesung per Verordnung der Staatsduma am 3. April 1996, Nr. 210-II GD, russ.: *O koncessionnyh dogovorah, zaklûčaemyh s rossijskimi i inostrannymi investorami.*

KonzG als ein Rahmengesetz zur Regelung der allgemeinen Rechte und Pflichten der Investoren geplant, während das PSA-G als Spezialgesetz für die Nutzung des Erdinneren fungieren sollte.[489] Der Entwurf des KonzG sah ursprünglich den Abschluss von Konzessionsverträgen in drei Varianten vor – in Form der eigentlichen Konzessionsvereinbarungen, der PSA und sonstigen Dienstleistungsverträgen.[490]

Das Gesetzgebungsverfahren zum PSA-G gestaltete sich aufgrund von Meinungsverschiedenheiten zwischen der Staatsduma und der Administration des Präsidenten weiterhin schwierig.[491] Sehr früh hat sich zudem gezeigt, dass die Föderationssubjekte durch das PSA-G benachteiligt werden.[492] Nach Verwerfung des Gesetzentwurfs durch die Staatsduma im Oktober 1995 wurde das Gesetz schließlich bereits im Dezember angenommen. Jedoch fand das PSA-G – entgegen der anfänglichen Konzeption – welches nunmehr statt als Spezialgesetz zum Abschluss von Konzessionsvereinbarungen als eigenständiges Sondergesetz für PSA seine endgültige Gestalt.

Das Konzessionsgesetz (KonzG-Entwurf II) wurde im März 1996 in erster Lesung angenommen und im Jahre 1998 zur zweiten Lesung vorbereitet.[493] Nach Weiterleitung an die Ausschüsse im Juli 2000 durch den Rat der Staatsduma wurde in der zweiten Lesung im Oktober 2000 jedoch Überarbeitungsbedarf festgestellt und das Gesetz im Dezember erneut in den zuständigen Ausschuss zurückgeleitet.[494] Damit war die Arbeit am Gesetz vorerst beendet. In dem im Jahre 1999 verabschiedeten Gesetz über Investitionen in Form von Kapitalanlagen (InvestKapitalanlagenG) wurde die Vergabe von Konzessionen an in- und ausländische Investoren als eine Art der Beteiligung des Staates an der Investitionstätigkeit lediglich erwähnt, vgl. Art. 11 Abs. 2 Nr. 2 InvestKapitalanlagenG. Das im Jahre 2001 verabschiedete Programm der sozial-wirtschaftlichen Ent-

---

[488] S. dazu das Schreiben der Regierung der RF Nr. 2488p-P2. Vgl. *Konoplânik/Subbotin*, Staat und Investor, Band 2, S. 44 ff.

[489] Vgl. *Saenko*, Gesetzgebung der RF über Konzessionsverträge mit ausländischen Investoren (russ.), S. 49.

[490] Vgl. *Leont'ev*, Kommentar zum föderalen Gesetz über Konzessionsvereinbarungen (russ.), S. 2 f.

[491] Vgl. dazu *Konoplânik/Subbotin*, Staat und Investor, Band 2, S. 52 ff.

[492] So *Konoplânik/Subbotin*, Staat und Investor, Band 2, S. 137.

[493] Vgl. *Farhutdinov/Trapeznikov*, Investitionsrecht (russ.), S. 145 f.; Sitzungsprotokoll des Rates der Staatsduma GD Nr. 11-96; Verordnung der Staatsduma Nr. 210-II GD.

[494] Vgl. *Nikolaev/Bočkov*, Staatlich-private Partnerschaft (russ.); *Velikomyslov*, Ausländische Investitionen (russ.), § 2.

wicklung der RF für die Jahre 2002-2004[495] sah die Verabschiedung eines Gesetzes vor, welches die Einräumung von Nutzungsrechten am staatlichen Eigentum zugunsten privater Investoren regeln sollte.

Im Oktober 2004 fand unter Beteiligung der Regierung der RF und des bei dieser angesiedelten RSPP eine Sitzung zur Entwicklung von staatlich-privaten Partnerschaften im Verkehrswesen statt, in der die Wiederaufnahme der Arbeit am Gesetz beschlossen wurde.[496] Die Regierung der Stadt St. Petersburg erarbeitete parallel einen Gesetzentwurf eines GČP-Gesetzes. Das Gesetz über Konzessionsvereinbarungen (KonzG) wurde schließlich am 21. Juli 2005 verabschiedet, anschließend im November 2007[497], Dezember 2007[498], Juni 2008[499] und Juli 2009[500] geändert und bildet heute in seiner derzeit geltenden Fassung die Grundlage des russischen PPP-Rechts. Die russische Regierung bezweckte mit dem Gesetz vor allem die Förderung des Investitionsflusses in die russische Wirtschaft.[501] Ziele des Gesetzes sollten die Sicherstellung der effektiven Nutzung von Staatseigentum sowie die Verbesserung der Qualität von Waren, Arbeiten und Dienstleistungen für die Verbraucher werden. Auf der anderen Seite sollten die Anleger einen Zugewinn an Rechtsklarheit und Rechtssicherheit durch gesetzliche Regelung des PPP-Instruments erwarten.

Ende Mai 2008 fand in Moskau auf Initiative des beim Staatsdumakomitee für Wirtschaftspolitik und Unternehmertum angesiedelten Unterkomitees für Entwicklung von GČP ein runder Tisch zu GČP-Fragen statt. Am 23. April 2008 fand die Sitzung des Föderationsratskomitees für Wirtschaftspolitik, Unterneh-

---

[495] Bestätigt per Anordnung der Regierung der RF, Nr. 910-r, vom 10. Juli 2001.

[496] Vgl. *Varnavskij*, Konzessionen in der Transportinfrastruktur (russ.), S. 6 f.

[497] S. das föderale Gesetz Nr. 261-FZ vom 8. November 2007.

[498] S. föderales Gesetz Nr. 332-FZ vom 4. Dezember 2007. Die ersten zwei Änderungsgesetze brachten lediglich unerhebliche Änderungen mit sich, vgl. *Leont'ev*, Kommentar zum föderalen Gesetz über Konzessionsvereinbarungen (russ.), S. 2.

[499] S. das föderale Gesetz Nr. 108-FZ vom 30. Juni 2007.

[500] S. das föderale Gesetz Nr. 145-FZ und Nr. 164-FZ jeweils vom 17. Juli 2007. Im Laufe des Ausschreibungsverfahrens zum WHSD kam es aufgrund der Verzögerungen – wohl hauptsächlich wegen der Finanzkrise – zu rechtlichen Schwierigkeiten, die Gesetzesänderungen am KonzG notwendig machten, vgl. *Doronina*, Zur Frage über die Rechtsnatur von Konzessionsvereinbarungen (russ.), S. 49; *Sosna*, Konzessionsvereinbarung – ein neuer Vertragstypus im russischen Recht (russ.), a.a.O. Nunmehr wurden durch den neu eingeführten Art. 38 KonzG nachträgliche Änderungen der Konzessionsvereinbarungen ausdrücklich zugelassen.

[501] So auch die Gesetzesbegründung zum KonzG, zit. nach *Leont'ev*, Kommentar zum föderalen Gesetz über Konzessionsvereinbarungen (russ.), S. 3.

mertum und Eigentum zum Thema PPP statt. Insgesamt wurde die Position des Konzessionsnehmers als zu schwach bemängelt und das KonzG als zusätzlicher Bürdenträger eingestuft.[502] Dies sollte das neue Änderungsgesetz (KonzÄnderungsG) vom Juni 2008 zwar ändern, gestaltete die Position des Konzessionsnehmers jedoch nicht wesentlich um.[503] Im Rahmen des Gesetzgebungsverfahrens zum KonzÄnderungsG wurde ferner diskutiert, ob es für GČP möglicherweise keines besonderen gesetzlichen Regimes bedarf, da solche Beziehungen für ein Spezialgesetz zu komplex und zudem durch die bestehende Rechtslage hinreichend geregelt seien.[504] Jedoch bestünden nach Auffassung der Experten weit höhere Risiken aufgrund unklarer gesetzlicher Lage.

Im Nachgang an die Verabschiedung des KonzG wurden ursprünglich weitere Spezialgesetze geplant: das Gesetz über die Konzession in der Verkehrsstraßenwirtschaft der RF[505] und das Gesetz über Investitions- und Konzessionsvereinbarungen im Wasser- und Abwasserbereich[506]. Spezialgesetze für einzelne Sektoren sind seitdem verworfen worden.[507] Die Gesetzesinitiative zum Gesetz über den Bau und Betrieb von Mautverkehrsstraßen (MautVerkehrsStrG)[508] wurde im April 2007 in die Staatsduma eingebracht[509] und nach der Einbringung des Gesetzentwurfs zum VerkehrsStrG, der die Fragen des ersten Gesetzes in Kap. 7 regelt, im Mai 2007 wieder verworfen.[510] Auf Grundlage der ursprünglichen Überlegungen zum Gesetz über Mautverkehrsstraßen bzw. dem Gesetz

---

[502] S. die Entscheidung des Föderationsratskomitees für Wirtschaftspolitik, Unternehmertum und Eigentum vom 28. Mai 2008, S. 4.

[503] A.A. *Leont'ev*, Kommentar zum föderalen Gesetz über Konzessionsvereinbarungen (russ.), S. 2, allerdings ohne seinen Standpunkt zu untermauern. Auf die wesentlichen Änderungen wird bei der untenstehenden Untersuchung des KonzG Bezug genommen.

[504] So *Alihov*, a.a.O.

[505] S. Gesetzentwurf zum Gesetz über die Konzession in der Verkehrsstraßenwirtschaft der RF vom 18. Februar 1999, Nr. 191, zurückgenommen im April 2007, russ.: *O koncessii v dorožnom hozâjstve Rossijskoj Federacii*, zur Lesung angenommen per Sitzungsprotokoll des Rates der Staatsduma.

[506] S. Gesetzentwurf zum Gesetz über Investitions- und Konzessionsvereinbarungen im Wasser- und Abwasserbereich, eingebracht im November 2007, verworfen im April 2008, russ.: *Ob investicionnyh i koncessionnyh soglašeniâh v sfere vodopotrebleniâ, vodosnabženiâ i vodootvedeniâ*.

[507] Vgl. *Ognev/Popov*, Konzessionsvertrag im Zivilrecht (russ.), S. 87.

[508] S. Ukaz des Präsidenten der RF vom 8. Dezember 1992, Nr. 1557, russ.: *O stroitel'stve i èkspluatacii avtomobil'nyh dorog na kommerčeskoj osnove*, vgl. dazu auch *Naumenkov*, Kommentar zum 257-FZ (russ.), S. 115.

[509] S. die Anordnung der Regierung der RF vom 10. April 2007, Nr. 433-r.

[510] Vgl. *Naumenkov*, Kommentar zum 257-FZ (russ.), S. 2 ff.

über Verkehrsstraßen[511] wurde das heutige Gesetz über Verkehrsstraßen und die Straßenverkehrstätigkeit (VerkehrsStrG)[512] im Jahre 2007 verabschiedet.

IV. Zwischenergebnis

Insgesamt zeichnet sich die Dynamik der russischen Rechtsentwicklung durch Dikontinuität – durch ständige Abwechslung zwischen Zeiten vollständiger Isolation und Zeiten regen Austauschs mit Westeuropa – aus.[513] Insbesondere brachte der Import einer Vielzahl von regelungen aus dem Westen in der postsowjetischen Übergangsperiode Kodifikationsmisstände mit sich , von denen – wie im Folgenden gezeigt wird – auch das Konzessionsrecht bzw. das gesamte PPP-Recht nicht verschont blieb. Gleichzeitig steht die russische Wirtschaft im Spannungsverhältnis zwischen Globalisierung und Deversifikationsbemühungen einersits und der Stärkung der staatlichen Kontroll- und Lenkungsfunktion andererseits.

B. GČP-Begriff und Definitionsansätze

Während in der deutschen Literatur bislang kein einheitliches Begriffsverständnis für das Phänomen der staatlich-privaten Partnerschaft existiert, ist diese Zurückhaltung eher auf die rechtliche Komplexität von PPP und weniger auf den Forschungsstand zurück zu führen. Wie oben bereits dargestellt, wird in der deutschen Lehre die Befürchtung geäußert, eine PPP-Definition trage der Komplexität des PPP-Konzepts sowie dessen stetem Formwandel nicht genügend Rechnung. Gleichzeitig sind viele der wesentlichen Merkmale und Komponenten des PPP-Wesens bereits erforscht und relativ vereinheitlicht.

Dahingegen scheint in der russischen Literatur die Verwirrung in Bezug auf die Begriffe, Definitionen und Erklärungsversuche des russischen Terminus für PPP

---

[511] S. die Gesetzesentwürfe zum Gesetz über Mautverkehrsstraßen und zum Gesetz über Verkehrsstraßen vom 8. November 2007, Nr. 257-FZ, russ.: *O platnyh dorogah* und *Ob avtomobil'nyh dorogah i o dorožnoj deâtel'nosti v Rossijskoj Federacii i o vnesenii izmenenij v otdel'nye zakonodatel'nye akty Rossijskoj Federacii,* letzterer Gesetzentwurf zunächst verworfen durch Verordnung der Staatsduma vom 13. April 2005, Nr. 1722-IV GD, s. dazu auch den Brief des Präsidenten der RF vom 3. Januar 2000, Nr. Pr-26. S. auch die Verordnung der Regierung der RF vom 5. Dezember 2001, Nr. 848, russ.: *O federal'noj celevoj programme „Modernizaciâ transportnoj sistemy Rossii (2002-2010 gody)"*.
[512] S. das föderale Gesetz über Verkehrsstraßen und die Straßenverkehrstätigkeit vom 8. November 2007, Nr. 257-FZ, russ.: *Ob avtomobil'nyh dorogah i o dorožnoj deâtel'nosti v Rossijskoj Federacii i o vnesenii izmenenij v otdel'nye zakonodatel'nye akty Rossijskoj Federacii.*
[513] Vgl. *Nußberger,* in: *dies.,* Einführung in das russische Recht, § 1, S. 1.

– *gosudarstvenno-častnoe partnërstvo* (GČP) – komplett. Der Begriff wurde in der russischen Öffentlichkeit in den letzten Jahren – auf Regierungsebene und in Fachkreisen – zunehmend oft gebraucht. Das wachsende Interesse des juristischen Schrifttums spiegelte sich in zahlreichen Veröffentlichungen wider, die sich jedoch regelmäßig nur unzureichend mit der Materie befassten und letztlich keine verlässliche Erkenntnisquelle lieferten. Wollte man dennoch den Versuch einer Systematisierung der Sichtweisen unternehmen und ein verallgemeinertes Verständnis von PPP in der RF ausarbeiten, muss man feststellen, dass die Mehrheit der Autoren darunter jede irgendwie geartete, keinerlei auf bestimmte Formen oder Arten beschränkte Zusammenarbeit des Staates mit der Privatwirtschaft in allen Aufgabenbereichen fasst. Das Spektrum der Sichtweisen ist denkbar weit und reicht von der Gewährung von steuerlichen Vergünstigungen an Unternehmen im Gegenzug für eine bestimmte privatwirtschaftliche Maßnahme bis hin zur Zusammenarbeit des Staates mit den Arbeitgeber- und Arbeitnehmerverbänden. Vermehrt wird der Sinngehalt des Rechtskonstrukts GČP auf seinen Charakter als ein spezielles Finanzierungsinstrument reduziert, indem man im Zusammenhang mit PPP stets über den Investitionsfonds der RF spricht. Oft entsteht bei der Lektüre gar der Eindruck, dass einige Autoren den Begriff als eine undefinierte und sinnentleerte, jedoch wohlklingende, moderne Floskel gebrauchen. Im Folgenden soll dem Leser ein Bild vom russischen PPP-Verständnis vermittelt und auf wesentliche Unterschiede zu deutschen Sichtweisen eingegangen werden.

I. Die PPP-Begriffe in der russischen Lehre

Der Begriff des GČP hat sich in der russischen Literatur weitgehend durchgesetzt.[514] Daneben werden weitere Begriffe gebraucht, die sich inhaltlich wohl mit dem Begriff von GČP decken. So spricht *Varnavskij*[515] von der Partnerschaft des Staates und des Privatsektors (russ.: *partnërstvo gosudarstva i častnogo sektora*). Vielfach spricht man auch von privat-staatlicher Partnerschaft (russ.: *častno-gosudarstvennoe partnërstvo*).[516] Des Weiteren gebraucht man teilweise die Begriffe der munizipal-privaten Partnerschaft, der privat-öffentlichen oder

---

[514] Statt vieler *Levitin/Majboroda/Stepanov*, Theoretische Aspekte partnerschaftlicher Beziehungen (russ.), S. 18, und *Brusser/Rožkova*, Staatlich-private Partnerschaft – der neue Mechanismus der Investitionsbeschaffung (russ.).

[515] So *Varnavskij*, Konzessionen in der Transportinfrastruktur (russ.), S. 8.

[516] So etwa *Fëdorov*, in: *Zverev*, Gosudarstvenno-častnoe partnërstvo (russ.), S. 6.

öffentlich-privaten Partnerschaft und der privat-staatlichen Kooperation[517], staatlich-privaten Partnerschaftsbeziehungen[518] oder schlicht den Begriff der Beteiligung des privatwirtschaftlichen Sektors. Ausgehend vom denkbar weiten PPP-Verständnis wird ferner oft behauptet, PPP brauche keinen speziellen Begriff.[519] *Stolârov*[520] spricht ganz generell von einem besonderen russischen GČP-Verständnis, das sich von Erfahrungen westlicher Länder grundlegend unterscheidet.

II. Die GČP-Definitionen und Bewertung aus deutscher Sicht

Eine Legaldefinition von GČP existiert auf föderaler Ebene nicht. Vereinzelte Definitionen aus Gesetzen der Föderationssubjekte unterscheiden sich nur unwesentlich, scheinen jedoch angesichts der meist knappen Formulierung bei hoher Komplexität des Problems nur wenig Aussagekraft zu haben.[521] Anzumerken ist ferner, dass einzelne Ministerien – *Mintrans, Minregion* und *Minprom* – GČP offenbar jeweils unterschiedlich verstehen.[522] Ein einheitliches Begriffsverständnis lässt sich daher auch in der russischen Rechtslehre nicht feststellen.[523] Vielmehr versteht die Mehrheit der Autoren unter GČP – wie oben angedeutet – jede Form der Verflechtung des Staates mit dem Privaten im Rahmen von Wirtschaftbeziehungen.[524] Nur wenige Autoren sprechen sich für die Ein-

---

[517] So *Knaus*, S. 13.
[518] So *Iskrenko*, Entwicklung der Konzessionsbeziehungen im Infrastrukturbereich (russ.), S. 3.
[519] So etwa *Smirnov*, Aktuelle Probleme der wirtschaftlichen Verwaltung einer Region, S. 49. So verwenden einige Autoren im Zusammenhang mit der Problematik keinen speziellen Begriff, so etwa *Šamhalov*, S. 332.
[520] So *Stolârov*, in: *Zverev*, Gosudarstvenno-častnoe partnёrstvo (russ.), S. 99.
[521] So sei die staatlich-private Partnerschaft etwa nach der Legaldefinition des Art. 4 Abs. 1 Ziff. 1 PPP-G St. Petersburg die beidseitig gewinnbringende Zusammenarbeit der Stadt St. Petersburg mit einer russischen oder ausländischen juristischen oder natürlichen Person oder einer ohne die Gründung einer juristischen Person geschaffenen Vereinigung juristischer Personen in Form einer einfachen Gesellschaft (Vertrag über gemeinschaftliche Tätigkeit) bei der Realisierung sozial bedeutender Vorhaben im Wege des Abschlusses und der Durchführung von (Konzessions-)Vereinbarungen.
[522] So *Alihov*, a.a.O. Nach der Definition von *Minèkonomrazvitiâ* etwa sei GČP schlicht jede wesentliche Staatshilfe zur Durchführung von Infrastrukturprojekten, die der Staat an den Privaten leistet, zit. nach *Sysoev*, Aktuelle Instrumente der Investitionsentwicklung der Regionen (russ.), S. 95.
[523] So *Levitin/Majboroda/Stepanov*, Theoretische Aspekte partnerschaftlicher Beziehungen (russ.), S. 17; *Baženov*, in: *Zverev*, Gosudarstvenno-častnoe partnёrstvo (russ.), S. 24.
[524] Vgl. *Sysoev*, Aktuelle Instrumente der Investitionsentwicklung der Regionen (russ.), S. 81. Eines der weitesten Verständnisse für PPP vertritt *Ignatûk*, Russische Gesetzgebung zur staatlich-private Partnerschaft (russ.), S. 8.

schränkung des weiten Verständnisses bzw. eine zurückhaltendere Handhabung des Begriffs aus. So sei GČP laut *Kuz'minov*[525] nicht bereits jedes Zusammenwirken des Staates mit der privaten Wirtschaft, die keiner speziellen normativen Grundlage bedarf. Laut *Kerber*[526] ist das russische GČP-Verständnis vor dem Hintergrund der internationalen Praxis zu weit. Leider sind die Ausführungen der Autoren zu einer konkreten Eingrenzung des Begriffs eher dürftig.

In der deutschen Literatur führen einzelne Stimmen teilweise auch sehr weit gefasste Definitionen für PPP an. Vereinzelt wird PPP auch in Deutschland als ein Sammelbegriff für unterschiedlichste Vorhaben verwendet, die lediglich das Merkmal der engen Zusammenarbeit öffentlicher und privater Akteure gemeinsam haben. Dennoch hat sich in der deutschen Lehre inzwischen durchgesetzt, dass nicht jede irgendwie geartete, sondern vielmehr eine besondere Form der Zusammenarbeit zwischen Staat und Privaten als PPP verstanden werden kann. Vielmehr bietet ein derart weites PPP-Verständnis keine Anhaltspunkte für eine Konturierung und Eingrenzung des Phänomens PPP innerhalb des Kooperationsspektrums. Die Offenheit des vagen GČP-Begriffs vermag eine präzise Inhaltsbestimmung und Abgrenzung nicht zu gewährleisten und ist daher m.E. abzulehnen.

Wenngleich die Schwierigkeit, eine trennscharfe, subsumtionsfähige Definition zu finden, keineswegs eine russische Besonderheit ist, scheint in der russischen Rechtsliteratur eine praktikable Auseinandersetzung mit der PPP-Problematik gänzlich zu fehlen. Soweit man in der Literatur detailliertere Ausführungen zum Wesen von GČP findet, beschäftigen sich diese mit der Analyse der PPP-Lehre in der US- bzw. den europäischen Rechtsordnungen. Dabei werden vielfach die untersuchten Quellen nicht individualisiert oder es mangelt an nachvollziehbaren Ergebnissen der Untersuchungen. Von den meisten russischen Autoren wurde die Definition von *Varnavskij*[527] übernommen, der GČP als „eine strategische, institutionelle und organisatorische Allianz zwischen dem Staat und der

---

[525] Vgl. *Kuz'minov*, Staatlich-private Partnerschaft (russ.). So sprach *Kuz'minov* auf einer Konferenz, die im Oktober 2008 in Moskau durch die *Vnešèkonombank*, die *EEC UNO* und die *VSE* iniziiert wurde, davon, dass PPP enger verstanden werden muss. Demnach fielen entgeltliche Leistungen des Privaten an den Staat, Staatssubventionen, konventionelle Vergabearten, Privatisierung und jede Form der Zusammenwirkung des Staates mit dem Privaten nicht unter PPP. Ebenso für einen engeren PPP-Begriff vgl. *Baženov*, in: *Zverev*, Gosudarstvenno-častnoe partnërstvo (russ.), S. 25.

[526] Vgl. *Kerber*, S. 22.

[527] Vgl. *Varnavskij*, Konzessionen in der Transportinfrastruktur (russ.), S. 13.

privaten Wirtschaft zwecks Realisierung gesellschaftlich bedeutender Vorhaben auf verschiedenen Tätigkeitsfeldern – von Hauptindustriezweigen über die Forschung und Entwicklung bis hin zu öffentlichen Dienstleistungen" – definiert. Laut *Ignatûk*[528] kann GČP „sowohl unternehmerisch als auch nichtunternehmerisch, zwischenstaatlich, international und innerstaatlich, global, strategisch und traditionell, beidseitig gewinnbringend oder nachteilig, geschäftlich und nicht geschäftlich" sein. Die meisten Definitionen sind daher wenig aussagekräftig oder lassen die nötige Präzision vermissen.

Im Wesentlichen werden solche Merkmale von PPP wie eine **vertragliche Grundlage**[529], der **gegenseitige Ressourcenaustausch** unter Vertragsparteien[530] sowie eine **gewisse Dauerhaftigkeit** der Zusammenarbeit[531] angeführt. Wie oben bereits gezeigt, handelt es sich bei den Merkmalen der Gemeinschaftlichkeit der Aufgabenerfüllung sowie der Dauerhaftigkeit um wesentliche Bestandteile von PPP nach deutschem Verständnis. Als weiterer Bestandteil der Definition wird in der Regel der Grundsatz der **Gleichberechtigung der Vertragsparteien**[532] angeführt. Der nichthierarchische Charakter der PPP-Beziehung soll ein Verhältnis der Koordination unter gleichberechtigten Partnern der Vertragsbe-

---

[528] So *Ignatûk*, Russische Gesetzgebung zur staatlich-private Partnerschaft (russ.).

[529] So etwa *Levitin/Majboroda/Stepanov*, Theoretische Aspekte partnerschaftlicher Beziehungen (russ.), S. 25; *Sysoev*, Aktuelle Instrumente der Investitionsentwicklung der Regionen (russ.), S. 87; *Safarov*, Staatliche Regulierung natürlicher Monopole (russ.), S. 100; *Larin*, in: *Sil'vestrov*, Staatlich-private Partnerschaft (russ.), S. 55 und 58 f.

[530] So etwa *Levitin/Majboroda/Stepanov*, Theoretische Aspekte partnerschaftlicher Beziehungen (russ.), S. 18 und 26; *Sysoev*, Aktuelle Instrumente der Investitionsentwicklung der Regionen (russ.), S. 87; *Brusser/Rožkova*, Staatlich-private Partnerschaft – der neue Mechanismus der Investitionsbeschaffung (russ.); *Derâbina*, Theoretische und praktische Probleme der staatlich-privaten Partnerschaft (russ.); *Larin*, in: *Sil'vestrov*, Staatlich-private Partnerschaft (russ.), S. 58 f.; *Baženov*, in: *Zverev*, Gosudarstvenno-častnoe partnёrstvo (russ.), S. 24.

[531] So etwa *Varnavskij*, Konzessionen in der Transportinfrastruktur (russ.), S. 13; *Levitin/Majboroda/Stepanov*, Theoretische Aspekte partnerschaftlicher Beziehungen (russ.), S. 26. Dagegen qualifizieren andere Autoren u.U. auch kurzfristige Vorhaben als PPP, vgl. *Knaus*, S. 16; *Brusser/Rožkova*, Staatlich-private Partnerschaft – der neue Mechanismus der Investitionsbeschaffung (russ.); *Kesler*, Wirtschaftliche Grundlagen der staatlich-privaten Partnerschaft (russ.), S. 35.

[532] So etwa *Černigovskij*, Partnerschaft im Namen der Entwicklung (russ.), S. 3; *Levitin/Majboroda/Stepanov*, Theoretische Aspekte partnerschaftlicher Beziehungen (russ.), S. 25; *Sysoev*, Aktuelle Instrumente der Investitionsentwicklung der Regionen (russ.), S. 87; *Knaus*, S. 9, 12 und 61; *Kesler*, Wirtschaftliche Grundlagen der staatlich-privaten Partnerschaft (russ.), S. 38; *Hardina*, Staatlich-private Partnerschaft in der russischen Transformationsgesellschaft (russ.), S. 102; *Derâbina*, Theoretische und praktische Probleme der staatlich-privaten Partnerschaft (russ.); *Larin*, in: *Sil'vestrov*, Staatlich-private Partnerschaft (russ.), S. 58 f.; *Eganân*, in: *Zverev*, Gosudarstvenno-častnoe partnёrstvo (russ.), S. 48.

ziehung gewährleisten und die öffentliche Hand dabei lediglich als Katalysator wirtschaftlicher Betätigung auftreten. Nach deutschem Verständnis handelt es sich auch hierbei um ein wesentliches Identifizierungsmerkmal für PPP.

Weitere Merkmale, die im Zusammenhang mit GČP überwiegend erwähnt werden, sind die **Risikoallokation**[533], das **gegenseitige Vertrauen** der Vertragspartner[534] sowie die gemeinsamen Ziele, welche die Parteien einer PPP-Beziehung verfolgen sollten, darunter insbesondere das **gemeinsame öffentliche Interesse**[535]. Auch nach deutschem PPP-Verständnis sind die Parteien der PPP-Vertragsbeziehung berufen, auf einen gemeinsamen Projekterfolg hinzuwirken, auch wenn sie dabei durch unterschiedliche Interessen geleitet werden. Einige Autoren definieren nur solche Formen der Partnerschaft als PPP, die für beide Vertragsparteien vorteilhaft bzw. gewinnbringend sind.[536] Die Legaldefinition des PPP-G Stadt St. Petersburg beinhaltet dieses Definitionsmerkmal ausdrücklich, vgl. Art. 4 Abs. 1 Ziff. 1 PPP-G St. Petersburg. Diesem Merkmal der sog. **win-win-Situation** kommt auch in der deutschen PPP-Literatur eine wichtige Bedeutung zu.

Überraschend ist hingegen die gänzliche Nichtbefassung des russischen Schrifttums mit dem Lebenszyklusansatz im Sinne eines gemeinschaftlichen Vorgehens des Staates und des Privaten bei der Beschaffung und Investition von Res-

---

[533] So etwa *Levitin/Majboroda/Stepanov*, Theoretische Aspekte partnerschaftlicher Beziehungen (russ.), S. 18 und 26; *Varnavskij*, Konzessionen in der Transportinfrastruktur (russ.), S. 143; *Sysoev*, Aktuelle Instrumente der Investitionsentwicklung der Regionen (russ.), S. 87; *Knaus*, S. 5 und 61; *Safarov*, Staatliche Regulierung natürlicher Monopole (russ.), S. 101; *Kesler*, Wirtschaftliche Grundlagen der staatlich-privaten Partnerschaft (russ.), S. 35; *Derâbina*, Theoretische und praktische Probleme der staatlich-privaten Partnerschaft (russ.); *IMÈMO RAN*, Staat und Business: institutionelle Aspekte (russ.), S. 40; *Larin*, in: *Sil'vestrov*, Staatlich-private Partnerschaft (russ.), S. 55 und 58 f.; *Baženov*, in: *Zverev*, Gosudarstvenno-častnoe partnërstvo (russ.), S. 24.

[534] So *Levitin/Majboroda/Stepanov*, Theoretische Aspekte partnerschaftlicher Beziehungen (russ.), S. 18; *Knaus*, S. 61; *Kesler*, Wirtschaftliche Grundlagen der staatlich-privaten Partnerschaft (russ.), S. 35.

[535] So etwa *Levitin/Majboroda/Stepanov*, Theoretische Aspekte partnerschaftlicher Beziehungen (russ.), S. 26; *Sysoev*, Aktuelle Instrumente der Investitionsentwicklung der Regionen (russ.), S. 87; *Knaus*, S. 12.; *Larin*, in: *Sil'vestrov*, Staatlich-private Partnerschaft (russ.), S. 58 f.; *Eganân*, in: *Zverev*, Gosudarstvenno-častnoe partnërstvo (russ.), S. 48.

[536] Vgl. *Sysoev*, Aktuelle Instrumente der Investitionsentwicklung der Regionen (russ.), S. 87; *Knaus*, S. 61; *Kesler*, Wirtschaftliche Grundlagen der staatlich-privaten Partnerschaft (russ.), S. 37; *Eganân*, in: *Zverev*, Gosudarstvenno-častnoe partnërstvo (russ.), S. 48.

sourcen in allen Phasen des Projekts[537]. Die Lebenszyklus- bzw. Prozessorientierung, wonach PPP mehr als bloßen einmaligen oder wiederholten Leitungsaustausch bedeutet, sondern ein konsensorientiertes Verhalten über alle Phasen des Projekts hinweg erfordert und so entscheidend zur Effizienz- und Effektivitätssteigerung der öffentlichen Aufgabenerfüllung beitragen soll, ist ein grundlegender Pfeiler des deutschen PPP-Begriffes und wird in der russischen Literatur unzureichend beleuchtet. Dies führt folgerichtig zu einem sehr weiten PPP-Verständnis. Ein weiteres wichtiges Merkmal, das in der Lehre kaum erwähnt wird, ist der Wettbewerbs- bzw. Transparenzcharakter[538] als Basis des Zustandekommens einer PPP-Beziehung.[539] Die Ergebnisorientiertheit des Ausschreibungsverfahrens und das Instrument der funktionalen Leistungsbeschreibung, welche – eng verbunden mit dem Lebenszyklusansatz – eine Voraussetzung für die Optimierung der Projektergebnisse sind, werden von russischen Autoren nur vereinzelt erwähnt.

Im Verhältnis zur Privatisierung verstehen einige Autoren den Begriff des GČP sehr weit und fassen alle Formen der Privatisierung darunter.[540] Überwiegend wird die Privatisierung jedoch als keine Form von GČP mit der Begründung gesehen, dass GČP als einen seiner entscheidenden Vorteile zwingend ein Mindestmaß an staatlicher Einflussnahme voraussetzt.[541] Letztere Sicht nähert sich dem oben erwähnten Verständnis von PPP als sog. dritten Weg. Ferner ist interessant, dass auch formal privatisierte, im staatlichen Eigentum stehende Unternehmen im Zusammenhang mit der GČP-Diskussion teilweise als private Partner angesehen werden.[542] Auffallend oft erwähnt man GČP in einem Atemzug mit der Entwicklung des innovativen Potenzials des Landes bzw. einzelner Föderationssubjekte[543], wobei meist nicht deutlich wird, was darunter konkret zu

---

[537] Vgl. *Černigovskij*, Partnerschaft im Namen der Entwicklung (russ.), S. 3; *Knaus*, S. 12; *Eganân*, in: *Zverev*, Gosudarstvenno-častnoe partnërstvo (russ.), S. 50.
[538] Vgl. *Knaus*, S. 61; *Derâbina*, Theoretische und praktische Probleme der staatlich-privaten Partnerschaft (russ.).
[539] So etwa *Levitin/Majboroda/Stepanov*, Theoretische Aspekte partnerschaftlicher Beziehungen (russ.), S. 27.
[540] So *Martusevič*, S. 22; *Kondrat'ev*, Korporative Verwaltung und der Investitionsprozess (russ.), S. 209.
[541] Vgl. *Levitin/Majboroda/Stepanov*, Theoretische Aspekte partnerschaftlicher Beziehungen (russ.), S. 29.
[542] Vgl. *Martusevič*, S. 99 ff.
[543] Vgl. *Sysoev*, Aktuelle Instrumente der Investitionsentwicklung der Regionen (russ.), S. 80; *Knaus*, S. 5 und 61; *Nikolaev/Bočkov*, Staatlich-private Partnerschaft (russ.); *Fomičev*, Staatlich-private Partnerschaft – ein Instrument der Investitionsbeschaffung (russ.).

verstehen ist. Die GČP-Legaldefinition des PPP-Gesetzes des Tomsker Gebietes enthält als eines der GČP-Ziele neben der Entwicklung der Infrastruktur und des Sozialwesens sogar ausdrücklich die Entwicklung von Innovationspotenzialen. Viele Vortragsreihen befassen sich ausschließlich mit diesem Aspekt von GČP. PPP ist zwar eine innovative Form, kann jedoch breiter als lediglich im Bereich Innovationen, Forschung und Entwicklung eingesetzt werden.

Auffallend ist außerdem, dass in der Diskussion oft nur von Finanzierung der GČP-Projekte die Rede ist, und eine Vielzahl funktionierender Finanzierungsinstrumente als zwingende Voraussetzung für GČP insgesamt gesehen wird.[544] Nicht nachvollziehbar ist die Ansicht, die eine spezielle Form der Finanzierung für die Qualifikation einer Maßnahme als GČP voraussehen.[545] Die Erfüllung einer öffentlichen Aufgabe ist vielmehr zwangsläufig mit der Notwendigkeit einer – wie auch immer gearteten – Finanzierung des Vorhabens verbunden, gleich in welcher Form die Aufgabenerfüllung stattfindet. Die (teilweise) private Finanzierung des PPP-Vorhabens ist zwar eine notwendige, jedoch nicht hinreichende Bedingung für PPP. In der Lehre werden darüber hinaus weitere Merkmale von GČP genannt. Da sich diese gelegentlichen Ausführungen überwiegend auf Überlegungen theoretischer Natur stützen, die bislang keinen Niederschlag in der GČP-Grundsatzdiskussion gefunden haben, werden sie im Rahmen dieser Arbeit nicht dargestellt.

C. Überblick über Formen und Institute des GČP

I. Formen von GČP vor dem Hintergrund des deutschen PPP-Verständnisses

Ausgehend von der denkbar weiten PPP-Definition werden in der russischen Rechtslehre zahlreiche Formen der Zusammenarbeit des Staates mit dem Privaten als Formen von GČP eingestuft. Nicht alle diese Formen entsprechen dem oben dargestellten deutschen PPP-Verständnis oder kommen diesem auch nur nahe. Im Folgenden soll ein Überblick über GČP-Formen nach russischem Verständnis gegeben und beide Sichtweisen – soweit möglich – verglichen werden.

---

[544] Vgl. *Černigovskij*, Partnerschaft im Namen der Entwicklung (russ.), S. 4; *Morozov*, in: *Zverev*, Gosudarstvenno-častnoe partnërstvo (russ.), S. 3.
[545] Vgl. *Derâbina*, Theoretische und praktische Probleme der staatlich-privaten Partnerschaft (russ.).

So werden in erster Linie solche Handlungsformen wie **Konzessionen**[546], russ.: *koncessionnye soglašeniâ,* und sog. **Vereinbarungen über die Teilung der Produktion** oder **Production Sharing Agreements** (*Production Sharing Agreements* (PSA))[547], russ.: *soglašeniâ o razdele produkcii,* als PPP-Formen genannt. Eine weitere große Gruppe der staatlich-privaten Beziehungen in Form von GČP stellt die **Beteiligung des Staates an privatwirtschaftlichen Unternehmen als Anteilseigner**[548] einerseits sowie die **Beteiligung des privatwirtschaftlichen Sektors an Staatsunternehmen** andererseits (sog. **gemischtwirtschaftliche Unternehmen**[549])[550], russ.: *sovmestnye predpriâtiâ,* dar. Bei diesen Formen der staatlich-privaten Zusammenarbeit handelt es sich grundsätzlich auch nach deutschem Verständnis um PPP-Modelle. Im Rahmen dieser Arbeit

---

[546] Vgl. etwa *Varnavskij,* Konzessionen in der Transportinfrastruktur (russ.), S. 5 und 28; *Sysoev,* Aktuelle Instrumente der Investitionsentwicklung der Regionen (russ.), S. 87; so auch *Safarov,* Staatliche Regulierung natürlicher Monopole (russ.), S. 102 f.; *Ignatûk,* Russische Gesetzgebung zur staatlich-private Partnerschaft (russ.), S. 12; *Popova,* Umsetzungsmechanismen zum Gesetz über Konzessionsvereinbarungen (russ.); *Martusevič,* S. 22; *Stolârov/Šmarov,* S. 35; *Levitin/Majboroda/Stepanov,* S. 211 ff.; *Kondrat'ev,* Korporative Verwaltung und der Investitionsprozess (russ.), S. 209; *Hardina,* Staatlich-private Partnerschaft in der russischen Transformationsgesellschaft (russ.), S. 10; *Kesler,* Wirtschaftliche Grundlagen der staatlich-privaten Partnerschaft (russ.), S. 58; *Gref,* in: Zakon 2/2007; *Derâbina,* Theoretische und praktische Probleme der staatlich-privaten Partnerschaft (russ.); *Tal'skaâ,* a.a.O.; *Larin,* in: *Sil'vestrov,* Staatlich-private Partnerschaft (russ.), S. 53; *Kuznezova/Zareckaâ,* S. 220; *Plehanova,* Der Staat sucht Geschäftspartner (russ.); *Dement'ev,* in: *Zverev,* Gosudarstvenno-častnoe partnёrstvo (russ.), S. 14.

[547] Vgl. dazu exemplarisch *Varnavskij,* Konzessionen in der Transportinfrastruktur (russ.), S. 5 und 28; *Knaus,* S. 19; *Sysoev,* Aktuelle Instrumente der Investitionsentwicklung der Regionen (russ.), S. 90; *Ignatûk,* Russische Gesetzgebung zur staatlich-private Partnerschaft (russ.), S. 13; *Levitin/Majboroda/Stepanov,* S. 211 ff.; *Kesler,* Wirtschaftliche Grundlagen der staatlich-privaten Partnerschaft (russ.), S. 46; *Derâbina,* Theoretische und praktische Probleme der staatlich-privaten Partnerschaft (russ.); *Farhutdinov/Trapeznikov,* Investitionsrecht (russ.), S. 145.

[548] Vgl. *Knaus,* S. 80.

[549] Bspw. die aufgrund des Ukaz des Präsidenten der RF vom 20. Februar 2006, Nr. 140, geschaffenen *Ob"edinënnaâ aviastroitel'naâ korporaciâ* sowie die aufgrund des Ukaz des Präsidenten der RF vom 28. April 2007, Nr. 570, geschaffenen *OAO AirUnion,* russ.: *ÈjrÛnion.* Weitere Projekte befinden sich in Planung.

[550] Vgl. etwa *Varnavskij,* Konzessionen in der Transportinfrastruktur (russ.), S. 5 und 28; *Minskova/Revsina,* GČP in Russland (russ.), S. 16; *Sysoev,* Aktuelle Instrumente der Investitionsentwicklung der Regionen (russ.), S. 90; *Knaus,* S. 19; so auch *Safarov,* Staatliche Regulierung natürlicher Monopole (russ.), S. 102 f.; *Nikolaev/Bočkov,* Staatlich-private Partnerschaft (russ.); *Levitin/Majboroda/Stepanov,* S. 211 ff.; *Kesler,* Wirtschaftliche Grundlagen der staatlich-privaten Partnerschaft (russ.), S. 48; *Zvetkov/Medkov,* S. 3 ff.; *Derâbina,* Theoretische und praktische Probleme der staatlich-privaten Partnerschaft (russ.); *Smotrickaâ,* in: *Sil'vestrov,* S., Staatlich-private Partnerschaft, S. 233; *Plehanova,* Der Staat sucht Geschäftspartner (russ.).

gilt es anhand der geltenden Rechtslage und der rechtswissenschaftlichen Diskussion die Effektivität des GČP-Regelungsgeflechts in Bezug auf diese GČP-Formen zu untersuchen.

Des Weiteren sollen der Abschluss von Werk- und Dienstverträgen mit dem Privaten, die im Wege **konventioneller Beschaffung**[551] zustande kommen sowie der Abschluss von **Pacht-, Leasingverträgen**[552] und **Investitionsverträgen** (insbesondere Investitionsvereinbarungen mit dem Investitionsfonds der RF)[553] nach russischem Verständnis unter GČP-Formen fallen. Der Abschluss von Werk- und Dienstverträgen der öffentlichen Hand mit dem Privaten, welche die Übertragung der Erfüllung öffentlicher Aufgaben auf den Privaten zum Gegenstand haben, fällt in Deutschland – wie oben bereits gezeigt – unter die von PPP streng zu differenzierende konventionelle Beschaffungsvariante. In Abgrenzung zur konventionellen Beschaffungsvariante handelt es sich bei PPP um eine besondere Kooperationsform zwischen dem Staat und der Privatwirtschaft. Dahingegen werden komplexe PPP-Verträge nach russischem Verständnis gerade nicht unter die Kategorie der Werk- bzw. Dienstverträge gefasst, sondern als eine eigenständige Fallgruppe von GČP angesehen. Nach *Varnavskij*[554] weist der Abschluss von Werk- und Dienstverträgen mit dem Privaten verwaltungsrechtli-

---

[551] Vgl. dazu exemplarisch *Varnavskij*, Konzessionen in der Transportinfrastruktur (russ.), S. 5 und 28; *Sysoev*, Aktuelle Instrumente der Investitionsentwicklung der Regionen (russ.), S. 87; *Knaus*, S. 18 f.; *Ignatûk*, Russische Gesetzgebung zur staatlich-private Partnerschaft (russ.), S. 11; *Martusevič*, S. 22; *Levitin/Majboroda/Stepanov*, S. 211 ff.; *Kondrat'ev*, Korporative Verwaltung und der Investitionsprozess (russ.), S. 209; *Kabaškin/Kabaškin*, Entstehung und Entwicklung der Partnerschaftsbeziehungen (russ.), S. 28; *Kesler*, Wirtschaftliche Grundlagen der staatlich-privaten Partnerschaft (russ.), S. 48; *Derâbina*, Theoretische und praktische Probleme der staatlich-privaten Partnerschaft (russ.); *Larin*, in: *Sil'vestrov*, Staatlich-private Partnerschaft (russ.), S. 60 f.; *Smotrickaâ*, in: *Sil'vestrov*, Staatlich-private Partnerschaft (russ.), S. 233; *Plehanova*, Der Staat sucht Geschäftspartner (russ.).

[552] Vgl. etwa *Varnavskij*, Konzessionen in der Transportinfrastruktur (russ.), S. 28; *Sysoev*, Aktuelle Instrumente der Investitionsentwicklung der Regionen (russ.), S. 88; *Knaus*, S. 19; so auch *Safarov*, Staatliche Regulierung natürlicher Monopole (russ.), S. 102 f.; *Popova*, Umsetzungsmechanismen zum Gesetz über Konzessionsvereinbarungen (russ.); *Martusevič*, S. 22; *Levitin/Majboroda/Stepanov*, S. 211 ff.; *Kondrat'ev*, Korporative Verwaltung und der Investitionsprozess (russ.), S. 209; *Kesler*, Wirtschaftliche Grundlagen der staatlich-privaten Partnerschaft (russ.), S. 48 und 57; *Gref*, in: Zakon 2/2007; *Derâbina*, Theoretische und praktische Probleme der staatlich-privaten Partnerschaft (russ.); *Kuznezova/Zareckaâ*, S. 220; *Plehanova*, Der Staat sucht Geschäftspartner (russ.); *Dement'ev*, in: *Zverev*, Gosudarstvenno-častnoe partnërstvo (russ.), S. 14.

[553] Vgl. *Ignatûk*, Russische Gesetzgebung zur staatlich-private Partnerschaft (russ.), S. 14; *Egânân*, in: *Zverev*, Gosudarstvenno-častnoe partnërstvo (russ.), S. 51 f.; *Dement'ev*, in: *Zverev*, Gosudarstvenno-častnoe partnërstvo (russ.), S. 14.

[554] Vgl. *Varnavskij*, Konzessionen in der Transportinfrastruktur (russ.), S. 28.

chen Charakter auf und zeichnet sich in erster Linie dadurch aus, dass der Private keine Finanzierungsverpflichtungen trägt, die Eigentumsrechte am Vertragsobjekt beim Staat verbleiben und der Staat alle Risiken im Zusammenhang mit dem Vertrag übernimmt. Damit stellen Werk- und Dienstverträge keine Form von PPP nach deutschem Verständnis dar. Es handelt sich vielmehr schlicht um kurz- oder mittelfristige Dauerschuldverhältnisse, welche die öffentliche Hand im Wege konventioneller Vergabe begründet. Als Beispiel für staatlich-private Zusammenarbeit in Form von Miet- oder Pachtverträgen führt *Levickaâ*[555] die langfristige, mit zusätzlichen Investitionsverpflichtungen des Privaten verbundene Verpachtung munizipalen Eigentums an. Vorausgesetzt, diese Art der Zusammenarbeit erfüllt im Einzelfall auch die weiteren PPP-konstitutiven Merkmale wie etwa die Lebenszyklusorientierung, die Gemeinschaftlichkeit der Aufgabenerfüllung sowie die Risikoallokation, ließen sich unter diese Form der Zusammenarbeit die PPP-Vermietungs- bzw. Leasingmodelle fassen. Erfüllt die Kooperation die oben genannten Merkmale nicht, handelt es sich lediglich um längerfristige Austausch- oder Dienstleistungsverhältnisse, die unter *Outsourcing* im weiteren Sinne fallen und damit keine PPP im engeren Sinne sein dürften.

Daneben sollen insbesondere **Sonderwirtschaftszonen (SWZ)**[556], russ.: *osobye èkonomičeskie zony,* und sog. **Technoparks**[557], russ.: *tehnoparki,* eine PPP-

---

[555] Vgl. *Levickaâ*, Pacht und Konzession als Formen staatlich-privater Partnerschaft (russ.). S. dazu auch die Entscheidung der Städtischen Duma vom 22. Juni 1999, Nr. 202 sowie vom 23. Juni 2006, Nr. 150.

[556] So *Mankulova*, Alternative Finanzierungsquellen für Infrastrukturprojekte (russ.), S. 24; *Knaus*, S. 18. SWZ werden vereinzelt auch als sog. Cluster bezeichnet, vgl. *Sysoev*, Aktuelle Instrumente der Investitionsentwicklung der Regionen (russ.), S. 6 und 117 ff.; *Ignatûk*, Russische Gesetzgebung zur staatlich-private Partnerschaft (russ.), S. 15; Entscheidung des Föderationsratskomitees für Wirtschaftspolitik, Unternehmertum und Eigentum vom 28. Mai 2008, S. 4 f.; *Stolârov/Šmarov*, S. 35; *Semënova*, Partnerschaft von Staat und Business (russ.), S. 18; *Kabaškin/Kabaškin*, Entstehung und Entwicklung der Partnerschaftsbeziehungen (russ.), S. 28; *Hardina*, Staatlich-private Partnerschaft in der russischen Transformationsgesellschaft (russ.), S. 10; *Gref*, in: Zakon 2/2007; *Lenčuk/Vlasin*, in: *Sil'vestrov*, Staatlich-private Partnerschaft (russ.), S. 37; *Plehanova*, Der Staat sucht Geschäftspartner (russ.); *Belâkov*, in: Ergebnisse der OECD-Konferenz, a.a.O.

[557] Vgl. *Knaus*, S. 31 und 68; *Sysoev*, Aktuelle Instrumente der Investitionsentwicklung der Regionen (russ.), S. 6; *Stolârov/Šmarov*, S. 35; *Semënova*, Partnerschaft von Staat und Business (russ.), S. 18; *Hardina*, Staatlich-private Partnerschaft in der russischen Transformationsgesellschaft (russ.), S. 10; *Gref*, in: Zakon 2/2007.

Form darstellen. Ferner werden **Staatskorporationen (SK)**[558], russ.: *gosudarstvennye korporacii,* und sog. **föderale zweckgebundene Investitionsprogramme (FAIP)** und **föderale Zielprogramme (FZP)**[559], russ.: *federal'nye adresnye investicionnye programmy* und *federal'nye celevye programmy,* sowie sog. **komplexe Flächenerschließungsmaßnahmen (KOT)**[560], russ.: *kompleksnoe osvoenie territorij,* und sog. **finanz-industrielle Gruppen (FPG)**[561], russ.: *finansovo-promyšlennye gruppy,* als GČP-Formen eingestuft. Allen diesen Formen ist gemein, dass sie einen gewissen Grad an Zusammenwirken des Staates mit der Privatwirtschaft aufweisen. Dennoch ist nicht ohne Weiteres nachvollziehbar, ob sie als PPP im herkömmlichen Sinne verstanden werden können. Im folgenden Kapitel sollen sie auf ihre Vereinbarkeit mit dem deutschen PPP-Verständnis hin untersucht werden.

Auffallend ist die Einordnung einiger Finanzierungsinstrumente – wie etwa **Infrastrukturanleihen**[562], russ.: *infrastrukturnye obligacii,* **geschlossene Immobilieninvestmentfonds (Venturefonds)**[563], russ.: *venčurnye fondy,* bzw. gar alle Formen **staatlicher Finanzierung oder Subventionierung**[564] sowie die Gewährung von **Staatsgarantien**[565] oder **steuerlichen Vergünstigungen**[566], die Ver-

---

[558] So *Mankulova,* Alternative Finanzierungsquellen für Infrastrukturprojekte (russ.), S. 24; *Polâkova,* Staatlich-private Partnerschaft (russ.).

[559] Vgl. *Knaus,* S. 68; *Ignatûk,* Russische Gesetzgebung zur staatlich-private Partnerschaft (russ.), S. 10; *Hardina,* Staatlich-private Partnerschaft in der russischen Transformationsgesellschaft (russ.), S. 10; *Larin,* in: *Sil'vestrov,* Staatlich-private Partnerschaft (russ.), S. 60 f.; *Eganân,* in: *Zverev,* Gosudarstvenno-častnoe partnërstvo (russ.), S. 53 f.

[560] So *Demočkin,* Investitionen in Projekte komplexer Flächenerschließung (russ.), S. 22.

[561] Vgl. *Sysoev,* Aktuelle Instrumente der Investitionsentwicklung der Regionen (russ.), S. 94; *Šiškin,* Staatliche Regulierung der Wirtschaft (russ.), a.a.O.; *Ignatûk,* Russische Gesetzgebung zur staatlich-private Partnerschaft (russ.); *Larin,* in: *Sil'vestrov,* Staatlich-private Partnerschaft (russ.), S. 59.

[562] Vgl. *Mankulova,* Alternative Finanzierungsquellen für Infrastrukturprojekte (russ.), S. 24 f.; *Eganân,* in: *Zverev,* Gosudarstvenno-častnoe partnërstvo (russ.), S. 54 f.

[563] Vgl. *Knaus,* S. 68.

[564] So *Mankulova,* Alternative Finanzierungsquellen für Infrastrukturprojekte (russ.), S. 24; *Knaus,* S. 27 und 80 ff.; *Šiškin,* Staatliche Regulierung der Wirtschaft (russ.), a.a.O.; *Naryškin/Habrieva,* Verwaltungsreform in Russland (russ.); *Ignatûk,* Russische Gesetzgebung zur staatlich-private Partnerschaft (russ.), S. 7; *Zvetkov/Medkov,* S. 3 ff.; *Sysoev,* Aktuelle Instrumente der Investitionsentwicklung der Regionen (russ.), S. 93 f.; *Gončarov,* Organisationsmodell zur Versicherung industrieller Risiken (russ.); *Larin,* in: *Sil'vestrov,* Staatlich-private Partnerschaft (russ.), S. 53. Für die Versicherungsbranche wird etwa ein Modell vorgeschlagen, bei dem der Staat den Versicherern als Garant für bestimmte (besonders hohe) Investitionsrisiken im Bereich der Innovationen abnehmen soll.

[565] Vgl. *Knaus,* S. 18; *Kabaškin/Kabaškin,* Entstehung und Entwicklung der Partnerschaftsbeziehungen (russ.), S. 28; *Larin,* in: *Sil'vestrov,* Staatlich-private Partnerschaft (russ.), S. 53.

schaffung von **Wettbewerbsvorteilen**[567] oder die **Mittelstandsförderung**[568] – als GČP-Formen. Auch **Investitionsbeschaffung durch den Staat**[569] und **Beteiligung des privatwirtschaftlichen Sektors an den staatlich initiierten Entwicklungsprogrammen**[570] werden als Formen des GČP angeführt. Das weite russische Verständnis erlaubt es, auch diese Form staatlich-privater Kooperation unter PPP zu fassen. Dennoch handelt es sich bei diesen Kooperationsarten um nichts anderes als spezielle Finanzierungsinstrumente zur Förderung der Erfüllung bestimmter öffentlicher Aufgaben. Nach deutschem Verständnis fällt sog. schlichtes Sponsoring, bei dem der Private weder in die Entscheidungsfindung noch in die eigentliche Aufgabenerfüllung und die Aufgabenverantwortung eingebunden wird, nicht unter den PPP-Begriff. Auch solche Finanzierungsmodelle, bei denen lediglich Geldströme fließen, jedoch ein substanzieller Beitrag des privaten Partners zur Aufgabenwahrnehmung fehlt, werden im deutschen Recht – wie oben gezeigt – nicht als spezielle PPP-Formen gesehen. Daher werden diese Arten der Kooperation neben anderen Finanzierungsinstrumenten in § 9 dieser Arbeit behandelt.

Schließlich werden sämtliche Verflechtungen der öffentlichen Hand mit dem Privaten – wie etwa die sog. **soziale Partnerschaft**[571], russ.: *social'noe partnërstvo*, welche die kollektivarbeitsrechtliche Zusammenarbeit des Staates mit Arbeitnehmer- und Arbeitgebervereinigungen meint, die Einflussnahme des Staates auf die Wirtschaft im Wege seiner **lenkenden bzw. regulierenden Tätigkeit**[572], die staatlich-private **Zusammenarbeit zur Wissenschaftsförderung**

---

[566] Vgl. *Knaus*, S. 27. Die Effektivität steuerlicher Vergünstigungen wird von russischen Unternehmen angesichts langwieriger Gewährungsverfahren, der Abhängigkeit von erheblichen Gegenleistungen sowie den Unsicherheiten bezüglich der gesetzlichen Lage vehement kritisiert.

[567] Vgl. *Larin*, in: *Sil'vestrov*, Staatlich-private Partnerschaft (russ.), S. 53.

[568] Vgl. *ders.* S. 60 f.

[569] Vgl. *Kabaškin/Kabaškin*, Entstehung und Entwicklung der Partnerschaftsbeziehungen (russ.), S. 28; *Dement'ev*, in: *Zverev*, Gosudarstvenno-častnoe partnërstvo (russ.), S. 14.

[570] Vgl. *Knaus*, S. 18; *Kuznezova/Zareckaâ*, S. 220.

[571] Vgl. *Levitin*, S. 10 ff.; *Šiškin*, Staatliche Regulierung der Wirtschaft (russ.), a.a.O. m.w.N.; *Ignatûk*, Russische Gesetzgebung zur staatlich-private Partnerschaft (russ.), S. 7. Unter der sog. sozialen Partnerschaft versteht man in der russischen Lehre die Zusammenarbeit des Staates mit Vertretern der Wirtschaft zur Lösung von Konflikten zwischen Arbeitnehmern und Arbeitgebern im Wege von Verhandlungen, vgl. *Levitin*, S. 11; *Miheev/Miheev*, Soziale Partnerschaft (russ.), S. 7 ff.; *Dement'ev*, in: *Zverev*, Gosudarstvenno-častnoe partnërstvo (russ.), S. 14.

[572] Vgl. *Knaus*, S. 18.

bzw. im Sozialbereich[573], die **Teilhabe der Privatwirtschaft an Regierungskonsultationen** bzw. **am Prozess der Entscheidungsfindung durch Staatsorgane, gemeinsame Ausarbeitung von Rechtsnormen oder Richtlinien der Politik**[574] sowie gar die **Wohltätigkeit durch Private**[575] unter GČP-Formen gefasst. Daran wird das denkbar weite PPP-Verständnis der russischen Literatur überdeutlich. Auch der deutschen Lehre sind im Zusammenhang mit der Klassifizierung einzelner PPP-Formen weit verstandene Interaktionsformen nicht völlig fremd. Als eine der Hauptkategorien von PPP wurden oben bereits die Begriffe der sog. informellen Kooperationen, der sog. „Handschlag-PPP" sowie der sog. strategischen und der sog. operativen PPP angeführt. Dabei handelt es sich jedoch regelmäßig entweder um kleine Projekte oder um Vorfeldtätigkeiten wie Planung und Ausarbeitung von Programmen, Strategien und Konzepten sowie ggf. Initiierung und Begleitung von solchen Projekten. Entscheidend ist jedoch auch hier, welcher Sinngehalt derartigen Kooperationsformen im konkreten Einzelfall zukommt. Die Einordnung einer konkreten Kooperationsform ist stets davon abhängig, ob die einzelnen PPP-Identifizierungsmerkmale gegeben sind. Verallgemeinernd lässt sich lediglich sagen, dass die unbedingte Behandlung der genannten Kooperationsformen als PPP die Gefahr der Überspannung des PPP-Begriffs erzeugt, der eine präzise Inhaltsbestimmung und Abgrenzung des Phänomens ggf. nicht mehr gewährleisten kann. Im Hinblick auf die zuletzt genannten Formen ist insbesondere wichtig, dass PPP auch nach dem weiten deutschen Verständnis lediglich solche Formen der Kooperation umfasst, die auf konkrete Projekte ausgerichtet sind.

II. Sog. GČP-Institute

Neben dem Begriff der GČP-Formen existiert in der russischen Lehre der Begriff des sog. GČP-Instituts, worunter man nicht das Rechtsinstitut des GČP, sondern die als Teilnehmer am GČP agierenden und mit bestimmten Kompeten-

---

[573] Vgl. *Nikolaev/Bočkov*, Staatlich-private Partnerschaft (russ.); *Gref*, in: Zakon 2/2007.

[574] Vgl. *Mahortov*, Gosudarstvenno-častnoe partnërstvo (russ.); *Ignatûk*, Russische Gesetzgebung zur staatlich-private Partnerschaft (russ.); *Kabaškin/Kabaškin*, Entstehung und Entwicklung der Partnerschaftsbeziehungen (russ.), S. 28; *Larin*, in: *Sil'vestrov*, Staatlich-private Partnerschaft (russ.), S. 60 f.

[575] Vgl. *Knaus*, S. 30; *Karasev*, Deklarierung zweckgebundener Ausgaben als effektiver finanzrechtlicher GČP-Mechanismus in der RF (russ.); a.A. *Ignatûk*, Russische Gesetzgebung zur staatlich-private Partnerschaft (russ.).

zen oder einem Sondervermögen ausgestatteten Institutionen versteht.[576] Dazu zählt man insbesondere die Einrichtung der oben bereits erwähnten sog. **Staatskorporationen** (SK), darunter die **Bank für Entwicklung und außenwirtschaftliche Tätigkeit der RF (Vnešèkonombank)**[577], russ.: *Bank razvitiâ i vnešneèkonomičeskoj deâtel'nosti (Vnešèkonombank)*[578], sowie den **Investitionsfonds der RF**[579], russ.: *investicionnyj fond Rossijskoj Federacii*. Vereinzelt werden auch die **Investitions-** und die **Regierungskommission des Investitionsfonds**[580] als eigenständige GČP-Institute verstanden. Daneben sollen Finanzierungsinstrumente – wie die oben ebenso erwähnten **geschlossenen Investmentfonds (Venturefonds)**[581], die **OAO Rossijskaâ venčurnaâ kompaniâ (OAO RVK)**[582] und sog. **Investitionsagenturen**[583] – unter GČP-Institute fallen. Des Weiteren werden Infrastrukturunternehmen, wie die **OAO Rossijskie železnye dorogi (OAO RŽD)**[584] oder **Federal'noe gosudarstvennoe upravlenie Dorogi Rossii (FGU Dorogi Rossii)** oder **Development-**

---

[576] Vgl. *Černigovskij*, Partnerschaft im Namen der Entwicklung (russ.), S. 4; *Eganân*, in: *Zverev*, Gosudarstvenno-častnoe partnërstvo (russ.), S. 55 f.

[577] Vgl. *Černigovskij*, Investitionsfonds kann nach Beseitigung rechtlicher Hindernisse wesentlich effektiver werden (russ.), S. 29; *Gref*, a.a.O. S. auch Entscheidung des Föderationsratskomitees für Wirtschaftspolitik, Unternehmertum und Eigentum vom 28. Mai 2008, S. 3 f.; *Lenčuk/Vlasin*, in: *Sil'vestrov*, Staatlich-private Partnerschaft (russ.), S. 37; *Belâkov*, in: Ergebnisse der OECD-Konferenz, a.a.O.

[578] S. Homepage abrufbar unter: http://www.veb.ru/en/.

[579] Vgl. *Glumov*, Finanzierung durch den Investitionsfonds: rechtliche Neuerungen und Risiken (russ.), S. 12; *Gromyko/Zusman*, Investitionsfonds: neue Möglichkeiten für die Regionen (russ.), S. 6; *Stolârov/Šmarov*, S. 35; *Semënova*, Partnerschaft von Staat und Business (russ.), S. 18; *Hardina*, Staatlich-private Partnerschaft in der russischen Transformationsgesellschaft (russ.), S. 10; *Fëdorov*, in: *Zverev*, Gosudarstvenno-častnoe partnërstvo (russ.), S. 6; *Tal'skaâ*, a.a.O. S. auch Entscheidung des Föderationsratskomitees für Wirtschaftspolitik, Unternehmertum und Eigentum vom 28. Mai 2008, S. 3; *Plehanova*, Der Staat sucht Geschäftspartner (russ.); *Belâkov*, in: Ergebnisse der OECD-Konferenz, a.a.O.

[580] Vgl. die Verordnung über den Investitionsfonds der RF vom 1. März 2008, Nr. 134, russ.: *Ob investicionnom fonde Rossijskoj Federacii*. Bis März 2008 war die Verordnung vom 23. November 2005, Nr. 694, in Kraft.

[581] Vgl. *Evstratova*, Möglichkeiten und Perspektiven der geschlossenen Investmentfonds als GČP-Instrument (russ.); *Stolârov/Šmarov*, S. 35; *Semënova*, Partnerschaft von Staat und Business (russ.), S. 18; *Hardina*, Staatlich-private Partnerschaft in der russischen Transformationsgesellschaft (russ.), S. 10; *Plehanova*, Der Staat sucht Geschäftspartner (russ.).

[582] Vgl. *Knaus*, S. 19; *Stolârov/Šmarov*, S. 35; *Semënova*, Partnerschaft von Staat und Business (russ.), S. 18; *Hardina*, Staatlich-private Partnerschaft in der russischen Transformationsgesellschaft (russ.), S. 10; *Lenčuk/Vlasin*, in: *Sil'vestrov*, Staatlich-private Partnerschaft (russ.), S. 37; *Belâkov*, in: Ergebnisse der OECD-Konferenz, a.a.O.

[583] Vgl. *Knaus*, S. 19.

[584] S. Homepage des Unternehmens, abrufbar unter: http://eng.rzd.ru/wps/portal/rzdeng/fp.

Unternehmen, die die Infrastrukturschaffung für sog. Industrieclustern zur Aufgabe haben, unter den Begriff gefasst. Wie die obige Darstellung zeigt, werden einige GČP-Institute teilweise als GČP-Formen bezeichnet.[585] Andere Autoren bezeichnen umgekehrt einige der o.g. GČP-Formen als GČP-Institute.[586]

III. Russische GČP-Modelle

Schwer zu vereinheitlichen ist die Handhabung der einzelnen GČP-Modelle in der russischen Literatur. Einige Autoren unterscheiden zwischen dem Operator-, dem Kooperations-, dem Konzessions-, dem Vertrags- und dem Leasingmodell, die sich jeweils nach dem Inhaber des Eigentums am Bauobjekt sowie der (Nicht-)Übernahme von Betreiber- bzw. Finanzierungsverpflichtungen unterscheiden sollen.[587] So zeichnen sich etwa das Operator- bzw. das Vertragsmodell nach Auffassung von *Šaringer*[588] dadurch aus, dass sowohl der Betrieb des Bauobjekts als auch die Finanzierung des Projekts durch den privaten Auftragnehmer übernommen werden, während das Eigentum am Bauobjekt sowohl dem Auftragnehmer als auch dem Auftraggeber zustehen kann. Im Rahmen des Kooperationsmodells, das in der Regel durch die Gründung einer gemeinsamen Projektgesellschaft realisiert wird, können sowohl Eigentumsrechte als auch Betriebs- bzw. Finanzierungspflichten jeweils beiden Vertragsparteien obliegen, was im Einzelfall sehr unterschiedliche Funktionsverteilungen zur Folge haben kann. Schließlich unterscheiden sich das Konzessions- und das Leasingmodell nach *Šaringer*[589] letztlich nur darin, dass das Eigentum am Bauobjekt im Rahmen des Konzessionsmodells beim öffentlichen Auftraggeber und im Rahmen des Leasingmodells beim privaten Auftragnehmer liegt, während die Betriebs- bzw. Finanzierungspflichten beide Vertragsparteien tragen können.

Andere Autoren differenzieren nach dem Maß der Befugnis- und Aufgabenübertragung auf den Privaten, der Risikoverteilung im Einzelfall sowie der Art und Weise der Haftung der Vertragsparteien und beschreiben die einzelnen Formen anhand der BOT/BOOT-Bezeichnungen, denen je nach Modell weitere PPP-

---

[585] So für *OAO RVK*, vgl. *Knaus*, S. 19 und für den Investitionsfonds *Eganân*, in: *Zverev*, Gosudarstvenno-častnoe partnёrstvo (russ.), S. 52 f.
[586] Vgl. *Eganân*, in: *Zverev*, Gosudarstvenno-častnoe partnёrstvo (russ.), S. 56.
[587] Vgl. *Šaringer*, Das neue Modell der Investitionspartnerschaft (russ.), S. 13 f.; *Sil'vestrov*, Staatlich-private Partnerschaft (russ.).
[588] So *Šaringer*, Das neue Modell der Investitionspartnerschaft (russ.), S. 13 f.
[589] *Ebd.*

Vertragselemente beigefügt werden.[590] Levitin[591] unterscheidet die in der Vertragspraxis vorkommenden Modelle nach den verschiedenen Eigentumsverhältnissen zwischen den getrennten Eigentumsrechten im Falle von PSA, Miete und Leasing, der Übertragung von bestimmten Inhalten des Eigentumsrechts auf den Privaten im Falle von Konzessionen und den gemischten Eigentumsverhältnissen an bestimmten Vermögensgegenständen im Falle von gemischtwirtschaftlichen Unternehmen.[592] *Derâbina*[593] unterteilt die Modelle in das Organisationsmodell im Falle der Konzession, die Finanzierungsmodelle für Pacht oder Leasing sowie das Kooperationsmodell für gemischtwirtschaftliche Unternehmen. Wohl ähnlich differenziert *Larin*[594] nach Eigentumsverhältnissen bzw. Finanzierungs- und Verwaltungsformen.

D. Darstellung und Einordnung einiger GČP-Formen im Einzelnen

Das Merkmal der Partnerschaftlichkeit der PPP-Beteiligten ist eines der Anknüpfungsmerkmale bei der Einstufung einer Form der staatlich-privaten Zusammenarbeit als PPP. Im Rahmen der folgenden Darstellung der einzelnen GČP-Formen wird insbesondere auf dieses Merkmal eingegangen.

I. *Production Sharing Agreements (PSA)*

Knapp ein Drittel des Ölimports und die Hälfte des Gasimports der EU stammen aus der RF. Zur Förderung der russischen Erdöl- und Erdgasproduktion sind auch im Rohstoffbereich hohe Investitionen in den Aufbau der Infrastruktur notwendig. Wie bereits oben geschildert, scheiterte die Einführung einer investorenfreundlichen Gesetzgebung in Russland an widerstreitenden Interessen. Trotzdem investierten drei Investorenkonsortien vor Erlass des PSA-G in die Erdöl- und Erdgasförderung unter sog. *Production Sharing Agreements* (PSA) mit geschätzter Gesamtinvestitionshöhe von rd. 25 Mrd. USD. Es handelt sich um die Projekte **Sahalin-I**, im Rahmen dessen die Unternehmen *Sodeco, Exxon Neftegaz Limited* und *Sahalinneftegaz-Shelf* in die drei Förderstätten *Čajvo*, *Odoptu* und *Arkutun-Dagi* investiert haben, und **Sahalin-II**, welches die Förderung der Vorkommen *Pil'tun-Askokskoe* und *Lunskoe* durch die *Sahalin Energy*

---

[590] Vgl. *Šaringer*, Das neue Modell der Investitionspartnerschaft (russ.), S. 13 f.
[591] Vgl. *Levitin*, S. 20.
[592] So auch *Derâbina*, Theoretische und praktische Probleme der staatlich-privaten Partnerschaft (russ.).
[593] Vgl. *dies*.
[594] Vgl. *Larin*, in: *Sil'vestrov*, Staatlich-private Partnerschaft (russ.), S. 56.

Investment Company zum Gegenstand hat, sowie das Vorkommen **Har'âginskoe**, welches unter Beteiligung von *Total* und *Norsk Hydro* erschlossen wird.

Unter einer PSA-Vereinbarung versteht man einen Vertrag zwischen der RF und dem einheimischen oder ausländischen Investor, mit dem dem Investor das ausschließliche Recht auf Erkundung und Ausbeutung von Bodenschätzen innerhalb eines bestimmten Gebiets gewährt wird. Neben vertraglichen PSA besteht in Russland die Möglichkeit der gesetzlichen Vergabe nach dem ErdinnereG, das sog. *tax and royalty*-System. Dabei wird das alleinige Recht zur Nutzung des Erdinneren aufgrund der in Art. 10 des Gesetzes über das Erdinnere (ErdinnereG)[595] bestimmten Grundlagen erteilt. Der Investor fördert die Bodenschätze des Vorkommens auf eigene Kosten und eigenes Risiko. Dieses System wird in der RF nach wie vor weit überwiegend genutzt. Seit 15 Jahren nach Erlass des PSA-G ist es der russischen Regierung nicht gelungen, weitere ausländische Unternehmen zum Abschluss von PSA zu bewegen.

Dennoch wurde das Gesetz zahlreichen Änderungen unterworfen, die zum Einen auf Instabilität der gesetzlichen Lage hindeuten und zum Anderen – was als besonders problematisch gilt – die Tendenz hatten, den Kompetenzbereich der Föderationssubjekte im Verhältnis zur Föderation einzuschränken. Das sog. Zwei-Schlüssel-Prinzip, nach dem die Föderation und das Föderationssubjekt gemeinschaftlich für den Abschluss von PSA zuständig sind, ist mit Wirkung zum 1. Januar 2005 zugunsten der Föderation erheblich eingeschränkt worden.[596] Vor der Gesetzesänderung konnten die Subjekte hinsichtlich kleinerer Vorkommen eigenständig PSA abschließen, da die Möglichkeit der Delegation des PSA-Abschlussrechts durch die Regierung der RF auf das Subjekt gesetzlich vorgesehen war. Nunmehr liegt die alleinige Abschlusskompetenz für alle Vorhaben bei der Föderation. Erschwerend kommt hinzu, dass das besondere Steuerregime den Investor insbesondere von regionalen und lokalen Steuern befreit, während die *royalty*-Zahlungen sowie die Steuern auf Gewinnung der Bodenschätze zentralisiert wurden. Schließlich ist die Kostentragung im Zusammenhang mit den PSA zwischen der Föderation und dem Subjekt unklar geregelt, was zusätzliche

---

[595] S. das föderale Gesetz über das Erdinnere vom 21. Februar 1992, Nr. 2395-1, russ.: *O nedrah*.

[596] Diese Entwicklung befürwortend *Kurbanov*, Rechtliche Regulierung ausländischer Investitionen (russ.), S. 128. S. dazu auch *Vasilenko*, Vereinbarungen über die Teilung der Produktion in Russland (russ.), S. 339.

Risiken für die Föderationssubjekte birgt. Die grundsätzlich negative Haltung des Gesetzgebers zur Wiedereinräumung von Kompetenzen zugunsten der Föderationssubjekte wurde in mehreren durch Föderationssubjekte initiierten Gesetzesvorlagen deutlich. Damit ist das PSA-G mangels Vertragsabschlüssen auf seiner Grundlage nicht nur praktisch unbedeutend, sondern dient als eine der zahlreichen Rezentralisierungsmaßnahmen von Präsident *Putin*. Aufgrund des vertraglichen Charakters der staatlich-privaten Kooperation unter PSA und damit der PPP-Relevanz des PSA-G soll dieses im Folgenden dennoch genauer unter die Lupe genommen werden.

1. Anwendbares Recht

Neben den verfassungsrechtlichen[597] und allgemeingesetzlichen[598] Grundlagen bildet das PSA-G das Fundament für den Abschluss von PSA-Vereinbarungen. Das PSA-G ist auf die vor Erlass des PSA-Gesetzes geschlossene PSA anwendbar, soweit es den Regelungen des jeweiligen PSA nicht widerspricht. Daneben gelten etwa 20 Spezialgesetze zur Nutzung des Erdinneren, darunter das ErdinnereG, Gesetz über den Kontinentalschelf[599], das Gesetz über die Energieversorgung[600], das Gesetz über Energieeinsparungen[601], das Gesetz über natürliche Monopole (NatMonopoleG)[602] sowie weitere Gesetze.[603] Als relevantes untergesetzliches Recht sind die Verfügungen von *Mintopènergo* vom 10. März 1998, Nr. 81, und vom 11. Dezember 2001, Nr. 506, sowie die Verordnung der Regierung vom 2. Februar 2001, Nr. 86, zu nennen.[604]

---

[597] Zu den verfassungsrechtlichen Grundlagen für ausländische Investitionen in Russland s. *Kurbanov*, Rechtliche Regulierung ausländischer Investitionen (russ.), S. 102 ff.

[598] Zu weiteren (allgemeinen) Rechtsgrundlagen s. *Kurbanov*, Rechtliche Regulierung ausländischer Investitionen (russ.), S. 113 ff.

[599] S. das Gesetz über den Kontinentalschelf vom 30. November 1995, Nr. 187-FZ, russ.: *O kontinental'nom šelfe*.

[600] S. das Gesetz über die Energieversorgung vom 31. März 1999, Nr. 69-FZ, russ.: *O gazosnabženii v Rossijskoj Federacii*.

[601] S. das Gesetz über Energieeinsparungen vom 3. April 1996, Nr. 28-FZ, russ.: *Ob ènergosbereženii*.

[602] S. das föderale Gesetz über natürliche Monopole vom 17. August 1995, Nr. 147-FZ, russ.: *O estestvennyh monopoliâh*.

[603] S. die föderalen Gesetze vom 28. Mai 2003, Nr. 63-FZ; vom 10. Januar 2002, Nr. 6-FZ; vom 4. August 2001, Nr. 106-FZ; vom 12. Februar 2001, Nr. 13-FZ.

[604] Weitere relevante Regierungsverordnungen sind die Verordnungen vom 15. Januar 2004, Nr. 14 und 15, sowie die Verordnung vom 12. Dezember 2004, Nr. 764.

2. Vergabeverfahren

Bei der Vergabe des Rechts zur Suche, Exploration und Gewinnung von Rohstoffen im Rahmen eines PSA handelt es sich um einen öffentlichen Auftrag, welcher der Durchführung eines Vergabeverfahrens bedarf. Das PSA-G sieht für die Auswahl des Investors ein zweistufiges Verfahren vor. Auf der ersten Stufe erfolgt die Einstellung des PSA-Vorhabens in die Liste der als PSA förderfähigen Vorkommen durch ein föderales Gesetz, Art. 2 Abs. 3 PSA-G. Die Voraussetzung hierfür ist gem. Art. 2 Abs. 4 PSA-G, dass die geologische Studie, Exploration und Förderung auf anderem Wege unmöglich sind. Die erste Stufe soll die Kontrolle der Regierung der RF durch die Staatsduma gewährleisten.[605] Im zweiten Schritt findet dann eine Auktion unter den Bewerbern gem. Art. 6 Abs. 1 Satz 1 PSA-G statt, die in einem durch die Gesetzgebung der RF geregelten Verfahren durchzuführen ist. Der Verweis auf allgemeine Vorschriften legt für das Auktionsverfahren die Anwendbarkeit des VergabeG fest.

Überraschend ist die vom Gesetzgeber gewählte Art des Vergabeverfahrens. Gewinner der Auktion ist derjenige Teilnehmer, der den höchsten Preis für das Recht auf Abschluss des Vertrages bietet, vgl. Art. 6 Abs. 1 Satz 1 PSA-G. Damit wird nicht das wirtschaftlichste Angebot, sondern das höchste Preisgebot ausgewählt. Weitere Vergabekriterien finden keine Berücksichtigung. Ferner findet keine Prüfung der Eignung des Bewerbers statt. Auf diese Weise wird nicht nur der Wettbewerbsgrundsatz ausgehöhlt, sondern auch das Wirtschaftlichkeitsgebot missachtet. Noch überraschender ist der Ermessenscharakter der Vorschrift. Gem. Art. 6 Abs. 2 PSA-G fällt die Entscheidung, ob der Vertrag mit dem Meistbietenden tatsächlich abgeschlossen wird, erst im Anschluss an die Verhandlungen der Auswahlkommission mit dem Meistbietenden nach Durchführung der Auktion. Die Bedingungen der Nutzung des Erdinneren erarbeitet die eigens hierfür innerhalb von sechs Monaten nach der Auktion zu gründende Kommission.

Das Verfahren zur Auswahl des PSA-Investors ist mit dem deutschen Recht keinesfalls vergleichbar und stellt sich insgesamt als höchst korruptionsanfällig dar. Der Auktionsteilnehmer kalkuliert sein Gebot mangels vorher festgelegten Vertragsinhalts auf unsicherer Grundlage. Da der Vertragsinhalt erst im späteren

---

[605] S. dazu *Kurbanov*, Rechtliche Regulierung ausländischer Investitionen (russ.), S. 272 ff.

Stadium ausgehandelt wird, vertieft das Verfahren die Gefahr der Dumping-Angebote. Eine sachgerechte Kalkulation unter diesen Umständen ist schwer vorstellbar. Damit erkauft sich der Ausschreibungsteilnehmer letztlich das ausschließliche Verhandlungsrecht. Das widerspricht grundlegend dem Nachverhandlungsverbot, nach dem Verhandlungen nach Durchführung des Ausschreibungsverfahrens nicht mehr zulässig sind. Ferner stellt ein solches Verfahren faktisch eine Wettbewerbsbeschränkung zulasten anderer Bewerber dar. Ein wirksamer Wettbewerb findet auf diese Weise nicht statt, da übrige Bewerber nicht mehr am Wettbewerb teilnehmen. Der Investor läuft zudem Gefahr, nach einer langen Verhandlungsphase nicht zum Abschluss der Vereinbarung zu kommen. Bevor er sich auf das langwierige Verfahren einlässt, wird er sich bemühen, den Ausgang des Verfahrens zu beeinflussen bzw. im Falle drohender negativer Entscheidung versuchen, diese abzuwenden. All dies begründet ein hohes Korruptionsrisiko.

Die Auswahlkommission soll aus Exekutivorganen der Föderation und des Föderationssubjekts gebildet werden, in dessen Gebiet das Vorkommen liegt. Sie hat das Recht, zu ihrer Arbeit externe Berater hinzuziehen, vgl. Art. 6 Abs. 2 Satz 5 PSA-G. Kritikwürdig ist die Zusammensetzung der Vergabekommission aus Vertretern der Politik, die nicht zuletzt mangels vergaberechtlicher Kompetenz lediglich zu Entscheidungen in der Lage sein dürften, die sich letztlich kraft nicht hinterfragbarer Autorität des Kommissionsvorsitzenden „rechtfertigen". Insgesamt dürfte die Gefahr der Berücksichtigung vergabefremder Kriterien durch die Kommission bestehen. Auf diese Weise findet eine Vermischung der Kompetenzen von Politik und Verwaltungsapparat statt. Während die politische Entscheidung, ob ein Vorkommen als PSA vergeben werden soll, wohl zurecht auf der Regierungsebene getroffen, müsste die Auswahl des konkreten Investors auf Grundlage vergaberechtlicher Grundsätze der Verwaltung überlassen werden. Indem die Entscheidungsebenen praktisch zusammengelegt werden, wird letztlich nur die Einhaltung der Machtvertikale abgesichert. Die paritätische Besetzung der Kommission ist zwar begrüßenswert. Es bleibt indes höchst zweifelhaft, ob mit der Beteiligung eines Vertreters des Föderationssubjekts der in Art. 72 Abs. 1 lit. c VerfRF gebotenen gemeinsamen Kompetenz genüge getan ist.

3. Vertragsrecht

3.1. Überblick

Gem. Art. 2 PSA-G ist der Gegenstand des PSA-Vertrages das ausschließliche Recht zur Suche, Exploration und Gewinnung von Rohstoffen im vereinbarten Gebiet auf entgeltlicher Grundlage für eine bestimmte Dauer. Gem. Art. 365 SteuerGB gilt für den Abschluss von PSA ein besonderes Steuerregime. Die Teilung der Produktion ersetzt einzelne Steuerarten mit Ausnahme etwa der Mehrwertsteuer, der Sozialeinheitssteuer, der staatlichen Gebühr sowie der Zoll- und Umweltabgaben.[606] Ferner enthält das PSA-G eine Reihe investitionsrechtlicher Vorschriften, die – wie noch zu zeigen sein wird – denen des KonzG ähneln. Gem. Art. 22 PSA-G können die Parteien – im Unterschied zum KonzG – sowohl russische als auch ausländische Gerichte und Schiedsgerichte als ihren Gerichtsstand vereinbaren. Art. 23 PSA-G sieht die Möglichkeit des Verzichts der RF auf ihre Immunität vor. Für den Kontinentalschelf sowie die SWZ sieht das PSA-G Besonderheiten vor. Aufgrund der gesetzlich auferlegten Beschränkungen können nach PSA-G nur 30% der Vorkommen im Rahmen der PSA bewirtschaftet werden.[607]

3.2. Teilung der Produktion

Die Verteilung der gewonnenen Bodenschätze erfolgt zu dem im Vertrag bestimmten Schlüssel. Art. 8 Abs. 1 PSA-G unterscheidet zwischen *profit oil* und *cost oil*. Das *cost oil* – der nach den Regelungen des PSA bestimmte Kompensationsanteil – steht dem Investor in voller Höhe zu, während das *profit oil* – der Gewinnanteil – unter den Parteien nach Abzug der Steuern und Abgaben zu teilen ist.[608]

3.3. Eigentumsverhältnisse

Der Abschnitt des Erdinneren wird dem Investor gemäß den Bestimmungen des Vertrages zur Nutzung überlassen, vgl. Art. 4 Abs. 2 PSA-G. Das Eigentumsrecht an den Abschnitten des Erdinneren steht nach dem ErdinnereG der öffentlichen Hand zu. Gem. Art. 11 Abs. 1 PSA-G stehen die durch den Investor neu

---

[606] Zum Steuerregime s. im Einzelnen *Vasilenko*, Vereinbarungen über die Teilung der Produktion in Russland (russ.), S. 274 ff.
[607] Vgl. *Farhutdinov/Trapeznikov*, Investitionsrecht (russ.), S. 162.
[608] Zum Verfahren der Produktionsteilung s. *Kurbanov*, Rechtliche Regulierung ausländischer Investitionen (russ.), S. 286 ff.; *Borisov*, Steuersystem im Rahmen der Produktionsteilungsvereinbarungen (russ.), S. 3 ff.

geschaffenen oder erworbenen und durch ihn zur Verrichtung der Vertragsarbeiten genutzten Vermögensgegenstände grundsätzlich im Eigentum des Investors. Das Eigentumsrecht geht mit vollständiger Abzahlung des vereinbarten Entgelts durch den Auftraggeber oder spätestens mit Beendigung des PSA auf die öffentliche Hand über, vgl. Art. 11 Abs. 1 Satz 2 PSA-G. Gem. Art. 11 Abs. 1 Satz 3 PSA-G trägt der Investor während der Vertragslaufzeit die Gefahr des zufälligen Untergangs auch im Falle der Übereignung des Objekts an den Staat. Gem. Art. 16 Abs. 1 PSA-G ist eine Übertragung der Rechte und Pflichten des Investors auf Dritte nur mit Zustimmung des Auftraggebers möglich.

3.4. Risikoverteilung

Der Investor verrichtet gem. Art. 2 Abs. 1 PSA-G die genannten Arbeiten auf eigene Rechnung und eigenes Risiko. Oft wird die Beschaffenheit eines Vorkommens dem künftigen Investor aufgrund vorheriger Exploration durch ein staatliches Explorationsunternehmen bekannt sein. Je nach Qualität der Exploration und Grad technischen Fortschritts des Explorationsunternehmens verbleiben für den Investor dennoch erhebliche Risiken. Freilich ist bis zu einem gewissen Maß eine Risikoverteilung im Wege der Vereinbarung einer der beiden möglichen *production sharing*-Methoden – der direkten oder indirekten Teilung nach Art. 8 PSA-G – sowie des Aushandelns der konkreten Teilungsbedingungen möglich.[609]

4. Qualifikation von PSA als PPP

In der russischen Literatur werden PSA oft als eine Sonderform der Konzession und damit eine Form des GČP gesehen.[610] Ob PSA auch nach deutschem Verständnis eine Form des PPP darstellen, hängt letztlich davon ab, ob die erforderlichen Ressourcen durch die Partnern in einen gemeinsamen Organisationszusammenhang eingestellt und vorhandene Projektrisiken entsprechend der Risikomanagementkompetenz der Projektpartner angemessen verteilt werden. Die Zielsetzung der PSA ist die Auslagerung der Rohstoffförderung und damit einer öffentlichen Aufgabe auf Private. Im Rahmen eines PSA erfolgt – wie bei PPP nach deutschem Verständnis auch – die Errichtung des Objekts und dessen anschließender Betrieb durch den Privaten mit dem Ziel des Erwerbs des Eigentums an diesem Objekt durch die öffentliche Hand. Zwar steht bei PSA nicht die

---

[609] Zu den *production sharing*-Methoden s. ausführlich *Rath*, S. 79 ff.
[610] Vgl. *Farhutdinov/Trapeznikov*, Investitionsrecht (russ.), S. 139.

Errichtung der Infrastruktur als solcher im Vordergrund. Eine Übereignung des Eigentums am geschaffenen Gegenstand ist keine Hauptleistungspflicht nach dem PSA. Dem Staat geht es vielmehr in erster Linie um die Auslagerung der Tätigkeit auf den Privaten. Jedoch geht es bei typischen PPP-Infrastrukturprojekten letztlich auch um die Delegierung von öffentlichen Aufgaben, die der Staat nicht mehr selbst zu erfüllen vermag. Hinsichtlich des Vertragsgegenstands sind beide Formen daher vergleichbar.

Die wechselseitige Ressourceneinbringung in einen gemeinsamen Organisationszusammenhang ist bei PSA ebenso zu bejahen. Während der private Vertragspartner die Finanzierung des Projekts übernimmt sowie sein Know-how, sein Material und Personal zur Verfügung stellt, räumt der Staat dem Privaten das Recht zur Bodennutzung ein und führt ggf. die anfängliche Exploration des Vorkommens durch. Die Risikotragung obliegt – wie oben gezeigt – lediglich im Grundsatz dem Investor. Eine gewisse Flexibilität bei der Vertragsgestaltung auf Ebene der Produktionsteilung ist daher gegeben. Zusammenfassend lässt sich sagen, dass das PSA-G gewissen Raum für eine PPP-typische Gestaltung bietet. Ob und in welchem Maße die Vertragsparteien dieses PPP-Potenzial des Gesetzes nutzen können, ist mangels praktischer Relevanz des Gesetzes schwer zu beurteilen.

5. Zwischenergebnis

Im Vergleich zu Konzessionen nach dem KonzG stellen die PSA-Projekte grundsätzlich die lukrativeren dar. Letztlich hängt die Attraktivität eines Investitionsprojekts jedoch von der konkreten Ausgestaltung des Vertragsverhältnisses ab. Das PSA-G ist in der russischen Literatur als bürokratisch und impraktikabel kritisiert worden.[611] Mangels seiner praktischen Bedeutung hat sich diese Kritik nicht als unberechtigt erwiesen. Insgesamt ist im Sektor der Rohstoffgewinnung derzeit keine Bewegung in Richtung Demonopolisierung spürbar, wenngleich es wenige Beispiele für Zusammenarbeit der staatlich kontrollierten russischen Großunternehmen mit ausländischen Investoren gibt. Spätestens mit Verabschiedung des StrategInvestG im Jahre 2008 wurde die gesetzgeberische Tendenz zur Beschränkung der Möglichkeiten privater Einflussnahme im Sektor der Rohstoffgewinnung deutlich. PSA dürften im Rahmen der PPP-Entwicklung auch künftig keine größere Rolle spielen.

---

[611] Vgl. *Farhutdinov/Trapeznikov*, Investitionsrecht (russ.), S. 148 und 160.

163

II. Sonderwirtschaftszonen (SWZ)

Seit 2006 ist die Errichtung der Sonderwirtschaftszonen (SWZ)[612] eines der Mittel der russischen Regierung zur Verbesserung des Investitionsklimas im Land. Die erklärten Ziele der russischen Regierung sind die Förderung direkter ausländischer Investitionen und neuer Technologien, Exportentwicklung und Importeindämmung sowie Nutzung des Know-how-Potenzials der privaten Wirtschaft im Wege der Schaffung eines investitions- und innovationsfreundlichen Zoll- und Steuerregimes für Investoren, der Öffnung neuer Absatzmärkte und Verlagerung der Produktion in die Nähe des Endverbrauchers.

Dabei sind die jüngsten Maßnahmen zur Etablierung von Wirtschaftszonen nicht der erste Versuch der RF Sonderbedingungen für bestimmte Investitionsstandorte zu schaffen. Bereits in den 1990er Jahren wurden sog. Freie Wirtschaftszonen (FWZ) eingerichtet und führten bislang nicht zum erhofften Erfolg. Die FWZ erfüllten nicht ihren Zweck, sondern führten vielmehr zur Offshore-Tätigkeit und wurden anschließend liquidiert.[613] Nach *Alpatov*[614] unterscheiden sich die SWZ von den in den 1990er Jahren geschaffenen FWZ durch den Partnerschaftscharakter der Beziehungen des Staates mit dem Privaten, während letztere ausschließlich die Gewährung bestimmter Vergünstigungen vorsahen. Ob und wieweit der Partnerschaftlichkeitscharakter in den SWZ gegeben ist und welche Auswirkungen dies auf die Einordnung von SWZ als eine Form von PPP hat, soll im Folgenden untersucht werden.

1. Gesetzliche Rahmenbedingungen

Gem. Art. 4 Abs. 3 VerfRF und Art. 8 Abs. 1 VerfRF stellen SWZ „einen untrennbaren Teil der RF sowie der wirtschaftlichen Einheit des Landes" dar. Für Investitionstätigkeiten in den SWZ gelten das föderale Gesetz über Sonderwirtschaftszonen in der RF (SWZ-G)[615] auf Föderationsebene sowie die Gesetze der Föderationssubjekte für bestimmte SWZ[616]. Gem. Art. 2 SWZ-G ist eine SWZ

---

[612] Russ.: *Osobye èkomoničeskie zony*. Die Homepage der Föderalen Agentur für die Verwaltung der SWZ ist abrufbar unter: http://www.rosoez.ru:80/.

[613] Statt vieler s. *Vereŝagin*, Verwaltung der Freien und Sonderwirtschaftszonen (russ.), a.a.O.

[614] So *Alpatov*, Gründung und Entfaltung der SWZ in Russland.

[615] S. das föderale Gesetz über SWZ in der RF vom 22. Juli 2005, Nr. 116-FZ, russ.: *Ob osobyh èkonomičeskih zonah v Rossijskoj Federacii*.

[616] S. dazu exemplarisch das föderale Gesetz über die SWZ im Kaliningrader Gebiet, Nr. 13-FZ, vom 22. Januar 1996 und das föderale Gesetz über die SWZ im Kaliningrader Gebiet und über Änderungen in einigen Gesetzen der RF vom 10. Januar 2006, Nr. 16-FZ, russ.: *Ob*

ein von der Regierung der RF festgelegter Teil des Staatsgebietes der RF mit einem besonderen Regime für unternehmerische Tätigkeiten.

Gem. Art. 4 Abs. 1 SWZ-G unterscheidet man vier Arten von SWZ. Der Herstellung und Verarbeitung sowie dem Vertrieb sollen die **gewerblich-industriellen SWZ** gem. Art. 10 Abs. 1 SWZ-G, der Herstellung und dem Vertrieb im Bereich der sog. Forschungs- und Entwicklungstätigkeiten die **technisch-innovativen SWZ** gem. Art. 10 Abs. 2 SWZ-G dienen. Daneben sollen verbesserte Bedingungen zur Errichtung, Modernisierung und Betrieb von Tourismus- und Erholungseinrichtungen die **touristischen SWZ** gem. Art. 10 Abs. 2.1 SWZ-G sowie für die Hafenwirtschaft die sog. **Hafen-SWZ** gem. Art. 10 Abs. 2.2 SWZ-G schaffen. Gem. Art. 5 SWZ-G haben die Grundstücke einer SWZ mit Ausnahme ausdrücklich genannter Fälle im staatlichen oder kommunalen Eigentum zu stehen und von Rechten Dritter frei zu sein. Der Bereich der Gewinnung und Verarbeitung von Bodenschätzen ist gem. Art. 4 Abs. 5 Nr. 1 und 2 SWZ-G vom Geltungsbereich der SWZ ausgenommen. Die SWZ entstehen für die Dauer von 20 Jahren (bzw. 49 Jahre für Hafen-SWZ) auf Initiative der Föderationssubjekte, vgl. Art. 6 Abs. 6 SWZ-G. Die Regierung der RF ist gem. Art. 6 Abs. 8 SWZ-G berechtigt, das SWZ-Regime vorzeitig aufzuheben.

Ein Problem aus Sicht des Investors kann die sog. Clusterbildung darstellen. In der Praxis bilden sich in den SWZ regelmäßig bestimmte Tätigkeitsschwerpunkte heraus. In der Folge werden Bewerber mit anderen Tätigkeitsschwerpunkten nicht in der entsprechenden SWZ zugelassen. Eine gesetzliche Grundlage für ein solches Handeln der öffentlichen Hand dürfte hingegen nicht bestehen. Gem. Art. 3 SWZ-G können SWZ zum Zwecke der Entwicklung der verarbeitenden Industrie, der Hochtechnologiebranche, neuer Arten der Erzeugnisse, der Verkehrsinfrastruktur sowie der Tourismusbranche gegründet werden. Darüber hinaus reichende Einschränkungen bestehen nicht. Auch Gründungsverordnungen zu den derzeit bestehenden SWZ enthalten keine Vorgaben in Bezug auf eine Schwerpunktsetzung. In der Praxis ist jedoch bereits die Bewerbung des jeweiligen Föderationssubjekts für den künftigen Tätigkeitsschwerpunkt maßgeblich,

---

osoboj ėkonomičeskoj zone v Kaliningradskoj oblasti i vnesenii izmenenij v nekotorye zakony Rossijskoj Federacii, oder das föderale Gesetz über die SWZ im Magadaner Gebiet vom 31. Mai 1999, Nr. 104-FZ.

in der u.a. die beabsichtigte wirtschaftsstrategische Ausrichtung und potenzielle Investoren anzugeben sind[617], da sie ihrerseits Grundlage für die Entscheidung über die Gründung bildet.[618]

2. Vergünstigungen für Investoren

Im Folgenden sollen die in den SWZ geltenden Vergünstigungen für Investoren knapp dargestellt werden.

2.1. Zollvergünstigungen

Das in der SWZ geltende besondere Zollregime beinhaltet gem. Art. 37 SWZ-G die grundsätzliche Zollfreiheit für ausländische Waren, die jedoch bei der Ausfuhr von zollfrei eingeführten oder aus zollfrei eingeführten Komponenten hergestellten Waren nicht gilt. Auch für die Einfuhr russischer Waren in die SWZ gilt die Befreiung von Zöllen. Hinsichtlich eingeführter ausländischer Waren, die keine wesentlichen Veränderungen aufweisen und wieder ausgeführt werden, entfällt die Zollpflicht. Für die Einfuhr von Waren bestehen allerdings Genehmigungs- und Meldepflichten gem. Art. 37 Abs. 7, 11 und 12 SWZ-G.

2.2. Steuervergünstigungen

Gem. Art. 36 SWZ-G werden die Residenten der SWZ nach allgemeinem Steuer- und Abgabenrecht besteuert. Das SteuerGB enthält jedoch spezielle Regelungen für SWZ. Der regionale Gesetzgeber kann den Gewinnsteuersatz von grundsätzlich 24% um bis zu 4% absenken, vgl. Art. 284 SteuerGB. Zudem sind vorteilhafte Abschreibungsmöglichkeiten hinsichtlich der Körperschaftsteuer vorgesehen. Die Aufwendungen für Forschung und Entwicklung sind entgegen der allgemeinen Regelung statt in drei Jahren bereits in der laufenden Steuerperiode in voller Höhe zu berücksichtigen, vgl. Art. 262 SteuerGB. Für gewerblich-industrielle und touristische SWZ gilt die beschleunigte Abschreibung von Investitionen, vgl. Art. 259 SteuerGB, sowie die besondere Berücksichtigung vorhandener Verlustvorträge, vgl. Art. 283 SteuerGB. Weiterhin können diese Residenten einen sog. beschleunigten Abschreibungskoeffizienten nutzen.

Für Residenten der technologisch-innovativen SWZ beträgt die reduzierte Einheitssozialsteuer bis zu einer Jahresbemessungsgrenze von 280.000 RUB nur 14% gegenüber dem allgemeinen (degressiven) Steuersatz von 26%, vgl. Art.

---

[617] Vgl. die Verordnung der Regierung der RF über die Antragstellung auf Gründung einer SWZ vom 13. September 2006, Nr. 564.
[618] So auch *Knaul/Klaus*, S. 71.

241 SteuerGB. Die Residenten der SWZ sind in den ersten fünf Kalenderjahren des Investitionsvorhabens von der Zahlung der Vermögensteuer, vgl. Art. 381 Abs. 17 SteuerGB, sowie der Grundsteuer, vgl. Art. 395 Abs. 9 SteuerGB, befreit. Danach beträgt der Vermögenssteuersatz bis zu 2,2%, vgl. Art. 380 Abs. 1 SteuerGB, und der Bodensteuersatz 1,5%, vgl. Art. 394 Abs. 2 SteuerGB. In Bezug auf die Verbrauchssteuer gilt, dass diese auf weiterverarbeitete Produkte nur dann zu entrichten ist, wenn die ursprünglich eingeführten Waren nicht bereits verbrauchssteuerpflichtig waren. Art. 38 SWZ-G sieht zudem einen Bestandsschutz gegen nachteilige Rechtsänderungen – verbrauchssteuerliche Änderungen ausgenommen – für die Laufzeit der jeweiligen Ansiedlungsvereinbarung vor.

2.3. Weitere Vorteile

Neben einem speziellen Zoll- und Steuerregime gelten in der SWZ regelmäßig weitere finanzielle und administrative Vergünstigungen. Zu den ersteren zählen günstige Bedingungen in Bezug auf Grundstücksverträge und kommunale Gebühren sowie die Möglichkeit des Staates, Subventionen oder besonders günstige Kredite zu gewähren. Administrative Vorteile erwachsen dem Investor aus dem sog. Ein-Fenster-Prinzip, nach dem etwa verkürzte Verwaltungswege für die Registrierung von Investoren, Erteilung von Baugenehmigungen und Ausstellung von Einreiseunterlagen vor Ort bestehen. Darüber hinaus besteht in der SWZ regelmäßig eine verbesserte technische Infrastruktur und Verkehrsanbindung.

3. Verfahren der Ansiedlung in einer SWZ

Die Föderationssubjekte der RF bewerben sich gem. Art. 6 Abs. 2 SWZ-G um die Errichtung einer SWZ auf ihrem Gebiet. Die Regierung der RF entscheidet per Verordnung über die Errichtung, vgl. Art. 6 Abs. 1 SWZ-G. Die Verwaltung der SWZ wird gem. Art. 7 Abs. 2 und 3 SWZ-G von der jeweiligen föderalen Verwaltungsbehörde – die beim *Minèkonomrazvitiâ* angesiedelte Föderale Agentur für die Verwaltung der SWZ (FA SWZ)[619] – und deren jeweiligen territorialen Zweigstellen geführt. Daneben existiert in jeder SWZ ein mit Kontrollkompetenzen ausgestatteter, aus Vertretern der Föderalen Agentur, der territoria-

---

[619] S. die Verfügung des Präsidenten der RF über die Gründung der Föderalen Behörde für die Verwaltung der SWZ vom 22. Juli 2005, Nr. 855, und die Satzungsordnung der Föderalen Behörde für die Verwaltung der SWZ, bestätigt durch die Verordnung der Regierung der RF vom 19. August 2005, Nr. 530.

len Zweigstelle, des Föderationssubjekts, der Gemeinde und den Residenten zusammengesetzter Aufsichtsrat, vgl. Art. 7 Abs. 4 SWZ-G.

Die Tätigkeit in einer SWZ setzt die Erlangung des Residentenstatus voraus. Als Resident im Falle von industriell-gewerblichen und Hafen-SWZ kommen gem. Art. 9 SWZ-G ausschließlich gewerbliche Organisationen, im Falle von technologisch-innovativen und touristischen SWZ auch Einzelunternehmer in Betracht. Der Residentenstatus wird auf Antrag des Investors bei der jeweiligen SWZ-Verwaltung erteilt, vgl. Art. 13, 23, 31.2 und 31.12 SWZ-G. Voraussetzung ist die Erfüllung von Investitionsverpflichtungen, deren Höhe in einer gewerblich-industriellen SWZ 3 Mio. EUR beträgt, vgl. Art. 12 Abs. 2 SWZ-G. In einer Hafen-SWZ beträgt die Mindestinvestitionshöhe je nach Tätigkeit in der SWZ von 2,5 bis 30 Mio. RUB. Für die übrigen SWZ enthält das Gesetz diesbezüglich keine Angaben. Die Ablehnung des Antrags auf Zulassung als Resident erfolgt gem. Art. 13 Abs. 5, Art. 23 Abs. 5, Art. 31.1 Abs. 5 und 31.12 Abs. 5 SWZ-G. Art. 13.6, Art. 23.6, Art. 31.1 Abs. 6 und Art. 31.12 Abs. 6 SWZ-G eröffnen zur Überprüfung der Ablehungsentscheidung den Rechtsweg.

Fällt die Entscheidung über den Antrag zugusten des Bewerbers aus, schließt die SWZ-Verwaltung mit diesem einen Investitionsvertrag ab. Die nach den Vorgaben der Art. 12 ff. SWG-Z für industriell-gewerbliche SWZ bzw. Art. 22 ff. SWZ-G für technologisch-innovative SWZ zu schließende sog. Ansiedlungsvereinbarung regelt die Rechte und Pflichten im Verhältnis des Residenten zu der FA SWZ. Für den Abschluss der Ansiedlungsvereinbarung gelten gem. Art. 12 Abs. 6, Art. 22 Abs. 6, Art. 31.1 Abs. 5 und Art. 31.11 Abs. 11 SWZ-G Standardansiedlungsvereinbarungen[620]. Anschließend erfolgt die Eintragung des Investors in das Register der Residenten der SWZ.

Im Rahmen der Ansiedlungsvereinbarung verpflichtet sich der Resident gem. Art. 12 Abs. 1, Art. 22 Abs. 1, Art. 31.1 und Art. 31.11 SWZ-G die vorgesehene Tätigkeit während der Geltungsdauer der Vereinbarung in der SWZ auszuüben. Durch die Verpflichtung zur Durchführung der vorgesehenen Tätigkeit unterscheidet sich das Konzept der SWZ von der bloßen Einräumung von Vergünstigungen, vgl. Art. 12 Abs. 1 SWZ-G. Im Gegenzug verpflichtet sich die öffentliche Hand, dem Residenten ein Grundstück sowie ggf. weitere Vermögensgegenstände für die Geltungsdauer der Vereinbarung entgeltlich zur Nutzung zu überlassen, wobei der Pachtzins laut den Gründungsverordnungen der SWZ max. 2%

---

[620] S. die Anordnung des *Minèkonomrazvitiâ* vom 10. März 2006, Nr. 64.

des Katasterwerts des jeweiligen Grundstücks betragen darf. Gem. Art. 12 Abs. 5, Art. 22 Abs. 5, Art. 31.1 Abs. 4 und Art. 31.11 Abs. 9 SWZ-G besteht ein Abtretungs- und Schuldübernahmeverbot in Bezug auf die Rechte des Residenten. Art. 10 Abs. 4 SWZ-G untersagt dem Residenten einer SWZ die Führung von Niederlassungen und Repräsentanzen in der RF außerhalb der territorialen Grenzen der SWZ. Gem. Art. 39 SWZ-G werden alle Streitigkeiten aus Rechtsverhältnissen im Zusammenhang mit dem SWZ-G nach allgemeinen Vorschriften entschieden. Obwohl kein ausdrückliches Verbot von ausländischen Schiedsgerichten besteht, dürften russische Gerichte dieser Möglichkeit der Streitbeilegung in der Praxis eher skeptisch gegenüberstehen.

Die kurz bemessenen Verfahrensfristen bei der Ansiedlung in einer SWZ legen die Vermutung nahe, dass das Verfahren kaum Raum für nach dem Wesen von PPP zwingend erforderliche Verhandlungen der öffentlichen Hand mit dem privaten Investor lässt. Zwischen dem Antrag des Investors und der Entscheidung über die Zulassung des Bewerbers als Resident dürfen maximal zehn Werktage liegen, vgl. Art. 13 Abs. 4, Art. 23 Abs. 4, Art. 31.3 Abs. 4 und Art. 31.12 Abs. 4 SWZ-G.[621] Anschließend ist im Laufe von weiteren zehn Werktagen die Ansiedlungsvereinbarung abzuschließen, vgl. Art. 14 Abs. 1, Art. 24 Abs. 1, Art. 31.3 Abs. 1 und Art. 31.13 Abs. 1 SWZ-G. Vielmehr handelt es sich schlicht um ein Antragsverfahren, welches gerade nicht im Wege der Einbringung gegenseitiger Vorschläge zur Optimierung des Konzepts des Investitionsvorhabens führen soll. Das SWZ-G i.V.m. den Vorgaben der Standardansiedlungsvereinbarungen legen einen strengen Rahmen für die Art und Weise der Tätigkeit des privaten Investors fest und lassen nur beschränkt Verhandlungsspielraum zu.

4. Beispiel: SWZ im Gebiet Kaliningrad

Der seit 1991 bestehende und in den Folgejahren stets – zuletzt 1996[622] – geänderte Sonderstatus des Kaliningrader Gebiets wurde im Jahre 2006 mit dem Gesetz über die SWZ *Ântar'* im Kaliningrader Gebiet (SWZ-G Kaliningrad) um

---

[621] Für den Fall der technisch-innovativen SWZ sehen Art. 23 Abs. 4 und 8 SWZ-G eine zusätzliche 30-tägige Frist für die Bewertung des Geschäftsplans durch einen Expertenrat. Dennoch lassen die Regelungen des Gesetzes etwaige Verhandlungsmöglichkeiten des Investors mit der SWZ-Verwaltung nicht vermuten. Gegen diese Entscheidung des Expertenrats sieht das SWZ-G zudem keinen Rechtsschutz vor.

[622] S. das föderale Gesetz über die SWZ im Kaliningrader Gebiet, Nr. 13-FZ, vom 22. Januar 1996.

weitere 25 Jahre verlängert.[623] Eine vorzeitige Auflösung ist lediglich bei Verhängung des Kriegsrechts oder Ausrufung des Ausnahmezustands für einen Zeitraum von mehr als drei Monaten auf dem gesamten Hoheitsgebiet der RF möglich, vgl. Art. 21 f. SWZ-G Kaliningrad. Der Verwaltung der SWZ vor Ort kommen gem. Art. 3 SWZ-G Kaliningrad wie der territorialen Zweigstelle der FA SWZ in anderen SWZ zahlreiche Kompetenzen zu.[624] Das Gesetz enthält ferner detaillierte Regelungen zum Antragsverfahren und den vorzulegenden Unterlagen.

Zu begünstigten Unternehmen zählen gem. Art. 4 Abs. 10 Nr. 2 SWZ-G Kaliningrad nicht solche, deren Tätigkeit im Bereich der Öl- und Erdgasförderung, der Herstellung von Alkohol und Tabak, der Reparatur von Haushaltswaren, dem Groß- und Einzelhandel sowie der Erbringung von Finanzdienstleistungen liegen. Außerdem muss der Investor gem. Art. 4 Abs. 1 Nr. 1 SWZ-G Kaliningrad den Status einer nach russischem Recht gegründeten juristischen Person und damit nicht eines Einzelunternehmers haben. Art. 4 Abs. 10 Nr. 5 SWZ-G Kaliningrad sieht außerdem ein Mindestinvestitionsvolumen in Höhe von 150 Mio. RUB in Form von sog. Kapitalinvestitionen innerhalb von drei Jahren nach Registrierung des Investors vor. Kapitalanlagen sind gem. Art. 4 Abs. 10 Nr. 3 SWZ-G Kaliningrad Investitionen zum Erwerb bzw. Modernisierung des Anlagevermögen des Unternehmens.

Art. 288.1 und 385.1 SteuerGB, auf die das SWZ-G verweist, sehen erhebliche Steuervergünstigungen für Investoren vor. In den ersten sechs Kalenderjahren gilt die Befreiung von der Gewinn- und Vermögenssteuer. In den darauf folgenden sechs Kalenderjahren gilt für beide Steuerarten der hälftige Steuersatz. Zudem sieht Art. 6 Abs. 1 SWZ-G Kaliningrad vor, dass evtl. spätere, nachteilige Steuerrechtsänderungen – verbrauchs- und umsatzsteuerrechtliche Änderungen ausgenommen – keine Anwendung auf die in der SWZ tätigen Unternehmen finden. Hingegen wurden die seit 1991 geltenden Zollvergünstigungen durch das neue SWZ-G Kaliningrad erheblich eingeschränkt. Es gelten jedoch nach wie vor Ermäßigungen bei der Ausfuhr der in der SWZ unter Verwendung zollfrei eingeführter Güter hergestellten bzw. veredelten verbrauchssteuerfreien Waren,

---

[623] S. das föderale Gesetz über die SWZ im Kaliningrader Gebiet und über Änderungen in einigen Gesetzen der RF vom 10. Januar 2006, Nr. 16-FZ, russ.: *Ob osoboj èkonomičeskoj zone v Kaliningradskoj oblasti i vnesenii izmenenij v nekotorye zakony Rossijskoj Federacii.* Zur alten Rechtslage s. *Dörrenbächer*, Die Sonderwirtschaftszone Jantar' von Kaliningrad (Königsberg), S. 37 ff.

[624] Vgl. *Ehrlich*, WiRO 2007, 106 (107).

vgl. Art. 13 Abs. 3 SWZ-G Kaliningrad, sowie Zollfreiheit für eingeführte Waren, vgl. Art. 9 Abs. 1 SWZ-G Kaliningrad. Neben der Nutzungsmöglichkeit von Grund und Boden der SWZ durch den Investor auf Grundlage von Pachtverträgen, verweist Art. 6 Abs. 4 SWZ-G Kaliningrad auf allgemeine Regelungen des BodenGB für den Erwerb von Grundstücken. Zudem gelten gem. Art. 19 Abs. 2 SWZ-G Kaliningrad vereinfachte Einreisebestimmungen für ausländische Staatsangehörige.

Bislang zeichnet sich die SWZ *Ântar'* nicht durch besondere Attraktivität für Investoren aus. Sie stellt weiterhin in erster Linie eine Warenimportzone für den heimischen Markt des Kaliningrader Gebiets dar, die zudem seit längerem durch Quotenregelungen verteuert werden, und hat sich nicht – wie vom russischen Gesetzgeber beabsichtigt – zu einer (Export-)Produktionszone entwickeln können.[625] Eine Ausnahme bildet *BMW*'s Montagevertrag mit dem russischen Partner *Avtodor*. Im Übrigen besteht deutsches Engagement in der SWZ *Ântar'* hauptsächlich aus klein- und mittelständischen Unternehmen.[626]

5. Derzeit in der RF bestehende SWZ

Außer der oben vorgestellten SWZ *Ântar'* bestehen in der RF derzeit 16 weitere SWZ:

Bezeichnung und Art der SWZ	Ort	Schwerpunkt	Rechtsgrundlage
Hafen-SWZ Flughafen Ul'ânovsk Vostočnyj[627]	Gebiet Uljanovsk	–	–
Hafen-SWZ Seehafen Sovetskaâ Gavan'[628]	Region Chabarovsk	–	–
Hafen-SWZ Flughafen Emel'ânovo[629]	Region Krasnojarsk	–	–

---

[625] So *Schmidt*, WiRO 2001, 297 (300).
[626] So *Schmidt*, WiRO 2001, 297.
[627] Informationen zur SWZ sind abrufbar unter: http://www.rosez.ru/?region=33.
[628] Informationen zur SWZ sind abrufbar unter: http://www.rosez.ru/?region=34.
[629] Informationen zur SWZ sind abrufbar unter: http://www.rosez.ru/?region=35.

SWZ Magadan[630]	Gebiet Magadan	–	Föderales Gesetz über die SWZ im Magadaner Gebiet, russ.: "*Ob osoboj èkonomičeskoj zone v Magadanskoj oblasti*", Nr. 104-FZ, vom 31. Mai 1999
technisch-innovative SWZ Zelenograd[631]	Stadt Moskau	Mikro- und Nano-technologie	Verordnung der Regierung der RF vom 21. Dezember 2005, Nr. 779
technisch-innovative SWZ St.-Petersburg[632]	Stadt St.-Petersburg, Ortsteil Strelna, Bezirk Nojdorf	Informationstech-nologie	Verordnung der Regierung der RF vom 21. Dezember 2005, Nr. 780
technisch-innovative SWZ Dubna[633]	Stadt Dubna, Moskauer Gebiet	Informations- und Kernphysiktech-nologie	Verordnung der Regierung der RF vom 21. Dezember 2005, Nr. 781
gewerblich-industrielle SWZ Kazinka[634]	Lipezker Gebiet	Haushaltsgeräte-, Möbelherstellung, Verpackungsin-dustrie	Verordnung der Regierung der RF vom 21. Dezember 2005, Nr. 782
technisch-innovative SWZ Tomsk[635]	Stadt Tomsk	Materialfor-schung und Nano-technologie	Verordnung der Regierung der RF vom 21. Dezember 2005, Nr. 783
gewerblich-industrielle SWZ Alabuga[636]	Jelabuga, Republik Tatarstan	Automobilzulie-ferer, Chemische-Industrie	Verordnung der Regierung der RF vom 21. Dezember 2005, Nr. 784

---

[630] Informationen zur SWZ sind abrufbar unter: http://www.rosez.ru/?region=8, http://rosoez.ru/oez/oez_types/magadan_oez/.

[631] Informationen zur SWZ sind abrufbar unter: http://zelao.ru/ru/5/604/605/, http://www.rosez.ru/?region=15, http://zelenograd.rosoez.ru/.

[632] Informationen zur SWZ sind abrufbar unter: http://www.rosez.ru/?region=5, http://spb.rosoez.ru/.

[633] Informationen zur SWZ sind abrufbar unter: http://www.naukograd-dubna.ru/ und http://www.rosez.ru/?region=4.

[634] Informationen zur SWZ sind abrufbar unter: http://www.admlr.lipetsk.ru/rus/oez/post.php, http://lipetsk.rosoez.ru/, http://www.rosez.ru/?region=9.

[635] Informationen zur SWZ sind abrufbar unter: http://www.rosez.ru/?region=6 und http://tomsk.rosoez.ru/.

Touristische SWZ Republik Altaj[637]	Republik Altaj	–	Verordnung der Regierung der RF vom 3. Februar 2007, Nr. 67
Touristische SWZ Bajkal'skaâ Gavan'[638]	Republik Burjatien	–	Verordnung der Regierung der RF vom 3. Februar 2007, Nr. 68
Touristische SWZ Birûzovaâ Katun'[639]	Altajer Region	–	Verordnung der Regierung der RF vom 3. Februar 2007, Nr. 69
Touristische SWZ Novaâ Anapa[640]	Anapa, Region Krasnodar	–	Verordnung der Regierung der RF vom 3. Februar 2007, Nr. 70
Touristische SWZ Grand Spa Ûca (Kavminvody (Kavkazskie Mineral'nye Vody))[641]	Stavropoler Gebiet	–	Verordnung der Regierung der RF vom 3. Februar 2007, Nr. 71
Touristische SWZ Vorota Bajkala[642]	Gebiet Irkutsk	–	Verordnung der Regierung der RF vom 3. Februar 2007, Nr. 72
Touristische SWZ „Kurŝskaâ kosa"[643]	Stadt Zelenograd, Gebiet Kaliningrad	–	Verordnung der Regierung der RF vom 3. Februar 2007, Nr. 73

Tabelle 14: Derzeit in der RF bestehende SWZ

---

[636] Informationen zur SWZ sind abrufbar unter: http://www.tatar.ru/index.php?DNSID=7dec%2040cdbd6f5bd91efea21eeb4867da&node_id=3192, http://www.rosez.ru/?region=3, http://alabuga.rosoez.ru/.

[637] Informationen zur SWZ sind abrufbar unter: http://www.rosez.ru/?region=22, http://altai.rosoez.ru/.

[638] Informationen zur SWZ sind abrufbar unter: http://www.rosez.ru/?region=24, http://baikal.rosoez.ru/.

[639] Informationen zur SWZ sind abrufbar unter: http://katun.rosoez.ru/.

[640] Informationen zur SWZ sind abrufbar unter: http://www.rosez.ru/?region=30, http://krasnodar.rosoez.ru/.

[641] Informationen zur SWZ sind abrufbar unter: http://www.rosez.ru/?region=21, http://stavropol.rosoez.ru/.

[642] Informationen zur SWZ sind abrufbar unter: http://www.rosez.ru/?region=29, http://irkutsk.rosoez.ru/.

[643] Informationen zur SWZ sind abrufbar unter: http://kaliningrad.rosoez.ru/.

6. Sonderfall: Technoparks

Bei Technoparks unterscheidet man sog. Wissenschafts-, Forschungs- und Technologieparks sowie sog. Inkubator- und sog. Technopolis-Zentren.[644] Das Programm zur Entwicklung von Technoparks wurde bereits im Jahre 1990 durch das Staatskomitee für Volksbildung der UdSSR eingeleitet und anschließend durch das *Minobrazovaniâ* fortgesetzt. Als erster Technopark in der RF wurde noch im selben Jahr der Tomsker Wissenschaftstechnologiepark geschaffen. Es folgten weitere Technoparks in Moskau, St. Petersburg, Zelenograd und Ufa, so dass im Jahre 2005 bereits 76 Technoparks gezählt wurden.[645] Im März 2006 wurde im Auftrag von Präsident *Putin* das Programm zur Schaffung von Technoparks im Bereich von Hochtechnologien initiiert. Das derzeit prominenteste Beispiel stellt das Innovationszentrum Skolkovo[646] in der Nähe der Stadt Odincovo im Moskauer Gebiet dar, das derzeit mit rd. 4 Mrd. RUB aus Staatsmitteln finanziert wird.[647] Im Rahmen der Regierungskonsultationen in Ekaterinburg im Juli 2010 wurde die Beteiligung von *Siemens* am Investitionszentrum in geschätzter Höhe von rd. 2,6 Mrd. EUR vereinbart.[648]

Allen Technoparkformen gemein ist die Zielrichtung der Schaffung von optimalen Bedingungen für kleinere und größere Forschungs- und Entwicklungsunternehmen, die sich in der Nähe von Forschungseinrichtungen ansiedeln und von der engen Verflechtung mit diesen profitieren. Einzelne Formen unterscheiden sich lediglich im Maß der Anbindung an Forschungseinrichtungen, Einbindung in Wohngebiete, dem Entwicklungsstand der im Technopark angesiedelten Unternehmen sowie der Produktionsmenge. Rechtliche Anforderungen an einen Technopark enthält die sog. Bestimmung über den universitären Technopark aus dem Jahre 1999.[649] Technoparks sind in der Regel als Aktiengesellschaften

---

[644] Vgl. *Sysoev*, Aktuelle Instrumente der Investitionsentwicklung der Regionen (russ.), S. 145.

[645] Vgl. *ders.*, S. 152 f.; *Lenčuk/Vlasin*, in: *Sil'vestrov*, Staatlich-private Partnerschaft (russ.), S. 35.

[646] Russ.: *Fond razvitiâ Centra razrabotki i kommercializacii novyh tehnologij.*

[647] S. die Verordnung der Regierung der RF vom 26. Juli 2010, Nr. 565.

[648] S. Kommersant vom 15. Juli 2010.

[649] S. die Bestimmung des *Minobrazovaniâ* über den universitären Technopark vom 20. April 1999.

organisiert, deren Aktionäre neben der öffentlichen Hand auch kreditgebende Banken und Vermieter der Gewerbeflächen sowie Forschungseinrichtungen sind.[650]

7. Schlusswort zu SWZ als PPP-Form

Die wirtschaftliche Effektivität der SWZ blieb insgesamt deutlich hinter den Plänen der russischen Regierung zurück. So konnte beobachtet werden, dass sich die einzelnen Föderationssubjekte anfangs sehr aktiv um die Erlangung des Status eines SWZ-Subjekts bemüht haben und anschließend auf geringes Interesse seitens der potenziellen Residenten gestoßen sind.[651] Im Ergebnis griffen einzelne Unternehmer darauf zurück, entsprechende Vergünstigungen ohne Ansiedlung in einer SWZ, sondern vielmehr im Wege des Aushandelns konkreter Sonderbedingungen für ihre Investitionen mit den zuständigen Entscheidungsträgern zu erzielen.[652] Zudem haben viele SWZ lediglich dazu geführt, dass Waren in die SWZ zollfrei importiert wurden, um diese dann nach einer minimalen Weiterverarbeitung zollfrei in das russische Mutterland einzuführen.[653] Industrielle Produktion blieb eher die Ausnahme. Die Unternehmer kritisieren mangelnde Transparenz und Effektivität der Verwaltung sowie das vergleichbar geringe Maß an steuerlichen Vergünstigungen.[654]

Die Errichtung von SWZ kann nicht als PPP im herkömmlichen Sinne qualifiziert werden. Grundlegend für die Einordnung als PPP ist die Verbindung von Planen, Bauen, Finanzieren und Betreiben öffentlicher Infrastruktur. Im Rahmen der SWZ-Zusammenarbeit schuldet der private Partner keine Erfüllung einer konkreten öffentlichen Aufgabe in Form der Errichtung und des Betriebs einer Infrastrukturanlage. Vielmehr soll die Zusammenarbeit lediglich der Wirtschaftsförderung im weiteren Sinne dienen, ohne dass der Private in die Verantwortungsgemeinschaft zur Erfüllung einer bestimmten öffentlichen Aufgabe eingebunden wird. Außerdem widerspricht eine solche Art der Zusammenarbeit dem Lebenszyklusansatz, nach dem die Risiken einer Schlechterfüllung durch

---

[650] Vgl. *Sysoev*, Aktuelle Instrumente der Investitionsentwicklung der Regionen (russ.), S. 151.
[651] Vgl. *Lenčuk/Vlasin*, in: *Sil'vestrov*, Staatlich-private Partnerschaft (russ.), S. 36.
[652] Vgl. *Knaus*, S. 64; *Garagozov*, HafenSWZ: mögliche Gründungs- und Funktionshindernisse (russ.).
[653] Vgl. *Knaus*, S. 64.
[654] Vgl. *Lenčuk/Vlasin*, in: *Sil'vestrov*, Staatlich-private Partnerschaft (russ.), S. 36.

die integrative Verbindung aller Leistungsphasen und die Leistungserbringung aus einer Hand minimiert werden sollen.

Der Qualifikation der SWZ-Zusammenarbeit als PPP steht zudem die Tatsache entgegen, dass die Risikoverteilung im Rahmen des Antragsverfahrens zur Ansiedlung in einer SWZ nicht im Einzelfall ausgehandelt wird. Vielmehr trägt der Private alle Risiken, die mit seiner Tätigkeit in der SWZ verbunden sind, und nimmt im Gegenzug lediglich bestimmte Vergünstigungen wahr. Zwar unterscheidet sich das SWZ-Konzept – wie oben gezeigt – von der bloßen Gewährung von Vergünstigungen durch die Verpflichtung zur Durchführung der vorgesehenen Tätigkeit. Letztere engt den Rechtskreis des Privaten jedoch ein, anstatt diesen zum Zwecke der gegenseitigen Vorteilhaftigkeit der Zusammenarbeit zu erweitern. Dies wird durch die Tatsache unterstützt, dass der Resident den Rahmen seiner Tätigkeit im Wege des in Art. 18, Art. 28, Art. 31.7 und Art. 31.17 SWZ-G festgelegten Verfahren ändern kann. Im Rahmen einer PPP-Vereinbarung, die im Vorfeld im Detail verhandelt und ausgearbeitet wird, bleibt grundsätzlich kein Raum für Abänderungen der Tätigkeitsvorgaben nach den Vorstellungen des Investors.

III. Staatskorporationen (SK)

Unter einer sog. Staatskorporation (SK)[655] versteht man in der RF eine bestimmte Form nichtkommerzieller Organisationen. SK werden auf Grundlage von Spezialgesetzen gegründet, vgl. Art. 7 NichtkommerzOrgG, und unterscheiden sich grundlegend sowohl von Aktiengesellschaften im staatlichen (Teil-) Eigentum als auch von sog. unitären Unternehmen (GUP/MUP)[656]. Die Rechtsnatur der SK ist nicht unumstritten, wobei sie überwiegend als juristische Personen öffentlichen Rechts gesehen werden.[657] Als Folge der formellen Privatisierung stellt das Vermögen der SK im Gegensatz zum Vermögen des GUP kein Staatseigentum dar[658] und unterliegt damit nicht der Kontrolle durch den Rechnungshof der RF. Die wesentliche Besonderheit der SK besteht darin, dass sie der staatlichen Aufsicht – mit Ausnahme der Effektivitätskontrolle in Bezug auf

---

[655] Russ.: *gosudarstvennaâ korporaciâ*.

[656] Russ.: *gosudarstvennoe unitarnoe predpriâtie (GUP)*. Man unterscheidet föderale unitäre Unternehmen (sog. FGUP), unitäre Unternehmen der Subjekte (GUP) und munizipale Unternehmen (sog. MUP).

[657] Vgl. *Efimova*, Über die Rechtsnatur der Staatskorporationen (russ.), S. 66.

[658] Dagegen steht das Vermögen der Staatskorporation laut *Bogdanov*, Investitionsrecht (russ.), S. 115, gleichzeitig im Eigentum der Staatskorporation und des Staates.

die Verwaltung des eingebrachten staatlichen Vermögens – weitgehend entzogen sind. Insbesondere finden die Vorschriften über die Offenlegung bestimmter Informationen durch die Aktiengesellschaften keine Anwendung auf die SK. Zudem findet auf SK das föderale Gesetz über die Insolvenz (InsolvenzG)[659] keine Anwendung.

Die erheblich eingeschränkte Kontrolle der SK macht diese intransparent und korruptionsanfällig. Aus diesen Gründen wird diese Form staatlichen Handelns in der Literatur stark kritisiert.[660] Unterstützt werden diese Bedenken durch die hohe Politikabhängigkeit der SK. Diese liegt darin begründet, dass sich alle Organe der SK – der Aufsichtsrat, russ.: *sovet direktorov*, der Vorstand und der Vorstandsvorsitzende – aus Vertretern der Regierung der RF zusammen setzen.[661]

Als Beispiel für eine SK ist neben der – oben bereits erwähnten – Bank für Entwicklung und außenwirtschaftliche Tätigkeit (*Vnešèkonombank*) insbesondere die *OAO Rossijskaâ venčurnaâ kompaniâ* (OAO RVK) zu nennen. Die *OAO RVK* wurde im Jahre 2007 aus Mitteln des Investitionsfonds der RF mit dem Ziel der Förderung von Fondsverwaltungsgesellschaften, die sog. *venčurnye fondy* (Venture-Fonds oder Risikofonds) verwalten sollten, gegründet.[662] Die Verwaltungsgesellschaften sind gehalten, 51% privater Investitionen zu beschaffen, während die restlichen 49% anteilig von der Föderation (25%) sowie vom Föderationssubjekt (24%) aufgebracht werden. Die staatlichen Investitionen werden entweder in das Stammkapital des neu gegründeten, in Form einer ZAO oder OAO geschaffenen Risikofonds im Gegenzug zur Übertragung eines entsprechenden Eigentumsanteils bzw. in Form eines mittelfristigen Kredits gewährt.

---

[659] S. das föderale Gesetz über die Insolvenz vom 26. Oktober 2002, Nr. 127-FZ, russ.: *O nesostoâtel'nosti (bankrotstve)*.
[660] Statt vieler *Cimmermann*, Staatskorporation – die Besonderheiten der rechtlichen Regulierung (russ.), S. 6.
[661] Vgl. *Balašov/Naumov*, S. 50.
[662] S. die Verordnung der Regierung der RF über die Gründung der Aktiengesellschaft *OAO RVK* vom 24. August 2007, Nr. 516. Eines solcher Fonds in der Republik Tatarstan wird von der Verwaltungsgesellschaft *ZAO Trojka Dialog* verwaltet, vgl. *Knaus*, S. 26. So vermuten *Lenčuk/Vlasin*, in: *Sil'vestrov*, Staatlich-private Partnerschaft (russ.), S. 34 f., dass die meisten der Verwaltungsgesellschaften aus den Kreisen der großen, staatlich kontrollierten Unternehmen kommen werden.

Bezeichnung der Staatskor-poration	Gründungs-jahr	Rechtsgrundlage
Agentur für Versicherung von Kapitalanlagen	2003	Föderales Gesetz vom 23. Dezember 2003, Nr. 177-FZ, russ.: *O strahovanii vkladov fizičeskih lic v bankah Rossijskoj Federacii*
Bank für Entwicklung und au-ßenwirtschaftliche Tätigkeit (*Vnešèkonombank*)	2007	Föderales Gesetz vom 17. Mai 2007, Nr. 82-FZ, russ.: *O banke razvitiâ*
Russische Korporation für Na-notechnologien	2007	Föderales Gesetz vom 19. Juli 2007, Nr. 139-FZ, russ.: *O Rossijskoj korporacii nanotehnologij*
Fonds zur Unterstützung der Reformierung des Wohn- und Kommunalwesens	2007	Föderales Gesetz vom 21. Juli 2007, Nr. 185-FZ, russ.: *O Fonde sodejstviâ reformirovaniû žilišno-kommunal'nogo hozâjstva*
Staatskorporation für Bau von Olympiaobjekten und für Ent-wicklung der Stadt Sotschi als Bergkurort	2007	Föderales Gesetz vom 30. Oktober 2007, Nr. 238-FZ, russ.: *O gosudarstvennoj korporacii po stroitel'stvu olimpijskih ob"ektov i razvitiû goroda Soči kak gornoklimatičeskogo kurorta*
Staatskorporation zur Unter-stützung der Entwicklung, der Herstellung und des Exports hochtechnologischer Industrie-produktion *Rostehnologii*	2007	Föderales Gesetz vom 23. November 2007, Nr. 270-FZ, russ.: *O Gosudarstvennoj korporacii „Rostehnologii"*
Staatskorporation für Atom-energie *Rosatom*	2007	Föderales Gesetz vom 1. Dezember 2007, Nr. 317-FZ, russ.: *O Gosudarstvennoj korporacii po atomnoj ènergii "Rosatom"*

Tabelle 15: Derzeit existierende Staatskorporationen

Nicht nachvollziehbar ist hingegen die Einordnung der SK als eine Form von PPP. In der Literatur spricht man etwa dann von staatlich-privater Partnerschaft, wenn eine SK ihre Zusammenarbeit mit einem privatrechtlich organisierten Un-ternehmen – etwa die *OAO RVK* mit einem Technopark[663] – beschließt. Bei

---

[663] Vgl. *Lavrenkov*, a.a.O., über ein solches Übereinkommen mit der *OAO Kuzbaskij Tehnopark*, Kemerovo.

Staatskorporationen handelt es sich vielmehr um Finanzierung von Unternehmen, die oft vollständig im Eigentum der öffentlichen Hand verbleiben, mittels eines speziellen Instruments.

IV. Sog. föderale zweckgebundene Investitionsprogramme und föderale Zielprogramme (FAIP/FZP)

Die Schaffung sog. föderaler zweckgebundener Investitionsprogramme (FAIP) und föderaler Zielprogramme (FZP) wird nach russischem Verständnis als eine weitere Form von GČP angesehen. Die FAIP/FZP werden vereinzelt auch als sog. prioritäre nationale Projekte bezeichnet.[664] Die Programme sehen Haushaltsmittel für bestimmte Wirtschaftsbereiche oder bestimmte durch die Regierung als vorrangig eingestufte Investitionsprojekte vor. Nach den Plänen der russischen Regierung sollten im Jahr 2009 rd. 1,12 Bio. RUB, im Jahr 2010 rd. 1,28 Bio. RUB und im Jahr erneut rd. 1,35 Bio. RUB für FAIP/FZP verwendet werden.

Bereits das FZP Soziale und wirtschaftliche Entwicklung (2002-2004) führte Konzessionen als ein wichtiges Instrument zur Beschaffung privater Investitionen an. Mit dem FZP Wohnen (2002-2010)[665] sollte die Grundlage für die Finanzierung der Modernisierung und Erneuerung von Mehrfamilienhäusern sowie der Entwicklung der kommunalen Infrastruktur des Landes, insbesondere mithilfe privater Betreiber – darunter auch in Form von Konzessionsvereinbarungen – geschaffen werden. Nach dem Unterprogramm Modernisierung von Objekten kommunaler Infrastruktur sind dafür in den Jahren 2009 und 2010 rd. 5,8 Mrd. RUB vorgesehen. Laut FZP Kultur Russlands (2006-2010)[666] sei GČP ein wichtiger Faktor bei der Entwicklung der Kultur, da es zur Anregung von Wohltätigkeit und Schaffung eines Marktes für Kulturgüter beitragen soll. Nach dem FZP Nanoindustrie (2008-2010)[667] wurde eine sog. wissenschaftliche

---

[664] Vgl. dazu exemplarisch *Sysoev*, Aktuelle Instrumente der Investitionsentwicklung der Regionen (russ.), S. 5 ff.

[665] S. die Verordnung der Regierung der RF über das FZP Wohnen für die Jahre 2002-2010 vom 17. September 2001, Nr. 675, geändert per Verordnung der Regierung der RF über Zusatzmaßnahmen zum FAIP Wohnen vom 31. Dezember 2005, Nr. 865, russ.: *O Federal'noj celevoj programme „Žiliše" na 2002-2010 gody.*

[666] S. die Verordnung der Regierung der RF über das FZP Kultur Russlands für die Jahre 2006-2010 vom 8. Dezember 2005, Nr. 740.

[667] S. die Verordnung der Regierung der RF über das FZP zur Entwicklung der Infrastruktur der Nanoindustrie in der RF für die Jahre 2008-2010 vom 2. August 2007, Nr. 498.

Hauptorganisation als Bestandteil des nationalen nanotechnologischen Netzes zur Koordination im Bereich der Nanotechnologien und insbesondere zur Organisation der Durchführung von GČP-Projekten vorgesehen. Das FZP Wissenschaft und Technologien (2007-2012)[668] ist auf die Ressourcenkonsolidierung im Wege der Konzentration auf bestimmte Bereiche mithilfe von GČP gerichtet. Das FZP Süden Russlands (2008-2012)[669] wurde als Folge einer angespannten sozialpolitischen wie wirtschaftlichen Lage im Südlichen Föderalen Bezirk verabschiedet, nachdem zahlreiche regionale Entwicklungsprogramme[670] keine Wirkung gezeigt haben. Neben der Ressourcenkonzentration auf Infrastrukturobjekte wird als Zielvorgabe des Programms die Entwicklung von GČP-Instrumenten genannt. Des Weiteren soll GČP im Rahmen von FZP zur Entwicklung der russischen Elektronikindustrie und zur Förderung des Abschlusses staatlicher (kommunaler) Verträge über Dienstleistungen mit längerer Vertragsdauer eingesetzt werden.[671] Im Mai 2008 wurde das FZP Entwicklung des Verkehrssystems der RF (2010-2015)[672] beschlossen, wonach rd. 5,3 Bio. RUB staatlicher Mittel zur Entwicklung der Verkehrsinfrastruktur im besagten Zeitraum zur Verfügung gestellt werden sollen.

Die Bedingung für die Finanzierung aus dem Föderationshaushalt ist die (Teil-)Finanzierung durch die Föderationssubjekte bzw. Kommunalverwaltungen einerseits und ein in der Regel höherer Anteil privater Mittel andererseits. Die Voraussetzungen für die Finanzierung aus den FAIP/FZP sind jedoch häufig nur unzureichend bestimmt, was – neben der in der Regel bürokratischen Handhabung der Bewerbungen – die Finanzierung im Einzelfall erheblich erschwert.

---

[668] S. die Verordnung der Regierung der RF über das FZP Forschung und Entwicklung im Bereich Wissenschaft und Technologien für die Jahre 2007-2012 vom 17. Oktober 2006, Nr. 613.
[669] S. die Verordnung der Regierung der RF über das FZP Süden Russlands für die Jahre 2008-2012 vom 14. Januar 2008, Nr. 10, vgl. auch Anordnung der Regierung der RF vom 9. Juni 2007, Nr. 754-r.
[670] So existierten im Jahr 2006 28 Programme und Unterprogramme wie Bildung, Gesundheit, Entwicklung des Bildungswesens, Vorsorge und Bekämpfung von sozialbedeutenden Krankheiten, Unterstützung der Invalide und Kinder Russlands. Die Entwicklung der Region wird seit geraumer Zeit durch den sog. Föderalen Fonds für regionale Entwicklung wie durch mehrere nationale Unternehmen finanziert. Im Jahre 2007 betrugen die Investitionen rd. 515,9 Mrd. RUB, wobei der Anteil der staatlichen Finanzierung lediglich rd. 76,4 Mrd. RUB betrug.
[671] S. die Verordnung der Regierung der RF vom 29. Dezember 2007, Nr. 978.
[672] S. die Anordnung der Regierung der RF über die Modernisierung des Verkehrssystems Russlands vom 18. Dezember 2006, Nr. 1761-r, russ.: *Modernizaciâ transportnoj sistemy Rossii (2010-2015 gody)*.

Eine Grundlage für die Auswahl der zu finanzierenden Projekte soll durch die Regierung der RF künftig erst geschaffen werden. Angesichts der hohen Regelungsdichte im russischen Recht verwundert die fehlende gesetzliche Regulierung der Problematik der FZP/FAIP. Problematisch an den FAIP/FZP ist zudem, dass sie von jedem Exekutivorgan[673] ohne konkrete Verfahrensregeln beschlossen werden können und in der Regel automatisch und ohne Änderungen in die jeweiligen Haushaltsgesetze gelangen. Auf diese Weise entscheidet nicht der Gesetzgeber über die Verwendung der Mittel, sondern der jeweils am Projekt interessierte Verwaltungsträger.[674] Schließlich handelt es sich bei den FAIP/FZP um keine rechtlich verbindlichen, sondern jederzeit änderungs- bzw. rücknahmefähigen Erklärungen.[675] Bei den FAIP/FZP handelt es sich um keine Form des PPP im herkömmlichen Sinne, sondern um eine Form staatlicher Finanzierung. Diese wird zwar ausweislich der oben erwähnten Programme oft für Kooperationen in Form von PPP vorgesehen, macht die Programme selbst jedoch nicht zu einer Form von PPP.

V. Sog. komplexe Flächenerschließung (KOT)

Projekte der sog. komplexen Flächenerschließung werden – wie oben dargestellt – teilweise als eine Form von GČP angeführt. Es handelt sich um Erschließung von bestimmten Gebieten zur Errichtung von Wohneigentum. Art. 30.1 BodenGB enthält für diese Zwecke Sondervorschriften für die Einräumung von Nutzungsrechten an Grundstücken im staatlichen oder munizipalen Eigentum. Jedoch haben sich diese in der Praxis nicht als ein wirksames GČP-Instrument bewährt. Durch die föderale Agentur *Rosstroj*[676] wurden zwar in den Jahren 2007-2008 22 sog. experimentelle Investitionsprojekte ausgewählt.[677] Das Verfahren lief jedoch nicht über dieses Stadium hinaus, da die komplexe Flächener-

---

[673] Z.B. föderale Komitees, Kommissionen, Dienste oder Agenturen.

[674] Vgl. *Eganân*, Effektivitätssteigerung für staatliche Infrastrukturinvestitionen mittels GČP (russ.), S. 18.

[675] Nach Angaben von *Eganân*, Effektivitätssteigerung für staatliche Infrastrukturinvestitionen mittels GČP (russ.), S. 18, werden FAIP/FZP in der Praxis nur zu etwa 30% realisiert.

[676] Die ehemals föderale Agentur für Bau-, Wohn- und Kommunalwesen, russ.: *federal'noe agentstvo po stroitel'stvu i žilišno-kommunal'nomu hozâjstvu (Rosstroj)*, wurde durch Ukaz des Präsidenten der RF vom 12. Mai 2008, Nr. 724, abgeschafft und seine Funktion dem Minregion übertragen.

[677] Vgl. *Fëdorov*, Investitionen in Projekte komplexer Flächenerschließung (russ.), S. 23.

schließung regelnde Regierungsverordnung[678] keine klaren Vorgaben für die Finanzierung der Projekte enthielt. Im Ergebnis müssen die Projekte zunächst den Status des Projekts komplexer Flächenerschließung (den sog. KOT-Status) erwerben und sich anschließend um die Finanzierung im Rahmen allgemeiner staatlicher Finanzierungsquellen –etwa den FAIP/FZP – bewerben.[679] Es ist nicht auszuschließen, dass KOT-Vorhaben im Einzelfall unter Umständen die Qualität von PPP-Projekten erlangen können. Dennoch handelt es sich bei der Erlangung des KOT-Status als solchen lediglich um ein Hilfsmittel zur Erlangung staatlicher Finanzierung. Damit kann im Zusammenhang mit KOT von einer etablierten PPP-Form nicht gesprochen werden.

VI. Finanz-Industrie-Gruppen (FPG)

Als eine weitere Form der Zusammenarbeit des Staates mit dem Privaten sehen einige Autoren die Gründung von sog. Finanz-Industrie-Gruppen (FPG), die u.a. von Kreditinstituten und Herstellern von Waren Mitte der 1990er Jahren vermehrt gegründet wurden. Den Mitgliedern der FPG konnten u.a. Vermögenswerte der Föderationssubjekte zur Verwaltung übertragen oder Sonderbedingungen bei der Vergabe öffentlicher Aufträge oder im Rahmen von Verträgen mit der öffentlichen Hand sowie steuerliche Vergünstigungen eingeräumt werden.[680] Bei FPG handelt es sich um kapitalmäßige Verflechtung von Industrie und Banken, um einen Zusammenschluss von Produktions- und Handelsunternehmen sowie Banken, deren Kern in der Regel ein großes Industrieunternehmen bildet, mit dem die übrigen Beteiligten auf vielfältige Weise verflochten sind.[681] Das Ziel der FPG ist die Finanzierung von Investitionsprojekten. Sie haben zunächst schnell an Konjunktur gewonnen, führten jedoch letztlich nicht zum Erfolg.[682] Den Banken wurden Beteiligungsobergrenzen auferlegt und eine effektive Kontrolle damit unmöglich gemacht.[683] Bei FPG handelt es sich bereits

---

[678] S. die Verordnung der Regierung der RF über experimentelle Investitionsprojekte komplexer Flächenerschließung zu Zwecken des Wohnungsbaus vom 5. Mai 2007, Nr. 265, russ.: *Ob èksperimental'nyh investicionnyh proektah kompleksnogo osvoeniâ territorij v celâh žilišnogo stroitel'stva.*

[679] Vgl. *Garagozov*, Investitionen in Projekte komplexer Flächenerschließung (russ.), S. 21.

[680] S. dazu das föderale Gesetz über Finanz-Industrie-Gruppen vom 30. November 1995, russ.: *O finansovo-industrial'nyh gruppah*, welches die Aufsicht über die Bildung und Tätigkeit von Konzernen regelt.

[681] Vgl. *Krüßmann*, WiRO 1996, 447 (448).

[682] Vgl. *ders.*, WiRO 1996, 447 (450).

[683] Vgl. *ders.*, WiRO 1996, 447 (451).

deshalb nicht um eine Form von PPP im herkömmlichen Sinne, weil die Beteiligten der FPG ausschließlich Privatpersonen sind, während sich die Rolle des Staates lediglich auf die Registrierung der FPG im speziellen Register beim Staatskomitee für Industriepolitik, die Genehmigung der wirtschaftlichen Tätigkeit der FPG sowie die Einräumung einzelner Vergünstigungen begrenzt.

E. Einstellung der russischen Lehre zu GČP und die Notwendigkeit gesetzlicher Regelung

Angesichts des weiten, unbestimmten GČP-Begriffs zeichnet sich in der russischen Literatur teilweise – wie in Deutschland auch – eine vorsichtige Einstellung zur Übertragung öffentlicher Aufgaben auf Private ab. Vielfach wird das Phänomen GČP zu einem Politikum erhoben und stößt insgesamt auf Befremden.[684] Zwar argumentiert man vereinzelt mit erfolgreicher internationaler PPP-Praxis und beruft sich – insbesondere in Bezug auf Konzessionen – auf positive Erfahrungen aus der russischen Vergangenheit. Andererseits wird ausgeführt, dass die Konstruktion von PPP aufgrund der ihr immanenten Ungleichverteilung der Machtverhältnisse zwischen der öffentlichen Hand und Privaten stets zur Schlechterstellung des Letzteren führe.

Weitgehend einig ist man sich in Fachkreisen über die Ziele der staatlich-privaten Zusammenarbeit. So sollen mit Hilfe von GČP die Leistungsbeiträge beider Seiten – Ressourcen des Staates sowie Mittel und Know-how des Privaten – in möglichst effektiver und effizienter Weise zusammengelegt werden, um bestmögliche Ergebnisse bei der Aufgabenerfüllung zu erzielen.[685] Als ein für PPP charakteristischer, in Russland jedoch stärker als in Deutschland gewichteter Zweck von PPP wird die Einbindung von Investitionen in die russische Infrastruktur gesehen. So sei die Zielsetzung von GČP in Russland nach Auffassung von *Sysoev*[686] die Investitionsbeschaffung im Bereich risikobehafteter, wirtschaftlich unattraktiver Wirtschaftszweige sowie sein Einsatz als effektives Mittel der Entstaatlichung. Nach Auffassung von *Erofeev*[687] darf jedoch der Einsatz von GČP nicht allein die Antwort auf finanzielle Engpässe der öffentlichen Hand sein. Entscheidend müssten die Effizienzvorteile sein, welche die öffentliche Hand aufgrund des privaten Know-hows erlangt. Ähnlich ist die Position der

---

[684] Vgl. *Popov*, in: RBK daily vom 11. Oktober 2004.

[685] Vgl. *Knaus*, S. 14; *Šahov*, S. 21.

[686] Vgl. *Sysoev*, Aktuelle Instrumente der Investitionsentwicklung der Regionen (russ.), S. 99.

[687] Vgl. *Erofeev*, in: Ekspert vom 11. Juni 2007.

deutschen Lehre in Bezug auf die Zielrichtung von PPP. So führen etwa *Ziekow/Windhoffer*[688] hierzu aus, dass es bei PPP aus staatlicher Sicht um mehr gehen muss als um eine andere, angesichts der mit kurzfristigen finanziellen Entlastungseffekten im Falle fehlender lebenszyklusorientierter Betrachtung verbundenen Gefahren nur vermeintlich bessere Finanzierungsquelle. Vielmehr schlagen die Autoren vor, für solche Interaktionsformen den Begriff des *Private Finance Initiative* (PFI) zu verwenden.[689]

Einig ist sich die Mehrheit der russischen Autoren ferner darüber, dass Russland noch einen langen Weg der Etablierung der PPP-Zusammenarbeit vor sich hat.[690] Wenn auch die Chancen der staatlich-privaten Kooperation inzwischen erkannt seien, stocke derzeit ihre Umsetzung in die Praxis.[691] Das Interesse an GČP übersteige deutlich das Maß der Informiertheit der Diskussionsteilnehmer.[692] So seien insbesondere die zuständigen Verwaltungsträger unzureichend informiert bzw. kompetent.[693] Zudem fehle die Koordinierung der Maßnahmen einzelner Machtorgane untereinander[694] sowie die staatliche Unterstützung bei der Weiterentwicklung von PPP[695]. Die Schwäche des Kapitalmarktes wird als ein weiteres wesentliches Hindernis angeführt.[696] Hinzukomme, dass der Begriff der Konzession aus historischen Gründen nach wie vor negativ besetzt sei.[697] Vielfach bemängelt man die unzureichende rechtliche Handhabung der Verwal-

---

[688] Vgl. *Ziekow/Windhoffer*, Public Private Partnership. Struktur und Erfolgsbedingungen von Kooperationsarenen, S. 62.

[689] Vgl. *ebd.*; *Bonk*, DVBl 2004, 141 (144).

[690] Statt vieler *Levitin*, S. 16.

[691] So *Matveev*, GČP. Ausländische und russische Erfahrungen (russ.), S. 10.

[692] So *ders.*, S. 52 und *Sysoev*, Aktuelle Instrumente der Investitionsentwicklung der Regionen (russ.), S. 80. Ähnlich *Šohin*, in: Ergebnisse der OECD-Konferenz, a.a.O.; *Kuz'minov*, Staatlich-private Partnerschaft (russ.); *Kesler*, Wirtschaftliche Grundlagen der staatlich-privaten Partnerschaft (russ.), S. 111.

[693] Vgl. *Levitin*, S. 58; *Knaus*, S. 5; *Matveev*, GČP. Ausländische und russische Erfahrungen (russ.), S. 49; *Kitanina*, Konzessionsvereinbarungen nach russischem Recht (russ.); *Gref*, a.a.O.; *Levitin/Majboroda/Stepanov*, S. 193 f.; *Kesler*, Wirtschaftliche Grundlagen der staatlich-privaten Partnerschaft (russ.), S. 112; *Stolârov/Šmarov*, S. 37; *Amunc*, Rezension zu *Zagorul'ko* (Hrsg.), Ausländische Konzessionen in der UdSSR; *Zvorykina*, Staatliche und munizipale Konzessionen in Russland (russ.), S. 101.

[694] Vgl. *Sil'vestrov*, Staatlich-private Partnerschaft (russ.), S. 9; *Farhutdinov/Trapeznikov*, Investitionsrecht (russ.), S. 148.

[695] Vgl. *Zvorykina*, Staatliche und munizipale Konzessionen in Russland (russ.), S. 101.

[696] Vgl. *Sil'vestrov*, Staatlich-private Partnerschaft (russ.), S. 9; *Zvorykina*, Staatliche und munizipale Konzessionen in Russland (russ.), S. 101.

[697] Vgl. *Farhutdinov/Trapeznikov*, Investitionsrecht (russ.), S. 152.

tung staatlichen Eigentums[698] und Verwendung von Haushaltsmitteln[699], unzureichende Regulierung von Eigentum und IP[700] sowie die Schwächen des Unternehmensrechts[701] und des Steuerrechts[702]. Neben mangelhafter Rechtskultur[703] werden Schwächen des Gerichtssystems[704] sowie erhöhte politische Risiken[705] problematisiert. Ein wesentliches Hindernis stelle zudem das Ausmaß der Korruption dar.[706] *Cvetkov/Medkov*[707] befürchten gar, dass GČP eine der Formen der Korruptionslegalisierung und der Kommerzialisierung der Staatsgewalt werden kann.

Vor diesem Hintergrund wird in der russischen Diskussion beinahe einstimmig eine gesetzliche Grundlage für PPP gefordert. Notwendig sei eine detaillierte spezialgesetzliche Regelung der Rechtsmaterie[708], wobei diese Forderung in Bezug auf den im Einzelnen notwendigen Rechtsrahmen nicht konkretisiert wird. Seltener noch findet eine Auseinandersetzung mit der Frage statt, ob sich kooperative Handlungsformen den normativen Handlungsbindungen der Verwaltung

---

[698] Vgl. *dies.*, S. 154; *Varnavskij*, Konzessionen in der Transportinfrastruktur (russ.), S. 175; *Matveev*, GČP. Ausländische und russische Erfahrungen (russ.), S. 49. Zur Beseitigung dieses Hindernisses wurde im Dezember 2008 ein Gesetzentwurf über die Verwaltung staatlichen Eigentums in die Staatsduma eingebracht, welches weitläufig als das russische PPP-Gesetz bezeichnet wird, abrufbar unter: http://www.legis.ru/misc/news.php?news_id=12566. Der Gesetzentwurf wurde inzwischen verworfen, wenn auch Forderungen nach einem PPP-G nach wie vor erhoben werden.

[699] Vgl. *Knaus*, S. 65; *Kuz'minov*, Staatlich-private Partnerschaft (russ.).

[700] Vgl. *ders.*

[701] Vgl. *Varnavskij*, Konzessionen in der Transportinfrastruktur (russ.), S. 175.

[702] Vgl. *Knaus*, S. 65; *Subbotin/Averkin/Sosna/Alëšin*, Werdegang der Konzessionsgesetzgebung in Russland (russ.), a.a.O.

[703] Vgl. *Varnavskij*, Konzessionen in der Transportinfrastruktur (russ.), S. 254; *Matveev*, GČP. Ausländische und russische Erfahrungen (russ.), S. 49.

[704] Vgl. *Volkov*, Osteuropa, 2005, 75; *Knaus*, S. 36.

[705] Vgl. *Puseizer*, Politisches Risiko Russlands, S. 24; *Sysoev*, Aktuelle Instrumente der Investitionsentwicklung der Regionen (russ.), S. 22.

[706] Vgl. *Zvorykina*, Staatliche und munizipale Konzessionen in Russland (russ.), S. 101; *Levitin/Majboroda/Stepanov*, S. 187; *Kesler*, Wirtschaftliche Grundlagen der staatlich-privaten Partnerschaft (russ.), S. 11, wobei einzelne Autoren in dem Zusammenhang auch von Lobbyismus sprechen, vgl. *Stolârov/Šmarov*, S. 36.

[707] Vgl. *Cvetkov/Medkov*, Perspektiven der staatlich-privaten Partnerschaft beim Bau und in der Modernisierung der Eisenbahninfrastruktur (russ.), S. 13.

[708] Vgl. dazu exemplarisch *Varnavskij*, Konzessionen in der Transportinfrastruktur (russ.), S. 17 und 254 ff.; *Levitin*, S. 58; *Šiškin*, Staatliche Regulierung der Wirtschaft (russ.), a.a.O.; *Karasev*, Deklarierung zweckgebundener Ausgaben als effektiver finanzrechtlicher GČP-Mechanismus in der RF (russ.); *Kerber*, a.a.O.; *Kitanina*, Konzessionsvereinbarungen nach russischem Recht (russ.); *Amunc*, Rezension zu *Zagorul'ko* (Hrsg.), Ausländische Konzessionen in der UdSSR; *Sil'vestrov*, Staatlich-private Partnerschaft (russ.), S. 9.

überhaupt unterstellen lassen.[709] Nur wenige vertreten die Ansicht, dass PPP auch in Russland trotz dieser Hindernisse möglich sei, was jedoch die entsprechende Handlungsbereitschaft erfordere.[710] Alle Autoren betonen indes die besondere Bedeutung des Rechts- und Gesetzesvorrangs.[711] Teilweise begründet man Forderungen nach einer gesetzlichen Grundlage damit, dass andere als die gesetzlich geregelten Formen der Zusammenarbeit der öffentlichen Hand mit Privaten dem Haushaltsrecht und dem geltenden System der öffentlichen Verwaltung widersprächen.[712] Die jeweiligen Zuständigkeiten sowie die Regeln für Auswahlverfahren seien bei PPP unklar. Überwiegend wird das Bedürfnis nach einer sonderrechtlichen Grundlage für PPP hingegen damit erklärt, dass es in jungen, schlecht entwickelten Rechtssystemen der effektivere Weg sei, als die bestehenden Regelungen der jeweils relevanten Rechtsbereiche sinngemäß an die Anforderungen funktionsfähiger PPP-Modelle anzupassen.[713] Letzteres sei nur in fortentwickelten Rechtssystemen möglich und gerade nicht auf Schwellenländer übertragbar.

Diese Argumentation überzeugt indes m.E. nicht. Moderne Formen der staatlich-privaten Zusammenarbeit widersprechen keineswegs automatisch den haushalts- bzw. verwaltungsrechtlichen Vorgaben einer bestimmten Rechtsordnung. Es gilt vielmehr, die Rechtsbeziehungen zwischen der öffentlichen Hand und dem privaten Partner im Einzelfall stets im Einklang mit dem geltenden Recht auszugestalten. Dabei sind besondere rechtliche Sensibilität und Erfahrung der öffentlichen Entscheidungsträger sowie Kooperationsbereitschaft auf Seiten der privaten Wirtschaft gefragt. Die offenen Fragen lassen sich dann mit Hilfe des geltenden Rechts – des allgemeinen Zivil- und Verwaltungsrechts sowie des Vergaberechts – regeln.

Der deutsche Gesetzgeber hat sich nach Abwägung verschiedener Alternativen für den sog. „ungeregelten" Zustand und damit gegen die Schaffung eines eigenständigen Gesetzes entschieden. Auf diese Weise soll es PPP-Teilnehmern möglich bleiben, die Prozesse als Verfahren zur Entwicklung der besten Lösung zu nutzen und Fehlentwicklungen durch gezielte, punktuelle Eingriffsvorschläge zu

---

[709] Exemplarisch zu dieser Diskussion in Deutschland s. *Burmeister*, VVDStRL 1993, 193 (204 ff.).
[710] Vgl. *Knaus*, S. 34
[711] Vgl. etwa *Varnavskij*, Konzessionen in der Transportinfrastruktur (russ.), S. 178.
[712] Vgl. *Eganân*, Effektivitätssteigerung für staatliche Infrastrukturinvestitionen mittels GČP (russ.), S. 19.
[713] So etwa *Varnavskij*, Konzessionen in der Transportinfrastruktur (russ.), S. 18.

korrigieren.[714] Ein ordnender Rechtsrahmen stellt der Verwaltung geeignete Handlungsformen zur Verfügung und legitimiert sowie limitiert diese gleichzeitig. Die Herausforderung besteht jedoch darin, den Gefahren der PPP zu begegnen ohne ihre Vorteile, die vor allem in der Flexibilität und der Ergebnisoffenheit bestehen, zu beschneiden. Der Beirat Verwaltungsverfahrensrecht beim BMI hat sich letztlich für die sog. „kleine Lösung" entschieden, wonach ein § 54a VwVfG als Grundsatznorm geschaffen werden soll.[715] Abgelehnt wurde damit eine detaillierte Regelung im Verwaltungsverfahrensgesetz. Die §§ 54 ff. VwVfG liefern einen rudimentären Rahmen für eine Form von PPP, die sich auf dem Boden des öffentlichen Rechts vollzieht. Eine sog. „große Lösung", nach der eine verfahrensrechtliche Normierung der PPP erfolgen sollte, würde den Rahmen des VwVfG sprengen und gleichzeitig das Phänomen in der Weise zementieren, dass seine Fortentwicklung zumindest erheblich erschwert würde.[716] Laut *Wolff/Bachof/Stober/Kluth*[717] seien indes dogmatische Bedenken hinsichtlich des Fehlens ausdrücklicher Regelungen und die Gefahren nichts sagender Ermächtigungsformeln und damit verbundenen Fehlens klarer Zulässigkeits- und Begrenzungsmaßstäbe umso größer, je mehr PPP Ausübung von Staatsgewalt sind und je intensiver Grundrechte tangiert werden. Daher ist allenfalls ein hinreichender gemeinschaftsrechtlicher, verfassungsrechtlicher und insbesondere vergaberechtlicher Rechtsrahmen für PPP unabdingbar.

Die russische Diskussion über die Notwendigkeit der gesetzlichen Normierung von PPP verläuft hingegen allenfalls an der Oberfläche, ohne die für eine Ergebnisorientierung notwendige Schärfe und für eine klare dogmatische Einordnung erforderliche Tiefe zu gewinnen. Erachten also die zuständigen Entscheidungsträger die gesetzliche Normierung künftig im Ergebnis für notwendig, besteht die Gefahr, dass der russische Gesetzgeber ein PPP-Gesetz verabschiedet, das mangels inhaltlicher Tiefe einen praxisuntauglichen Torso ohne Regelungsgehalt darstellen und keine Verbesserung des Rechtszustands herbeiführen wird. Nach alledem scheint in Russland mangels gemeinschaftsrechtlicher Vorgaben sowie eines funktionsfähigen verfassungsrechtlichen Rahmens zur Beseitigung

---

[714] Vgl. *Häfner*, S. 341.
[715] Vgl. dazu exemplarisch *Reicherzer*, ZRP 2004, 112 (113); *Bonk*, DVBl 2004, 141 (147 f.). In Gutachten von *Schuppert* und *Ziekow* wurden sodann konkretisierte Vorschläge zur Änderung und Ergänzung der §§ 54 ff. VwVfG gemacht, die zum Teil weit in das Zivil- und Gesellschaftsrecht reichen, vgl. eine Zusammenfassung bei *Bonk*, DVBl 2004, 141 (147 ff.).
[716] So *Gurlit*, in: *Erichsen/Ehlers*, Allgemeines Verwaltungsrecht, § 29, Rn. 5.
[717] Vgl. *Wolff/Bachof/Stober/Kluth*, Verwaltungsrecht, § 93, Rn. 35.

der nach allgemeinen Vorschriften bestehenden Hindernisse, auf die im abschließenden Teil dieser Arbeit zusammenfassend eingegangen wird, ein GČP-Beschleunigungsgesetz – nach dem Vorbild des deutschen ÖPP-Beschleunigungsgesetzes – die naheliegende Lösung zu sein.

F. Bewertung des russischen PPP-Phänomens vor dem Hintergrund der deutschen Diskussion

I. Zusammenfassende Einordnung einzelner GČP-Formen als PPP

Insgesamt bleibt festzuhalten, dass das Spektrum der GČP-Sichtweisen in der russischen Literatur denkbar weit ausfällt. Das russische GČP-Verständnis reicht von der Gewährung steuerlicher Vergünstigungen an Unternehmen im Gegenzug für eine bestimmte privatwirtschaftliche Maßnahme bis hin zur Zusammenarbeit des Staates mit Arbeitgeber- und Arbeitnehmerverbänden. Es existiert weder eine Legaldefinition noch ein einheitliches Begriffsverständnis. Dennoch scheinen sich Autoren zunehmend für die Einschränkung des weiten GČP-Verständnisses auszusprechen. Die Analyse der einzelnen in der russischen Lehre diskutierten PPP-Merkmale hat ferner gezeigt, dass sie im Wesentlichen den im Grünbuch der EU-Kommission formulierten und sich in der deutschen Rechtslehre allmählich durchsetzenden PPP-Wesensmerkmalen nahe kommen, wenn auch im Einzelnen teilweise erhebliche Unterschiede feststellbar sind. Noch selten findet in der russischen Lehre die Auseinandersetzung mit dem Merkmal des Lebenszyklusansatzes sowie des Wettbewerbscharakters von PPP statt. Vielfach wird PPP gar als reines Finanzierungsinstrument gesehen. Unter den zahlreichen PPP-Modellen und Instituten finden sich durchaus solche, die auch nach deutschem Verständnis PPP-Formen darstellen. Dazu sind Konzessionen und gemischtwirtschaftliche Unternehmen zu zählen. Nicht nachvollziehbar ist hingegen die russische Einordnung der konventionellen Beschaffungsformen, der Leasing- und Investitionsverträge sowie der verschiedenen Finanzierungsinstrumente wie Infrastrukturanleihen und Venturefonds sowie der Staatsgarantien und Subventionen und der sehr weiten Formen der Zusammenarbeit wie soziale Partnerschaften und Wohltätigkeit als PPP. Nicht als PPP erweisen sich auch SWZ, bei denen der private Partner keine Erfüllung einer konkreten öffentlichen Aufgabe schuldet, sondern lediglich wirtschaftliche Vergünstigungen erlangt ohne diese im Rahmen eines Dialogs mit der öffentlichen Hand auszuhandeln. Bei Staatskorporationen handelt es sich vielmehr um die

Finanzierung von Unternehmen, die oft vollständig im Eigentum der öffentlichen Hand verbleiben. Bei den FAIP/FZP und KOT geht es ebenso lediglich um staatliche Finanzierung, wobei nicht auszuschließen ist, dass solche Vorhaben im Einzelfall unter Umständen die Qualität von PPP-Projekten erlangen können. In Bezug auf PSA gilt, dass das PSA-G gewissen Raum für PPP-typische Gestaltung der Kooperation bietet. Mangels praktischer Relevanz des Gesetzes ist jedoch derzeit offen, ob und in welchem Maße dieses PPP-Potenzial des Gesetzes durch die Vertragsparteien genutzt werden kann.

II. *Erklärungsversuch für das Fehlen eines einheitlichen PPP-Verständnisses*

Wollte man dennoch versuchen, eine Erklärung für das Fehlen eines einheitlichen PPP-Verständnisses in der russischen Theorie und Praxis zu finden, liegt die Vermutung, dass insbesondere das Fehlen gefestigter verfassungs- wie verwaltungsrechtlicher Strukturen im russischen Rechtssystem eine wesentliche Ursache dafür sein könnte, auf der Hand. Im Detail sind Antworten auf die Frage nach den Ursachen im Rahmen der Diskussion um die Zulässigkeit und Grenzen der Privatisierung, die Staatsaufgaben- und Staatszwecklehre, das System der Handlungsformen der Verwaltung und das Verwaltungskooperationsrecht zu suchen.

1. Verfassungsrechtliche Grenzen der Privatisierung

Ist ein Rechtssystem unzureichend entwickelt oder fehlen in einem Rechtssystem klare rechtliche oder dogmatische Strukturen, gestalten sich die Einordnung eines Rechtsbegriffes in das Rechtssystem und die Bestimmung seines Gehaltes naturgemäß schwierig. Dies gilt im besonderen Maße für den Begriff von PPP.

Privatisierungsdiskussion in der deutschen Rechtswissenschaft

Wenn auch PPP gerade keine Form der Privatisierung, sondern gerade ein „milderes Mittel" bedeutet, spielen die Grenzen der Privatisierung bei der Bestimmung der Grenzen von PPP eine wichtige Rolle. Wo das Spektrum privatisierungsoffener Aufgaben endet und der Bereich sog. genuin öffentlicher Aufgaben beginnt, ist in der deutschen Literatur stark umstritten.

Die rechtwissenschaftliche Analyse der Privatisierung ist inzwischen weit fortgeschritten und unterscheidet 13 Formen der Privatisierung, die auf der in § 2 Teil B bereits dargestellten vierteiligen Ordnung – der Einteilung in die materielle, funktionale und formelle Privatisierung sowie die Aufgabenprivatisierung – basieren.[718] Teilweise wird diese Einteilung um die rechtsfolgenkonzentrierte Typologie – die Einteilung in Privatisierung der Handlungsform, der Organisationsform, der ausführenden Hand, der Aufgabe und der Verantwortung – modifiziert und ergänzt.[719] Demnach sind die Fragen nach der Zulässigkeit und den Grenzen der Übertragung öffentlicher Aufgaben auf Private vor dem Hintergrund der Rechtsfolgen der Privatisierung zu sehen, da jede Privatisierung öffentlich-rechtliche Bindungen durch eine Verschiebung zwischen Staat und Gesellschaft lockert oder löst.[720] Nach der Privatisierung der Organisationsform bliebe dem Staat die Erfüllungsverantwortung, nach der Privatisierung der Handlungsform die Leitungs- und nach der Aufgabenprivatisierung die Gewährleistungsverantwortung.[721]

Die Herausforderung der Privatisierung besteht indes darin, eine Schwächung des Schutzes durch öffentlich-rechtliche Bindungen zu vermeiden. Zwar bleiben die Verantwortungsmaßstäbe grundsätzlich gleich – insbesondere die allgemeinen rechtsstaatlichen Anforderungen, die grundgesetzliche Kompetenzordnung sowie die völkerrechtlichen und europarechtlichen Wettbewerbsregeln.[722] Dennoch bringt jede Privatisierung verfassungsrechtliche Einbußen im Hinblick auf die Freiheitsgarantie der Grundrechte, die sich im Rahmen von Privatisierung auf das Gleichbehandlungsgebot reduzieren, die Strenge freiheitssichernder Verwaltungsverfahren und der Haushaltsbindung, Haftungsverlagerungen, Machtzuwachs des Privaten samt negativen Perpetuierungseffekten und damit einhergehende Steuerungsverluste auf Seiten des Staates.[723] Die Rechtsstellung des öffentliche Aufgaben wahrnehmenden Privaten wird im Innenverhältnis durch einen relativierten Grundrechtsschutz und im Außenverhältnis durch die Auffangfunktion des Privatrechts geprägt.[724]

Rechtsdogmatisch dreht sich die Privatisierungsdiskussion daher um die Frage nach der Bestimmung von Staatsaufgaben und deren Abgrenzung zu öffentli-

---

[718] Zu den 13 Privatisierungsformen s. *Kirchhof*, AöR 2007, 215 (225 und 230 ff.).
[719] Vgl. *Kirchhof*, AöR 2007, 215 (236 ff.).
[720] Vgl. *Kirchhof*, AöR 2007, 215 (216 und 254).
[721] Vgl. *Kirchhof*, AöR 2007, 215 (228 m.w.N.).
[722] Vgl. *Kirchhof*, AöR 2007, 215 (232 f.).
[723] Vgl. exemplarisch *Gallwas*, Die Erfüllung von Verwaltungsaufgaben durch Private, Veröffentlichungen deutscher Staatsrechtler, S. 216 ff.; *Kirchhof*, AöR 2007, 215 (216).
[724] Vgl. *Gallwas*, Die Erfüllung von Verwaltungsaufgaben durch Private, Veröffentlichungen deutscher Staatsrechtler, S. 214 ff.

chen Aufgaben.[725] Der Diskussion kann das Grundverständnis von der Staatsform bzw. der konkreten Staatsordnung in ihren Alternativen als Polizeistaat, Rechtsstaat, Sozialstaat oder Steuerungsstaat zugrunde gelegt werden.[726] Dabei ist die Staatsaufgabenlehre im Gegensatz zur Staatszwecklehre noch nicht allgemein anerkannt. Unter Staatsaufgaben werden vielfach die öffentlichen Aufgaben verstanden, die von Staats wegen wahrgenommen werden.[727] Damit handelt es sich bei dem Begriff der öffentlichen Aufgaben um den Oberbegriff. *Weiss*[728] definiert Staatsaufgaben als alle im öffentlichen Interesse liegenden Angelegenheiten, welche die Bundesrepublik unter Beachtung der verfassungsrechtlichen Schranken in Formen des Rechts wahrnimmt und die dem Schutz und der Realisierung der grundrechtlichen Freiheiten dienen. Liegen keine Staatsaufgaben vor, ist laut *Weiss* die öffentliche Aufgabenerfüllung unzulässig. Umgekehrt bedeutet das Vorliegen einer Staatsaufgabe zwingend die Nichtprivatisierbarkeit bzw. Aufrechterhaltung der Staatsverantwortung nach der Privatisierung.[729]

Schwieriger ist die Frage nach dem Inhalt der Staatsaufgaben und damit den Grenzen staatlicher Betätigung. Objektive Abgrenzungskriterien zwischen den öffentlichen und typischen privaten Aufgaben fehlen.[730] Bereits ab dem 19. Jahrhundert „verkümmerte" die Frage nach dem Staatszweck als der Versuch, Beschränkungen der Staatsgewalt zu verankern, so dass der staatsrechtliche Positivismus die Staatszwecklehre letztlich aus dem Staatsrecht gestrichen hatte und es nunmehr lediglich empirisch um eine Betrachtung der vom Staat erfüllten Aufgaben ging.[731] Das Auftreten des Begriffs Staatsaufgaben erfolgte parallel zu dem des Begriffs Allzuständigkeit, indem mit der positivistischen Sichtweise auch die Erkenntnis einer ging, dass der Staat von seiner Allzuständigkeit kei-

---

[725] Vgl. dazu exemplarisch *Bonk*, DVBl 141 (146); *Weiss*, Privatisierung und Staatsaufgaben, S. 22 ff. m.w.N.; *Peters*, Öffentliche und staatliche Aufgaben, S. 878.

[726] S. dazu etwa *Kaufmann*, Diskurse über Staatsaufgaben; *Ossenbühl*, Die Erfüllung von Verwaltungsaufgaben durch Private, S. 153; *Baer*, „Der Bürger" im Verwaltungsrecht, S. 83 ff.

[727] Vgl. *Peters*, Öffentliche und staatliche Aufgaben, S. 879; *Weiss*, Privatisierung und Staatsaufgaben, S. 25; *Di Fabio*, JZ 1999, 585 ff.; *Burgi*, Privatisierung öffentlicher Aufgaben – Gestaltungsmöglichkeiten, Grenzen, Regelungsbedarf, Band I, Gutachten Teil D, D 15.

[728] Vgl. *Weiss*, Privatisierung und Staatsaufgaben, S. 125. Vgl. dazu auch *Peters*, Öffentliche und staatliche Aufgaben, S. 878.

[729] Vgl. *Kämmerer*, Privatisierung, S. 427.

[730] Vgl. exemplarisch *Schulze-Fielitz*, in: *Hoffmann-Riem/Schmidt-Aßmann/Voßkuhle*, Grundlagen des Verwaltungsrechts, S. 30.

[731] Vgl. *Weiss*, Privatisierung und Staatsaufgaben, S. 65 und 75; *Schulze-Fielitz*, in: *Hoffmann-Riem/Schmidt-Aßmann/Voßkuhle*, Grundlagen des Verwaltungsrechts, Rz. 95 ff.

nen Gebrauch machen darf, um nicht totalitär zu werden.[732] Heute werden als Orientierung zur Bestimmung der Staatsaufgaben und Beschränkung der staatlichen Betätigung auf das für den Staat Spezifische die Grundrechte oder andere Verfassungsnormen – wie das Rechtsstaatsprinzip, das Demokratieprinzip und die Grundrechtsbindung, der Funktionsvorbehalt des Art. 33 Abs. 4 GG, die Kompetenzregelung der Art. 83 ff. GG – angeführt.[733] Verwaltungstätigkeit ohne Bezug zu einer der Aufgaben der Verwaltung ist unzulässig, da die staatliche Existenz unter dem Grundgesetz und allgemein bei freiheitlich-demokratischen Staaten keine Berechtigung um ihrer selbst willen hat.[734] Indes könne auch ein Verfassungsstaat der Gegenwart im Sinne einer latenten Allzuständigkeit prinzipiell alle Aufgaben übernehmen, deren Inangriffnahme durch den Staat ein Gemeinwesen prinzipiell für zweckmäßig hält, freilich nicht im Sinne einer allumfassenden General- und Blankovollmacht, sondern nur nach Maßgabe des Verfassungsrechts.[735]

Im Ergebnis wird überwiegend konstatiert, dass ein Katalog notwendiger Aufgaben kaum erstellt wird, da eine trennscharfe Grenze zwischen Staat und Gesellschaft nur schwer gezogen werden kann. Der vom Staat zwingend selbst wahrzunehmende und letzt zu verantwortende Aufgabenbereich sei relativ klein[736] und von der konkreten raumzeitlichen Staatsordnung sowie von den jeweiligen politischen Vorstellungen abhängig[737]. Letztlich muss eine Privatisierung geeignet, erforderlich und angemessen ihren legitimen Zweck verfolgen, was eine detaillierte Betrachtung der Wirkungen der Rechtsfolgen und damit der Wirklichkeit voraussetzt.[738] Ob und welche Reserverolle dann noch dem Staat zukommt, ist ebenfalls umstritten und reicht von bloßer Wettbewerbskontrolle bis hin zu einer umfassenden Garantenstellung.[739]

In Russland findet eine wissenschaftliche Auseinandersetzung mit den dogmatischen Problemen der Privatisierung hingegen nicht statt. Zwar existiert eine Fül-

---

[732] Vgl. *Weiss*, Privatisierung und Staatsaufgaben, S. 77.

[733] Vgl. *ders.*, S. 113 ff. und 137 ff.; *Di Fabio*, JZ 1999, 590 ff.

[734] Vgl. *Weiss*, Privatisierung und Staatsaufgaben, S. 209.

[735] Vgl. dazu exemplarisch *Schulze-Fielitz*, in: *Hoffmann-Riem/Schmidt-Aßmann/Voßkuhle*, Grundlagen des Verwaltungsrechts, S. 30 m.w.N.; *Ossenbühl*, Die Erfüllung von Verwaltungsaufgaben durch Private, S. 159 ff.

[736] Vgl. *Bonk*, DVBl 141 (146).

[737] Vgl. etwa *Ossenbühl*, Die Erfüllung von Verwaltungsaufgaben durch Private, S. 153 f.

[738] Vgl. *Kirchhof*, AöR 2007, 215 (254).

[739] Vgl. dazu exemplarisch *Kirchhof*, AöR 2007, 215 (254) und *Gallwas*, Die Erfüllung von Verwaltungsaufgaben durch Private, Veröffentlichungen deutscher Staatsrechtler, S. 221 ff.

le von Abhandlungen, die sich mit den Privatisierungsmaßnahmen nach dem Zerfall der Sowjetunion Anfang der 1990er Jahre befassen.[740] Eine Ableitung von verfassungsrechtlichen Grundlagen für die Privatisierung und ihre Grenzen wird auf dieser empirischen Grundlage jedoch nicht vorgenommen.

In der Tat unterschied sich die Ausgangssituation der russischen Privatisierungsvergangenheit grundlegend von der heutigen Ausgangslage. Die Privatisierung hatte in den postsozialistischen Staaten mit Übergangswirtschaft gänzlich anderen Charakter als die heutigen Privatisierungsformen in den westlichen Rechtsordnungen. Sie umfasste die gesamte Wirtschaft und gestaltete die Eigentumsrechte derart um, dass mittels einhergehender Schaffung und Sicherung von Grundbedingungen für eine funktionsfähige Staatswirtschaft die Demokratieentwicklung durch Bildung neuer sozialer Schichten gefördert und ein Wechsel der Staatsform ermöglicht wurde. Dabei wurde die Privatisierung in Russland durch die Größe der Marktwirtschaft, die hohe Anzahl überdurchschnittlich großer Betriebe und damit verbundenem öffentlichen und sozialen Druck erheblich erschwert. Im Ergebnis führte der Transformationsprozess – die sog. „Schocktherapie" – nicht zu dem gewünschten Ergebnis des schnellen Übergangs zur Marktwirtschaft, da alte Marktstrukturen zerstört und die Schaffung neuer Strukturen aufgrund politischer Instabilität und der Schwäche des Staates scheiterte.[741] Solch weittragende Folgen haben die heutigen Privatisierungsmaßnahmen nicht.

Dennoch fehlt heute eine dogmatische Durchdringung der Privatisierungsdiskussion in Bezug auf Typologie, Determinanten, Folgen – wie sie in der deutschen Lehre vorgenommen wird[742] – in der russischen Lehre. Vielfach wird – nicht zuletzt vor dem Hintergrund der starken Prägung des russischen öffentlichen Rechts durch den Obrigkeitscharakter – von der Allzuständigkeit des Staates ausgegangen. Nicht unterschieden wird jedenfalls – im Gegensatz zum deutschen Verwaltungsrecht – zwischen der Aufgabenerfüllung des Staates in öffentlich-rechtlicher oder privatrechtlicher Form oder den fiskalischen Hilfsgeschäften und der erwerbswirtschaftlichen Betätigung.[743] Insbesondere erfolgt

---

[740] Vgl. exemplarisch *Podberezkin/Strelâev/Hohlov/Âstrebov*, Geheimnisse der russischen Privatisierung; *Medvedev*, Čubajs und der Voucher. Aus der Geschichte der russischen Privatisierung; *Tchekoev*, Analyse der Privatisierung in der Russischen Föderation.

[741] Vgl. *Tchekoev*, Analyse der Privatisierung in der Russischen Föderation, S. 192.

[742] Vgl. dazu exemplarisch *Weiss*, Privatisierung und Staatsaufgaben, S. 29 ff.

[743] Vgl. *Maurer*, Allgemeines Verwaltungsrecht, § 3, Rn. 9.

keine Befassung mit den Formen, Modellen und Stadien der Übertragung der Aufgabenerfüllung, den Gründen für die Aufgabenübertragung und den jeweiligen Erfüllungsmodalitäten, wie sie etwa im deutschen Schrifttum unterschieden werden[744]. Hinzukommt, dass in Russland – im Gegensatz zum Europäischen Gemeinschaftsrechts in Deutschland – keine übergeordnete Rechtsordnung mit speziellen Vorgaben für die Privatisierung existiert. Ohne eine theoretisch – also verwaltungsrechtlich und verwaltungsdogmatisch – fundierte Handlungsformenlehre hängen die Erörterung zum Begriff der PPP indes in der Luft.

Gewichtiger erscheint jedoch das Versäumnis der russischen Lehre im Hinblick auf das Fehlen dogmatischer Auseinandersetzungen mit den verfassungsrechtlichen Anforderungen an die Privatisierung, die durch das Rechtsstaatsprinzip, das Demokratiegebot und die Grundrechtsbindung vorgegeben werden. Der demokratische Rechtsstaat umgrenzt, bestimmt und formt das Verwaltungshandeln.[745] Zwar steht das Demokratiegebot der Einschaltung Privater in die Erfüllung staatlicher Aufgaben nicht grundsätzlich entgegen. Erforderlich ist aber zumindest eine am Maßstab des politischen Gewichts der ausgegliederten Aufgabe orientierte und bemessene Staatsaufsicht.[746] Gleichzeitig enthalten das Rechtsstaatsprinzip und die Grundrechte organisatorische Sperrwirkungen und Direktiven, die auch die Übertragung von Verwaltungsaufgaben auf Private eingrenzen.[747] Ferner folgt aus dem rechtsstaatlichen Gesetzesvorbehalt das Erfordernis einer formalgesetzlichen Ermächtigung zur Privatisierung. Relevante Grundrechte bilden insbesondere die Berufs- und die Eigentumsfreiheit wie die allgemeine Handlungsfreiheit und der Gleichheitssatz. Eine Auseinandersetzung mit diesen Prinzipien und daraus ableitbaren Argumentationsmustern unterbleibt in der russischen Rechtslehre und erschwert damit die Einordnung von öffentlich-privaten Kooperationsformen. Schließlich besteht das Kernproblem informellen Verwaltungshandelns darin, dass sich die Verwaltung der Handlungsbindungen entledigt, die in der grundrechts- und rechtsschutzgebotenen Formung des Verwaltungshandelns angelegt sind.[748]

---

[744] Vgl. dazu etwa *Peters*, Öffentliche und staatliche Aufgaben, S. 878 f. und S. 880 f.; *Ossenbühl*, Die Erfüllung von Verwaltungsaufgaben durch Private, S. 145 ff.; *Schulze-Fielitz*, in: *Hoffmann-Riem/Schmidt-Aßmann/Voßkuhle*, Grundlagen des Verwaltungsrechts, Rz. 25 ff.
[745] So *Burmeister*, VVDStRL 1993, 193.
[746] So *Ossenbühl*, Die Erfüllung von Verwaltungsaufgaben durch Private, S. 205.
[747] *Ebd.*
[748] So *Burmeister*, VVDStRL 1993, 193 (244).

2. Fehlen rechtlicher und dogmatischer Strukturen im russischen Verwaltungsrecht

Bei der Privatisierung im Allgemeinen und PPP im Besonderen handelt es sich um Regelungsmaterien des Verwaltungsrechts. Während zivilrechtliche Grundlagen einer PPP-Vertragsbeziehung und die eines herkömmlichen Vertragsverhältnisses zwischen zwei Privaten im Kern die Selben sind, handelt es sich bei PPP um eine alternative Handlungsform der Verwaltung, deren Rechtsgrundlagen dem Verwaltungsrecht zuzuordnen sind. Zwar wird das Verwaltungsrecht in Russland inzwischen als eigenständiges Rechtsgebiet anerkannt, zählt jedoch trotz permanenter Reformen nach wie vor zu den Rechtsmaterien mit dem größten Reformierungsbedarf.[749] Die bisherigen – meist auf die Bekämpfung der Korruption und die Effizienzsteigerung im Bereich der öffentlichen Verwaltung gerichteten – Reformen haben bislang nicht zur Strukturierung und Systematisierung des Rechtsgebiets beigetragen.[750]

Nach der Kompetenzverteilung der Verfassung der RF besteht gem. Art. 73 Abs. 1 lit. j und m VerfRF die gemeinsame Zuständigkeit von Föderation und Föderationssubjekten für das Verwaltungs- und Verwaltungsprozessrecht. Eine umfassende Regelung des Verwaltungsrechts auf föderaler Ebene existiert indes nicht.[751] Das Verwaltungsverfahrensrecht ist zum größten Teil in untergesetzlichen Normen der Exekutive enthalten und die Streitigkeiten zwischen Bürgern und Verwaltung fallen in unterschiedliche Gerichtszweige. Obwohl seit vielen Jahren diskutiert, wurde bis dato – wohl aufgrund des Widerstands aus den Reihen der Wirtschaftsgerichtsbarkeit, die einen Bedeutungsverlust befürchtet – keine spezielle Verwaltungsgerichtsbarkeit in Russland eingerichtet.[752] Vor diesem Hintergrund überrascht es nicht, dass auch eine klare Unterscheidung einzelner Handlungsformen der Verwaltung – wie sie das deutsche Recht mit der Unterscheidung zwischen Verwaltungsakten, Realakten, Rechtsverordnungen, Satzungen, Verwaltungsvorschriften, Verwaltungsverträgen, Planfeststellungsverfahren und schließlich dem privat-wirtschaftlichen Verwaltungshandeln

---

[749] Vgl. *Schmidt*, in: *Nußberger*, Einführung in das russische Recht, § 7, S. 76.

[750] Zu den neusten Reformen s. exemplarisch *Harter*, Staatlich-private Partnerschaft in der russischen Transformationsgesellschaft (russ.), S. 2 ff.; *Kapoguzov*, DÖV 2008, 810 ff.

[751] Neben dem Gesetz über Verwaltungsrechtsverletzungen, Nr. 195-FZ vom 30.12.2001, existieren föderale verwaltungsrechtliche Regelungen im ZGB und einzelnen Spezialgesetzen.

[752] S. *Schmidt*, in: *Nußberger*, Einführung in das russische Recht, § 7, S. 81 m.w.N.

kennt – in Russland fehlt. In Rechtsprechung und rechtswissenschaftlichem Schrifttum werden – teilweise unter erheblichen inhaltlichen Abweichungen – lediglich rechtliche und nichtrechtliche, normative und nichtnormative bzw. individuelle Rechtsakte der Verwaltung unterschieden.[753] Daneben wird die Handlungsform des Verwaltungsvertrages diskutiert, auf den mangels abweichender Regelungen jedoch das allgemeine Zivilrecht anwendbar sein soll.

Eine Auseinandersetzung mit den dogmatischen Defiziten der Handlungslehre findet in der russischen Literatur ebenso wenig statt.[754] Ferner findet im russischen Recht die im deutschen Verwaltungsrecht vorgenommene Unterscheidung zwischen der Aufgabenerfüllung durch eigene Behörden, durch juristische Personen des öffentlichen Rechts (Körperschaften, Anstalten, Stiftungen), im Rahmen der Beleihung und der Verwaltungshilfe, durch privatrechtliche Organisationsformen sowie Privatisierung und öffentliche Auftragsvergabe nicht statt.[755] Schließlich fehlt im russischen Recht die Kategorie des Verwaltungsprivatrechts – dem PPP in Deutschland zugeordnet wird[756] – ebenso wie die klassische Einteilung in privatrechtliche, verwaltungsprivatrechtliche und hoheitliche Verwaltung[757] gänzlich.

Während also die Einordnung von PPP in das System der Handlungsformen der Verwaltung und sein Verhältnis zu den §§ 54 ff. VwVfG auch in Deutschland schwierig ist, fällt der Umgang mit der neuen Handlungsform in Russland umso schwerer.

3. Abgrenzung zwischen öffentlichem und Privatrecht

Ebenso undurchsichtig ist das russische Recht im Hinblick auf Abgrenzung zwischen öffentlichem und Privatrecht, so dass eine Bewertung der PPP-Beziehung hinsichtlich ihrer öffentlich- oder privatrechtlichen Natur nicht möglich ist. Seit Mitte der 1990er Jahre wird im rechtswissenschaftlichen Schrifttum das öffentliche Recht als gemeinnütziges Recht gegenüber dem Privatrecht, das den Inte-

---

[753] S. *dies.*, § 7, S. 78 m.w.N.

[754] Das Hauptdefizit der deutschen Handlungslehre besteht darin, dass sie ihrer eigentlichen Zweckrichtung, einen sachangemessenen Ausgleich zwischen behördlichem Handlungsauftrag und bürgerlichem Rechtsschutz nicht zu schaffen vermag, vgl. *Burmeister*, VVDStRL 1993, 193 (194 und 207).

[755] Zur Unterscheidung in Deutschland s. exemplarisch *Wolff/Bachof/Stober/Kluth*, Verwaltungsrecht, § 92, Rn. 15 ff.

[756] Vgl. *Bonk*, in: *Stelkens/Bonk/Sachs*, Verwaltungsverfahrensgesetz, § 54, Rn. 43b.

[757] Vgl. *Wolff/Bachof/Stober/Kluth*, Verwaltungsrecht, § 23, Rn. 41 ff.

ressen des Einzelnen diene, abgegrenzt.[758] Zur Abgrenzung wird zwar – ebenso wie in Deutschland – auf die Interessen, denen die betroffene Norm zu dienen bestimmt ist, das Subordinationsverhältnis oder den Adressaten der Norm abgestellt. Dennoch soll das Verwaltungsrecht „alle Beziehungen, die im Prozess des Funktionierens der öffentlichen Verwaltung entstehen und nicht den anderen Rechtszweigen angehören" umfassen.[759] Im Ergebnis erfolgt die Abgrenzung von zivil- und öffentlichem Recht ohnehin nur im Schrifttum, während der Gesetzgeber und die Rechtsprechung Streitigkeiten zwischen Bürger und Verwaltung als einen Unterfall der zivilrechtlichen Streitigkeiten behandeln.[760] Verwaltungsstreitigkeiten unterfallen mangels spezieller Verwaltungsgerichtsbarkeit nach der allgemeinen Regelung in Art. 126 VerfRF den allgemeinen Gerichten oder den Wirtschaftsgerichten der RF.

In der deutschen PPP-Lehre existiert eine Antwort auf die Frage, ob PPP-Verträge solche des zivilen oder des öffentlichen Rechts sind, zwar nicht.[761] Vielmehr kommt es dabei nach der Rechtsprechung des BGH und des BVerwG auf den Gegenstand und Zweck in Verbindung mit den dafür streitentscheidenden Nomen an.[762] Da diese bei komplexen PPP-Verträgen regelmäßig zusammen treffen, ist auf den den Vertrag prägenden wesentlichen Regelungsgegenstand abzustellen. Im Rahmen von PPP erfolgt eine allmähliche Verlagerung des Schwerpunktes einer Kooperationsbeziehung von dem Gesamtspektrum spezieller Bindungen der Verwaltung hin zu den Grundsätzen der Privatautonomie und des Verhandlungsgrundsatzes. Wie im Verwaltungsprivatrecht üblich wird bei PPP das grundsätzlich anwendbare Zivilrecht durch Bestimmungen und Prinzipien des öffentlichen Rechts ergänzt, überlagert und modifiziert. Einer Streitentscheidung bedarf es jedoch letztlich im Hinblick auf das Maß solcher Überlagerungen und Modifizierungen. Aufgrund der Beteiligung der öffentlichen Hand an der Kooperationsbeziehung werden die Privatautonomie und der Verhandlungscharakter eingeschränkt. Je nach PPP-Modell kann das Maß des verwaltungsrechtlichen Einschlags der Kooperation und damit der Reichweite öffent-

---

[758] Vgl. *Schmidt*, in: *Nußberger*, Einführung in das russische Recht, § 7, S. 77.

[759] Vgl. dazu *Starilov*, in: *Bahrah/Rossinskij/Starilov*, Verwaltungsrecht: ein Lehrbuch (russ.), S. 66.

[760] Bestimmten Bausachen wie die Feststellung der Rechtswidrigkeit bestimmter Bauten oder des Erfordernisses einer Baugenehmigung wird grundsätzlich zivilrechtliche Natur zugeschrieben, vgl. *Schmidt*, in: *Nußberger*, Einführung in das russische Recht, S. 87.

[761] Für privatrechtlichen Charakter spricht sich etwa *Becker*, ZRP 2002, 306 f., aus.

[762] Vgl. *Bonk*, in: *Stelkens/Bonk/Sachs*, Verwaltungsverfahrensgesetz, § 54, Rn. 43l.

lich-rechtlicher Elemente der Beziehung variieren. Daher wäre zumindest eine dogmatische Auseinandersetzung mit dem Problem in der russischen Lehre wünschenswert.

4. Zulässigkeit von PPP und Verwaltungskooperationsrecht

Mit der Frage nach der Zulässigkeit und den Grenzen der Privatisierung ist die Frage nach der grundsätzlichen Zulässigkeit neuer Kooperationsformen eng verzahnt. Das deutsche Verwaltungsrecht ist lückenhaft, weil mangels eines allgemeinen Verwaltungskooperationsgesetzes keine Kodifikation existiert, das Verwaltungskooperationsrecht noch entwicklungsbedürftig ist und der Anwendungsbereich von PPP nicht auf bestimmte Rechtssektoren beschränkt ist.[763] Angesichts dieses juristischen Flickenteppichs besteht Rechtsunsicherheit über die Zulässigkeit und die Grenzen von PPP.[764] Public Private Partnerships werden von *Wolff/Bachof/Stober/Kluth*[765] nicht nur begrifflich, dogmatisch und systematisch, sondern auch einfachgesetzlich als eine „Grauzone des Rechts" gesehen. Allerdings lassen sich bei einer Querschnittsanalyse sämtlicher einschlägiger Rechtsvorschriften bestimmte Mindeststandards erkennen, die für jede Zusammenarbeit zwischen der öffentlichen Hand und Privaten gelten.[766]

Hingegen kann das russische Verwaltungsrecht insgesamt als nur unzureichend entwickelt und dogmatisch wenig durchdrungen bezeichnet werden. Hinzukommt, dass das Verwaltungsrecht in Russland traditionell und nach wie vor erheblich obrigkeitsgeprägt ist. Im russischen juristischen Schrifttum dominieren bei der Darstellung des Verwaltungsrechts Ausführungen zur Eingriffsverwaltung, die häufig alleiniger Gegenstand verwaltungsrechtlicher Lehrbücher ist.[767] Der PPP-Begriff ist im russischen Recht nicht hinreichend definiert. Während das Obrigkeitselement deutlich überwiegt, bleiben die Strukturen im Einzelnen im Dunkeln. Die Voraussetzung der Schaffung einer Alternative ist jedoch die Schaffung eines klaren Verständnisses der Ausgangslage, das in der russischen Verwaltungslehre gerade fehlt.

Gleichzeitig bedeutet PPP eine allmähliche Annäherung der öffentlichen Hand an den Privaten im Vergleich zum klassischen Subordinationsverhältnis. Dieser

---

[763] Vgl. *Wolff/Bachof/Stober/Kluth*, Verwaltungsrecht, § 93, Rn. 34.
[764] Vgl. *dies.*, § 93, Rn. 35.
[765] Vgl. *dies.*, § 93, Rn. 34.
[766] Vgl. *Wolff/Bachof/Stober/Kluth*, Verwaltungsrecht, § 93, Rn. 36.
[767] So *Schmidt*, in: *Nußberger*, Einführung in das russische Recht, § 7, S. 77.

Aspekt verliert vor dem Hintergrund eines ohnehin zum Handeln – ungeachtet der konkreten Ausgestaltung und der Form dieses Handeln – befugten Staates erheblich an Bedeutung. Die Frage nach der Annäherung des öffentlich-rechtlichen an ein privat-rechtliches Handlungsinstrumentarium im Vergleich zum herkömmlichen Handlungsspektrum stellt sich nur am Rande. Jedenfalls handelt es sich dabei – anders als im deutschen Recht – nicht um ein kennzeichnendes Merkmal der PPP-Beziehung. Die Obrigkeitsorientierung gibt vor, dass die Eingriffsverwaltung wie jede Kooperationsform – unabhängig vom Maß der Kooperation – zulässig ist, solange sie dem Staatsinteresse dient. Die Zielrichtung der PPP kann es also nicht sein, auf die Schaffung einer neuen, flexibleren Alternative zum geltenden Verwaltungskooperationsrecht, hinzuwirken. Die Erweiterung und Modifizierung des russischen Verwaltungskooperationsrechts würde also allenfalls darauf abzielen, die Position der öffentlichen Hand im Rahmen dieser Kooperation zu stärken bzw. Absicherungsmechanismen hierfür zu schaffen.

Während also in der deutschen Rechtslehre jedes Instrument der Absprachen und kooperativen Abstimmungen unter dem Rechtsstaatsgebot und vor dem Hintergrund der obrigkeitlich geprägten deutschen Verwaltungtradition häufig von vornherein „verdächtig" scheint[768], ist vor dem Hintergrund der russischen verwaltungsrechtlichen Situation bereits zweifelhaft, ob eine Auseinandersetzung mit dieser „Grauzone des Rechts" im Hinblick auf ein Mindestmaß rechtsstaatlicher Anforderungen überhaupt zufriedenstellend geführt werden kann.

Schließlich setzt strukturierter und systematisierter Umgang mit dem Begriff PPP feste Strukturen im Bereich des Haushalts- und Vergaberechts voraus. Im Rahmen von PPP steht die durch die öffentliche Hand vor der Ausschreibung und Durchführung des Vorhabens zwingend durchzuführende Bedarfsanalyse und Wirtschaftlichkeitsuntersuchung im Vordergrund. Der Hintergrund ist, dass bestimmte Projekte auch in Zeiten knapper öffentlicher Kassen im öffentlichen Interesse stehen und gerade dann unter besonderer Berücksichtigung des Wirtschaftlichkeitsgrundsatzes sowie des Wettbewerbsgebotes durchzuführen sind. Die Frage, ob und wann dies in Form von PPP erfolgen darf oder soll und wann es sich bei einer Projektform um PPP handelt, ist indes auf dem Boden des jeweiligen Haushalts- und Vergaberechts zu beantworten.

---

[768] Vgl. *Ritter*, S. 101 m.w.N.

5. Zwischenergebnis

Damit ist das Fehlen eines einheitlichen PPP-Verständnisses kein Problem des Nichtbegreifens des PPP-Phänomens durch russische Rechtswissenschaftler und Praktiker, sondern vielmehr Ausfluss fehlender öffentlich-rechtlicher Strukturen. Während die Einordnung von PPP in das System der Handlungsformen der Verwaltung auch in Deutschland schwierig ist, fällt der Umgang mit der neuen Handlungsform in Russland umso schwerer. Wo grundlegende verwaltungsrechtliche Strukturen fehlen, kann es keine Auseinandersetzung des Schrifttums mit den dogmatischen Problemen der PPP geben, wie sie im deutschen Schrifttum diskutiert werden. Nicht das Nichtbegreifen von PPP, sondern das aus dem Fehlen verwaltungsrechtlicher und verwaltungsdogmatischer Strukturen erwachsene inhaltliche Vakuum hat letztlich zum dem theoretischen und praktischen PPP-Wildwuchs geführt, wie er in Russland heute zu verzeichnen ist. Die dogmatische Verlegenheit im Hinblick darauf, wann ein Projekt eine PPP ist, ist letztlich mit dem Ausbleiben der ordnungsbildenden Kraft des Rechts erklärbar.

Hinzukommen die in der gesamten russischen Rechtswissenschaft bestehenden Schwächen der wissenschaftlichen Analyse und der dogmatischen Durchdringung des Rechts. Das Fehlen der Tradition der Systematisierung und Ordnung des Rechts gilt für das russische Verwaltungsrecht jedoch umso mehr.[769] Die Regelungen der vielen unübersichtlichen Einzelgesetze sind häufig widersprüchlich und lückenhaft. Gleichzeitig wird die Gesetzgebungslandschaft von überbordender Kasuistik und übermäßiger Regelungsdichte geprägt. Dem vermag die Rechtswissenschaft durch die inzwischen auch zum Verwaltungsrecht erschienenen Lehrbücher nicht abzuhelfen.[770] Während sich die Qualität des Schrifttums nicht zu verbessern scheint, zeichnen sich auf der anderen Seite seit Jahren zunehmend negative Tendenzen im Hinblick auf die Rechtsstaatlichkeit in Russland ab – etwa die Zentralisierungstendenz im Kommunalrecht oder die Überwachungstendenz im Polizeirecht. Ob die jüngsten Antikorruptionsgesetze, die meist auf die Verschärfung des Wortlauts von Strafvorschriften, die Anhebung der Strafandrohung oder die Einführung neuer Sanktionsformen und die

---

[769] Vgl. *Nußberger*, in: *dies.*, Einführung in das russische Recht, § 1, S. 9.
[770] S. dazu exemplarisch *Bahrah/Rossinskij/Starilov,* Verwaltungsrecht: ein Lehrbuch (russ.), und *Dmitriev/Polânskij/Trofimov,* Verwaltungsrecht der Russischen Föderation: Lehrbuch für juristische Hochschulen (russ.).

Erweiterung des Kataloges unzulässiger Verstöße hinauslaufen, etwas daran zu ändern vermögen, bleibt höchst zweifelhaft.

III. Schlusswort zum russischen Verständnis von PPP

Wie jedes moderne Schlagwort wurde der Terminus GČP in der russischen Literatur aktiv diskutiert. Dennoch verlor der Begriff im Rahmen der Diskussion allmählich feste Konturen.[771] Derzeit kann beobachtet werden, dass PPP vielfach ohne jegliche Differenzierung mit dem einer irgendwie gearteten Verflechtung der Akteure vermengt wird. Das Modell der Partnerschaft setzt jedoch – wie immer man PPP konkret verstehen mag – ein deutlich höheres Maß an Zusammenarbeit des Staates mit dem Privaten voraus, als ein gemeinsames Operieren in jeder beliebigen Art und Weise. Bei dem Streit um den Begriff von PPP handelt es sich indes nicht um einen akademischen Streit ohne praktische Bedeutung. Die Notwendigkeit einer trennscharfen Differenzierung beugt vielmehr der Gefahr der Entfremdung des PPP-Phänomens zwecks Ermöglichung korrumptiven Zusammenwirkens der beteiligten Akteure vor, die neben Wettbewerbsverzerrungen zur Erschütterung demokratisch regulierter Entscheidungsfindungsprozesse führt.

Das weite Verständnis, das auch die gemeinsame Regulierung der Beziehungen des Staates und der Wirtschaft einschließt, soll nach Auffassung von *Ignatûk*[772] letztlich zur Entwicklung demokratischer Strukturen in der RF beitragen. Ob dem tatsächlich so sein wird, dürfte jedoch im besonderen Maße vom Verhalten der jeweiligen Akteure abhängen. Eine in diesem Sinne bemerkenswerte Interpretation des PPP-Phänomens nimmt Knaus[773] vor. Der Autor begründet die Notwendigkeit von GČP damit, dass sich die Mehrheit russischer Unternehmer derzeit außer Stande sehe, ein positives Geschäftsklima für ihre Tätigkeit selbstständig, ohne die Mitwirkung bestimmter Hoheitsträger zu gestalten. Vielmehr müsse man etwa auf die Einflussmächte regionaler Entscheidungsträger zurückgreifen, welche „einen gewissen Sonderstatus sowie sog. interelitäre Stabilität im Gegenzug zum Verzicht auf politische Machtkämpfe durch das Unternehmen bei der künftigen Regionalwahl" garantieren würden.[774] Solche Überlegungen legen den Schluss nahe, dass ein entsprechend weites Verständnis – ohne klar

---

[771] So auch *Kašin*, a.a.O.
[772] So *Ignatûk*, Russische Gesetzgebung zur staatlich-private Partnerschaft (russ.).
[773] Vgl. *Knaus*, S. 90 ff.
[774] Vgl. *Knaus*, S. 95 f.

ausgearbeitete Formen und feste Konturen – im Ergebnis geeignet ist, statt Unternehmen lediglich die notwendige unternehmerische Freiheit an die Hand zu geben, einen Nährboden für Korruption zu schaffen. Die Einflussnahme der Wirtschaftsakteure auf staatliche Entscheidungen ohne direkte demokratische Legitimation führt nicht zur Etablierung von staatlich-privaten Partnerschaften, sondern zur Bildung von staatlich-privaten Interessenkartellen mit dem Ziel, vom Staat eine Vorzugsbehandlung zu erhalten, anstatt sich im freien Wettbewerb am Markt zu behaupten.

Ob und wie sich die Strukturen des Phänomens PPP in Russland weiter entwickeln werden, bleibt mit Spannung abzuwarten. Zu befürchten steht allerdings, dass die von der Regierung eingeschlagene Linie zur Förderung der staatlich-privaten Partnerschaft – wie so oft in Russland – zu einer regelrechten Kampagne entwickelt wird, von der keinerlei Impulse für eine tatsächliche Verbesserung des Geschäftsumfeldes für ausländische Investoren ausgehen werden.

§ 4   Rechtsgrundlagen für PPP im russischen Recht

A.   *PPP-Regelungsgeflecht nach rissischem Recht*

In der russischen Rechtslehre wurde bislang kein einheitliches System der einzelnen PPP-Modelle ausgearbeitet. Festzuhalten gilt allerdings, dass neben der Ausformung einer PPP-Vertragsbeziehung nach allgemeinem Zivilrecht – dem ZGB RF[775] – die Möglichkeit besteht, das spezialgesetzlich geregelte Modell der Konzession nach dem Konzessionsgesetz (KonzG)[776] der RF zu wählen. Letztere stellt die derzeit einzige sonderrechtliche Grundlage für staatlich-private Partnerschaften auf Föderationsebene dar. Daneben gelten mehrere PPP-Spezialgesetze auf Ebene der Föderationssubjekte.

Im Folgenden wird zunächst das Modell der Konzession nach dem KonzG der RF analysiert. Neben der sonderrechtlichen Grundlage des KonzG sowie den vertragsrechtlichen Vorschriften des ZGB, deren Anwendbarkeit Art. 3 Abs. 2 KonzG postuliert, sollen insbesondere benachbarte Rechtsgebiete auf ihre PPP-Relevanz untersucht werden. Neben den immobiliarsachenrechtlichen Vor-

---

[775] S. Zivilkodex der RF, erster Teil vom 30. November 1994, Nr. 51-FZ, zweiter Teil vom 26. Januar 1996, Nr. 14-FZ, russ.: *Graždanskij kodeks Rossijskoj Federacii*.
[776] S. das föderale Gesetz über Konzessionsvereinbarungen vom 21. Juli 2005, Nr. 115-FZ, russ.: *O koncessionnyh soglašeniâh*.

schriften des Bodengesetzbuches der RF (BodenGB)[777] sowie den baurechtlichen Vorschriften des Städtebaugesetzbuches der RF (StädteBauGB)[778] sind vor allem die Normen des Forstgesetzbuches (ForstGB)[779], des Wassergesetzbuches (WasserGB)[780] und des Gesetzes über das Erdinnere (ErdinnereG)[781] sowie des Registrierungsgesetzes (RegistrierungsG)[782] und Reservierungsgesetzes (ReservierungsG)[783] relevant. Von Bedeutung sind ferner das Haushaltsgesetzbuch der RF (HaushaltsGB)[784] sowie das Steuergesetzbuch der RF (SteuerGB)[785]. In Bezug auf die technische und tarifliche Regulierung sind Vorschriften des Gesetzes über die technische Regulierung (TechnRegG)[786] sowie des Gesetzes über die Grundsätze der Tarifregulierung durch kommunalwirtschaftliche Unternehmen (TarifregulierungsG)[787] von Bedeutung. Eine Rolle sollen zudem das Strafgesetzbuch (StrafGB)[788], das Ordnungswidrigkeitsgesetz (OrdnungswidrigkeitsG)[789], das Betriebsgeheimnisgesetz (Betriebs-

---

[777] S. das Bodengesetzbuch, vom 25. Oktober 2001, Nr. 136-FZ, russ.: *Zemel'nyj kodeks Rossijskoj Federacii*. Die deutsche Übersetzung des BodenGB s. bei Wedde, WiRO 2002, 110.
[778] S. das Städtebaugesetzbuch der RF vom 29. Dezember 2004, Nr. 190-FZ, russ.: *Gradostroitel'nyj kodeks Rossijskoj Federacii*.
[779] S. das Forstgesetzbuch der RF vom 29. Januar 1997, Nr. 22-FZ, russ.: *Lesnoj kodeks Rossijskoj Federacii*.
[780] S. das Wassergesetzbuch der RF vom 3. Juni 2006, Nr. 74-FZ, russ.: *Vodnyj kodeks Rossijskoj Federacii*.
[781] S. das föderale Gesetz über das Erdinnere vom 21. Februar 1992, Nr. 2395-1, russ.: *O nedrah*.
[782] S. das föderale Gesetz über die staatliche Registrierung der Rechte an unbeweglichem Vermögen und darauf bezogenen Rechtsgeschäfte vom 21. Juli 1997, Nr. 122-FG, russ.: *O gosudarstvennoj registracii prav na nedvižimoe imuśestvo i sdelok s nim*.
[783] S. das föderale Gesetz über die Reservierung von Grundstücken für staatliche und municipale Zwecke vom 10. Mai 2007, Nr. 69-FZ, russ.: *O reservirovanii zemel'nyh učastkov dlâ gosudarstvennyh i municipal'nyh nužd*.
[784] S. das Haushaltsgesetzbuch der RF vom 31. Juli 1998, Nr. 145-FZ, russ.: *Bûdžetnyj kodeks Rossijskoj Federacii*.
[785] S. das Steuergesetzbuch der RF (Teil 1), vom 31. Juli 1998, Nr. 146-FZ, russ.: *Nalogovyj kodeks Rossijskoj Federacii*.
[786] S. das föderale Gesetz über die technische Regulierung vom 27. Dezember 2002, Nr. 184, russ.: *O tehničeskom regulirovanii*.
[787] S. das föderale Gesetz über die Grundsätze der Tarifregulierung durch kommunalwirtschaftliche Unternehmen vom 30. Dezember 2004, Nr. 210, russ.: *Ob osnovah regulirovaniâ tarifov organizacij kommunal'nogo kompleksa*.
[788] S. das Strafgesetzbuch der RF vom 13. Juni 1996, Nr. 63-FZ, russ.: *Ugolovnyj kodeks Rossijskoj Federacii*.
[789] S. das föderale Gesetz über administrative Ordnungswidrigkeiten vom 30. Dezember 2001, Nr. 195-FZ, russ.: *Kodeks Rossijskoj Federacii ob administrativnyh pravonarušeniâh*.

geheimnisG)[790] sowie das Überwachungsgesetz (ÜberwachungsG)[791] sowie die prozessualen Rechtsgrundlagen des Gerichtssystemgesetzes (GerichtssystemG)[792], des Zivilprozessgesetzbuches der RF (ZPGB)[793], des Wirtschaftsgerichtsbarkeitsgesetzbuches der RF (WPGB)[794], des Schiedsgerichtsgesetzes (SchiedsGG)[795] sowie des Auslandsarbitragegesetzes (AuslandsArbitrageG)[796] spielen. In investitionsrechtlicher Hinsicht sind die Vorschriften des Auslandsinvestitionsgesetzes (AuslInvestG)[797] sowie des Investitionsgesetzes der RSFSR (AuslInvestG RSFSR)[798] relevant. Als wichtige Spezialgesetze sind insbesondere das Verkehrsstraßengesetz (VerkehrsStrG)[799] und die Gesetze über das Eisenbahnvermögen (EisenbahnVermögensG)[800] und den Eisenbahnverkehr (EisenbahnG)[801] sowie das SeehafenGesetz (SeehafenG)[802] zu nennen. Zu beachten sind ferner die für einzelne Bereiche verabschiedeten Standardkonzessi-

---

[790] S. das föderale Gesetz über das Betriebsgeheimnis vom 29. Juli 2004, Nr. 98-FZ, russ.: *O kommerčeskoj tajne*.

[791] S. das föderale Gesetz über den Schutz der Rechte der juristischen Personen und Einzelunternehmer im Rahmen der staatlichen Überwachung vom 8. August 2001, Nr. 134-FZ, russ.: *O zaŝite prav ûridičeskih lic i individual'nyh predprinimatelej pri provedenii gosudarstvennogo kontrolâ*.

[792] S. das föderale Verfassungsgesetz über das Gerichtssystem vom 31. Dezember 1996, Nr. 1-FKZ, russ: *O sudebnoj sisteme Rossijskoj Federacii*.

[793] S. das Zivilprozessgesetzbuch der RF vom 14. November 2002, Nr. 138-FZ, russ.: *Graždanskij processual'nyj kodeks Rossijskoj Federacii*.

[794] S. das Wirtschaftsgerichtsbarkeitsgesetzbuch der RF vom 24. Juli 2002, Nr. 95-FZ, russ.: *Arbitražno-processual'nyj kodeks Rossijskoj Federacii*.

[795] S. das föderale Gesetz über Schiedsgerichte in der RF vom 24. Juli 2002, Nr. 102-FZ, russ.: *O tretejskih sudah v Rossijskoj Federacii*.

[796] S. das Gesetz über internationale Handelwirtschaftsgerichte vom 7. Juli 1993, Nr. 5338-1, russ.: *O meždunarodnom kommerčeskom arbitraže*.

[797] S. das föderale Gesetz über ausländische Investitionen in der RF vom 9. Juli 1999, Nr. 160-FZ, russ.: *Ob inostrannyh investiciâh v Rossijskoj Federacii*.

[798] S. das Gesetz der RSFSR über ausländische Investitionen in der RSFSR vom ... 1991, Nr. 1545, russ.: *Ob inostrannyh investiciâh v RSFSR*.

[799] S. das föderale Gesetz über Verkehrsstraßen und die Straßenverkehrstätigkeit vom 8. November 2007, Nr. 257-FZ, russ.: *Ob avtomobil'nyh dorogah i o dorožnoj deâtel'nosti v Rossijskoj Federacii i o vnesenij izmenenij v otdel'nye zakonodatel'nye akty Rossijskoj Federacii*.

[800] S. das föderale Gesetz über die Besonderheiten der Verwaltung von und Verfügung über Vermögensgegenstände des Eisenbahntransports vom 27. Februar 2003, Nr. 29-FZ, russ.: *Ob osobennostâh upravleniâ i rasporâženiâ imuŝestvom železnodorožnogo transporta*.

[801] S. das föderale Gesetz über den Eisenbahntransport in der RF vom 10. Januar 2003, Nr. 17-FZ, russ.: *O železnodorožnom transporte Rossijskoj Federacii*.

[802] S. das föderale Gesetz über die Seehäfen der RF vom 14. Juli 2008, Nr. 118-FZ, russ.: *O morskih portah Rossijskoj Federacii i o vnesenij izmenenij v otdel'nye zakonodatel'nye akty Rossijskoj Federacii*.

onsvereinbarungen sowie das Konzessionsänderungsgesetz (KonzÄndG)[803], mit welchem im Juni 2008 einige wichtige Änderungen des Konzessionsrechts vorgenommen wurden.

Anschließend werden die alternativen PPP-Modelle ausgearbeitet, die sich nach dem allgemeinen Zivilrecht der RF richten, und daraufhin das Verhältnis des Konzessionsmodells zu dem nach allgemeinem Zivilrecht untersucht. Während das ZGB das Fundament für diese PPP-Vertragsmodelle bildet, sind daneben die vergaberechtlichen Regelungen des Vergabegesetzes des RF (VergabeG)[804] von großer Bedeutung, welches im Rahmen des KonzG aufgrund seines Generalcharakters im Verhältnis zu spezielleren vergaberechtlichen Regelungen des KonzG wohl nicht anwendbar ist. In Bezug auf Spezialgesetze gilt das zum Konzessionsmodell Gesagte. Schließlich werden die PPP-Modelle nach der Gesetzgebung der einzelnen Föderationssubjekte vorgestellt, wobei wiederum das Verhältnis der jeweiligen Modelle zu klären sein wird. Die spezialgesetzlichen Grundlagen der Föderationssubjekte bilden vor allem das PPP-Gesetz der Stadt St. Petersburg (PPP-G St. Petersburg)[805] und das PPP-Gesetz des Tomsker Gebietes (PPP-G Tomsk)[806]. Daneben werden die Grundlagen der PPP nach deutschem Recht nur insoweit angesprochen, als sie im Rahmen des Rechtsvergleichs relevant oder für das Verständnis von Bedeutung sind.

B.   Verfassungsrechtlicher Rahmen

Die Verfassung der RF (VerfRF)[807] enthält weder ausdrückliche Regelungen in Bezug auf PPP noch konkrete Vorgaben für die Zusammenarbeit des Staates mit

---

[803] S. das föderale Gesetz über die Änderung des Konzessionsgesetzes vom 30. Juni 2008, Nr. 108-FZ, russ.: *O vnesenii izmenenij v Federal'nyj zakon o koncessionnyh soglašeniâh i otdel'nye zakonodatel'nye akty Rossijskoj Federacii*. Wie die meisten der beeindruckend zahlreichen von der Duma jährlich verabschiedeten Gesetze enthielten die bisherigen Änderungsgesetze zum KonzG rein kosmetische Korrekturen, während das KonzÄndG fast schon eine Ausnahme darstellt.

[804] S. das föderale Gesetz über die Auftragsvergabe zur Lieferung von Waren, Ausführung von Arbeiten und Erbringung von Leistungen für staatlichen und munizipalen Bedarf vom 21. Juli 2005, Nr. 94-FZ, russ.: *O razmešenii zakazov na postavki tovarov, vypolnenie rabot, okazanie uslug dlâ gosudarstvennyh i municipal'nyh nužd*.

[805] S. das Gesetz der Stadt St. Petersburg über die Teilnahme der Stadt St. Petersburg an staatlich-privaten Partnerschaften vom 25. Dezember 2006, Nr. 627-100, russ.: *Ob učastii Sankt-Peterburga v gosudarstvenno-častnyh partnërstvah*.

[806] S. das Gesetz des Gebietes Tomsk über die GČP-Grundlagen vom ..., Nr. ... , russ.: *Ob osnovah gosudarstvenno-častnogo partnёrstva v Tomskoj oblasti*.

[807] S. die Verfassung der RF vom 12. Dezember 1993, russ.: *Konstituciâ Rossijskoj Federacii*.

der privaten Wirtschaft. Zu den verfassungsrechtlichen Grundlagen der Investitionstätigkeit in Russland zählt *Kurbanov*[808] die Freiheit der wirtschaftlichen Betätigung, vgl. Art. 8 Abs. 1 VerfRF, die Eigentumsgarantie, vgl. Art. 8 Abs. 2 VerfRF, die Nutzung des Eigentums zur wirtschaftlichen Betätigung, vgl. Art. 34 VerfRF, sowie die umweltschutzrechtliche Regelung des Art. 42 VerfRF. Art. 34 VerfRF legt das Recht der freien Verwendung seiner Fähigkeiten und seines Vermögens zwecks unternehmerischer und anderer nicht verbotener wirtschaftlicher Tätigkeit. Diese Vorschrift gilt auch für den Staat und wird in der russischen Literatur als verfassungsrechtliche Grundlage für PPP angesehen.[809]

C. Anwendbarkeit ausländischen materiellen Rechts und Völkerrechts

I. Anwendbarkeit ausländischen Rechts nach den Rechtswahlregeln des IPR

Grundsätzlich herrscht im russischen IPR gem. Art. 1210 ZGB der Grundsatz der kollisionsrechtlichen Privatautonomie.[810] Art. 1204 ZGB legt fest, dass auf Rechtsgeschäfte mit Beteiligung der öffentlichen Hand grundsätzlich dasjenige materielle Recht anzuwenden ist, das zwischen Privatpersonen anzuwenden wäre. Einschränkungen vom Grundsatz der freien Rechtswahl ergeben sich für Fälle des Art. 1210 Abs. 5 ZGB, wonach es bei der Anwendbarkeit der zwingenden Vorschriften des Rechts des Staates bleibt, mit dem der Vertrag tatsächlich verbunden ist. Die Regelung der tatsächlichen Verbundenheit entspricht der deutschen Vorschrift des Art. 27 Abs. 3 EGBGB. Der Inhalt des unbestimmten Rechtsbegriffs ist in Russland – wie in Deutschland – umstritten und soll nach der Gesamtheit der Umstände zu beurteilen sein.[811] Weitere Einschränkungen ergeben sich für Verträge mit Bezug zu im Staatsgebiet liegenden Grundstücken und sonstigen Immobilien, vgl. Art. 1213 Abs. 2 ZGB sowie für die Fälle des *ordre public*, vgl. Art. 1193 ZGB. Nach *Erpyleva*[812] ist der Begriff weit zu verstehen und umfasst die Gesamtheit der im Land bestehenden politischen, wirt-

---

[808] Zu den verfassungsrechtlichen Grundlagen der ausländischen Investitionen in Russland s. *Kurbanov*, Rechtliche Regulierung ausländischer Investitionen (russ.), S. 102 ff.

[809] Vgl. *Levitin*, S. 22; *Patokov*, Staatlich-private Partnerschaft (russ.).

[810] Vgl. *Boguslavskij*, Internationales Privatrecht (russ.), S. 264 f.; *Dmitrieva*, Internationales Privatrecht (russ.), S. 377 f.

[811] S. dazu auch *Dmitrieva*, Internationales Privatrecht (russ.), S. 388 ff.

[812] So *Erpyleva*, Internationales Privatrecht (russ.), S. 163.

schaftlichen, moralischen und rechtlichen Prinzipien. In den beiden letztgenannten Fällen ist die freie Rechtswahl ausgeschlossen und das russische Recht zwingend anwendbar.

II. Anwendbarkeit des Völkerrechts

Das Völkerrecht ist mangels Völkerrechtssubjektivität des Investors nicht direkt, jedoch aufgrund von Art. 15 Abs. 4 VerfRF vorrangig anwendbar. Spezialgesetze enthalten in der Regel eine vergleichbare Regelung.

D. Verhältnis der konkurrierenden Rechtsnormen

Gem. Art. 15 Abs. 1 Satz 2 VerfRF dürfen nichtkonstitutionelle Rechtsnormen nicht im Widerspruch zu der Verfassung stehen. Die Gesetze der Föderationssubjekte dürfen ihrerseits gem. Art. 76 Abs. 2 und 5 VerfRF nicht den föderalen Gesetzen widersprechen. Im Falle eines Widerspruchs gilt gem. Art. 76 Abs. 5 Satz 1 VerfRF das föderale Gesetz. Art. 71 ff. VerfRF enthalten Vorschriften über die Verteilung der Gesetzgebungskompetenzen zwischen der Föderation, Föderationssubjekten und munizipalen Selbstverwaltungseinheiten in Bezug auf die Verwaltung deren Eigentums. In der RF wird zwischen ausschließlicher Gesetzgebungskompetenz der Föderation, vgl. Art. 70 und 71 VerfRF, gemeinsamer Gesetzgebungskompetenz der Föderation und der Föderationssubjekte, vgl. Art. 72 VerfRF, sowie ausschließlicher Gesetzgebungskompetenz der Föderationssubjekte unterschieden, vlg. Art. 73 VerfRF. Gem. Art. 71 Lit. 7 d VerfRF besteht für föderales Eigentum und dessen Verwaltung die Gesetzgebungskompetenz der Föderation. Weder Art. 71 VerfRF noch Art. 72 VerfRF enthalten Regelungen über das Eigentum der Subjekte oder munizipales Eigentum, so dass es bei dem Grundsatz des Art. 73 VerfRF bleibt.

Das KonzG beinhaltet indes sowohl Regelungen, die föderales Eigentum als auch solches der Subjekte und der kommunalen Selbstverwaltungskörperschaften enthalten. Fraglich ist, was im Falle der Regelung von PPP-Sachverhalten durch Subjekte oder Kommunen gilt. Sollten russische Gerichte dem KonzG tatsächlich Vorrang gegenüber den PPP-G der Subjekte einräumen, die ausschließlich regionales Eigentum zum Gegenstand haben, bedeutete dies eine Verletzung des Föderalismusprinzips und der Art. 70 ff. VerfRF. *Leont'ev*[813] meint hinge-

---

[813] Vgl. *Leont'ev*, Kommentar zum föderalen Gesetz über Konzessionsvereinbarungen (russ.), S. 5.

gen, dass aus Art. 71 Lit. ž und l VerfRF folge, dass den Subjekten keinerlei Gesetzgebungsrechte auf dem Gebiet der Konzessionsgesetzgebung zustehe, da die Herstellung eines Einheitsmarktes und die Finanz- und Preispolitik sowie die Regelung der Außenbeziehungen der RF gänzlich in den Kompetenzbereich der Föderation fielen.

Gem. Art. 2 Abs. 1 KonzG besteht die Konzessionsgesetzgebung der RF aus dem KonzG, anderen föderalen Gesetzen sowie weiteren Normativakten, die aufgrund dieser Gesetze erlassen werden. Die Konzessionsgesetzgebung besteht demnach ausdrücklich lediglich aus Normativakten der Föderation, nicht dagegen der Föderationssubjekte der RF. Art. 2 Abs. 2 KonzG regelt klarstellend, dass im Falle des Widerspruchs zwischen einem völkerrechtlichen Vertrag und dem KonzG die Regelungen des völkerrechtlichen Vertrages Vorrang genießen. Als Beispiel für einen solchen völkerrechtlichen Vertrag nennt *Tolkušin*[814] die Konvention zum Schutz der Rechte der Investoren vom 28. März 1997, die u. a. von Aserbaidschan, Armenien, Weißrussland, Georgien, Kasachstan, Kirgisien, Moldawien, Russland und Tadschikistan ratifiziert wurde. Als weiteres Beispiel führt er ein Modellgesetzbuch für Forstwirtschaft der Gemeinschaft Unabhängiger Staaten (GUS) vom 15. November 2003[815], das Konzessionsvereinbarungen in Bezug auf forstwirtschaftliche Objekte vorsieht und Regelungen über die Dauer, Beschaffenheit der Objekte, wesentliche Vertragsbedingungen, Ausschreibungsverfahren, Nutzungsrechte Dritter sowie die Kompetenzverteilung vorsieht. Das KonzG enthält hingegen keine Regelung in Bezug auf seinen Vorrang im Verhältnis zu anderen föderalen Gesetzen. Aufgrund seines Spezialcharakters dürfte es Anwendungsvorrang vor anderen föderalen Gesetzen haben. Problematisch ist diese Sichtweise jedoch insofern, als dass der Inhalt des KonzG in erheblichem Maße durch andere Gesetze erst konkretisiert wird.

Spezielle vergaberechtliche Regelungsregime bilden das KonzG und das PPP-G St. Petersburg, so dass sich die Frage nach dem Konkurrenzverhältnis der Regelwerke stellt. Eine Regelung in Bezug auf das Verhältnis des VergabeG zum KonzG enthält keines der Gesetze. Wie oben bereits ausgeführt, dürfte jedoch von der Spezialität des KonzG auszugehen sein, so dass das VergabeG nur bei den PPP-Vorhaben zur Anwendung kommen dürfte, die nicht in Form von Kon-

---

[814] Vgl. *Tolkušin*, Kommentar zum föderalen Gesetz „Über Konzessionsvereinbarungen" (russ.), S. 5.
[815] S. Verordnung der GUS-Staaten vom 15. November 2003, Nr. 22-11.

zessionsvereinbarungen vergeben werden. Zwischen dem PPP-G St. Petersburg und dem VergabeG dürfte ebenso das Verhältnis der Spezialität bestehen. Zwar ist dies nicht mit der Spezialität von Konzessionsvereinbarungen als spezieller Vergabeart begründbar, weil das PPP-G St. Petersburg neben der Vergabe von Konzessionen auch andere Beschaffungsformen regelt. Gleichwohl werden alle diese Auftragsformen angesichts der Beteiligung des privaten Partners an der Finanzierung des Vorhabens, der langen Dauer der staatlich-privaten Zusammenarbeit sowie der besonderen Art der Gegenseitigkeit der Vertragsbeziehung als PPP-Zusammenarbeit zu qualifizieren sein, während nach dem VergabeG auch einfachste öffentliche Aufträge beschafft werden. Damit erklärt das PPP-G St. Petersburg ein spezielles Vergaberegime für PPP-Modelle für anwendbar, die sonst dem föderalen Vergaberecht unterlägen. Eine gewisse Gefahr der Anwendbarkeit des föderalen Rechts neben den landesrechtlichen Vorschriften des PPP-G St. Petersburg besteht gleichwohl. Dies betrifft insbesondere die bereits ausgeschriebenen Projekte Pulkovo und Nadex. Diese Frage ist von großer praktischer Relevanz. Wie im Folgenden noch gezeigt wird, sieht das VergabeG derzeit weder ein Präqualifikationsverfahren noch die Möglichkeit der Durchführung des Ausschreibungsverfahrens in mehreren Etappen vor. Ferner enthält das VergabeG ein Verhandlungsverbot, während die vergaberechtlichen Bestimmungen des PPP-G St. Petersburg diesbezüglich wesentlich flexibler sind. Weniger praxisrelevant ist die Frage nach dem Verhältnis des PPP-G St. Petersburg zum KonzG. Die vergaberechtlichen Vorgaben des PPP-G St. Petersburg sind zwar zum Teil allgemeiner formuliert als die des KonzG, unterscheiden sich jedoch im Übrigen nicht wesentlich von den Vorgaben des KonzG. Insgesamt lässt sich sagen, dass das Prinzip der Normenhierarchie und der Widerspruchsfreiheit der Normen unterschiedlicher Ebenen in Russland nach wie vor nicht konsequent eingehalten wird. Eine effektive Kontrolle durch das Verfassungsgericht der RF ist nicht gewährleistet, was zusätzliche Risiken für den Investor birgt.

Teil 3: PPP-Rahmenbedingungen nach KonzG. Das russische Konzessionsmodell

§ 5 KonzG als sondergesetzliches PPP-Recht

Die spezialgesetzliche Grundlage des Konzessionsrechts in der RF bildet das föderale Gesetz über Konzessionsvereinbarungen (KonzG)[816]. Wie der Name des Gesetzes bereits deutlich macht, enthält das KonzG lediglich Regelungen in Bezug auf eines der PPP-Modelle – die Konzession. Andere PPP-Modelle fanden bei der Verabschiedung des Gesetzes im Juni 2005 keine Berücksichtigung. Welche Bedeutung das für die Einordnung der russischen PPP-Gestaltungsformen in den Kontext der PPP-Modelle nach deutschem Recht hat, gilt es im Folgenden zu untersuchen. Es wird ferner aufgezeigt, dass viele Vorschriften des KonzG deklaratorische, im Einzelfall abdingbare Regelungen darstellen, deren Bedeutung für die Untersuchung des gesetzlichen PPP-Rechtsrahmens gering ist. Andere Vorschriften hingegen wirken sich schwerwiegend nachteilig auf die PPP-Gestaltungsfreiheit aus.

A. Regelungsgehalt, Zweck und Aufbau des KonzG

I. Zweckbestimmungen

Zweck des KonzG ist gem. Art. 1 Abs. 1 KonzG die Einbindung von Investitionen in die Wirtschaft der RF, die Gewährleistung effektiver Nutzung staatlichen und kommunalen Eigentums sowie die Qualitätssteigerung der Waren und Dienstleistungen.

II. Aufbau

Im ersten Abschnitt (Art. 1-17 KonzG) sind grundlegende Bestimmungen festgehalten: der Begriff der Konzessionsvereinbarung, Vorgaben für Konzessionsobjekte, Parteien und Fristen der Vereinbarung, das Konzessionsentgelt, die Rechte und Pflichten der Vertragsparteien, zwingender Vertragsinhalt, der Vertragsschluss sowie die Änderung und Beendigung des Vertrages, die Haftung

---

[816] S. das föderale Gesetz über Konzessionsvereinbarungen vom 21. Juli 2005, Nr. 115-FZ, russ.: *O koncessionnyh soglašeniâh*, angenommen durch die Staatsduma am 6. Juli 2005, bestätigt durch den Föderationsrat am 13. Juli 2005, gegengezeichnet durch den Präsidenten am 21. Juli 2005, verkündet in: Rossijskaâ gazeta, Nr. 161, am 26. Juli 2005.

der Parteien und der Rechtsschutz. Der zweite Abschnitt (Art. 18-20 KonzG) enthält Regelungen zu Rechtsgarantien für Konzessionsnehmer in Fällen rechtswidrigen Verhaltens der öffentlichen Hand und nachträglichen Gesetzesänderungen zum Nachteil des Konzessionsnehmers sowie dem Gleichbehandlungsgebot. Schließlich enthält das dritte Kapitel (Art. 21-37 KonzG) vergaberechtliche Vorschriften für die Vorbereitung und Durchführung der Ausschreibung, die Auswahl des erfolgreichen Bieters und den anschließenden Abschluss der Konzessionsvereinbarung.

B. Gegenstand und Anwendungsbereich der Konzessionsvereinbarung

I. Gegenstand der Konzessionsvereinbarung

Gem. Art. 3 Abs. 1 KonzG wird die Konzessionsvereinbarung als ein Vertrag zwischen dem privaten Konzessionsnehmer[817] und dem öffentlichen Konzessionsgeber[818] definiert, in dem der Konzessionsnehmer sich verpflichtet, ein vertraglich bestimmtes unbewegliches Vermögen, das im Eigentum des Konzessionsgebers steht oder stehen wird, auf eigene Kosten zu errichten, zu modernisieren und zu nutzen bzw. zu betreiben. Der Konzessionsgeber übernimmt seinerseits die Verpflichtung, die Besitz- und Nutzungsrechte an dem Objekt innerhalb einer vertraglich festgelegten Frist dem Konzessionsnehmer zum Zwecke der Ausübung bestimmter Tätigkeiten zur Verfügung zu stellen. Die Rückübertragungsverpflichtung des Konzessionsnehmers in Bezug auf das Konzessionsobjekt nach Ablauf der Vertragslaufzeit besteht gem. Art. 14 Abs. 1 KonzG. Gegenstand der Konzessionsvereinbarung ist damit die auf Errichtung oder Modernisierung des unbeweglichen Vermögens des Konzessionsgebers und deren anschließenden Betrieb gerichtete Tätigkeit des Konzessionsnehmers.

II. Objekte der Konzessionsvereinbarung

In Bezug auf Konzessionsobjekte enthält Art. 4 KonzG eine detaillierte und abschließende Regelung. Zulässig als Konzessionsobjekte sind für nicht verkehrsfähig erklärte und in der Verkehrsfähigkeit begrenzte Immobilien sowie Immobilien, die ausschließlich im Staatseigentum bzw. im munizipalen Eigentum stehen dürfen.

---

[817] Russ.: *koncessioner.*
[818] Russ.: *koncedent.*

1. Grundsätzliches zum staatlichen und munizipalen Eigentum in der RF

Art. 129 ZGB differenziert zwischen Objekten, die vom Zivilrechtsverkehr ausgenommen sind, und solchen, deren Verkehrsfähigkeit begrenzt ist. Gem. Art. 212 Abs. 3 ZGB ist der Katalog der Vermögensarten, die ausschließlich im staatlichen oder munizipalen Eigentum stehen können, gesetzlich zu regeln. Die Übertragung ins staatliche oder munizipale Eigentum erfolgt aufgrund eines Gesetzes, vgl. Art. 214 Abs. 5 ZGB. Ein solches Gesetz ist bislang nicht verabschiedet worden.[819] Art. 15 Abs. 2 Satz 2 BodenGB besagt, dass Grundstücke nicht ins Eigentum von Privatpersonen übertragen werden können, die nach dem BodenGB und anderen föderalen Gesetzen nicht im privaten Eigentum stehen dürfen. Art. 16 Abs. 1 BodenGB bestimmt lediglich, dass als staatliches Eigentum diejenigen Grundstücke gelten, die weder im Eigentum von Privatpersonen noch munizipalen Einrichtungen stehen. Einige Sondergesetze i.S.d. Art. 129 Abs. 3 ZGB nennen bestimmte Objekte ausschließlichen staatlichen Eigentums. Außerdem enthalten Gesetze, nach denen sich die Privatisierung richtet, bestimmte Privatisierungsverbote. Art. 27 Abs. 4 BodenGB sieht absolute Privatisierungsverbote und Art. 27 Abs. 5 BodenGB relative Privatisierungsverbote vor. Schließlich ordnen Art. 27, 87 Abs. 4 BodenGB bestimmte Immobilienobjekte dem staatlichen Eigentum zu.[820] In der russischen Rechtsliteratur wird dieser Zustand als mangelhaft empfunden.[821]

Ferner ist nach Art. 212 ff. ZGB vorausgesetzte Abgrenzung staatlichen vom munizipalen Eigentum im russischen Recht nicht hinreichend geklärt.[822] Eine Rolle spielt diese Unterscheidung etwa für die Besteuerung. Art. 395 SteuerGB legt die Steuerfreiheit lediglich für Grundstücke fest, auf denen sich die im Eigentum des Staates, nicht dagegen im munizipalen Eigentum stehende Verkehrsstraßen befinden.

---

[819] Vgl. *Drozdov*, Zur Rechtsnatur der Konzessionsvereinbarung (russ.), S. 49 f.

[820] Vgl. *Varnavskij*, Konzessionen in der Transportinfrastruktur (russ.), S. 175; *Sosna*, Konzessionsvereinbarungen: Theorie und Praxis (russ.), S. 147.

[821] So etwa *ders.*, S. 147 ff. und *Varnavskij*, Konzessionen in der Transportinfrastruktur (russ.), S. 175.

[822] Vgl. *Ognev/Popov*, Konzessionsvertrag im Zivilrecht (russ.), S. 57.

2. Zulässige Konzessionsobjekte

Gegenstand einer Konzessionsvereinbarung können Immobilien sein, die den Bestand folgender Objekte bilden:

- auf dem Gebiet des Verkehrswesens:
• Verkehrsstraßen und Anlagen der Verkehrsinfrastruktur
• Eisenbahnanlagen
• See- und Binnenhafeninfrastruktur/See- und Binnenschiffe
• Flughafeninfrastruktur
• Untergrundbahnen und sonstige öffentliche Verkehrsanlagen
- auf dem Gebiet der Kommunalwirtschaft:
• Anlagen der kommunalen Infrastruktur: Kläranlagen, Anlagen zur Wasserver- und Abwasserentsorgung und Abfallbeseitigung
- auf dem Gebiet der Energiewirtschaft:
• Rohrleitungsanlagen: Anlagen zur Produktion, Weiterleitung und Verteilung von elektrischer und Wärmeenergie
- im sozial-kulturellen Bereich
• Objekte des Gesundheits-, Bildungs-, Kultur- und Sportwesens (sowie sonstige der Allgemeinheit dienende Objekte)
• Objekte der Gesundheitsvorsorge, Erholungs- und Tourismusobjekte

Tabelle 16: Zulässige Objekte der Konzessionsvereinbarung

2.1 Straßenverkehr

Als Objekte der Verkehrsinfrastruktur nennt das Gesetz ausdrücklich Verkehrsstraßen und Einrichtungen der Verkehrsinfrastruktur – Brücken, Überführungen, Tunnel, Parkplätze, Mauteinrichtungen. Eine wichtige Änderung wurde im Juni 2008 durch die Streichung des Wortes „Lkw-" im Art. 4 Abs. 1 Nr. 1 KonzG vorgenommen, wonach das KonzG nunmehr auch die Pkw-Mauterhebung zulässt. Nach Informationen der Handels- und Industriekammer der Russischen Föderation (HIK RF) waren in Russland Ende 2007 nur drei Mautstraßen in Betrieb – eine Verkehrsstraße im Gebiet Lipezk sowie Regionalstraßen in den Gebieten Pskow und Altai. Das FZP Verkehrsinfrastruktur Russlands (2010-2015) sieht die Errichtung von ca. 2.000 km Maut- und Schnell-Autobahnen föderaler

Bedeutung vor. Vor dem Hintergrund der Finanzkrise dürften zumindest politisch bedeutende Projekte von Kürzungen verschont bleiben. Nachdem *Mintrans* sein Vorhaben zur Gründung der Staatskorporation *Rossijskie Avtomagistali* im Juni 2007 aufgab, wurden Ende Oktober 2008 Pläne der russischen Regierung zur Schaffung einer im staatlichen Eigentum stehenden Aktiengesellschaft *OAO Rosavtodor* bekannt, welcher die Infrastrukturaufgaben im Straßenverkehr – ähnlich wie der *OAO RŽD* im Eisenbahnbereich – übertragen werden sollten.[823] Meinungsverschiedenheiten bestanden zwischen *Mintrans* und *Minfin* in Bezug auf den Kompetenzbereich der Gesellschaft.[824] Der Gesetzentwurf scheiterte vorerst im Februar 2009 und ist inzwischen in Kraft getreten.[825] Erwartet wird, dass die ersten Maut-Autobahnen sowie weitere 18.000 km Verkehrsstraßen künftig an *Rosavtodor* zur treuhänderischen Verwaltung übertragen werden, die ihrerseits zum Abschluss weiterer Konzessionsvereinbarungen zum Bau und Betrieb von Autobahnen in Russland bevollmächtigt wird.

Die Kompetenzverteilung zwischen der Föderation, Föderationssubjekten, kommunalen Selbstverwaltungseinrichtungen und Privatpersonen im Zusammenhang mit der Nutzung und Verwaltung von Verkehrsstraßen richtet sich nach Art. 11 VerkehrsStrG. Besondere Regelungen gelten für die Städte föderaler Bedeutung Moskau und St. Petersburg, vgl. Art. 43 VerkehrsStrG. Den Organen der kommunalen Selbstverwaltung steht die Errichtung und Verwaltung von bestimmten Verkehrsstraßen gem. Art. 14 Abs. 5, 15 Abs. 5 und 16 Abs. 5 des Gesetzes über die kommunale Selbstverwaltung in der RF (SelbstVwG)[826] zu. Welcher Kategorie die jeweiligen Straßen zuzuordnen sind, ist anhand der im SelbstVwG angegebenen Kriterien zu bestimmen.[827] Die Verkehrsstraßen der RF unterteilen sich im Wesentlichen in Straßen sog. föderaler, regionaler/intermunizipaler, munizipaler und privater Zweckbestimmung, vgl. Art. 5

---

[823] Einem Modell nach sollte die Gesellschaft die Verwaltung aller Verkehrsstraßen des Landes übernehmen und durch den stellvertretenden Verkehrsminister *Aleksandr Mišarin* geleitet werden. Die zweite Variante, die letztlich die Grundlage für den im Dezember 2008 in die Staatsduma eingebrachten Gesetzentwurf bildete, sah lediglich die Durchführung von PPP-Projekten zum Bau mautbetriebener Verkehrsstraßen durch die Gesellschaft vor.
[824] Vgl. dazu *Mironenko/Kiseleva*, Kommersant vom 27. Januar 2009.
[825] S. das föderale Gesetz vom 17. Juli 2009, Nr. 145-FZ.
[826] S. das föderale Gesetz über die Grundsätze der Organisation kommunaler Selbstverwaltung in der RF vom 6. Oktober 2003, Nr. 131-FZ, russ.: *Ob obših principah organizacii mestnogo samoupravleniâ v Rossijskoj Federacii.*
[827] Vgl. *Mad'ârova*, Kompetenzen der kommunalen Selbstverwaltungsorgane (russ.).

Abs. 1 VerkehrsStrG[828], wobei die jeweilige Zugehörigkeit durch entsprechende Kataloge nach Art. 5 Abs. 7, 8 und 9 VerkehrsStrG bestimmt wird. Eine weitere Differenzierung wird zwischen den öffentlichen und nichtöffentlichen Straßen vorgenommen, vgl. Art. 5 Abs. 2 VerkehrsStrG, sowie zwischen verschiedenen Straßentypen i.S.d. Art. 5 Abs. 13 VerkehrsStrG. Die Eigentumsverhältnisse an Verkehrsstraßen richten sich nach Art. 6 VerkehrsStrG.

2.2 Eisenbahnsektor

Objekte des Eisenbahnverkehrs unterliegen besonderen Regelungen des föderalen Gesetzes über den Eisenbahntransport in der RF (EisenbahnG)[829] sowie des Gesetzes über die Verwaltung des Eisenbahnvermögens (EisenbahnVwG)[830]. Die Privatisierung des Eisenbahnwesens im Wege der Übertragung des Vermögens auf die dafür gegründete Aktiengesellschaft *OAO Rossijskie Železnye Dorogi* (OAO RŽD) erfolgte im Jahre 2003 aufgrund der allgemeinen Vorschriften über die Privatisierung – PrivatisierungsG[831] und StrukturreformVO[832] – sowie des EisenbahnVwG. Gem. dem Gesetz über natürliche Monopole[833] unterliegen Transport- und sonstige Dienstleitungen im Eisenbahnsektor der staatlichen Regulierung. Gem. der Verordnung der Regierung der RF aus dem Jahre 2004[834] legt der Föderale Tarifdienst der RF Tarife für den inländischen und internationalen Gütertransport und die Personenbeförderung im Inland fest, während die Tarife für die Transitbeförderung vom *Mintrans* bestimmt werden. Tarifänderungen können bei Vorliegen bestimmter Voraussetzungen im Wege ge-

---

[828] Daneben gibt es die Kategorie der Verkehrsstraßen, die für die Verteidigung des Landes von Bedeutung sind, vgl. Art. 7 VerkehrsStrG.

[829] S. das föderale Gesetz über den Eisenbahntransport in der RF vom 10. Januar 2003, Nr. 17-FZ, russ.: *O železnodorožnom transporte Rossijskoj Federacii.* S. dazu auch das föderale Gesetz der RF vom 10. Januar 2003, Nr. 18-FG sowie die Regierungsbeschlüsse vom 15. Dezember 2004, Nr. 787, und vom 2. März 2005, Nr. 111, und die Verordnung des *Minkommunikacii* vom 26. Juni 2002, Nr. 30.

[830] S. das föderale Gesetz über die Besonderheiten der Verwaltung von und Verfügung über die Vermögensgegenstände des Eisenbahntransports vom 27. Februar 2003, Nr. 29-FZ, russ.: *Ob osobennostâh upravleniâ i rasporâženiâ imuŝestvom železnodorožnogo transporta.*

[831] S. das föderale Gesetz über die Privatisierung staatlichen und kommunalen Eigentums vom 21. Dezember 2001, Nr. 178-FZ, russ.: *O privatizacii gosudarstvennogo i municipal'nogo imuŝestva.*

[832] S. die Verordnung der Regierung der RF über das Programm der Strukturreform im Eisenbahnverkehr vom 18. Mai 2001, Nr. 384, russ.: *O programme strukturnoj reformy na železnodorožnom transporte.*

[833] S. das föderale Gesetz über natürliche Monopole vom 17. August 1995, Nr. 147-FZ, russ.: *O estestvennyh monopoliâh.*

[834] S. die Verordnung der Regierung der RF vom 15. Dezember 2004, Nr. 787.

richtlicher Entscheidung durch das föderale Wirtschaftsgericht (VAS)[835] vorgenommen werden.[836] Die Veräußerung und Verpfändung bestimmter Immobilien – so etwa Objekte sog. besonderer Zweckbestimmung[837] – ist nach Art. 4 und 8 EisenbahnG unzulässig. Vor der Veräußerung anderer Immobilien ist die Zustimmung der Regierung der RF einzuholen.

2.3 See- und Binnenhäfen

Ferner zählen See- und Binnenhäfen und die dazu gehörige Hafeninfrastruktur, Schiffe, die sowohl für See- als auch für Flussschifffahrt einsetzbar sind, Eisbrecher, hydrographische bzw. zu Forschungszwecken einsetzbare Schiffe, Fährschiffe, Schwimm- oder Trockendocks zu möglichen Konzessionsobjekten. Der Seehafen ist in Art. 9 Abs. 1 des Gesetzbuchs über Handelsschifffahrt[838] definiert.

2.4 Kommunale Infrastruktur

Unter Objekten kommunaler Infrastruktur werden neben Wohnimmobilien u.a. Anlagen der Wasser-, Wärme-, Gas- und Elektrizitätsversorgung, Wasserver- und Abwasserentsorgung, Abfallverwertung und -lagerung sowie der Landschaftsgestaltung genannt. Der Zustand existierender kommunaler Anlagen in Russland ist als desolat zu bezeichnen. Deutlich wird es am Beispiel des Abfallsektors. Das Abfallvolumen des Landes belief sich im Jahr 2008 auf rd. 2,2 Mrd. Tonnen, während es landesweit nur sieben Müllverbrennungsanlagen und neun Recyclingbetriebe gab. Von den 4.700 Hausmüll-Deponien wurde nur ein Bruchteil mit offizieller Lizenz betrieben. Der Großteil der Deponien hat ihr maximales Fassungsvermögen überwiegend erreicht. Viele Regionen bemühen sich derzeit um Abhilfe. Die Uralregion Perm hat ein Programm aufgestellt, nach dem in den Jahren 2010 bis 2014 3 Mrd. RUB (rd. 100 Mio. USD) unter Beteiligung privater Investoren in den Abfallsektor investiert werden sollen. In Bezug auf die Tarifregelung im Bereich der Kommunalwirtschaft gelten das föderale Gesetz über staatliche Regulierung der Tarife für Elektro- und Wärme-

---

[835] Russ.: *Federal'nyj arbitražnyj sud.*
[836] S. die Verfügung vom 27. Februar 2001, Nr. 197.
[837] Russ.: *ob"ekty osobogo naznačeniâ.* Vgl. dazu *Sulakšin/Vilisov/Pogorelko/Hrustalëva*, Konzessionen im Schienenverkehr (russ.), S. 4 f.
[838] S. das Gesetzbuch über die Handelsschifffahrt vom 30. April 1999, Nr. 81-FZ, russ.: *Kodeks torgovogo vodnogo transporta Rossijskoj Federacii.* Es gelten ferner das Gesetzbuch über die Binnenschifffahrt vom 7. März 2001, Nr. 24-FZ, russ.: *Kodeks vnutrennego vodnogo transporta Rossijskoj Federacii,* und das föderale Gesetz über Seehäfen, russ.: *O morskih portah.*

energie[839] und das föderale Gesetz über die Grundlagen der Tarifregulierung für Kommunalleistungen[840]. Mit Gesetz über Energieeinsparungen und zur Erhöhung der Energieeffizienz[841] wurden rechtliche, wirtschaftliche und organisatorische Maßnahmen zur Energieeffizienz – insbesondere von Gebäuden, Bauwerken und baulichen Anlagen – bestimmt.

2.5 Weitere Bereiche

Im Hinblick auf wald- und forstwirtschaftliche Objekte schreibt Art. 8 Abs. 1 des Forstgesetzbuches der RF (ForstGB)[842] föderales Eigentum vor und beschränkt damit ihre Verkehrsfähigkeit. Nutzungsrechte an Forstgrundstücken können im Rahmen von Verträgen zur unbefristeten oder befristeten Nutzung, in Form eines Servituts oder eines Pachtvertrages eingeräumt werden. Auf Rechtsbeziehungen nach diesen Verträgen sieht Art. 9 ForstGB die Anwendbarkeit des ZGB, BodenGB sowie des KonzG vor. Art. 37 ForstGB a.F. sah vor Inkrafttreten des KonzG die Konzession über eine Forstfläche als eine weitere Nutzungsart vor. Im Rahmen der Konzession über eine Forstfläche verpflichtete sich die öffentliche Hand ihrem Vertragspartner ein entgeltliches Nutzungsrecht an einer forstwirtschaftlichen Fläche für den Zeitraum von einem Jahr bis zu 90 Jahren einzuräumen. In der Regel handelt es sich in der Forstwirtschaft um nichterschlossene Grundstücke, die hoher Investitionen bedürfen.[843] Bestimmungen in Bezug auf den Bau, Modernisierung und den Betrieb enthalten Art. 13 und 21 ForstGB Spezialvorschriften. In Bezug auf den Eigentumserwerb forstwirtschaftlicher Erzeugnisse verweist Art. 20 ForstGB auf allgemeine zivilrechtliche Vorschriften. Nutzungsarten und Nutzungsbeschränkungen sehen Art. 25, 27 und 29 ff. ForstGB vor. Der Pachtvertrag über ein Forstgrundstück wird nach der Durchführung eines Vergabeverfahrens – einer Auktion, vgl. Art. 74 und 78

---

[839] S. das föderale Gesetz über die staatliche Regulierung der Tarife für Elektro- und Wärmeenergie in der RF vom 14. April 1995, geändert mit föderalem Gesetz vom 26. Dezember 2005, Nr. 41-FZ.

[840] S. das föderale Gesetz über die Grundlagen der Tarifregulierung von Kommunalorganisationen vom 30. Dezember 2004, Nr. 210-FZ; die Beschlüsse der Regierung der RF vom 17. Februar 2004, Nr. 89, vom 26. September 1994, Nr. 1099, und vom 5. Januar 1998, Nr. 1.

[841] S. das föderale Gesetz über Energieeinsparungen und zur Erhöhung der Energieeffizienz vom 23. November 2009, Nr. 261-FZ. Es gelten ferner die Gesetze über die Elektrizitätswirtschaft vom 26. März 2003, Nr. 35-FZ, über die Energieversorgung vom 3. April 1996, Nr. 28-FZ, und über die Gasversorgung in der RF vom 31. März 1999, Nr. 69-FG.

[842] S. das Forstgesetzbuch der RF vom 29. Januar 1997, Nr. 22-FZ, russ.: *Lesnoj kodeks Rossijskoj Federacii*.

[843] Vgl. *Sosna*, Konzessionsvereinbarungen: Theorie und Praxis (russ.), S. 165.

ff. ForstGB – für eine Vertragsdauer von 10 bis 49 Jahren geschlossen, vgl. Art. 72 ForstGB. In bestimmten Fällen gelten genau vorgeschriebene Fristen. Der Pächter hat gem. Art. 72 Abs. 5 ForstGB ein Vorrecht zum Abschluss eines Anschlusspachtvertrages.

3. Unzulässige Konzessionsobjekte

Vom Anwendungsbereich gänzlich ausgenommen ist damit der gesamte Bereich der Nutzung des Erdinneren[844], obwohl die Gesetzentwürfe zum KonzG dies im Laufe des Gesetzgebungsverfahrens noch vorsahen.[845] Jedoch hat der Gesetzgeber davon letztlich Abstand genommen und es bei der Regelung des PSA-G belassen. Ferner wurde letztlich der Bereich der Fischwirtschaft vom Anwendungsbereich ausgenommen.[846]

4. Unzulässigkeit der Dienstleistungskonzession

Die bloße Dienstleistungskonzession ist nach dem KonzG ausgeschlossen, da der Konzessionsvertrag *per definitione* die Errichtung oder Modernisierung des Konzessionsobjekts voraussetzt. Demnach ist eine Konzession erst gegeben, wenn mindestens Modernisierung vorliegt, die mehr als bloße Verbesserung der Sache voraussetzt.[847] Der Entwurf zum Gesetz über Konzessionsvereinbarungen mit russischen und ausländischen Investoren sah die Möglichkeit der Übergabe eines bestehenden Objekts an den Konzessionsnehmer für Zwecke des Betriebs noch ausdrücklich vor. Davon sah der Gesetzgeber in der endgültigen Fassung ab. In der russischen Literatur wird die Unzulässigkeit der Dienstleistungskonzession kritisiert.[848] Während Dienstleistungskonzessionen grundsätzlich insbesondere im Bereich der Kommunalwirtschaft denkbar sind, wo Anlagen vielfach ohne grundlegende Modernisierung effizienter betrieben werden könnten, kommt dies angesichts des Zustands der meisten kommunalwirtschaftlichen Anlagen in Russland wohl nicht in Betracht. Die praktische Bedeutung der Dienst-

---

[844] Vgl. *Drozdov*, Zur Rechtsnatur der Konzessionsvereinbarung (russ.), S. 56; *Mironova*, Zivilrechtliche Verträge im Bereich der Naturressourcen (russ.); *Selin*, Konzession als Verwaltungsform in der Forstwirtschaft (russ.), a.a.O.

[845] Vgl. *Zoloeva*, Konzessions- und andere Verträge mit ausländischen Investoren (russ.), a.a.O.; *Nalëtov*, Noch einmal zur Rechtsnatur der Konzessionsvereinbarung (russ.), S. 24 ff.

[846] Vgl. *Zagorul'ko*, Ausländische Konzessionen in der nationalen Fischwirtschaft (russ.), S. 12.

[847] Vgl. *Drozdov*, Entwicklungsperspektiven der Konzessionsgesetzgebung in Russland (russ.), a.a.O.

[848] Vgl. *Sosna*, Konzessionsvereinbarungen: Theorie und Praxis (russ.), S. 151 f.; *Sosnova*, Umsetzungsmöglichkeiten für PPP-Projekte (russ.), a.a.O.

leistungskonzession in Russland dürfte damit gering sein. Dennoch liegt darin eine weitere Einschränkung des Anwendungsbereichs der Konzession. Schließlich zeigt das Erfordernis hoher Investitionen durch den Privaten als Vorbedingung der Konzessionserteilung, dass es dem russischen Gesetzgeber bei der Gestaltung dieses PPP-Modells in erster Linie um die Finanzierung des Vorhabens ging.

5. Freiheit des Konzessionsobjekts von Rechten Dritter

Eine gravierende Einschränkung in Bezug auf das Konzessionsobjekt stellt die Regelung des Art. 3 Abs. 4 KonzG dar, wonach Objekte der Konzessionsvereinbarung frei von Rechten Dritter zu sein haben. Grundsätzlich kommen als mögliche Belastungen i.S.d. Art. 3 Abs. 4 KonzG nach russischem Recht das sog. öffentliche oder private Servitut (beschränktes Nutzungsrecht) gem. Art. 274 ff. ZGB und Art. 23 BodenGB, die sog. anvertraute Verwaltung gem. Art. 1013 ZGB RF (Recht, das Grundstück im Interesse des Grundstückeigentümers oder eines Dritten zu verwalten), das sog. Recht der Bewirtschaftung nach Art. 294 ZGB und das sog. Recht der operativen Verwaltung nach Art. 296 ZGB (Nutzungsrechte der GUP/MUP), die Pacht oder die unentgeltliche Nutzung gem. Art. 24 BodenGB sowie der Pfand in Betracht.

Praktische Schwierigkeiten bereitet die Regelung des Art. 3 Abs. 4 KonzG im Falle der Vermietung bestimmter Objektteile an die Vertragspartner des öffentlichen Auftraggebers. Beinahe das gesamte Vermögen des russischen Staates ist derzeit mit Nutzungsrechten der Bewirtschaftung bzw. operativen Verwaltung durch GUP oder MUP belastet oder befindet sich gar im Eigentum von – wenn auch lediglich formal privatisierten – Aktiengesellschaften.[849] Ein Beispiel stellt etwa das Vermögen von *OAO RŽD* dar, welches gem. Art. 4 Abs. 1 Nr. 2 KonzG potenziell als Gegenstand einer Konzessionsvereinbarung zulässig wäre.

Probleme ergeben sich ferner in Fällen, wenn das Objekt z.B. während der Modernisierungsphase gleichzeitig noch vom Konzessionsgeber betrieben werden soll. Das Problem stellt sich auch dann, wenn der Betrieb der Anlage durch den bisherigen Betreiber in der Phase der Errichtung der neuen Anlage vorgesehen ist. Dies wird mangels Bereitschaft des privaten Partners zum Betrieb der überalterten Anlagen nicht selten der Fall sein. Ebenso ist die Konstellation denkbar,

---

[849] Vgl. dazu *Zinčenko/Lomidze/Galov*, Konzessionsvereinbarung (russ.), S. 72; *Savinova*, Vertragliche Regelung der Konzessionsbeziehungen (russ.), S. 106; *Eggert/Rousinova*, WiRO 2006, 289 (291).

in der dem Konzessionsnehmer für die Dauer der Bauphase lediglich Zutritts- und Nutzungsrechte für das Grundstück eingeräumt werden und die Konzessionslaufzeit erst nach Abschluss der Bauphase beginnt, da das KonzG die reine Dienstleistungskonzession nicht zulässt. Andererseits wird seitens der öffentlichen Hand auch keine reine Baukonzession mit dem privaten Partner gewollt sein, da die öffentliche Hand an der (Mit-)Haftung des Konzessionsnehmers für den Betrieb der Anlage während der Bauphase interessiert sein wird. Vielmehr muss in diesem Fall zwecks Überwindung der Einschränkung des Art. 3 Ziff. 4 KonzG die Einräumung der Besitz- und Nutzungsrechte an dem Objekt zugunsten des bisherigen Betreibers erst im Anschluss an die (vollständige) Übergabe des Objekts an den Konzessionsnehmer erfolgen. Auf diese Weise wird der bisherige Betreiber als Erfüllungsgehilfe des Konzessionsnehmers behandelt, so dass der Konzessionsnehmer für das Verhalten des Konzessionsgebers wie für sein eigenes haftet.

Als Konsequenz dieser Regelung hat die öffentliche Hand vor der Vergabe der Konzession die Liquidation der GUP bzw. MUP durchzuführen und die Eigentumsobjekte anschließend ins Staatseigentum zu übertragen.[850] Diese Übertragung setzt jedoch meist die Erfüllung der Verbindlichkeiten des verwaltenden Staatssubjekts voraus.[851] Mit der Änderung des KonzG im Juni 2008 wurde diese Anforderung dahingehend modifiziert, dass die Freiheit von Rechten Dritter nunmehr spätestens zum Zeitpunkt der Übergabe an den Konzessionsnehmer und lediglich das Eigentum des Konzessionsgebers am Konzessionsobjekt bereits bei Vertragsschluss bestehen muss.

In der russischen Lehre wird diese Tatsache vielfach kritisiert.[852] Vor allem verschuldete, modernisierungsbedürftige Objekte, blieben auf diese Weise den Investitionen seitens privater Anleger entzogen. Als Gegenvorschlag wird etwa angeführt, dem Konzessionsgeber eine Aufklärungspflicht über die vorhandenen Belastungen gegenüber dem Konzessionsnehmer aufzuerlegen. Handelt es sich bei einer Belastung speziell um die Vermietung, könnten anstelle eines Konzessionsverbots z.B. die aus dem Mietverhältnis resultierenden Vermieterrechte auf den Konzessionsnehmer übertragen und ihm die Möglichkeit zur Vertragsgestaltung überlassen werden.

---

[850] Vgl. *Sosna*, Konzessionsvereinbarungen: Theorie und Praxis (russ.), S. 149; *Ognev/Popov*, Konzessionsvertrag im Zivilrecht (russ.), S. 66.
[851] So *Sosna*, Konzessionsvereinbarungen: Theorie und Praxis (russ.), S. 187.
[852] Vgl. *ders.*, S. 26.

III. Parteien der Konzessionsvereinbarung

Parteien der Konzessionsvereinbarung sind – auf Seiten der öffentlichen Hand – der Staat, vertreten durch Organe der Exekutive sowie – auf Seiten des Privaten – Einzelunternehmer, inländische oder ausländische juristische Personen sowie Vereinigungen dieser juristischen Personen. Außerdem dürfen Subunternehmer, Kreditinstitute, Versicherungen sowie Nutzer des Konzessionsobjekts an den Verträgen beteiligt werden.

1. Konzessionsgeber

Gem. Art. 5 Abs. 1 KonzG kann die öffentliche Hand – die RF, Föderationssubjekte oder kommunale Selbstverwaltungseinheiten – auf Seiten des Konzessionsgebers auftreten. Die Föderation wird dabei durch die Regierung der RF oder eine sonstige von der Regierung bevollmächtigte föderale Behörde, die Föderationssubjekte durch die entsprechenden staatlichen Organe der Föderationssubjekte und kommunale Selbstverwaltungseinheiten durch Organe kommunaler Selbstverwaltung vertreten. Das System der Exekutivorgane der RF ist durch Art. 112 Abs. 1 VerfRF vorgegeben. Kompetenzbereiche der Exekutivorgane der Föderationssubjekte gibt Art. 77 Abs. 1 VerfRF vor.[853] Auf Ebene der Selbstverwaltungsorgane werden die Kompetenzen gem. Art. 131 Abs. 1 VerfRF durch die Bevölkerung bestimmt.[854] Im Sinne des Art. 5 Abs. 1 Nr. 1, 2. Alt. KonzG können auf Seiten des Konzessionsgebers auftreten:

- die Föderale Agentur für Bau-, Wohn- und Kommunalwirtschaft,
- die Föderale Agentur für Verkehrsstraßen (*Rosavtodor*) sowie
- die Föderale Agentur für Forstwirtschaft.[855]

Gem. Art. 38 Abs. 4 des VerkehrsStrG i.V.m. der Verordnung der RF vom 6. April 2004, Nr. 173, und vom 23. Juli 2004, Nr. 374, tritt *Rosavtodor* auf Seiten des Konzessionsgebers auf.

---

[853] S. dazu auch das föderale Gesetz vom 6. Oktober 1999, Nr. 184-FZ.

[854] S. dazu auch das föderale Gesetz über die Grundsätze der örtlichen Selbstverwaltung vom 6. Oktober 2003, Nr. 131-FZ, russ.: *Ob obŝih principah mestnogo samoupravleniâ Rossijskoj Federacii.*

[855] S. dazu Anordnungen der Regierung der RF vom 16. Juni 2004, Nr. 286, und vom 16. Juni 2004, Nr. 283.

1.2. Beteiligung der öffentlichen Hand am Zivilrechtsverkehr

Die Beteiligung der öffentlichen Hand am Zivilrechtsverkehr regelt Art. 124 ff. ZGB. Die Haftung der RF richtet sich nach Art. 126 ZGB. Die RF handelt nicht als Unternehmer, kann sich jedoch an Unternehmensrechtsgeschäften als Gegenpartei beteiligen.[856] Die Stellung der öffentlichen Hand in einer Konzessionsvereinbarung zeichnet sich durch ihre Zwielichtigkeit aus.[857] Während der Staat auf der einen Seite Partei der zivilrechtlichen Vertragsbeziehung ist, tritt er gleichzeitig als Inhaber hoheitlicher Gewalt auf. Rechtsbeziehungen, die aus der erstgenannten Stellung des Staates erwachsen, bezeichnet *Mazurok*[858] auch als horizontale, die aus der letzteren als vertikale Rechtsbeziehungen. In Bezug auf horizontale Rechtsbeziehungen ist die öffentliche Hand nach russischem Recht ausdrücklich gem. Art. 124 Abs. 1 ZGB zur Teilnahme am Zivilrechtsverkehr befugt, jedoch gleichzeitig zur Einhaltung des Gleichberechtigungsgrundsatzes verpflichtet. Im Rahmen der Vertikalbeziehung macht sie hingegen von ihren Befugnissen als Hoheitsträger – etwa in steuer-, zoll- oder devisenrechtlichen Fragen – oder als Inhaber der Souveränität gegenüber den ausländischen Teilnehmern am Rechtsverkehr Gebrauch. Die Zwielichtstellung des Konzessionsgebers kommt auch im KonzG durch die doppelte Haftungsregelung zum Ausdruck.[859] Während Art. 16 KonzG von vermögensrechtlicher Haftung der Vertragsparteien nach allgemeinen Vorschriften spricht, legt Art. 18 Abs. 2 KonzG zusätzlich die Amtshaftung der Hoheitsträger fest, worunter auch der Konzessionsgeber in seiner hoheitlichen Position zu fassen ist. Aus dieser Doppelrolle des Staates könnten nach Meinung von *Mazurok*[860] Gefahren für den Konzessionsnehmer erwachsen, wenn etwa dem Staat in seiner Funktion als Hoheitsträger gesetzlich mehr Kompetenzen zustehen als die Parteien im Rahmen des Konzessionsvertrags – etwa in Bezug auf die staatlichen Aufsichts- und Kont-

---

[856] Vgl. *Sosna*, Konzessionsvereinbarungen: Theorie und Praxis (russ.), S. 143 ff.; *Korogod*, Stellungnahme zum Gesetz über Konzessionsvereinbarungen, S. 3.

[857] Vgl. *Sosna*, Konzessionsvereinbarungen: Theorie und Praxis (russ.), S. 140 ff. m.w.N.; *Karp*, Finanzprobleme beim Abschluss der Konzessionsverträge (russ.), S. 19; *Sergeev/Tolstoj*, Zivilrecht: ein Lehrbuch (russ.), S. 180; *Ognev/Popov*, Konzessionsvertrag im Zivilrecht (russ.), S. 69; *Sysoev*, Aktuelle Instrumente der Investitionsentwicklung der Regionen (russ.), S. 89; *Farhutdinov/Trapeznikov*, Investitionsrecht (russ.), S. 156.

[858] So *Mazurok*, Einige Aspekte der Teilnahme öffentlicher Organisationen an Konzessionsvereinbarungen (russ.), S. 52.

[859] So *Mazurok*, Einige Aspekte der Teilnahme öffentlicher Organisationen an Konzessionsvereinbarungen (russ.), S. 48.

[860] Vgl. dazu insbesondere *Mazurok*, Einige Aspekte der Teilnahme öffentlicher Organisationen an Konzessionsvereinbarungen (russ.), S. 48.

rollbefugnisse i.S.d. Art. 9 KonzG – vereinbart haben. Der Konzessionsnehmer dürfte in diesem Fall nicht ausschließlich auf den vertraglichen Umfang der Befugnisse des Konzessionsgebers vertrauen, sondern müsste diese stets zusätzlich anhand der allgemeinen Vorschriften über die staatliche Aufsicht bestimmen.

1.3. Immunität der RF

In der russischen Lehre wird die Theorie von der absoluten Immunität vertreten, wonach sich die Immunität auf jedwedes Handeln des Staates bezieht.[861] Im Gegensatz zur Lehre von der restriktiven Immunität, wonach dem Staat keine Immunität im Rahmen seiner privatrechtlichen Tätigkeit zusteht[862], kann die RF nach der in Russland herrschenden Lehre ohne ihre Zustimmung weder Klage- noch Vollstreckungsgegner sein.[863] Bemerkenswert ist, dass der Staat gem. Art. 124 Abs. 1 ZGB im Rahmen seiner zivilrechtlichen Tätigkeit im Verhältnis zu anderen Zivilrechtssubjekten gleichberechtigt auftritt. Der Wortlaut der Vorschrift lässt vermuten, darin habe sich die Lehre von der restriktiven Immunität ihren Ausdruck gefunden. Da der Wortlaut nicht zwischen in- und ausländischen Zivilrechtssubjekten unterscheidet, gelte im Rahmen von Konzessionsvereinbarungen aufgrund des privatrechtlichen Charakters der staatlichen Tätigkeit keine Immunität der RF. In der russischen Literatur wird die Vorschrift jedoch offenbar nicht in diesem Sinne verstanden, sondern die Geltung des Art. 124 Abs. 1 ZGB lediglich auf innerrussische Zivilrechtsbeziehungen beschränkt.[864] Laut *Borisov*[865] stellt Art. 124 ZGB keinen Immunitätsverzicht bei nichtstaatlichem Handeln an sich dar, sondern beschränkt die Immunität lediglich auf inländische Gerichte. Laut *Sosna*[866] verhält sich das in Bezug auf außenwirtschaftliche Beziehungen des russischen Staates anders.

Damit stellt sich die Frage nach der zulässigkeit des Immunitätsverzichts durch die RF. Das KonzG enthält – im Gegensatz zu Art. 23 PSA-G – keine Regelungen über den Verzicht der RF auf ihre Immunität im Rahmen von Konzessions-

---

[861] Vgl. *Boguslavskij*, Internationales Privatrecht (russ.), S. 185; *Sosna*, Kommentar zum föderalen Gesetz „Über Produktionsteilungsvereinbarungen" (russ.), S. 179; *Zoloeva*, Konzessions- und andere Verträge mit ausländischen Investoren (russ.), S. 158.

[862] Vgl. dazu *Ipsen/Epping*, S. 226.

[863] Vgl. *Boguslavskij*, Internationales Privatrecht (russ.), S. 177.

[864] Vgl. *Ognev/Popov*, Konzessionsvertrag im Zivilrecht (russ.), S. 72, mit Verweis auf *Kim*, Staat als Subjekt des Eigentumsrechts (russ.), S. 45.

[865] So *Borisov*, Kommentar zum ZGB (russ.), Art. 124, S. 150.

[866] Vgl. *Sosna*, Kommentar zum föderalen Gesetz „Über Produktionsteilungsvereinbarungen" (russ.), S. 175.

vereinbarungen. Gem. Art. 127 ZGB richtet sich die Verantwortlichkeit des russischen Staates in zivilrechtlichen Beziehungen zu ausländischen juristischen und natürlichen Personen sowie ausländischen Staaten nach dem Gesetz über die Immunität des Staates. Ein entsprechendes Gesetz wurde jedoch bislang nicht verabschiedet, so dass die Entscheidung über den Verzicht im konkreten Fall in der Hand des Hoheitsträgers liegen dürfte. Es stellt sich die Frage, ob die RF im Rahmen von Konzessionsvereinbarungen trotz Fehlens einer ausdrücklichen gesetzlichen Regelung auf ihre Immunität verzichten darf. Nach *Mazurok*[867] steht die fehlende Regelung im KonzG der Wirksamkeit des im Konzessionsvertrag vereinbarten Immunitätsverzichts nicht entgegen. Gem. Art. 2 Abs. 1 und Abs. 4 ZGB finden zivilrechtliche Vorschriften auch auf solche Rechtsbeziehungen Anwendung, an denen ausländische Personen beteiligt sind, es sei denn, ein föderales Gesetz sieht etwas anderes vor. In Ermangelung eines solchen Gesetzes dürfte Art. 124 Abs. 1 ZGB auch ausländischen Personen gegenüber anwendbar sein.[868] Andererseits betont *Savinova*[869], dass die Gesetzentwürfe zum KonzG ursprünglich einen Verzicht auf die Immunität vorsahen. Die Tatsache, dass das Gesetz letztlich ohne die entsprechende Regelung verabschiedet worden ist, könne als bewusste Entscheidung des Gesetzgebers für die Geltung der Immunität im Rahmen von Konzessionsvereinbarungen gesehen werden. *Sosna*[870] sieht darin eine Gefahr für Vermögensrechte ausländischer Investoren und fordert die Aufnahme einer ausdrücklichen Verzichtsregelung in das KonzG, zumal das Gesetz breiteren Anwendungsbereich als das PSA-G hat.

1.4. Personenmehrheit auf Seiten des Konzessionsgebers

Auf Seiten des Konzessionsgebers können entgegen dem Wortlaut des Art. 5 Abs. 1 Nr. 1 KonzG mehrere Vertreter der öffentlichen Hand auftreten.[871] In diesem Fall haben die Hoheitsträger ihre Beziehungen untereinander in einem zivilrechtlichen Vertrag zu regeln, vgl. Art. 4 Abs. 2 KonzG. *Sosna*[872] betont jedoch, dass es in einer Konzessionsvereinbarung nur einen Konzessionsgeber geben

---

[867] So *Mazurok*, Einige Aspekte der Teilnahme öffentlicher Organisationen an Konzessionsvereinbarungen (russ.), S. 51.
[868] So auch *Savinova*, Vertragliche Regelung der Konzessionsbeziehungen (russ.), S. 80.
[869] Vgl. *dies.*, S. 80.
[870] So *Sosna*, Kommentar zum föderalen Gesetz „Über Produktionsteilungsvereinbarungen" (russ.), S. 176 und 241.
[871] Vgl. *Ognev/Popov*, Konzessionsvertrag im Zivilrecht (russ.), S. 75.
[872] Vgl. *Sosna*, Konzessionsvereinbarungen: Theorie und Praxis (russ.), S. 194.

kann. *Leont'ev*[873] versteht den Vertrag nach Art. 4 Abs. 2 KonzG als Vertrag zugunsten Dritter i.S.d. Art. 430 ZGB.

2. Konzessionsnehmer

Auf Seiten des Konzessionsnehmers können selbstständige Unternehmer im Sinne des Art. 23 Abs. 1 ZGB, russische oder ausländische juristische Personen i.S.d. Art. 48 Abs. 1 ZGB oder mehrere juristische Personen auftreten, die sich zu einer sog. einfachen Genossenschaft i.S.d. Art. 1041 ff. ZGB zusammenge-schlossen haben, die nach russischem Recht keine juristische Person ist[874]. Der Begriff der ausländischen juristischen Person ist in Art. 11 Abs. 2 SteuerGB I definiert und umfasst neben juristischen Personen auch deren Filialen i.S.d. Art. 55 Abs. 2 ZGB oder Vertretungen i.S.d. Art. 55 Abs. 1 ZGB. Ausländische juristische Personen müssen sich in Russland als Einzelunternehmer registrieren lassen, um als Konzessionsnehmer auftreten zu können. Für den Einzelunter-nehmer[875] ist die staatliche Registrierung – im Gegensatz zum deutschen Recht (s. § 1 Abs. 2 HGB) – konstitutiv, vgl. Art. 23 Abs. 1 ZGB. Die Liquidation einer juristischen Person erfolgt nach Art. 61 Abs. 2 ZGB im Wege des Gesell-schafterbeschlusses oder gerichtlicher Entscheidung; die Liquidation eines Ein-zelunternehmers ausschließlich im Wege gerichtlicher Entscheidung.

2.1. Konsortium

In der Praxis der PPP-Projekte schließen sich in der Regel mehrere Unterneh-men zu Konsortien zusammen. Bietergemeinschaften sind Vereinigungen von Unternehmen, die sich auf vertraglicher Grundlage auf gemeinschaftliche Ange-botsabgabe zur Ausführung von Leistungen einigen, wobei die beteiligten Unternehmen den gleichen oder auch verschiedenen Fachgebieten/ Gewerbezweigen angehören können.

Der Zusammenschluss zu einer Bietergemeinschaft oder einem Konsortium er-folgt nach russischem Recht in Form der sog. einfachen Genossenschaft. Die einfache Genossenschaft wird auf Grundlage der Art. 1041 ff. ZGB gegründet und bedarf der Eintragung ins staatliche Register. Für die Geschäftsführung der einfachen Genossenschaft gilt der Grundsatz der Einzelgeschäftsführung. Für

---

[873] Vgl. *Leont'ev*, Kommentar zum föderalen Gesetz über Konzessionsvereinbarungen (russ.), S. 30.
[874] Die sog. einfache Genossenschaft, russ.: *prostoe tovarišestvo*, kommt der deutschen Gesellschaft bürgerlichen Rechts (GbR) am nächsten.
[875] Russ.: *individual'nyj predprinimatel'*, entspricht in etwa dem deutschen Kaufmann.

Vertretung der Gesellschaft durch einzelne Gesellschafter bedarf es einer durch andere Gesellschafter erteilten Vollmacht. Rechtsfähige Handlungen sind im Namen aller Gesellschafter vorzunehmen. Die Haftung der einfachen Genossenschaft richtet sich nach Art. 1047 ZGB, wonach die Gesellschafter im Falle unternehmerischer Tätigkeit gesamtschuldnerisch, im Falle nichtunternehmerischer Tätigkeit für vertragliche Ansprüche ihrem jeweiligen Anteil entsprechend und für deliktische Ansprüche als Gesamtschuldner haften, vgl. Art. 322 Abs. 3 ZGB. Anzumerken ist dabei, dass das russische Deliktsrecht im Vergleich zum deutschen Recht deutlich stärker sein dürfte. Für beide Anspruchsgrundlagen gelten in vielen Fällen dieselben Verjährungsregeln[876] sowie die Verschuldensvermutung zu Lasten des Schadensverursachers, vgl. Art. 401 Abs. 2 und 1064 Abs. 2 ZGB. Zudem findet keine Unterscheidung zwischen Erfüllungs- und Verrichtungsgehilfen statt, vgl. Art. 402 f. und 1068 ZGB. Die Vorzüge der vertraglichen Haftung ergeben sich jedoch auch im russischen Recht aus der Zulässigkeit von Haftungsbeschränkungen gem. Art. 400 Abs. 2 ZGB sowie der eingeschränkten Berücksichtigung des Mitverschuldens im Deliktsrecht, vgl. Art. 1083 ZGB.

Wird die Haftung im Innenverhältnis nicht vertraglich geregelt, haften die Gesellschafter entsprechend ihren Gesellschafterbeiträgen. Das eingebrachte Vermögen und die Erzeugnisse stehen im gemeinschaftlichen Eigentum der Gesellschaft, vgl. Art. 244 ff. ZGB. Falls zumindest ein russischer Gesellschafter an der Gesellschaft beteiligt ist, trägt er stets – entgegen Art. 1043 ZGB unabhängig von Vereinbarungen im Gesellschaftsvertrag – die Pflicht zur Rechnungslegung, vgl. Art. 278 Abs. 2 SteuerGB. Die Beendigung der einfachen Genossenschaft richtet sich nach Art. 1050 ZGB. Im Falle einer zeitlich begrenzten einfachen Gesellschaft kann aus triftigem Grund außerordentlich gekündigt werden, vgl. Art. 450 Abs. 2 ZGB. Ab dem Zeitpunkt der Aufhebung haften die Gesellschafter unabhängig von der Art der Betätigung gesamtschuldnerisch für noch nicht erfüllte gemeinschaftliche Verbindlichkeiten. In diesem Fall ist die Berufung auf Art. 1047 Abs. 1 ZGB unzulässig.

Nach deutschem Recht sind Bietergemeinschaften als Gesellschaften bürgerlichen Rechts gem. Art. 705 ff. BGB anzusehen, denen nach der Rechtsprechung

---

[876] Ausnahmen bestehen etwa für spezielle Gewährleistungsansprüche im Kauf- und Werkvertragsrecht, vgl. Art. 477 Abs. 2 und 724 Abs. 2 ZGB.

des BGH eigene Rechtspersönlichkeit zukommt[877]. Damit dürfte Konsortien nach deutschem Recht eine stärkere Position als denen nach russischem Recht zukommen. Problematisch ist in der Praxis, dass das Konsortium oft nicht Ausschreibungsteilnehmer sein darf ohne sich bereits in der Präqualifikationsphase als Projektgesellschaft registrieren zu lassen. Im Gegensatz zum deutschen Recht gilt in Russland nicht das Verbot des § 6 Abs. 2 Nr. 1 VgV, bereits in der Phase des Teilnahmewettbewerbs die Gründung der Projektgesellschaft zu verlangen. Anzumerken ist ferner, dass die Übertragung von Rechten und Pflichten des Konsortiums auf die Projektgesellschaft gem. Art. 391 ZGB der Zustimmung des öffentlichen Auftraggebers bedarf, was die Stellung von Konsortien im russischen Recht zusätzlich schwächen dürfte.

IV. Vertragslaufzeit

Die Höchstdauer der Konzessionsvereinbarung ist durch das KonzG nicht vorgegeben. Die Laufzeit ist vielmehr durch die Parteien unter Berücksichtigung der Dauer der Bauphase, der Höhe der Investitionen und der Amortisationsdauer sowie der Verpflichtungen des Konzessionsnehmers vertraglich zu vereinbaren, vgl. Art. 6 KonzG.

V. Entgeltlichkeit der Konzessionsvereinbarung

Der private Auftragnehmer hat während der Betriebsphase – über den gesamten Nutzungszeitraum hinweg oder während bestimmter Zeiträume – Konzessionszahlungen an den öffentlichen Auftraggeber zu entrichten. Gem. Art. 7 Abs. 1 KonzG ist die Höhe, die Form, das Verfahren und die Zahlungsfristen zwingend vertraglich zu regeln. Die Entgeltzahlungen können als eine im Voraus festgelegte Konzessionsgebühr vereinbart werden, die regelmäßig oder einmalig entrichtet wird, als Anteil an den Erzeugnissen und Erträgen aus der Konzessionstätigkeit, oder im Wege der Übertragung bestimmten Vermögens des Konzessionsnehmers ins Eigentum des Konzessionsgebers geleistet werden, vgl. Art. 7 Abs. 2 KonzG. Die Entgeltregelungen entsprechen weitgehend den pachtvertraglichen Vorschriften des Art. 614 Abs. 2 ZGB. Die Bestimmung eines Teils der durch den Konzessionsnehmer erwirtschafteten Erzeugnisse als Konzessionsentgelt ähnelt der Produktionsteilung nach dem PSA-G.

---

[877] So BGH NJW 2001, 1056 ff.

C. Meinungsbild zur Rechtsnatur und Begriffsklärung

I. Begriff

Zur Bestimmung des Inhalts des Konzessionsbegriffs geht man in der russischen Rechtslehre vom lateinischen Begriff *concessio* (lat.) aus und versteht den Terminus dementsprechend weit – als Genehmigung oder Einräumung von Rechten durch den Staat zugunsten eines Privaten.[878] Laut *Drozdov*[879] sei die Konzession derzeit ein sehr weiter Begriff, der keine terminologische wie inhaltliche Deutlichkeit aufweist. Laut *Varnavskij*[880] stellt die Konzession in der russischen Rechtslehre eine ökonomische Größe ohne feste Konturen dar. Damit geht die Lehre von einem weiten Konzessionsverständnis aus. Umso überraschender sind die engen Grenzen, in die das KonzG die Konzessionsbeziehung – wie im Folgenden aufgezeigt wird – letztlich zwingt. Vor Verabschiedung des KonzG hat man den Begriff nach der Legaldefinition des AuslInvestG RSFSR als Einräumung des Rechts zur Erschließung von im staatlichen Eigentum stehenden Naturressourcen zugunsten eines ausländischen Investors verstanden.

1. Begriffe Konzession, Konzessionsvereinbarung, Konzessionsvertrag

In der russischen Literatur wird zwischen den Begriffen Konzession, Konzessionsvereinbarung und Konzessionsvertrag unterschieden[881], wobei der praktische Sinngehalt der Unterscheidung nicht deutlich wird. Unklar ist, welche rechtlichen Folgen die Unterscheidung nach sich ziehen soll, so dass es sich dabei um einen Streit theoretischer Natur handeln dürfte.

1.1. Konzession im Verhältnis zur Konzessionsvereinbarung bzw. Konzessionsvertrag

Laut *Savinova*[882] ist die Bezeichnung des KonzG deshalb zu eng, weil der Begriff der Konzessionsvereinbarung (russ.: *koncessionnoe soglašenie*) enger als der Begriff der Konzession (russ.: *koncessiâ*) ist und das Gesetz nach Ansicht

---

[878] So etwa *Zinčenko/Lomidze/Galov*, Konzessionsvereinbarung (russ.), S. 65.

[879] So *Drozdov*, Zur Rechtsnatur der Konzessionsvereinbarung (russ.), S. 49.

[880] Vgl. *Varnavskij*, Konzessionen in der Transportinfrastruktur (russ.), S. 20.

[881] Keine Unterscheidung nehmen diesbezüglich *Konoplânik/Subbotin*, Staat und Investor, Band 1; *Subbotin/Averkin/Sosna/Alëšin*, Werdegang der Konzessionsgesetzgebung in Russland (russ.), a.a.O.; *Ognev/Popov*, Konzessionsvertrag im Zivilrecht (russ.), S. 34, vor.

[882] Vgl. *Savinova*, Vertragliche Regelung der Konzessionsbeziehungen (russ.), S. 75.

der Autorin die Konzession als solche umfasse. *Varnavskij*[883] schließt sich dieser Auffassung an. Der Konzessionsvertrag (russ.: *koncessionnyj dogovor*) sei dagegen lediglich ein Dokument, welches den Inhalt der Konzessionsbeziehung juristisch regelt, während die Konzession ihrerseits als Gesamtsystem der Konzessionsbeziehungen zu verstehen sei.[884] *Ognev/Popov*[885] sehen die Konzessionsvereinbarung als juristische Form der Konzession.

1.2. Konzessionsvertrag und Konzessionsvereinbarung

Die Konzessionsvereinbarung wird in Art. 3 Abs. 2 KonzG als ein gemischter Vertrag definiert. Daraus ziehen *Zinčenko/Lomidze/Galov*[886] den Schluss, dass die Begriffe – Konzessionsvertrag und Konzessionsvereinbarung – im KonzG als gleichwertig betrachtet werden. Tatsächlich verwendet das Gesetz stets den Begriff der Konzessionsvereinbarung und spricht an keiner Stelle ausdrücklich von einem Konzessionsvertrag. Dennoch sehen *Zinčenko/Lomidze/Galov* in dieser Gleichstellung ein Versäumnis des Gesetzgebers, da die Konzessionsvereinbarung vielmehr als das untergesetzliche Fundament für alle vom Konzessionsnehmer einzugehenden Vertragsbeziehungen darstellen soll, so etwa bei dem gem. Art. 11 KonzG gesondert abzuschließenden Pachtvertrag über das Grundstück, auf dem das Konzessionsobjekt errichtet wird. Nach *Savinova*[887] ist dagegen die Konzessionsvereinbarung wesentlich weiter zu verstehen als der im Rahmen der Konzessionsbeziehung zwischen den Parteien geschlossener Konzessionsvertrag. So ist die Vereinbarung (russ.: *soglašenie*) i.S.d. Art. 420 des ZGB jede irgendwie geartete Übereinkunft der Parteien über bestimmte Punkte, während das Zustandekommen einer Konzessionsvereinbarung von der Regelung über alle *essentialia negotii* abhängig ist. Zusammenfassend lässt sich sagen, dass der Begriff der Konzessionsvereinbarung enger – als das privatrechtliche Gegenseitigkeitsverhältnis – und der Begriff der Konzession entsprechend weiter – als eine Form der Einbindung privaten Kapitals verstanden wird. Der letztere Begriff soll die Rechtsbeziehungen und Verträge umfassen, die während des gesamten Beschaffungsprozesses von der Entscheidung über die Freigabe zur Konzession bis hin zum Abschluss der Konzessionsvereinbarung entstehen.

---

[883] Vgl. *Varnavskij*, Konzessionen in der Transportinfrastruktur (russ.), S. 20.
[884] Vgl. *ders.*, S. 27.
[885] So *Ognev/Popov*, Konzessionsvertrag im Zivilrecht (russ.), S. 35.
[886] Vgl. *Zinčenko/Lomidze/Galov*, Konzessionsvereinbarung (russ.), S. 66.
[887] Vgl. *Savinova*, Vertragliche Regelung der Konzessionsbeziehungen (russ.), S. 66 und 73.

2. Inhalt des Begriffs Konzession

Eine für die anschließende Einordnung der Konzession als eine Form von PPP nach deutschem Verständnis relevante, aber in der russischen Rechtslehre wenig diskutierte Frage stellt das Erfordernis vertraglicher Vereinbarung dar. Nach *Varnavskij*[888] kann die Konzession sowohl in vertraglicher Form – im Wege des Abschlusses eines Vertrages mit dem Konzessionsnehmer – als auch in Form der Erteilung einer Lizenz bzw. Nutzungsgenehmigung – gewährt werden. Während die erste Form der Konzessionserteilung aufgrund vertraglichen Charakters als eine PPP-Form einzustufen ist, stellt die zweite Form kein PPP dar. Aufgrund dieses weiten Verständnisses des Konzessionsbegriffes wurde in der Literatur im Vorfeld der Verabschiedung des KonzG vertreten, die Bezeichnung des Entwurfs des KonzG a.f. sei zu eng, da nicht nur vertragliche Vereinbarungen sondern gerade auch andere Formen zulässig seien.[889] Der Gesetzgeber hat sich jedoch für das engere Verständnis entschieden.

II. Rechtsnatur

Sehr umstritten in der Literatur ist die rechtliche Natur der Konzessionsvereinbarung. Das breite Spektrum der verschiedenen Auffassungen wird im Folgenden kurz skizziert.

1. Meinungsstreit zur Qualifikation der Konzessionsvereinbarung als gemischter Vertrag

Nach ausdrücklicher Regelung des Art. 3 Abs. 2 KonzG enthält die Konzessionsvereinbarung Elemente verschiedener gesetzlicher Vertragstypen. Daher sind auf die Rechte und Pflichten der Vertragsparteien die Regelungen des ZGB betreffend die relevanten Vertragstypen entsprechend anwendbar. Art. 3 Abs. 2 KonzG bezeichnet die Konzessionsvereinbarung nicht ausdrücklich als einen gemischten Vertrag. Jedoch enthält Art. 421 Abs. 3 Satz 1 ZGB eine Legaldefinition des gemischten Vertrages, die dem Wortlaut nach mit der Formulierung des Art. 3 Abs. 2 KonzG weitgehend übereinstimmt. Laut *Drozdov*[890] sind einer Konzessionsvereinbarung deshalb Merkmale sowohl eines Pacht- als auch eines Werkvertrages sowie anderer gesetzlicher Vertragstypen immanent.

---

[888] Vgl. *Varnavskij*, Konzessionen in der Transportinfrastruktur (russ.), S. 20.

[889] Vgl. *Alëšin*, Perspektiven der Vergabe von Konzessionen, S. 57; *Kotov*, Fragen der Gestaltung staatlicher (munizipaler) Konzessionen (russ.).

[890] So *Drozdov*, Zur Rechtsnatur der Konzessionsvereinbarung (russ.), S. 53.

Dieser Ansicht sei auch der Gesetzgeber des KonzG gefolgt, indem er den Konzessionsvertrag in Art. 3 Abs. 2 KonzG als gemischten Vertrag definiert und die Anwendbarkeit der jeweiligen vertragsrechtlichen Vorschriften vorgesehen hat.[891]

Dem widersprechen jedoch *Zinčenko/Lomidze/Galov*[892] im Wesentlichen mit der Begründung, dass bei der Anwendung der Vorschriften des allgemeinen Zivilrechts auf die Konzessionsvereinbarung erhebliche rechtliche Schwierigkeiten unvermeidbar seien. Die Konzession unterscheide sich grundlegend von allen anderen gesetzlichen Vertragstypen und sei daher als eine neue, eigenständige Vertragsart zu behandeln. Insgesamt sei für die Konzession ihre Geschlossenheit und Dynamik kennzeichnend, was die Anwendung anderer vertragsrechtlicher Vorschriften auf die Konzession verbiete. Ebenso lehnt *Savinova*[893] die Qualifikation der Konzessionsvereinbarung als gemischten Vertrag ab. Dagegen spricht laut *Savinova*[894] die Anwendbarkeit des Spezialgesetzes – des KonzG. Nach *Čelyšev/Ogorodov*[895] handelt es sich bei der Konzessionsvereinbarung vielmehr um einen sog. komplexen Vertrag. *Ognev/Popov*[896] sehen darin im Ergebnis einen eigenständigen Vertragstypus eigener Art. Jedoch hat auch diese Diskussion aufgrund der klaren Regelung durch den Gesetzgeber in Art. 3 Abs. 2 KonzG keine praktische Bedeutung.

2. Öffentlich-rechtliche oder privatrechtliche Natur der Konzessionsvereinbarung

Vor Erlass des KonzG wurde der Konzessionsvertrag von den Vertretern der klassischen Rechtslehre teilweise als sog. **Verwaltungsvertrag** angesehen, der von vornherein durch ein Über- und Unterordnungsverhältnis zwischen dem Konzessionsgeber und dem Konzessionsnehmer gekennzeichnet ist. Die rechtliche Grundlage für die Erlangung der Konzessionsnehmerrechte durch den Investor bildete demnach nicht die vertragliche Vereinbarung selbst, sondern der Akt öffentlicher Gewalt, der die ausschließlich dem Staat zustehenden Rechte

---

[891] So im Ergebnis auch *Sulakšin/Vilisov/Pogorelko/Hrustalëva*, Konzessionen im Schienenverkehr (russ.), S. 11.
[892] Vgl. *Zinčenko/Lomidze/Galov*, Konzessionsvereinbarung (russ.), S. 66.
[893] Vgl. *Savinova*, Vertragliche Regelung der Konzessionsbeziehungen (russ.), S. 69.
[894] Vgl. *dies.*, S. 77.
[895] So *Čelyšev/Ogorodov*, Gemischte Verträge im Privatrecht: Fragen der Theorie und Praxis (russ.), S. 23.
[896] Vgl. *Ognev/Popov*, Konzessionsvertrag im Zivilrecht (russ.), S. 47 f.

am Konzessionsobjekt an den Konzessionsnehmer übertrug[897]. Laut *Doronina*[898] handelt es sich bei der Konzessionsbeziehung um ein öffentlich-rechtliches Verhältnis, in dem die Rechte und Pflichten des Konzessionsnehmers durch Hoheitsakte des Staates geregelt werden, während die Grundlage der Konzessionsbeziehung ein zivilrechtlicher Vertrag bildet. Als teleologisches Argument könnte die Absicht des Gesetzgebers des KonzG angeführt werden, wonach das KonzG die Grundlage für zivilrechtliche Beziehung der Konzessionsparteien bieten sollte.[899] *Leont'ev*[900] hält die Konzessionsvereinbarung aufgrund einzelner öffentlich-rechtlicher Regelungen für keinen zivilrechtlichen Vertrag, was nach Auffassung des Autors aus Art. 3 Abs. 2 und Art. 2 Abs. 3 KonzG resultiere. Zur öffentlich-rechtlichen Natur der Konzessionsvereinbarung scheinen auch *Farhutdinov/Trapeznikov*[901] zu tendieren, indem sie die Konzession als einen Hoheitsakt und die Rücknahme der Konzession als einen Nationalisierungsakt ansehen. Nicht zivilrechtlich sei die Konzessionsvereinbarung, da das Zivilrecht bereits ausreichend geregelt sei und das KonzG anderenfalls keinen eigenen Regelungsgehalt hätte.[902]

Als Argumente für die öffentlich-rechtliche Natur der Konzessionsvereinbarung führen *Zinčenko/Lomidze/Galov*[903] das Fehlen einer gesetzlichen Entschädigungsregelung zugunsten des Konzessionsnehmers im Falle der einseitigen Vertragsauflösung durch den Konzessionsgeber an. Dagegen sehen *Zinčenko/Lomidze/Galov*[904] den Konzessionsvertrag deshalb nicht als öffentlich-rechtlichen Vertrag, weil die Parteien des Vertrages unternehmerischer Tätigkeit nachgehen. Der Konzession sei ein bestimmtes Maß an Regulierung durch den Staat genauso immanent wie ein bestimmtes Maß an Verhandlungsspielraum auf Seiten des privaten Partners.[905]

---

[897] So etwa *Sosna*, Konzessionsverträge mit ausländischen Investoren (russ.), S. 66.

[898] Vgl. *Doronina*, Zur Frage über die Rechtsnatur von Konzessionsvereinbarungen (russ.), 48 ff.

[899] So *Doronina*, Zur Frage über die Rechtsnatur von Konzessionsvereinbarungen (russ.), S. 52 m.w.N.

[900] Vgl. *Leont'ev*, Kommentar zum föderalen Gesetz über Konzessionsvereinbarungen (russ.), S. 10 f.

[901] Vgl. *Farhutdinov/Trapeznikov*, Investitionsrecht (russ.), S. 88 f.

[902] Vgl. *dies.*, S. 153 f.; ähnlich auch *Bahrah/Rossinskij/Starilov*, Verwaltungsrecht: ein Lehrbuch (russ.), S. 398 ff.

[903] Vgl. *Zinčenko/Lomidze/Galov*, Konzessionsvereinbarung (russ.), S. 68.

[904] Vgl. *dies.*, S. 71.

[905] So *dies.*, S. 65.

Nach einer anderen Ansicht sollte dem Konzessionsvertrag ein Mischcharakter zukommen.[906] Der Konzessionsvertrag sollte sowohl **Elemente des öffentlich-rechtlichen als auch des privatrechtlichen Vertrags** beinhalten.[907] Nach Auffassung von *Savinova*[908] und *Drozdov*[909] handelt es sich bei der Konzessionsvereinbarung um einen privatrechtlichen Vertrag, der einige öffentlich-rechtliche Elemente aufweist. Solche öffentlich-rechtlichen Elemente seien etwa die Entscheidung der öffentlichen Hand über den Abschluss der Konzessionsvereinbarung, vgl. Art. 22 KonzG, das der Konzessionsvereinbarung anhaftende öffentliche Interesse sowie die dem Konzessionsnehmer durch die Konzessionsvereinbarung eingeräumte – in der Regel marktbeherrschende – Stellung.[910] Als privatrechtliche Elemente des Vertrages seien dagegen die vertragliche Regelung der Konzessionsbeziehungen, der dispositive Charakter sämtlicher Regelungen des KonzG, die Haftung der Vertragsparteien nach allgemeinen Vorschriften nach Art. 16 KonzG sowie die Geltung des Zivilrechts nach Art. 13 und 15 KonzG zu nennen.[911] *Sosna*[912] begründet den zivilrechtlichen Charakter der Konzessionsvereinbarung damit, dass das russische Recht keinen öffentlich-rechtlichen oder verwaltungsrechtlichen Vertrag kennt. Zudem hält *Sosna* die Orientierung der Konzession an solchen Vertragsarten für unzweckmäßig, da dies eine Gefahr des Missbrauchs der Einflussmöglichkeiten des Staates zum Nachteil des Privaten im Rahmen einer solchen öffentlich-rechtlichen Beziehung schaffe.[913] Die öffentlich-rechtliche Komponente besteht nach *Sosna* etwa darin, dass der Entstehungsgrund der Konzessionsbeziehung als ein Hoheitsakt zu qualifizieren ist.[914] Außerdem zählten zu den öffentlich-rechtlichen Merkmalen der Ausschließlichkeitscharakter der dem Konzessionsnehmer einzuräumenden Rechte[915], das besondere öffentliche Interesse der Konzession[916], die Übertragung

---

[906] So *Bogatyrëv*, Investitionsrecht (russ.), S. 67 ff.

[907] So etwa *Boguslavskij*, Ausländische Investitionen: rechtliche Regulierung (russ.), S. 148.

[908] So *Savinova*, Vertragliche Regelung der Konzessionsbeziehungen (russ.), S. 79.

[909] So *Drozdov*, Zur Rechtsnatur der Konzessionsvereinbarung (russ.), S. 51; so im Ergebnis auch *Ognev/Popov*, Konzessionsvertrag im Zivilrecht (russ.), S. 50; *Selivestrov*, Konzessionsvereinbarungen in Russland, S. 71.

[910] Vgl. *Savinova*, Vertragliche Regelung der Konzessionsbeziehungen (russ.), S. 79.

[911] Vgl. *dies.*, S. 81.

[912] Vgl. *Sosna*, Konzessionsvereinbarungen: Theorie und Praxis (russ.), S. 137.

[913] So *ders.*, Konzessionsvereinbarung – ein neuer Vertragstypus im russischen Recht (russ.), a.a.O.

[914] Vgl. *Sosna*, Konzessionsvereinbarungen: Theorie und Praxis (russ.), S. 160.

[915] Vgl. *ders.*, S. 166 ff. mit ausführlicher Begründung des Ausschließlichkeitscharakters dieser Rechte.

von Staatsaufgaben auf einen Privaten[917] sowie der dem Staat zustehenden Immunität[918]. *Kitanina*[919] verwendet in dem Zusammenhang den Begriff des gemischten (öffentlich-privaten) Vertrages.

Für **zivilrechtliche Natur** der Konzessionsvereinbarung sprechen nach *Ognev/Popov*[920] die Anwendbarkeit des Zivilrechts sowie die Einordnung der rechtlichen Formen des Vertrags ins Zivilrecht, die gleichberechtigte Stellung der Konzessionsparteien und die Freiwilligkeit des Eingehens der Konzessionsbeziehung sowie die Haftung der Vertragsparteien nach allgemeinen Vorschriften, vgl. Art. 16 KonzG, und die Vielzahl dispositiver Normen im KonzG.

Als einen **Vertrag eigener Art** sehen die Konzessionsvereinbarung *Popov*[921] und *Nalëtov*[922]. *Saenko*[923] ist gar der Auffassung, dass Konzessionen **je nach Einzelfall** zu öffentlich-rechtlicher bzw. privatrechtlicher Natur neigen können. Laut *Savinova*[924] existiert in der Literatur außerdem die Auffassung, wonach es sich bei einer Konzessionsvereinbarung sich um einen **völkerrechtlichen Vertrag** handelt. Diese sog. Theorie der Internationalisierung kommerzieller Verträge ist jedoch bereits in der sowjetischen Rechtslehre scharf kritisiert worden und wird letztlich mit der Begründung weitgehend abgelehnt, dass es sich bei dem Investor nicht um ein Subjekt des Völkerrechts handelt. Laut *Doronina*[925] ist dieser Streit mit der Einführung der Praxis völkerrechtlicher Garantievereinbarungen zum Schutz von Investitionen gegenstandslos geworden. Laut *Boguslavskij*[926] handelt es sich bei der juristischen oder natürlichen Person, die

---

[916] Vgl. *ders.*, S. 167 ff.
[917] Vgl. *ders.*, S. 171.
[918] Vgl. *ders.*, 2002, S. 175.
[919] Vgl. *Kitanina*, Konzessionsvereinbarungen nach russischem Recht (russ.).
[920] Vgl. *Ognev/Popov*, Konzessionsvertrag im Zivilrecht (russ.), S. 43 f. und 51.
[921] Vgl. *Popov*, Konzessionsvereinbarungen (russ.), S. 7.
[922] So *Nalëtov*, Noch einmal zur Rechtsnatur der Konzessionsvereinbarung (russ.), S. 73.
[923] Vgl. *Saenko*, Gesetzgebung der RF über Konzessionsverträge mit ausländischen Investoren (russ.), a.a.O.
[924] Vgl. *Savinova*, Vertragliche Regelung der Konzessionsbeziehungen (russ.), S. 82 ff.
[925] Vgl. *Doronina*, Zur Frage über die Rechtsnatur von Konzessionsvereinbarungen (russ.), S. 54.
[926] Vgl. *Boguslavskij*, Perestrojka der internationalen Wirtschaftsbeziehungen und Rechtsnatur der Konzessionsvereinbarungen (russ.), S. 102.

als Subjekt der Konzessionsbeziehung auftritt, um kein Völkerrechtssubjekt. Die Mehrheit der Autoren sieht in der Konzessionsvereinbarung daher keinen völkerrechtlichen Vertrag.[927]

3. Anwendbarkeit des Zivilrechts

Eine Konzessionsvereinbarung ist ein Vertrag, der Elemente verschiedener gesetzlich geregelter Vertragstypen enthält. Ein sog. gemischter Vertrag nach russischem Recht impliziert entsprechende Anwendung der Vorschriften über gesetzliche Vertragstypen in Bezug auf die Teile des Vertrags, die mit einem der gesetzlichen Vertragstypen am ehesten vergleichbar sind, vgl. Art. 421 ZGB RF.[928] Dies gilt nach *Tolkušin*[929] für gemischte Verträge im Falle der Konzessionsvereinbarungen entsprechend.

Gem. Art. 3 Abs. 2 KonzG sind auf die Beziehungen der Vertragsparteien die Vorschriften des Zivilrechts über die Verträge entsprechend anzuwenden, deren Elemente die Konzessionsvereinbarung enthält, es sei denn, aus dem KonzG oder dem Wesen der Konzessionsvereinbarung ergibt sich etwas anderes. Nach *Savinova* erstreckt sich der Verweis des Art. 3 Abs. 2 KonzG nicht nur auf vertragsrechtliche Regelungen, sondern auf das gesamte ZGB.[930] Je nach Ausgestaltung des konkreten Konzessionsprojekts kann dieser Elemente des Werkleistungsvertrags gem. Art. 702 ff. ZGB, insbesondere Vorschriften über die Werkleistungsarbeiten für staatlichen Bedarf gem. Art. 763 ff. ZGB, über die Pacht[931] von Gebäuden und Anlagen gem. Art. 650 ff. ZGB, über entgeltliche Erbringung von Dienstleistungen gem. Art. 779 ff. ZGB sowie über treuhänderische Verwaltung von Vermögen gem. Art. 1012 ff. ZGB enthalten. Denkbar ist ferner die Anwendbarkeit der Regelungen der Art. 539 ff. ZGB über den Energieversorgungsvertrag für den Bereich Wärme, Gas- oder Energieversorgung.

So schreibt Art. 11 Abs. 1 Satz 2 KonzG als notwendigen Bestandteil der Konzessionsvereinbarung den Abschluss eines Pachtvertrages über das Grundstück

---

[927] Vgl. *Sysoev*, Aktuelle Instrumente der Investitionsentwicklung der Regionen (russ.), S. 102.
[928] Vgl. *Abova/Kabalkin*, Kommentar zum Zivilgesetzbuch der RF, Art. 421.
[929] Vgl. *Tolkušin*, Kommentar zum föderalen Gesetz „Über Konzessionsvereinbarungen" (russ.), § 3, S. 9.
[930] Vgl. *Savinova*, Vertragliche Regelung der Konzessionsbeziehungen (russ.), S. 165.
[931] Da das russische ZGB – ähnlich dem französischen Recht – keine Unterscheidung zwischen den Vertragstypen der Miete und Pacht kennt, wird der Begriff Pacht im Folgenden einheitlich verwendet.

vor, auf dem sich das Konzessionsobjekt befindet. Diese Vorschrift ist insbesondere vor dem Hintergrund geboten, dass das russische Immobiliarsachenrecht kein zwingendes Gebot der Einheitlichkeit der Eigentumsrechte am Grundstück und an den sich auf diesem Grundstück befindlichen Gebäuden und Anlagen kennt. Letztere sind vielmehr als eigenständige Objekte anzusehen, so dass sich die Eigentumsverhältnisse am Konzessionsobjekt von den Eigentumsverhältnissen am darunter liegenden Grundstück unterscheiden können.

D. Abgrenzung zu verwandten Rechtsinstituten

Im Folgenden gilt es das Rechtsinstitut der Konzessionsvereinbarung von anderen Rechtsinstituten abzugrenzen.

I. Abschluss von Werk- bzw. Dienstverträgen

Wie oben bereits dargestellt, zeichnet sich der Abschluss von Werk- und Dienstverträgen laut *Varnavskij*[932] dadurch aus, dass der Private im Rahmen eines Werk- und Dienstvertrages keine Finanzierung schuldet, die Eigentumsrechte am Vertragsobjekt beim Staat verbleiben und der Staat alle Risiken im Zusammenhang mit dem Vertrag übernimmt.[933] Der Autor betont, dass der Konzessionsvertrag aufgrund seines öffentlich-rechtlichen Kontextes eine spezielle Form der genannten Vertragsart darstellt.[934] Die Konzession unterscheide sich ferner durch das breitere Leistungsprogramm des Privaten und die Dauerhaftigkeit der Vertragsbeziehung. Laut *Sosna*[935] unterscheidet sich die Konzession von traditionellen Werk- bzw. Dienstverträgen dadurch, dass sie auf einem staatlichen Hoheitsakt basiert. Laut *Zvorykina*[936] ist für die Unterscheidung ebenfalls die längere Dauer der Konzession, der Finanzierungsanteil des Privaten sowie der ihm eingeräumte Entscheidungsspielraum kennzeichnend.

---

[932] Vgl. *Varnavskij*, Konzessionen in der Transportinfrastruktur (russ.), S. 28.
[933] So auch *Sysoev*, Aktuelle Instrumente der Investitionsentwicklung der Regionen (russ.), S. 87.
[934] Vgl. *Varnavskij*, Konzessionen in der Transportinfrastruktur (russ.), S. 29.
[935] Vgl. *Sosna*, Konzessionsvereinbarung – ein neuer Vertragstypus im russischen Recht (russ.), a.a.O.
[936] Vgl. *Zvorykina*, Staatliche und munizipale Konzessionen in Russland (russ.), S. 20.

Bei einem Werkvertrag besteht die Leistung laut *Sosna*[937], *Savinova*[938] und *Ognev/Popov*[939] in der Errichtung eines Werkes durch den Werkunternehmer und die Gegenleistung in der Entgeltzahlung durch den Besteller. Bei der Konzessionsvereinbarung sei die Werkerrichtung dagegen lediglich eine Bedingung für die eingeräumte Nutzungsmöglichkeit. Ein wesentlicher Unterschied bestehe ferner darin, dass die Entgeltzahlung im Rahmen der Konzessionsvereinbarung in der Regel durch Dritte erfolgt.[940] Bei einem Werkvertrag ist der Werkunternehmer zur Übergabe des Werkes an den Besteller verpflichtet, während bei einer Konzessionsvereinbarung Besitz- und Nutzungsrechte am Konzessionsobjekt sowie Eigentum an den erwirtschafteten Erzeugnissen dem Konzessionsnehmer zustehen.[941] Nach *Zinčenko/Lomidze/Galov*[942] seien bei der Unterscheidung die Errichtung des Werkes auf eigene Kosten durch den Konzessionsnehmer, die Notwendigkeit eines gesonderten Pachtvertrages, der die Nutzung der Anlage erlaubt, sowie die Tragung des Risikos des zufälligen Untergangs der Sache durch den Konzessionsnehmer auch nach Abnahme des Werks entscheidend.

II. Abschluss von Pachtverträgen

Des Weiteren ist die Konzession von einem Pachtvertrag sowie anderen auf Einräumung von Nutzungsrechten gerichteten Verträgen abzugrenzen. Nach *Varnavskij*[943] weist die Konzession im Gegensatz zur Pacht eine komplexere Beziehungs- und Pflichtenstruktur auf und erstreckt sich ausschließlich auf Objekte, für die dem Staat ein natürliches Monopol zusteht.

Nach *Levickaâ*[944] hat der Pachtvertrag im Gegensatz zur Konzession nicht die effektive Verwaltung staatlichen Eigentums bzw. die eigentliche Errichtung oder Modernisierung des Vertragsgegenstands auf Kosten des Privaten zum

---

[937] Vgl. *Sosna*, Konzessionsvereinbarungen: Theorie und Praxis (russ.), S. 159.

[938] Vgl. *Savinova*, Vertragliche Regelung der Konzessionsbeziehungen (russ.), S. 85 f.

[939] Vgl. *Ognev/Popov*, Konzessionsvertrag im Zivilrecht (russ.), S. 46.

[940] Vgl. *Sosna*, Konzessionsvereinbarungen: Theorie und Praxis (russ.), S. 159; *Russische Gesellschaft für Erdgas*, Kommentar zum föderalen Gesetz „Über Konzessionsvereinbarungen", a.a.O.

[941] Vgl. *Sosna*, Konzessionsvereinbarungen: Theorie und Praxis (russ.), S. 159; *Ognev/Popov*, Konzessionsvertrag im Zivilrecht (russ.), S. 46.

[942] Vgl. *Zinčenko/Lomidze/Galov*, Konzessionsvereinbarung (russ.), S. 66 f.

[943] Vgl. *Varnavskij*, Konzessionen in der Transportinfrastruktur (russ.), S. 31.

[944] Vgl. *Levickaâ*, Pacht und Konzession als Formen staatlich-privater Partnerschaft (russ.).

Ziel.[945] Insbesondere sei der Konzessionsnehmer bei der Konzession nicht in der Lage, den Vertragsgegenstand in dem ursprünglichen Zustand an den Konzessionsgeber zurückzugeben, wie es Art. 622 ZGB für die Pacht vorsieht. Zudem trage bei der Pacht gem. Art. 211 ZGB – im Gegensatz zur Konzession – der Eigentümer die Gefahr des zufälligen Untergangs und der zufälligen Verschlechterung der Sache. Schließlich sähe Art. 615 Abs. 2 ZGB die Möglichkeit des Pächters vor, mit Einverständnis des Verpächters seine Rechte aus dem Pachtvertrag an Dritte zu übertragen oder zu verpfänden, was das KonzG nicht zulässt. Zwar bestehe nach *Levickaâ*[946] zwischen den beiden Vertragsarten eine gewisse Ähnlichkeit, wenn der Pachtzins durch die Verpflichtungen des Pächters zur Verbesserung der Pachtsache ersetzt wird. Jedoch stelle dies lediglich eine Variante der Zahlungsart und gerade keine eigenständige Verpflichtung des Pächters dar. Außerdem biete das Pachtvertragsrecht im Gegensatz zur Konzession nicht den Vorteil der Berücksichtigung der Amortisationsdauer der Investitionen bei der Bemessung der Vertragslaufzeit des Pachtvertrages.

Laut *Sosna*[947] unterscheidet sich die Konzession durch die besondere Natur des Vertragsgegenstands, der aufgrund staatlichen Eigentums nicht Vollstreckungsgegenstand sein kann. *Sosna*[948] führt aus, dass im Rahmen der Pacht der Pachtgegenstand als solcher und damit auch Besitzrechte an diesem übertragen werden, während bei der Konzession lediglich Nutzungsrechte und damit lediglich ein Besitzkonstitut eingeräumt wird. Ein weiterer Unterschied sei die Beständigkeit von Rechten Dritter am Pachtgegenstand im Falle dessen Vermietung gem. Art. 613 ZGB, während das Objekt der Konzessionsvereinbarung gem. Art. 3 Abs. 4 KonzG frei von Rechten Dritter zu sein habe.[949] Das Eigentum an den durch den Konzessionsnehmer geschaffenen Objekten stehe dem Konzessionsgeber zu, während die Pacht eine solche Konstruktion nicht kenne.[950]

---

[945] So auch *Drozdov*, Zur Rechtsnatur der Konzessionsvereinbarung (russ.), S. 50 ff., der einen Unterschied im wirtschaftlichen Zweck der beiden Vertragsarten sieht.

[946] Vgl. *Levickaâ*, Pacht und Konzession als Formen staatlich-privater Partnerschaft (russ.).

[947] Vgl. *Sosna*, Konzessionsvereinbarungen: Theorie und Praxis (russ.), S. 154.

[948] Vgl. *ders.* S. 155 f.

[949] Vgl. *ders.*, S. 158; *Russische Gesellschaft für Erdgas*, Kommentar zum föderalen Gesetz „Über Konzessionsvereinbarungen", a.a.O.; *Ognev/Popov*, Konzessionsvertrag im Zivilrecht (russ.), S. 46.

[950] Vgl. *Sosna*, Konzessionsvereinbarung – ein neuer Vertragstypus im russischen Recht (russ.), a.a.O.

Von einem Pachtvertrag unterscheidet sich die Konzession nach *Zinčenko/Lomidze/Galov*[951] dadurch, dass der Konzessionsnehmer die Anlage betreibt (und nicht nur nutzt) sowie die Verpflichtung zur Instandhaltung und Instandsetzung entgegen der Regelung des Art. 616 Abs. 1 ZGB trägt.[952] Laut *Zamorenova*[953] sind für die Konzessionsvereinbarung zudem die Besonderheiten des Vertragsgegenstandes sowie der dem Konzessionsnehmer zustehenden Besitz- und Nutzungsrechte charakteristisch, die sie jedoch nicht explizit nennt. Laut *Drozdov*[954] steht dem Pächter im Rahmen der Pacht ein Nutzungsrecht zu, während dem Konzessionsnehmer im Rahmen der Konzessionsvereinbarung eine Nutzungspflicht obliegt. Oft wird ausgeführt, dass für die Konzessionsvereinbarung im Gegensatz zur Pacht charakteristisch ist, dass die anschließende Übertragung des genutzten Objekts in das Eigentum des Privaten unzulässig ist[955], vgl. Art. 609 Abs. 3 i.V.m. Art. 624 ZGB. Lediglich vereinzelt wird vertreten, dass die Konzession eine Form der Pacht ist und gerade keine eigenständige Natur hat.[956]

III. Franchising, Art. 1027 ff. ZGB

Gem. Art. 1027 Abs. 1 ZGB verpflichtet sich eine Seite (Rechtsinhaber) der anderen Seite (Begünstigter) gegenüber einen bestimmten Bestand an ausschließlichen Rechten entgeltlich, befristet oder unbefristet zur Nutzung im Rahmen seiner unternehmerischen Tätigkeit zur Verfügung zu stellen. Art. 1027 Abs. 3 ZGB setzt zudem für beide Vertragsparteien die Unternehmereigenschaft voraus. Aufgrund der eher unglücklichen Wahl der russischen Bezeichnung für den Franchisingvertrag – sog. kommerzielle Konzession[957] – ist es in der Rechtslehre umstritten, ob Franchising als eine Form der Konzession anzusehen

---

[951] Vgl. *Zinčenko/Lomidze/Galov*, Konzessionsvereinbarung (russ.), S. 66 f.

[952] So auch *Levickaâ*, Pacht und Konzession als Formen staatlich-privater Partnerschaft (russ.).

[953] Vgl. *Zamorenova*, Lokale Monopole und Reformen der Wohn- und Kommunalwirtschaft (russ.), S. 306.

[954] Vgl. *Drozdov*, Zur Rechtsnatur der Konzessionsvereinbarung (russ.), S. 54; *Russische Gesellschaft für Erdgas*, Kommentar zum föderalen Gesetz „Über Konzessionsvereinbarungen", a.a.O.

[955] Vgl. *Varnavskij*, Konzessionen in der Transportinfrastruktur (russ.), S. 31; *Sosna*, Konzessionsvereinbarungen: Theorie und Praxis (russ.), S. 157; *Ognev/Popov*, Konzessionsvertrag im Zivilrecht (russ.), S. 46; *Levickaâ*, Pacht und Konzession als Formen staatlich-privater Partnerschaft (russ.).

[956] Vgl. *Kotov*, Staatliche und munizipale Konzessionen (russ.), S. 33.

[957] Russ.: *kommerčeskaâ koncessiâ*.

ist. Nach herrschender Auffassung ist dies dagegen nicht der Fall, da Franchising die Beteiligung von Unternehmern auf beiden Seiten der Vertragsbeziehung voraussetzt, während eine der Vertragsparteien der Konzessionsvereinbarung *per definitione* die öffentliche Hand ist.[958] So wird in der russischen Lehre vereinzelt eine strenge Unterscheidung zwischen den beiden Vertragstypen gefordert.[959] Entsprechendes kann wohl für den Vertragstyp der Handelskonzession angenommen werden, der das Franchising und den Lizenzvertrag in sich vereint.

IV. Production Sharing Agreements (PSA)

Sehr unterschiedlich wird in der Literatur das Verhältnis der Konzession zu den PSA beurteilt. Nach der Vorstellung des Gesetzgebers sollten PSA eine Form der Konzession neben Konzessionsvereinbarungen und den sog. Dienstleistungsverträgen (mit und ohne Risiko) sein.[960] Diese Auffassung wird auch in der Lehre – soweit ersichtlich – überwiegend vertreten.[961] Für *Vasilenko*[962] stellt die Tatsache, dass bei der Konzession die Erzeugnisse dem Investor gehören, eine Gemeinsamkeit der beiden Vertragsarten dar. Laut *Doronina*[963] sind Konzessionsvereinbarungen und PSA gleichartige, jedoch voneinander zu unterscheidende Verträge. Nach *Varnavskij*[964] sind PSA dagegen zwar eine der Konzession nahestehende GČP-Form, jedoch keine Unterart der traditionellen Konzession.[965]

Unabhängig von der Einordnung der PSA als eine Form des weiten Konzessionsbegriffes oder Betrachtung der Konzession als ein eigenständiges Rechtsin-

---

[958] Vgl. dazu exemplarisch *Savinova*, Vertragliche Regelung der Konzessionsbeziehungen (russ.), S. 87; *Ognev/Popov*, Konzessionsvertrag im Zivilrecht (russ.), S. 47.

[959] Vgl. *Leont'ev*, Kommentar zum föderalen Gesetz über Konzessionsvereinbarungen (russ.), S. 8; *Sulakšin/Vilisov/Pogorelko/Hrustalëva*, Konzessionen im Schienenverkehr (russ.), S. 10.

[960] S. Beschluss der Staatsduma der RF vom 29. Juni 2005, Nr. 95050725-1, russ.: *Zaklûčenie Pravovogo upravleniâ Apparata Gosudarstvennoj Dumy Federal'nogo sobraniâ RF po proektu federal'nogo zakona „O koncessionnyh soglašeniâh"*.

[961] Vgl. *Doronina*, Untersuchungsthema – Konzessionsvereinbarungen (russ.), S. 169; *Klûkin*, Über die Entwicklung vertraglicher Grundlagen zur Nutzung des Erdinneren (russ.), S. 50; *Vasilenko*, Vereinbarungen über die Teilung der Produktion in Russland (russ.), S. 42 und 61 ff.

[962] Vgl. *Vasilenko*, Vereinbarungen über die Teilung der Produktion in Russland (russ.), S. 62.

[963] Vgl. *Doronina*, Zur Frage über die Rechtsnatur von Konzessionsvereinbarungen (russ.), in: Pravo i èkonomika, S. 52.

[964] Vgl. *Varnavskij*, Konzessionen in der Transportinfrastruktur (russ.), S. 30.

[965] So wohl auch *Sysoev*, Aktuelle Instrumente der Investitionsentwicklung der Regionen (russ.), S. 90 und *Konoplânik/Subbotin*, Staat und Investor, Band 1, S. 27 ff.

stitut, sind PSA von Konzessionsvereinbarungen i.S.d. KonzG zu unterscheiden. Zum Einen hat ein PSA lediglich die Einräumung ausschließlicher Nutzungsrechte durch den Staat zugunsten des privaten Vertragspartners zum Gegenstand, während sich die vertragliche Verpflichtung des Privaten in der Teilung der erwirtschafteten Produktion erschöpft. Ein weiterer Unterschied besteht darin, dass die durch den Privaten erwirtschaftete Produktion bei der Konzessionsvereinbarung dem Konzessionsnehmer gehört, während sie bei der Produktionsvereinbarung einer Teilung zwischen dem Privaten und dem Staat unterliegt.[966] Schließlich unterscheidet sich das Verfahren bei der Auswahl des privaten Investors grundlegend. Während für die Konzession grundsätzlich die offene oder geschlossene Ausschreibung gilt, ist bei PSA lediglich die Vergabeart der Auktion zulässig.

V. Sog. Serviceverträge mit und ohne Risiko

Sog. Serviceverträge (mit und ohne Risiko) wurden zwar bei der Schaffung des KonzG diskutiert, jedoch letztlich nicht in das Gesetz aufgenommen. Im Rahmen solcher Verträge erhält der Private das Recht, ein Rohstoffvorkommen zu erforschen und zu nutzen. Unter Serviceverträgen mit Risiko versteht man solche Verträge, bei denen der Investor das Risiko der erfolglosen Suche nach Bodenschätzen trägt. Im Rahmen eines Servicevertrags ohne Risiko werden ihm seine Aufwendungen in diesem Falle erstattet. Nach *Varnavskij*[967] stellen Serviceverträge (mit und ohne Risiko) eine Unterart der PSA dar. *Novikov*[968] sieht sowohl PSA als auch Serviceverträge (mit und ohne Risiko) als eine Form der Konzession. Mangels praktischer Relevanz des Vertragstyps erübrigt sich die Beurteilung seines Charakters als PPP.

VI. Gemischtwirtschaftliche Unternehmen

Im Gegensatz zur Konzession beteiligt sich der Staat im Rahmen sog. gemischtwirtschaftlicher Unternehmen ständig am Kapital und somit an den Tätigkeits- bzw. Entscheidungsprozessen des Unternehmens. Demnach verfüge

---

[966] So auch *Varnavskij*, Konzessionen in der Transportinfrastruktur (russ.), S. 30 und *Sysoev*, Aktuelle Instrumente der Investitionsentwicklung der Regionen (russ.), S. 90; *Leont'ev*, Kommentar zum föderalen Gesetz über Konzessionsvereinbarungen (russ.), S. 9; *Derâbina*, Theoretische und praktische Probleme der staatlich-privaten Partnerschaft (russ.).
[967] Vgl. *Varnavskij*, Konzessionen in der Transportinfrastruktur (russ.), S. 30.
[968] So *Novikov*, Erdöl- und Erdgasvorhaben (russ.), S. 16.

nach *Varnavskij*[969] der privatwirtschaftliche Sektor bei einer Konzession über mehr Selbstständigkeit und Entscheidungsspielraum.[970] Als einen Vorteil der Konzession im Vergleich zu gemischtwirtschaftlichen Unternehmen nennt *Varnavskij*[971] die Entschädigung des Privaten im Falle der Nationalisierung des Konzessionsbetriebes, während im Falle eines gemeinsamen Betriebes dem Privaten lediglich der (anteilige) Aktienwert des Unternehmens zusteht, wobei der Staat im konkreten Fall direkten Einfluss auf den Aktienkurs auszuüben im Stande ist. Wie im Folgenden noch aufzuzeigen gilt, überzeugt diese Argumentation jedoch nicht, da der Konzessionsnehmer im Rahmen der Konzessionsvereinbarung nach dem KonzG nur ungenügenden Schutz in Bezug auf das Konzessionsobjekt genießt.[972]

§ 6 Vergaberechtliche Vorgaben des KonzG

Beschafft ein öffentlicher Auftraggeber Planungs-, Bau-, Betreiber- oder sonstige Leistungen im Rahmen eines Konzessionsvertrages, stellt sich die Frage nach der Anwendbarkeit des Vergaberechts. Das russische Recht kennt diese Rechtsmaterie seit dem Erlass des VergabeG a.f. im Jahre 1999, welches inzwischen – parallel zum Erlass des KonzG im Jahre 2005 – neu kodifiziert wurde. Das neue KonzG seinerseits gibt dem öffentlichen Auftraggeber neben den Regelungen des VergabeG ein spezielles Vergabeinstrument an die Hand und regelt detailliert das Vergabeverfahren zur Beschaffung von Aufträgen in Form von Konzessionen. Im Folgenden soll auf den Beschaffungsprozess bei der Vergabe von Konzessionsaufträgen sowie auf Fragen nach der Wahl der PPP-Beschaffungsvariante, die Arten der Vergabe, die Zulässigkeit von Verhandlungen, den Ablauf des Vergabeverfahrens sowie die vergaberechtlichen Grundsätze eingegangen werden. An entsprechenden Stellen ist dabei auf die aus der Praxis der Konzessionsvereinbarungen bekannten Rechtsprobleme einzugehen.

---

[969] Vgl. *Varnavskij*, Konzessionen in der Transportinfrastruktur (russ.), S. 33.
[970] So auch *Sysoev*, Aktuelle Instrumente der Investitionsentwicklung der Regionen (russ.), S. 90; *Derâbina*, Theoretische und praktische Probleme der staatlich-privaten Partnerschaft (russ.).
[971] Vgl. *Varnavskij*, Konzessionen in der Transportinfrastruktur (russ.), S. 33.
[972] Zur Abgrenzung der Konzession zur operativen Verwaltung s. *Russische Gesellschaft für Erdgas*, Kommentar zum föderalen Gesetz „Über Konzessionsvereinbarungen", a.a.O., zum Investitionsvertrag *Novikov*, Investitionsvertrag und die Mehrwertsteuer (russ.), S. 101.

A. Wahl der PPP-Beschaffungsvariante

Während nach deutschem Recht die Durchführung des sog. PPP-Eignungstests und einer Wirtschaftlichkeitsuntersuchung zwingende Voraussetzung für die Entscheidung der öffentlichen Hand für die PPP-Beschaffungsvariante ist, kennt das russische Recht die Erstellung des PSC-Vergleichswertes für die Wahl der Beschaffungsvariante nicht. Vielmehr sieht das KonzG die zwingende Anwendbarkeit der Bestimmungen des KonzG im Falle der Erfüllung bestimmter Voraussetzungen vor. Wie bereits eingangs ausgeführt, ist PPP kein Allheilmittel. Vielmehr ist diese Form der Beschaffung lediglich eine wertneutrale Alternative zu anderen Beschaffungsvarianten und zudem nur für einen Teil der Beschaffungsprojekte der öffentlichen Hand geeignet. Vorsicht bei der Auswahl einer Beschaffungsalternative ist vor dem Hintergrund geboten, dass die langfristigen Risiken von PPP derzeit ungenügend erforscht sind. Daher ist im konkreten Fall stets ein Beschaffungsvariantenvergleich anzustellen, bevor eine Vergabe nach den Grundsätzen von PPP ausgerichtet wird. Die im russischen Recht fehlende Anforderung des Beschaffungsvariantenvergleichs bestätigt die Annahme, dass das KonzG dem russischen Hoheitsträger nicht den Spielraum zur effektiveren Durchführung der Beschaffung eröffnet, sondern vielmehr im Falle der Eröffnung des Anwendungsbereichs des Gesetzes ein besonderes Beschaffungsregime zwingend vorschreibt und sich damit gerade nicht an Effektivitäts- und Wirtschaftlichkeitsüberlegungen orientiert.

B. Ablauf des Beschaffungsprozesses

Art. 13 Abs. 1 KonzG schreibt als Voraussetzung für den Abschluss einer Konzessionsvereinbarung die vorherige Durchführung einer Ausschreibung vor und verweist auf Art. 21 KonzG. Art. 21 ff. KonzG enthalten vergaberechtliche Vorgaben für die Vergabe von Aufträgen in Form von Konzessionsvereinbarungen. Der Anwendungsbereich der Art. 21 ff. KonzG ist damit unabhängig vom etwaigen Schwellenwert bereits dann eröffnet, wenn die zu vergebende Leistung als eine Konzession zu qualifizieren ist. Die zwingende Voraussetzung der Durchführung einer Ausschreibung fällt nach dem KonzG gem. Art. 37 i.V.m. Art. 32 Abs. 7 KonzG dann weg, wenn weniger als zwei der abgegebenen Angebote den Kriterien der Ausschreibung entsprechen und die Ausschreibung damit als nicht zustande gekommen gilt. In diesem Fall soll der Abschluss der Konzessionsvereinbarung mit dem einzigen Bieter unter Einhaltung des Verfahrens des Art. 32

Abs. 7 KonzG ohne die Durchführung eines Ausschreibungsverfahrens zulässig sein. Entsprechende Regelungen für die Präqualifikationsphase enthalten Art. 27 Pkt. 6 sowie Art. 29 Pkt. 6 und 7 KonzG.

I. Verhältnis zu anderen Rechtsvorschriften

1. Verhältnis zu den Art. 447 ff. ZGB

Vorab ist das Verhältnis der speziellen konzessionsgesetzlichen Regelung zu allgemeinen Vorschriften russischen Rechts zu untersuchen. Die vergaberechtlichen Vorschriften des KonzG basieren auf dem Grundgerüst der zivilrechtlichen Vorschriften der Art. 447 ff. ZGB. Gem. Art. 447 ff. ZGB können Verträge im Wege einer Versteigerung – einer Auktion, bei der als Gewinner der Auktion der Meistbietende anzusehen ist – oder einer Ausschreibung – wo der Gewinner der Ausschreibung durch die Auswahlkommission aufgrund bestimmter Auswahlkriterien zu ermitteln ist – abgeschlossen werden, vgl. Art. 447 Pkt. 4 ZGB. Gem. Art. 448 Pkt. 5 ZGB ist mit dem Gewinner des Ausschreibungsverfahrens der Vertrag abzuschließen. Für die Auswahl der Konzessionsteilnehmer werden Art. 447 ff. ZGB eingeschränkt. Sowohl Ausschreibungen als auch Auktionen können gem. Art. 448 Pkt. 1 ZGB offen bzw. geschlossen erfolgen, so dass gem. Art. 447 Pkt. 4 ZGB die Versteigerungsform durch den Veranstalter frei wählbar ist, während das KonzG die offene Ausschreibung als Grundsatz vorgibt. Die Frage nach dem Konkurrenzverhältnis der Vorschriften zueinander dürfte sich jedoch nicht stellen, da Art. 447 ff. ZGB lediglich ein gesetzliches Leitbild für die für den Abschluss von Konzessionsvereinbarungen spezielleren Art. 21 ff. KonzG darstellen dürften.

2. Verhältnis zum VergabeG

Für die Praxis von erheblicher Bedeutung ist das Verhältnis der vergaberechtlichen Vorschriften des KonzG zum russischen VergabeG. In der Literatur finden sich keine Hinweise auf die Anwendbarkeit des VergabeG bei der Auswahl des privaten Partners zum Abschluss von Konzessionsvereinbarungen. *Leont'ev*[973] zieht in seinem Kommentar zum KonzG lediglich Parallelen zu den Regelungen des VergabeG, hält das VergabeG jedoch wohl nicht für anwendbar. Naheliegend erscheint, dass die konventionelle Beschaffungsart in Bezug auf den Ab-

---

[973] Vgl. *Leont'ev*, Kommentar zum föderalen Gesetz über Konzessionsvereinbarungen (russ.), S. 89.

schluss von Werk-, Dienst- bzw. Lieferverträgen mit privaten Auftragnehmern, wie sie das russische VergabeG vorsieht, auf der einen Seite sowie die Vergabe von Konzessionen auf der anderen Seite als zwei verschiedene Kooperationsformen anzusehen sein dürften. Für die Spezialität des KonzG spricht vor allem die Komplexität von Konzessionsvorhaben. Während das VergabeG für alle Arten der zu vergebenden Aufträge Anwendung findet und damit gerade kleinere, unkomplizierte Vergaben umfasst, wurde das KonzG für die Beschaffung von vollumfänglichen Leistungspaketen in einem einheitlichen Vertrag von regelmäßig langer Dauer geschaffen. Zudem dürfte das Element der privaten Finanzierung von Konzessionsvorhaben als Argument für die Spezialität angeführt werden. Die Tatsache, dass beide Gesetze keine gegenseitigen Verweise enthalten, dürfte ebenso für unterschiedliche Regelungsbereiche der Gesetzeswerke sprechen.

Ein weiteres Argument könnte in der Gesetzessystematik gesehen werden. Mit der Änderung des KonzG im Juni 2008 wurde gleichzeitig das WettbewerbsG durch den Art. 17 Abs. 1 WettbewerbsG ergänzt, wonach nunmehr für alle Arten der Nutzung staatlichen Eigentums die Vergabearten der Ausschreibung bzw. Auktion gelten sollen. Diesbezüglich soll die Regierung der RF gem. Art. 17 Abs. 4 WettbewerbsG künftig nähere Regelungen treffen. Eine Übergangsregelung enthält das Gesetz in Art. 53 WettbewerbsG, wonach auf die Vergaben in Form von Ausschreibungen das KonzG und auf solche in Form von Auktionen das PrivatisierungsG Anwendung finden. Einen Verweis auf das VergabeG enthält das WettbewerbsG nicht. Die Nutzung staatlichen Eigentums macht im Rahmen einer Konzessionsvereinbarung einen wesentlichen Leistungsinhalt aus. Zumindest in Bezug auf diesen Vertragsinhalt wurde damit die Anwendbarkeit des VergabeG wohl ausgeschlossen. Wie die russische Rechtsprechung das Problem beurteilen wird, ist derzeit jedoch nicht absehbar.

II. Arten der Vergabe

Das KonzG kennt gem. Art. 21 Abs. 1 KonzG zwei Arten von Ausschreibungsverfahren – die **offene Ausschreibung** und die **geschlossene Ausschreibung**. Die Entscheidung des Gesetzgebers gegen die freihändige Vergabe wurde in der russischen Literatur begrüßt.[974] Der Gesetzgeber hat sich ferner gegen die Vergabeart der Auktion entschieden, obwohl der Gesetzentwurf zum Gesetz über

---

[974] Vgl. *Rusinova*, Verfahren und Grundsätze für die Auswahl des Konzessionärs, a.a.O.

Konzessionsvereinbarungen, die mit russischen und ausländischen Investoren abgeschlossen werden, diese vorsah.[975] In Verwirklichung des Wettbewerbsprinzips gilt der offenen Ausschreibung der gesetzliche Vorrang eingeräumt. Ausnahmetatbestände vom Grundsatz der offenen Ausschreibung liegen gem. Art. 21 Abs. 2 KonzG vor, wenn den Objekten der Konzessionsvereinbarung strategische Bedeutung für die Verteidigungsfähigkeit des Landes bzw. die Staatssicherheit zukommt oder die Auftragsvergabe Staatsgeheimnisse berührt. Aus der Praxis ist derzeit kein PPP-Vorhaben bekannt, welches im Wege der geschlossenen Ausschreibung vergeben worden wäre.

1. Objekte von strategischer Bedeutung i.S.d. Art. 21 Abs. 2 Satz 1, 2. Alt. KonzG

Für Objekte von sog. strategischer Bedeutung kennt das russische Recht keinen einheitlichen Katalog. Ferner existiert keine einheitliche Begriffsbestimmung für dieses Tatbestandmerkmal des Art. 21 Abs. 2 KonzG. Im PrivatisierungsG verwendet der Gesetzgeber den Begriff der sog. strategischen Unternehmen und Aktiengesellschaften[976], vgl. Art. 6 Abs. 1 PrivatisierungsG, im InsolvenzG den Begriff der sog. strategischen Unternehmen und Organisationen[977], im AuslInvestStrategG den Begriff der sog. wirtschaftlichen Gesellschaften von strategischer Bedeutung für die Landesverteidigung und die Staatssicherheit[978]. Damit besteht aufgrund weiter Auslegungsspielräume auf Seiten des Vollzugsorgans die Gefahr der Umgehung des vergaberechtlichen Transparenzgrundsatzes.

2. Staatsgeheimnis i.S.d. Art. 21 Abs. 2 Satz 1, 1. Alt. KonzG

Was unter Staatsgeheimnissen zu verstehen ist, regelt in einer Legaldefinition Art. 2 des Staatsgeheimnisgesetzes (StaatsgeheimnisG)[979]. Doch verbleiben in

---

[975] Vgl. *Savinova*, Vertragliche Regelung der Konzessionsbeziehungen (russ.), S. 146; *Sosna*, Konzessionsvereinbarungen: Theorie und Praxis (russ.), S. 226.

[976] Ein Katalog solcher Objekte ist per Ukaz des Präsidenten der RF vom 4. August 2004, Nr. 1009, verabschiedet worden.

[977] Ein Katalog solcher Objekte ist per Anordnung der Regierung der RF vom 9. Januar 2004, Nr. 22-r, verabschiedet worden.

[978] Einen Katalog solcher Objekte enthält Art. 6 AuslandsInvestStrategG.

[979] S. das föderale Gesetz über das Staatsgeheimnis vom 21. Juli 1993, Nr. 5485-1, russ.: *O gosudarstvennoj tajne*.

diesem Zusammenhang ebenso Auslegungsspielräume des unbestimmten Rechtsbegriffs, die zur Umgehung der vergaberechtlichen Vorschriften führen können.

3. Besonderheit bei Verkehrstraßenbauprojekten

Eine überraschende Regelung enthält Art. 59 VerkehrsStrG, wonach für die Ausschreibung der Bau- und Betriebsleistungen im Zusammenhang mit mautpflichtigen Verkehrsstraßen die Vergabeart der Auktion gelten soll, vgl. Art. 10 Abs. 4.1 VergabeG.[980] Die Vorschrift wurde durch die Änderung des VergabeG im Jahr 2008 eingeführt und modifiziert die Vorgaben des KonzG für das Ausschreibungsverfahren gravierend. Es überrascht, dass das KonzG selbst keinen Verweis auf die Vorschrift des Art. 59 VerkehrsStrG enthält. Dennoch ist damit wohl von der Anwendbarkeit des VergabeG für die Konzessionsvereinbarungen über Mautstraßen auszugehen, da das KonzG keine Regelungen zur Durchführung von Auktionen enthält.

Das Verfahren der Auktion zielt auf den Abschluss des Vertrages mit dem Meistbietenden ab. Entscheidend ist, dass im Rahmen der Vergabe im Wege einer Auktion keine Berücksichtigung anderer Wertungskriterien neben dem gebotenen Preis stattfindet. Die Anwendbarkeit dieser Vergabeart auf Konzessionsvereinbarungen überrascht um so mehr, als dass die Auktion gem. Art. 10 Abs. 4 Satz 1 VergabeG grundsätzlich für die Beschaffung von marküblichen Waren gilt, die nicht nach konkreten Vorgaben des Auftragnehmers angefertigt werden und ausschließlich ihrem Preis nach verglichen werden können. Eine PPP-Beschaffung sieht indes in der Regel gerade keine Beschaffung von marktunüblichen Waren oder Leistungen vor. Eine Vergabe von PPP-Aufträgen im Wege einer Auktion erscheint angesichts der Komplexität der ausgeschriebenen Leistungen abwegig. Die Berücksichtigung von anderen Qualitätskriterien als der Preis der Auftragsdurchführung ist für die Auswahl des wirtschaftlichsten Bieters im Rahmen der PPP-Beschaffung unabdingbar. Anderenfalls wird der Sinn und Zweck eines erfolgreichen PPP-Verfahrens – die Steigerung der Effizienz und Effektivität der Auftragsvergabe – untergraben.

Außerdem setzt PPP seinem Wesen nach die Möglichkeit der Verhandlungen durch die Parteien voraus, da erst diese zur Optimierung des Ausschreibungs-

---

[980] So musste Art. 10 Abs. 4.1 VergabeG noch vor dem Inkrafttreten des neuen Absatzes erneut geändert werden, vgl. *Naumenkov*, Kommentar zum 257-FZ (russ.), S. 152 f.

prozesses und damit erfolgreichen Teilnehmerauswahl beitragen soll. Das Wesen des Auktionsverfahrens schließt Verhandlungen im Laufe des Verfahrens sinngemäß aus. Art. 32 Abs. 6 VergabeG enthält zudem ein ausdrückliches Verhandlungsverbot. Das Verfahren der Auktion bei der Vergabe von Bau- und Betriebsleistungen in Bezug auf mautbetriebene Verkehrsstraßen ist mit dem Wesen von PPP unvereinbar. Aus der Praxis sind – soweit ersichtlich – noch keine Straßenverkehrsvorhaben bekannt, die im Wege einer Auktion vergeben worden wären. Ob es künftig auf komplexe Straßenbauprojekte tatsächlich angewendet wird, ist derzeit unklar.

III. Ablauf des Ausschreibungsverfahrens

Als einzelne Verfahrensschritte im Rahmen des Vergabeverfahrens nach dem KonzG sind die Beschlussfassung über den Abschluss der Konzessionsvereinbarung durch den Konzessionsgeber gem. Art. 22 KonzG, die Bekanntmachung über die Durchführung der Ausschreibung gem. Art. 21 Pkt. 3 i.V.m. Art. 26 KonzG, der Teilnahmewettbewerb gem. Art. 27 KonzG, die Angebotsphase nach Art. 30 KonzG mit anschließender Angebotsöffnung gem. Art. 31 KonzG und Wertung der Angebote gem. Art. 32 KonzG sowie die Entscheidung über den Zuschlag nach Art. 33 KonzG, die Bekanntmachung der Entscheidung gem. Art. 35 KonzG und der anschließende Vertragsschluss nach Art. 36 KonzG zu nennen.

1. Unterschiede in Bezug auf beide Verfahrensarten

Grundsätzlich wäre bei der Darstellung des Ablaufs des Ausschreibungsverfahrens nach den Vergabearten zu unterscheiden. Jedoch differenziert das KonzG kaum zwischen den beiden Vergabearten des offenen und geschlossenen Verfahrens. Neben der Vorschrift des Art. 21 Pkt. 2 KonzG, welche die Anwendbarkeit des geschlossenen Verfahrens postuliert, enthält das Gesetz lediglich wenige Publizitätsvorschriften. Gem. Art. 22 Pkt. 4 KonzG muss der Beschluss über den Abschluss der Konzessionsvereinbarung die Liste der Personen enthalten, die am geschlossenen Verfahren teilnehmen. Staatsgeheimnisse berührende Informationen sind gem. Art. 21 Pkt. 2 KonzG nicht zu veröffentlichen, sondern die Ausschreibungsunterlagen direkt an die Teilnehmer zu versenden, vgl. Art. 23 Pkt. 4 und Art. 26 Pkt. 1 KonzG. Demnach können sich im Rahmen einer geschlossenen Ausschreibung nur diejenigen Unternehmen bewerben, welche eine Aufforderung zur Abgabe eines Angebotes erhalten. Ob vergaberechtliche Vorschriften darüber hinaus Anwendung finden, ist offen. Gem. Art. 21 Pkt. 2 Satz

2 KonzG ist im geschlossenen Verfahren die russische Gesetzgebung über Staatsgeheimnisse anzuwenden. Die Regelung kann indes wohl nicht als abschließend in Bezug auf weitere anwendbare Vorschriften gesehen werden.

2.Beschlussfassung und Bekanntmachung

Gem. Art. 22 KonzG wird die Konzessionsvereinbarung auf Beschluss des Konzessionsgebers abgeschlossen. Art. 22 Pkt. 1 KonzG regelt die Zuständigkeit für die Beschlussfassung über den Abschluss. Im Einzelfall können strengere Anforderungen an das zuständige beschlussfassende Organ bzw. besondere Zustimmungserfordernisse gelten. Handelt es sich um ein Objekt, dem eine strategische Bedeutung für die Verteidigungsfähigkeit des Landes oder die Staatssicherheit zukommt, kann die Konzessionsvereinbarung durch die Regierung der RF nur im Auftrag des Präsidenten der RF geschlossen werden, vgl. Art. 22 Abs. 1 Nr. 2 KonzG. Gem. Art. 114 Nr. 1 Lit. d und e VerfRF stehen der Regierung der RF Befugnisse in Bezug auf die Verwaltung staatlichen Eigentums sowie die Gewährleistung der Staatssicherheit und der Verteidigung. Die letzteren Befugnisse sind außerdem in Art. 20 des föderalen Verfassungsgesetzes über die Regierung der RF (RegierungsG)[981] konkretisiert. Gleichzeitig sieht Art. 32 Pkt. 2 RegierungsG vor, dass der Präsident der RF die Lenkungsfunktion in Fragen der Staatssicherheit und Verteidigung ausübt. Art. 22 Pkt. 1 Nr. 2 KonzG ist damit wohl als Konkretisierung dieser Lenkungsfunktion im Bereich der Konzessionsvereinbarungen zu sehen.

Mit Änderung des KonzG im Juli 2008 hat der Gesetzgeber den Katalog der per Beschluss zu bestimmenden Kriterien erweitert. Nunmehr gehören gem. Art. 22 Abs. 2 KonzG wesentliche Vertragsbedingungen, Wertungskriterien, die Liste der präqualifizierten Ausschreibungsteilnehmer und die Bekanntmachungsfristen, allerdings im Gegensatz zum Art. 22 KonzG a.F. nicht mehr die Zusammensetzung der Ausschreibungskommission dazu. Unklar ist jedoch, welche Rechtsfolgen das Gesetz an die Nichteinhaltung dieser Voraussetzungen knüpft.

Die Anforderungen an die Bekanntmachung – insbesondere ihren Inhalt – enthält Art. 21 Abs. 3 i.V.m. Art. 26 KonzG. Die Vorschrift legt die Art und Weise sowie den Inhalt der Mitteilung über die Durchführung der Ausschreibung fest. Eine der wenigen Änderungen, die das KonzG im Juli 2009 erfahren hat, betrifft

---

[981] S. das föderale Verfassungsgesetz über die Regierung der RF vom 17. Dezember 1997, Nr. 2-FKZ, russ.: *O pravitel'stve Rossijskoj Federacii*.

die Veröffentlichung der Bekanntmachungsinformationen. Nunmehr soll die Regierung der RF eine offizielle Homepage für die Veröffentlichung bestimmen. Da dies bislang nicht erfolgt ist, bleibt es vorerst bei der alten Regelung, wonach entweder die Homepage des Konzessionsgebers oder, falls eine solche nicht existiert, die Homepage des Subjektes der RF, dem der Konzessionsgeber angehört, zu verwenden ist. Bereits vor der Änderung vermutete *Leont'ev*[982], dass als offizielle Homepage i.S.d. Art. 21 Ziff. 4 KonzG die für die konventionelle Vergabeart eingerichtete Homepage gelten soll.[983]

3.Ausschreibungsunterlagen

Eine Regelung in Bezug auf die Anforderungen an die Ausschreibungsunterlagen enthält das KonzG in Art. 23 KonzG. Demnach müssen Ausschreibungsunterlagen Ausschreibungsbedingungen, die Beschreibung der Beschaffenheit des Konzessionsobjekts, Anforderungen an die Ausschreibungsteilnehmer, Wertungskriterien, die Höhe des einzuzahlenden Vorschusses sowie des Konzessionsentgelts und schließlich das Verfahren und die Fristen der einzelnen Phasen des Ausschreibungsverfahrens enthalten. Urheberrechtlich relevante Angaben dürfen Ausschreibungsunterlagen nicht enthalten. Insofern sind das Patentgesetz (PatentG)[984] und das Gesetz über die Warenzeichen (WarenzeichenG)[985] maßgeblich. Als Ausdruck des Wettbewerbsgrundsatzes sieht Art. 23 Pkt. 3 KonzG ferner vor, dass Ausschreibungsunterlagen keine Anforderungen an die Teilnehmer enthalten dürfen, die den Zugang zum Ausschreibungsverfahren unberechtigt beschränken oder umgekehrt Vorteile für bestimmte Teilnehmer schaffen. Gem. Art. 23 Pkt. 6 KonzG ist der Konzessionsgeber jederzeit berechtigt, Änderungen der Ausschreibungsunterlagen vorzunehmen, solange er gleichzeitig die Verfahrensfristen anpasst. Solche Regelungen enthalten Ausschreibungsunterlagen in der Praxis auch selbst. Gem. Pkt. 3.2.1 AU, Band 1, behielt sich der Konzessionsgeber im WHSD-Vorhaben die jederzeitige Änderung der Ausschreibungsunterlagen vor. Zusätzlich wird in der Praxis häufig die Haftung des Konzessionsgebers im Zusammenhang mit der etwaigen Richtigkeit und Vollständigkeit der Ausschreibungsunterlagen und damit auch der zum Projekt ver-

---

[982] Vgl. *Leont'ev*, Kommentar zum föderalen Gesetz über Konzessionsvereinbarungen (russ.), S. 93.

[983] S. die offizielle Vergabehomepage, abrufbar unter: www.zakupki.gov.ru.

[984] S. das Patentgesetz vom 23. September 1992, Nr. 3517-1, russ.: *Patentnyj zakon Rossijskoj Federacii.*

[985] S. das föderale Gesetz über Warenzeichen vom 23. September 1992, Nr. 3520-1, russ.: *O tovarnyh znakah, znakah obsluživaniâ i naimenovaniâ mest proishoždeniâ tovarov.*

öffentlichen Informationen ausgeschlossen. Im WHSD-Vergabeverfahren war ein solcher Haftungsausschluss in Pkt. 1.1.6 AU, Band 3, enthalten. Die OT-Ausschreibungsunterlagen enthielten ebenso eine entsprechende Klausel.

4. Teilnahmewettbewerb

Das KonzG sieht für die Vergabe von Konzessionsaufträgen grundsätzlich das zweistufige Verfahren vor. Die Ausschreibung findet erst nach der Durchführung eines Teilnahmewettbewerbs statt, vgl. Art. 27 ff. KonzG. Im Rahmen der Auswahl der Wettbewerbsteilnehmer wird gem. Art. 27 Pkt. 1 KonzG die sog. Eignungsprüfung vorgenommen. Fällt die Eignungsprüfung negativ aus, sind die Teilnehmer darüber gem. Art. 29 Pkt. 4 KonzG zu informieren. Welche Anforderungen an die Teilnehmer in der Praxis gestellt werden, ist im Rahmen der Darstellung der praktischen Bestandsaufnahme der aktuellen PPP-Projekte bereits erörtert worden. Die dabei üblichen Auswahlkriterien sind etwa die Kapitalausstattung des Bewerbers sowie die Umsätze bzw. die Jahresabschlüsse der letzten drei Jahre – darunter jeweils die Umsätze aus Leistungen, die mit der zu vergebenden Gesamtleistung oder Teilen dieser Leistung differenziert nach Bau, Betrieb und Finanzierung vergleichbar sind. Daneben werden häufig Referenzen bezüglich Ausführung und Finanzierung vergleichbarer Projekte unter Angaben des Auftragsvolumens sowie Angaben zur Komplexität des Referenzprojektes angefordert.

Problematisch ist hingegen, dass Ausschreibungsunterlagen in der Praxis häufig einen Hinweis darauf enthalten, dass eine für den Fall des Abschlusses der Konzessionsvereinbarung zu gründende Projektgesellschaft bereits im Stadium der Präqualifikation bestehen muss. So sahen dies etwa die Ausschreibungsunterlagen zum OT-Vorhaben in der Einführung zu AU, Band 1, ausdrücklich vor. Spätere Änderungen in der Person des Ausschreibungsteilnehmers mussten gem. Pkt. 1.5 AU, Band 2, dem Konzessionsgeber unverzüglich mitgeteilt werden. Mit der Gesellschaftsgründung, die in diesem Fall meist nach russischem Recht zu erfolgen hat, ist jedoch – insbesondere für kleinere und mittlere Unternehmen – ein hoher Aufwand verbunden.

Für die Teilnahme an der Ausschreibung hat jeder Bewerber eine in den Ausschreibungsunterlagen bestimmte Geldsumme – sog. Bietungsgarantie – beim Konzessionsgeber zu hinterlegen. Das Rechtsinstitut der Draufgabe i.S.d. Art. 380 f. ZGB, welches auf die Bietungsgarantie i.S.d. KonzG wohl anwendbar ist, dient der Sicherung der Verpflichtung zum Vertragsschluss durch den erfolgreichen Bieter. Dabei ist die Gewährung einer Bankgarantie wohl nicht ausreichend. Vielmehr ist die verlangte Geldsumme – wie es die Draufgabe bzw. der Vorschuss vorsehen – beim Konzessionsgeber einzuzahlen. Seit der Änderung des KonzG im Juli 2008 werden die Angebote der Ausschreibungsteilnehmer im Falle der Nichtleistung des vorgesehenen Vorschusses an die Bieter zurückgesandt, vgl. Art. 31 Abs. 4 KonzG. Den nicht erfolgreichen Ausschreibungsteilnehmern wird der Vorschuss innerhalb von fünf Tagen ab dem Tag der Unterzeichnung des Vergabeprotokolls zurückerstattet. Anzumerken ist, dass mit der Vorschussleistung – vor allem angesichts der in der Regel langen Dauer der Ausschreibungsverfahren – hohe Zins- und Währungsrisiken verbunden sind.

Gem. Art. 23 Pkt. 5 KonzG sind der Konzessionsgeber und die Ausschreibungskommission verpflichtet, auf die Anfragen der Ausschreibungsteilnehmer einzugehen. Die Teilnehmer erhalten auf diese Weise Gelegenheit, Unklarheiten der Vergabeunterlagen beim Auftraggeber aufzuklären. Entsprechende Regelungen enthalten in der Praxis auch die AU. Die Beantwortung der Teilnehmerfragen sowie die Durchführung von Seminaren zur Klärung des Inhalts der Ausschreibungsunterlagen richtete sich im WHSD-Vorhaben nach Pkt. 3.3.4 und 3.3.5 AU, Band 1. An dieser Stelle ist auf die praktischen Probleme im Zusammenhang mit den Verzögerungen hinzuweisen, die im Rahmen der Vergabeverfahren bei der Ausschreibung der derzeit laufenden Projekte wiederholt entstanden sind. Bei kaum einem aktuellen Ausschreibungsverfahren wurden die in der Bekanntmachung angegebenen Fristen bislang eingehalten. Jedoch sollte der Auftraggeber den beteiligten Unternehmen stets einen verlässlichen Zeitplan bekannt geben. Anderenfalls ist eine seriöse Einschätzung der Möglichkeit zur Abgabe eines erfolgversprechenden Angebots mangels Planungssicherheit für den Teilnehmer nicht möglich. So sah etwa Pkt. 3.1 AU, Band 1 im WHSD-Vorhaben vor, dass Ausschreibungsfristen bei Bedarf jederzeit verändert werden durften.

5. Angebotsphase

Auf den Teilnahmewettbewerb folgt die Angebotsphase. Art. 30 KonzG enthält Regelungen zum Inhalt und zur Form der Angebote, zum Verfahren und den Fristen der Angebotseinreichung sowie zur Veränderung und Rücknahme der Angebote. Die für die Teilnahme an der Ausschreibung notwendigen Unterlagen sind nach Art. 30 Pkt. 1 KonzG einzureichen. Die Angebote sind in russischer

Sprache, schriftlich und grundsätzlich in einem Umschlag bei der Ausschreibungskommission abzugeben. Nach der Änderung des KonzG im Juni 2008 können die Angebote unter bestimmten Bedingungen in zwei getrennten Umschlägen – getrennt nach dem architektonischen/technischen und dem finanziellen Teil des Angebots – eingereicht werden, vgl. Art. 30 Abs. 1 Satz 3 KonzG. Dieses sog. Zwei-Umschläge-Verfahren soll die unabhängige Öffnung und Bewertung beider Angebotsteile ermöglichen und damit dem Gleichbehandlungsgebot dienen. So sah etwa Pkt. 3.8 AU, Band 3, im OT-Vorhaben die Einreichung des technischen und des Finanzierungsteils des Angebots in zwei getrennten Umschlägen vor.

Eine Regelung in Bezug auf die Beantwortung der Bieterfragen in der Angebotsphase enthält das KonzG nicht. Es dürfte jedoch die Vorschrift des für den Teilnahmewettbewerb geltenden Art. 23 Pkt. KonzG Anwendung finden. Im Rahmen der WHSD-Ausschreibung enthielt Pkt. 1.1 AU, Band 3,[986] eine entsprechende Regelung. Demnach ist der Konzessionsgeber zur Einhaltung des Geheimwettbewerbs berechtigt, Einzelgespräche mit den Ausschreibungsteilnehmern zu führen. Bis zum Ablauf der Angebotsfrist können die Anträge jederzeit geändert oder zurückgenommen werden. Mit Ablauf der Angebotsfrist ist die Angebotsphase abgeschlossen. Gem. Art. 31 KonzG ist sodann die Angebotsöffnung vorzunehmen.

Die Frage der Zulässigkeit von Verhandlungen in der Angebotsphase regelt das KonzG nicht. Eine Regelung in Bezug auf die Durchführung der Angebotsphase in mehreren Etappen – wie es die deutschen Vergabearten des Wettbewerblichen Dialogs und des Verhandlungsverfahrens ermöglichen – ist ebenso wenig vorhanden. Ein Verhandlungsverbot dürfte daraus freilich nicht gefolgert werden. Zwar regelt das KonzG das Verfahren für Verhandlungen nicht, verbietet diese andererseits auch nicht. Vielmehr ist davon auszugehen, dass der Konzessionsgeber grundsätzlich sowohl mit den präqualifizierten Bewerbern in der Angebotsphase als auch mit dem erfolgreichen Bieter nach Abschluss der Angebotsphase verhandeln darf. Auf die Frage nach der Zulässigkeit von Nachverhandlungen im Konzessionsvergabeverfahren wird im Folgenden bei den Ausführungen zum Zustandekommen der Konzessionsvereinbarung einzugehen sein. Während die Zahlung des Vorschusses im Rahmen des Teilnahmewettbewerbs die

---

[986] S. Ausschreibungsunterlagen, Band 3, bestätigt durch Verordnung der Regierung der Stadt St. Petersburg vom 1. November 2006, Nr. 1344.

Eingehung der vertraglichen Verpflichtungen des Ausschreibungsteilnehmers durch den Abschluss der Konzessionsvereinbarung gewährleisten soll, ist im Stadium der Angebotsphase eine Bankgarantie i.S.d. Art. 368 ZGB zur Sicherung der Verpflichtungen des Konzessionsnehmers aus dem Konzessionsvertrag zu leisten. Nach jüngster Änderung des KonzG im Juni 2008 bestimmt die Regierung der RF die Anforderungen an die Bankgarantien, vgl. Art. 10 Abs. 4 KonzG.

6. Wertung der Angebote

6.1 Ausschreibungskommission

Die Entscheidung über den Zuschlag trifft nach Art. 25 Abs. 10 KonzG die Ausschreibungskommission. Die Anforderungen an die Beschlussfähigkeit der Ausschreibungskommission regelt Art. 25 Pkt. 1 KonzG. Das Gesetz enthält hingegen keine näheren Regelungen über die Zusammensetzung der Kommission, Mindestanforderungen an ihre Mitglieder oder Folgen des möglichen Kompetenzmissbrauchs durch die Kommission. Gem. Art. 25 Abs. 2 KonzG sind lediglich bestimmte Ausschlussgründe wegen Voreingenommenheit der Kommissionsmitglieder vorgesehen. Die voreingenommenen Personen sind aus dem Gremium auszuschließen und durch andere Mitglieder zu ersetzen. So versucht Art. 25 Abs. 2 KonzG Interessenkonflikte im Ausschreibungsverfahren zu vermeiden und verbietet bestimmten Personen die Mitgliedschaft in der Ausschreibungskommission – den Beschäftigten der an der Ausschreibung beteiligten Unternehmen, deren Anteilseignern, den Mitgliedern derer Organe oder sog. affiliierten Personen. Eine Rechtsfolge für die Wirksamkeit des Ausschreibungsverfahrens sieht das Gesetz hingegen nicht vor.

Unklar ist ferner, was unter den sog. affiliierten Personen zu verstehen ist. Eine Legaldefinition bietet Art. 4 des Gesetzes über die Konkurrenz (KonkurrenzG)[987], wonach zu affiliierten Personen u.a. Angehörige, Ehegatten, Gesellschafter oder Organmitglieder juristischer Person zählen. Gem. Bestimmungen über die Rechnungslegung PBU 11/2000 (PBU 11/2000)[988] versteht man unter affiliierten Personen juristische und natürliche Personen, die in der

---

[987] S. das Gesetz der RSFSR über die Konkurrenz vom 22. März 1991, Nr. 984-1, russ.: *O konkurencii i ograničenii monopolističeskoj dêâtel'nosti na tovarnyh rynkah.*

[988] Russ.: *Položenie po buhgalterskomu učëtu "Informaciâ ob affilirovanyh licah" PBU 11/2000*, festgelegt durch Erlass des *Minfin* vom 13. Januar 2000, Nr. 5n.

Lage sind, auf die Tätigkeit anderer juristischer und natürlicher Personen i.S.d. KonkurrenzG Einfluss zu nehmen.

Die Ausschreibungspraxis der jüngsten Vergangenheit hat gezeigt, dass die Ausschreibungskommissionen in der Regel mehrheitlich aus Vertretern der Politik bestehen. Es fällt ferner auf, dass die Vertreter der regionalen Organe in der Regel unterrepräsentiert sind. So bestand etwa die Ausschreibungskommission im WHSD-Vorhaben bei insgesamt zwölf Mitgliedern aus sieben Vertretern der Föderation. Im M10-Projekt waren es sogar dreizehn von vierzehn Mitgliedern. Dies ist in der russischen Literatur auf Kritik gestoßen.[989] So führt etwa *Šohin*[990] hierzu aus, dass bei der Auswahl der Projekte durch die Regierungskommission regelmäßig die Autorität des Vorsitzenden der Kommission entscheidet. Problematisch an der politischen Besetzung der Ausschreibungskommissionen ist nicht nur die mangelnde Unabhängigkeit politischer Akteure, sondern auch ihre oft unzureichende vergaberechtliche Kompetenz.

Nach der Änderung des KonzG im Juni 2008 können zwar unabhängige Experten zur Wertung der Angebote herangezogen werden, vgl. Art. 25 Abs. 1 Satz 2 KonzG. Ob und wie die Entscheidungsträger von dieser Möglichkeit in Zukunft Gebrauch machen werden, bleibt derzeit abzuwarten. In einigen der aktuellen Ausschreibungsverfahren hielt sich der Konzessionsgeber die Möglichkeit der Beteiligung einer sog. spezialisierten Organisation offen, welche als ein privatrechtliches Unternehmen die Durchführung des Ausschreibungsverfahrens übernehmen sollte, vgl. etwa Pkt. 3.3.2 AU, Band 1, im WHSD-Vorhaben. Problematisch hieran wäre wiederum, dass die Unabhängigkeit eines Privaten wohl noch schwieriger zu gewährleisten wäre als die eines staatlichen Vergabeorgans.

Keine hinreichende Beachtung hat im Gesetz auch die Problematik der sog. Projektanten[991] – an der Vorbereitung der Ausschreibungsunterlagen maßgeblich beteiligten Personen – gefunden. Angesichts des Charakters von PPP als eines neuen, bislang unbekannten Instruments, wird der Kreis der kompetenten Berater in der RF – trotz der starken Präsenz internationaler Großkanzleien auf dem russischen Rechtsberatungsmarkt – übersichtlich sein. Dass Personen aus dem gleichen Rechtskreis zunächst an der Ausarbeitung der Ausschreibungsunterla-

---

[989] So auch *Ognev/Popov*, Konzessionsvertrag im Zivilrecht (russ.), S. 115 für M10-Vorhaben.
[990] Vgl. *Šohin*, in: Ergebnisse der OECD-Konferenz, a.a.O.
[991] Im deutschen Recht enthält § 16 VgV Regelungen zur Projektantenproblematik.

gen und anschließend auf Seiten eines der Ausschreibungsteilnehmer tätig werden, ist relativ wahrscheinlich und müsste stärkere Berücksichtigung im PPP-Recht finden.

6.2 Verfahren der Angebotswertung

Art. 24 Abs. 2 KonzG enthält einen Katalog zulässiger Wertungskriterien. Als mögliche Ausschreibungskriterien nennt die Vorschrift etwa die Frist der Errichtung bzw. der Modernisierung des Konzessionsobjekts, dessen technische Werte, die Höhe des Konzessionsentgelts und des Produktionsvolumens sowie der Tarife für Waren und Dienstleistungen. Unklar ist, ob die Vorschrift abschließenden Charakter hat bzw. ob auch andere Kriterien zur Wertung der Angebote herangezogen werden können.[992]

In Bezug auf die Angebotsöffnung steht den Ausschreibungsteilnehmern nach Art. 31 Pkt. 2 KonzG das Recht zu, bei der Angebotsöffnung anwesend zu sein. Die Wertung erfolgt nach Art. 32 Abs. 5 und 6 KonzG. Ein Stufenverfahren ist für die Wertungsphase nicht vorgesehen. Für jedes Kriterium sind Parameter festzulegen, denen ein bestimmtes Gewicht bei der Auswertung der Angebote zukommt. Die Bewertungsmatrix darf für technische Faktoren höchstens 0,2 (20%) und für finanzielle Faktoren bis zu 0,8 (80%) betragen.[993] An dieser Wertung wird die Haltung des Gesetzgebers in Bezug auf den Zweck der Konzessionserteilungen deutlich, der überwiegend in der Finanzierung von PPP-Vorhaben durch den Privaten besteht. Im WHSD-Vorhaben enthielt Anhang 2 zu AU, Band 1, sowie Pkt. 1.7 AU, Band 3, Angaben zu Wertungskriterien. Als eines der Wertungskriterien war etwa vorgesehen, dass der Umfang privater Finanzierung 25% des Investitionsumfangs im jeweiligen Jahr nicht unterschreiten darf. Im OT-Vorhaben durfte gem. Pkt. 4.7 ff. AU, Band 3, der Umfang staatlicher Finanzierung 75% des Gesamtumfangs der Investitionen bzw. rd. 14,6 Mrd. RUB nicht überschreiten. Eines der wichtigsten Wertungskriterien war außerdem die Höhe der *availability payments*, vgl. Pkt. 4.29 ff. AU, Band 3. Es liegt nahe, dass die diesen Mindestvoraussetzungen nicht entsprechenden Angebote keine Berücksichtigung bei der Auswahl des erfolgreichsten Bieters finden dürften. Diese Rechtfolge sieht jedoch weder das Gesetz noch die Ausschreibungsunterlagen selbst vor. Eine Reihenfolge der Angebotsprüfung ist ebenfalls nicht vorgegeben.

---

[992] Vgl. *Knaus*, S. 37.
[993] Vgl. *Granik/Visloguzov*, a.a.O.

Gem. Art. 33 Abs. 2 KonzG ist bei zwei gleichwertigen Angeboten demjenigen der Vorzug zu geben, welches zu einem früheren Zeitpunkt bei der Ausschreibungskommission eingegangen ist. Gem. Art. 37 i.V.m. Art. 29 Abs. 6 und Art. 32 Abs. 7 i.V.m. Art. 27 Abs. 6 KonzG ist die weitere Durchführung einer Ausschreibung entbehrlich, wenn weniger als zwei Angebote eingereicht werden.

7. Zuschlagserteilung

Die Entscheidung über den Zuschlag wird gem. Art. 33 Pkt. 1 und 2 KonzG getroffen und ist gem. Art. 33 Pkt. 3 KonzG zu protokollieren. Eine weitere Publizitätsvorschrift enthält Art. 34 Pkt. 1 KonzG. Demnach ist über die Ergebnisse der Ausschreibung ein Vergabevermerk anzufertigen, der neben dem Beschluss über den Abschluss einer Konzessionsvereinbarung und der Bekanntmachung, die am Teilnahmewettbewerb teilnehmenden Bewerber, die Teilnehmer- und Bieterfragen einschließlich deren Beantwortung durch den Konzessionsgeber, die Protokolle über die Angebotsöffnung sowie die Wertung der Angebote enthalten soll.

Die Erteilung des Zuschlags hat im russischen Vergaberecht keine dem deutschen Recht vergleichbare Bedeutung. Während im deutschem Recht bereits die Zuschlagserteilung das Rechtsgeschäft und damit vertragliche Verpflichtungen begründet, kommt der Vertrag nach russischem Recht erst mit dem Abschluss der Konzessionsvereinbarung zustande, die sich nach Art. 36 KonzG richtet. Auf die Einzelheiten in Bezug auf das Zustandekommen der Konzessionsvereinbarung wird im Folgenden näher eingegangen.

8. Abschluss des Vergabeverfahrens

Das Ausschreibungsverfahren endet schließlich mit der Veröffentlichung des Ausschreibungsergebnisses nach Art. 35 Pkt. 1 KonzG und der Benachrichtigung der Ausschreibungsteilnehmer nach Art. 35 Pkt. 2 KonzG. Eine weitere Gefahr für den Ausschreibungsteilnehmer birgt während des gesamten Ausschreibungsverfahrens die fehlende Verbindlichkeit der Ausschreibung für den Konzessionsgeber, also das Recht des Konzessionsgebers jederzeit von der Durchführung der Ausschreibung Abstand zu nehmen. Eine solche Regelung sieht bereits Art. 448 Abs. 3 ZGB vor. Eine entsprechende Vorschrift enthielt bei der Ausschreibung des WHSD-Projekts Pkt. 3.4 AU, Band 1, und Pkt. 3 AU, Band 1, im OT-Verfahren. Etwaige Schadensersatzansprüche der Ausschreibungsteilnehmer waren in beiden Projekten ausdrücklich ausgeschlossen.

IV. Vergaberechtliche Grundsätze

Zwar enthält das KonzG keine ausdrückliche Regelung der vergaberechtlichen Grundsätze, die während des gesamten Ausschreibungsverfahrens zu beachten wären. Jedoch kann aus der obigen Darstellung gefolgert werden, dass zumindest der Grundsatz des fairen Wettbewerbs sowie der Transparenzgrundsatz auch dem russischen Vergabeverfahren nach dem KonzG nicht fremd sind. Wettbewerbsvorschriften enthält das Gesetz etwa in Art. 21 Pkt. 1 KonzG, wonach dem offenen Verfahren der gesetzliche Vorrang eingeräumt ist, sowie in Art. 23 Pkt. 3 KonzG, der wettbewerbsbegünstigende Anforderungen an die Wettbewerbsteilnehmer vorsieht. Dem Transparenzgrundsatz – und gleichzeitig auch dem Gleichbehandlungsgrundsatz – dienen zahlreiche Publizitätsvorschriften des KonzG. Hinreichend geregelt sind auch die Anforderungen an den Vergabevermerk und die Benachrichtigung der nicht berücksichtigten Ausschreibungsteilnehmer als Ausdruck des Transparenzgrundsatzes. Dem Eignungsgrundsatz, nach dem Aufträge ausschließlich an fachkundige, leistungsfähige und zuverlässige Bewerber zu vergeben sind, wird das KonzG durch das Gebot der Durchführung des Teilnahmewettbewerbs gerecht. Auch dem Wirtschaftlichkeitsgrundsatz wird das KonzG – soweit ersichtlich – gerecht, was anhand der Vorschriften zur Angebotswertung deutlich wird. Keine Berücksichtigung fand dagegen der Grundsatz der Mittelstandsförderung. Losweise Vergabe oder die Berücksichtigung mittelständischer Interessen in sonstiger Weise schreibt das Gesetz nicht vor. Solche Regelungen wären gerade im Hinblick auf kleinere Konzessionsprojekte wünschenswert.

V. Vergaberechtlicher Rechtsschutz

Gem. Art. 29 Pkt. 4 KonzG kann die Entscheidung der Ausschreibungskommission im Rahmen des Teilnahmewettbewerbs über die Zulassung eines Bewerbers zum Ausschreibungsverfahren nach allgemeinen Vorschriften gerichtlich angegriffen werden. Eine entsprechende Regelung enthält Art. 33 Pkt. 4 KonzG für die Entscheidung der Ausschreibungskommission über die Erteilung des Zuschlags. Welches Verfahren damit konkret gemeint ist, bleibt dagegen unklar. Darüber hinaus lässt das Gesetz offen, welche Rechtsfolgen Verfahrensfehler im Rahmen des Ausschreibungsverfahrens nach sich ziehen sollen.

C. Zustandekommen der Konzessionsvereinbarung

Wie bereits oben angesprochen, kommt die Konzessionsvereinbarung nicht bereits mit dem Zuschlagserteilung an den erfolgreichen Bieter zustande, sondern muss durch die Parteien abgeschlossen werden.

I. Bindung des Konzessionsgebers an die Zuschlagsentscheidung zugunsten des erfolgreichsten Bieters

Dem Konzessionsgeber steht nach dem KonzG das Recht zu, den Vertragsabschluss mit dem erfolgreichen Bieter zu verweigern, falls Letzterer die zum Zeitpunkt des Vertragsabschlusses vorzulegenden Unterlagen nicht einreicht, vgl. Art. 36 KonzG. Das Recht des Konzessionsgebers, den Abschluss der Konzessionsvereinbarung für den Fall bestimmter Verfehlungen des Konzessionsnehmers zu verweigern, richtete sich im WHSD-Vorhaben nach Pkt. 2.5 AU, Band 3. Eine überraschende Regelung findet sich im OT-Vergabeverfahren, vgl. Pkt. 2.5 AU, Band 3. Demnach hat der Konzessionsgeber ein solches Verweigerungsrecht auch im Falle wesentlicher Änderungen der makroökonomischen Bedingungen. Wann solche Änderungen gegeben sind und wie diese von gewöhnlichen Konjunkturschwankungen abzugrenzen sind, lässt das Gesetz offen. Umso erstaunlicher ist ferner die Regelung des Pkt. 11.3 AU, Band 3, wonach der durch den Ausschreibungsteilnehmer geleistete Vorschuss auch in diesem Fall nicht zurückerstattet wird.[994]

II. Wesentliche Vertragsbedingungen

1. Katalog wesentlicher Vertragsbedingungen

Einen Katalog der *essentialia negotii* enthält Art. 10 Abs. 1 KonzG (vgl. dazu auch § 432 Abs. 1 ZGB). Als wesentliche Vertragsbedingungen gem. Art. 10 Abs. 1 KonzG gelten die Verpflichtungen des Konzessionsnehmers in Bezug auf die Errichtung und/oder Modernisierung des Konzessionsobjekts sowie die dabei einzuhaltenden Fristen, die Verpflichtungen des Konzessionsnehmers in Bezug auf die Konzessionstätigkeit, die evtl. Beteiligung des Konzessionsgebers an der Finanzierung des Vorhabens, die Geltungsdauer der Konzessionsvereinba-

---

[994] Ein Versehen des Verordnungsgebers ist vor dem Hintergrund unwahrscheinlich, dass die folgende Vorschrift, welche für den Fall einer solchen Verweigerung das Recht des Konzessionsgebers zum Abschluss der Vereinbarung mit dem zweitbesten Bieter regelt, den Fall der Veränderung makroökonomischer Verhältnisse ausdrücklich ausschließt, vgl. Pkt. 11.3 AU, Band 3.

rung, die Beschaffenheit des Objekts, die Nutzungsrechte an Grundstücken sowie ggf. die Dauer der (Unter-)Mietverträge. Der Katalog des KonzG ist nicht abschließend. Mit föderalen Gesetzen, welche gem. Art. 10 Abs. 1 Nr. 7 KonzG weitere wesentliche Bedingungen enthalten können, sind laut *Leont'ev*[995] die sondervertraglichen Vorschriften des ZGB gemeint. Mit der Gesetzesänderung im Juni 2008 wurden einige bislang unwesentliche Vertragsbedingungen als wesentlich gewertet und andere umgekehrt von wesentlichen in unwesentliche herabgestuft. So sind die Arten der Absicherung der Vertragserfüllung durch den Konzessionsgeber[996] sowie Vereinbarungen im Zusammenhang mit dem Konzessionsentgelt nunmehr zwingend in einer Konzessionsvereinbarung zu regeln, vgl. Art. 10 Pkt. 6.1 und 6.2 KonzG. Dagegen zählen die Beschreibung der Beschaffenheit und des allgemeinen Zustands des Konzessionsobjektes nicht dazu. Zwar ist in der Praxis kaum vorstellbar, dass die Beschaffenheit des Konzessionsobjekts nicht Gegenstand der Konzessionsvereinbarung wird. Dennoch unterstreicht die Entscheidung des Gesetzgebers, diesen Gesichtspunkt nicht zu den wesentlichen Vertragsbedingungen zu zählen, seine Intention die vertragliche Position des Konzessionsnehmers abzuschwächen, indem die Nichtregelung der für ihn grundlegend wichtigen Inhalte die Wirksamkeit des Vertrages unberührt lassen soll.

Aus Spezialgesetzen ergeben sich weitere wesentliche Vertragsbedingungen. So zählt Art. 38 Abs. 2 VerkehrsStrG für Konzessionsvereinbarungen im Bereich der Verkehrsstraßen die Konditionen der Mauterhebung, das Verfahren der Festlegung und Änderung der Mauttarife, die Arten der Sicherheiten für den Konzessionsgeber – etwa Versicherung des Konzessionsobjekts gegen zufälligen Untergang bzw. zufällige Verschlechterung – sowie das Verfahren der Übergabe der Straßenanlagen an den Auftraggeber am Ende der Vertragslaufzeit zu wesentlichen Vertragsbedingungen. Art. 31 Abs. 8 des Gesetzes über Seehäfen (SeehafenG)[997] legt für den Vertrag über die Nutzung der Grundstücke im Bereich der Seehäfen, die Art und Weise der vertragsgemäßen Nutzung des Kon-

---

[995] Vgl. *Leont'ev*, Kommentar zum föderalen Gesetz über Konzessionsvereinbarungen (russ.), S. 54.

[996] Als Arten der Vertragserfüllungssicherheiten nennt das Gesetz die Vorlage einer Bankbürgschaft, die Verpfändung von Bankforderungen des Konzessionsnehmers sowie den Abschluss von Versicherungsverträgen durch den Konzessionsnehmer.

[997] S. das föderale Gesetz über Seehäfen vom 8. November 2007, Nr. 261-FZ, russ.: *O morskih portah v Rossijskoj Federacii i o vnesenij izmenenij v otdel'nye zakonodatel'nye akty Rossijskoj Federacii.*

zessionsobjekts, die Nutzung des Objekts durch Verbraucher sowie das Verfahren des Zugangs der öffentlichen Hand zum Objekt als wesentliche Vertragsbedingungen fest.

In der Literatur wird die Qualifikation der einzelnen Vertragsbedingungen als wesentlich oder unwesentlich rege diskutiert. Bemängelt wird etwa, dass Regelungen über mögliche nachträgliche Preisänderungen nicht Gegenstand der Regelung wurden. *Savinova*[998] spricht sich dafür aus, Bestimmungen über die Festlegung und Änderung der Tarife für Waren und Dienstleistungen des Konzessionsnehmers unter wesentliche Bedingungen zu fassen. *Sosna*[999] fordert u.a. Gerichtsstandsvereinbarungen sowie Regelungen bezüglich der Immunität der öffentlichen Hand als wesentliche Vertragsbedingungen einzustufen. Laut *Varnavskij*[1000] sollten auch Staatsgarantien darunter fallen.

2. Rechtsfolge der Nichteinhaltung wesentlicher Vertragsbedingungen

Die Voraussetzung der Einigung der Parteien über wesentliche Vertragsbedingungen muss im Zeitpunkt des Vertragsschlusses vorliegen, der in der Regel mit dem Zeitpunkt des Zugangs der Annahmeerklärung und im Falle des Registrierungszwangs des Vertrages mit dem Zeitpunkt der staatlichen Registrierung zusammenfällt.[1001] Eine ausdrückliche Rechtsfolge der fehlenden Regelung wesentlicher Vertragsbedingungen sieht das Gesetz nicht vor. Art. 13 Abs. 2 KonzG postuliert lediglich das Gebot der Regelung von *essentialia negotii*. Es ist jedoch anzunehmen, dass die Nichteinhaltung der gesetzlichen Anforderungen in Bezug auf wesentliche Vertragsbedingungen die Rechtsfolge der Nichtigkeit der Konzessionsvereinbarung nach Art. 168 ZGB nach sich ziehen kann.

3. Weitere Vertragsbedingungen

Neben wesentlichen Vertragsbedingungen darf eine Konzessionsvereinbarung auch weitere Vereinbarungen enthalten. Gem. Art. 10 Abs. 2 KonzG kann die Konzessionsvereinbarung u.a. den Leistungsumfang der Konzessionstätigkeit, die Rechte und Pflichten der Parteien im Falle nachträglicher Preiserhöhungen, den Umfang der durch den Konzessionsnehmer in den einzelnen Vertragsphasen

---

[998] Vgl. *Savinova*, Vertragliche Regelung der Konzessionsbeziehungen (russ.), S. 121.
[999] Vgl. *Sosna*, Konzessionsvereinbarungen: Theorie und Praxis (russ.), S. 228.
[1000] Vgl. *Varnavskij*, Konzessionen in der Transportinfrastruktur (russ.), S. 92.
[1001] Vgl. *Schramm*, in: *Nußberger*, Einführung in das russische Recht, § 13, S. 153.

vorzunehmenden Investitionen sowie die Versicherungsverpflichtungen des Konzessionsnehmers regeln. Weitere solche Vertragsbedingungen enthält Art. 3 Pkt. 9 KonzG. Viele dieser Regelungen haben lediglich klarstellenden Charakter, da sich diese Verpflichtungen bereits aus allgemeinen Vorschriften ergeben.[1002]

III. Standardkonzessionsvereinbarungen

Gem. Art. 13 Abs. 2 i.V.m. Art. 10 Abs. 4 KonzG wird die Konzessionsvereinbarung auf Grundlage der jeweils geltenden Standardkonzessionsvereinbarung geschlossen, die für jedes in Art. 4 Abs. 1 KonzG genannte Objekt gesondert erlassen wird. Derzeit wurden durch die Regierung der RF zwölf Standardkonzessionsvereinbarungen verabschiedet. Keine Standardkonzessionsvereinbarungen existieren bislang für Objekte der Flughafeninfrastruktur, für Objekte medizinischer Versorgung sowie für Objekte des Tourismus und Sports, was den Abschluss von Konzessionsvereinbarungen in diesen Bereichen nach Meinung einiger Autoren derzeit behindert.[1003] Eine inhaltliche Analyse der verabschiedeten Standardkonzessionsvereinbarungen hat jedoch m.E. nicht ergeben, dass sie eine wichtige praktische Hilfe für die Konzessionsparteien wären. Die Standardvereinbarungen für verschiedene Bereiche ähneln sich vielmehr durch deckungsgleiche, schablonenhafte Formulierungen und geben meist lediglich den Gesetzeswortlaut wieder. Viele der Regelungen sind – den Regelungen des KonzG entsprechend – dispositiv formuliert, so dass wohl letztlich erst Vertragsverhandlungen für den Inhalt des abzuschließenden Vertrages entscheidend sein dürften. Demnach handelt es sich bei den Standardkonzessionsvereinbarungen mehr um eine unnötige Bürokratisierung des Vergabeverfahrens als eine echte Praxishilfe.

[1002] So auch *Leont'ev*, Kommentar zum föderalen Gesetz über Konzessionsvereinbarungen (russ.), S. 56, für die Vorschriften der Art. 10 Abs. 2 Nr. 6 und 7 KonzG.
[1003] So *Ognev/Popov*, Konzessionsvertrag im Zivilrecht (russ.), S. 95.

Geltungsbereich der Standardkonzessi-onsvereinbarung	verabschiedet per Verordnung der Regierung der RF
Verkehrsinfrastruktur	vom 27. Mai 2006, Nr. 319
Bildung	vom 11. November 2006, Nr. 671
Pipelinetransport	vom 11. November 2006, Nr. 672
Elektro- und Wärmeenergie	vom 11. November 2006, Nr. 673
Flughäfen	vom 5. Dezember 2006, Nr. 739
Eisenbahnverkehr	vom 5. Dezember 2006, Nr. 744
See- und Binnenhäfen	vom 5. Dezember 2006, Nr. 745
See- und Binnenschiffe	vom 5. Dezember 2006, Nr. 746
hydrotechnische Anlagen	vom 5. Dezember 2006, Nr. 747
Kommunalinfrastruktur	vom 5. Dezember 2006, Nr. 748
Öffentlicher Nah- und Fernverkehr	vom 22. Dezember 2006, Nr. 791
Kultur, Sport, Erholung und Tourismus	vom 9. Februar 2007, Nr. 90

Tabelle 17: Liste der geltenden Standardkonzessionsvereinbarungen

IV. Anforderungen an die Finanzierung des Vorhabens

Problematisch für die Praxis ist ferner die in den Ausschreibungsunterlagen häufige Regelung dahingehend, dass der sog. *financial close* – der Abschluss aller finanziellen Vereinbarungen, insbesondere mit den finanzierenden Banken – spätestens zum Zeitpunkt des Vertragsschlusses vorzunehmen ist, vgl. Pkt. 2.3 AU, Band 3, im WHSD-Vorhaben und Pkt. 9.1 AU, Band 3, im OT-Ausschreibungsverfahren. Die Alternative zu dieser Lösung wäre der Vertragsschluss unter Vorlage einer ausreichenden Bankbürgschaft. Dies erscheint als Absicherung des Konzessionsgebers auch ausreichend, während die erste Variante unkalkulierbare Risiken für den Konzessionsnehmer birgt.

V. Zulässigkeit von Nachverhandlungen

An dieser Stelle ist erneut auf die Frage der Zulässigkeit von Verhandlungen – diesmal in der Phase nach der Angebotsöffnung und -wertung – einzugehen. Verhandlungen des Konzessionsgebers mit den Ausschreibungsteilnehmern sind zwar auch nach Abschluss der Angebotsphase die übliche Praxis. Diesbezüglich bietet der Blick in die Ausschreibungsunterlagen der derzeit anlaufenden PPP-Projekte ein deutliches Bild. Im WHSD-Vergabeverfahren enthielt Pkt. 2.5 AU, Band 3, ein ausdrückliches Verhandlungsrecht der Vertragsparteien auch nach

Abschluss der Angebotsphase. Entsprechendes gilt für die Zulässigkeit von Nachverhandlungen im OT-Vorhaben. Für das letztere sah Pkt. 10.5 AU, Band 3, darüber hinaus die Berechtigung des Konzessionsgebers vor, mit dem erst- und zweitbesten Bieter parallel zu verhandeln.

Fraglich bleibt jedoch, ob nicht lediglich solche Verhandlungen zulässig sind, die nicht zu wesentlichen Änderungen des endgültigen Angebotes führen – also das Wettbewerbsergebnis nicht beeinflussen – oder ob sich das Verhandlungs- recht auch auf solche Verhandlungen erstreckt. Diesbezüglich kann jedoch we- der dem KonzG noch den einzelnen Ausschreibungsunterlagen eine ausdrückli- che Regelung entnommen werden.

Ein wichtiges Indiz könnte der mit der neusten Gesetzesänderung im Juli 2009 eingeführte Art. 38 KonzG enthalten, wonach der Konzessionsgeber in Einzel- fällen berechtigt sein soll, bestimmte Änderungen an der Konzessionsvereinba- rung bzw. dem dazugehörigen Pachtvertrag nach Zuschlagserteilung vorzuneh- men. Das Änderungsrecht betrifft u.a. die Fristen der Grundstücksübergaben sowie der Herstellung oder Modernisierung des Konzessionsobjekts, die techni- schen Werte des Konzessionsobjekts und die Höhe der Projektkosten. Die Vor- schrift gilt für Konzessionsvereinbarungen im Verkehrstraßenbaubereich, die Beschlussfassung über deren Abschluss vor dem 31. Dezember 2008 erfolgte. Ausdrücklich regelt Art. 38 Pkt. 2 KonzG, dass andere als im Pkt. 1 der Vor- schrift genannten Vertragsbedingungen nach Zuschlagserteilung nicht geändert werden dürfen. Doch hat die Vorschrift – wie eben dargelegt – lediglich die Phase nach Zuschlagserteilung im Blick und trifft keine Aussage über das – hier interessierende – Verfahrensstadium zwischen der Einreichung der Angebote und der Entscheidung über die Zuschlagserteilung. Vielmehr könnte man daraus im Erst-Recht-Schluss folgern, dass wenn bestimmte Verhandlungen selbst nach Zuschlagserteilung noch zulässig sein sollen, diese erst recht auch davor noch möglich sind. Doch hebelt diese Praxis in der Angebotsphase den Transparenzgrundsatz aus und stellt die Gleichbehandlung der Bewerber in Fra- ge. Im Ergebnis wird zwar der Zuschlag auf das wirtschaftlichste Angebot er- teilt, die Konzessionsvereinbarung jedoch nicht zwangsläufig mit dem besten Bieter geschlossen.

In der russischen Literatur wird diese Frage nicht hinreichend beleuchtet. *Sosna*[1004] etwa hält Abweichungen von den Regelungen der Ausschreibungsunterlagen durch die Parteien für geboten, falls sie eine für beide Parteien günstigere Lösung gefunden haben, fordert jedoch klare, einheitliche Regelungen für solche Verhandlungen. Diese Einschränkung ist grundsätzlich begrüßenswert, jedoch m.E. nicht hinreichend. Die Umgehung des Transparenz- und Gleichbehandlungsgebots durch Nachverhandlungen ist kaum rechtfertigungsfähig. Der Autor verkennt, dass nicht lediglich die Vertragsparteien, sondern vor allem die Mitbewerber am Ausschreibungsverfahren Schutzobjekt des Vergaberechts und speziell des Nachverhandlungsverbots sind.

VI. Schriftform, Vertragsabschlussfrist, Registrierung

Schließlich ist auf die Formalitäten im Zusammenhang mit dem Abschluss einer Konzessionsvereinbarung einzugehen. Art. 36 Abs. 4 KonzG sieht für die Konzessionsvereinbarung die Schriftform vor. Gem. Art. 434 Abs. 2 ZGB genügt zur Wahrung des Schriftformerfordernisses nach russischem Recht die elektronische Übermittlung des durch die andere Vertragspartei unterschriebenen Vertragswerks, was insoweit der Textform i.S.d. § 126 BGB entspricht.

Art. 36 Abs. 1 KonzG a.F. sah das Erfordernis des Abschlusses der Konzessionsvereinbarung mit dem erfolgreichen Bieter innerhalb der 90-tägigen Frist, die an dem Tag des Vergabevermerkdatums zu laufen begann. Dieses Fristerfordernis für den Eintritt in den Konzessionsvertrag ist in der Literatur vielfach als zu streng kritisiert worden und mit der Änderung des KonzG im Juni 2008 beseitigt worden. Von nun an richtet sich die Vertragsabschlussfrist nach den Angaben in den Ausschreibungsunterlagen und bietet so Raum für weitere Verhandlungen in dieser Phase des Verfahrens. Besonders problematisch erscheint jedoch die Dauer der in der Praxis häufig geltenden Zuschlags- und Bindefrist. Im WHSD-Projekt betrug die Dauer der Angebotsbindung ca. zwölf Monate, vgl. Pkt. 1.2.4 AU, Band 3. Das Gleiche galt gem. Pkt. 2.7 AU, Band 3 im OT-Vorhaben. Eine derart lange Frist bindet den Konzessionsnehmer jedoch unzumutbar lange an sein Angebot und schränkt seine Planungssicherheit gravierend ein. Dabei gewinnen die Preisanpassungs- und Indexierungsmechanismen an Bedeutung, die nach russischem Recht – wie im Kap. über die Finanzierung noch zu zeigen sein wird – noch nicht hinreichend ausgereift sind.

[1004] Vgl. *Sosna*, Konzessionsvereinbarungen: Theorie und Praxis (russ.), S. 227.

Schließlich sind die vereinbarten Nutzungsrechte als dingliche Belastungen des Grundstücks gem. Art. 3 Abs. 15 KonzG in das sog. Staatliche Register[1005] einzutragen, sog. staatliche Registrierung.[1006] Das RegistrierungsG erwähnt nach der Änderung des KonzG im Juni 2008 ausdrücklich die staatliche Registrierung der Rechte des Konzessionsnehmers am Konzessionsobjekt. Dagegen unterliegt die Konzessionsvereinbarung als solche keiner Registrierung.[1007] Dies wird in der russischen Literatur teilweise anders gesehen.[1008]

§ 7   Vertragsdurchführung

A. Rechte und Pflichten der Vertragsparteien

Im Rahmen der Vertragsdurchführung sind die Rechte und Pflichten der Vertragsparteien in den einzelnen Phasen – bei der Einräumung von Besitz- und Nutzungsrechten am Konzessionsobjekt, der Errichtung oder Modernisierung des Konzessionsobjekts durch den Konzessionsnehmer, des Betriebs des Konzessionsobjektes sowie der Rücküberlassung des Konzessionsobjektes an den Konzessionsgeber – zu untersuchen. Anschließend wird im Rahmen der Ausführungen zur Haftung der öfentlichen Hand, zur Gewährleistung im Rahmen der Konzessionsvereinbarung, der Gewährung von Staatsgarantien und zum Rechtsschutz die Frage nach dem Vermögensschutz des privaten Investors untersucht.

I. *Anwendbarkeit der allgemeinen Vorschriften*

1. <u>PPP-relevantes besonderes Vertragsrecht</u>
Die Parteien einer schuldrechtlichen Beziehung sind im Rahmen der – auch im russischen Recht geltenden – Vertragsfreiheit gehalten, einen gesetzlich geregelten Vertragstypus für ihr Rechtsverhältnis zu wählen oder einen Vertrag abzuschließen, der gesetzlich nicht geregelt ist. Einschränkungen in Bezug auf imperative zivilrechtliche Normen enthält Art. 422 ZGB. Im letzteren Fall stellt sich

---

[1005] Russ.: *Edinyj gosudarstvennyj reestr prav na nedvižimoe imuśestvo.*

[1006] Damit unterliegen der Registrierung, wie der Name des Gesetzes bereits vermuten lässt, nicht nur dingliche Rechte. Vielmehr sind etwa auch Miet- und sonstige Nutzungsrechte in das Staatliche Register einzutragen.

[1007] Vgl. *Leont'ev*, Kommentar zum föderalen Gesetz über Konzessionsvereinbarungen (russ.), S. 20.

[1008] Vgl. *Sulakšin/Vilisov/Pogorelko/Hrustalëva*, Konzessionen im Schienenverkehr: eine Analyse der Anwendungsmöglichkeiten (russ.), S. 22.

jedoch die Frage, welche gesetzlichen Vorschriften auf diese Vertragsbeziehung dann anwendbar sind. Relevanz für PPP-Projekte könnte neben dem Kaufrecht nach Art. 454-566 ZGB (insbesondere die spezielle Form der Lieferungen für staatlichen Bedarf, vgl. Art. 525 ff. ZGB), auch das Mietvertragsrecht nach Art. 606 ff. ZGB[1009], das Werkvertragsrecht nach Art. 702-768 ZGB (insbesondere die spezielle Form des Staatswerkvertrages, vgl. Art. 740 ff. ZGB, die Projektierungs-/Erschließungsarbeiten, vgl. Art. 758 Abs. 1 ZGB sowie die Forschungs- und Entwicklungsleistungen, vgl. Art. 769 ff. ZGB)[1010] und das Bauvertragsrecht nach Art. 740-757 ZGB haben.

2. Grenzen der Vertragsfreiheit

Das ZGB enthält zum Teil strenge und detaillierte Anforderungen an den Mindestinhalt des jeweiligen Vertrages, wenngleich viele Regelungen dispositiver Natur sind. Die Vertragsfreiheit findet jedoch in imperativen Gesetzesbestimmungen ihre Grenze, vgl. Art. 422 Abs. 1 ZGB. Welche Normen imperativen Charakter haben, ist anhand von Öffnungsklauseln und im Übrigen – wie im deutschen Recht auch – im Wege der Auslegung zu ermitteln.[1011] Wichtige Grenzen der Vertragsfreiheit bilden die verbraucherschutzrechtlichen Vorschriften[1012], der unter Kontrahierungszwang stehende öffentliche Vertrag i.S.d. Art. 426 ZGB[1013] sowie die Tarifregelungsvorschriften i.S.d. Art. 424 Abs. 1 Satz 2 ZGB. Nach dem Kodifikationsprinzip des Art. 3 Abs. 2 Satz 2 ZGB dürfen schließlich die spezialgesetzliche Regelungen zum besonderen Vertragsrecht den Regelungen zu gesetzlichen Vertragstypen nach dem ZGB nicht widersprechen.

[1009] Anders als das deutsche Recht unterscheidet man in Russland bei der entgeltlichen Gebrauchsüberlassung nicht zwischen der Überlassung nur zur Nutzung (s. §§ 535 ff. BGB für die Miete) oder auch zur Fruchtziehung (s. §§ 581 ff. BGB für die Pacht).

[1010] Hingegen wird im russischen Recht im Gegensatz zum deutschen Recht keine Unterscheidung zwischen den erfolgsbezogenen Pflichten aus einem Werkvertrag (s. §§ 631 ff. BGB) und den leistungsbezogenen Pflichten aus einem Dienstvertrag (s. §§ 611 ff. BGB) nicht unterschieden.

[1011] Vgl. *Schramm*, in: *Nußberger*, Einführung in das russische Recht, § 13, S. 150.

[1012] S. das föderale Gesetz über den Verbraucherschutz vom 7. Februar 1992, Nr. 2300-FZ, russ.: *O zašite prav potrebitelej*. Das sowohl den Verbrauchsgüterkauf als auch die Inanspruchnahme von Dienstleistungen betreffende Gesetz sieht weder ein Widerrufsrecht des Verbrauchers (s. §§ 355 ff. BGB) noch eine Beweislastumkehr (s. §§ 476 ff. BGB) vor.

[1013] Das Schuldrecht weitet den unbestimmten Rechtsbegriff „Charakter der Ware oder Tätigkeit", der den Kontrahierungszwang nach der Vorschrift des Art. 426 ZGB begründen soll, auf die Einzelhandelskaufvertrag, vgl. § 492 Abs. 2 ZGB, die Werkverträge des täglichen Bedarfs, vgl. Art. 730 Abs. 2 ZGB, die Leihe, vgl. Art. 626 Abs. 3 ZGB, den Transportvertrag, vgl. Art. 789 ZGB, und den Bankeinlagenvertrag, vgl. Art. 834 Abs. 2 ZGB, aus.

II. Regelung der Rechte und Pflichten, Art. 8 KonzG

Während das KonzG keine gesonderte Vorschrift zum Rechte- bzw. Pflichtenkatalog für den Konzessionsgeber enthält, sieht Art. 8 Abs. 1 KonzG eine ausdrückliche Regelung der Rechte und Pflichten des Konzessionsnehmers vor. Der Katalog des Art. 8 Abs. 1 KonzG ist im Folgenden auf seinen Sinngehalt aus Sicht des Konzessionsnehmers zu untersuchen.

1. Art. 8 Abs. 1 Nr. 1 KonzG

Eines der wichtigsten Versäumnisse der Erstfassung des KonzG hat der Gesetzgeber mit der Verabschiedung des KonzÄndG im Juni 2008 beseitigt. Das KonzG sprach dem Konzessionsnehmer in Art. 8 Abs. 1 Nr. 1 KonzG a.F. das Recht zu, über das Konzessionsobjekt gem. dem KonzG und der Konzessionsvereinbarung zu „verfügen". Entgegen dem Wortlaut des Gesetzes, konnte jedoch genau dieser Bestandteil des Eigentumsrechts wohl nicht gemeint sein, da dem Konzessionsnehmer Veräußerungs- bzw. Verpfändungsrechte am Konzessionsobjekt – wie im Folgenden noch aufzuzeigen gilt – zu keinem Zeitpunkt zustehen. Nach dem neuen Wortlaut der Vorschrift ist der Konzessionsnehmer lediglich berechtigt, „Nutzungsrechte am Konzessionsobjekt mit Zustimmung des Konzessionsgebers für die Dauer der Konzessionsvereinbarung und im Rahmen gesetzlicher und vertraglicher Regelungen auf Dritte zu übertragen", Art. 8 Abs. 1 KonzG n.F. Die Vorschrift erweitert den Rechtskreis des Konzessionsnehmers nicht, da sich sein Recht auf (Unter-)Vermietung mangels eines ausdrücklichen Verbots bereits aus den allgemeinen Vorschriften über die Pacht – den Art. 606 ff. ZGB – ergibt. Damit schafft Art. 8 Abs. 1 Nr. 1 KonzG keine Rechte für den Konzessionsnehmer, sondern orientiert sich lediglich an bereits geltender Rechtslage.

2. Art. 8 Abs. 1 Nr. 2 KonzG

Die Verpflichtung des Konzessionsnehmers, „die Vereinbarungen des Konzessionsvertrags zu erfüllen", ist ausweislich des Wortlauts des Art. 8 Abs. 1 Nr. 2 KonzG als ein Recht formuliert. Die ebenso erwähnte Möglichkeit, Erfüllungsgehilfen einzusetzen, ergibt sich bereits aus allgemeinen Vorschriften – etwa aus Art. 706 Abs. 1 ZGB für das Dienstvertragsrecht – und verbindet die Regelung mit dem Hinweis auf die Haftung des Konzessionsnehmers für Handlungen der Erfüllungsgehilfen wie für sein eigenes Verhalten. Damit gewährt auch Art. 8 Abs. 1 Nr. 2 KonzG dem Konzessionsnehmer keine echten Rechte.

3. Art. 8 Abs. 1 Nr. 3 KonzG

Art. 8 Abs. 1 Nr. 3 KonzG enthält die Befugnis des Konzessionsgebers, „von den Ergebnissen seiner intellektuellen Tätigkeit, die er auf eigene Kosten erlangt hat, zur Erfüllung seiner Verpflichtungen aus der Konzessionsvereinbarung unentgeltlich Gebrauch zu machen". Auch diese Regelung ist vor dem Hintergrund des Urheberrechts obsolet, da die urheberrechtliche Vorschrift des Art. 1228 Abs. 3 i.V.m. Abs. 1 ZGB die ausschließlichen Urheberrechte an einem Werk dem Autor des Werks zuspricht. Vielmehr legt Art. 3 Abs. 11 KonzG im Umkehrschluss fest, dass diese Rechte mangels anderweitiger vertraglicher Vereinbarung grundsätzlich dem Konzessionsgeber zustehen und damit durch den Konzessionsgeber außerhalb seines Pflichtenprogramms nicht mehr ausgeübt werden können. Auch bei der Regelung des Art. 8 Abs. 1 Nr. 3 KonzG handelt es sich damit um kein echtes Recht des Konzessionsnehmers.

4. Art. 8 Abs. 2 KonzG

Hingegen enthält Art. 8 Abs. 2 KonzG ausdrückliche Verpflichtungen des Konzessionsnehmers. So ist der Konzessionsnehmer zur fristgemäßen Errichtung bzw. Modernisierung, zur Inbetriebnahme sowie zum vertragsgemäßem Betrieb des Konzessionsobjekts verpflichtet, vgl. Art. 8 Abs. 2 Nr. 1 und 2 KonzG. Der Konzessionsnehmer hat zudem den Zugang der Verbraucher zu entsprechenden Waren, Arbeiten und Dienstleistungen unter Berücksichtigung der ihnen zustehenden gesetzlichen Vergünstigungen zu ermöglichen, vgl. Art. 8 Abs. 4 und 5 KonzG. Schließlich obliegen ihm die Instandhaltung des Konzessionsobjekts sowie die Durchführung von etwaigen Verbesserungsmaßnahmen auf eigene Kosten, vgl. Art. 8 Abs. 2 Nr. 6 KonzG.

Der Pflichtenkatalog des Konzessionsnehmers hat keinen abschließenden Charakter. Vielmehr ergeben sich aus der Zusammenschau der spezialgesetzlichen Vorschriften des KonzG und allgemeinen zivilrechtlichen Regelungen weitere Pflichten. Andererseits enthält die Vorschrift Regelungen, die sich ohnehin schon aus allgemeinen Vorschriften ergeben. Damit ist Art. 8 KonzG als eine umfassende Regelung der Rechte und Pflichten der Vertragsparteien missglückt. Im Folgenden sollen Rechte und Pflichten der Vertragsparteien nach einzelnen Phasen des Konzessionsvorhabens untersucht werden.

III. Einräumung von Besitz- und Nutzungsrechten am Konzessionsobjekt bzw. den dazugehörigen Grundstücken

Große Bedeutung im Rahmen einer PPP-Vertragsbeziehung kommt der Frage nach der Einräumung von Besitz- und Nutzungsrechten an den für die Errichtung des Konzessionsobjekts vorgesehenen Grundstücken bzw. am Konzessionsobjekt selbst im Falle seiner Rekonstruktion zu. Gem. Art. 3 Abs. 1 KonzG ist der Konzessionsgeber verpflichtet, dem Konzessionsnehmer die Besitz- und Nutzungsrechte am Konzessionsobjekt für die Dauer der Konzessionsvereinbarung einzuräumen. Art. 11 Abs. 1 KonzG enthält die Verpflichtung des Konzessionsgebers, auch das Grundstück, auf dem sich das Objekt der Konzessionsvereinbarung befindet, an den Konzessionsnehmer zu vermieten. Diese Verpflichtung ergibt sich aufgrund einer Besonderheit des russischen Grundstücksrechts nicht bereits aus Art. 3 Abs. 1 KonzG. Die Besonderheit besteht darin, dass das Eigentum an einem Grundstück und an dem auf diesem Grundstück befindlichen Gebäuden auseinander fallen kann. Für diesen Fall sieht das Gesetz eine ausdrückliche Verpflichtung des Konzessionsgebers zur Übergabe auch des Grundstücks vor.

1. Vertragsschluss und staatliche Registrierung

Der Pachtvertrag ist innerhalb einer Frist von 60 Werktagen ab Abschluss der Konzessionsvereinbarung abzuschließen, vgl. Art. 11 Abs. 1 Satz 2 KonzG. Gem. Art. 11 Abs. 3 KonzG bemisst sich die Geltungsdauer der Pachtverträge nach der Laufzeit der Konzessionsvereinbarung. Gem. Art. 3 Abs. 9 KonzG können dem Konzessionsnehmer zudem Besitz- und Nutzungsrechte an den im Eigentum des Konzessionsgebers stehenden Objekten übertragen werden, die mit dem Konzessionsobjekt eine Einheit bilden. Angesichts des hohen Potenzials zur Erzielung zusätzlicher Einnahmen ist aus Sicht des Investors die Frage der Nutzung anliegender Grundstücke durch den Konzessionsnehmer besonders interessant.

Zu beachten ist das strenge Erfordernis der staatlichen Registrierung des Pachtvertrages über das Grundstück gem. Art. 3 Abs. 15 Satz 1 KonzG sowie die anschließende Registrierung der Besitz- und Nutzungsrechte an den errichteten Bauwerken oder Anlagen, die gem. Art. 3 Abs. 15 Satz 2 KonzG zeitgleich mit der Registrierung der Eigentumsrechte des Konzessionsgebers an diesen Bauwerken bzw. Anlagen stattfinden soll. Das Erfordernis der staatlichen Registrierung des Mietvertrages ergibt sich nach russischem Recht auch ohne ausdrücklichen Hinweis im Art. 3 Abs. 15 Satz 1 KonzG bereits aus Art. 651 Abs. 2 i.V.m. Art. 164, 131 ZGB sowie Art. 25 Abs. 1 BodenGB. Die Rechtsfolge der Nichtregistrierung ist die Nichtigkeit des Rechtserwerbs nach Art. 165 ZGB. Die Standardkonzessionsvereinbarung für den Bereich Verkehr (StandardKV Verkehr) sieht in Pkt. 9 die Möglichkeit der Übernahme der Registrierungskosten durch den Konzessionsgeber vor.

Allgemein unterliegen Immobilienrechte und -geschäfte der staatlichen Pflichtregistrierung im sog. Einheitlichen staatlichen Register der Immobilienrechte und -geschäfte. Zu beachten gilt es dabei, dass dieser Registrierung – im Gegensatz zur im deutschen Recht geltenden strengen Unterscheidung zwischen den nicht eintragungsfähigen Schuld- und eintragungspflichtigen dinglichen Rechten – auch Miet-/Pachtverträge über Immobilien unterliegen. Ausgenommen von dieser Regel sind Pachtrechte an Gebäuden und Anlagen, deren Dauer weniger als ein Jahr beträgt, vgl. Art. 651 Abs. 2 ZGB und Art. 26 Abs. 2 BodenGB. Die Registrierung erfolgt am Ort der Immobilie in der jeweiligen Region Russlands durch die jeweilige territoriale Abteilung (Verwaltung) des Föderalen Registrierungsdienstes[1014]. Bemerkenswert ist zudem, dass das staatliche Register auch für den Fall der ordnungsgemäßen Registrierung der Eigentums- und Nutzungsrechte keinen absoluten Schutz der Rechte bildet. Der staatlich registrierte Vertrag kann nachträglich für nichtig erklärt werden und die Rechtsfolge der gerichtlichen Aufhebung der staatlichen Registrierung der Immobilienrechte nach sich ziehen.

2. Übergabe des Grundstücks

Aus Art. 3 Abs. 1 KonzG ergibt sich die Verpflichtung des Konzessionsgebers zur fristgerechten Übergabe des Konzessionsobjekts an den Konzessionsnehmer. Unter dem Tag der Übergabe ist das Datum des Übergabeaktes zu verstehen.[1015] Gem. Pkt. 4 S. 2 Standardkonzessionsvereinbarung Verkehr sind Besitz- und Nutzungsrechte an den Vermögensgegenständen, die Gegenstand der Konzessionsvereinbarung werden sollen, entsprechend dem Übergabeakt an den Konzessionsnehmer zu übertragen. Nicht eindeutig ist die Standardkonzessionsverein-

---

[1014] Vgl. Art. 9 RegistrierungsG. S. dazu auch das föderale Gesetz über das staatliche Bodenkataster vom 2. Januar 2000, Nr. 28-FG, russ.: *O gosudarstvennom zemel'nom kadastre*.
[1015] Vgl. *Tolkušin*, Kommentar zum föderalen Gesetz „Über Konzessionsvereinbarungen" (russ.), S. 64.

barung Verkehr in Bezug auf den Tatbestand der Erfüllung der Übergabeverpflichtung durch den Konzessionsgeber. Diese ist entweder mit der Unterschrift des Übergabeakts durch beide Parteien, vgl. Pkt. 5 S. 3 Standardkonzessionsvereinbarung Verkehr, oder mit der Registrierung der Besitz- und Nutzungsrechte des Konzessionsnehmers, vgl. Pkt. 5 S. 6 Standardkonzessionsvereinbarung Verkehr, gegeben. Als Gewährleistungsrechte des Konzessionsnehmers im Falle der Mangelhaftigkeit der übergebenen Vermögenswerte können die Parteien gem. Pkt. 5 Standardkonzessionsvereinbarung Verkehr ausdrücklich nur Nacherfüllung, Vertragsanpassung oder Vertragsbeendigung im Wege gerichtlicher Entscheidung vereinbaren.

3. Zur Konzession freigegebene Grundstücke

Die Arten von Grundstücken, die im Rahmen der Konzessionsvereinbarung durch den Konzessionsnehmer genutzt werden können, wurden mit der Gesetzesänderung im Juni 2008 konkretisiert. Art. 11 Abs. 1 KonzG legt nunmehr ausdrücklich fest, dass auch das Erdinnere zur Konzessionstätigkeit – mit Ausnahme der Nutzung zur Gewinnung von Rohstoffen – freigegeben ist. Art. 87 ff. BodenGB enthalten Sondervorschriften für die Nutzung bestimmter Arten von Grund und Boden – etwa Grundstücke für Industrie-, Energie- oder Verkehrszwecke. In Bezug auf die Nutzungsdauer sowie das Nutzungsverfahren bestimmter Grundstückarten verweist Art. 11 Abs. 1 KonzG auf Spezialgesetze. Anzumerken gilt, dass weder das ForstGB, noch das BodenGB, WasserGB oder das ErdinnereG solche speziellen Vorschriften enthalten.[1016]

4. Inhalt des Nutzungsrechts

Der Inhalt des Nutzungsrechts des Konzessionsnehmers an den vertragsrelevanten Grundstücken variiert in Abhängigkeit vom eingeräumten Nutzungsrecht. Im Falle der Pacht richten sich die Rechtsbeziehungen der Vertragsparteien nach den Art. 606 ff. ZGB sowie den Vorschriften des BodenGB. Eine Alternative zur Pacht stellt nach russischem Recht die sog. anvertraute Verwaltung dar, vgl. Art. 1012 ZGB. Daneben regeln Art. 30 ff. BodenGB das Verfahren der Einräumung von Nutzungsrechten für Bauzwecke. Art. 30.1 BodenGB enthält Besonderheiten in Bezug auf den Bau von Wohneigentum.

[1016] Vgl. *Leont'ev*, Kommentar zum föderalen Gesetz über Konzessionsvereinbarungen (russ.), S. 63.

Im Hinblick auf die Pacht gilt für ausländische Personen der zwingende Grundsatz der Entgeltlichkeit der Nutzung von Grund und Boden, vgl. Art. 28 Abs. 5 BodenGB. Zu beachten ist ferner, dass gem. Art. 65 Abs. 3 BodenGB die Höhe des Pachtzinses eine wesentliche Vertragsbedingung ist, so dass die Nichtfestlegung der Pachthöhe die Unwirksamkeit des Pachtvertrages nach sich ziehen kann. Der jährliche Pachtzins darf gem. Art. ... Abs. 3 VerkehrsStrG 1% des Katasterwertes des Grundstücks nicht überschreiten. Der Katasterwert des Grundstücks wird gem. Art. 65 f. BodenGB ermittelt.

Art. 46 BodenGB sieht Beendigungsgründe für Grundstückspachtverträge vor. Die zivilrechtlichen Vertragsbeendigungstatbestände werden auf die Fälle zweckwidriger Nutzung des Grundstücks, das Grundstück verschlechternder Handlungen des Nutzers, der Nichtnutzung des Grundstücks für die Dauer von drei Jahren sowie der Enteignung oder Requisition des Grundstücks erweitert. Gem. Art. 22 Abs. 3 BodenGB steht dem Pächter nach Ablauf der Vertragslaufzeit grundsätzlich ein Vorrecht zum Abschluss eines Anschlusspachtvertrages zu. Zu beachten ist, dass Nutzungsverträge in der Praxis oft Beschränkungen in Bezug auf eine bestimmte Nutzungsart enthalten und zudem nicht selten Verzugszinsen von über 50% vorgesehen, die ihrerseits gem. Art. 333 Satz 1 ZGB im Wege gerichtlicher Entscheidung herabgesetzt werden können.

5. Reservierung und Enteignung von Grundstücken im Vorfeld der Übergabe

Stehen die vertragsrelevanten Grundstücke nicht im Eigentum der öffentlichen Hand, stellt sich die Frage nach der sog. Reservierung bzw. anschließenden Enteignung von Grund und Boden. Die Frage der Enteignung der Grundstücke für Zwecke des Allgemeinwohls erfolgt in der RF gem. Art. 49 i.V.m. Art. 55 BodenGB und Art. 279 ff. ZGB. Zu beachten gilt es die langen Verfahrensfristen.[1017] Nach dem ZGB i.V.m. GUP/MUP-G kann die öffentliche Hand die Vermögensgegenstände der GUP/MUP nur enteignen, wenn sie nicht oder nicht zweckgemäß durch GUP/MUP gebraucht werden.[1018] Die Entschädigungsvor-

---

[1017] Vgl. *Osadčaâ*, Konzessionsvereinbarungen im Transportsektor (russ.), S. 12. Das Verfahren dauert in der Praxis bis zu einem Jahr.
[1018] Vgl. *Sulakšin/Vilisov/Pogorelko/Hrustalëva*, Konzessionen im Schienenverkehr (russ.), S. 21.

schriften sind in den Art. 55 Abs. 2, 57 und 63 BodenGB enthalten. Spezialvorschriften für die Enteignung der Grundstücke im Bereich der Seehäfen enthalten Art. 28 Abs. 6 SeehafenG.

Die Reservierung von Grundstücken ist die Vorstufe zu deren anschließender Enteignung und stellt ein neues Institut im russischen Recht dar.[1019] In der russischen Lehre wurde das Fehlen eines einheitlichen Verfahrens für die Enteignung bzw. Reservierung für staatliche oder munizipale Zwecke vielfach kritisiert.[1020] Verfahrensregelungen enthalten Art. 49, 55 und 70 BodenGB. Sie werden durch Art. 279-283 ZGB ergänzt und durch das ReservierungsG konkretisiert.[1021] Die Rechtsfolge der Reservierung ist die Einschränkung des Verfügungsrechts des Eigentümers, vgl. Art. 56.1 BodenGB. Die Laufzeit der Pacht an reservierten Grundstücken kann nicht über diejenige der Reservierungsdauer hinausreichen, vgl. Art. 22 Abs. 4 BodenGB. Entschädigungsansprüche richten sich nach dem ReservierungsG.

6. Besonderheiten im Zusammenhang mit bestimmten Grundstückarten

An Grundstücken, auf denen sich Verkehrsstraßen befinden, einschließlich der Fahrbahn, der Rand-, Trenn- und Seitenstreifen sowie sonstiger für den Straßenverkehr unmittelbar benötigter Infrastruktur, können Private kein Eigentum, sondern lediglich Nutzungsrechte gem. Art. 20, 24 und 28 BodenGB erlangen.[1022] Dagegen können an Verkehrsstraßen anliegende Grundstücke ins Eigentum eines Privaten übertragen werden.[1023] Auf die Einräumung von Besitz- und Nutzungsrechten an den Grundstücken zur Errichtung bzw. Modernisierung und anschließendem Betrieb von Verkehrsstraßen findet gem. Art. 24 Abs. 1 VerkehrsStrG das BodenGB Anwendung. Die Reservierung erfolgt gem. Art. 24 Abs. 4 VerkehrsStrG. Der jährliche Pachtzins darf gem. Art. 39 Abs. 3 VerkehrsStrG nicht mehr als 1% des Katasterwertes des Grundstücks betragen.

[1019] Vgl. *Minina*, Probleme der Gesetzgebung über die Reservierung der Grundstücke (russ.), S. 78.

[1020] Vgl. dazu exemplarisch *Komarova*, S. 29.

[1021] Die Art. 56 und 70 BodenGB wurden im Mai 2007 geändert, s. das föderale Gesetz vom 10. Mai 2007, Nr. 69-FZ.

[1022] Die Verordnungen der Regierung der RF Nr. 61 und Nr. 973, vom 27. August 1999 schreiben vor, dass mautbetriebene und öffentliche Autobahnen im Staatseigentum verbleiben müssen.

[1023] Vgl. *Mad'ârova*, Kompetenzen der kommunalen Selbstverwaltungsorgane (russ.).

Im Bereich des Schienenverkehrs schreibt Art. 8 EisenbahnVermögensG zwingendes Eigentum der *OAO RŽD* oder des Staates an den Schienennetzanlagen vor. Die Übertragung von Besitz- und Nutzungsrechten erfolgt nach allgemeinen Vorschriften.

Im Bereich der Seehäfen untersagt Art. 28 Abs. 2 SeehafenG die Übertragung von Grund und Boden an ausländische Personen. Die Eigentumsübertragung an inländische natürliche oder juristische Personen erfolgt nur in Ausnahmefällen, die in Art. 28 Abs. 4 SeehafenG vorgesehen sind. Es handelt sich um Grundstücke, auf denen sich hydrotechnische Hafenanlagen befinden, die auf Kosten des privaten Investors errichtet wurden, oder in seinem Eigentum stehende bauliche Anlagen. Zudem können private Grundstücke in den Bestand der Seehäfen aufgenommen werden. Art. 31 SeehafenG enthält Bestimmungen über die Übertragung von Besitz- und Nutzungsrechten – insbesondere im Rahmen von Pacht oder Konzessionsverträgen – an Objekten im Bereich der Seehäfen. Die Höhe des Pachtzinses darf gem. Art. 31 Abs. 3 SeehafenG nicht die Höhe der Grundsteuer übersteigen. Die Höhe der Indexierung wird gem. Art. 31 Abs. 5 SeehafenG vertraglich bestimmt. Die Laufzeit der Nutzung darf 49 Jahre (im Falle der Modernisierung der Anlagen 15 Jahre) nicht überschreiten, vgl. Art. 31 Abs. 7 SeehafenG. Art. 31 Abs. 10 SeehafenG lässt die Untermiete zu.

IV. Phase der Errichtung/Modernisierung des Konzessionsobjekts

1. Projektierung

In der Projektierungsphase obliegt dem Konzessionsnehmer die Vorbereitung der Planungsunterlagen, die sich nach Art. 48 StädteBauGB richtet.[1024] Zunächst müssen entsprechende Erschließungsarbeiten durchgeführt und die Projektunterlagen vorbereitet werden. Eine Hürde auf dem Weg zu genehmigungsfähigen Bauvorhaben stellt die sog. Staatliche Expertise[1025] dar, der die Ergebnisse der Erschließungsarbeiten und die Projektunterlagen nach ihrer Fertigstellung zu unterziehen sind. Das dem Konzessionsnehmer auferlegte Risiko der Nichtannahme der Projektunterlagen durch die Staatliche Expertise wird durch intransparente rechtliche Regelungen erhöht. Zwar hat die Expertise innerhalb von drei

---

[1024] Zum Inhalt der Projektunterlagen s. ausführlich *Tolkušin*, Kommentar zum föderalen Gesetz „Über Konzessionsvereinbarungen" (russ.), S. 63 f.

[1025] Russ.: *Gosudarstvennaâ èkspertiza*. S. entsprechende Verordnung vom 5. März 2007, Nr. 145, russ.: *O porâdke organizacii i provedenii gosudarstvennoj èkspertizy proektnoj dokumentacii i rezul'tatov inženernyh izyskanij*.

Monaten zu erfolgen, jedoch dauert das Verfahren in der Praxis wesentlich länger. Zum 1. Januar 2007 ist ein Änderungsgesetz in Kraft getreten, das das StädtebauGB und das BodenGB zur Vereinfachung des derzeit höchst unübersichtlichen Baugenehmigungsverfahrens durch Verringerung der Anzahl der Prüfinstanzen sowie Verkürzung der Genehmigungsdauer abändert. Ob die erwünschten Folgen künftig eintreten werden, bleibt derzeit unklar.

Die Errichtung von baulichen Anlagen bedarf nach russischem Recht grundsätzlich einer Genehmigung, vgl. Art. 51 Abs. 1 des StädtebauGB, wobei die in Art. 51 Abs. 17 StädtebauGB aufgezählten genehmigungsfreien Ausnahmetatbestände – in der Regel Klein- oder Nebenanlagen – im Rahmen von PPP-Vorhaben regelmäßig keine Rolle spielen. Die Erteilung der Baugenehmigung berechtigt den Inhaber mit der Ausführung des Bauvorhabens zu beginnen, vgl. Art. 51 Abs. 1 StädtebauGB. Zu beachten ist ferner Art. 63 StädtebauGB, der Sonderregelungen für die Städte von föderaler Bedeutung – Moskau und St. Petersburg – enthält. Die Baugenehmigung wird gem. Art. 51 Abs. 19 StädtebauGB für den in den Projektunterlagen angegebenen Zeitraum erteilt, kann jedoch auf Antrag verlängert werden. Für den Fall des Eigentumsübergangs am Bauobjekt auf einen Dritten regelt Art. 51 Abs. 21 StädtebauGB zwar die Fortgeltung der Baugenehmigung, schreibt jedoch zusätzlich das Erfordernis erneuter staatlicher Registrierung der Genehmigung vor. Innerhalb der 10-Tagesfrist nach Erteilung der Genehmigung ist der Bauunternehmer verpflichtet, eine Kopie der den Bau betreffenden Unterlagen gem. Art. 51 Abs. 18 StädtebauGB zu veröffentlichen.

Zu beachten gilt, dass Pkt. 20 und 21 Standardkonzessionsvereinbarung Verkehr dem Konzessionsnehmer eine Anzeigepflicht für den Fall der Nichtentsprechung der Projektunterlagen den gesetzlichen Vorgaben bzw. der Unmöglichkeit der Bauausführung auferlegen. Ferner sind Besonderheiten zu beachten, die in bestimmten Bereichen vor dem Durchlaufen der Staatlichen Expertise zu beachten sind. So bedarf es gem. Art. 6 Abs. 1 SeehafenG der vorherigen Entscheidung der Regierung der RF über die Errichtung und Erweiterung der Seehäfen. Zu beachten sind ferner Spezialvorschriften – etwa das Gesetz über den Schutz kulturellen Erbes (KulturschutzG) – auf welches einige Standardkonzessionsvereinbarungen verweisen.

2. Errichtung/Modernisierung

Nach Art. 3 Abs. 1, 8 Abs. 2 KonzG hat der Konzessionsnehmer die im Konzessionsvertrag vorgesehene Immobilie zu errichten oder zu modernisieren. In der Bauphase finden die allgemeinen – insbesondere vertragsrechtlichen – Vorschriften Anwendung. Eine Begriffsbestimmung der Modernisierung[1026] enthalten Art. 1 Abs. 14 StädtebauGB und Art. 3 Abs. 9 VerkehrsStrG. Pkt. 26 Standardkonzessionsvereinbarung Verkehr sieht eine Erklärung der Parteien über die Beendigung der Bauarbeiten am Ende der Bauphase vor. Auf die Planung, Errichtung und Modernisierung von Verkehrsstraßen finden gem. Art. 16 Abs. 1 VerkehrsStrG die Vorschriften des StädtebauGB Anwendung, wobei die Regierung der RF gem. Art. 16 Abs. 2 VerkehrsStrG nähere Bestimmungen hierzu treffen kann.

Gem. Art. 3 Abs. 12 KonzG hat der Konzessionsnehmer die Kosten der Erfüllung seiner vertraglichen Verpflichtungen zu tragen. Der Konzessionsgeber ist seinerseits zur Teilübernahme der Kosten der Bauphase bzw. zur Übernahme staatlicher Garantien berechtigt, vgl. Art. 3 Abs. 13 KonzG.

Problematisch im Zusammenhang mit der Planung und Errichtung baulicher Anlagen ist nach russischem Recht, dass das StädtebauGB die Bestellung eines unabhängigen Gutachters zur Entscheidung über Streitigkeiten baulicher bzw. technischer Art nach dem StädtebauGB nicht zulässt. Dem Konzessionsnehmer wird auf diese Weise eine unabhängige Schlichtungsinstanz für Streitigkeiten dieser Art genommen.

Zu beachten ist ferner die Regelung des Art. 222 ZGB, wonach dem Konzessionsnehmer keine Rechte an baulichen Anlagen zustehen, die er unter Verstoß gegen baurechtliche Bestimmungen errichtet. Dabei handelt es sich nach russischem Recht um den sog. eigenmächtigen Bau[1027] i.S.d. Art. 222 Abs. 1 ZGB, der dem Beseitigungszwang unterliegt. Das russische Recht differenziert bei dieser Beseitigungsanordnung nicht nach der Schwere des Gesetzesverstoßes und verlangt keine Unmöglichkeit anderweitiger Herstellung rechtmäßiger Zustände. Gem. § 79 BauOBln kann die Bauaufsichtsbehörde hingegen erst die teilweise oder vollständige Beseitigung der Anlagen anordnen, wenn sowohl die formelle als auch die materielle Illegalität der baulichen Anlage gegeben ist und rechtmäßige Zustände nicht auf andere Weise hergestellt werden können. Damit

---

[1026] Russ.: *rekonstrukciâ.*
[1027] Russ.: *samovol'naâ postrojka.*

geht die russische Regelung über den eigenmächtigen Bau wesentlich weiter. Dem Bauherren stehen in diesem Fall weder Eigentumsrechte an der Anlage noch etwaige Entschädigungsansprüche im Falle der vorzeitigen Auflösung der Konzessionsvereinbarung zu.[1028] Er ist vielmehr zur Tragung der Abrisskosten verpflichtet. Nach Art. 222 Abs. 3 ZGB wären zwar gesetzliche Regelungen im Hinblick auf das Verfahren zur Erlangung des Eigentums am eigenmächtigen Bau oder die Entschädigung des Bauherrn für den Fall der Beseitigungspflicht grundsätzlich zulässig. Art. 3 Abs. 10 KonzG enthält solche Regelungen indes nicht.

3. Gefahr des zufälligen Untergangs und der zufälligen Verschlechterung

Eine überraschende, den Konzessionsnehmer benachteiligende Regelung enthält Art. 3 Abs. 8 Satz 1 KonzG, wonach der Konzessionsnehmer grundsätzlich das Risiko des zufälligen Untergangs und der zufälligen Verschlechterung des Konzessionsobjekts trägt. Errichtet der Konzessionsnehmer auf dem Grundstück des öffentlichen Auftraggebers eine bauliche Anlage, wird er – wie unten noch gezeigt wird – nicht Eigentümer der Anlage. Ihm stehen damit keine aus dem Eigentum resultierenden Rechte – Veräußerungs-, Herausgabe- und Nutzungsersatzansprüche sowie Verpfändungsrechte – zu. Allein der Konzessionsgeber als Eigentümer des errichteten Objekts ist Inhaber dieser Rechte. Den Gefahrenübergang an den Übergang des Eigentumsrechts zu knüpfen, wäre damit nur konsequent. Anderenfalls erfolgt eine Konzentration der Risiken in der Person des Konzessionsnehmers, ohne dass dies durch Einräumung der Eigentumsposition kompensiert wird. Die Regelung des Art. 3 Abs. 8 Satz 1 KonzG erstreckt sich sowohl auf die Bau- als auch auf die Betriebsphase und steht im Widerspruch zu dem – auch im russischen Recht geltenden – allgemeinen Grundsatz, dass das Risiko des zufälligen Untergangs oder der zufälligen Verschlechterung einer Sache grundsätzlich von deren Eigentümer getragen wird, vgl. Art. 210 und 211 ZGB für den Eigentümer der Sache und Art. 616 ZGB für den Vermieter. Gem. Art. 211 ZGB RF trägt grundsätzlich der Eigentümer die Gefahr des zufälligen Untergangs und der zufälligen Verschlechterung der Sache, es sei denn, das Gesetz sieht etwas anderes vor. Art. 3 Abs. 8 Satz 1 KonzG stellt eine solche anderweitige gesetzliche Regelung dar. Auch gem. Art. 705 Abs. 1, 720 Abs. 7, 741 Abs. 1 ZGB geht die allgemeine Sach- und Preisgefahr mit der Ab-

---

[1028] S. dazu auch das föderales Gesetz vom 30. Dezember 2004, Nr. 213-FZ.

nahme der errichteten Anlage auf den Auftraggeber über. Einen Übergang der Gefahr auf den Nichteigentümer sehen im allgemeinen Zivilrecht nur die Vorschriften der Art. 669 ff. ZGB über das Leasing vor. Die Vorschrift des Art. 3 Abs. 8 KonzG stellt damit eine wesentliche Schlechterstellung des Konzessionsnehmers im Vergleich zum allgemeinen Zivilrecht dar, da die Gefahr des zufälligen Untergangs durch den Eigentümer als Gegengewicht zu den umfänglichen Befugnissen des Eigentümers zu sehen ist. Zu beachten ist allerdings, dass es sich bei der Vorschrift um eine dispositive Regelung handelt. Laut Art. 3 Abs. 8 KonzG gilt die Gefahrtragungsregelung nur für den Fall, dass die Konzessionsvereinbarung nichts Abweichendes vorsieht. Die Art. 6 und 10 der Standardkonzessionsvereinbarung für den Energiebereich sehen ausdrücklich die Möglichkeit anderweitiger Regelung durch die Vertragsparteien vor.[1029]

4. Versicherung des Konzessionsgegenstandes

Eng verbunden mit der Gefahrtragungspflicht des Art. 3 Abs. 8 Satz 1 KonzG sind die Versicherungsverpflichtungen des Konzessionsnehmers. Dem Konzessionsnehmer kann im Wege der Konzessionsvereinbarung die Pflicht auferlegt werden, das Konzessionsobjekt auf eigene Kosten zu versichern, vgl. Art. 3 Abs. 8 Satz 2 KonzG. Ab Juni 2008 bezieht sich die Versicherungspflicht ausschließlich auf die Gefahren zufälligen Untergangs bzw. zufälliger Verschlechterung der Sache. Art. 3 des Gesetzes über das Versicherungswesen (VersicherungsG)[1030] unterscheidet zwischen freiwilligen Versicherungen und Pflichtversicherungen. Eine juristische Person kann gem. Art. 935 ZGB verpflichtet werden, Vermögensgegenstände zu versichern. Der Nichtabschluss einer solchen Pflichtversicherung i.S.d. Art. 935 ZGB zieht die Rechtsfolgen des Art. 937 ZGB nach sich. Diese Rechtsfolgen greifen dagegen nicht, wenn die Pflicht einen Vermögensgegenstand zu versichern nicht auf dem Gesetz, sondern auf einer vertraglichen Vereinbarung – wie im Fall des Art. 3 Abs. 8 Satz 2 KonzG vorgesehen – beruht. Die Nichterfüllung dieser vertraglichen Pflicht hat lediglich Gewährleistungsansprüche zur Folge.

[1029] Vgl. *Levickaâ*, Pacht und Konzession als Formen staatlich-privater Partnerschaft (russ.).
[1030] S. das Gesetz über die Organisation des Versicherungswesens vom 27. November 1992, Nr. 4015-1, russ.: *Ob organizacii strahovogo dela v Rossijskoj Federacii*.

5. Rechte an den erwirtschafteten Vorteilen

Gem. Art. 3 Abs. 10 KonzG stehen die Ergebnisse und Erträge, die bei Ausübung der in der Konzessionsvereinbarung vorgesehenen Tätigkeit erwirtschaftet werden, dem Konzessionsnehmer zu. Unter Vermögensgegenständen i.S.d. Vorschrift sind sämtliche Objekte bürgerlichen Rechts gemeint.[1031] Solche können gem. Art. 128 ZGB neben Geld und Wertpapieren auch sonstige Vermögenswerte umfassen, wie etwa Werk- und Dienstleistungen oder nichtvermögensrechtliche Vorteile. Dasselbe gilt gem. Art. 3 Abs. 10 KonzG für die im Laufe der Ausführung der Konzessionsvereinbarung geschaffenen Vermögensrechte.

6. Urheberrechte

Wie bereits im Zusammenhang mit Art. 8 Abs. 1 KonzG erwähnt, stehen die Urheberrechte an den durch den Konzessionsnehmer errichteten Anlagen dem Konzessionsgeber zu, vgl. Art. 3 Nr. 11 KonzG. Urheberrechte an einem Werk i.S.d. Art. 1225 Abs. 1 ZGB stehen gem. Art. 1297, 1371 und 1462 ZGB grundsätzlich dem Urheber des Werks zu, falls die Errichtung des Werks nicht ausdrücklich vertraglich geschuldet war. Zudem spricht Art. 1471 ZGB das Eigentum an Betriebsgeheimnissen im Rahmen von Werk- und Dienstverträgen – darunter auch solchen, die im Wege öffentlicher Vergabe zustande kommen – ausdrücklich dem Werkunternehmer zu. Damit schränkt Art. 3 Nr. 11 KonzG die Rechte des Konzessionsnehmers an seinem Werk gegenüber allgemeinen Vorschriften ein.

7. Verpfändungsverbot

Auf den ersten Blick stellt die Regelung des Art. 3 Abs. 6 KonzG, wonach die Gegenstände einer Konzessionsvereinbarung weder verpfändet noch veräußert werden können, scheinbar ein Problem des russischen Konzessionsrechts dar. Die Regelung verbietet die Inanspruchnahme dieses Finanzierungsmittels, indem sie die Verpfändung des Konzessionsobjektes als Sicherheit gegenüber kreditgebenden Finanzinstituten unmöglich macht. Dies führt in der Praxis dazu, dass Konzessionsnehmer nicht in der Lage ist, günstigere Bedingungen für seinen Kredit mit der Bank auszuhandeln, und die höheren Kosten letztlich auf den öffentlichen Auftraggeber abwälzen wird. Jedoch handelt es sich vor dem

---

[1031] Vgl. *Tolkušin*, Kommentar zum föderalen Gesetz „Über Konzessionsvereinbarungen" (russ.), § 3, S. 19.

Hintergrund der Struktur der Konzessionsvereinbarung lediglich um eine (überflüssige) Klarstellungsregelung, da der Konzessionsnehmer – wie im Folgenden noch gezeigt wird – ohnehin nicht Eigentümer des Konzessionsobjekts ist und dieses demnach weder rechtswirksam verpfänden noch veräußern kann. Damit stellt nicht die Regelung des Art. 3 Abs. 6 KonzG, sondern das Rechtskonstrukt der Konzessionsvereinbarung das Problem dar.

Der Regelung des Art. 3 Abs. 6 KonzG kommt jedoch zumindest dann eine Bedeutung zu, wenn der Konzessionsnehmer das Grundstück mit Einverständnis des Konzessionsgebers an Dritte verpfänden will. Eine solche Konstellation ermöglicht etwa Art. 335 ZGB, wonach Grundstücke eines Dritten mit dessen Einverständnis zur Sicherung der Rechte des Schuldners belastet werden können. Das KonzG untersagt dies hingegen ausdrücklich. Zudem schränkt die Regelung die allgemeine Vorschrift des Art. 22 BodenGB ein. Nach Art. 22 Abs. 5 BodenGB ist die Verpfändung der Rechte aus dem Pachtvertrag grundsätzlich zulässig.

8. Abtretungsverbot

Die Abtretung einer Forderung ist nach allgemeinen Vorschriften grundsätzlich zulässig, falls kein gesetzliches Verbot besteht, vgl. Art. 388 Abs. 1 ZGB. Gem. Art. 5 Abs. 2 KonzG ist ein Wechsel der Parteien der Konzessionsvereinbarung im Wege der Abtretung oder der Schuldübernahme mit Einverständnis des Konzessionsgebers ab dem Zeitpunkt der Inbetriebnahme des Konzessionsobjekts zulässig. Art. 5 Abs. 6 KonzG verbietet hingegen die Abtretung der Forderungen des Konzessionsnehmers in der Errichtungsphase und stellt ein Verbot i.S.d. Art. 388 Abs. 1 ZGB dar. Ein Abtretungsverbot hinsichtlich der Rechte des Konzessionsnehmers aus dem Pachtvertrag über das für die Errichtung des Konzessionsobjekts vorgesehene Grundstück ist zusätzlich in Art. 11 Abs. 2 KonzG geregelt. Dabei ist die Abtretung im Rahmen eines Pachtvertrages nach allgemeinen Vorschriften mit Zustimmung des Verpächters ausdrücklich zulässig, vgl. Art. 615 Abs. 2 ZGB. Außerdem schränkt Art. 11 Abs. 2 KonzG die allgemeinen Vorschriften des BodenGB ein. Nach Art. 22 Abs. 5 BodenGB ist die Abtretung der Rechte aus dem Pachtvertrag und nach Art. 22 Abs. 6 BodenGB die Unterpacht grundsätzlich zulässig. Darüber hinaus ist gem. Art. 5 Abs. 2 KonzG der Übergang der Rechte und Pflichten des Konzessionsnehmers, der eine juristische Person ist, im Falle seiner Umstrukturierung nur zulässig, wenn die neu geschaffene juristische Person den Anforderungen der Konzessionsvereinbarung entspricht. Als Formen der Umstrukturierung nennt Art. 57 Abs. 1 ZGB die Verschmelzung, den Anschluss, die Aufspaltung, die Abspaltung und den Formwechsel.

Wie bereits zum Verpfändungsverbot ausgeführt, erschwert auch das Abtretungsverbot die Finanzierung des Projektvorhabens.[1032] Dabei handelt es sich um Mehrkosten, die letztlich auf den Auftraggeber abgewälzt werden. Als eine der wenigen nach dem KonzG zulässigen Sicherheiten verbleibt dem Konzessionsnehmer etwa die Verpfändung von Anteilen an der Projektgesellschaft bzw. der Unternehmenskonten an die kreditgebenden Banken.

9. Verbot der Änderung der Zweckbestimmung

Eine weitere Einschränkung im Hinblick auf das Konzessionsobjekt enthält Art. 3 Abs. 5 KonzG, der Änderungen der Bodennutzungsarten des Konzessionsobjekts verbietet. Die Bodennutzungsarten richten sich grundsätzlich nach Art. 7 Abs. 1 BodenGB und deren Änderung nach Art. 8 Abs. 1 BodenGB.

10. Zurückbehaltungsrecht

Eine weitere Besonderheit nach dem KonzG besteht darin, dass der Konzessionsnehmer zur Leistungserbringung auch dann verpflichtet ist, wenn der Konzessionsgeber seine Verpflichtungen aus der Vereinbarung nicht einhält, vgl. Art. 8 Abs. 2 Satz 3 KonzG. Dem Konzessionsnehmer steht damit kein Zurückbehaltungsrecht für den Fall der Schlechtleistung durch den Konzessionsgeber zu. Dies wird von *Savinova*[1033] als unzumutbar kritisiert. Dem Konzessionsnehmer verbleibt lediglich die Möglichkeit der Klage auf Aufhebung des Vertrages, vgl. Art. 8 KonzG. In diesem Fall besteht die Gefahr des Verlustes der Rechte am Konzessionsobjekt ohne die hinreichende Entschädigung für erbrachte Leistungen. Konsequenter wäre es hingegen, dem Konzessionsnehmer für die Dauer der Vertragsverletzung ein Zurückbehaltungsrecht einzuräumen, mit dem er die Erfüllung vertraglicher Verpflichtungen durch den Konzessionsgeber notfalls erzwingen könnte. Die Vertragsaufhebung sollte angesichts weitreichender Konsequenzen für den Konzessionsnehmer – die Behebbarkeit der Vertragsverletzung unterstellt – das letzte Mittel sein.

[1032] So auch *Skyner*, A Viable Framework for Private Investment in the Utility Sector, S. 172.
[1033] Vgl. *Savinova*, Vertragliche Regelung der Konzessionsbeziehungen (russ.), S. 134.

11. Überwachungsbefugnisse der öffentlichen Hand

Dem Konzessionsgeber steht gem. Art. 8 Abs. 3 und Art. 9 KonzG das Recht zu, die Erfüllung der Vereinbarung zu überwachen, das Konzessionsobjekt zu besichtigen und Einsicht in die Projektführungsunterlagen zu nehmen. Dabei ist der Konzessionsgeber gem. Art. 9 Abs. 3 KonzG nicht befugt, sich in die Wirtschaftstätigkeit des Konzessionsnehmers einzumischen sowie Informationen, die im Vertrag als vertraulich eingestuft wurden oder ein Geschäftsgeheimnis darstellen, einzusehen. Eine Legaldefinition des Betriebsgeheimnisses enthält Art. 1 Abs. 1 des Gesetzes über das Betriebsgeheimnis (BetriebsgeheimnisG)[1034]. Die Reichweite dieses Verbotes hat der Gesetzgeber hingegen offen gelassen. Der konkrete Umfang staatlicher Überwachungskompetenzen ist zwar gem. Art. 9 Abs. 4 KonzG im Einzelfall vertraglich zu vereinbaren. Jedoch muss davon ausgegangen werden, dass sich dieses Kontrollrecht vor allem aus allgemeinen Vorschriften ergeben wird.

Das Recht des Konzessionsgebers zur Kontrolle basiert teilweise auf der werkvertraglichen Regelung des Art. 748 Abs. 1 ZGB, während Art. 748 Abs. 2 ZGB zusätzlich vorsieht, dass der Werkbesteller die bei der Kontrolle festgestellten Mängel dem Werkunternehmer unverzüglich anzuzeigen hat. Art. 748 Abs. 4 ZGB legt fest, dass der Werkunternehmer sich von der Mängelhaftung grundsätzlich nicht mit der Begründung befreien kann, der Werkbesteller habe keine Kontrolle durchgeführt. Dabei kann es sich hingegen nicht um abschließende Regelungen der – nach russischem Recht zulässigen – staatlichen Überwachung handeln. Nach Auffassung von *Leont'ev*[1035] ist das Gesetz über die staatliche Überwachung (ÜberwachungsG) nicht auf die Konzessionsbeziehung anwendbar, da es lediglich die Qualitätskontrolle von Waren und Leistungen zum Gegenstand habe. Soweit ersichtlich, ergeben sich auch aus dem Baurecht keine Überwachungsbefugnisse des Konzessionsgebers, da die Bauüberwachung der russischen Bauaufsichtsbehörde *Rostehnadzor* obliegt. Zu beachten sind ferner Art. 183, 283 StrafGB über die strafrechtliche Ahndung von Gesetzesverstößen sowie die Regelungen der Art. 13.14 und 14.33 OrdnungswidrigkeitsG. Mit der

---

[1034] S. das föderale Gesetz über das Betriebsgeheimnis vom 29. Juli 2004, Nr. 98-FZ, russ.: *O kommerčeskoj tajne*. S. dazu auch Art. 2 Abs. 7 des föderalen Gesetzes über die Information, Informationstechnologien und den Informationsschutz vom 27. Juli 2006, Nr. 149-FZ, russ.: *Ob informacii, informacionnyh tehnologiâ i zaŝite informacii.*

[1035] Vgl. *Leont'ev*, Kommentar zum föderalen Gesetz über Konzessionsvereinbarungen (russ.), S. 47 f.

ausdrücklichen Aufnahme der Kontrollbefugnisse in das KonzG scheint der Gesetzgeber zu signalisieren, dass – ungeachtet der allgemeinen Vorschriften – umfassende Kontroll- und Überwachungsbefugnisse des Konzessionsgebers bestehen sollen.

12. Inbetriebnahme

Der Konzessionsnehmer führt die Inbetriebnahme des Konzessionsobjekts gemäß den gesetzlichen Vorgaben durch, vgl. Art. 3 Abs. 14 KonzG. Die Inbetriebnahme einer baulichen Anlage erfordert nach russischem Recht einer Genehmigung, vgl. Art. 55 StädtebauGB. Die Genehmigung zur Inbetriebnahme bestätigt, dass die Errichtung oder Modernisierung der baulichen Anlage in Übereinstimmung mit der Baugenehmigung, dem Bebauungsplan und der Projektdokumentation erfolgt sind. Der Antrag auf Genehmigung zur Inbetriebnahme ist an die Baugenehmigungsbehörde zu richten. Gem. Art. 55 Abs. 3 StädtebauGB sind durch die Behörde der Mietvertrag über das Grundstück, der Bebauungsplan, die Baugenehmigung, das Abnahmeprotokoll sowie die Projektunterlagen vorzulegen. Die Ablehnung der Genehmigung ist durch die Behörde gem. Art. 55 Abs. 5 StädtebauGB schriftlich zu begründen. Gegen die Ablehnung steht der Rechtsweg offen.[1036] Die Inbetriebnahme eines Seehafens erfolgt gem. Art. 7 Abs. 1 SeehafenG nach Entscheidung des zuständigen Organs der Exekutive. Die Genehmigung zur Inbetriebnahme ist die Grundlage für die staatliche Registrierung der baulichen Anlage.[1037] Mit der Registrierung wird der Registrierende Eigentümer der baulichen Anlage.

13. Sonstiges

Gem. Art. 3 Abs. 16 KonzG hat der Konzessionsnehmer den Konzessionsgegenstand in seiner Bilanz zu verzeichnen und die Abschreibung des Konzessionsgegenstands vorzunehmen. Die Vorschriften über die Buchhaltung enthalten ihrerseits keine speziellen Regelungen für Konzessionsvereinbarungen.[1038] Diesbezüglich gilt, dass zwischen den russischen Rechnungslegungsregeln und den Standards der IFRS oder GAAP zum Teil große Unterschiede bestehen. Es gel-

---

[1036] Vgl. dazu *Tolkušin*, Kommentar zum föderalen Gesetz „Über Konzessionsvereinbarungen" (russ.), § 3, S. 22.
[1037] Vgl. *Tolkušin*, Kommentar zum föderalen Gesetz „Über Konzessionsvereinbarungen" (russ.), § 3, S. 22.
[1038] Vgl. *Leont'ev*, Kommentar zum föderalen Gesetz über Konzessionsvereinbarungen (russ.), S. 20.

ten die Bestimmungen über die Rechnungslegung PBU 6/01 (PBU 6/01)[1039], wobei die Bewertung der in die Bilanz aufzunehmenden Vermögenswerte gem. Kap. II PBU 6/01 erfolgt und das Abschreibungsverfahren gem. Kap. III PBU 6/01 durchzuführen ist. Letzteres ist für die Berechnung der Gewinnsteuer gem. Kap. 25 SteuerGB relevant, wonach Sonderregelungen für die Behandlung von Konzessionen gelten. Mit der Verpflichtung zur Buchführung und Abschreibung des Konzessionsobjekts wird der Konzessionsnehmer als wirtschaftlicher Eigentümer des Konzessionsobjekts behandelt, was einen Nachteil aus steuerlicher Sicht darstellt.

V. Betriebsphase

Gem. Art. 8 Abs. 2 Nr. 6 KonzG obliegt dem Konzessionsnehmer die Pflicht zur Instandsetzung und Instandhaltung des Konzessionsobjekts. Beim Pachtvertrag liegen die Instandsetzungs- und Instandhaltungspflichten beim Verpächter, vgl. Art. 661 und 669 ZGB. Damit bedeutet Art. 8 Abs. 2 Nr. 6 KonzG eine Schwächung der Position des Konzessionsnehmers im Vergleich zu allgemeinen Vorschriften. Ferner verpflichtet Art. 8 Abs. 2 Nr. 6 KonzG den Konzessionsnehmer zur Durchführung von Verbesserungsmaßnahmen[1040]. Unter Verbesserungsmaßnahmen im Sinne der Vorschrift ist jede Verbesserung des technischen bzw. wirtschaftlichen Zustands einer Sache, etwa mit Hilfe von langlebigeren, wirtschaftlicheren Materialien, zu verstehen, vgl. auch Anhang 1 der sog. Amtlichen Baunormative[1041]. Schwierigkeiten könnten bei der Abgrenzung der Begriffe der Instandhaltung und Modernisierung entstehen.[1042]

In Bezug auf die Gefahrtragung und die damit verbundenen Versicherungspflichten des Konzessionsnehmers sowie die Kostentragung durch den Konzessionsnehmer und die Unmöglichkeit der Geltendmachung des Zurückbehaltungsrechts gilt das zur Bauphase Gesagte. Das Gleiche gilt in Bezug auf die Umwidmungs-, Verpfändungs- und Abtretungsverbote. Zu beachten ist allerdings, dass ein Personenwechsel in der Konzessionsvereinbarung – in Form einer Abtretung der Rechte des Konzessionsnehmers oder einer Schuldübernahme

---

[1039] S. russische Rechnungslegungsbestimmungen, russ.: *Položenie po buhgalterskomu učětu "Učět osnovnyh sredstv" PBU 6/01*, festgelegt durch Erlass des Minfin vom 30. März 2001, Nr. 26n.
[1040] Russ.: *kapital'nyj remont*.
[1041] S. Amtliche Baunormative, russ.: *Vedomstvennye stroitel'nye normativy*.
[1042] So auch *Skyner*, A Viable Framework for Private Investment in the Utility Sector, S. 165.

durch Dritte – in der Betriebsphase mit Zustimmung des Konzessionsgebers möglich ist, vgl. Art. 5 Abs. 6 KonzG. Vorschriften über die Abtretung enthalten die Art. 382 ff. ZGB, über die Schuldübernahme die Art. 391 ff. ZGB. Beide Geschäfte erfordern der Form des der Verbindlichkeit zugrundeliegenden Rechtsgeschäfts, vgl. Art. 389 Abs. 1 und Art. 391 Abs. 2 ZGB. Der Zedent haftet nur für die Verität, nicht dagegen für die Bonität des Schuldners, vgl. Art. 390 ZGB. Eine Abtretung in der Betriebsphase ist nur bei ausdrücklicher Zustimmung des Konzessionsgebers zulässig. Eine Schuldübernahme bedarf gem. Art. 391 ZGB der Zustimmung des Gläubigers, so dass im Falle der Zustimmungserteilung durch den Konzessionsgeber i.S.d. Art. 5 Abs. 6 KonzG die Schuldübernahme wirksam ist.

Im Bereich von Verkehrsstraßen gelten für den Betrieb zahlreiche Sonderregelungen, die im Folgenden stichpunktartig dargestellt werden. In Bezug auf den Betrieb sowie die damit verbundene Instandhaltung und Modernisierung von Verkehrsstraßen gilt gem. Art. 17 ff. VerkehrsStrG das Gesetz über die technische Regulierung (TechnRegG). Die Zuständigkeit für den Beschluss über die Mauterhebung auf Verkehrsstraßen richtet sich nach Art. 36 Abs. 2 VerkehrsStrG. Der Beschluss ist nach Fertigstellung der Projektunterlagen und vor Erhalt der Baugenehmigung – jedoch nicht mehr als dreißig Tage vor Beginn des mautpflichtigen Betriebs – zu fassen, vgl. Art. 36 Abs. 3 VerkehrsStrG, und gem. Art. 36 Abs. 5 und 6 VerkehrsStrG bekannt zu geben. In dem Beschluss sind der Anfangs- und Endpunkt sowie die Länge der Verkehrsstraße, eine Aufzählung der Kreuzungen und Anschlüsse, die technischen Werte, Informationen über die alternative Straßenverbindung sowie die Laufzeit der Mauterhebung anzugeben, vgl. Art. 36 Abs. 4 VerkehrsStrG. Weitere Sonderregelungen bestehen für die Beförderung im Schienenverkehr, vgl. Kap. 3 des EisenbahnverkehrsG, sowie im Bereich der Seehäfen, vgl. Art. 16 SeehafenG.

Eine wesentliche Rolle kommt im Rahmen der Betriebsphase der Frage der tariflichen Regulierung in Bezug auf die Entgelte und Gebühren zu, die der Konzessionsnehmer von Drittnutzern des Konzessionsobjekts erheben darf. In Folge der Liberalisierungsmaßnahmen im Jahr 2003 wurde die staatliche Regulierung mit dem Präsidentenukaz über die Systematisierung der staatlichen Regulierung (RegulierungsUkaz)[1043] letztlich nur auf den Bereich der natürlichen Monopole

---

[1043] Der Ukaz des Präsidenten der RF über Maßnahmen zur Systematisierung der staatlichen Regulierung der Preise (Tarife) vom 28. Februar 1995, Nr. 221, russ.: *O merah po*

beschränkt. Im Jahr 2004 wurde per Regierungsverordnung[1044] ein Verzeichnis der Waren und Dienstleistungen erarbeitet, die der Regulierung durch die Regierung der RF oder der Föderationssubjekte unterliegen. Die einfachgesetzliche Rechtsgrundlage für die Festlegung der Preise, die der staatlichen Regulierung unterliegen, bietet Art. 424 Ziff. 1 ZGB. Die sonderrechtliche Grundlage für die staatliche Regulierung von Rechtsbeziehungen im Bereich des Schienenverkehrs bildet Art. 4 Abs. 2 EisenbahnverkehrsG. Für die Regelung der Tarife im Eisenbahnwesen legt Art. 8 Abs. 1 EisenbahnverkehrsG die Anwendbarkeit des NatMonopoleG fest. Die Tarife im Bereich des Eisenbahnwesens werden durch die Föderale Tarifagentur (FTS) oder *Mintrans* festgelegt und im Bereich des Rohrleitungstransports durch die FTS auf Grundlage der FTS-Anordnung[1045] sowie entsprechender Regierungsverordnung[1046]. Die spezialgesetzliche Grundlage für die staatliche Regulierung im Bereich der Seehäfen bildet Art. 8 Abs. 2 SeehafenG. Die Tarife und Abgaben im Bereich der Seehäfen werden gem. Art. 18 f. SeehafenG ebenso auf Grundlage des NatMonopoleG festgelegt. Im Bereich der Kommunalwirtschaft richtet sich die Tarifregulierung insbesondere nach dem Gesetz über die Grundsätze der Tarifregulierung durch kommunalwirtschaftliche Unternehmen (TarifregulierungsG). Die Regulierung von Tarifen für Wärme- und elektrische Energie erfolgt in Russland nach dem Gesetz über die staatliche Regulierung von Tarifen für elektrische und Wärmeenergie (RegulierungsG 41-FZ)[1047].

Im Bereich der Mautverkehrsstraßen erfolgt die Tarifregulierung durch die Föderale Verkehrsstraßenagentur auf Grundlage einer Regierungsverordnung[1048]. Für bereits bestehende Verkehrsstraßen kann eine Mautpflicht nur im Falle der Modernisierung, für innerörtliche Straßen ausschließlich im Falle ihrer Neuerrichtung eingeführt werden, vgl. Art. 36 Abs. 1 VerkehrsStrG. Für im Eigentum des Privaten stehende Verkehrsstraßen gelten diese Anforderungen nicht. Eine Mautstraße ist gem. Art. 37 VerkehrsStrG nur zulässig, wenn die Möglichkeit

---

uporâdočeniû gosudarstvennogo regulirovaniâ cen (tarifov), geändert durch Ukaz vom 8. April 2003, Nr. 410.

[1044] S. die Verordnung der Regierung der RF vom 12. Dezember 2004, Nr. 769.

[1045] S. die Anordnung der FTS über Tarife für Erdöltransportleistungen, Nr. 380-È/2.

[1046] S. die Verordnung der Regierung der RF über die Tarife für Erdgas und den Erdgastransport, Nr. 1021.

[1047] S. das föderale Gesetz über die staatliche Regulierung von Tarifen für elektrische und Wärmeenergie in der RF vom 14. April 1995, Nr. 41-FZ, russ.: *O gosudarstvennom regulirovanii tarifov na èlektričeskuû i teplovuû ènergiû v Rossijskoj Federacii.*

[1048] S. die Verordnung der Regierung der RF über Mautverkehrsstraßen, Nr. 973.

der Nutzung einer alternativen, entgeltfreien Verkehrsstraße gewährleistet ist. Die Länge der alternativen Strecke darf die Mautverkehrsstraße nicht um mehr als 300% übersteigen, vgl. Art. 37 Abs. 2 VerkehrsStrG. Letztere Beschränkung gilt nicht für bestimmte Gebiete der RF, die von der Regierung der RF bestimmt werden, sowie in den Fällen, wenn mehr als 50% der Verkehrsstraßen Brücken und Überführungen darstellen.[1049]

Die Höhe der erhobenen Maut bestimmt gem. Art. 40 Abs. 5 VerkehrsStrG der Konzessionsnehmer innerhalb des durch zuständige Organe festgelegten Rahmens, vgl. Art. 40 Abs. 4 VerkehrsStrG. Die Gewährung von Ermäßigungen richtet sich nach Art. 41 VerkehrsStrG. Art. 38 Abs. 3 Nr. 5 VerkehrsStrG sieht die Möglichkeit der vertraglichen Vereinbarung einer Einnahmengarantie für den Konzessionsnehmer vor. Pkt. 3 der Anordnung des *Mintrans*[1050] legt die Richtwerte für die Bestimmung der Mauthöhe fest. Mit einem Prikaz[1051] hat *Rosavtodor* einen Katalog der staatlichen Organe und Organisationen erarbeitet, welche von der Mautentrichtung befreit sind. Die Mauterhebung kann gem. Art. 42 Abs. 2 VerkehrsStrG für einen Zeitraum von max. sechs Monaten unterbrochen werden, wenn die alternative Straßenverbindung nicht genutzt werden kann oder ein Fall höherer Gewalt vorliegt.

VI. *Rücküberlassung des Konzessionsobjekts an den Konzessionsgeber*

Die Verpflichtungen des Konzessionsnehmers im Zusammenhang mit der Beendigung der Konzessionsvereinbarung sind in Art. 14 Abs. 1 und 2 KonzG festgehalten. Demnach ist er zur fristgerechten Übergabe des Konzessionsobjekts an den Konzessionsgeber im vertragsgemäßen Zustand sowie frei von Rechten Dritter verpflichtet. Der Konzessionsgeber ist seinerseits verpflichtet, den Vertragsgegenstand nach Ablauf der Vertragsfrist wieder in Empfang zu nehmen, vgl. Art. 14 Abs. 4 KonzG. Die (Rück-)Überlassung des Konzessionsobjekts erfolgt gem. Pkt. 46 Standardkonzessionsvereinbarung Verkehr unter Erstellung eines Übergabeakts. Hinzuweisen ist auf die in Pkt. 48 Standardkonzessionsvereinbarung Verkehr ausdrücklich geregelte Befugnis des Konzessionsgebers, die

---

[1049] Vgl. *Mad'ârova*, Kompetenzen der kommunalen Selbstverwaltungsorgane (russ.); *Kašin*, a.a.O; *Šahov*, a.a.O.
[1050] S. die Anordnung des Mintrans vom 19. Mai 2003, Nr. OS-435-r.
[1051] S. Prikaz des Rosavtodor vom 3. Mai 2000, Nr. 179.

Annahme des Übergabeaktes in bestimmten Fällen zu verweigern.[1052] Die (Rück-)Überlassungsverpflichtung des Konzessionsnehmers ist gem. Pkt. 49 der Standardkonzessionsvereinbarung Verkehr mit der Unterschrift des Übergabeakts durch beide Parteien und der Registrierung der Beendigung der Rechte des Konzessionsnehmers erfüllt.

VII. Haftung und Gewährleistung

Die Haftung der Parteien richtet sich nach Art. 16 KonzG, der lediglich festlegt, dass beide für die Nicht- bzw. nichtvertragsgemäße Erfüllung ihrer vertraglichen Verpflichtungen haften. Damit richtet sich die Haftung der Vertragsparteien nach allgemeinen Vorschriften. Eine Legaldefinition des Vermögensschadens enthält Art. 15 Abs. 2 ZGB. Die Haftung des Konzessionsnehmers für Handlungen des Erfüllungsgehilfen wie für sein eigenes Verhalten sieht Art. 8 Abs. 1 Nr. 1 KonzG vor. Diese Verpflichtung ergibt sich, wie oben erwähnt, bereits aus Art. 402 ZGB, der auf die Parteien der Konzessionsvereinbarung direkte Anwendung findet. Die Gehilfenhaftung entspricht dem Rechtsgedanken der Art. 313 Abs. 1 und 403 ZGB sowie des Art. 615 Abs. 2 ZGB. Außerdem ist auf die Konzessionsbeziehung die werkvertragsrechtliche Spezialvorschrift des Art. 706 Abs. 3 ZGB anwendbar.[1053]

Art. 329 Abs. 1 ZGB einhält einen Katalog der Sicherheiten der Erfüllung von Verbindlichkeiten des Konzessionsnehmers. Dazu zählen – wie bereits nach allgemeinen Vorschriften gem. Art. 329 ZGB vorgesehen – die Vereinbarung einer Vertragsstrafe[1054] nach den Art. 330 ff. ZGB, die Einräumung von Pfandrechten[1055] nach den Art. 334 ff. ZGB, das Zurückbehaltungsrecht nach den Art. 359

[1052] Eine solche Befugnis des Konzessionsnehmers sieht die StandardKonzV Verkehr für Übertragung des Konzessionsobjekts an diesen nicht ausdrücklich vor.

[1053] Vgl. dazu auch *Leont'ev*, Kommentar zum föderalen Gesetz über Konzessionsvereinbarungen (russ.), S. 43.

[1054] Russ.: *neustojka*. Unter dem russischen Begriff *neustojka* versteht man einen per Gesetz oder Vertrag vorgesehener Geldbetrag, den der Schuldner an den Gläubiger im Falle der Nicht- oder Schlechterfüllung seiner vertraglichen Verpflichtungen zu zahlen verpflichtet ist, vgl. Art. 330 Abs. 1 ZGB. Es handelt sich um eine verschuldensabhängige Haftung. Zu beachten ist das Schrifterfordernis des Art. 331 ZGB für den Fall der vertraglichen Vereinbarung der Vertragstrafe. Gem. Art. 333 ZGB kann eine vertraglich vereinbarte Vertragsstrafe unter Umständen durch Gerichte herabgesetzt werden.

[1055] Zu beachten ist insoweit der Unterschied zum deutschen Recht, wonach das russische Pfandrecht grundsätzlich besitzlos ausgestaltet ist, s. dazu *Kettler*, in: *Nußberger*, Einführung in das russische Recht, § 11, S. 137.

ff. ZGB, die Vereinbarung einer Bürgschaft[1056] nach den Art. 361 ff. ZGB oder einer Bankgarantie nach den Art. 368 ff. ZGB sowie die Leistung eines Vorschusses nach den Art. 380 ff. ZGB. Eine Regelung in Bezug auf Verzugszinsen enthält Art. 395 ZGB. Die spezialgesetzliche Vorschrift des Art. 723 ZGB für den Werkvertrag sieht als Gewährleistungsansprüche Nacherfüllung, Minderung, Aufwendungsersatz bei Selbstvornahme sowie Rücktritt und Schadensersatz vor, wobei die Minderung bzw. ein Selbstvornahmerecht im Rahmen einer Konzessionsvereinbarung sinngemäß nicht in Frage kommen. Pkt. 92 und 93 Standardkonzessionsvereinbarung Verkehr sehen ausdrückliche Regelungen in Bezug auf die Vertragsstrafe vor.

Das Verhältnis zwischen Schadensersatz und Vertragsstrafe löst Art. 394 ZGB grundsätzlich dahingehend, dass Schadensersatz lediglich bis zur Höhe der vertraglich vereinbarten Vertragsstrafe zu leisten ist. In Bezug auf die Fortgeltung der Leistungspflicht im Falle der Zahlung der Vertragsstrafe Vertragsstrafe- oder Schadensersatzleistung regelt Art. 396 ZGB, dass Erstere im Falle der Schlechtleistung durch den Schuldner nicht entfällt. Hingegen differenziert Art. 16 Abs. 2 KonzG nicht nach der Art der Vertragsverletzung – Schlechtleistung bzw. Nichtleistung – und hat zudem imperativen Charakter. Bemerkenswert ist zudem, dass Art. 16 Abs. 2 KonzG ausschließlich von Vertragsverletzungen des Konzessionsnehmers, und nicht des Konzessionsgebers spricht.[1057] Damit stellt Art. 16 Abs. 2 KonzG eine Schlechterstellung des Konzessionsnehmers im Vergleich zu allgemeinen Vorschriften dar.

Die Gewährleistungsfrist in Bezug auf das Konzessionsobjekt wird gem. Art. 12 Abs. 4 KonzG entweder vertraglich festgelegt oder beträgt fünf Jahre ab Zeitpunkt der Übergabe des Objekts an den Konzessionsnehmer, vgl. dazu auch Art. 724, 755 und 756 ZGB. Im Falle der Vereinbarung einer kürzeren als der Fünf-Jahres-Frist, wird der Konzessionsnehmer trotz Ablaufs der vereinbarten Frist nicht von der Haftung frei, falls sich der Mangel innerhalb der gesetzlichen Gewährleistungsfrist von fünf Jahren zeigt. Für diesen Fall – und nur für diesen Fall – legt das Gesetz die Beweislast in Bezug auf die Entstehung des Mangels

---

[1056] Der Unterschied zum deutschen Recht (s. § 771 BGB zum Vorrang der Vorausklage) besteht darin, dass die Bürgschaft nach russischem Recht im gesetzlichen Regelfall des Art. 363 Abs. 1 ZGB nicht subsidiär ist, so dass Hauptschuldner und Bürge im Ergebnis gesamtschuldnerisch haften.
[1057] Vgl. *Leont'ev*, Kommentar zum föderalen Gesetz über Konzessionsvereinbarungen (russ.), S. 81.

bereits vor der Übergabe an den Konzessionsgeber bzw. für das Vorliegen der Ursachen für den Mangel zu diesem Zeitpunkt. Im Umkehrschluss bedeutet dies jedoch, dass innerhalb der gesetzlichen bzw. vertraglich vereinbarten Gewährleistungsfrist grundsätzlich eine Vermutung zugunsten des Vorliegens des Mangels bzw. dessen Ursachen zum Zeitpunkt der Übergabe gilt, wie sie das deutsche Kaufrecht gem. § 476 BGB nur zugunsten eines Verbrauchers innerhalb der ersten sechs Monate kennt.

Gem. Art. 3 Abs. 17 KonzG besteht ein Vollstreckungsverbot wegen Verbindlichkeiten des Konzessionsnehmers in das Konzessionsobjekt bzw. das dem Konzessionsnehmer durch den Konzessionsgeber zur Verfügung gestellte Vermögen.[1058] Dies gilt ausweislich des Wortlauts jedoch nicht für sonstiges durch den Konzessionsnehmer errichtetes Vermögen des Konzessionsnehmers. Zu beachten sind ferner die Rechte Dritter im Zusammenhang mit der Nutzung mautbetriebener Verkehrsstraßen. Gem. Art. 28 Abs. 1 bis 3 und Art. 40 Abs. 2 und 3 VerkehrsStrG haben die Nutzer das Recht auf Nutzung der Verkehrsstraßen, auf Schadensersatz im Falle der Verletzung ihrer Rechtsgüter sowie auf Information über die Nutzungsbedingungen. Das KonzG seinerseits enthält keine drittschützenden Regelungen. Im Übrigen werden die Vertragsbeziehungen nicht ausdrücklich geregelt und zur Disposition der Vertragsparteien gestellt. Insbesondere werden die Rechtsbeziehungen der Parteien im Falle von Leistungsstörungen nicht geregelt.

B. Eigentumsverhältnisse und Risikoallokation

I. Eigentumsverhältnisse und die Frage nach dem zulässigen PPP-Modell

Die Frage nach den Möglichkeiten der eigentumsrechtlichen Ausgestaltung der PPP-Beziehung nach den eingangs erläuterten Modellen ist Vorfrage für die Risikoverteilung und die Sicherheiten für die Kreditgeber. Leider wird dieser Frage in der russischen Rechtslehre kaum Bedeutung beigemessen. Wie sich die Eigentumsverhältnisse am Konzessionsobjekt nach dem KonzG verhalten können, ist im Gesetz nicht ausdrücklich geregelt, sondern muss mittels einer Zusammenschau der einzelnen Gesetzesvorschriften ermittelt werden. Art. 3 Abs. 1, 1. HS KonzG enthält eine nicht hinreichend klare Formulierung dahingehend,

---

[1058] In Bezug auf die Vollstreckung von Forderungen beachte Art. 75 Abs. 1 des Gesetzes über die Gerichtsvollziehung vom 2. Oktober 2007, Nr. 229-FZ, russ.: *Ob ispolnitel'nom proizvodstve.*

dass das Konzessionsobjekt im Eigentum des Konzessionsgebers steht oder künftig stehen soll. Damit lässt der Wortlaut der Vorschrift zunächst offen, ob das Gesetz den zwischenzeitlichen Eigentumserwerb des Konzessionsnehmers zulässt oder ob der Eigentumserwerb des Konzessionsnehmers spätestens zu Beginn der Betriebsphase stattzufinden hat. Die Frage ist angesichts der Besonderheiten des russischen Bodenrechts umso bedeutender, da die Rechtslage ein Auseinanderfallen des Eigentumsrechts an Immobilien und des Rechts an darunter liegenden Grundstücken zulässt.

1. Eigentumsrechtliche Grundlagen nach russischem Bodenrecht

Das staatliche Eigentumsmonopol auf natürliche Ressourcen – insbesondere Boden – ist ein Relikt des sowjetischen Privatrechts.[1059] Das Bodenprivatisierungsbeschleunigungsgesetz aus dem Jahr 2006 war eine Konsequenz der Verzögerungen bei der Zuordnung von Grund und Boden der öffentlichen Hand an die Föderation, die Föderationssubjekte und die Kommunen.

1.1 Ausnahmen vom Einheitsgrundsatz

Nach deutschem Recht sind die mit dem Erdboden fest verbundenen baulichen Anlagen grundsätzlich gem. § 94 BGB wesentliche Bestandteile des Grundstücks und fallen damit gem. § 946 BGB automatisch ins Eigentum des Grundstückseigentümers. Um Ausnahmen von diesem Grundsatz herbeizuführen, ist nach deutschem Recht der Umweg über die Erbbauverordnung (ErbbauVO) bzw. § 95 BGB notwendig. In der ersten Konstellation wird im PPP-Vertrag die Bestellung des Erbbaurechts an dem Grundstück des Auftraggebers zugunsten des Auftragnehmers gem. § 1 Abs. 1 ErbbauVO i.V.m. der Verpflichtung des Letzeren zur Errichtung und zum Betrieb des Bauwerks vereinbart. Das Erbbaurecht gewährt dem Auftragnehmer ein veräußerliches und vererbliches Recht, auf oder unter der Grundstücksoberfläche ein Bauwerk zu besitzen. Gem. § 12 ErbbauVO wird der Auftragnehmer – unabhängig vom Eigentum am Grundstück – Eigentümer des errichteten Bauwerks. In der zweiten Konstellation wird das errichtete Bauwerk nur vorübergehend mit dem Grundstück des Auftraggebers verbunden, vgl. § 95 Abs. 1 Satz 1 BGB, oder in Ausübung eines Rechts an dem Grundstück von dem Auftragnehmer errichtet, vgl. § 95 Abs. 1 Satz 2 BGB. Als sog. Scheinbestandteil i.S.d. § 95 BGB wird das Bauwerk damit Eigentum des Auftragnehmers.

[1059] So *Solotych*, RIW 1990, 621.

Die Besonderheit des russischen Rechts besteht hingegen darin, dass das Eigentum an einem Grundstück und an dem auf diesem Grundstück befindlichen Gebäude auseinander fallen kann. Im Falle des Baus auf fremdem Grund und Boden ist so ohne Weiteres die – nach deutschem Recht eher untypische – Situation denkbar, dass der Konzessionsnehmer Eigentümer der auf dem Grundstück der öffentlichen Hand errichteten Anlagen werden kann. Dies überrascht vor dem Hintergrund, dass auch dem russischen Recht der Grundsatz der rechtlichen Einheit des Grundstücks und der mit diesem fest verbundenen Anlagen gem. Art. 1 Abs. 1 Nr. 5 BodenGB nicht fremd ist. Die Vorschrift sieht jedoch Ausnahmen von diesem Grundsatz im Falle anderweitiger gesetzlicher Regelungen vor. Solche Regelungen sind in dem Gesetz selbst bei den Vorschriften über die im staatlichen Eigentum stehenden Grundstücke und deren Überlassung an die Nutzer zum Zwecke der Bebauung enthalten, vgl. Art. 30 ff. BodenGB. Zwar enthält das Gesetz keine ausdrückliche Regelung in Bezug darauf, dass der zur Bebauung berechtigte Nutzer Eigentümer der errichteten Anlagen wird. Jedoch regelt Art. 35 BodenGB die Übertragung des Eigentums an den errichteten Anlagen auf Dritte und geht dabei von der Verfügungsberechtigung des Nutzers aus. Art. 35 Abs. 4 BodenGB sieht ausdrücklich die getrennte Übertragung des Eigentums an den Anlagen auch für den Fall vor, dass der Eigentümer der Anlagen gleichzeitig Eigentümer des Grundstücks ist. Auch Art. 552 Abs. 3 ZGB regelt den Fall, dass der Eigentümer des Grundstücks nicht Eigentümer der darauf errichteten baulichen Anlagen ist. Ob der Gesetzgeber mit dieser Vorschrift ausschließlich die Konstellation mit dem staatlichen Eigentum im Blick hat bzw. ob das Gleiche im Verhältnis von zwei privaten Eigentümern möglich ist, bleibt dabei offen. Art. 552 Abs. 1 ZGB sieht für den Fall des Übergangs des Eigentums an einer baulichen Anlage lediglich den Übergang der Rechte am Grundstück vor, womit angesichts des Abs. 3 offenbar nicht zwingend Eigentumsrechte gemeint sind. Außerdem sehen die Vorschriften über die Miete die (selbstständige) Miete von baulichen Anlagen vor, vgl. Art. 6... ZGB.

Die Begründung für diese Besonderheit des russischen Rechts liegt darin, dass das sowjetische Recht kein Privateigentum an Grund und Boden kannte, das Eigentum an den auf dem Grundstück durch den Grundstücksnutzer errichteten Anlagen diesem jedoch nicht absprechen wollte. Die so herbeigeführte Rechtslage würde die Position des Investors grundsätzlich bedeutend stärken. Jedoch zeigt die folgende Darstellung, dass das KonzG eine zwingende Abweichung von diesem Grundsatz vorgibt, indem es ein Eigentumsrecht des Konzessionsnehmers an durch ihn errichteten Anlagen verhindert.

1.2 Eigentumserwerb an Grund und Boden

Die oben geschilderte Besonderheit ist sowohl beim Grundstückskauf als auch bei der Überführung staatlichen Eigentums in das Eigentum eines Privaten – der Privatisierung – zu beachten.

1.2.1 Kauf von Immobilien

Im Falle des Auseinanderfallens der Eigentümer geht auf den Käufer des Gebäudes gem. Art. 273, 552 Abs. 1 und 3 Satz 2 ZGB gleichzeitig mit dem Eigentum am Gebäude ein Nutzungsrecht an dem darunter liegenden Grundstück. Eine solche Veräußerung ist gem. Art. 552 Abs. 3 Satz 1 ZGB grundsätzlich ohne die Zustimmung des Grundstückeigentümers zulässig. Im Falle des Zusammenfallens der Eigentumspositionen kann eine getrennte Veräußerung nur in bestimmten Fällen nach Art. 35 Abs. 4 BodenGB erfolgen. Der Kaufvertrag über ein Grundstück bedarf nach Art. 550 Satz 1 ZGB – entgegen Art. 162 Abs. 1 ZGB sowie im Gegensatz zum Beurkundungserfordernis nach deutschem Recht, vgl. § 311 b BGB – der Schriftform, d.h. der Unterzeichnung eines Vertragsdokuments durch beide Vertragsparteien. Kaufverträge über Wohngebäude unterliegen dem Registrierungszwang, vgl. Art. 558 Abs. 2 ZGB. Der Eigentumsübergang ist stets staatlich zu registrieren, Art. 307 BodenGB und Art. 2 Abs. 1 Satz 1 RegistrierungsG. Hinzuweisen ist auf das Fehlen von Sicherungsmitteln zugunsten des Käufers – vergleichbar der Vormerkung gem. §§ 883 ff. BGB oder dem Widerspruch gem. § 899 BGB – im russischen Recht. Ebenso wenig kennt das russische Recht das als Vorstufe zum Eigentum im deutschen Recht – etwa beim Eigentumsvorbehalt – bestehende Anwartschaftsrecht.[1060] Schließlich ist anzumerken, dass aufgrund der im russischen Recht verankerten Einheit von Verpflichtungs- und Verfügungsgeschäft die Frage nach der Zulässigkeit des Eigentumserwerbs an noch nicht im Eigentum des Veräußerers stehenden Sachen einer besonderen Regelung bedarf, die der Gesetzgeber in Art. 455 Abs. 2 ZGB getroffen hat.[1061] Der gutgläubige Erwerb von Eigentum an Immobilien –

[1060] Vgl. *Kettler*, Eigentumsvorbehalt und Sicherungsübereignung an beweglichen Sachen, S. 213 f.
[1061] Demnach ist der Eigentumserwerb in diesem Fall zulässig, während dem Erwerber für den Fall des Scheiterns der Eigentumserlangung durch den Veräußerer ein Schadensersatzan-

im Gegensatz zu unbeweglichen Sachen – ist seit dem 1. Januar 2005 durch die Erweitrung des Art. 223 Abs. 2 ZGB um den Satz 2 gesetzlich geregelt, in dem die vorherige Rechtsprechung des VAS ihren Niederschlag fand.[1062] In Bezug auf die Wirksamkeit des Kaufvertrages finden neben allgemeinen schuldrechtlichen Vorschriften die Art. 454 ff. sowie 549 ff. BodenGB Anwendung. Zu beachten ist ferner das im russischen Recht geltende Traditionsprinzip, wonach – im Gegensatz zum Abstraktionsprinzip im deutschen Recht – die Unwirksamkeit des schuldrechtlichen Kaufvertrages die Nichtigkeit des dinglichen Eigentumsübergangs nach sich zieht. Gewährleistungsvorschriften enthalten Art. 37 Abs. 3 BodenGB und Art. 557 i.V.m. allgemeinen Vorschriften nach Art. 475 ff. ZGB.

1.2.2 Eigentumserwerb durch Ausländer

Grundsätzlich steht auch Ausländern die Möglichkeit des Grunderwerbs zu. Rechte können allerdings nur an Grundstücken erworben werden, die nicht vom Verkehr ausgenommen sind. Hierzu zählen etwa Grundstücke in Grenzgebieten der RF sowie bestimmte weitere Grundstücke, vgl. Art. 15 Abs. 3 BodenGB. Doch haben ausländische Unternehmen in der Praxis oft erhebliche Schwierigkeiten beim Erwerb von Grund und Boden. Dies wird nicht zuletzt auf eine mangelnde Unterstützung der zuständigen Gebietsverwaltung zurückgeführt.[1063]

1.2.3 Überführung staatlichen Eigentums in das Eigentum eines Privaten

Werden im Rahmen einer PPP-Beziehung Vermögensgegenstände privatisiert, finden insbesondere – mit Ausnahme unbebauter Grundstücke – Art. 217 ZGB, das PrivatisierungsG[1064] und die PrivatisierungsVO[1065] Anwendung. In der Praxis erfolgt bereits im Vorfeld des Abschlusses des PPP-Vertrages die Überführung des Vermögens eines GUP/MUP in privates Eigentum – etwa einer OAO –

---

spruch nach Art. 461 ZGB zusteht, s. dazu auch *Schramm*, in: *Nußberger*, Einführung in das russische Recht, § 14, S. 157.

[1062] S. dazu *Kettler*, in: *Nußberger*, Einführung in das russische Recht, § 15, S. 181.

[1063] Vgl. *Ehrlich*, WiRO 2007, 106 (109).

[1064] S. das Gesetz der RSFSR über die Privatisierung staatlicher und munizipaler Unternehmen in der RF vom 3. Juli 1991, Nr. 1531-1, russ.: *O privatizacii gosudarstvennyh i municipal'nyh predpriâtij v Rossijskoj Federacii.*

[1065] S. die Verordnung der Regierung der RF über das Konzept der Verwaltung staatlichen Eigentums der RF und die Privatisierung in der RF vom 9. September 1999, Nr. 1024, russ.: *O koncepcii upravleniâ gosudarstvennym imûŝestvom Rossijskoj Federacii i privatizacii v Rossijskoj Federacii.*

als vorgeschalteter Privatisierungsakt. In diesen Fällen stellt sich die Frage nach der Rechtmäßigkeit der durchgeführten Privatisierung im Rahmen der Bewertung der Aktiva des zu übernehmenden Unternehmens. Die Anfechtung der Privatisierung ist nämlich noch innerhalb von drei Jahren nach Privatisierung möglich.[1066]

Für Privatisierung staatlichen oder munizipalen Eigentums in der RF gelten zugunsten von Privatpersonen der Gleichheits- und Transparenzgrundsatz, vgl. Art. 2 Abs. 1 PrivatisierungsG, sowie der Entgeltlichkeitsgrundsatz, vgl. Art. 2 Abs. 2 PrivatisierungsG. Für ausländische Personen gilt das sog. nationale Regime für die Teilnahme an der Privatisierung, vgl. 4 Abs. 1 PrivatisierungsG.[1067] Die Grundlage einer Privatisierung bildet der sog. Privatisierungsbeschluss, der aufgrund des sog. Prognoseplans gefasst wird, vgl. Art. 14 Abs. 1 PrivatisierungsG. Der Bestand des zu privatisierenden Vermögens bestimmt sich gem. Art. 11 Abs. 1 PrivatisierungsG nach dem sog. Übergabeakt, der auf Grundlage des sog. Inventarakts eines GUP/MUP, der entsprechenden Jahresabschlüsse sowie der Grundstücksunterlagen erstellt wird. Die Bedingung für die Erstellung des Übergabeakts ist die Erfüllung der Entgeltzahlungspflicht durch den Privatisierungsberechtigten. Das Eigentumsrecht am privatisierten Vermögen geht gem. Art. 27 Abs. 3 PrivatisierungsG auf den Privaten über. Die Grundlage für die staatliche Registrierung des Eigentumsrechts bilden der Kaufvertrag mit der öffentlichen Hand, der Übergabeakt sowie der Nachweis der Erfüllung sämtlicher Zahlungsverpflichtungen durch den Privaten, vgl. Art. 27

[1066] So überprüfte das Oberste Wirtschaftsgericht der RF Ende September 2008 zwei Privatisierungsverfahren – die Privatisierung des Flughafens Domodedovo sowie der *OAO Transammiak*. Die Wirtschaftsgerichte dreier Instanzen verpflichteten das Unternehmen *East Line* zur Rückübertragung der Flughafenanlagen an den Staat. *East Line* hatte den Flughafenkomplex im Jahre 1997 von staatlichen Unternehmen *Domodedovskoe Proizvodstvennoe Ob"edinenie Graždanskoj Aviacii* erworben. Im Zuge des Umbaus wurde die Fläche des Flughafens von 60.000 m² auf 200.000 m² erweitert. *East Line* investierte insg. rd. 30 Mrd. RUB (rd. 800 Millionen EUR).
Im Zuge der Privatisierung der *OAO Transammiak* – Eigentümerin einer Pipeline mit einer Länge von 2.500 km – wurden 51% der *Transammiak*-Aktien an die *OAO Tol'âttiazot* im Gegenzug für die Übertragung von 6,1% der eigenen Aktien am Vermögensfond *Samara* übertragen. Im Jahre 2000 übertrug *Tol'âttiazot* die *Transammiak*-Aktien an andere Privatunternehmen. Später wurde diese Transaktion von *Rosimuśestvo* in untergeordneten Gerichtsinstanzen erfolgreich angefochten.
[1067] Zum Verfahren s. *Sulejmanov*, Beteiligung der ausländischen Personen an der Privatisierung in der RF (russ.), S. 10 ff.

Abs. 4 PrivatisierungsG. Einen Katalog wesentlicher Bedingungen eines Kaufvertrages über staatliches und munizipales Eigentum enthält Art. 32 Abs. 2
PrivatisierungsG.

Die Privatisierung baulicher Anlagen erfolgt in der Regel gleichzeitig mit der
Veräußerung der darunter liegenden Grundstücke, wobei jedoch Ausnahmen
möglich sind, vgl. Art. 28 Abs. 1 und 3 PrivatisierungsG. Als Privatisierungsar-
ten nennt Art. 13 PrivatisierungsG u.a. die Umwandlung eines GUP/MUP in eine OAO, den Verkauf des Vermögens im Wege einer Auktion oder einer Ausschreibung oder den Verkauf von Anteilen einer OAO. Sondervorschriften für
spezielle Arten der Privatisierung enthalten Art. 18 ff. PrivatisierungsG. Bei der
Privatisierung im Wege der Umwandlung eines GUP/MUP in eine OAO finden
gem. Art. 37 Abs. 2 PrivatisierungsG ergänzend die Vorschriften des OAO-G
Anwendung.

Das EisenbahnverwaltungsG enthält Sonderregelungen für die Privatisierung im
Eisenbahnwesen für bestimmte Vermögensgegenstände der *OAO RŽD* oder der
Föderation, vgl. Art. 8 Abs. 2 EisenbahnverwaltungsG. Die Kataloge der Objek-
te des Art. 8 Abs. 1 und Abs. 2 EisenbahnverwaltungsG, der gem. Art. 8 Abs. 4
EisenbahnverwaltungsG durch die Regierung der RF festgelegt wird, konkreti-
sieren die jeweiligen Bestimmungen der Regierung der RF[1068]. Art. 29
SeehafenG enthält einen Katalog von Seehafenobjekten, die ausschließlich Gegenstand föderalen Eigentums sein können, vgl. Art. 29 Abs. 1 SeehafenG, bzw.
keiner Veräußerung an Privatpersonen unterliegen, vgl. Art. 29 Abs. 2
SeehafenG. An solchen Objekten können gem. Art. 29 Abs. 4 SeehafenG lediglich Besitz- und Nutzungsrechte eingeräumt werden. Sie können nur dann im
Eigentum von Privatpersonen stehen, wenn sie auf deren Kosten errichtet wurden.

[1068] S. Katalog der Vermögensgegenstände, über die nicht verfügt werden darf, vom 27. Juni
2006, Nr. 394, russ.: *Perečen' ob"ektov imuŝestva Otkrytogo Akcionernogo Obŝestva
„Rossijskie Železnye Dorogi", vnesënnyh v ego ustavnyj kapital i ne podležaših peredače v
arendu, bezvozmezdnoe pol'zovanie, doveritel'noe upravlenie ili zalog*; s. Katalog der Ver-
mögensobjekte, deren Verpfändung oder Veräußerung der Zustimmung der Regierung der RF
bedarf, vom 6. Februar 2004, Nr. 57, russ.: *Perečen' ob"ektov imuŝestva Otkrytogo
Akcionernogo Obŝestva „Rossijskie Železnye Dorogi", na peredaču kotoryh v zalog, a takže
prodažu i rasporâženie inym obrazom, vlekuŝem za soboj perehod prava sobstvennosti,
trebuetsâ soglasie Pravitel'stva Rossijskoj Federacii.*

2. Eigentumsrechte nach dem KonzG

Das Eigentum an Grundstücken, auf den die Errichtung des Konzessionsobjekts vorgesehen ist, steht stets dem Konzessionsgeber zu. Damit ist im Rahmen des PPP-Modells nach dem KonzG die Errichtung von Konzessionsobjekten auf Grundstücken des Privaten ausgeschlossen. Eine dispositive Eigentumszuordnung zugunsten des Konzessionsnehmers enthält Art. 3 Abs. 7 KonzG in Bezug auf die Früchte und Erträge, die der Konzessionsnehmer im Rahmen der Tätigkeit erwirtschaftet.

Zudem gehören gem. Art. 3 Abs. 10 KonzG diejenigen Vermögensgegenstände grundsätzlich dem Konzessionsnehmer, welche durch ihn im Rahmen der Ausübung der Konzessionstätigkeit errichtet oder erworben werden, selbst jedoch nicht Konzessionsobjekt sind. Eine weitere Einschränkung hat diese Regelung mit der Änderung des KonzG im Juni 2008 erfahren, wonach nunmehr lediglich bewegliches Vermögen, welches den o.g. Anforderungen entspricht, ohne Weiteres Eigentum des Konzessionsnehmers sein kann. Immobilien bedürfen dafür der Zustimmung des Konzessionsgebers, anderenfalls gehen sie ins Eigentum des Konzessionsgebers über. Der dispositive Charakter der Regelung des Art. 3 Abs. 7 KonzG sowie die Vorschrift des Art. 3 Abs. 10 KonzG schränken die Rechte des Konzessionsnehmers ein, die ihm aus Art. 136 i.V.m. Art. 218 Abs. 1 ZGB sowie dem Art. 606 ZGB zustehen, wonach der Hersteller einer Sache grundsätzlich ihr Eigentümer wird.

3. Rechtslage nach dem KonzG

3.1. Wortlaut der Legaldefinition

Fraglich ist hingegen die Rechtslage in Bezug auf das Eigentum am Konzessionsobjekt selbst. Der Wortlaut des Art. 3 Abs. 1, 1. HS KonzG, der eine Legaldefinition der Konzessionsvereinbarung enthält, ist – wie oben gezeigt – nicht eindeutig und lässt zwei Auslegungsalternativen zu. Die Formulierung „oder stehen wird" lässt den Zeitpunkt des künftigen Eigentumserwerbs durch den Konzessionsgeber offen, der sowohl unmittelbar nach Errichtung des Konzessionsobjekts als auch erst nach Ende der Betriebsphase und damit der Vertragslaufzeit liegen kann. Im ersten Fall könnte lediglich vom PPP-Inhabermodell die Rede sein, während die zweitgenannte Auslegung auch andere – das Eigentum des Konzessionsnehmers voraussetzende Modelle – zuließe.

3.2. Zusammenschau weiterer relevanter Vorschriften

3.2.1. Art. 3 Abs. 1, 2. HS KonzG

Dem Konzessionsnehmer soll nach ausdrücklicher Regelung des Art. 3 Abs. 1, 2. HS KonzG das Besitz- und Nutzungsrecht am Konzessionsobjekt eingeräumt werden. Auf den ersten Blick kann das Gesetz damit ausschließlich die Konstellation im Blick haben, nach der dem Konzessionsnehmer keine Eigentumsrechte zustehen, da sich anderenfalls die Einräumung von Besitz- und Nutzungsrechten erübrigen würde, vgl. Art. 209 ZGB. Für den Ausschluss des Eigentums des Konzessionsnehmers spricht also die dem Konzessionsgeber *per definitione* auferlegte Verpflichtung zur Einräumung der Besitz- und Nutzungsrechte. Jedoch könnte diese Formulierung auch lediglich auf die erste Alternative des ersten Halbsatzes der Vorschrift – „im Eigentum des Konzessionsgebers steht" – zu beziehen sein und für den zweiten Fall – „oder stehen wird" – keine Geltung haben. Dann müsste die Definition der Konzessionsvereinbarung so verstanden werden, dass in diesem zweiten Fall dem Konzessionsgeber im Rahmen der Konzessionsvereinbarung keine Pflichten obliegen.

3.2.2. Art. 3 Abs. 15 KonzG

Gem. Art. 3 Abs. 15 Satz 1 KonzG unterliegen die dem Konzessionsnehmer eingeräumten Besitz- und Nutzungsrechte der staatlichen Registrierung, da sie eine Belastung des Eigentumsrechts des Konzessionsgebers darstellen. Damit geht auch diese Vorschrift von der Grundsatzkonstellation des Art. 3 Abs. 1, 2. HS KonzG aus. Die Vorschrift wird von Art. 3 Abs. 15 Satz 2 KonzG dahingehend konkretisiert, dass die staatliche Registrierung der Rechte am (neu-)geschaffenen Objekt zeitgleich mit der Registrierung der Eigentumsrechte des Konzessionsgebers zu erfolgen hat. Dabei lässt die Regelung den genauen Zeitpunkt der Registrierung wiederum offen.

3.2.3. Art. 3 Abs. 10 KonzG

Art. 3 Abs. 10 KonzG enthält eine weitere Regelung, die den Ausschluss des Eigentums des Konzessionsnehmers am Konzessionsobjekt vermuten lässt. Die Vorschrift legt – für den Fall fehlender anderweitiger vertraglicher Regelung – Eigentumsrechte des Konzessionsnehmers an den Vermögensgegenständen fest, welche durch den Konzessionsnehmer im Rahmen der Ausübung der Konzessionstätigkeit errichtet oder erworben werden, selbst jedoch nicht Konzessionsobjekt sind. Im Umkehrschluss könnte es bedeuten, dass das Konzessionsobjekt selbst gerade nicht im Eigentum des Konzessionsnehmers stehen darf. Der Gesetzgeber bringt mit dieser Vorschrift zum Ausdruck, dass er die Notwendigkeit einer Regelung der Eigentumsverhältnisse im Rahmen der Konzessionsbeziehung gesehen hat. Auch die Frage nach Eigentumsverhältnissen an den durch den Konzessionsnehmer erwirtschafteten Erzeugnissen und Einkünften wurde in Art. 3 Abs. 7 KonzG grundsätzlich zugunsten des Konzessionsnehmers entschieden. Dennoch fehlt im KonzG eine entsprechende Regelung bezüglich des Konzessionsobjekts selbst, indem sich der Gesetzgeber bewusst auf das Eigentum an anderen Gegenständen als das Konzessionsobjekt beschränkt. Für diese Sicht spricht insbesondere der ausdrückliche Hinweis auf das Konzessionsobjekt in der Vorschrift des Art. 3 Abs. 10 KonzG. Auf der anderen Seite genügt die Formulierung des Art. 3 Abs. 10 KonzG jedoch nicht für einen ausdrücklichen Ausschluss des Eigentums am Konzessionsobjekt. Denkbar ist, dass sich der Regelungsgehalt der Vorschrift auf die Frage nach dem Eigentum des Konzessionsnehmers am Konzessionsobjekt schlicht nicht erstreckt, so dass diese wiederum offen wäre.

3.2.4. Art. 3 Abs. 4 KonzG

Schließlich legt die Regelung des Art. 3 Abs. 4 KonzG für den Fall der vertraglichen Verpflichtung des Konzessionsnehmers zur Modernisierung des Konzessionsobjekts unmissverständlich fest, dass das Konzessionsobjekt bereits zum Zeitpunkt des Abschlusses der Konzessionsvereinbarung im Eigentum des Konzessionsgebers stehen soll. Anhaltspunkte für einen späteren Eigentumserwerb durch den Konzessionsnehmer in diesem Fall bietet das Gesetz nicht. Folglich schließt das Gesetz zumindest für den Fall, wenn ausschließlich die Modernisierung des Konzessionsobjekts geschuldet ist, das Eigentum des Konzessionsnehmers während der gesamten Vertragslaufzeit der Konzessionsvereinbarung aus.

3.3. Historisches Argument

Das heutige Konzessionsmodell erinnert stark an die Konzessionen aus der Zeit der NÈP. Da die russische Rechtslehre den Konzessionen der NÈP im Zuge der Schaffung des KonzG hohen Stellenwert beigemessen haben, könnte man zur Klärung der Frage, ob der Gesetzgeber des KonzG das Eigentum des Konzessionsnehmers am Konzessionsobjekt zulässt, auf die Eigentumsverhältnisse der damaligen Konzessionen zurückgreifen. Die sowjetischen Konzessionen der 1920er und 1930er Jahre wiesen eine klare Eigentumsstruktur auf, nach der das Eigentum des Konzessionsnehmers nicht zulässig war.

3.4. Literatur

In der russischen Rechtsliteratur ist diese Frage nicht hinreichend beleuchtet worden. Es finden sich lediglich vereinzelte Stimmen, welche das Eigentum des Konzessionsnehmers entweder für möglich halten[1069] oder ohne jede Begründung von dessen Unzulässigkeit ausgehen[1070]. Eine eingehende Auseinandersetzung mit dem Problem findet kaum statt.[1071] Laut *Varnavskij*[1072] gibt es in der Literatur keine einheitliche Position in Bezug auf diese Frage, wobei die Mehrheit der Autoren die Auffassung vertrete, dass der Konzessionsnehmer ausschließlich Besitz- und Nutzungsrechte am Konzessionsobjekt innehabe, während das Verfügungsrecht beim Staat verbleibe. *Varnavskij* betont zudem, dass der Gesetzgeber bei der Schaffung des KonzG von derselben Position ausgegangen sei.[1073] Das entspreche zudem der gängigen Praxis in ausländischen Rechtssystemen.[1074] Der Autor selbst spricht sich für ein Verfügungsrecht des Konzessionsnehmers unter der Bedingung der Zustimmung seitens des Konzessionsgebers aus, während er das Eigentum in Bezug auf das Konzessionsobjekt eindeutig beim Konzessionsgeber sieht.[1075] *Sosna*[1076] spricht dagegen vom Eigentum

---

[1069] Vgl. *Sosna*, Konzessionsvereinbarungen: Theorie und Praxis (russ.), S. 95 und 200, vgl. dazu auch *ders.*, S. 157 f. und S. 171 f.; *Mad'ârova*, Kompetenzen der kommunalen Selbstverwaltungsorgane (russ.); *Gul'neva*, Einige Fragen der rechtlichen Regelung der Garantien (russ.).

[1070] Vgl. *Vahtinskaâ*, Rechtsnatur der Konzessionärsrechte (russ.), a.a.O.; *Sysoev*, Aktuelle Instrumente der Investitionsentwicklung der Regionen (russ.), S. 102; *Kitanina*, Konzessionsvereinbarungen nach russischem Recht (russ.); *Levickaâ*, Pacht und Konzession als Formen staatlich-privater Partnerschaft (russ.); *Plehanova*, Der Staat sucht Geschäftspartner (russ.); *Sosnova*, Umsetzungsmöglichkeiten für PPP-Projekte (russ.), a.a.O; *Evstratova*, Möglichkeiten und Perspektiven der geschlossenen Investmentfonds als GČP-Instrument (russ.); *Nikolaev/Bočkov*, Staatlich-private Partnerschaft (russ.); *Bogomol'nyj*, Gesetzgebung und Verwaltungspraxis betreffend öffentliches Eigentum in Russland (russ.); *Popov*, Konzessionsvereinbarungen (russ.), S. 8; *Lebedeva*, Anwendungsschwierigkeiten des Gesetzes über Konzessionsvereinbarungen (russ.).

[1071] Dagegen hält auch *Skyner*, A Viable Framework for Private Investment in the Utility Sector, S. 171 f., diese Frage mangels Eindeutigkeit des Wortlauts für problematisch.

[1072] Vgl. *Varnavskij*, Konzessionen in der Transportinfrastruktur (russ.), S. 44.

[1073] Vgl. *ders.*, S. 44.

[1074] Vgl. *ders.*, S. 44 und 46.

[1075] Vgl. *ders.*, S. 45 und 46.

[1076] Vgl. *Sosna*, Konzessionsvereinbarungen: Theorie und Praxis (russ.), S. 95 und 200.

des Konzessionsnehmers in Bezug auf die durch ihn geschaffenen oder erworbenen Objekte. Der Autor betont indes, dass das Eigentumsrecht des Konzessionsnehmers eingeschränkt sein kann.[1077]

Savinova[1078] geht von der grundsätzlichen Zulässigkeit des Eigentums des Konzessionsnehmers in der Phase zwischen der Errichtung und dem Ende der Betriebsphase aus. Zudem seien nach ihrer Auffassung verschiedene PPP-Modelle – darunter etwa auch FBOOT – im Rahmen einer Konzessionsvereinbarung denkbar[1079], was wohlgemerkt die Zulässigkeit des Eigentumsrechts des Konzessionsnehmers während der Betriebsphase voraussetzt. Auch laut *Detenyšev*[1080] sei das Modell des BOOT nach dem KonzG zulässig. *Ognev/Popov*[1081] führen aus, dass das Konzessionsobjekt stets im Eigentum des Staates verbleibt und nicht ins Eigentum des Privaten, sondern diesem lediglich zur Nutzung übertragen werden kann.

3.5. Inhalt des Eigentumsrechts nach dem KonzG

Von der Frage nach der grundsätzlichen Zulässigkeit des Eigentums des Konzessionsnehmers am Eigentumsobjekt ist die Frage des konkreten Inhalts des Eigentumsrechts nach dem KonzG zu unterscheiden.

3.5.1. Der russische Eigentumsbegriff

Der Inhalt des Eigentumsrechts richtet sich nach Art. 209 Abs. 1 ZGB. In der russischen Lehre geht man von der sog. Eigentumstrias aus, wonach das Eigentumsrecht aus drei Bestandteilen bestehe: dem Besitzrecht, also dem Recht, den Vermögensgegenstand in seinem Besitz zu haben; dem Nutzungsrecht, also dem Recht, dieses Vermögen nach eigenen Bedürfnissen zu nutzen; und dem Verfügungsrecht, also dem Recht, den Vermögensgegenstand zu veräußern oder mit Rechten Dritter zu belasten.[1082] Das Nutzungrecht soll demnach den Sachge-

---

[1077] Vgl. *Sosna*, Konzessionsvereinbarungen: Theorie und Praxis (russ.), S. 203 und 231. Der Autor fordert lediglich die Bestimmung der Gründe, aus denen der Konzessionsgeber seine Zustimmung zu einer Verfügung des Konzessionsnehmers über das Konzessionsobjekt verweigern kann, vgl. S. 204.

[1078] Vgl. *Savinova*, Vertragliche Regelung der Konzessionsbeziehungen (russ.), S. 160.

[1079] Vgl. *dies.*, S. 71.

[1080] Vgl. *Detenyšev*, Bewertung der Effektivität des Gesetzes über Konzessionsvereinbarungen (russ.).

[1081] Vgl. *Ognev/Popov*, Konzessionsvertrag im Zivilrecht (russ.), S. 58 und 97.

[1082] Russ.: *pravo vladeniâ, pravo pol'zovaniâ* und *pravo rasporâženiâ*. S. dazu auch Die Eigentumstrias wird in der russischen Literatur angesichts der Konturenlosigkeit der

brauch und die Fruchtziehung umfassen, während das Verfügungsrecht die tatsächliche und rechtliche Verfügung über die Sache abdecken soll.[1083] Ungewöhnlich an dieser Ansicht erscheint, dass eine Person, die eine Sache im Besitz hat und zur Nutzung der Sache berechtigt ist, auch bei einem (stark) eingeschränkten oder gar fehlendem Recht, über die Sache rechtswirksam zu verfügen, als Eigentümer der Sache angesehen wird. Diese Konstellation beschreibt im Ergebnis die Position des Konzessionsnehmers bezüglich des Konzessionsobjekts.

3.5.2. Inhalt des Eigentumsrechts gem. Art. 8 Abs. 1 Nr. 1 i.V.m. Art. 3 Abs. 6 KonzG

Gem. Art. 8 Abs. 1 Nr. 1 KonzG a.F. stand dem Konzessionsnehmer das Recht zu, über das Konzessionsobjekt entsprechend den Vorschriften des KonzG sowie der Konzessionsvereinbarung zu verfügen. Die Vorschrift des Art. 3 Abs. 6 KonzG verbietet es dem Konzessionsnehmer, das Konzessionsobjekt zu veräußern bzw. zu verpfänden. Bezüglich des Grundstücks, auf dem sich das Konzessionsobjekt befindet, untersagt Art. 11 Abs. 2 KonzG dem Konzessionsnehmer grundsätzlich die Abtretung seiner Rechte aus dem Pachtvertrag sowie die (Unter-)Verpachtung des Grundstücks. Unklar war, welchen Inhalt das Verfügungsrecht im Ergebnis hat. Inzwischen wurde der Wortlaut des Art. 8 Abs. 1 Nr. 1 KonzG an die übrigen Vorschriften des KonzG angepasst und erlaubt nunmehr lediglich die Abtretung der Rechte des Konzessionsnehmers aus der Konzessionsvereinbarung im Falle der Zustimmung durch den Konzessionsgeber in der Betriebsphase. Ein solches Recht reicht erkenntlich nicht an die Position eines Eigentümers heran.

3.5.3. Literatur

Die Frage nach dem Inhalt des Rechts des Konzessionsnehmers am Konzessionsobjekt wird auch in der Literatur diskutiert.[1084] Das Verfügungsrecht wird als das Recht definiert, über das rechtliche Schicksal einer Sache zu entscheiden.[1085]

---

einzelnen Bestandteile vielfach kritisiert, vgl. dazu exemplarisch *Zvorykina*, Staatliche und munizipale Konzessionen in Russland (russ.), S. 18.

[1083] Vgl. *Kettler*, in: *Nußberger*, Einführung in das russische Recht, § 15, S. 175.

[1084] Vgl. dazu exemplarisch *Savinova*, Vertragliche Regelung der Konzessionsbeziehungen (russ.), S. 160.

[1085] Vgl. *Ognev/Popov*, Konzessionsvertrag im Zivilrecht (russ.), S. 97.

Das Verfügungsrecht nach *Varnavskij*[1086] beinhaltet das Recht des Konzessionsnehmers, für die Ausübung der Konzessionstätigkeit erforderliche bewegliche Sachen anzuschaffen. Der Private ist laut *Kotov*[1087] lediglich sog. funktionaler Eigentümer, während dem Konzessionsgeber das sog. beschränkte Eigentum zusteht. *Sosna*[1088] ist der Auffassung, dass das aus dem Konzessionsvertrag resultierende Nutzungsrecht schwerer wiegt als jenes aus dem Pachtvertrag und damit ein dingliches Recht darstellt.[1089] Auch nach *Savinova*[1090] hat das Nutzungsrecht des Konzessionsnehmers am Konzessionsobjekt dinglichen Charakter. Laut *Popov*[1091] sind die Rechte des Konzessionsnehmers am Konzessionsobjekt dinglicher Natur, an den zur Verfügung gestellten Grundstücken jedoch lediglich schuldrechtlich begründet. *Drozdov*[1092] ist der Meinung, dass das Konzessionsrecht aufgrund der Tatsache schwächer ist, dass die Parteien einer Konzessionsvereinbarung im Gegensatz zu den Parteien eines Pachtvertrages nicht gleichberechtigt agieren. Schließlich empfinden *Zinčenko/Lomidze/Galov*[1093] die Rechtsstellung des Konzessionsnehmers in Bezug auf das Konzessionsobjekt als zu schwach und fordern eine Stärkung seiner Rechte. *Osadčaâ*[1094] spricht sich dafür aus, dass die Verfügung über das Konzessionsobjekt mit Einverständnis des Konzessionsgebers zu ermöglichen. *Savinova*[1095] führt im Ergebnis aus, dass das KonzG die Ausübung des (eingeschränkten) Eigentumsrechts in der Praxis unmöglich macht. Vor der Rechtsänderung wurde die gesetzliche Regelung vielfach als widersprüchlich empfunden.[1096] Die Forderung der Literatur nach einer Neufassung des Gesetzes, mit der klargestellt werden sollte, dass dem Konzessi-

---

[1086] Vgl. *Varnavskij*, Konzessionen in Wirtschaftsbeziehungen des Staates mit dem privaten Sektor (russ.), S. 73.

[1087] Vgl. *Kotov*, Staatliche und munizipale Konzessionen (russ.), S. 32.

[1088] Vgl. *Sosna*, Konzessionsvereinbarungen: Theorie und Praxis (russ.), S. 156 f.

[1089] In der russischen Rechtslehre wird die Zuordnung zu dinglichen Rechten offenbar anders vorgenommen. So wird häufig behauptet, das aus einem Miet- oder Pachtvertrag resultierende Nutzungsrecht sei dinglicher Natur, so etwa *Zinčenko/Galov*, Eigentum und abgeleitete dingliche Rechte (russ.), S. 38.

[1090] So *Savinova*, Vertragliche Regelung der Konzessionsbeziehungen (russ.), S. 310; dagegen *Vahtinskaâ*, Rechtsnatur der Konzessionärsrechte (russ.), a.a.O.

[1091] Vgl. *Popov*, Konzessionsvereinbarungen (russ.), S. 14.

[1092] So *Drozdov*, Zur Rechtsnatur der Konzessionsvereinbarung (russ.), S. 53.

[1093] Vgl. *Zinčenko/Lomidze/Galov*, Konzessionsvereinbarung (russ.), S. 70.

[1094] Vgl. *Osadčaâ*, Konzessionsvereinbarungen im Transportsektor (russ.).

[1095] Vgl. *Savinova*, Vertragliche Regelung der Konzessionsbeziehungen (russ.), S. 161.

[1096] Vgl. *Oggnev/Popov*, S. 97.

onsnehmer kein Verfügungsrecht am Konzessionsobjekt zusteht[1097], hat der Gesetzgeber mit der Rechtsänderung im Juni 2008 letztlich erfüllt.

4. Zwischenergebnis

Damit lässt sich festhalten, dass die besseren Argumente im Ergebnis für die Unzulässigkeit des Eigentumsrechts des Konzessionsnehmers am Konzessionsobjekt im Rahmen der Konzessionsbeziehung sprechen. Jedenfalls für den Fall der vertraglich geschuldeten Modernisierung kann dies, wie oben gezeigt, mit Gewissheit behauptet werden. Sollte man im Hinblick auf die übrigen Fälle eine andere Ansicht vertreten, so ist zumindest festzustellen, dass das Eigentumsrecht unvollkommen ist und an die Qualität eines Eigentumsrechts nach deutschem Rechtsverständnis nicht heranreicht. Folglich lässt die Eigentumsstruktur des KonzG zu keinem Zeitpunkt ein vollwertiges Eigentum des Konzessionsnehmers an dem Konzessionsobjekt zu und stellt damit eine erhebliche Einschränkung für die Ausgestaltung der Vertragsverhältnisse durch die Vertragsparteien.

II. Risikoverteilung nach dem KonzG

Die Bewertung der gesetzlichen Risikoverteilung hat auf Grundlage eines der wichtigsten PPP-Identifizierungsmerkmale – der Risikoallokation – zu erfolgen, die von der Grundüberlegung geleitet ist, dass in einer PPP-Vertragsbeziehung derjenige Partner das jeweilige Risiko übernehmen soll, der dieses auf Grundlage seiner spezifischen operativen Erfahrung und der vereinbarten Aufgabenzuordnung am ehesten beeinflussen bzw. am besten verwalten kann.[1098] Im Kern bedeutet dies, dass der mit der Durchführung des PPP-Projekts während der gesamten Vertragslaufzeit beauftragte Unternehmer das Risiko für den Erfolg und die Qualität seiner Leistung übernimmt.[1099] Umgekehrt trägt der Auftraggeber etwa das Risiko der Qualität seiner Leistungsbeschreibung.

Der Konzessionsnehmer trägt nach dem KonzG klassischerweise das Planungs- und Herstellungsrisiko in der Planungs- und Herstellungsphase. Das Planungsri-

---

[1097] So *Savinova*, Vertragliche Regelung der Konzessionsbeziehungen (russ.), S. 161; im Ergebnis auch *Ognev/Popov*, Konzessionsvertrag im Zivilrecht (russ.), S. 97 f.
[1098] Dies gilt im deutschen Recht insbesondere vor dem Hintergrund des Rechtsgedankens des § 9 Nr. 2 VOB/A, wonach dem Auftragnehmer kein ungewöhnliches Wagnis für Umstände und Ereignisse aufgebürdet werden darf, auf die er keinen Einfluss hat und deren Einwirkung auf die Preise und Fristen er nicht im Voraus abschätzen kann.
[1099] Vgl. *Weber/Schäfer/Hausmann*, Praxishandbuch Public Private Partnership, S. 106.

siko schließt grundsätzlich auch das Baugenehmigungsrisiko ein.[1100] Problematisch ist diese Risikoverteilung jedoch in Fällen, wenn die Baubehörde trotz Einwandfreiheit der Projektunterlagen die Staatliche Expertise oder die Baugenehmigung nicht rechtzeitig erteilt oder gar verweigert. Durch den Konzessionsnehmer nicht zu vertretende Verzögerungen bei Erteilung von Genehmigungen dürfen nicht in den Risikobereich des Konzessionsnehmers fallen, da es anderenfalls zu Behinderungen der Konzessionsnehmer-Tätigkeit im Wege der Einflussnahme durch den Konzessionsgeber auf das zuständige Genehmigungsorgan führen kann. Dies betrifft auch Verzögerungen bei der Inbetriebnahme des Konzessionsobjekts. Dies stellt eine Gefährdung der Interessen des Konzessionsnehmers dar und entspricht nicht dem Gedanken der Risikoallokation. Hingegen trägt der Konzessionsgeber nach dem KonzG das mit der Einräumung der Besitz- und Nutzungsrechte an den Grundstücken verbundene Genehmigungsrisiko, was einer fairen Risikoverteilung entspricht.

Vom Herstellungsrisiko ausgenommen ist im Rahmen einer typischen PPP-Risikoallokation auch regelmäßig das Risiko der Beschädigung bzw. Zerstörung des PPP-Objekts durch höhere Gewalt, Krieg, Aufruhr oder andere objektiv unabwendbare, vom Auftragnehmer nicht zu vertretende Umstände.[1101] Trotz Fehlens der Eigentümerstellung des Konzessionsnehmers in Bezug auf das Konzessionsobjekt, ist der Konzessionsnehmer nach dem KonzG verpflichtet, das Risiko der zufälligen Verschlechterung und des zufälligen Untergangs des Konzessionsobjekts zu tragen und das Objekt ggf. auf eigene Kosten zu versichern. Diese Risikoverteilung ist vor dem Hintergrund der PPP-typischen Risikoverteilung sowie angesichts der hohen sicherheitspolitischen Gefahren in einigen Regionen Russlands[1102] nicht nachvollziehbar.

Regelmäßig nicht vom Auftragnehmer zu übernehmen ist ferner das Risiko etwaiger Mehrkosten, die sich aus bei Vertragsschluss nicht vorhersehbaren Änderungen der Rechtslage ergeben.[1103] Darunter können insbesondere Änderungen der gesetzlichen Lage in Bezug auf die Verstaatlichung oder Enteignung, die Kompetenzverteilung unter den Staatsorganen sowie Änderungen der politischen Zielvorgaben, insbesondere der Fiskalpolitik fallen. Wie oben gezeigt, be-

---

[1100] *Ebd.*
[1101] Vgl. *Weber/Schäfer/Hausmann*, Praxishandbuch Public Private Partnership, S. 107.
[1102] Als eines der besonders instabilen Regionen gilt aufgrund der Sicherheitslage für Unternehmen im nördlichen Kaukasus der Südliche Föderale Bezirk.
[1103] Vgl. *Weber/Schäfer/Hausmann*, Praxishandbuch Public Private Partnership, S. 107.

steht nach dem KonzG in dieser Hinsicht nur unzureichender Schutz des Konzessionsnehmers. Die Abwälzung solcher Risiken auf den privaten Partner erscheint nicht tragbar. Zumindest dann, wenn die Föderation im Rahmen der Konzessionsbeziehung als Konzessionsgeber auftritt, sollte die Übernahme solcher Risiken aufgrund der Beeinflussbarkeit der Risiken durch die öffentliche Hand zwingend erfolgen.

Einen erheblichen Nachteil für den Konzessionsnehmer stellt außerdem die im KonzG fehlende Absicherung seines Investitionsrisikos durch Ausgleichszahlungen in Form von (wiederkehrenden) Finanzierungszuschüssen oder einmaligen Abschlusszahlungen bzw. der Option zur Vertragsverlängerung im Falle unerwartet geringer Einnahmen. Letztere sind insbesondere als Folge von Fehleinschätzungen in Bezug auf die Nachfrage bzw. Benutzungsintensität denkbar, da Prognosen in Bezug auf solche Daten in Russland aufgrund fehlender Erfahrung mit Mautverkehrsstraßen und grundsätzlich negativer Einstellung der russischen Bevölkerung zur Maut schwer zu erstellen sind. In Bezug auf Währungs-, Zinsänderungs- und Inflationsrisiken enthält das KonzG keinen Hinweis auf die Übernahme dieser Risiken durch den Konzessionsnehmer. Diesbezüglich erscheint die Risikoverteilung jedoch grundsätzlich sinnvoll, da der Private derartige Risiken mittels seines Know-hows besser verwalten kann als die öffentliche Hand. Denkbar wäre jedoch auch, diese Risiken in Bezug auf Betriebskosten angesichts der Langfristigkeit der PPP-Vertragsbeziehung verhandelbar zu gestalten. Jedenfalls wären gesetzliche Regelungen in Bezug auf Preisanpassungs- bzw. Indexierungsklauseln begrüßenswert. Allgemein gilt an dieser Stelle anzumerken, dass die Risiken des privaten Auftragnehmers bei seiner Tätigkeit in Russland durch das nach wie vor erhebliche Maß an Korruption auf allen Ebenen der staatlichen Macht als hoch einzustufen sind. Ein weiteres Problem stellen mangels Unabhängigkeit der Justiz gerichtliche Prozessrisiken dar, die der Auftragnehmer zwingend einkalkulieren muss. Die Darstellung zeigt, dass die Rechtsstellung des Konzessionsnehmers nach dem KonzG nur teilweise abgesichert und die Risikoallokation unzureichend ist.

C. Änderung und Beendigung der Konzessionsvereinbarung

I. Änderungen des Vertragsinhalts

Art. 13 Abs. 3 und 4 KonzG sehen Möglichkeiten nachträglicher Änderungen der Konzessionsvereinbarung-Regelungen vor.

1. Änderung durch Einigung der Vertragsparteien

Nach Art. 13 Abs. 3 Satz 1 KonzG kann die Konzessionsvereinbarung grundsätzlich jederzeit im Wege einvernehmlicher Regelung durch die Vertragsparteien geändert werden. Allerdings enthält das Gesetz in Art. 3 Abs. 3 Satz 2 KonzG eine Einschränkung in Bezug auf Vertragsinhalte, die auf Grundlage des Angebots des Bieters im Ausschreibungsverfahren zustande gekommen sind. Solche Vertragsinhalte können grundsätzlich nicht geändert werden. Eine Ausnahme gilt für Fälle des Art. 20 Abs. 1 und 3 KonzG, in denen die Rechtslage in der den Konzessionsnehmer erheblich benachteiligenden Weise geändert wird. Mit dieser Einschränkung wird die Grundsatzregelung des Art. 450 Abs. 1 ZGB eingeengt. Sie ist jedoch vor dem Hintergrund der vergaberechtlichen Transparenz- und Gleichbehandlungsgebote erforderlich. Nachträgliche vertragliche Änderungen öffentlich vergebener Aufträge sind auch nach deutschem Recht nicht uneingeschränkt zulässig.

2. Änderung auf Verlangen einer Vertragspartei

Ferner kann die Vertragsänderung auf Verlangen einer Vertragspartei im Wege gerichtlicher Entscheidung herbeigeführt werden. Art. 13 Abs. 4 KonzG verweist auf die Änderung und Beendigung von Verträgen regelnde Vorschriften des allgemeinen Zivilrechts – die Art. 450 ff. ZGB. Demnach kann eine Änderung etwa dann vorgenommen werden, wenn eine Vertragspartei gegen Vertragsvereinbarungen in erheblichem Maße verstoßen hat, vgl. Art. 450 Abs. 2 Nr. 1 ZGB. Erheblich ist nach der Legaldefinition des Art. 450 Abs. 2 Satz 2 ZGB eine Vertragsverletzung, die der anderen Vertragspartei einen derartigen Schaden zufügt, dass sie dasjenige in bedeutendem Maße einbüßt, womit sie bei Vertragsschluss zu rechnen berechtigt war. Die Legaldefinition trägt nicht zur Rechtsklarheit bei, da der unbestimmte Rechtsbegriff der „Erheblichkeit" mit einem anderen unbestimmten Rechtsbegriff „in bedeutendem Maße" definiert wird. Ferner ist das Institut des Wegfalls der Geschäftsgrundlage gem. Art. 451 Abs. 1 ZGB zu beachten.

3. Einseitige Änderung durch den Konzessionsgeber

Während der rechtliche Kontext, in den jede Konzessionsbeziehung aufgrund ihrer öffentlich-rechtlichen Komponente eingebunden ist, jederzeit gesetzgeberisch neugestaltet werden kann, können die durch die Parteien der Konzessionsvereinbarung ausgehandelten vertraglichen Regelungen grundsätzlich nicht durch die öffentliche Hand abgeändert werden. Jedoch stellt die einseitige Änderung des Konzessionsvertrags durch den Konzessionsgeber aus Gründen des Allgemeinwohls ein in der russischen Literatur viel diskutiertes Problem dar. Das Problem wiegt angesichts der Tatsache besonders schwer, dass der Konzessionsnehmer regelmäßig in Vorleistung tritt und seine Aufwendungen erst im Laufe der Konzessionsdauer durch die Erhebung der Konzessionsgebühren amortisiert. Dennoch spricht sich *Varnavskij*[1104] für die einseitige Änderungsbefugnis des Konzessionsgebers aus Gründen des Allgemeinwohls aus. *Sosna* vertritt die gleiche Auffassung[1105] mit der Einschränkung für solche Fälle, die der Konzessionsgeber selbst zu vertreten hat[1106]. Nach *Sosna*[1107] sollen die Änderungen in Form des Beitrittsvertrages i.S.d. Art. 428 ZGB vorgenommen werden. Nach Meinung des Autors ist der Konzessionsnehmer in solchen Fällen jedoch zwingend zu entschädigen und das KonzG durch entsprechende Schadensersatzregelungen zu ergänzen.[1108] Laut *Levickaâ*[1109] soll ein Vertragsänderungsrecht im Interesse des Allgemeinwohls bestehen. *Zvorykina*[1110] schlägt ein solches einseitiges Änderungsrecht unter der Bedingung des Ablaufs einer bestimmten Frist vor, die dem Konzessionsnehmer eine (Teil-)Amortisation seiner Investitionen ermöglichen soll. *Farhutdinov/Trapeznikov*[1111] sprechen sich ebenso für ein einseitiges Änderungsrecht aus, betonen jedoch auch die Notwendigkeit der Kompensation für den Konzessionsnehmer.

[1104] Vgl. *Varnavskij*, Konzessionen in Wirtschaftsbeziehungen des Staates mit dem privaten Sektor (russ.), S. 67; so auch *Safarov*, Staatliche Regulierung natürlicher Monopole (russ.), S. 102.

[1105] Vgl. *Sosna*, Konzessionsvereinbarungen: Theorie und Praxis (russ.), S. 214 f. und 218 f.

[1106] Vgl. *ders.*, S. 170.

[1107] Vgl. *ders.*, S. 217.

[1108] Vgl. *ders.*, S. 220; so auch *Safarov*, Staatliche Regulierung natürlicher Monopole (russ.), S. 102.

[1109] Vgl. *Levickaâ*, Pacht- und Konzessionsverträge, S. 221.

[1110] Vgl. *Zvorykina*, Organisatorisch-ökonomischer Mechanismus der Konzessionsverwaltung in Russland (russ.), S. 32.

[1111] Vgl. *Farhutdinov/Trapeznikov*, Investitionsrecht (russ.), S. 156.

Wollte man im Rahmen dieser Diskussion eng am Gesetz bleiben, könnten die Fälle des Erfordernisses einer Kündigung im Allgemeinwohlinteresse möglicherweise bereits unter die Tatbestandvoraussetzungen des Art. 451 Abs. 1 ZGB subsumiert werden, wonach einseitige Vertragsänderungen bei Vorliegen eines dringenden Grundes zulässig sind. In Bezug auf die Entschädigung des Konzessionsnehmers gilt gem. Art. 729 ZGB, dass im Falle der vorzeitigen Auflösung des Vertrages grundsätzlich ein Schadensersatzanspruch des Werkunternehmers vorgesehen ist. Ob diese Vorschrift im konkreten Fall über den Verweis in Art. 3 Abs. 2 KonzG anwendbar ist oder vielmehr aufgrund ihres Spezialcharakters nur für Werkverträge gilt, kann nicht mit Sicherheit behauptet werden. Zwingend zu beachten ist in diesem Fall jedoch die Regelung des Art. 453 Abs. 5 ZGB. Einen Interessenausgleich sieht Art. 453 Abs. 5 ZGB lediglich für den Fall wesentlicher Vertragsverletzungen durch eine Vertragspartei i.S.d. Art. 450 Abs. 2 Nr. 1 ZGB vor. Dagegen sehen weder das KonzG noch das ZGB einen Schadensersatzanspruch des Konzessionsnehmers für den Fall der einseitigen Änderung der Konzessionsvereinbarung durch den Konzessionsgeber vor. Vielmehr legt Art. 453 Abs. 4 ZGB sogar ausdrücklich fest, dass den Parteien keine gegenseitigen Ansprüche im Falle nachträglicher Änderungen bzw. vorzeitiger Beendigung der Vertragsbeziehung zustehen, es sei denn, das Gesetz oder die Vereinbarung der Parteien schreiben etwas anderes vor. Kommt man insgesamt zum Ergebnis, dass schuldrechtliche Vorschriften keine Schadensersatzansprüche begründen, bleibt dem Konzessionsnehmer der Weg über das Bereicherungsrecht gem. Art. 1102 ZGB, das jedoch – wie im deutschen Recht auch – schwächeren Schutz gegenüber den vertraglichen Schadensersatzansprüchen bietet.[1112]

II. Beendigung der Konzessionsvereinbarung

Die Beendigung der Konzessionsvereinbarung ist gem. Art. 13 Abs. 5 KonzG bei Fristablauf, entsprechender Einigung der Vertragsparteien bzw. gerichtlicher Entscheidung möglich. Dabei nennt Art. 13 Abs. 5 Nr. 3 KonzG keine Tatbestandsvoraussetzungen für die vorzeitige Beendigung der Konzessionsvereinbarung im Wege gerichtlicher Entscheidung. Gem. Art. 15 Abs. 1 KonzG kann eine Vertragsaufhebung im Wege gerichtlicher Entscheidung im Falle eines „wesentlichen Verstoßes" gegen die Bestimmungen der Konzessionsvereinbarung

---

[1112] Da das russsische Recht anders als das deutsche Recht kein Abstraktionsprizip kennt, ist die Bedeutung des russischen Bereicherungsrechts insgesamt gering.

durch eine Vertragspartei oder einer „wesentlichen Veränderung der Umstände", von denen die Parteien bei Vertragsschluss ausgegangen sind, sowie in anderen durch das KonzG, andere föderale Gesetze oder die Konzessionsvereinbarung geregelten Fällen herbeigeführt werden. Zu wesentlichen Vertragsverstößen auf Seiten des Konzessionsnehmers gehören nach Art. 15 Abs. 2 KonzG etwa Fristversäumnisse in der Bauphase bzw. nichtvertragsgemäßer Betrieb des Konzessionsobjekts, Nichterfüllung von Verpflichtungen im Zusammenhang mit der Konzessionstätigkeit, vorläufiger oder endgültiger Einstellung der Konzessionstätigkeit ohne die Zustimmung des Konzessionsgebers. Ein weiterer Vertragsaufhebungsgrund kann schließlich als Folge einer Restrukturierung auf Seiten des Konzessionsnehmers i.S.d. Art. 57 ZGB entstehen, vgl. Art. 15 Abs. 4 KonzG. Bemerkenswert ist, dass keine wesentlichen Vertragsverstöße auf Seiten des Konzessionsgebers aufgeführt werden. Unklar ist, ob Art. 15 KonzG in Bezug auf die Beendigungstatbestände abschließenden Charakter hat oder ob eine vorzeitige einseitige Beendigung des Vertrages nach Art. 450 Abs. 2 und Art. 451 ZGB möglich ist.[1113]

Problematisch war bisher zum Einen, dass Fristversäumnisse i.S.d. Art. 15 Abs. 2 KonzG ohne jede ausdrückliche Einschränkung ihrer zeitlichen Dauer einen Vertragsaufhebungsgrund darstellen sollten. Im Unterschied zum deutschen Recht kennt das russische Recht das Institut der Nachfristsetzung nicht[1114], so dass eine Vertragsaufhebung bereits vor fruchtlosem Ablauf einer wirksam gesetzten Nacherfüllungsfrist (s. § 323 Abs. 1, 2. HS BGB für den Vorrang der Nacherfüllung) möglich war. Mit der Einführung des Art. 15 Abs. 1.1 KonzG im Juni 2008 wurde die einseitige Beendigung nachträglich an diese Voraussetzung geknüpft.[1115]

Nach wie vor ungeklärt bleibt hingegen die Frage, wann „wesentliche Verstöße" bzw. „wesentliche Veränderungen der Umstände" i.S.d. Art. 15 Abs. 1 KonzG vorliegen sollen.[1116] Auch die allgemeinen Regeln der Art. 451 ff. ZGB helfen über diese Unsicherheiten nicht hinweg. Gem. Art. 451 Abs. 1 ZGB kann der

---

[1113] Das oben zur einseitigen Änderung der Konzessionsvereinbarung durch den Konzessionsgeber Gesagte gilt für die vorzeitige einseitige Beendigung der Vereinbarung entsprechend.

[1114] Vgl. dazu auch *Schramm*, in: *Nußberger*, Einführung in das russische Recht, § 13, S. 154.

[1115] Eine ähnliche Bedingung sah bereits vor der Gesetzesänderung die Verordnung des Plenums des Obersten Gerichts der RF und des Plenums des VAS vom 1. Juni 1996, Nr. 6/8, vor.

[1116] So auch *Skyner*, A Viable Framework for Private Investment in the Utility Sector, S. 169.

Vertrag im Falle wesentlicher Änderung der Umstände, von denen die Parteien bei Vertragsschluss ausgegangen sind, aufgehoben werden. Wesentlich ist eine Änderung, wenn die Parteien bei Kenntnis entsprechender Umstände den Vertrag nicht oder nicht zu diesen Bedingungen abgeschlossen hätten, vgl. Art. 451 Abs. 1 Satz 2 ZGB. Art. 451 Abs. 12 ZGB konkretisiert den Aufhebungstatbestand nur unzureichend. Gem. Art. 451 Abs. 4 ZGB kommt statt Beendigung des Vertrages ausschließlich die Vertragsanpassung in Frage, wenn die Vertragsbeendigung dem öffentlichen Interesse bzw. den finanziellen Interessen einer der Vertragsparteien zuwiderläuft. Als wesentliche Vertragsverletzungen, die zur einseitigen Beendigung des Vertrages über die Nutzung der Grundstücke im Bereich der Seehäfen berechtigen, sind gem. Art. 31 Abs. 9 SeehafenG nichtvertragsgemäße Nutzung oder Nichtnutzung des Objekts über einen Zeitraum von mehr als einem Jahr.

Aus der Praxis sind noch keine einschlägigen Beispiele für einseitige Änderungen oder Beendigungen der Konzessionsvereinbarung bekannt. Soweit ersichtlich haben die Gerichte bei der Anwendung dieser Vorschrift bisher eher Zurückhaltung gezeigt.[1117] Angesichts der Erfahrungen der NÈP-Zeit bleibt die Entwicklung mit Spannung abzuwarten. In der Literatur wird ein einseitiges Beendigungsrecht des Konzessionsgebers bei Vorliegen des entsprechenden Allgemeininteresses grundsätzlich bejaht. So sprechen sich etwa *Korogod*[1118] und *Lebedeva*[1119] für ein einseitiges Beendigungsrecht aus. *Popov*[1120] ist grundsätzlich gegen ein einseitiges Beendigungsrecht, bemerkt jedoch, dass das öffentliche Interesse die Voraussetzungen des Art. 451 Abs. 4 ZGB unter Umständen erfüllen kann. Kritisiert wird in der Literatur das Fehlen von Regelungen im KonzG in Bezug auf die Entschädigung des Konzessionsnehmers im Falle der (einseitigen) Beendigung der Konzessionsvereinbarung.[1121]

[1117] Vgl. *Schramm*, in: *Nußberger*, Einführung in das russische Recht, § 13, S. 155 m.w.N.

[1118] Vgl. *Korogod*, Stellungnahme zum Gesetz über Konzessionsvereinbarungen, S. 4, der insgesamt von zu weitgehenden Befugnissen des Konzessionsnehmers und der Notwendigkeit der Einschränkung seiner Position spricht, vgl. S. 4 ff.

[1119] Vgl. *Lebedeva*, Anwendungsschwierigkeiten des Gesetzes über Konzessionsvereinbarungen (russ.).

[1120] Vgl. *Popov*, Konzessionsvereinbarungen (russ.), S. 21.

[1121] Vgl. *Sulakšin/Vilisov/Pogorelko/Hrustalëva*, Konzessionen im Schienenverkehr (russ.), S. 23; *Sosnova*, Umsetzungsmöglichkeiten für PPP-Projekte (russ.), a.a.O.; *Skyner*, A Viable Framework for Private Investment in the Utility Sector, S. 174.

Auf der Rechtsfolgeseite unterscheiden weder in Art. 13 Abs. 5 KonzG noch Art. 450 ff. ZGB zwischen der Auflösung mit und ohne Rückwirkung, also zwischen Rücktritt und Kündigung. Gesetzlicher Regelfall nach Art. 453 Abs. 3 und 4 ZGB ist die Aufhebungswirkung mit Rechtskraft des Urteils, so dass auch ein Anspruch auf Rückgabe des bis dahin Geleistetn entfällt. Speziell für den Werkvertrag beschränkt Art. 717 Satz 2 ZGB das Recht des Werkunternehmers auf Ersatz entgangenen Gewinns im Falle vorzeitiger Vertragsaufhebung durch den Werkbesteller auf die Differenz zwischen dem vollen Werkunternehmerlohn und dem für den bereits fertig gestellten Teil des Werkes zu entrichtenden Betrag. Regelungen in Bezug auf Schadensersatzansprüche, die einer Vertragspartei im Falle vorzeitiger Beendigung durch die andere Vertragspartei zustehen, können zwar gem. Art. 10 Abs. 2 Nr. 14 KonzG als zusätzliche Vertragsbedingungen geregelt werden. Geschieht dies nicht, bleibt dem Konzessionsnehmer der Rückgriff auf den Ersatz der durch die Auflösung verursachten Schäden nach Deliktsrecht. Deliktische Haftung setzt indes – im Gegensatz zum Bereicherungsrecht – den Nachweis des Verschuldens seitens des Konzessionsgebers voraus.

D. Vermögensschutz durch Haftung und Garantien der öffentlichen Hand

I. Investitionsschutzrechtliche Grundlagen

Die meisten osteuropäischen Staaten haben in den letzten Jahrzehnten erhebliche Änderungen ihres Investitionsrechts vorgenommen, die nicht stets Verbesserungen des Investitionsklimas bedeuteten.[1122] In der RF basiert das Investitionsschutzrecht auf Art. 35 VerfRG, wonach das Privateigentum gesetzlich geschützt ist und Enteignungen nur im Wege gerichtlicher Entscheidung erfolgen können.[1123] Im Übrigen gelten eine Reihe von Investitionsgesetzen der Föderation – so das AuslandsInvestG[1124] und das KapInvestG[1125], Gesetze der Föderati-

---

[1122] Allgemein zu den Rechtsgrundlagen für ausländische Investitionen in Russland s. *Orlova/Zarânkina*, Ausländische Investitionen in Russland (russ.), S. 38 ff.

[1123] Besonders aktuell ist die Problematik der sog. indirekten Enteignung, s. dazu *Yannaca/Small*, in: *Boguslawskij/Trunk* (Hrsg.), S. 71 ff.

[1124] S. das föderale Gesetz über ausländische Investitionen in der RF vom 9. Juli 1999, Nr. 160-FZ, russ.: *Ob inostrannyh investiciâh v Rossijskoj Federacii.*

[1125] S. das föderale Gesetz über Investitionstätigkeit in der RF in Form von Kapitalanlagen, russ.: *Ob investicionnoj deâtel'nosti v Rossijskoj Federacii, osuŝestvlâemoj v forme kapitalovloženij*, Nr. 39-FZ, vom 25. Februar 1999. S. dazu auch den Gesetzentwurf zum fö-

onssubjekte[1126] und untergesetzliche Rechtsakte[1127]. Einschränkungen der Rechte ausländischer Investoren sind nur im Wege föderaler Gesetze und nur zum Schutz der Grundlagen verfassungsmäßiger Ordnung, der Moral, der Gesundheit, der Rechte und gesetzlichen Interessen anderer Personen sowie zum Schutz und zur Sicherheit des Staates zulässig, vgl. Art. 55 Abs. 3 VerfRF. Garantien werden ausländischen Investoren insbesondere durch bilaterale internationale Abkommen der RF eingeräumt. Der zwischen der BRD und der RF als Rechtsnachfolgerin der UdSSR fortgeltende Vertrag über die Förderung und den Schutz der Kapitalanlagen (InvestV)[1128] bietet etwa Diskriminierungsschutz für Kapitalanlagen. Demnach dürfen Enteignungen einschließlich Verstaatlichung und vergleichbaren Maßnahmen nur im öffentlichen Interesse, in einem gesetzlich Verfahren und gegen Entschädigung erfolgen, vgl. Art. 4 Ziff. 1 InvestV. Bei Enteignungen gilt die Rechtsweggarantie, die auch die Nachprüfung der Entschädigungshöhe umfasst, vgl. Art. 4 Ziff. 3 InvestV. Ferner gelten der Grundsatz der Meistbegünstigung der ausländischen Kapitalanleger, vgl. Art. 3 Ziff. 1 und 2 InvestV, das Diskriminierungsverbot, vgl. Art. 3 Ziff. 4 InvestV, sowie die Garantie des freien Transfers ins Ausland, vgl. Art. 5 Ziff. 1 InvestV.[1129] Als Investitionssicherungsmechanismen gelten Stabilisierungsklauseln, der Verzicht auf die Immunität der RF sowie effektiver Rechtsschutz gegen Eingriffsmaßnahmen. Das russische AuslandsInvestG beschränkt sich in Art. 40 auf eine knappe Regelung des Konzessionsvertrages, der mit dem Ministerrat der RSFSR oder dem von ihm ermächtigten Staatsorgan abzuschließen ist, 50

---

deralen Gesetz vom 3. April 1996, Nr. 210 II GD, russ.: *O koncessionnyh dogovorah, zaklûčaemyh s rossijskimi i inostrannymi investorami.*

[1126] So etwa in Tatarstan vom 19. Juli 1994, im Moskauer Gebiet vom 16. Dezember 1998, im Leningrader Gebiet vom 22. Juli 1997, in Nishnij Novgorod vom 19. Dezember 1996 und in Wladimir vom 20. August 1997. In einigen Fällen enthalten die Vorschriften der regionalen Gesetzgebung Normen, die nicht zur Kompetenz der Föderationssubjekte gehören oder der föderalen Gesetzgebung widersprechen, vgl. *Boguslavskij*, in: *Heiss*, Brückenschlag zwischen den Rechtskulturen des Ostseeraums, S. 303.

[1127] S. dazu exemplarisch die Verordnung der Regierung der RF vom 6. Juli 2008, mit der im FAS eine entsprechende Verwaltungseinheit geschaffen wurde, russ.: *Upravlenie kontrolâ inostrannyh investicij*, vgl. dazu http://www.fas.gov.ru/doc.aspx?DocsID=863883, sowie die Verfügung der Regierung der RF vom 6. Juli 2008, Nr. 974-r, mit der die Zusammensetzung der geschaffenen Regierungskommission festgelegt wurde, s. dazu Rossijskaa Gazeta vom 11. Juli 2008, Nr. 4507.

[1128] S. Gesetze vom 13. Juni 1989, BGBl. 1990 II, S. 343 ff., und vom 14. August 1992, BGBl. 1992 II, S. 1016-1017.

[1129] Schwierigkeiten bei der Umsetzung des InvV ergaben sich in der Vergangenheit wiederholt, s. dazu exemplarisch BGH, Beschl. vom 4. Oktober 2005, VII ZB 8/05 und Beschl. vom 4. Oktober 2005, VII ZB 9/05.

Jahre nicht überschreiten darf und – bei gleichzeitigem Verbot einseitiger Vertragsänderung – mit Zustimmung des Obersten Sowjets der RSFSR vom russischen Recht abweichende Vereinbarungen enthalten kann. Anzumerken gilt, dass ein Konsortium kann Investor i.S.d. Investitionsrechts sein kann, wenn es sich dabei um keine juristische Person handelt.[1130]

Besondere Regelungen gelten nach Erlass des InvestStrategG[1131] für Verwaltungsgesellschaften von sog. strategischer Bedeutung – etwa in den Bereichen Atomwirtschaft, Militär, Luftverkehr und Raumfahrt, Rohstoffsektor, natürliche Monopole, Telekommunikation, Presse und Rundfunk.[1132] Bisher galten spezielle Regelungen im Banken- und Versicherungssektor sowie in Sektoren Grundbesitz, Kommunikation, Luftverkehr und Energieversorgung. Es besteht die Sorge, dass das Gesetz zu einer Ausgrenzung ausländischer Investoren führt.[1133]

II. Haftung der öffentlichen Hand nach dem KonzG

Die verfassungsrechtliche Grundlage für die Staatshaftung enthalten Art. 34 und 53 VerfRF. Bei Überschreitung von Amtsbefugnissen haftet die öffentliche Hand nach den Vorschriften der Art. 13, 16, 1069 ff. und 1081 Abs. 3 ZGB. Gem. Art. 1070 Abs. 1 ZGB haftet für die Folgen bestimmter rechtswidriger Akte von Untersuchungs- und Ermittlungsbehörden, Staatsanwaltschaft und Gerichten verschuldensunabhängig – entgegen dem Grundsatz der Haftung durch das jeweils schädigende Rechtssubjekt, vgl. Art. 1069 ZGB – die Föderation. Die Durchsetzung von Ansprüchen gegen die öffentliche Hand ist im HaushaltsGB detailliert geregelt. Rechtskräftig festgestellte Forderungen sind innerhalb von drei Monaten nach Verkündung des Urteils zu erfüllen, anderenfalls erfolgt die Zwangsvollstreckung staatlichen Eigentums im Wege öffentlicher Versteigerung werden. Im Hinblick auf die Praxis scheint diese Regelung eher illusorisch.

[1130] Vgl. *Sokol*, Investitionsvertrag als zivilrechtliche Form des Investierens (russ.), S. 14.

[1131] Das föderale Gesetz über das Verfahren für ausländische Investitionen in kommerzielle Organisationen, die strategische Bedeutung für die Sicherung der Landesverteidigung und für die Staatssicherheit haben, vom 29. April 2008, Nr. 57-FZ, russ.: *O porâdke osuŝestvleniâ inostrannyh investicij v hozâjstvennye obŝestva, imeûŝie strategičeskoe značenie dlâ obespečeniâ oborony strany i bezopasnosti gosudarstva.*

[1132] Seit der ersten Lesung bis zur Veröffentlichung wuchs die Zahl der strategisch wichtigen Bereiche von 7 auf 42 an, vgl. *Butrin/Gudkov*, a.a.O.

[1133] Vgl. *Elizarov*, S. 6.

III. Gesetzliche Garantien der Art. 18 ff. KonzG

Eine bedeutende Rolle kommt bei Auslandsinvestitionen der Absicherung der Investorenrechte durch gesetzliche Garantien zu. Nach Art. 18 ff. KonzG sowie den allgemeinen investitionsrechtlichen Vorschriften stehen ausländischen Investoren besondere Rechte zu, die auch als Garantien bezeichnet werden. Das KonzG räumt dem Konzessionsnehmer in Art. 18 ff. KonzG ausdrücklich die Garantie seiner Rechte für die Ausübung der Konzessionstätigkeit, vgl. Art. 18 Abs. 1 KonzG, die Garantie der Gleichbehandlung der Konzessionsnehmer, vgl. Art. 19 KonzG, und die Garantie seiner Rechte für den Fall nachteiliger Rechtsänderungen, vgl. Art. 20 KonzG.

1. Art. 18 KonzG

Nach Art. 18 Abs. 1 KonzG werden dem Konzessionsnehmer seine Rechte aus der Verfassung der RF, den internationalen Verträgen, dem KonzG sowie aus sonstigem gesetzlichen und untergesetzlichen Recht garantiert. Die Norm verweist ins Zivil- und Investitionsrecht.[1134] Der Sinngehalt dieser Vorschrift bleibt unklar, da die o.g. Rechte bereits dem Wortlaut nach aus den entsprechenden Vorschriften resultieren und damit auch ohne eine ausdrückliche Klarstellung gelten dürften. Insbesondere die Regelung des Art. 18 Abs. 2 KonzG, die das Recht des Konzessionsnehmers auf Schadensersatz infolge rechtswidrigen Handelns oder Unterlassens der öffentlichen Hand nach allgemeinem Zivilrecht postuliert, erweitert den Rechtskreis des Konzessionsnehmers nicht, da sich diese Rechte bereits aus den Art. 1064 ff. ZGB ergeben. Damit hat die Regelung des Art. 18 KonzG lediglich eine klarstellende Funktion und stellt damit keine echte Rechtsgarantie dar.

2. Art. 19 KonzG

Nach dem Gleichbehandlungsgebot des Art. 19 KonzG werden inländische Konzessionsnehmer sowohl im Verhältnis untereinander als auch im Verhältnis zu ausländischen Konzessionsnehmern gleiche Rechte garantiert und diskriminierende Maßnahmen untersagt, welche die freie Verfügung über die Investitionsmittel bzw. die erwirtschafteten Erzeugnisse und Erträge beeinträchtigen. Das Gleichbehandlungsgebot für inländische Investoren folgt bereits aus Art. 19 VerfRF. Das Gleichbehandlungsgebot in- und ausländischer Investoren im Rahmen ihrer Investitionstätigkeit auf dem Gebiet der RF folgt bereits aus Art. 4

[1134] Vgl. *Savinova*, Rechtsgarantien der Konzessionäre (russ.), a.a.O.

AuslandsInvG.[1135] Problematisch daran erscheint, dass Art. 4 Abs. 1 und 2 AuslandsInvG dem ausländischen Investor teilweise zusätzliche Rechte und Befugnisse einräumen.[1136] Fraglich bleibt, ob Art. 19 KonzG diese Vorteile ausgleicht, indem er sie zum Nachteil des ausländischen Konzessionsnehmers wieder beseitigt.

3. Art. 20 KonzG

3.1. Art. 20 Abs. 1 KonzG

Eine wichtige Regelung ist dagegen in Art. 20 KonzG enthalten. Für den Fall nachteiliger Rechtsänderungen sichert Art. 20 Abs. 1 KonzG die Rechte des Konzessionsnehmers in der Weise ab, dass die Vertragsparteien in diesem Fall zur Änderung der Bestimmungen der Konzessionsvereinbarung verpflichtet werden. Die Parteien sind dann gehalten, den zum Nachteil des Konzessionsnehmers abgeänderten Zustand etwa im Wege der Anpassung der Entgelte bzw. der Laufzeit des Vertrages zu beseitigen. Vertragliche Vereinbarungen sind derart anzupassen, dass sie nach der Rechtsänderung das Maß der Rechte des Konzessionsnehmers erreichen, das im Zeitpunkt der Unterzeichnung der Konzessionsvereinbarung galt.

Dies gilt jedoch nur für Rechtsänderungen, in Folge derer „der Konzessionsnehmer in erheblicher Weise dasjenige einbüßt, womit er bei Vertragsschluss rechnen durfte", vgl. Art. 20 Abs. 1 KonzG. Der Gesetzgeber hat insofern offen gelassen, wann die Erheblichkeitsschwelle erreicht ist. Angesichts des regelmäßig hohen Umfangs der Investitionen bei PPP-Aufträgen besteht die Gefahr, dass die Regelung des Art. 20 KonzG in dieser Hinsicht restriktiv gehandhabt und die Erheblichkeitsschwelle sehr hoch angesetzt wird.

Die Garantie gilt nach einschränkender Regelung des Art. 20 Abs. 2 KonzG ferner nicht bei Änderungen technischer Bestimmungen und Vorschriften zum Schutz der Bodenschätze, der Umwelt und der Gesundheit der Bürger. Als Regelungen i.S.d. Art. 20 KonzG sind etwa das ErdinnereG oder das SPR-G zu nennen. Auffällig ist schließlich die strengere Formulierung im Art. 20 Abs. 3 KonzG, wonach die vertraglichen Regelungen „geändert werden müssen", während Art. 20 Abs. 1 KonzG von „die Parteien ändern die Regelungen ab" spricht.

[1135] Diese Regelung war bereits in Art. 15 Abs. 1 AuslInvestG RSFSR ausdrücklich vorgesehen.

[1136] Vgl. dazu auch *Platonova*, Gesetzliche Regulierung ausländischer Investitionen (russ.), S. 45 ff.

Nach allgemeinen Regelungen über den Wegfall der Geschäftsgrundlage – Art. 451 ff. ZGB – stehen dem Konzessionsnehmer vergleichbare Rechte zu. Da sowohl Art. 451 ff. ZGB als auch Art. 20 KonzG nicht hinreichend bestimmt sind, lassen sich die Unterschiede im Geltungsbereich dieser Vorschriften nicht herausarbeiten. Indes kann mit Gewissheit behauptet werden, dass Art. 20 KonzG die Rechte des Konzessionsnehmers, die ihm gem. Art. 9 AuslInvestG RSFSR eingeräumt werden, erheblich einschränkt. Während die erste Regelung lediglich ein Recht des Konzessionsnehmers auf Vertragsanpassung vorsieht, beinhaltet die letztere für Großprojekte mit einem Investitionsvolumen von über 1 Mrd. RUB die automatische Nichtanwendbarkeit der neuen Gesetzesvorschriften auf die Vertragsbeziehung innerhalb der ersten sieben Jahre, sog. Großvaters Klausel.[1137]

3.2. Art. 20 Abs. 3 KonzG

Erbringt der Konzessionsnehmer Leistungen, die staatlicher Tarifregulierung unterliegen, sind die Bedingungen der Konzessionsvereinbarung gem. Art. 20 Abs. 3 KonzG im Falle nachträglicher Gesetzesänderung zwingend anzupassen. Aufgrund des zwingenden Charakters der Rechtsfolgenregelung im Gegensatz zu Art. 451 ZGB ist im Verhältnis zu allgemeinen Vorschriften eine Besserstellung des Konzessionsnehmers festzustellen. Während Art. 451 ZGB lediglich gerichtliche Anpassung der vertraglichen Regelungen vorsieht, räumt Art. 20 Abs. 3 KonzG dem Konzessionsnehmer einen gesetzlichen Anspruch gegen den Konzessionsgeber auf Vertragsanpassungen.

4. <u>Schlusswort zu gesetzlichen Garantien</u>

Mit Ausnahme der Regelung des Art. 20 Abs. 3 KonzG, erweitern Art. 18 ff. KonzG nicht den Rechtskreis des Konzessionsnehmers, sondern schränken diesen vielmehr ein. Sie bieten keinen hinreichenden Schutz der Interessen des privaten Investors. Sowohl im Verhältnis zum AuslInvestG RSFSR als auch zum PSA-G begründet Art. 20 KonzG eine Schlechterstellung des Konzessionsnehmers.[1138] Insbesondere die Stabilitätsgarantie nach dem AuslInvestG RSFSR, die sog. Großvaters Klausel, wird durch das KonzG aufgehoben. In der russischen

---

[1137] *Sosna* spricht sich für die Verlängerung der Frist der Großvaters Klausel auf mind. zehn Jahre sowie die Erweiterung des Kriteriums der Amortisation der getätigten Investitionen auf die Erzielung minimalen Gewinns, vgl. *Sosna*, Konzessionsvereinbarungen: Theorie und Praxis (russ.), S. 206 ff.

[1138] So auch *Skyner*, A Viable Framework for Private Investment in the Utility Sector, S. 175.

Literatur werden die Art. 18 ff. KonzG als zu eng kritisiert.[1139] So fordert etwa *Savinova*[1140] die Aufnahme eines Enteignungsverbots in das KonzG.

IV. Gewährung staatlicher Garantien gem. Art. 3 Abs. 13 KonzG

Gem. Art. 3 Abs. 13 KonzG ist der öffentliche Auftraggeber ferner befugt, einen Teil der Investitionen für die Herstellung bzw. den Betrieb des Konzessionsobjekts zu übernehmen sowie staatliche Garantien zugunsten des Konzessionsnehmers zu gewähren. Auf das Verfahren der Einräumung von Staatsgarantien wird im Kapitel über die Finanzierung näher eingegangen.

E. Rechtsschutz

Erwachsen aus der Konzessionsvereinbarung Streitigkeiten, stellt sich die Frage nach dem Rechtsweg. Gegen bestimmte, im Gesetz ausdrücklich genannte Entscheidungen der Auswahlkommission steht jedem Ausschreibungsteilnehmer der Rechtsweg offen. So können der Beschluss über den Abschluss der Konzessionsvereinbarung, vgl. Art. 22 Abs. 4 KonzG, die Ablehnung der Teilnahme am Ausschreibungsverfahren, vgl. Art. 29 Abs. 5 KonzG, der Beschluss über die Nichtentsprechung des Antrags den Ausschreibungsanforderungen, vgl. Art. 32 Abs. 4 KonzG, sowie die Entscheidung über den erfolgreichen Bieter, vgl. Art. 33 Abs. 4 KonzG, nach allgemeinen Verfahrensvorschriften angegriffen werden.

I. Gerichtliche Zuständigkeit

Das Gerichtssystem der RF regeln die VerfRF und das GerichtssystemG. Die gerichtlichen Zuständigkeiten richten sich nach Kap. 3 ZPGB. Auf Streitigkeiten, an denen ausländische Personen beteiligt sind, findet Art. 22 Abs. 2 ZPGB Anwendung. Für Streitigkeiten, die öffentlich-rechtliche Beziehungen zum Gegenstand haben, sind im Gegensatz zu Verwaltungsgerichten nach deutschem Gerichtsverfassungsrecht grundsätzlich die ordentlichen Gerichte zuständig, es sei denn, das Gesetz sieht die Zuständigkeit der Wirtschaftsgerichte vor.[1141] In Wirtschaftsstreitigkeiten sowie Streitigkeiten im Zusammenhang mit unterneh-

---

[1139] So etwa *Gul'neva*, Einige Fragen der rechtlichen Regelung der Garantien (russ.).
[1140] Vgl. *Savinova*, Rechtsgarantien der Konzessionäre (russ.), a.a.O.
[1141] S. dazu Abs. 1 der Verordnung des Plenums des Obersten Gerichts der RF vom 29. November 2007, Nr. 48 und Art. 29 Abs. 1 und 191 Abs. 3 WPGB sowie Art. 27 Abs. 1, 29 Abs. 2 und 197 Abs. 1 WPGB in Bezug auf Handlungen der öffentlichen Hand, die keine Normativakte sind.

merischer bzw. sonstiger wirtschaftlicher Tätigkeit ist die Zuständigkeit der Wirtschaftsgerichte gem. Art. 27 WPGB gegeben. Bei Streitigkeiten aus dem KonzG ist grundsätzlich von der Wirtschaftsstreitigkeit auszugehen. Auf Ansprüche gegen die öffentliche Hand gerichtet sind, findet Art. 197 des Wirtschaftsgerichtsbarkeitsgesetzbuches der RF (WPGB) Anwendung. Die Anforderungen an die Klage bzw. den Antrag enthalten Art. 125, 126 und 199 Abs. 1, 2 WPGB. Im russischen Wirtschaftsprozess gilt die relativ kurze Entscheidungsfrist von zwei Monaten. Die Beweislast für die Richtigkeit der Handlung bzw. Unterlassung der öffentlichen Hand liegt bei der öffentlichen Hand.[1142]

II. Gerichtsstandsvereinbarungen

Ein Problem stellt nach dem KonzG die fehlende Möglichkeit der Streitbeilegung vor internationalen Schiedsgerichten dar. Die Zuständigkeit der Schiedsgerichte regelt das Gesetz über Schiedsgerichte (SchiedsGG)[1143], diejenige der ausländischen Wirtschaftsgerichte das AuslWirtschaftsG. grundsätzlich kann gem. Art. 1 Abs. 2 SchiedsGG jede zivilrechtliche Streitigkeit vor einem Schiedsgericht entschieden werden. Ferner können vertragliche oder sonstige zivilrechtliche Streitigkeiten grundsätzlich gem. Art. 1 Abs. 2 des Gesetzes über internationale Handelsgerichtsbarkeit (IntGG)[1144] vor internationalen Schiedsgerichten beigelegt werden. Jedoch bedarf eine Gerichtsstandsvereinbarung einvernehmlicher Regelung, während der Konzessionsgeber der internationalen Austragung der Streitigkeit aus staatspolitischen Überlegungen skeptisch gegenüber stehen dürfte. Es gilt ferner zu betonen, dass lediglich solche Streitigkeiten vor (internationalen) Schiedsgerichten entschieden werden können, die aus der vertraglichen Haftung der RF als Konzessionsgeber, nicht dagegen als ihrem Handeln als Hoheitsträger erwachsen.

Durch die Änderung des KonzG im Juni 2008 wurden in Art. 17 KonzG weitere Einschränkungen vorgenommen. Gem. Art. 17 KonzG a.F. waren Streitigkeiten zwischen dem Konzessionsnehmer und dem Konzessionsgeber nach den gesetzlichen Vorschriften der RF beizulegen. Damit schloss Art. 17 KonzG die Mög-

---

[1142] So *Tolkušin*, Kommentar zum föderalen Gesetz „Über Konzessionsvereinbarungen" (russ.), S. 69.
[1143] S. das Gesetz über Schiedsgerichte vom 24. Juli 2002, Nr. 102-FZ, russ.: *O tretejskih sudah v Rossijskoj Federacii.*
[1144] Vgl. das föderale Gesetz über internationale Handelsgerichtsbarkeit vom 7. Juli 1993, Nr. 5338/1, russ.: *O meždunarodnom kommerčeskom arbitraže.*

lichkeit der Beilegung von Streitigkeiten vor internationalen Schiedsgerichten nicht ausdrücklich aus. Dem neuen Wortlaut der Vorschrift nach können Streitigkeiten ausschließlich vor Gerichten, vor Wirtschaftsgerichten sowie vor Schiedsgerichten der RF ausgetragen werden. Die Formulierung des Art. 17 KonzG ist mit der Gesetzesänderung an diejenige des Art. 11 Abs. 1 ZGB – mit dem Unterschied der Einschränkung auf russische Schiedsgerichte im KonzG – angenähert worden. Nicht nachvollziehbar ist vor diesem Hintergrund die Auffassung von *Godunova*[1145], die ausführt, dass sich die Gerichtsstandsvereinbarungen auch auf internationale Wirtschaftsgerichte beziehen können. Zu beachten sei lediglich, dass laut dem Plenum des Obersten Wirtschaftsgerichts der RF (VAS) Bodenstreitigkeiten ohnehin nicht vor internationalen Wirtschaftsgerichten ausgetragen werden dürfen. Da im Hinblick auf die Unabhängigkeit der russischen Gerichte nach wie vor erhebliche Zweifel bestehen[1146], existiert im Ergebnis kein unabhängiger Spruchkörper zur Entscheidung über Streitigkeiten aus Konzessionsbeziehungen.

F. Inhaltliche Grenzen und Einordnung als PPP-Modell

I. Konzessionsvereinbarung als eines der PPP-Modelle nach deutschem Recht

1. Die Lage nach deutschem Recht

Wie eingangs bereits erläutert unterscheidet man im deutschen Recht zwischen sieben PPP-Grundmodellen (Erwerber-, Inhaber-, Vermietungs-, Leasing-, Contracting-, Konzessions- und Gesellschaftsmodell), die in der Praxis kaum in reiner Form, sondern in aller Regel in Kombination mit den Elementen jeweils anderer Modelle auftreten. Anhand des Konzessionsmodells nach deutschem Recht wird besonders deutlich, dass staatlich-private Partnerschaften als rechtliche Konstruktionen kaum in Kategorien unterteilbar oder nach einzelnen Modellen strikt abgrenzbar sind. So ist das wesentliche Merkmal des deutschen Konzessionsmodells die sog. Drittnutzerfinanzierung, d.h. die (Teil-)Refinanzierung

---

[1145] Vgl. *Godunova*, Konzessionsvertrag: von der Theorie zur Praxis (russ.), S. 28.

[1146] Zu einem der umstrittensten Gerichtsverfahren der jüngsten Zeit gegen die Wirtschaftsprüfungsgesellschaft *PricewaterhouseCoopers* (PWC) wegen Betreuung des *YUKOS*-Konzerns als Mandanten in den Jahren 2002-2004 s. *Plešanova*, a.a.O.; zu einem ähnlichen Verfahren gegen die Wirtschaftsprüfungsgesellschaft *Ernst & Young* s. *Plešanova/Zanina*, Kommersant vom 9. April 2008; zum Verfahren gegen *Transstroj* wegen verspäteter Fertigstellung eines Staudamms in St. Petersburg s. *Polonskij*, a.a.O.

der Investitionen des privaten Auftragnehmers mittels Entgeltzahlungen für die Nutzung des Konzessionsobjektes durch private Nutzer, die selbst nicht Parteien des PPP-Vertrages werden. Hingegen enthält das Modell im Gegenteil zu den meisten anderen Modellvarianten keine Vorgaben hinsichtlich der Vertragsbeziehungen der Parteien untereinander und insbesondere hinsichtlich der Eigentumsverhältnisse am Konzessionsobjekt. Vielmehr wird das Konzessionsmodell erst durch die Ausgestaltung des PPP-Vertrages nach den Mustern anderer Modelle mit Leben gefüllt. Dabei sind insbesondere sowohl die Eigentumserlangung durch die öffentliche Hand bereits mit der Errichtung der Anlage als auch der Eigentumsübergang erst am Ende der gesamten Vertragslaufzeit denkbar.

2. Das russische Konzessionsmodell

2.1. Eigentumsverhältnisse

Hingegen hat der russische Gesetzgeber mit dem KonzG ein in höchstem Maße starres, unbewegliches Konzessionsmodell geschaffen und damit enge inhaltliche Grenzen für die PPP-Betätigung in Russland gezogen. Nach der hier vertretenen Ansicht geht das Gesetz unmissverständlich vom zwingenden Eigentum des Konzessionsgebers aus, vgl. Art. 3 Abs. 1, 4 und 10 KonzG. Es legt zwingend fest, dass der Konzessionsnehmer zu keinem Zeitpunkt der Laufzeit der Konzessionsvereinbarung Eigentümer des Konzessionsobjekts werden kann und es lediglich als Pächter nutzen darf, vgl. Art. 3 Abs. 15 sowie Art. 11 Abs. 1 KonzG. Diese Konstellation entspricht weitgehend dem BOT-/ROT-Modell bzw. dem Inhabermodell.

2.2. Komponente der Drittnutzerfinanzierung

Zwar ist die Drittnutzerfinanzierung des Investitionsvorhabens nicht ausdrücklich im KonzG vorgesehen. Das Gesetz geht jedoch von der Tragung aller Investitionskosten durch den Konzessionsnehmer sowie der Entrichtung von Konzessionszahlungen an den Konzessionsgeber aus und setzt die Amortisation des Konzessionsobjekts im Laufe der Konzessionsbeziehung voraus. Daher ist auch dem russischen Konzessionsmodell die Drittnutzerfinanzierungskomponente immanent.

Die sog. Schattenkonzession – das Konzessionsmodell, bei dem an Stelle der Drittnutzerfinanzierung die Finanzierung durch einmalige oder regelmäßige

Zahlungen der öffentlichen Hand tritt[1147] – ist nach dem KonzG nicht vorgesehen, wenn man vom Recht des Konzessionsgebers nach Art. 3 Abs. 13 Satz 1, 1. Alt. KonzG absieht, einen Teil der Herstellungs- bzw. Betriebskosten zu übernehmen. In der Literatur wird die Schattenkonzession ohnehin mit der Begründung mangelhafter Instrumente staatlicher Regulierung abgelehnt.[1148] Einige Autoren halten hingegen die Stundung oder den Erlass von Konzessionszahlungen durch den Konzessionsnehmer in bestimmten Fällen für sinnvoll.[1149]

2.3. Zwischenergebnis

Die Konzessionsvereinbarung nach russischem Recht kommt damit dem deutschen Inhabermodell mit Elementen des Konzessionsmodells am nächsten. Anzumerken ist an dieser Stelle, dass es sich auch in Deutschland beim Großteil der bislang realisierten Vertragsmodelle um Inhabermodelle handelt, bei denen das Eigentum bei der öffentlichen Hand verbleibt.[1150]

G. Widerspruch zwischen Gesetzeszweck und Regelungsgehalt des KonzG

Im Ergebnis lässt sich festhalten, dass umso breiter man in der russischen Rechtsliteratur den Begriff der Konzession versteht, umso enger wurden die inhaltlichen Grenzen für gesetzlich zulässige Konzessionsmodelle gezogen. Der Zweck des KonzG ist gem. Art. 1 Abs. 1 KonzG die Einbindung von Investitionen in die Wirtschaft der RF, die Gewährleistung effektiver Nutzung staatlichen und kommunalen Eigentums sowie die Qualitätssteigerung der Waren und Dienstleistungen. Das KonzG sollte nach dem Willen des Gesetzgebers zum Motor der PPP-Zusammenarbeit – insbesondere im Bereich der Kommunalwirtschaft und der Verkehrsinfrastruktur – werden.[1151] Ob es jedoch angesichts der gesetzlichen Einschränkungen sowohl in Bezug auf die Beweglichkeit des Konzessionsmodells als auch auf die Rechtsstellung des Konzessionsnehmers eine Aussicht auf erfolgreiche Entwicklung der PPP-Strukturen in Russland bietet, bleibt zumindest zweifelhaft.

Das KonzG erweitert – wie oben vielfach gezeigt – nicht den nach allgemeinen Vorschriften bestehenden Rechtskreis des Konzessionsnehmers, sondern engt

---

[1147] Vgl. *Varnavskij*, Konzessionen in der Transportinfrastruktur (russ.), S. 54 f.
[1148] So *ders.*, S. 56.
[1149] Vgl. *ders.*, S. 279 f.
[1150] Vgl. *BMVBW*, Erfahrungsbericht – Öffentlich-Private-Partnerschaften in Deutschland, S. 6 und 16.
[1151] So *Šiškin*, Staatliche Regulierung der Wirtschaft (russ.), a.a.O. m.w.N.

diesen vielmehr ein, indem es dem Konzessionsnehmer auf der einen Seite Rechte nimmt und ihm auf der anderen Seite zusätzliche Pflichten aufbürdet und dadurch die Position des Konzessionsgebers stärkt.[1152] Das Gesetz geht soweit, dass es bestimmte Pflichten des Konzessionsnehmers als seine vermeintlichen Rechte formuliert. Insbesondere scheint die Regelung des Art. 8 KonzG als Regelung des Rechte- und Pflichtenprogramms des Konzessionsnehmers missglückt. Die den Konzessionsnehmer begünstigenden Vorschriften des KonzG enthalten keine qualitativ neuen Regelungen, da sich diese bereits aus einfachen Gesetzen ergeben. Gleichzeitig enthält das KonzG eine Fülle dispositiver Regelungen ohne praktischen Regelungsgehalt, denen allenfalls klarstellender Charakter zukommt. Das Gesetz erweckt somit den Eindruck einer unnötigen Überregulierung. Durch zahlreiche Verweise auf allgemeine Vorschriften eröffnet das KonzG zwar grundsätzlich den Weg in die in Art. 421 Abs. 1 Satz 1 ZGB normierten Vertragsfreiheit, schränkt diese jedoch durch zwingende Regelungen wieder erheblich ein.[1153] Der Spielraum der Vertragsparteien, ihre Vertragsbeziehung nach ihrer eigenen Vorstellung auszugestalten, wird auf ein Mindestmaß reduziert.

Die Eigentumsstruktur nach dem KonzG schwächt die Position des Konzessionsnehmers im Hinblick auf das PPP-Objekt erheblich. Das nach dem KonzG einzig zulässige PPP-Modell ist das Inhabermodell in Form des Konzessionsmodells. Zudem ist die Dienstleistungskonzession nach dem Gesetz unzulässig. Die Rechtsstellung des privaten Auftragnehmers nach dem KonzG ist insofern mit der Rechtslage des Art. 55 ZK RSFSR aus dem Jahre 1923 vergleichbar. Damit enthält das Gesetz strenge Vorgaben für die Ausgestaltung der PPP-Beziehung und schränkt die Gestaltungsfreiheit für die Konzessionsbeziehung unverhältnismäßig ein, da den Parteien die Möglichkeit der Anwendung anderer PPP-Modelle abgeschnitten wird. Zusätzlich eingeschränkt wird die Vertragsfreiheit dadurch, dass weitere PPP-Modelle weder durch das KonzG selbst noch durch andere Gesetze ausdrücklich vorgesehen sind. Die Verpfändung des Konzessionsobjekts bzw. der Ansprüche des Konzessionsnehmers aus der Vertragsbeziehung an die Kreditgeber ist gesetzlich untersagt. Im Ergebnis kommt eine

---

[1152] So auch *Sulakšin/Vilisov/Pogorelko/Hrustalëva*, Konzessionen im Schienenverkehr (russ.), S. 19 und *Lebedeva*, Anwendungsschwierigkeiten des Gesetzes über Konzessionsvereinbarungen (russ.).
[1153] Vgl. *Osadčaâ*, Konzessionsvereinbarungen im Transportsektor (russ.), und *Sosna*, Konzessionsvereinbarungen: Theorie und Praxis (russ.), S. 169.

umso größere Bedeutung alternativen Finanzierungsinstrumenten zu, die in Russland – wie in Teil 4 noch erörtert wird – noch unzureichend entwickelt sind. Die Auftragnehmer sind etwa auf andere Formen der Sicherheiten gegenüber den Kreditgebern – etwa die Verpfändung der Unternehmensanteile an der Projektgesellschaft – angewiesen. Dies führt letztlich zur Verteuerung der Leistungen des Konzessionsnehmers und vermindert seine Gewinnaussichten oder lässt den Konzessionsnehmer seine Mehrkosten auf den Konzessionsgeber abwälzen und verteuert im Ergebnis das Gesamtprojekt. Auch die Untervermietung des Konzessionsgegenstands oder die Abtretung der Rechte des Konzessionsnehmers am Konzessionsobjekt an Dritte sind unzulässig. Dies dürfte letztlich auch zur Verteuerung des Projekts führen.

Ferner bestehen aus Sicht des privaten Investors eine Reihe von Risiken, die es im Rahmen der PPP-Tätigkeit zu beachten gilt. Diese entstehen bereits aufgrund des möglichen Auseinanderfallens der Eigentumsrechte an Grundstücken und den darunter liegenden Gebäuden, was die getrennte Einräumung der Rechte an beiden Vermögenswerten erforderlich macht. Problematisch erscheint auch, dass umfassende Registrierungsgebote bestehen, während die Registrierung ihrerseits keinen Schutz der eingeräumten Rechte bietet. Weitere Risiken ergeben sich im Zusammenhang mit der Durchführung der Staatlichen Expertise sowie daraus, dass es kein Institut des unabhängigen Bauingenieurs zur Beurteilung von Ausführungsmängeln gibt. Die Risikoverteilung nach dem Gesetz – insbesondere in der Bauphase – kann als mangelhaft bezeichnet werden. Problematisch sind ferner die Tragung des Risikos der zufälligen Verschlechterung und des zufälligen Untergangs des Konzessionsobjekts während der Bauphase durch den Konzessionsnehmer, die Rechtslage in Bezug auf den eigenmächtigen Bau sowie die weitreichenden Überwachungsbefugnisse der öffentlichen Hand.

In vergaberechtlicher Hinsicht fällt auf, dass das russische Recht bisher keinen PPP-Eignungstest bzw. keinen Beschaffungsvariantenvergleich kennt. Zudem existieren keine Schwellenwerte, die das Vergaberecht in einen justitiablen und einen dem Primärrechtschutz nicht unterliegenden Bereich unterteilen würden. In Bezug auf die Vergabearten gilt, dass die in Abweichung vom Grundsatz der offenen Ausschreibung anwendbare geschlossene Ausschreibung für den sicherheitsrelevanten Bereich mit der deutschen beschränken Ausschreibung im nationalen Vergaberegime oder dem Nichtoffenen Verfahren vergleichbar ist. In diesem Fall ist zwar das russische Vergaberecht nach dem KonzG strenger, da §

100 Abs. 2 GWB die sicherheitsrelevanten Aufträge gänzlich vom Anwendungsbereich des Vergaberechts ausnimmt. Andererseits erscheint das Missbrauchsrisiko bei der Einstufung eines Auftrags als sicherheitsrelevant mit der Folge der Umgehung des Transparenz- und Gleichbehandlungsgrundsatzes groß. Missverständlich erscheint ferner die Regelung, wonach kein Ausschreibungsverfahren stattzufinden hat, wenn nur ein Bewerber sein Angebot einreicht. In dem Fall ist nämlich von bereits durchgeführter Ausschreibung auszugehen. Die in Deutschland auf PPP-Aufträge anwendbaren Vergabeverfahren des Verhandlungsverfahrens und des Wettbewerblichen Dialog existieren im russischen Recht nicht. Völlig überraschend und nicht nachvollziehbar ist die Sonderregelung in Bezug auf die Vergabearten im Verkehrsstraßenbereich, die das Verfahren der Aktion als anzuwendendes Verfahren vorschreibt. Im Übrigen sind die begrenzte Anzahl der Publizitätsvorschriften, das Problem der Verzögerungen von Ausschreibungsverfahren in der Praxis sowie die unklaren Regelungen zum Nachverhandlungsverbot problematisch. Kritikwürdig sind ferner die mangelhaften Regelungen zur Zusammensetzung der Auswahlkommission sowie bezüglich der Konsequenzen, die ein möglicher Missbrauch der Kommissionsbefugnisse nach sich zieht. In praktischer Hinsicht sind die politische Zusammensetzung und die mangelhafte Repräsentanz der Föderationssubjekte in der Auswahlkommission anzumerken. Schließlich erscheinen die Unverbindlichkeit bzw. die jederzeitige Aufhebbarkeit der Ausschreibung sowie der unzureichende vergaberechtliche Rechtsschutz – insbesondere fehlender Primärrechtschutz – kritikwürdig.

Die russische Gerichtsbarkeit ist gegenüber Gerichtsstandsvereinbarungen zugunsten internationaler Gerichte grundsätzlich skeptisch. Über die Unabhängigkeit der russischen Gerichte bestehen nach wie vor erhebliche Zweifel. Damit existiert im Zweifelsfall kein unabhängiger Spruchkörper zur Entscheidung über die aus der PPP-Beziehung erwachsenden Streitigkeiten. Ein ernstes Problem stellt ferner die Rechtsstellung des privaten Auftragnehmers im Falle der einseitigen vorzeitigen Beendigung des PPP-Vertrages durch den Auftraggeber. Problematisch ist ferner die unzureichende Gewährleistung der Stabilität der Konzessionsbeziehung im Falle nachteiliger Änderungen der Rechtslage. Die aus den oben genannten Schlüssen resultierende Risikoverteilung ist ebenso in höchstem Maße kritikwürdig. Schließlich deutet sie auf die Intention des Gesetzgebers hin, das russische Konzessionsmodell als ein reines Finanzierungsinstrument für Infrastrukturprojekte zu schaffen. Die Finanzierung des Infrastrukturausbaus steht deutlich im Vordergrund. Dies wird insbesondere anhand der Regelungen Art. 32 Abs. 5 und 6 KonzG sowie der durch das Gesetz vorgegebenen Wertungsmatrix deutlich.

Teil 4: Weitere PPP-Gestaltungsformen und Finanzierungsgrundlagen. Die allgemeinen Vorschriften

§ 8 Alternative PPP-Modelle als Lösung für eingeschränkten Gestaltungsspielraum nach dem KonzG

A. Formen alternativer PPP-Modelle

Das KonzG schreibt zwingend eine bestimmte Form der PPP-Gestaltung – das Inhabermodell in Form des Konzessionsmodells – vor. Dennoch lässt sich nicht daraus schließen, dass weitere PPP-Modelle nach russischem Recht unzulässig sind. Neben dem Konzessionsmodell sind alternative Gestaltungsformen – wie Erwerber-, Vermietungs- oder Leasingmodelle, Contracting- oder Gesellschaftsmodelle – denkbar. Vorteile dieser Formen für den Privaten resultieren in erster Linie aus seiner Eigentümerstellung in Bezug auf das Konzessionsobjekt und damit einhergehender Finanzierungsvorteile infolge der Verpfändungs- und Abtretungsmöglichkeiten. Ferner ermöglichen die alternativen PPP-Modelle eine flexiblere Risikoverteilung im Wege vertraglicher Regelungen. Nicht anwendbar sind diese Modelle freilich auf Objekte, die nach russischem Recht nicht ins Eigentum eines Privaten überführt werden können. Ferner kann die Gefahr der Umdeutung der alternativen Gestaltungsform in eine Konzessionsvereinbarung angesichts der oben gezeigten Unsicherheiten in Bezug auf die Gesetzgebungskompetenzen nicht ausgeschlossen werden, wenn auch noch keine praktischen Fälle bekannt sind, in denen sich diese Gefahr realisiert hätte.

Auf alternative PPP-Gestaltungsmodelle finden allgemeine Vorschriften Anwendung. Im Rahmen der Darstellung des KonzG sind bereits die auf das russische Konzessionsmodell anwendbaren PPP-relevanten Rechtsgrundlagen dargestellt worden. Die obigen Ausführungen gelten für alternative Gestaltungsmodelle mit der Maßgabe, dass die – in der Regel einschränkenden – Vorschriften des KonzG nicht anwendbar sind. Dies gilt vor allem für die vergaberechtlichen Ausführungen, da das Vergaberegime des KonzG nach der hier vertretenen Auffassung ein Sonderregime darstellt, welches die Anwendbarkeit des VergabeG ausschließt. Ein Blick in die Praxis zeigt auch, dass im Rahmen des Vergabeverfahrens neben dem KonzG andere vergaberechtliche Regelungsregime relevant werden können. So ist bei sog. Megaprojekten zwischen der Anwendbarkeit des KonzG – WHSD-, OT-, M10- und M1-Vorhaben – und des PPP-G St. Petersburg – Nadex- und Pulkovo-Vorhaben – zu unterscheiden, während übrige Projekte – die im Teil 1 behandelt werden – wohl nach allgemeinen vergaberechtlichen Vorschriften durchgeführt wurden. Im Rahmen der alternativen Gestaltungsformen ist damit von der ausschließlichen Anwendbarkeit des Vergaberechts auszugehen, so dass das allgemeine Vergaberegime nach dem VergabeG im Folgenden näher zu beleuchten ist. Vorab ist jedoch auf die – in der Regel sehr allgemein gehaltenen – PPP-Sonderregelungen einiger Föderationssubjekte einzugehen.

B. PPP-Regelungen auf Ebene der Föderationssubjekte

I. PPP-Gesetz der Stadt St. Petersburg

Mit dem PPP-Gesetz der Stadt St. Petersburg (PPP-G St. Petersburg)[1154] wurde im Jahre 2006 eine wesentlich flexiblere und damit effektivere rechtliche Grundlage für die Durchführung von Investitionsprojekten in Form von PPP geschaffen. Das Gesetz sieht in Art. 5 PPP-G St. Petersburg sieben PPP-Modelle ausdrücklich vor. Beim BOOT(ROOT)-Modell überträgt die öffentliche Hand ein Grundstück und/oder andere Vermögensgegenstände an den privaten Partner, der seinerseits ein PPP-Objekt errichtet oder modernisiert und betreibt, welches zunächst in seinem Eigentum steht und anschließend an die öffentliche Hand übereignet wird. Beim BOO(ROO)-Modell entfällt im Vergleich zum BOOT(ROOT)-Modell die anschließende Eigentumsübertragung auf den öffentlichen Partner. Das BOT(ROT)-Modell setzt im Gegensatz zum BOOT(ROOT)-Modell keinen Betrieb durch den privaten Partner voraus. Außerdem sieht das Gesetz das Modell der Dienstleistungskonzession vor, bei dem keine Errichtung oder Modernisierung, sondern lediglich die Erbringung von Dienstleistungen durch den Privaten geschuldet wird. Schließlich legt das Gesetz fest, dass auch andere durch das KonzG oder Rechtsakte der Stadt St. Petersburg vorgesehenen Formen der staatlich-privaten Partnerschaft zulässig sind.

Vom Anwendungsbereich des Gesetzes sind Rechtsbeziehungen ausgenommen, die durch das Gesetz der Stadt St. Petersburg über Einräumung von Nutzungsrechten an im Eigentum der Stadt stehenden Immobilien zum Zwecke der Er-

---

[1154] S. das Gesetz der Stadt St. Petersburg über die Teilnahme der Stadt St. Petersburg an staatlich-privaten Partnerschaften vom 25. Dezember 2006, Nr. 627-100, russ.: *Ob učastii Sankt-Peterburga v gosudarstvenno-častnyh partnërstvah.*

richtung oder Modernisierung (EigentumsNutzungsG St. Petersburg)[1155] sowie das Gesetz der Stadt St. Petersburg über die vertrauliche Verwaltung des Vermögens der Stadt St. Petersburg (EigentumsVerwaltungsG St. Petersburg)[1156] geregelt sind. Sondervorschriften gelten ferner für sog. strategische Investitionsprojekte und strategische Investoren.

II. Weitere PPP-Gesetze

Daneben existieren weitere Regelungen auf regionaler Ebene. So sieht das PPP-G Tomsk[1157] aus dem Jahre 2008 solche PPP-Formen wie Konzessionsvereinbarungen, gemischtwirtschaftliche Unternehmen, PPP-Vereinbarungen sowie weitere Formen vor. Im September 2009 nahm die Duma der Stavropol-Region das Gesetz über *Public Private Partnerships* in der Stavropol-Region an.[1158] Als PPP-Formen sieht das Gesetz mit der öffentlichen Hand abgeschlossene Verträge und Investitionsvereinbarungen, gemischtwirtschaftliche Unternehmen und Konzessionsvereinbarungen sowie weitere Formen der Zusammenarbeit vor. Am 25. Februar 2010 verabschiedete das Gebiet Nischnij Novgorod das Gesetz über die Beteiligung des Gebiets Nischnij Novgorod an *Public Private Partnerships*[1159]. Das Gesetz sieht Steuererleichterungen, Subventionen und Ermäßigungen für Nutzungsrechte an Grund und Boden für den privaten Partner vor.[1160] Ferner haben weitere Föderationssubjekte – Tyva, Altaj, Udmurtien, Kurgan, Kalmykien und Dagenstan – PPP-Gesetze verabschiedet. Die Gesetze enthalten in der Regel nur wenige aussagekräftige Regelungen und erweisen sich letztlich als Bekundung politischen Willens zur Förderung von PPP ohne jedoch konkrete Rahmenbedingungen für PPP zu schaffen. Viele Investitionsge-

---

[1155] S. das Gesetz der Stadt St. Petersburg über das Verfahren zur Einräumung von Nutzungsrechten an im Eigentum der Stadt stehende Immobilien zum Zwecke des Baus oder der Modernisierung vom 26. Mai 2004, Nr. 282-43, russ.: *O porâdke predostaleniâ ob"ektov nedvižimosti, nohodâšihsâ v sobstvennosti Sankt-Peterburga dlâ stroitel'stva i rekonstrukcii.*

[1156] S. das Gesetz der Stadt St. Petersburg über die vertrauliche Verwaltung des Vermögens der Stadt St. Petersburg vom 16. Juni 2004, Nr. 334-51, russ.: *O doveritel'nom upravlenii imušestvom Sankt-Peterburga.*

[1157] S. das Gesetz des Gebietes Tomsk über die GČP-Grundlagen vom 26. November 2008, Nr. 1825, russ.: *Ob osnovah gosudarstvenno-častnogo partnёrstva v Tomskoj oblasti.*

[1158] Der Text des Gesetzes ist abrufbar unter http://www.donland.ru/service/comm/3/messages.asp?groupId=127.

[1159] S. das Gesetz vom 9. März 2010, Nr. 40-3, russ.: *Ob učastii Nižegorodskoj oblasti v gosudarstvenno-častnom partnёrstve.* S. dazu auch Informationen der Gebietsregierung, abrufbar unter: http://www.government.nnov.ru/?id=59093.

[1160] S. Kommersant-NN vom 11. Dezember 2009.

setze auf regionaler Ebene erwähnen PPP ferner ausdrücklich als ein mögliches Investitionsinstrument.[1161] Das Ministerium für Investitionspolitik des Gebietes Saratov hat einen Katalog der zur Konzession freigegebenen Objekte veröffentlicht.[1162]

C. Vergaberechtliche Vorgaben nach allgemeinen Vorschriften

Wie bereits im Rahmen der Darstellung vergaberechtlicher Vorschriften nach dem KonzG dargelegt, ist zwingend die Anwendbarkeit des Vergaberechts zu prüfen, wenn ein öffentlicher Auftraggeber Leistungen am Markt beschafft. Selbstverständlich gilt es auch für die Vergabe von Aufträgen, die keine Konzessionsvorhaben sind. Die Grundlage des russischen Vergaberechts bildet – ähnlich wie im deutschen Recht die §§ 97 ff. GWB – das russische WettbewerbsG. Art. 17 und 17.1 WettbewerbsG enthalten das Verbot wettbewerbsbeschränkender Handlungen durch die öffentliche Hand sowie ein Gebot der Durchführung von Ausschreibungen oder Auktionen bei der Vergabe öffentlicher Aufträge. Es überrascht freilich der fehlende Hinweis auf die Anwendbarkeit weiterer vergaberechtlicher Vorschriften. Das zentrale Regelwerk des russischen Vergaberechts stellt das Gesetz über die Auftragsvergabe zur Lieferung von Waren, Ausführung von Arbeiten und Erbringung von Leistungen für staatlichen und munizipalen Bedarf (VergabeG)[1163] dar. Als gesetzliches Leitbild dienen dem russischen Vergaberecht Art. 447 ff. ZGB. Das neue Vergabegesetz trat am 1. Januar 2006 in Kraft und löste das Vergabegesetz von 1999 (VergabeG a.F.)[1164] ab, welches noch keine Gleichstellung der in- und ausländischen Ausschreibungsteilnehmer kannte. Nunmehr gilt für ausländische Teil-

---

[1161] Das Gesetz der Primorskij Region vom 10. Mai 2006, Nr. 354-KZ, s. dazu *Nikolaev/Bočkov*, Staatlich-private Partnerschaft (russ.); Gesetze des Lipezk Gebietes vom 30. Dezember 2004, Nr. 162-OZ und vom 27. März 2003, Nr. 119-17-III-OZ.

[1162] S. Homepage der Regierung der Republik Saratov, abrufbar unter: http://www.saratov.gov.ru/government/structure/mininv/koncesobg.php.

[1163] S. das föderale Gesetz über die Auftragsvergabe zur Lieferung von Waren, Ausführung von Arbeiten und Erbringung von Leistungen für staatlichen und munizipalen Bedarf vom 21. Juli 2005, Nr. 94-FZ, russ.: *O razmeśenii zakazov na postavki tovarov, vypolnenie rabot, okazanie uslug dlâ gosudarstvennyh i municipal'nyh nužd.*

[1164] S. das föderale Gesetz über Ausschreibungen vom 6. Mai 1999, Nr. 97, russ.: *O konkursah na razmeśenie zakazov na postavki tovarov, vypolnenie rabot, okazanie uslug dlâ gosudarstvennyh nužd.* Nach alter Rechtslage war eine Teilnahme von ausländischen Unternehmen an Vergabeverfahren nur dann zulässig, wenn entsprechende Waren, Werke und Dienstleistungen in Russland nicht vorhanden oder unverhältnismäßig teuer waren. Die russische Regierung bleibt hingegen nach wie vor ermächtigt, Verbote und Einschränkungen bei der Vergabe an ausländische Unternehmen vorzusehen, vgl. Art. 13 Abs. 4 VergabeG.

nehmer, die gem. Art. 14 VergabeG an Ausschreibungen teilnehmen dürfen, unter bestimmten Voraussetzungen das sog. nationale Regime, wonach für ausländische Waren-, Werk- und Dienstleistungen die gleichen Bedingungen wie für Waren russischer Herkunft gelten, vgl. Art. 13 VergabeG.[1165] Daneben regeln einige Vergabeverordnungen[1166] das Vergabeverfahren in der RF.

I. Anwendbarkeit des VergabeG auf PPP-Vorhaben

Das VergabeG findet nach Art. 1 Abs. 2 VergabeG auf öffentliche Aufträge Anwendung, deren Gesamtwert den durch die Zentralbank festzulegenden Mindestbetrag übersteigt. Dieser ist mit derzeit 60.000 RUB sehr niedrig angesetzt.[1167]

II. Vergabearten nach dem VergabeG und deren PPP-Eignung

1. Zulässige Vergabearten

Die zentrale Vorschrift für Vergabearten nach dem VergabeG ist Art. 10 VergabeG. Die Vergabe eines öffentlichen Auftrags erfolgt gem. Art. 10 Pkt. 1 VergabeG entweder im Wege der Durchführung eines Vergabeverfahrens, vgl. Pkt. 1 Ziff. 1 VergabeG, oder ohne die Durchführung eines Vergabeverfahrens, vgl. Pkt. 1 Ziff. 2 VergabeG. Art. 10 Pkt. 1 Ziff. 1 VergabeG, der – ebenso wie die Vorschriften des KonzG – Art. 447 Abs. 4 ZGB zur Grundlage, sieht als

---

[1165] Diese Gleichbehandlung gilt gem. Art. 13 Abs. 3 VergabeG ausschließlich für Teilnehmer aus Staaten, die ihren Markt für russische Waren oder Dienstleistungen nicht beschränkt haben. Solche gegenseitigen Beschränkungen können zudem gem. Art. 13 Abs. 3 VergabeG auch nachträglich erlassen werden. Darüber hinaus können Beschränkungen auch für Zwecke der Landesverteidigung oder der nationalen Sicherheit eingeführt werden, vgl. Art. 13 Abs. 4 VergabeG.

[1166] S. die Verordnung der Regierung der RF über das Vergabeverfahren für durch die Föderation finanzierte Straßenbauvorhaben der Föderationssubjekte (VergabeVO-653) vom 5. September 2001, Nr. 653, russ.: *O porâdke provedeniâ torgov na vypolnenie podrâdnyh rabot, finansiruemyh za sčët subsidij i subvencij, vydelennyh bûdžetam sub"ektov Rossijskoj Federacii na stroitel'stvo i rekonstrukciû avtomobil'nyh dorog obšego pol'zovaniâ i iskustvennyh sooruženij na nih,* sowie Verordnung der Regierung der RF über das Vergabeverfahren für Veräußerung oder Vermietung von Immobilien im staatlichen oder munizipalem Eigentum (VergabeVO 808) vom 11. November 2002, Nr. 808, russ.: *Ob organizacii i provedenii torgov po prodaže nahodâšihsâ v gosudarstvennoj ili municipal'noj sobstvennosti zemel'nyh učastkov ili prava na zaklûčenie dogovorov arendy takih zemel'nyh učastkov.*

[1167] Vgl. Anweisung der Zentralbank der RF vom 14. November 2001, Nr. 1050-U, russ.: *Ob ustanovlenii predel'nogo razmera rasčëtov naličnymi den'gami v Rossijskoj Federacii meždu ûridičeskimi licami po odnoj sdelke.*

Vergabearten die Ausschreibung und die Auktion vor. Gem. Art. 10 Pkt. 1 Ziff. 2 VergabeG kann die Auftragsvergabe ohne Durchführung eines Vergabeverfahrens im Wege der Preisanfrage, der Platzierung beim einzigen Bieter oder der Platzierung an einer Warenbörse stattfinden.

Abb. 3: Vergabearten nach dem VergabeG

Die Vergabeart der **Ausschreibung** ist in Art. 20 ff. VergabeG geregelt. Die Vergabeart der **Auktion** richtet sich nach Art. 32 ff. VergabeG. Bei der Vergabe im Wege einer Auktion wird der Vertrag mit dem Meistbietenden geschlossen. Berücksichtigung anderer Wertungskriterien findet nicht statt. Hinzuweisen ist auf die Möglichkeit der Durchführung der Online-Auktion, vgl. Art. 32 Abs. 3 und Art. 41 VergabeG.[1168] Beide Vergabearten können jeweils **offen** oder **geschlossen** erfolgen. Beim offenen Vergabeverfahren wird eine unbeschränkte Zahl von Teilnehmern öffentlich zur Abgabe von Angeboten aufgefordert. Dagegen wird bei geschlossenen Verfahren zwar öffentlich zur Teilnahme aufgerufen. Aus dem Teilnehmerkreis erhält aber nur eine beschränkte Zahl von Teilnehmern die Einladung zur Abgabe eines Angebots, vgl. Art. 30 Abs. 3 und 39 Abs. 3 VergabeG, was insoweit eher einem öffentlichen Teilnahmewettbewerb und nicht – wie man vermuten könnte – der beschränkten Ausschreibung nach deutschem Recht ähnelt.

Das Verfahren der **Preisanfrage** ist gem. Art. 42 Abs. 3 VergabeG bei Aufträgen anwendbar, deren Wert 250.000,- RUB (ca. ... EUR) nicht übersteigt, und kommt somit für in der Regel wesentlich größere PPP-Aufträge nicht in Betracht. Mittels der **Platzierung an einer Warenbörse** kann der Bedarf der öffentlichen Hand an Waren gedeckt werden, die an Börsen gehandelt werden,

---

[1168] Die Online-Auktion gilt für Vergabe von Aufträgen im Wert von unter 1 Mio. RUB.

vgl. Art. 56 Abs. 1 VergabeG. Damit ist das Verfahren der Platzierung an einer Warenbörse für Ausschreibungen komplexer Leistungen im Rahmen von PPP-Verträgen nicht geeignet.

Dahingegen scheint die Vergabeart der **Platzierung beim einzigen Bieter**, die wohl der deutschen freihändigen Vergabe nahekommt, auch zur Ausschreibung von PPP-Verfahren anwendbar. Gem. Art. 55 Abs. 2 VergabeG findet diese Vergabeart u.a. im Bereich der natürlichen Monopole, der Wasserver- und Abwasserentsorgung, der Strom-, Fernwärme- und Gasversorgung Anwendung.

2. Verhältnis der Vergabearten untereinander

Die Entscheidung über die Art der Auftragsvergabe trifft der öffentliche Auftraggeber, vgl. Art. 20 Pkt. 3 VergabeG. Während sich der Gesetzgeber mit Ausnahme o.g. Fälle grundsätzlich für die offene Ausschreibung entschieden hat, gelten im VergabeG zahlreiche Ausnahmen von diesem Grundsatz. Der gesetzliche Vorrang gilt indes gem. Art. 10 Pkt. 2 VergabeG auch im VergabeG für die Durchführung eines Vergabeverfahrens. Ferner trifft das Gesetz in Art. 20 Pkt. 2 und Art. 32 Pkt. 2 VergabeG eine Aussage über den Vorrang des offenen gegenüber dem geschlossenen Vergabeverfahren, wobei letzteres nur bei Staatsgeheimnisse berührenden Aufträgen zulässig ist.

Die Vergabeart der Auktion gilt nach Art. 32 ff. VergabeG für die Beschaffung von marküblichen Waren, die nicht nach konkreten Vorgaben des Auftragnehmers angefertigt werden und ausschließlich nach ihrem Preis verglichen werden können, vgl. Art. 10 Abs. 4 Satz 1 VergabeG. Einen Katalog solcher Waren legt die Regierung der RF fest, vgl. Art. 10 Abs. 4 Satz 2 VergabeG. Die Durchführung einer Ausschreibung ist für Katalogwaren gem. Art. 10 Pkt. 4 Satz 3 VergabeG untersagt. Werden keine marküblichen Waren beschafft, ist demnach wohl vom grundsätzlichen Vorrang der Vergabeart der Ausschreibung auszugehen. Wie bereits oben behandelt, postuliert jedoch Art. 10 Pkt. 4.1 VergabeG eine Sonderregelung für die Beschaffung von Leistungen im Zusammenhang mit Verkehrsstraßenbauvorhaben. Solche Bauvorhaben sollen grundsätzlich im Wege einer Auktion vergeben werden. Lediglich für die Errichtung von besonders gefährlichen und technisch komplizierten Bauvorhaben sollen beide Alternativen – Ausschreibung oder Auktion – offen stehen. So entschied sich der öffentliche Auftraggeber im Nadex-Vorhaben für die Durchführung der offenen Ausschreibung, vgl. Kap. 1 Pkt. 4 AU.

335

Die Vergabearten der Preisanfrage, der Platzierung beim einzigen Bieter oder der Platzierung an einer Warenbörse stellen gem. Art. 10 Pkt. 2 VergabeG Ausnahmetatbestände dar. Die für PPP-Vorhaben einzig relevante Form der Vergabe ohne die vorherige Ausschreibung ist die der Platzierung beim einzigen Bieter nach Art. 55 VergabeG. Der Ausnahmetatbestand greift bei Vergaben im Zusammenhang mit den sog. natürlichen Monopolen i.S.d. Gesetzes über natürliche Monopole (NatMonopoleG)[1169], vgl. Art. 55 Pkt. 2 Ziff. 1 VergabeG, ferner im Bereich (Ab-)Wasser, Wärme-, Gas- und Elektrizitätsversorgung, vgl. Art. 55 Pkt. 2 Ziff. 2 und 2.1 VergabeG, bei der Vergabe von Aufgaben, die in den ausschließlichen Zuständigkeitsbereich von Exekutivorganen gehören, vgl. Art. 55 Pkt. 2 Ziff. 5 VergabeG, bei infolge höherer Gewalt notwendig gewordenen Vergaben, vgl. Art. 55 Pkt. 2 Ziff. 6 VergabeG, bei die Staatssicherheit oder Rüstungsfragen betreffenden Vergaben, vgl. Art. 55 Pkt. 2 Ziff. 12 und 16 VergabeG, sowie in weiteren Fällen. Weiterhin legen einige sondergesetzliche Regelungen die Anwendbarkeit einer bestimmten Vergabeart fest. So wird staatliches oder munizipales Eigentum, dessen Erwerb keine Verpflichtungen des Erwerbers nach sich zieht, gem. Art. 18 PrivatisierungsG im Wege einer Auktion veräußert. Dagegen sollen die zu mehr als 50% im staatlichen Eigentum stehenden OAO grundsätzlich im Wege einer Ausschreibung veräußert werden, vgl. Art. 20 PrivatisierungsG.

Eine Auseinandersetzung mit den einzelnen Vergabearten findet in der russischen Literatur kaum statt. Zu finden sind lediglich Vermutungen in Bezug auf die Anwendbarkeit bestimmter Vergabeverfahren in der Praxis. Nach *Smirnov*[1170] soll die Vergabe von öffentlichen Aufträgen in der Praxis überwiegend im Wege von Auktionen erfolgen. Dagegen scheinen einige Autoren dem Auftraggeber ein freies Wahlrecht in Bezug auf die Art der Vergabe zuzusprechen.[1171] Zusammenfassend lässt sich festhalten, dass die Anwendbarkeit einer bestimmten Vergabeart – in Ausnahme zum Grundsatz der offenen Ausschreibung – im Einzelfall einer genauen Prüfung zu unterziehen ist. Das Verfahren der Auktion kommt insbesondere bei Verkehrsstraßenbau-Projekten in Betracht, während für einige andere PPP-relevante Bereiche auch das Verfahren der Platzierung beim einzigen Bieter anwendbar sein dürfte. Beide

---

[1169] S. das Gesetz über natürliche Monopole vom 17. August 1995, Nr. 147-FZ, russ.: *O estvennyh monopoliâh*.

[1170] So *Smirnov*, Aktuelle Probleme der wirtschaftlichen Verwaltung einer Region, S. 37.

[1171] So etwa *Braginskij/Vitrânskij*, Vertragsrecht (russ.).

Ausnahmetatbestände begründen Zweifel an ihrer Eignung für PPP-Projekte, weil sie – wie im Falle der Auktion – keine Berücksichtigung anderer Angebotskriterien als der Preis oder – wie im Falle der Platzierung beim einzigen Bieter – keinen Wettbewerb der PPP-Partner zulassen. Lediglich eine Vergabeart – die der (grundsätzlich offenen) Ausschreibung, vgl. Art. 12 Pkt. 2 PPP-G St. Petersburg – sieht das PPP-G St. Petersburg vor. Damit bietet das PPP-G St. Petersburg einen entscheidenden Vorteil, da es keinen Raum für Unsicherheiten in Bezug auf die Wahl der Vergabeart lässt.

III. Das PPP-Vergabeverfahren nach dem VergabeG

Regelungen des Vergabeverfahrens im Falle der Vergabe in Form der Platzierung beim einzigen Bieter sieht das VergabeG nicht vor. Im Rahmen der folgenden Darstellung des Ablaufs des Vergabeverfahrens nach dem VergabeG soll lediglich kurz auf Unterschiede in Bezug auf die Verfahrensarten der Ausschreibung und der Auktion eingegangen werden.

1. Sog. spezialisierte Organisation

Art. 6 VergabeG sieht die Möglichkeit der Auslagerung der Durchführung des Ausschreibungsverfahrens auf eine sog. spezialisierte Organisation vor. So hat etwa die Stadt Moskau eine Liste mit spezialisierten Organisationen erstellt, die sich im Rahmen einer öffentlichen Ausschreibung für diese Zwecke qualifiziert haben.[1172] Zwar legt das VergabeG die Durchführung eines Ausschreibungsverfahrens zur Auswahl einer solchen spezialisierten Organisation sowie eine gesamtschuldnerische Haftung der spezialisierten Organisation mit der öffentlichen Hand für den Fall unrechtmäßigen Handelns der spezialisierten Organisation fest, dennoch scheint das Missbrauchsrisiko bei der Vergabe öffentlicher Aufträge durch private Organisationen zu groß. Laut *Grišaev/Èrdelevskij*[1173] ist unklar, was mit der Qualifikation „spezialisierte" Organisation gemeint ist, da die Tätigkeit der Durchführung von Vergabeverfahren keiner Lizenzierung unterliegt.

2. Bekanntmachung

Die Vergabebekanntmachung ist nach den Vorgaben der Art. 21 und 33 VergabeG in einem Printmedium und auf der offiziellen Internetseite zu veröf-

---

[1172] Vgl. *Sysoev*, Aktuelle Instrumente der Investitionsentwicklung der Regionen (russ.), S. 78.
[1173] Vgl. *Grišaev/Èrdelevskij*, Kommentar zum Zivilgesetzbuch der RF (russ.).

fentlichen und muss wesentliche Angaben über die Ausschreibung enthalten. Bemerkenswert ist die relativ kurz bemessene Ausschreibungsfrist, die im Falle der offenen Ausschreibung 30 Tage ab der Bekanntmachung bis zur Angebotsöffnung nicht unterschreiten darf. Zu beachten ist – wie im Rahmen des KonzG bereits erläutert – die Besonderheit des russischen Vergaberechts, wonach der Auftragnehmer zwingend eine Bietungsgarantie zur Absicherung seiner Verpflichtung zum Vertragsabschluss sowie eine Vertragserfüllungsbürgschaft zur Erfüllung seiner vertraglichen Verpflichtungen vorzulegen hat, vgl. Art. 20 Abs. 4 und 32 Abs. 5 VergabeG. Bei Weigerung des Initiators der Ausschreibung, den Vertrag mit dem erfolgreichen Bieter abzuschließen, hat er den zweifachen Vorschuss an den erfolgreichen Bieter zu zahlen.

3. Angebotsphase

Eine Präqualifikationsphase bzw. einen Teilnahmewettbewerb als vorgeschaltete Verfahrensphasen sieht das VergabeG weder für die Ausschreibung noch für die Auktion vor. Während die Ausschreibungsteilnehmer im Rahmen der Vergabeart der Ausschreibung Angebote einreichen, geben sie im Rahmen der Auktion zunächst Anmeldeanträge zur Auktionsteilnahme ab, vgl. Art. 35 Pkt. 1 VergabeG. Die Prüfung der Eignungskriterien der Teilnehmer i.S.d. Art. 11 VergabeG erfolgt erst im Rahmen der Angebotswertung bei der Ausschreibung bzw. im Vorfeld der Auktion im Rahmen der Zulassungsprüfung gem. Art. 36 Pkt. 1 VergabeG. Die Auktion wird dann im Wege einer sog. umgekehrten Auktion durch die schrittweise Reduzierung des Anfangspreises durchgeführt, vgl. Art. 37 Pkt. 4 VergabeG. Das Verfahren der Auktion regelt Art. 37 Pkt. 5.2 VergabeG. Demgegenüber sieht das PPP-G St. Petersburg in Art. 12 Pkt. 1 Ziff. 3 i.V.m. Pkt. 2 PPP-G St. Petersburg ausdrücklich die Möglichkeit der Durchführung eines vorgeschalteten Teilnahmewettbewerbs vor.[1174] Art. 12 Pkt. 8 i.V.m. Art. 14 Pkt. 1 PPP-G St. Petersburg lässt darüber hinaus ausdrücklich die Möglichkeit zu, das Vergabeverfahren in mehreren Etappen durchzuführen.[1175]

3.1. Inhalt der Angebote

Im Gegensatz zur sog. funktionalen Leistungsbeschreibung, die nach deutschem Recht für PPP-Verfahren verwendet wird, muss die Leistungsbeschreibung nach den Vorgaben der Art. 22 Pkt. 2-5 und Art. 34 Pkt. 2-5 VergabeG sehr konkrete

---

[1174] Vgl. dazu auch *Smirnov*, Aktuelle Probleme der wirtschaftlichen Verwaltung einer Region, S. 40.
[1175] Vgl. dazu auch *ders.*, S. 42 f.

Vorgaben enthalten. Der Auftraggeber kann sich lediglich gem. Art. 9 VergabeG ein einseitiges Vertragsanpassungsrecht vorbehalten, welches jedoch auf die 10%-ige Über- bzw. Unterschreitung des vereinbarten Leistungsumfangs begrenzt ist. Dem Auftraggeber wird durch diese starren Vorgaben die Möglichkeit genommen, den konkreten Leistungsumfang im Zusammenwirken mit den Ausschreibungsteilnehmern zu erarbeiten. Dies wirkt sich im Ergebnis auf die Qualität des PPP-Ausschreibungsverfahrens aus. Ungewöhnlich aus Sicht des deutschen Rechts ist auch die Festlegung eines Anfangspreises in den Ausschreibungsunterlagen, vgl. Art. 10 Pkt. 2 VergabeG. Diese Besonderheit des russischen Vergaberechts wird auch in der Literatur als problematisch angesehen.[1176]

3.2. Beantwortung der Bieterfragen und Präzisierung der Angebote

Jeder Teilnehmer der Ausschreibung kann Erläuterungen zu den Vergabeunterlagen in schriftlicher oder elektronischer Form anfordern, vgl. Art. 24 und Art. 34 Abs. 8 VergabeG. Für die Beantwortung der Teilnehmerfragen ist eine starre und kurz bemessene Frist von zwei Tagen nach Erhalt der Aufforderung vorgegeben, die der eingehenden Handhabung bzw. dem effektiven Dialog zuwiderläuft. So war der Auftraggeber im Nadex-Vorhaben im Rahmen der Beantwortung der Bieterfragen berechtigt, Einzelgespräche mit den Bietern zu führen, vgl. Kap. 3 Pkt. 4.3 AU. Wie bereits im Zusammenhang mit Konzessionsvereinbarungen diskutiert, enthalten Ausschreibungsunterlagen in der Praxis häufig einen Haftungsausschluss zugunsten des öffentlichen Auftraggebers in Bezug auf die Richtigkeit und Vollständigkeit der veröffentlichten Projektinformationen, s. Einführung zu AU[1177] im Nadex-Vorhaben sowie Pkt. 3.3 AU[1178] im Pulkovo-Vorhaben. Die Vergabekommission ihrerseits darf die Bewerber gem. Art. 26 Abs. 7 VergabeG auffordern, ihre Angebote zu präzisieren. Veränderungen dürfen an den Angeboten jedoch nicht vorgenommen werden. Die Abgrenzung zwischen einer zulässigen Präzisierung und einer verbotenen Veränderung dürfte im Einzelfall schwierig sein.

[1176] So etwa *Smirnov*, Kommentar zum föderalen Gesetz über die Auftragsvergabe, a.a.O.

[1177] S. Anhang 2 zur Verordnung der Regierung der Stadt St. Petersburg vom 25. Dezember 2007, Nr. 1657.

[1178] S. Ausschreibungsunterlagen, bestätigt durch Verordnung der Regierung der Stadt St. Petersburg vom 16. April 2008, Nr. 393.

3.3. Wertung der Angebote

Die Prüfung der Angebote durch die Vergabekommission muss innerhalb von zehn Tagen nach Angebotsöffnung erfolgen, vgl. Art. 27 Abs. 1 Satz 2 und Art. 36 Abs. 2 VergabeG. Neben der Mitteilung der Prüfungsergebnisse an die Bewerber erfolgt deren Veröffentlichung auf der Webseite des Auftragnehmers.

3.4. Anforderungen an die Teilnehmer

Art. 11 Pkt. 1 VergabeG enthält einen Katalog der im Vergabeverfahren zwingend zu prüfenden Eignungskriterien. So müssen die Teilnehmer gem. Art. 11 Pkt. 1 Nr. 1 VergabeG die Anforderungen erfüllen, die an Auftragnehmer der ausgeschriebenen Leistung nach russischem Recht gestellt werden. Gem. Art. 11 Pkt. 1 Nr. 2-4 VergabeG dürfen gegen Ausschreibungteilnehmer ferner keine Liquidations-, Insolvenz- oder Ordnungswidrigkeitsverfahren eröffnet sein bzw. offene Steuer- bzw. Abgabeforderungen in bestimmter Höhe bestehen. Sie dürfen ferner nicht in die sog. schwarze Liste der unzuverlässigen Unternehmer gem. Art. 11 Pkt. 2 Nr. 2 i.V.m. Art. 19 VergabeG eingetragen sein. Welche Anforderungen an die Teilnehmer in der Praxis gestellt werden, wurde bereits im Rahmen der Projektbeschreibungen vorgestellt. Es handelt sich um übliche – etwa die Kapitalausstattung, Umsatzzahlen sowie Referenzen betreffende – Vorgaben.

Problematischer erscheint das Gebot der Gründung der Projektgesellschaft bereits in der Phase des Ausschreibungsverfahrens. Gem. Kap. 1 Pkt. 4 AU und Kap. 4 Pkt. 1.4 AU im Nadex-Vorhaben sowie Pkt. 1.4 AU sowie Pkt. 1 des Anhangs zu AU im Pulkovo-Vorhaben musste die Person des Ausschreibungsteilnehmers mit dem erfolgreichen Bieter sowie dem künftigen PPP-Vertragspartner identisch sein. Daraus ist jedoch nicht zwingend zu schließen, dass eine für den Fall des Abschlusses der Vereinbarung zu gründende Projektgesellschaft bereits im Stadium der Präqualifikation bestehen muss. Vielmehr legt Pkt. 4.1 der Antworten auf Bieterfragen vom 27. Februar 2008 fest, dass nach Abschluss der PPP-Vereinbarung die Gründung einer Projektgesellschaft durch das erfolgreiche Konsortium zulässig ist.

3.5. Problem: Verhandlungsverbot

Die wesentliche Besonderheit im Vergleich zum deutschen Vergaberecht stellt das für alle Vergabearten geltende Verhandlungsverbot dar. Sowohl für die Vergabeart der Ausschreibung als auch für die der Auktion verbieten jeweils Art. 20 Pkt. 6 und Art. 32 Pkt. 6 VergabeG jede Art von Verhandlungen des öffentli-

chen Auftraggebers mit den Ausschreibungsteilnehmern.[1179] PPP setzt indes –
wie oben mehrmals erläutert – das Aushandeln der für beide Seiten optimalen
Vertragsbedingungen im Wege des gegenseitigen Nachgebens der Parteien voraus. Ein Verhandlungsverbot macht eine Vergabeart zur Verwirklichung von
PPP-Vorhaben unbrauchbar.

Das Verhandlungsverbot ist allerdings im Zusammenhang mit dem Recht des
Auftraggebers zu sehen, Änderungen an den Vergabeunterlagen vorzunehmen.
Der Auftraggeber ist nämlich gem. Art. 24 Pkt. 3 und Art. 34 Pkt. 8 VergabeG
in eigener Initiative oder nach Aufforderung durch die Ausschreibungsteilnehmer berechtigt, Änderungen der Vergabeunterlagen jederzeit – spätestens jedoch
20 Tage vor Ende der Angebotsfrist – vorzunehmen. Die Änderungen sind innerhalb von fünf Tagen nach ihrem Beschluss zu veröffentlichen und nach weiteren zwei Tagen den beteiligten Teilnehmern mitzuteilen. Dies dürfte das Verhandlungsverbot wieder relativieren, denn ein Verhandlungsverbot bedeutet im
Grunde, dass Änderungen an Ausschreibungsunterlagen während des Ausschreibungsverfahrens unzulässig sind. Zwar legen Art. 24 Pkt. 3 Satz 2 und Art.
34 Pkt. 9 Satz 2 VergabeG fest, dass der Gegenstand des Ausschreibungsverfahrens infolge solcher Änderungen nicht verändert werden darf. Wie weit diese
Einschränkung reicht, wird nicht hinreichend deutlich. Dies dürfte vom Grad der
Genauigkeit der Leistungsbeschreibung im konkreten Fall abhängen. Jedenfalls
dürften trotz der Einschränkungen der Änderungsbefugnis nach wie vor erhebliche Änderungen der Ausschreibungsunterlagen möglich sein. Inwieweit das
VergabeG ein Verhandlungsverbot postuliert, kann damit mangels aus der Praxis bekannter Fälle nicht abschließend geklärt werden. Ein Blick in die Praxis
bestätigt indes ein Abänderungsrecht des Auftraggebers. Im Nadex-Vorhaben
stand dem Auftraggeber das jederzeitige Änderungsrecht in Bezug auf die Ausschreibungsunterlagen bis zum Ablauf der Angebotsfrist zu, vgl. Einführung zu
den Ausschreibungsunterlagen sowie Kap. 1 Pkt. 13.1 Nadex-AU und gem. Pkt.
1.14 AU und Pkt. 1 des Anhangs 3 zu Pulkovo-AU. In Bezug auf das Verhandlungsverfahren hatte die Ausschreibungskommission im Nadex-Vorhaben das
Recht, sich während des Ausschreibungsverfahrens an die Ausschreibungsteil-

---

[1179] Vgl. *Borisov/Kraev*, Kommentar zum Gesetz über die Auftragsvergabe (russ.), S. 270,
führen das durch das VergabeG postulierte Verhandlungsverbot auf Art. 35 des UNCITRAL-
Entwurfs zurück. Der Standard-Gesetzentwurf über die Beschaffung von Waren, Werk- oder
Dienstleistungen wurde auf der XXVII. Sitzung von UNCITRAL am 31. Mai bis 17. Juni
1994 angenommen.

nehmer zu wenden, um für die Wertung der Angebote notwendige Informationen zu erlangen, vgl. Kap. 1 Pkt. 14.8 AU. Verhandlungen mit den Ausschreibungsteilnehmern durften im Pulkovo-Vorhaben gem. Pkt. 1.7.4 sowie Pkt. 1.7.6 AU geführt werden. Demnach konnte sich der Auftraggeber jederzeit an die Auftragnehmer zur Einholung von Informationen wenden, die zur Bewertung der Angebote erforderlich waren. Eine Beschränkung auf Klarstellungen und Präzisierungen enthielten die Vorschriften nicht.

Kein Verhandlungsverbot sieht auch das PPP-G St. Petersburg vor. Dies spiegelt sich zum Einen in der ausdrücklichen – wenn auch eingeschränkten – Zulässigkeit der Verhandlungen auch nach Abschluss der Angebotswertungsphase gem. Art. 12 Pkt. 1 Ziff. 6 i.V.m. Art. 15 Pkt. 2 PPP-G St. Petersburg und zum Anderen in der gem. Art. 12 Pkt. 8 i.V.m. Art. 14 Pkt. 1 PPP-G St. Petersburg ausdrücklich zugelassenen Möglichkeit des Konzessionsgebers, das Vergabeverfahren in mehreren Etappen durchzuführen, wider. Damit bestimmt das PPP-G St. Petersburg die einzig geeignete PPP-Vergabeart als die nach dem Gesetz einzig zulässige Vergabeart.

4. Wertungsphase

Die Wertung der Angebote erfolgt im Rahmen der Ausschreibung zweistufig. Zunächst prüft die Vergabekommission die grundsätzliche Zulässigkeit der Angebote anhand der vorgegebenen Mindestanforderungen, vgl. Art. 27 Pkt. 2 VergabeG. Anschließend werden die Angebote nach den festgelegten Wertungskriterien gewertet, vgl. Art. 28 VergabeG. In Bezug auf zulässige Wertungskriterien enthalten Art. 28 Pkt. 4 und 5 VergabeG einen abschließenden Katalog, vgl. Art. 28 Pkt. 6 VergabeG. So können u.a. qualitative Eigenschaften der Waren, Arbeiten und Dienstleistungen, laufende Betriebs- und Wartungskosten, Leistungsfristen oder Haftungsumfang als Wertungskriterien festgelegt werden.

Im Nadex-Vorhaben erfolgte die Wertung der eingereichten Angebote nach Kap. 2 Pkt. 4 und Kap. 3 Pkt. 8 AU im zweistufigen Verfahren. Als sog. minimale Anforderungen wurden zunächst Erfahrungen bei Eisenbahnverkehrsprojekten im städtischen Bereich mit einem Investitionsumfang von mind. 200 Mio. EUR bzw. bei PPP-Projekten mit einem Anteil privater Investitionen von mind. 75 Mio. EUR und einer Betriebslaufzeit von zwei Jahren sowie der Durchführung von PPP-Projekten im Bereich des städtischen Bahnverkehrs geprüft. Dabei mussten entweder mind. zwei Projekte in den letzten zehn oder mind. ein Projekt in den letzten fünf Jahren durchgeführt sein. In Bezug auf die Einhaltung ihrer Verpflichtungen im Rahmen der Eisenbahnverkehrsprojekte in den letzten fünf Jahren sollten die Bewerber Referenzen vorlegen. Auf der zweiten Stufe wurde eine Rangfolge der Bewerber auf Grundlage o.g. Kriterien erstellt. Im Pulkovo-Vorhaben enthielten Pkt. 3.14 ff. AU Angaben zu Wertungskriterien und dem Wertungsverfahren.

Die Vergabekommission setzt sich gem. Art. 7 Pkt. 3 VergabeG aus mindestens fünf Personen zusammen. Art. 7 Pkt. 4 VergabeG enthält eine Regelung, welche die Neutralität des Auftraggebers sicherstellen soll. Voreingenommene Personen dürfen nicht als Mitglieder der Kommission auftreten, wobei sich der Gesetzgeber um einen Katalog solcher Ausschlussfälle bemüht hat. Von der Mitwirkung an Entscheidungen des Auftraggebers ausgeschlossen sind demnach Personen, die zugleich in persönlicher oder geschäftlicher Beziehung zum Bieter stehen und deshalb als voreingenommen gelten. Mit Ausnahme eines Vertreters der Föderalen Agentur für Flugverkehr bestand die Auswahlkommission im Pulkovo-Projekt aus Vertretern der Stadt St. Petersburg. Unter insgesamt fünfzehn Mitgliedern befinden sich die Gouverneurin der Stadt sowie vier Vize-Gouverneure. Damit handelte es sich um ein politisch besetztes Gremium, dem u.a. keine Fachexperten für Vergaberecht angehörten. Eine ausführliche Befangenheitsregelung enthielt Pkt. 1.16 AU. Demnach durften sich neben den sog. Projektanten auch andere Personen an der Ausschreibung nicht beteiligen, darunter Betreiber oder Eigentümer eines Flughafens in weniger als 800 km Entfernung vom Flughafen Pulkovo.[1180]

5. Abschluss des Vertrages mit dem erfolgreichen Bieter

Die Erteilung des Zuschlags und der Vertragsabschluss mit dem erfolgreichen Bieter fallen nach VergabeG – im Gegensatz zum deutschen Vergaberecht – nicht zusammen.[1181] Gem. Art. 29 und Art. 38 VergabeG ist im Anschluss an die Entscheidung über den Zuschlag ein sog. staatlicher oder munizipaler Vertrag[1182] mit dem erfolgreichen Bieter abzuschließen. Im Pulkovo-Vorhaben

---

[1180] Das Konsortium *TAV* beteiligt sich gleichzeitig an der Ausschreibung zur Modernisierung des Flughafens in Riga, so dass es im Erfolgsfall von der Ausschreibung zum Pulkovo-Vorhaben ausgeschlossen werden müsste.

[1181] Diese Frage ist in der russischen Literatur nicht unumstritten, vgl. dazu exemplarisch *Kukla*, Vertragsschluss im Wege einer Ausschreibung (russ.), S. 9 f.

[1182] Russ.: *gosudarstvennyj* oder *munizipal'nyj kontrakt*.

behielt sich der Auftraggeber gem. Pkt. 3.13.1 AU das Recht vor, keinen erfolgreichen Bieter zu bestimmen, falls keines der Angebote für den Auftraggeber wirtschaftlich vertretbar ist. Ferner darf der Auftragnehmer gem. Art. 9 Pkt. 3 VergabeG unter Umständen auch nach Erteilung des Zuschlags vom Abschluss des Vertrages absehen. Dies gilt etwa für den Fall der Angabe bewusst falscher Tatsachen durch den Ausschreibungsteilnehmer, der Liquidation, der Eröffnung eines Insolvenzverfahrens oder der Beschlagnahme von 25% des Vermögens des Ausschreibungsteilnehmers sowie in anderen, nicht ausdrücklich genannten Fällen. Ein vergleichbares Vertragsabschlussverweigerungsrecht enthielten die Ausschreibungsunterlagen im Pulkovo-Vorhaben in Pkt. 4.8 und im Nadex-Vorhaben in Kap. 4 Pkt. 9.

Als eine der Bedingungen für den Abschluss des PPP-Vertrages nannten im Pulkovo-Vorhaben Pkt. 4.1 bzw. Pkt. 4.3.2 AU die Verpflichtung des Auftragnehmers zur Einholung der Genehmigung des FAS gem. Art. 28 des WettbewerbsG. Zudem musste sowohl im Nadex- als auch im Pulkovo-Vorhaben spätestens zum Zeitpunkt des Vertragsschlusses der sog. *financial close* erfolgt sein, vgl. Kap. 4 Pkt. 4.1.2 Nadex-AU und Pkt. 4.3.4 Pulkovo-AU.

Werden weniger als zwei gültige Angebote eingereicht, wird die Ausschreibung als gescheitert angesehen, vgl. Art. 25 Pkt. 12 und Art. 37 Pkt. 12 VergabeG. Dennoch ist der Auftraggeber in diesem Fall berechtigt, den Vertrag mit dem einzig verbleibenden Bieter abzuschließen. In Bezug auf Standardkonzessionsvereinbarungen sieht das PPP-G St. Petersburg eine Sonderregelung dahingehend vor, dass die Standardvereinbarungen, deren Verwendung das PPP-G St. Petersburg für den Abschluss von PPP-Vereinbarungen vorsieht, lediglich obligatorischen Charakter haben und das Fehlen der einschlägigen Standardvereinbarung dem Abschluss der PPP-Vereinbarung nicht im Wege steht, vgl. Art. 10 Pkt. 2 PPP-G St. Petersburg. Insoweit besteht ein wesentlicher Unterschied zum KonzG, wonach Standardkonzessionsvereinbarungen zwingend zu verwenden sind. Der Katalog der wesentlichen Vertragsbedingungen in Art. 7 Pkt. 1 KonzG unterscheidet sich nur unwesentlich von dem des KonzG.

6. Problem: Zulässigkeit von Nachverhandlungen

Eine wichtige Regelung in Bezug auf das im Rahmen des KonzG bereits erläuterte Problem der Verhandlungen der Parteien nach Erteilung des Zuschlags enthält das VergabeG in Art. 29 Pkt. 3 und Art. 38 Pkt. 3 VergabeG. Danach müssen Vertragsbedingungen, welche sich aus den Vergabeunterlagen und dem Angebot des erfolgreichen Bieters ergeben, beim Vertragsschluss zwingend eingehalten werden. Daraus lässt sich wohl kein Nachverhandlungsverbot, aber zumindest eine wesentliche Einschränkung solcher Verhandlungen ergeben. Jedoch muss man wohl auch bei dieser Schlussfolgerung Vorsicht walten lassen. Die Untersuchung hat gezeigt, dass selbst ein ausdrückliches Verhandlungsverbot durch eine andere gesetzliche Regelung erheblich relativiert werden kann, ohne dass der russische Gesetzgeber ausdrücklich darauf verweist. Mit Gewissheit kann die Zulässigkeit von Nachverhandlungen letztlich nur durch die Rechtsprechung geklärt werden. Deutlicher hingegen ist das PPP-G St. Petersburg in Art. 12 Pkt. 1 Ziff. 6 i.V.m. Art. 15 Pkt. 2 PPP-G St. Petersburg. Danach sind Verhandlungen mit dem erfolgreichen Bieter zwecks Erläuterung der Vertragsbedingungen ausdrücklich zulässig, aber auch auf solche Bedingungen beschränkt, die nicht in den Ausschreibungsunterlagen enthalten sind. Solche Verhandlungen sollen in Form von Bieterkonferenzen und nach dem durch die Ausschreibungsunterlagen vorgesehenen Verfahren innerhalb von 20 Tagen ab Versendung der Vertragsunterlagen an den Bieter erfolgen.

Ein Blick in die Praxis bestätigt die Einhaltung gesetzgeberischer Vorgaben. In Bezug auf das Verhandlungsrecht der Vertragsparteien nach Feststellung des erfolgreichen Bieters legte Kap. 1 Pkt. 8.6 sowie Kap. 4 Pkt. 3.1 Nadex-AU fest, dass Verhandlungen über Bedingungen zulässig sind, die nicht Gegenstand der Ausschreibungsunterlagen sind. Die Verhandlungen sind innerhalb von 30 Tagen ab Eingang des Angebots des erfolgreichen Bieters zu führen, vgl. Kap. 4 Pkt. 3.4 AU. Ein ausdrückliches Verhandlungsrecht des Auftraggebers mit dem erfolgreichen Bieter regelte im Pulkovo-Vorhaben zwar Pkt. 4.4 AU. Die Regelung sieht jedoch vor, dass der erfolgreiche Bieter nicht befugt ist, wesentliche Änderungen an dem Vertragsprojekt vorzunehmen.

7. Einhaltung der Verfahrensfristen in der Praxis

Wie bereits im Zusammenhang mit den Vergaben nach dem KonzG ausgeführt, werden Ausschreibungsfristen auch bei Vergaben nach anderen Vergaberegimes stets verschoben, was die Planungssicherheit der Ausschreibungsteilnehmer erheblich beeinträchtigt.

8. Rücknahme der Ausschreibung durch den Auftraggeber

Bereits der Art. 448 Pkt. 3 ZGB sieht die Berechtigung des Veranstalters einer Ausschreibung vor, von der weiteren Durchführung der Ausschreibung Abstand zu nehmen. Gem. Art. 21 Abs. 5 und Art. 33 Abs. 4 VergabeG ist der Auftraggeber berechtigt, das Ausschreibungsverfahren nicht später als 15 Tage vor Ablauf der Angebotsfrist nicht fortzuführen, worüber er die Ausschreibungsteilnehmer zu unterrichten hat. Die Vorschriften enthalten weder Beschränkungen dieses Rücknahmerechts, noch nennen sie etwaige Voraussetzungen der Rücknahmeberechtigung. Eine Ausschreibungsrücknahme ist unbeschränkt zulässig.

Zwar enthält Art. 448 Pkt. 3 ZGB eine Regelung in Bezug auf die Entschädigung der Ausschreibungsteilnehmer. Schadensersatzansprüche bestehen demnach im Rahmen einer offenen Ausschreibung im Falle der Verletzung der Mitteilungsfristen des Auftraggebers über die Aussetzung des Verfahrens und – unabhängig von einer solchen Verletzung – im Rahmen der geschlossenen Ausschreibung. Im Vergabegesetz finden sich hingegen keine Hinweise auf Entschädigungsregelungen. Angesichts der Spezialität des VergabeG gegenüber dem ZGB dürfte vom Vorrang des ersteren auszugehen sein, womit das Bestehen etwaiger Schadensersatzansprüche für Fälle der Rücknahme der Ausschreibung durch die öffentliche Hand zu verneinen wäre. Ein Blick in die Praxis bestätigt dieses Bild. Bis zum Ablauf der Angebotsfrist war der Auftraggeber im Nadex- und im Pulkovo-Vorhaben berechtigt, von der Durchführung der Ausschreibung Abstand zu nehmen, ohne Schadensersatzverpflichtungen auszulösen, vgl. Einführung zu AU sowie Kap. 1 Pkt. 16 Nadex-AU i.V.m. Art. 448 Pkt. 3 ZGB und Pkt. 3.4 Pulkovo-AU i.V.m. Art. 448 Pkt. 3 ZGB.

IV. Grundsätze der Vergabe

Einen Katalog vergaberechtlicher Grundsätze enthält das VergabeG nicht. Dennoch dürften auch dem Vergabeverfahren nach dem VergabeG einige Grundsätze nicht fremd sein. Der Vorrang des offenen Verfahrens sowie die Publizitätsvorschriften zu Mitteilungspflichten für den Fall der Nichtzulassung zur Auktion nach Art. 36 Pkt. 4 VergabeG oder die Verpflichtung zur Veröffentlichung des Protokolls über eine Auktion nach Art. 37 Pkt. 8 VergabeG dürften etwa dem Wettbewerbs- und Transparenzgrundsatz entstammen. Im Gegensatz zum KonzG sollen nach dem VergabeG kleinere Unternehmen besonders gefördert werden, vgl. Art. 15 Pkt. 1 Satz 1 VergabeG, was mit dem Gedanken der Mittelstandsförderung korrespondiert. Ein Umkehrschluss aus diesen Regelungen auf die tatsächliche Geltung der Vergabegrundsätze verbietet sich indes. Eine Vorbildwirkung hat wiederum das PPP-G St. Petersburg. Nach dem Katalog vergaberechtlicher Grundsätze in Art. 3 PPP-G St. Petersburg gelten im Vergabeverfahren der Gesetzlichkeitsgrundsatz, der Grundsatz der Gleichstellung der Parteien der PPP-Beziehung, das Diskriminierungsverbot sowie die Gebote der Wahrung der Rechte und Interessen der PPP-Vertragspartner sowie der gewissenhaften und beidseitig vorteilhaften Zusammenarbeit. Die Inhalte dieser Grundsätze müssten durch die Rechtsprechung freilich noch ausgefüllt werden.

V. Vergaberechtlicher Rechtsschutz

Ausführliche Rechtschutzvorschriften enthält Kap. 8 des VergabeG. Gegen Handlungen des Auftraggebers steht den Ausschreibungsteilnehmern der Rechtsweg offen. Gem. Art. 19 Pkt. 1 VergabeG erkennt das Gericht im Falle der Verletzung vergaberechtlicher Regelungen auf Unwirksamkeit der Ausschreibung. Die Aufhebung der Ausschreibung kann ausschließlich gerichtlich bewirkt werden, vgl. Art. 57 Pkt. 3 VergabeG. Die gerichtliche Zuständigkeit dürfte sich nach den allgemeinen Vorschriften richten. Eine Verwaltungsgerichtsbarkeit sieht das deutsche Gerichtssystem genauso wenig vor wie die Existenz von Vergabekammern.

Noch vor der Beschreitung des Rechtswegs steht dem abgelehnten Bieter das Recht zu, einen Antrag auf Präzisierungen der Ergebnisse der Auftragsvergabe zu stellen, vgl. Art. 28 Pkt. 13 und Art. 37 Pkt. 10 VergabeG. Neben der gerichtlichen Geltendmachung ihrer Rechte können die Ausschreibungsteilnehmer gem. Art. 57 VergabeG in jeder Phase des Verfahrens eine Beschwerde bei föderalen, regionalen oder kommunalen Stellen einreichen, die für die Kontrolle der öffentlichen Auftragsvergabe zuständig sind. Die Regierung der RF legte als solche Stellen die FAS fest.[1183] Die Beschwerde kann spätestens innerhalb von zehn Tagen ab Datum des Protokolls über die Ergebnisse des Ausschreibungsverfahrens bzw. nach dem Tag der Durchführung der Auktion erhoben werden. Die FAS entscheidet innerhalb von 15 Tagen über die Beschwerde. Von Bedeutung ist das Recht der Behörde, das Verfahren vorläufig bis zur Entscheidung in

---

[1183] S. die Verordnung der Regierung der RF vom 20. Februar 2006, Nr. 94. S. dazu auch *Borisov/Kraev*, Kommentar zum Gesetz über die Auftragsvergabe (russ.), S. 208.

der Hauptsache auszusetzen, vgl. Art. 60 Pkt. 4 VergabeG. Da gem. Art. 29 Pkt. 1.1 VergabeG der PPP-Vertrag nicht vor Ablauf von zehn Tagen nach Veröffentlichung des Protokolls über die Ergebnisse des Ausschreibungsverfahrens abzuschließen ist, kann die Aussetzung den Vertragsabschluss vorläufig verhindern. Gegen die Entscheidung der FAS steht der Rechtsweg zu Wirtschaftsgerichten offen, vgl. Art. 60 Pkt. 9 VergabeG. Gem. Art. 57 Pkt. 1 VergabeG ist die Beschwerde kein Vorschaltverfahren.

VI. Zwischenergebnis

Die für die Ausschreibung alternativer PPP-Modelle geltenden vergaberechtlichen Regelungen erweisen sich derzeit als unzureichend. Die wesentliche Besonderheit im Vergleich zum deutschen Vergaberecht stellt das für alle Vergabearten geltende Verhandlungsverbot dar. Gleichzeitig ist die Frage der Nachverhandlungen weder im VergabeG noch in der Rechtsliteratur hinreichend geklärt. Höchst kritikwürdig sind zudem die Regelungen in Bezug auf die Zusammensetzung der Auswahlkommission, das Vertragsabschlussverweigerungsrecht, die Unverbindlichkeit der Ausschreibung für die öffentliche Hand sowie das fehlende Instrument der funktionalen Leistungsbeschreibung. Positiv zu bewerten ist indes die ausdrückliche Möglichkeit des nicht berücksichtigten Bieters, die Aussetzung des Verfahrens nach Art. 60 Pkt. 4 VergabeG zu bewirken. Damit besteht nach dem VergabeG ein dem deutschen Vergaberecht vergleichbarer Nachprüfungsschutz. In dem Zusammenhang ergeben sich freilich die oben angesprochenen Unsicherheiten in Bezug auf die fehlende Unabhängigkeit der russischen Justiz. Eine Vorbildwirkung kommt wiederum dem PPP-G St. Petersburg zu. Das Gesetz legt die ausdrückliche Zulässigkeit der Verhandlungen im Rahmen des PPP-Ausschreibungsverfahrens fest und klärt die Nachverhandlungsfrage zufriedenstellend. Zudem schreibt das Gesetz keine zwingende Verwendung von Standardkonzessionsvereinbarungen fest und enthält einen ausdrücklichen Katalog vergaberechtlicher Grundsätze.

D. Theorethische Vorzüge und praktische Gefahren alternativer Gestaltungsformen

Während das russische Vergaberecht für eine optimale Entwicklung von PPP noch nicht hinreichend ausgereift ist und die einzelnen PPP-Gesetze der Föderationssubjekte keine entscheidende Verbesserung der PPP-Rahmenbedingungen darstellen, bieten die allgemeinen Vorschriften grundsätzlich genügend Raum für die Gestaltung alternativer PPP-Modelle. Auf diese Weise kann den oben dargestellten Schwächen des KonzG – etwa im Hinblick auf die Eigentumsstruktur, die Unzulässigkeit der Dienstleistungskonzession, die Verpfändungs- und Abtretungsverbote sowie die mangelhaften vergaberechtlichen regelungen begegnet werden.

Aufgrund der Unsicherheiten im Zusammenhang mit der Kompetenzverteilung zwischen der RF und den Föderationssubjekten und der mangelnden Unabhängigkeit der russischen Justiz besteht jedoch im Falle der Gestaltung der Vertragsbeziehung nach alternativen PPP-Modellen stets die Gefahr der Umdeutung der Vertragsbeziehung in eine Konzessionsvereinbarung. Dies würde und damit der Anwendbarkeit der KonzG-Regelungen auf diese Formen ist jedoch gegeben.

§ 9 Finanzierungsgrundlagen

Trotz der merklichen Investitionszunahme in der russischen Wirtschaft besteht in Russland laut *Aksakov*[1184] nach wie vor ein deutliches Investitionsdefizit. Die Grenzen der Finanzierungskapazitäten des russischen Kapitalmarkts wurden insbesondere deutlich, als sieben Megaprojekte in den Jahren 2006 und 2007 gleichzeitig ausgeschrieben wurden. Die bereits vorprogrammierten Liquiditätsrisiken wurden durch die weltweite Finanz- und Wirtschaftskrise noch verstärkt, so dass es wiederholt zu erheblichen Verzögerungen im Rahmen von Ausschreibungsverfahren kam. Im Vergleich zur Finanzierung in den korporativen Sektor ist die Finanzierung in PPP weniger attraktiv, da sich aus der Langjährigkeit und dem hohen Umfang der Investitionen höhere Risiken ergeben.

A. Staatliche Finanzierungsformen für PPP

Das russische Haushaltsrecht ist streng und lässt andere als ausdrücklich vorgesehene Finanzierungsformen nicht zu. Das Budgetgesetzbuch der RF (BudgetG) korrespondiert mit dem Stufenbau der Verfassung und kennt daher drei Budgetstufen – das föderale Budget, die Budgets der Föderationssubjekte sowie die Kommunenbudgets. Laut Art. 92 BudgetG dürfen laufende Ausgaben – ähnlich der neuen Schuldenregel des Art. 115 GG – die laufenden Einnahmen nicht

---

[1184] So *Aksakov*, zit. nach *Smirnov*, Die Mission der Entwicklungsbank wird sichtbarer (russ.).

übersteigen. Gemeinden und Regionen können sich in Russland nur in Rubel[1185] und bis zu einer maximalen Laufzeit von zehn Jahren verschulden, wobei die Laufzeiten in der Praxis meist deutlich kürzer sind.[1186] Bezüglich der Aufteilung der Steuereinnahmen zwischen föderalen und regionalen Haushalten lässt sich seit Jahren eine klare Zentralisierung erkennen, obwohl die Verantwortung für die Erbringung und damit auch für die Finanzierung kommunaler Infrastruktur primär bei den Gemeinden und Regionen liegt. Eine wichtige PPP-relevante Regelung hat das Budgetgesetzbuch mit dem Änderungsgesetz von 2007[1187] erfahren, wonach der Haushalt nicht mehr lediglich für ein Jahr, vgl. Art. 174.4 BudgetG a.F., sondern nunmehr für drei folgende Jahre aufzustellen ist, vgl. Art. 169.3 BudgetG. Dies erhöht die Planungssicherheit für den privaten Investor. Das KonzG als spezielle Regelung sieht die Möglichkeit der Beteiligung des Staates an der Finanzierung zwar vor, nennt aber keine konkreten Finanzierungsformen. Ungeklärt blieb auch die Frage nach der Absicherung solcher Beteiligungen durch den Konzessionsnehmer – etwa in Form der Übertragung von Eigentums- oder Unternehmensanteilen.[1188]

I. Finanzierung durch den Investitionsfonds der RF

Eine große Rolle in der Entwicklung der PPP-Finanzierungsmodelle in der RF sollte der im Januar 2006 geschaffene Investitionsfonds der RF (Investitionsfonds) spielen.[1189] Dabei handelt es sich um einen staatlichen Finanzierungsfonds der RF, der die (Teil-)Finanzierung von Investitionsprojekten zur Aufgabe hat. Zweck des Fonds sollte die Finanzierung von Projekten sein, welche die sozial-wirtschaftliche Entwicklung des Landes durch Infrastrukturerweiterung fördern, darunter auch von Projekten in Form von Konzessionsvereinbarungen sowie PPP. Finanziert wird der Fonds teilweise aus Einnahmen aus dem Rohstoffgeschäft der RF und teilweise aus Kreditzinseinsparungen infolge vorzeitiger Rückzahlung von Krediten durch die RF. Für das Jahr 2006 lag der Umfang des Fondsbudgets bei rd. 69,7 Mrd. RUB (rd. 2 Mrd. EUR). Im Jahr 2007 sollten rd. 76,3 Mrd. RUB (rd. 2,2 Mrd. EUR) und 2008 rd. 73,2 Mrd. RUB (rd. 2,1 Mrd. EUR) zur Verfügung gestellt werden.

[1185] Ausnahmen von diesem Grundsatz gelten für die Städte Moskau und St. Petersburg.
[1186] So *Kommunalkredit*, S. 6.
[1187] S. das föderale Gesetz vom 26. April 2007, Nr. 63-FZ.
[1188] Vgl. dazu *Sosna*, Konzessionsvereinbarungen: Theorie und Praxis (russ.), S. 237.
[1189] S. Verordnung der Regierung der RF über den Investitionsfonds vom 23. November 2005, Nr. 694, russ.: *Ob investicionnom fonde Rossijskoj Federacii.*

Die allgemeingesetzliche Grundlage für den Investitionsfonds schafft Art. 179.2 BudgetG. Regeln über die Verwendung von Haushaltsmitteln des Investitionsfonds legen zahlreiche Normativakte fest.[1190] Im März 2008 wurde der ursprünglich beim *Minèkonomrazvitiâ* angesiedelte Investitionsfonds in die Zuständigkeit des *Minregion*[1191] übertragen.[1192] Eine weitere wichtige Neuerung folgte bereits im Juni 2008, wonach die Mindestgrenze für Investitionen von ursprünglich 5 Mrd. RUB auf nunmehr 500 Mio. RUB herabgesetzt wurde und zusätzlich Quoten für sog. regionale und überregionale Projekte eingeführt wurden. Davon soll der Mittelstand profitieren, indem nicht mehr ausschließlich Megaprojekte, sondern auch kleinere regionale Projekte gefördert werden.[1193]

1. Formen der Finanzierung durch den Investitionsfonds

Die Finanzierung von Projekten durch den Investitionsfonds erfolgt im Wege:

- direkter Projektfinanzierung,
- der Beteiligung am Stammkapital der Projektgesellschaft oder
- der Gewährung staatlicher Finanzgarantien (für maximal fünf Jahre und bis zu 60% des Finanzierungsvolumens), die sich von den durch das *Minfin* gestellten Staatsgarantien unterscheiden sollen.

2. Verfahren

Die Auswahl der zu finanzierenden Projekte durch den Investitionsfonds erfolgt im zweistufigen Verfahren. Investoren sollen sich zunächst um die Finanzierung der Vorbereitung der Projektunterlagen bewerben und anschließend am Auswahlverfahren zur Finanzierung des eigentlichen Vorhabens beteiligen. Die Mittel, die auf der ersten Stufe des Verfahrens an einen in der zweiten Phase erfolglosen Auswahlteilnehmer geleistet werden, sind nicht zurückzuerstatten. Dennoch verkompliziert die Zweistufigkeit das Verfahren. Vor dem Hintergrund der Gefahr unzweckmäßiger Mittelverwendung, soll die Zweistufigkeit nach Aussa-

---

[1190] S. dazu exemplarisch Anordnung der Regierung der RF vom 18. Dezember 2006, Nr. 1761-r; Prikaz des *Minèkonomrazvitiâ* vom 25. Dezember 2006, Nr. 425, und vom 6. März 2006, Nr. 66.
[1191] Russ.: *Ministerstvo regional'nogo razvitiâ Rossijskoj Federacii* (Minregion).
[1192] S. Verordnung der Regierung der RF vom 1. März 2008, Nr. 134.
[1193] Vgl. *Černigovskij*, Investitionsfonds kann nach Beseitigung rechtlicher Hindernisse wesentlich effektiver werden (russ.), S. 14.

ge von *Zamyšlâev*[1194], Abteilung für Investitionsprogramme und -projekte im *Minregion*, künftig abgeschafft werden.

Der Antrag auf die Finanzierung durch den Investitionsfonds ist bei regionalen Projekten an die Regierungsorgane der Föderationssubjekte mit anschließender Weiterleitung an das *Minregion*, bei Großprojekten direkt an das *Minregion* zu richten. Die vorhabensbezogenen Unterlagen des Bewerbers um die Finanzierung aus Mitteln des Investitionsfonds sollen Angaben zur technischen und finanziellen Durchführbarkeit des Projekts enthalten sowie die Vereinbarkeit des Projekts mit den Vorgaben des sog. Strategieprogramms des jeweiligen Föderationssubjekts belegen. Insbesondere die letzte Voraussetzung schafft mangels konkreter Regulierung in der Praxis Missbrauchsrisiken seitens der öffentlichen Entscheidungsträger.[1195] Die Ausschlussfrist für die Finanzierung im folgenden Kalenderjahr ist der 1. September laufenden Jahres.

Nach Prüfung durch die Investitionskommission wird der Antrag durch die Regierungskommission für Investitionsprojekte von gesamtstaatlicher Bedeutung geprüft, wobei die Kompetenzen der letzteren in Anhängigkeit von der Größe des Projekts variieren können, und anschließend durch die Regierung der RF bestätigt. In der ersten Auswahlphase reicht der Bewerber eine Investitionsbeurteilung durch einen Sachverständigen, die Bewilligung durch das zuständige Ministerium sowie weitere Projektunterlagen beim *Minèkonomrazvitiâ* ein. In der zweiten Auswahlphase entscheidet die Regierungskommission über die Gewährung der staatlichen Unterstützung durch den Investitionsfonds und erstellt eine zweite Auswahlliste. *Minèkonomrazvitiâ* leitet die zweite Auswahlliste samt Projektunterlagen an die Regierung weiter. Erhält das Projekt die Bestätigung der Regierung, können die Vorbereitungen zum Abschluss des Investitions- bzw. Bürgschaftsvertrages getroffen werden. Daraufhin schließt *Minregion* mit dem erfolgreichen Föderationssubjekt eine Finanzierungsvereinbarung und zahlt die Mittel an das Subjekt aus. Per Regierungsverordnung wird ein sog. Projekt-

---

[1194] Zit. nach *Černigovskij*, Investitionsfonds kann nach Beseitigung rechtlicher Hindernisse wesentlich effektiver werden (russ.), S. 16.
[1195] *Vasûhina/Lysak*, Antrag beim Investitionsfonds: Schritt für Schritt (russ.), S. 10, schlagen in dem Zusammenhang vor, bereits in dieser Phase des Verfahrens etwaige Unterstützung seitens der jeweiligen Entscheidungsträger sicherzustellen. So halten sie etwa Konsultationen auf Regierungsebene zur Ausarbeitung möglicher Perspektiven für das Projekt bzw. Empfehlungsschreiben des zuständigen Gouverneurs für projektfördernde Maßnahmen für geboten.

pass ausgestellt. Letztlich schließt das Subjekt den Investitionsvertrag mit dem Investor ab.

Der Antragsteller hat nachzuweisen, dass das Projekt ohne staatliche Hilfe nicht durchführbar ist. Kein Anspruch auf Förderung besteht, wenn Projekte bereits über andere Förderkanäle aus dem Staatshaushalt (teil-)finanziert werden. Die Projekte sollen folgende Auswahlkriterien erfüllen:

- Mindesthöhe des privaten Finanzierungsanteils, mind. 50% für regionale Projekte und mind. 25% für Megaprojekte (in der Praxis jedoch mit über 75% deutlich höher),
- Mindesthöhe der Gesamtinvestitionen von 500 Mio. RUB,
- Vereinbarkeit des Projekts mit den Vorgaben des sog. Strategieprogramms des jeweiligen Föderationssubjekts[1196].

Bislang existieren keine klaren Vorgaben für die Bewertung der Anträge. Nähere Wertungsvorgaben, sog. *metodoki*, werden durch das o. g. Ministerium im Einvernehmen mit den zuständigen Ministerien geregelt und durch gemeinsamen Prikaz des zuständigen Ministeriums und des *Minfin* bestätigt.[1197] Wichtiges Kriterium bei der Bewertung ist der sog. Multiplikationseffekt. Dieser besagt, dass auf jeden durch den Staat gewährten Rubel mind. 3-4 RUB seitens des privaten Investors zu investieren sind. Weitere Kriterien sind steigende Steuereinnahmen, Förderung neuer Technologien sowie allgemeine positive Effekte für die Wirtschaftsförderung in der Region. Die Quoten für einzelne Wirtschaftszweige betragen im Bereich der Verkehrsinfrastruktur 45% , im Bereich der Industrie 30%, im Wohn- und Kommunalwesen 10% sowie 5% im Bereich der Innovationen.

3. Derzeit finanzierte Projekte

Die ersten vier durch den Investitionsfonds zu finanzierenden Projekte wurden durch die Regierungskommission am 26. Juli 2006, die weiteren drei Projekte am 3. August 2006 ausgewählt.[1198] Das Investitionsvolumen für diese sieben Projekte beträgt insgesamt rd. 667,7 Mrd. RUB, wovon 164 Mrd. RUB durch

---

[1196] Die besagten Strategieprogramme sind bislang noch nicht durch die Subjekte ausgearbeitet worden, vgl. *Gromyko/Zusman*, Investitionsfonds: neue Möglichkeiten für die Regionen (russ.), S. 7.

[1197] S. Prikaz vom 31. Juli 2008, Nr. 117, russ.: *Ob utverždenii Metodiki rasčëta pokazatelej i primeneniâ kriteriev èffektivnosti regional'nyh investicionnyh proektov.*

[1198] Der Inverstitionsfonds hat allein im Jahr 2006 insg. 50 Anträge ausgewertet, vgl. *Knaus*, S. 22.

den Fonds finanziert werden. In den Jahren 2006-2007 wurden rd. 34,5 Mrd. RUB ausgegeben, wobei ein Großteil der Mittel zur Finanzierung der *OAO RVK* verwendet wurde. Im August 2008 war bereits die Finanzierung von 20 Projekten mit einem Investitionsvolumen von rd. 1 Bio. RUB vorgesehen. Diese durch den Investitionsfonds zur Verfügung gestellten Mittel wurden im Jahre 2008 noch nicht ausgezahlt, sondern lediglich einige Ausschreibungsvorbereitungen finanziert.[1199] Nur rd. 8 Mio. RUB wurden zur Finanzierung der Vorbereitung von Ausschreibungsunterlagen durch Ausschreibungsteilnehmer verwendet.

4. Probleme

Regelungen über die Finanzierung aus Mitteln des Investitionsfonds sind derzeit nicht ausgereift, so dass der Investor mit Rechtsänderungen zu rechnen hat. Ferner herrscht derzeit keine hinreichende Klarheit in Bezug auf die Rechtslage für laufende Projekte.[1200] Als problematisch wird zudem empfunden, dass gem. Abs. 28 der Regeln über den Investitionsfonds die Projektunterlagen bereits in diesem Stadium des Verfahrens beizubringen sind.[1201] Dies widerspricht m.E. dem Wesen von PPP, wonach die Projektunterlagen gerade erst im Laufe des Ausschreibungsverfahrens von allen Parteien gemeinsam auszuarbeiten sind. Das umständliche, stark bürokratisierte Auswahlverfahren[1202] ist langwierig und dauert bis zur Entscheidung teilweise mehrere Jahre an.[1203] Zwei getrennte Verfahren verkomplizieren die Ausschreibung zusätzlich. Schließlich besteht eine unklare Rechtslage in Bezug auf die Eigentumsanteile des Staates an den Vermögensgegenständen des Investors, die dieser im Rahmen der Projektausführung errichtet oder erwirtschaftet.[1204]

Vor dem Hintergrund der Finanzkrise im Herbst 2008 wurden Vorschläge zur Neuregelung der Kompetenzen bezüglich des Investitionsfonds bekannt. Der RSPP schlug vor, die Mittel des Investitionsfonds an den Reservefonds, der die Öl- und Gaseinnahmen des Landes verwaltet, zu koppeln und die Verwaltung

---

[1199] Vgl. *Tal'skaâ*, a.a.O.
[1200] Vgl. *Glumov*, Finanzierung durch den Investitionsfonds: rechtliche Neuerungen und Risiken (russ.), S. 13.
[1201] Vgl. *ders.*, S. 13.
[1202] Vgl. *Knaus*, S. 64.
[1203] Vgl. *Vdovin*, in: Ergebnisse der OECD-Konferenz, a.a.O.
[1204] Vgl. *Glumov*, Finanzierung durch den Investitionsfonds: rechtliche Neuerungen und Risiken (russ.), S. 13.

des Fonds der *Vnešèkonombank* zu übertragen[1205]. Anderenfalls befürchtete man, dass die Finanzkrise die Finanzierung der bereits ausgewählten Projekte gefährden könnte. Es wurde ferner vorgeschlagen, einen Teil der Mittel des Investitionsfonds für Rettungspakete zu verwenden. Bereits Anfang 2008 hat der russische Minister für regionale Entwicklung *Dmitrij Kosak* erklärt, dass der Investitionsfonds bereits im Jahr 2010 ein Defizit aufweisen werde, welches bis 2016 auf 600 Mrd. RUB ansteigen werde.[1206] Zweifel bezüglich konstanter Finanzierung durch den Investitionsfonds werden zusätzlich darauf gestützt, dass die Festlegung des dem Fonds zustehenden Etats alljährlich erfolgt, während keine Regeln für das Verfahren dieser Festlegung existieren.

Im März 2008 wurde der Fonds – wie von RSPP vorgeschlagen – vom Reservefonds abgekoppelt. Dabei wurde die neue Art der Finanzierung – mit Ausnahme der jährlichen Zahlungen in Höhe von 100 Mrd. RUB durch das *Minfin* – nicht abschließend geklärt. Seit März 2008 arbeitete *Minregion* an einem neuen Finanzierungssystem. Diskutiert wurden u.a. die Einführung eines Eigentumsanteils des Staates an den finanzierten Projektgegenständen und die Begrenzung der Projektlaufzeiten auf zehn Jahre (für regionale Projekte auf fünf Jahre).[1207] Das bislang größte Problem stellt die Tatsache dar, dass der Investitionsfonds im höchsten Maße von der Politik abhängig ist. Einige Autoren betonen sogar, dass die ausschließliche Verwendung der Mittel für die durch die Regierung vorgegebenen Zwecke nicht gesichert ist, falls sich die Prioritäten der Regierung ändern sollten.[1208] Vor allem im ersten Jahr seit der Schaffung des Investitionsfonds galten keine klaren Verfahrensregeln für die Finanzierungsvergabe, so dass viele Projekte an staatsnahe Unternehmen vergeben worden sind.[1209] Keinesfalls kann derzeit von einer Transparenz des Auswahlverfahrens die Rede sein.

II. Kredite der Vnešèkonombank

Die *Vnešèkonombank* wurde im Jahr 1987 als Bank für außenwirtschaftliche Tätigkeit der UdSSR (*Vnešèkonombank*) auf Basis der früheren Bank für Außen-

---

[1205] Vgl. *Gudkov/Šapovalov*, a.a.O.
[1206] So auch *Černigovskij*, Investitionsfonds kann nach Beseitigung rechtlicher Hindernisse wesentlich effektiver werden (russ.), S. 16. S. auch Informationen des Investitionsfonds, abrufbar unter: http://www.minregion.ru/WorkItems/NewsItem.aspx?NewsID=999.
[1207] Vgl. *Gudkov/Šapovalov*, a.a.O.
[1208] Vgl. *Tendal'*, GČP braucht gute Argumente im Kampf für die Finanzierung! (russ.), S. 13.
[1209] Vgl. *Černigovskij*, Investitionsfonds kann nach Beseitigung rechtlicher Hindernisse wesentlich effektiver werden (russ.), S. 15.

handel (*Vneštorgbank*) geschaffen. Die heutige Staatskorporation „Bank für Entwicklung und außenwirtschaftliche Tätigkeit (*Vnešèkonombank*)"[1210] wurde im Jahre 2007 gegründet und steht zu 100% im Eigentum des russischen Staates. Gem. Art. 3 Abs. 1 des Gesetzes über die Entwicklungsbank der RF (VnešèkonombankG)[1211] gehört zu den Zielen der *Vnešèkonombank* neben Schaffung von Wettbewerb in der russischen Wirtschaft die Anregung der Investitionstätigkeit im Land. Art. 3 Abs. 2 Nr. 11 VnešèkonombankG sieht ausdrücklich die Beteiligung der Bank an Investitionsprojekten von sog. gesamtstaatlicher Bedeutung vor, die in Form von GČP durchgeführt werden.[1212] Die *Vnešèkonombank* beteiligt sich ferner an der Finanzierung anderer Investitionsprojekte im Zusammenhang mit Infrastrukturvorhaben, mit SWZ sowie mit FZP/FAIP. Seit 2006 arbeitet die Bank auf dem Gebiet von GČP mit *Mintrans* sowie mit der *Deutschen Bank AG* eng zusammen.

Die *Vnešèkonombank* untersteht weder der Zentralbank, noch wird sie von dieser kontrolliert. Als eine sog. Staatskorporation nimmt die *Vnešèkonombank* eine Sonderstellung im russischen Bankensystem ein, da weder Vorschriften über die Insolvenz noch über die staatliche Aufsicht auf sie anwendbar sind. Der Vorsitzende des Aufsichtsrats der *Vnešèkonombank* ist Ministerpräsident *Putin*. Juristisch stellt die *Vnešèkonombank* nach russischem Recht kein Staatsorgan dar, da sie sich am Finanzmarkt wirtschaftlich betätigen darf.[1213] Die *Vnešèkonombank* beteiligt sich wie folgt an der Finanzierung der PPP-Projekte:

- Kreditvergabe, insbesondere Beteiligung an Leasinggeschäften,
- Gewährung von Staatsgarantien und Bürgschaften, u. a. Exportgarantien,
- Beteiligung am Stammkapital von bestimmten Organisationen bis zu 20% sowie
- Investitionsberatung.

[1210] Russ.: *gosudarstvennaâ korporaciâ "Bank razvitiâ i vnešneèkonomičeskoj deâtel'nosti (Vnešèkonombank)"*, Die offizielle Homepage der Bank ist abrufbar unter: http://www.veb.ru/ru/.

[1211] S. das föderale Gesetz über die Entwicklungsbank vom 17. Mai 2007, Nr. 82-FZ, russ.: *O banke razvitiâ*; das Memorandum zur Finanzpolitik, die Anordnung der Regierung vom 27. Juli 2007, russ.: *Memorandum o finansovoj politike Vnešèkonombanka*.

[1212] Mind. 30 % der Mittel der Bank und mind. 50 Mrd. RUB pro Jahr sollen bis 2013 in die Finanzierung von GČP-Projekten fließen, vgl. *Mironova*, Vremâ novostej vom 2. Juli 2008.

[1213] Vgl. *Černigovskij*, Partnerschaft im Namen der Entwicklung (russ.), S. 4.

Der Vorteil der Finanzierung durch die *Vnešèkonombank* sind der regelmäßig niedrigere Finanzierungszins und die längere Kreditlaufzeit sowie die Möglichkeit der Finanzierung von risikobehafteten Projekten.[1214] Projektanforderungen für die Finanzierung sind neben dem Mindestinvestitionsvolumen in die Infrastruktur von mind. 2 Mio. RUB die Mindestamortisationsdauer von 5 Jahren. Sind diese Anforderungen erfüllt, erfolgt die Finanzierung durch die Bank in Höhe von 50-85% der Gesamtinvestitionskosten auf Rückzahlungsbasis. Laut Vizepräsidenten von RSPP *Muryčev*[1215] ist das Hauptproblem der Finanzierung durch die *Vnešèkonombank* die mangelnde Unabhängigkeit der Bank.

III. Subventionen

Die Gewährung von Subventionen richtet sich in der RF nach Art. 78 HaushaltsGB. Möglich ist zudem die Beteiligung des privaten Investors im Wege der Gewährung von Subventionen an GUP gem. Art. 79 HaushaltsGB mit anschließender Übertragung der Vermögenswerte des GUP an den privaten Partner. Einer solchen Übertragung steht Art. 289 HaushaltsGB, der die unzweckmäßige Verwendung von Haushaltsmittel verbietet, nicht im Wege, da diese gem. Art. 19 Ziff. 1 GUP/MUP-G ausdrücklich zulässig ist.[1216] Art. 79 Ziff. 6 BudgetG sieht die Subventionierung von Konzessionsvereinbarungen ausdrücklich vor.

IV. Gewährung von Staatsgarantien

Ferner kann sich der Staat an der Finanzierung eines PPP-Vorhabens durch Gewährung staatlicher Garantien oder Bürgschaften beteiligen. Die Gewährung von Staatsgarantien richtet sich im russischem Recht nach dem Art. 116 HaushaltsGB und den zivilrechtlichen Vorschriften der Art. 368 ff. ZGB über Bankgarantien, die kürzlich liberalisiert worden sind. Trotz des Regelcharakters der Vorschrift des Art. 115 Abs. 4 HaushaltsGB über die Ausschreibungspflichtigkeit der Garantieerteilung, haben einige Föderationssubjekte zusätzlich eine zwingende Ausschreibungspflicht vorgesehen[1217]. Das HaushaltsGB ist zwingend anwendbar, so dass auch reine Bürgschaftsverträge

---

[1214] Vgl. *Černigovskij*, Investitionsfonds kann nach Beseitigung rechtlicher Hindernisse wesentlich effektiver werden (russ.), S. 30.

[1215] So *Muryčev*, zit. nach *Smirnov*, Kommentar zum föderalen Gesetz über die Auftragsvergabe, a.a.O.

[1216] S. das föderale Gesetz über MUP/GUP vom 14. November 2002, Nr. 161-FZ, russ.: *O gosudarstvennyh i municipal'nyh unitarnyh predpriâtiâh*.

[1217] So Art. 31 des Haushaltsgesetzes der Republik Burjatien, russ.: *O respublikanskom bûdžete na 2002 god*, s. dazu auch die Entscheidung des VAS der West-Sibirischen Region, Nr. A10-553/03, vom 4. November 2003.

nach Art. 361 ff. ZGB den zwingenden Regelungen der Art. 115 und 117 HaushaltsGB unterliegen[1218]. Als Anforderungen nennt Art. 115 Abs. 2 HaushaltsGB die Prüfung der finanziellen Situation des Schuldners, die Gewährung von Sicherheiten i.S.d. Art. 93 Abs. 2 HaushaltsGB durch den Schuldner sowie keine offenen Verbindlichkeiten des Schuldners gegenüber dem Staat. Die Zuständigkeit für die Erteilung von Staatsgarantien richtet sich auf Ebene der Föderationssubjekte nach Art. 104 Abs. 3 HaushaltsGB, auf Ebene der Selbstverwaltungskörperschaften nach Art. 104 i.V.m. Art. 107 Abs. 3 HaushaltsGB[1219]. Die Garantie muss gem. Art. 115 Abs. 5 HaushaltsGB eine Geldschuld der öffentlichen Hand zum Gegenstand haben[1220] und gem. Art. 115 Abs. 3 HaushaltsGB nur zu einem fixen Geldbetrag ausgestellt werden[1221]. Ferner muss in der Garantieurkunde gem. Art. 117 Abs. 1 HaushaltsGB die Hauptverbindlichkeit angegeben sein[1222]. Die Garantie muss eine andere Verbindlichkeit zum Gegenstand haben als die Garantie selbst[1223] und gem. Art. 117 Abs. 2 HaushaltsGB ins jeweilige Haushaltsgesetz aufgenommen werden, falls ihre Höhe 0,01% der jeweiligen Haushaltsmittel überschreitet[1224]. Die Aufnahme der Garantie in das Haushaltsgesetz muss für das folgende Kalenderjahr erfolgen[1225]. Die Aufnahme in das Haushaltsgesetz für das laufende Jahr genügt nicht. Die Staatsgarantie muss im Haushaltsgesetz namentlich aufgeführt werden, wobei die Angabe des Garantie-

---

[1218] S. dazu die Entscheidung des VAS der Nord-Kaukasischen Region, Nr. A53-12917/2004-C3-45, vom 20. Juli 2005.

[1219] S. dazu die Entscheidung des VAS der Moskauer Region, Nr. A40-65027/04-29-638, vom 25. Oktober 2005.

[1220] S. dazu die Entscheidung des VAS der Nord-Kaukasischen Region, Nr. A53-12917/2004-C3-45, vom 20. Juli 2005, wo die Garantie aufgrund der Vereinbarung der Leistung der öffentlichen Hand in Form von landwirtschaftlichen Erzeugnissen für nichtig erklärt wurde.

[1221] S. dazu die Entscheidung des VAS der Nord-Kaukasischen Region, Nr. A53-12917/2004-C3-45, vom 20. Juli 2005, wo die Nichtigkeit der Garantie festgestellt wurde, in der statt von einem fixen Betrag von dem am Tag der Zahlung in der Region geltenden Preis für Erdölprodukte ausgegangen wurde.

[1222] S. dazu die Entscheidung des VAS der Volgo-Vâtskij Region, Nr. A29-8835/2004-1è, vom 14. Juli 2005.

[1223] S. dazu die Entscheidung des VAS der Ost-Sibirischen Region, Nr. A74-1106/03-K1-F02-2967/03-S2, vom 18. September 2003.

[1224] Diesbzgl. ist umstritten, ob die Nichteinhaltung dieser Voraussetzung die Unwirksamkeit der Garantie nach sich zieht. Die herrschende Rechtsprechung bejaht die Außenwirkung des Verstoßes und in der Folge die Nichtigkeit der Garantie, s. die Entscheidung des VAS der Ost-Sibirischen Region, Nr. A10-3162/04-F02-1086/05-C2, vom 28. April 2005.

[1225] So die Entscheidung des VAS der Volgo-Vâtskij Region, Nr. A29-8835/2004-1è, vom 14. Juli 2005, dagegen jedoch die Entscheidung des VAS der West-Sibirischen Region, Nr. F04/1115-111a/A67-2004, vom 16. März 2004.

betrages nicht genügt[1226]. Mit der Gewährung der Garantie darf gem. Art. 107 Abs. 1 HaushaltsGB keine Verpflichtung der öffentlichen Hand eingegangen werden, die über die nach Art. 111 i.V.m. Art. 92 Abs. 5 HaushaltsGB zulässige Höhe von max. 10% über den tatsächlichen Haushaltsrahmen hinausgeht[1227] und kein Staatsdefizit – im Falle föderaler Unterstützung des regionalen Haushalts kein Haushaltsdefizit von mehr als 50% – begründen. Im Rahmen einer Staatsgarantie kann gem. Art. 115 Abs. 5 Nr. 1 HaushaltsGB keine Gesamtschuldnerschaft des Schuldners mit der öffentlichen Hand vereinbart werden[1228]. Gem. Art. 117 Abs. 7 HaushaltsGB hat die öffentliche Hand die Prüfung der finanziellen Verhältnisse des Garantieanwärters vorzunehmen[1229]. Zur Inanspruchnahme aus der Garantie genügt, dass der Gläubiger den Schuldner einmalig erfolglos um die Erfüllung der Verbindlichkeit schriftlich ersucht hat.[1230]

Gem. Art. 3 Abs. 13 KonzG ist die Staatsgarantie im Beschluss über den Abschluss der Konzessionsvereinbarung, in den Ausschreibungsunterlagen und in der Konzessionsvereinbarung anzugeben. Die Rechtsfolgen der Nichtaufnahme nennt das Gesetz nicht. Die Nichtigkeit gem. Art. 166 Abs. 1, 2. Alt. ZGB ist als Rechtsfolge nicht ausgeschlossen. Durch Erlass des *Minfin*[1231] wurden Standardbeispiele für staatliche Garantien und staatliche Garantieverträge festgelegt. Da Konzessionsvereinbarungen nicht als Kreditvereinbarungen i.S.d. BudgetG gelten und Art. 329 ZGB Staatsgarantien nicht als zulässiges Sicherungsmittel aufführt, ist unklar, ob diese künftig im Rahmen von Konzessionsvereinbarungen einen Anwendungsbereich haben werden.

In der Praxis hat sich gezeigt, dass insbesondere munizipale Garantien in der RF vielfach rechtsfehlerhaft ausgestellt und durch die Gerichte nach Art. 168 ZGB für nichtig erklärt werden.[1232] Die rechtlichen Risiken für den Investor können nicht abschließend abgeschätzt werden. In der westlichen Literatur werden kla-

---

[1226] S. dazu die Entscheidung des VAS der Moskauer Region, Nr. A40-65027/04-29-638, vom 25. Oktober 2005.

[1227] S. dazu die Entscheidung des VAS der Fernöstlichen Region, Nr. A04-2362/02-23/98, vom 1. April 2003.

[1228] S. dazu die Entscheidung des VAS der West-Sibirischen Region, Nr. A70-846/26-05, vom 6. Oktober 2005.

[1229] S. dazu die Entscheidung des VAS der Moskauer Region, Nr. A40-65027/04-29-638, vom 25. Oktober 2005.

[1230] Vgl. *Tuktarov*, Garantien der munizipalen Körperschaften (russ.), S. 29.

[1231] S. Erlass des Minfin vom 31. Juli 2003, Nr. 233.

[1232] Vgl. dazu *Tuktarov*, Garantien der munizipalen Körperschaften (russ.), S. 27.

rere gesetzliche Bestimmungen für staatliche Garantien gefordert.[1233] In der russischen Literatur ist die Praxis der Garantieerteilung ebenfalls auf Kritik gestoßen. Angesichts der langen Laufzeit der Konzessionsvereinbarungen speziell und der PPP-Projekte im Allgemeinen wird der Schutz durch Staatsgarantien letztlich als unzureichend empfunden.[1234]

B. Private Finanzierungsformen für PPP

Der Großteil der PPP-Investitionen wird in der Regel private finanziert. Die private Finanzierung eines PPP-Vorhabens ist mittels Eigenkapital oder Fremdkapital – also in Form von Krediten – möglich. Als Kreditinstitute kommen sowohl nationale als auch internationale Banken und Organisationen in Betracht.

I. Nationale und internationale Banken

Der russische Bankensektor wird derzeit durch die wenigen staatlichen Banken dominiert. Diese Banken vereinen mehr als 70% aller Spareinlagen und 40% des Kreditvolumens des Landes. Dazu sind die *Sberbank, Gazprombank, Vnešèconombank* und die *Vneštorgbank* zu zählen. Russlands größte Bank ist – gemessen an der Bilanzsumme – die im Staatsbesitz befindliche *Sberbank*. Im Jahr 2006 waren von insgesamt 1.329 in Russland registrierten Banken nur 45 vollständig und nur 13 teilweise im ausländischen Besitz.[1235] Föderale und regionale Behörden halten Beteiligungen an mehr als 20 Banken. Darüber hinaus stehen auch zahlreiche Banken im Eigentum staatlicher Unternehmen. Der Markt für kommunale Kreditfinanzierungen ist im Vergleich zur Unternehmensfinanzierung noch unterentwickelt. Das Wachstum von Unternehmenskrediten (80% im Zeitraum 2004-2005) ist wesentlich dynamischer als jenes von Kommunaldarlehen (nur 6%-7% im gleichen Zeitraum) und konzentriert sich auf wenige Kreditinstitute. Kredite von lokalen Banken haben in der Regel kurze Laufzeiten von max. drei Jahren und sind derzeit für die Kreditfinanzierung von langfristigen Infrastrukturvorhaben ungeeignet.

Laut einer im März 2008 durchgeführten Studie[1236] sind russische Banken GČP gegenüber positiv eingestellt. Nach dem Willen der Politik sollen künftig staat-

---

[1233] So *Skyner*, A Viable Framework for Private Investment in the Utility Sector, S. 173.
[1234] Vgl. *Eggert/Rousinova*, WiRO 10/2006, 289.
[1235] Angaben der *Sberbank*, a.a.O.
[1236] Zit. nach *Smirnov*, Kommentar zum föderalen Gesetz über die Auftragsvergabe, a.a.O.

lich dominierte Banken den Großteil der Investitionsvorhaben im Bereich der Infrastruktur finanzieren. Immer wieder gefordert wird seitens der Investoren und kreditgebenden Banken die Möglichkeit des sog. *direct agreements* zwischen dem Konzessionsgeber und den Kreditgebern.[1237] Eine Rechtsgrundlage hierfür besteht nach russischem Recht derzeit nicht. Probleme ergeben sich auch dadurch, dass Banken in der Praxis die durch die öffentliche Hand bereits im Rahmen von Ausschreibungsverfahren geforderten Garantien nicht vor der endgültigen Vergabeentscheidung gewähren. Daher ist es nötig, die Gewährung der Bankgarantien auf den Zeitpunkt des *financial close* zu verlagern. Ein zusätzliches Problem ergibt sich aufgrund der mangelnden Bereitschaft des russischen Staates, einige der Risiken zu übernehmen, die er besser kontrollieren kann (Inflations-, Währungskurs- und Refinanzierungszinsschwankungen). Die damit verbundenen Gefahren für den Investor erhöhen auch das Risiko für die Banken, was letztlich zur mangelnden Kreditbereitschaft seitens der Bank bzw. zur Verteuerung des Kredits führt. Eines der ausschlaggebenden Kriterien für die Beteiligung der internationalen Banken an der Finanzierung ist ferner die Transparenz des Ausschreibungsverfahrens. Insgesamt wird der russische Kapitalmarkt in absehbarer Zukunft wohl keine beachtenswerte Finanzierungsquelle darstellen. Da die Risiken nicht genügend erforscht sind, werden wohl auch die Zinssätze der Kreditinstitute höher sein.[1238] Internationale Banken werden hingegen Länder mit stabilerem makroökonomischen Hintergrund bevorzugen. Andererseits stehen die Chancen zumindest für Megaprojekte gut, da namhafte Investoren an der Projektdurchführung beteiligt sind.

II. Nationale Unternehmensgruppen

Ferner kommen als Finanzierungsinstitute die staatlich kontrollierten Unternehmen und Unternehmensgruppen – wie *Gazprom*, *RAO EÈS*, *Transneft'*, *Transnefteprodukt* oder *Nornikel'* – in Betracht.

III. Investmentfonds

Infrastrukturfonds befinden sich in Russland erst im Entstehen. Einige Beispiele dafür sind etwa *Macquarie Renaissance Infrastructure Fund, Merrill Lynch Russian Infrastructure Basket, Mutual Infrastructure Fund of UFG Asset Mana-*

[1237] So *Skyner*, A Viable Framework for Private Investment in the Utility Sector, S. 174.
[1238] Vgl. *Tendal'*, GČP braucht gute Argumente im Kampf für die Finanzierung! (russ.), S. 14; *Ostrikov*, Èkspert Volga vom 17. November 2008.

gement, Standard Bank, Troika Dialog und andere. Ferner sollen künftig die sog. nichtstaatlichen Rentenfonds eine wichtige Finanzierungsquelle bilden.[1239]

Ein neues Finanzierungsinstrument auf dem russischen Kapitalmarkt stellen sog. Infrastrukturanleihen dar. Unter Infrastrukturanleihen versteht man Anleihen, die der Konzessionsnehmer zweckgebunden für auf den Infrastrukturausbau ausgerichtete Projekte ausgibt. Die Emission durch den Konzessionsnehmer ist deshalb notwendig, weil der Staat nach russischem Recht keine zweckgebundenen Einnahmen erzielen darf.[1240] Für Infrastrukturanleihen existiert derzeit keine gesetzliche Grundlage. Viele Finanzinstitute haben in der Vergangenheit die Ausgabe von Infrastrukturanleihen diskutiert – darunter *UK Lider, Gazprom, OAO RZD, Rosneft'* oder *Rusgidro*.[1241] Im PPP-Vorhaben M10 wurden durch den Konzessionsnehmer *OOO Severo-Zapadnaâ koncessionaâ kompaniâ* Infrastrukturanleihen im Gesamtumfang von rd. 260 Mio. EUR (rd. 10 Mrd. RUB) mit einer Laufzeit von 20 Jahren ausgegeben. Die Staatskorporation Vnešèconombank hat angekündigt, 70% der Anleihen zu erwerben.[1242]

IV. Internationale Organisationen

Für die Attraktivität Rahmen eines PPP-Vorhabens für den privaten Partner spielt die Finanzierung durch internationale Organisationen eine wichtige Rolle. Seit dem Jahr 1991 hat die *Europäische Bank für Wiederaufbau und Entwicklung* (EBRD) in Russland 183 Projekte mit einem Gesamtvolumen von rd. 5,5 Mrd. EUR finanziert, was 23% der Gesamtausgaben der Bank ausmacht.[1243] Nachdem die EBRD zunächst primär Projekte im Großraum Moskau und St. Petersburg finanziert hat, fokussiert sie sich in den letzten Jahren auch auf die Regionen und damit auch auf kleinere Projekte. Auf dem Wirtschaftsforum in St. Petersburg am 17.-21. Juni 2003 hat die EBRD ausdrücklich ihr Interesse an der Finanzierung von Projekten in der RF bekundet.[1244] Die Weltbank finanziert im Gegensatz zur EBRD keine Investitionsprojekte in Russland, sondern betreibt ausschließlich technische Assistenz. Dagegen hat die zur Weltbank-Gruppe ge-

---

[1239] Vgl. *Varnavskij*, Konzessionen in der Transportinfrastruktur (russ.), S. 140.
[1240] Vgl. *Mankulova*, Alternative Finanzierungsquellen für Infrastrukturprojekte (russ.), S. 24.
[1241] Vgl. *Vajšnurs*, Vedomosti vom 19. Februar 2008.
[1242] Vgl. Vedomosti vom 26. April 2010.
[1243] S. *Kommunalkredit*, S. 58 ff.
[1244] Vgl. *Varnavskij*, Konzessionen in der Transportinfrastruktur (russ.), S. 136.

hörende *International Financing Corporation* (IFC) seit 1993 mehr als 2,7 Mrd. USD in über 120 Projekte in Russland investiert.

Neben den schon seit vielen Jahren in Russland tätigen EBRD und Weltbank soll in Zukunft die Anfang 2006 von Kasachstan und Russland gegründete *Eurasian Development Bank* (EUDB) eine Rolle spielen. Am Grundkapital der EUDB in Höhe von rd. 1,5 Mrd. USD halten Russland zwei Drittel und Kasachstan ein Drittel. In Zukunft können sich auch andere Länder der sog. *Eurasian Economic Community* an der Bank beteiligen.[1245] Es existieren ferner Vereinbarungen über die Zusammenarbeit zwischen der *Vnešèkonombank* und der EBRD sowie der *Moscow Bank for Reconstuction and Development* (MBRR).[1246] Daneben haben in der Vergangenheit auch die *Europäische Investitionsbank* (EIB) und die *Internationale Bank für Wiederaufbau und Entwicklung* (IBRD) ihr Interesse an der Finanzierung von russischen Bauvorhaben bekundet. Bei der Aufnahme von Krediten durch die öffentliche Hand gelten haushalts- und wettbewerbsrechtliche Einschränkungen sowie Spezialvorschriften der Föderationssubjekte.[1247]

C. Schwächen des russischen PPP-Finanzierungsinstruments

Während der russische Kapitalmarkt derzeit noch nicht genügend Finanzierungskapazitäten bietet, ist die Kombination der privaten Finanzierung – insbesondere der Finanzierung durch in Russland tätige internationale Organisationen – mit den russischen Formen staatlicher Finanzierung geeignet, die erfolgreiche Finanzierung eines PPP-Vorhabens zu ermöglichen. Völlig unbekannt ist dem russischen PPP-Finanzierungssystem derzeit hingegen das in Deutschland weit verbreitete Finanzierungsmodell der Forfaitierung mit Einredeverzicht. Der Grund dafür dürfte in dem generell schlecht entwickelten System der Kommunalkredite in Russland liegen.

Im Hinblick auf die Refinanzierung sind die mangels verlässlicher Erfahrungswerte schwer abschätzbaren Risiken im Zusammenhang mit der Mautfinanzierung anzumerken. Ferner werden die Instrumente der sog. *equity guarantees* und der sog. *revenue guarantees* derzeit nicht hinreichend angewandt. Die *equity*

[1245] So *Kommunalkredit*, S. 4.
[1246] So *Baženov*, in: Korporativnyj ûrist, S. 31.
[1247] Eine Ausnahme von der wettbewerbsrechtlichen Ausschreibungspflicht für die Finanzierung durch internationale Organisationen – etwa der EBRD – besteht nach der Verordnung der Regierung der RF vom 27. Dezember 2007.

guarantee stellt eine Garantie eines bestimmten Mindestumfangs des Projekts dar, den der Staat im Falle vorzeitiger Beendigung der PPP-Beziehung auszugleichen verpflichtet ist. Im Falle der Gewährung von *revenue guarantees* verpflichtet sich der Staat, ein bestimmtes Mindesteinkommen des Konzessionsnehmers sicherzustellen, indem ein evtl. Defizit gegebenenfalls durch Zuschüsse bzw. eine dem Konzessionsnehmer eingeräumte Vertragsverlängerungsoption ausgleicht. Insbesondere vor dem Hintergrund der jüngsten Finanz- und Wirtschaftskrise, die erheblichen Kapitalabfluss und damit Schwankungen des EUR- bzw. USD-Währungskurses nach sich zog, sind für den Investor die sog. *exchange rate guarantees* von Bedeutung, wonach der Staat das Risiko für den Konzessionsnehmer nachteiliger Änderungen der Währungskurse übernimmt. Die Instrumente der Preisanpassungs- und Indexierungsklauseln sind in Russland derzeit ebenso unzureichend entwickelt. Angesichts der Finanzierung in fremder Währung aufgrund unzureichender Finanzierungsmöglichkeiten auf dem russischen Finanzmarkt ist das Währungsrisiko besonders relevant. In der Literatur wird ferner die gesetzliche Normierung von Vertragsverlängerungsoptionen zur Sicherung der Investitionen des Konzessionsnehmers gefordert.[1248] Möglicherweise fallen solche Vertragsverlängerungen im Falle des Nichtvertretenmüssens des Konzessionsnehmers jedoch bereits unter Art. 401 Abs. 3 ZGB.

[1248] So *Rusinova*, Laufzeit der Konzessionsvereinbarung, a.a.O.

Teil 5: Zusammenfassung und Ausblick. Der Versuch einer Bewertung

§ 10 Wesentliche Untersuchungsergebnisse

Die Frage nach der optimalen Gestaltungsform der wirtschaftlichen Betätigung des Staates zur Erfüllung öffentlicher Aufgaben ist derzeit weder in Deutschland noch in Russland abschließend geklärt. Vor dem Hintergrund zunehmender Schuldenlast der öffentlichen Haushalte und wachsendem Schwierigkeitsgrad der gesellschaftlichen Problemfelder auf der einen Seite sowie der Stagnation personeller und fachlicher Ressourcen der öffentlichen Hand auf der anderen Seite scheint die Einbeziehung privater Wirtschaftsteilnehmer in die öffentliche Aufgabenerfüllung alternativlos. Das Maß einer solchen Einbeziehung wirft die Frage nach der konkreten Gestaltungsform der staatlich-privaten Zusammenarbeit auf. Die in Westeuropa inzwischen etablierte Kooperationsform PPP ist in Russland noch in den Anfängen begriffen. Die Initiierung der ersten PPP-Projekte und die Verabschiedung einiger PPP-Regelungsakte sind zwar als erste Schritte in die richtige Richtung zu werten, bestätigen jedoch im Ergebnins die anfänglichen Zweifel an ihrer dauerhaften Wirksamkeit zur Schaffung eines funktionierenden PPP-Instruments.

Die vorgenommene Untersuchung nahm die bisherige russische PPP-Praxis und die bestehenden PPP-Regelungsgrundlagen samt entsprechendem Rechtsumfeld in den Blick. Zu klären war die Frage, ob das PPP-Phänomen in Russland als ein ernst zu nehmender Trend oder als eine bedeutungslose, inhaltsleere Floskel einzuordnen ist.

Für die erste Generation der PPP-Projekte in der russischen Kommunalwirtschaft existierte weder eine sondergesetzliche Grundlage noch eine auf Projekte aus der Vergangenheit gestützte Erfahrungsbasis. Nach Verabschiedung der spezialgesetzlichen Regelungen des KonzG und des PPP-G St. Petersburg wurde ab 2007 die zweite Generation der PPP-Projekte mit einem beträchtlichen Gesamtinvestitionsvolumen ins Leben gerufen. Doch spielte für die vier bisher vergebenen Großprojekte die politische Unterstützung letztlich eine größere Rolle als der neu geschaffene Rechtsrahmen. Vor allem die Ausschreibungsunterlagen der Großprojekte spiegelten in vielfacher Hinsicht den Einfluss westlicher Berungsunternehmen wider und ließen in Europa und die USA erprobte Modelle erkennen. Der Großteil der in Russland als GČP gehandelten Projekte hat sich im Rahmen der Untersuchung hingegen gar nicht erst als PPP im engeren Sinne erwiesen. Vielerlei handelt es sich um finanzielle Beteiligung der öffentlichen Hand an vielfältigen Wirtschaftsförderungsvorhaben des privaten Sektors. Das russische GČP-Verständnis ist denkbar weit und unbestimmt, wenngleich auch in Russland inzwischen eine Tendenz zur Systematisierung und Eingrenzung des Begriffs erkennbar ist.

Die Verabschiedung des KonzG sollte den PPP-Markt beleben. Doch griff der russische Gesetzgeber entgegen dem in der Praxis verbreiteten Gebrauch westlicher PPP-Modelle von Anfang an auf die eigene Gesetzgebung der Vorrevolutionszeit zurück und entschied sich im scheinbar unlösbaren russischen Konflikt zwischen Marktliberalisierung und einer hohen Staatsquote für von westlichen Systemen abweichende Regelungen. Der gesamte Normbereich des Gesetzes ist von gesetzlichen Einschränkungen der PPP-Gestaltungsvarianten und damit der Beweglichkeit des russischen PPP-Marktes geprägt. Die vorliegende Arbeit hat vielfach gezeigt, wie die Eigentumsstruktur des KonzG, das Verbot der Verpfändung, der Vermietung des Konzessionsgegenstands und der Abtretung der Rechte des Konzessionsnehmers seine Position erheblich schwächen und letztlich ein einziges PPP-Modell – das Inhabermodell in Form des Konzessionsmodells – für die Gestaltung der Vertragsbeziehung diktieren. Zwar könnten insofern die allgemeinen Vorschriften mit ihrer weiten Gestaltungsfreiheit Abhilfe schaffen. Doch verbleiben im Hinblick auf mögliche Deutung dieser Gestaltungsformen als Konzessionsvereinbarungen erhebliche Risiken. Es bedarf derzeit noch der Klärung der Stellung und Anwendbarkeit des KonzG in Abgrenzung zu anderen PPP-relevanten Gesetzen. Kritikwürdig ist ferner die Kompetenzverteilung unter zahlreichen zuständigen Organen.

Verstärkt werden diese Mängel durch die derzeit weder nach dem KonzG noch nach dem VergabeG zufriedenstellenden vergaberechtlichen Regelungen. Die in Abweichung vom Grundsatz der offenen Ausschreibung anwendbare geschlossene Ausschreibung für den sicherheitsrelevanten Bereich bietet ein Einfallstor für die Verletzung des Transparenz- und Gleichbehandlungsgrundsatzes. Die in Deutschland auf PPP-Aufträge anwendbaren Vergabeverfahren des Verhandlungsverfahrens und des Wettbewerblichen Dialogs existieren im russischen Recht nicht. Die wesentliche Besonderheit im Vergleich zu dem deutschen Vergaberecht stellt das für alle Vergabearten geltende Verhandlungsverbot dar, welches die Outputspezifizierung des russischen PPP-Vergabeverfahrens unmöglich macht. Nicht nachvollziehbar ist zudem die Sonderregelung für den Verkehrs-straßenbereich, die das Verfahren der Aktion als anzuwendendes Verfahren vorschreibt. Im Übrigen sind die begrenzte Anzahl der Publizitätsvorschriften, das Problem der Verzögerungen von Ausschreibungsverfahren in der Praxis sowie die unklaren Regelungen zum Nachverhandlungsverbot problematisch. Gleichzeitig ist die Frage der Nachverhandlungen weder nach dem KonzG noch nach dem VergabeG hinreichend geklärt. Höchst kritikwürdig sind zudem die Regelungen in Bezug auf die Zusammensetzung der Auswahlkommission sowie das Vertragsabschlussverweigerungsrecht und die Unverbindlichkeit der Ausschreibung für die öffentliche Hand. Doch während das KonzG dem nicht berücksichtigten Bieter keinen Primärrechtsschutz zu gewähren scheint, existieren entsprechende Regelungen im VergabeG. Eine Vorbildwirkung kommt in vielfacher Hinsicht auch dem PPP-G St. Petersburg zu. Weitere Unsicherheiten ergeben sich im Zusammenhang mit dem nur beschränkt eröffneten Rechtsweg zum Schutz der Rechte rechtswidrig übergangener Mitbewerber. Diese Unklarheiten werden mangels PPP-relevanter Rechtsprechung der russischen Gerichte noch verstärkt.

Schließlich ist die im Rahmen der Betrachtung deutlich gewordene Intention des Gesetzgebers kritikwürdig, PPP als ein reines Finanzierungsinstrument für russische Infrastrukturprojekte auszugestalten. Gleichzeitig ist der russische PPP-Finanzierungsmarkt derzeit nur unzureichend entwickelt. Eine große Rolle spielen dabei die in Russland tätigen internationalen Organisationen sowie die Mittel des Investitionsfonds. Viele der PPP-Finanzierungsmodelle – etwa Forfaitierung mit Einredeverzicht – werden in Russland nicht angewandt. Es bedarf ferner klarer Regelungen in Bezug auf Sicherheiten für Kreditgeber. Dennoch kann wohl mit Sicherheit behauptet werden, dass auch künftig Infrastrukturprojekte aus staatlichen Mittel – ob der Föderation oder des Investitionsfonds – finanziert werden.

Sowohl in Deutschland als auch in Russland lauten politische Absichtserklärungen auf Förderung und Weiterentwicklung von PPP. Während PPP in Deutschland als eine echte Alternative zur materiellen Privatisierung betrachtet wird, ist es in Russland ein neues, modernes Mittel der Beschaffung von ausländischen Investitionen. In Deutschland stellt PPP ein politisch geschicktes Mittel dar, auf die Finanzlage von Bund und Ländern zu reagieren. Der Staat delegiert öffentliche Aufgaben, zu deren Erfüllung er zunehmend nicht mehr in der Lage ist, sukzessive auf den Privaten. Die Vorfinanzierung durch den Privaten sowie die Wertschöpfung aus den Effizienzvorteilen spielen dabei eine wichtige Rolle. Da PPP einerseits den Einflussverlust der öffentlichen Hand bis zu einem bestimmten Maß verhindert und andererseits Effizienzvorteile verspricht, ist es vor allem der Wählerschaft gegenüber einfacher zu rechtfertigen als die Privatisierung. PPP verspricht höhere Anerkennung durch die Bevölkerung im Vergleich zur Privatisierung. Die Intention des Gesetzgebers des KonzG in Russland läuft hingegen vordergründig auf die Beschaffung von ausländischen Investitionen hinaus. Dafür sprechen insbesondere die Beschränkung der freien Formwahl für den Investor und die strenge Regulierung der möglichen PPP-Gestaltungsformen im Rahmen des KonzG. Ferner spricht dafür das gesetzliche Leitbild der Drittnutzerfinanzierung, während sich die öffentliche Hand grundsätzlich nicht an der Finanzierung beteiligen soll. Hingegen ist die materielle Privatisierung für die russische Regierung keine echte Alternative, da sie zu hohe Einflussverluste nach sich zieht, welche insbesondere aufgrund ausländischer Herkunft der Investoren für die russische Regierung nicht hinnehmbar wären.

Im Gegensatz zum KonzG schränkt das von der Bundesregierung zur Förderung von PPP verabschiedete ÖPP-BeschleunigungsG die Formwahl im Rahmen von PPP keinerlei ein, sondern beseitigt effektiv rechtliche und institutionelle Hindernisse bei der Verwirklichung von PPP-Projekten in Deutschland. Das Konzessionsmodell ist in der deutschen PPP-Praxis – mit Ausnahme der meisten Autobahnbauprojekte – eher selten. Der russische Gesetzgeber müsste noch einige Schritte auf dem Weg zur Verbesserung des Investitionsklimas – sei es mit oder ohne PPP – unternehmen. Ein GČP-BeschleunigungsG könnte ein Anfang sein. Doch nachdem der Gesetzentwurf über die Verwaltung bestimmter Arten öffentlichen Eigentums[1249] im Januar 2009 gescheitert ist, wurden im Juni 2010 auch die Pläne zur Verabschiedung eines GČP-Gesetzes auf Föderationsebene letztlich aufgegeben.[1250]

Wie sich der PPP-Markt in Russland entwickeln wird, bleibt abzuwarten. Nach Startschwierigkeiten bei Großprojekten, die vordergründig durch die weltweite

---

[1249] S. Gesetzentwurf über die Verwaltung bestimmter Arten öffentlichen Eigentums, Nr. 132516-5, russ.: *Ob osobennostâh rasporâženiâ otdel'nymi vidami publičnogo imuŝestva*. Der Entwurf regelte die Befugnisse der Hoheitsorgane, einen Katalog der betroffenen Vermögensarten und hatte damit einen ähnlichen Regelungsgehalt wie das KonzG mit dem Unterschied, dass auch andere Formen der staatlich-privaten Partnerschaft zulässig werden sollten.
[1250] Vgl. *Morozova*, Rossijskaâ Bizness-gazeta vom 8. Juni 2010.

Finanz- und Wirtschaftskrise verursacht wurden, scheint die anfängliche Begeisterung für PPP derzeit abzuklingen. Es besteht daher die Gefahr, dass GČP in Russland als eine der vielen modernen Floskeln nach anfänglichem allseitigem Interesse in der Fachwelt an Aktualität verliert und letztlich einem weiteren neuen Trend in der russischen Diversifikationsdiskussion weichen muss. Gebotene Vorsicht bei der Gestaltung der Vertragswerke unter Inanspruchnahme des inzwischen überbordenden PPP-Rechtsberatungsangebots und entsprechende Netzwerke zu Projektverantwortlichen in staatlichen Strukturen vorausgesetzt, scheint eine für den Investor wirtschaftlich lohnenswerte Zusammenarbeit indes auch in Russland nicht gänzlich unmöglich. Während bisher die geographische Konzentration der PPP-Projekte auf die Regionen Moskau-St. Petersburg zu registrieren war, ist in jüngster Zeit eine Belebung des PPP-Marktes in den Regionen – insbesondere bei kleineren Projekten in der Abfallsentsorgung und -verarbeitung sowie der Wasserver- und Abwasserentsorgung – allmählich erkennbar. Wenngleich dieses Marktsegment außerhalb der investitionsschweren Megaprojekte den ausländischen Investoren bislang weitgehend fremd geblieben ist, dürfte es insbesondere für den Mittelstand zunehmend attraktiv werden. Die PPP-Qualität der bisher auf diesem Gebiet initiierten Projekte ist aufgrund knapper zugänglicher Informationen freilich noch schwer zu beurteilen. Zu befürchten steht letztlich, dass die PPP-Initiative nach Zurücklegen der ersten Wegstrecke an Dynamik verliert, indem vorerst die Entwicklung der ersten PPP-Vorhaben abgewartet wird. Im Rahmen der im November 2010 beschlossenen Privatisierungsinitiative sollen in den Jahren 2011-2013 Vermögenswerte in Höhe von rd. 1 Trillion RUB, darunter einige der größten Unternehmen und Banken, vom staatlichen in den privaten Besitz überführt werden.[1251] Ob und welche Rolle dabei PPP spielen wird, bleibt ungewiss. Die erste große politische Entscheidung gegen PPP wurde im Zusammenhang mit einem der investitionsstärksten russischen Vorhaben der letzten Jahrzehnte – der Vorbereitung der Olympischen Spiele in Sotschi – bereits getroffen.

[1251] S. *Nabiullina*, in: Business Guide Deutschland Russland, S. 18.

	WHSD	M10	OT	Pulkovo	Nadex	M1	ZKAD
Investitionsvolumen	rd. 5,7 Mrd. EUR	rd. 1,33 Mrd. EUR	rd. 1,3 Mrd. EUR	rd. 1,2 Mrd. EUR	rd. 1 Mrd. EUR	rd. 571 Mio. EUR	rd. 18 Mrd. EUR
Privater Finanzierungsanteil	rd. 2,9 Mrd. EUR	rd. 1 Mrd. EUR	rd. 300 Mio. EUR	nicht bekannt	nicht bekannt	rd. 210 Mio. EUR	nicht bekannt
Projektstart	2006	2007	2007	2009	2007	2007	2007
Bau	nicht bekannt	3 Jahre (2010-2013)	5 Jahre (2011-2016)	3 Jahre (2010-2013)	3 Jahre	2 Jahre (2009-2011)	nicht bekannt
Betrieb	nicht bekannt	27 Jahre	25 Jahre	30 Jahre	27 Jahre	28 Jahre	nicht bekannt
Projektstart	Verkehrsstraße, 46,6 km	Verkehrsstraße, 43 km	Tunnel, 1,6 km	Flughafenanlagen	Schwebebahn, 29,9 km	Verkehrsstraße, 18,5 km	Verkehrsstraße, 520 km
Modell	BOT/Inhabermodell in Form des Konzessionsmodells	Inhabermodell in Form des Konzessionsmodells	BOT/Inhabermodell in Form des Betreibermodells	BOOT/Erwerbermodell, Konzession	BOOT/Erwerbermodell	Inhabermodell in Form des Konzessionsmodells	nicht bekannt
Eigentum in der Betriebsphase	öffentliche Hand	öffentliche Hand	öffentliche Hand	(teilweise) privater Investor	privater Investor	öffentliche Hand	nicht bekannt
Anwendbares Recht	KonzG	KonzG	KonzG	PPP-G St. Petersburg	PPP-G St. Petersburg	KonzG	nicht bekannt
Verfahrensstand	nach Scheitern im Jahr 2009 am 7. Februar 2011 erneut ausgeschrieben	Vertragschluss am 27. Juli 2009 mit Vinci-Gruppe, financial close	Vertragschluss am 19. Juni 2010 mit Vinci-Gruppe	Vertragschluss am 30. Oktober 2009 mit Fraport AG, VTB Capital, und Copelouzos Group, financial close	am 15. März 2010 erneut ausgeschrieben, seit Mai 2011 nur die Ausschreibung des Betriebs diskutiert	Vertragsschluss am 17. Juli 2009 mit ZAO Lider, FCC Construccion S.A., ALPINE Bau GmbH und Brisa Auto-Estradas de Portugal S.A., financial close	In Planung

Tabelle 18: Russische Megaprojekte

	Niederes Angara Gebiet, Krasnojarsk	Verkehrsinfrastruktur, Tschita	Ölverarbeitung, Nizhnekamsk	Eisenbahnverbindung Kysyl –Kuragino
Investitionsvolumen	rd. 360 Mrd. RUB	rd.141,3 Mrd. RUB	rd. 130,3 Mrd. RUB	rd. 131,6 Mrd. RUB
Finanzierungsanteil IF	rd. 34,2 Mrd. RUB (etwa 15%)	rd. 40 Mrd. RUB (etwa 13%)	rd. 16,5 Mrd. RUB (etwa 13%)	rd. 65,8 Mrd. RUB (etwa 50%)
Investor	RAO EÉS, Basic Element, Vnešėkonombank	Norilskij Nikel	Tatneft	-

Tabelle 19: Vom Investitionsfonds (IF) finanzierte Großprojekte

	Südbutovo, Moskau	Zelenograd	SWTP, St. Petersburg	MSZ-3, Moskau
Projektart	Wasseraufbereitung	Wasseraufbereitung	Wasseraufbereitung	Abfallentsorgung
Projektstart	1996	1996	2002	2004
Bau	17 Monate	-	2,5 Jahre	2,5 Jahre
Betrieb	12 Jahre	-	12 Jahre	12,5 Jahre
Investitionsvolumen	rd. 31 Mio. EUR	-	rd. 170 Mio. EUR	rd. 175,4 Mio. EUR
Eigentum in Betriebsphase	(teilweise) Investor	(teilweise) Investor	(teilweise) Investor	(teilweise) Investor
Modell	BOOT/Erwerbermodell in Form des Betreibermodells	BOOT/Erwerbermodell in Form des Betreibermodells	BOOT/Erwerbermodell	BOOT/Erwerbermodell
Anwendbares Recht	ZGB	ZGB	ZGB, VergabeG a.F.	ZGB, VergabeG a.F.
Investor	WTE-Gruppe	WTE-Gruppe	NCC International AB, Skanska East Europe Oy und YIT Construction Ltd.	EVN-Gruppe

Tabelle 20: Kommunale Pionierprojekte

	A1 AK Bremen – AD Buchholz	A8 Augsburg – München	A5 Malsch – Offenburg	A4 Landesgrenze HE/TH – AS Gotha	Warnowquerung Rostock
Investitions-volumen	rd. 1,017 Mrd. EUR	rd. 737 Mio. EUR	rd. 590 Mio. EUR	rd. 542 Mio. EUR	rd.220 Mio. EUR
Vergabe	20. Dezember 2005	18. März 2005	7. Dezember 2005	12. August 2005	1999
Konzessions-beginn	4. August 2008	1. Mai 2007	1. April 2009	16. Oktober 2007	2003
Laufzeit	30 Jahre	30 Jahre	30 Jahre	30 Jahre	50 (urspr. 30) Jahre
Länge/Umfang	72, 5 km	52 km	59,8 km	44,4 km	790 m
Verfahrens-stand	A1 Mobil GmbH & Co. KG (Bilfinger Berger)	Autobahn Plus A8 GmbH	Via Solutions Südwest GmbH	Via Solutions Thüringen GmbH & Co. KG (Hoch-tief/Vinci)	Bouygues Travaux Publics S.A. und Macquarie Infrastructure

Tabelle 21: Ausgewählte Großprojekte Verkehrsinfrastruktur in Deutschland

Literaturverzeichnis

Russische Namen und Begriffe werden im Rahmen der Arbeit in der wissenschaftlichen Transliteration ISO 9 der *International Organisation for Standardization* dargestellt, soweit sich nicht eine davon abweichende deutsche Schreibweise etabliert hat.

Abova, Tamara / *Kabalkin*, Aleksandr, Kommentar zum Zivilgesetzbuch der RF, Zweiter Teil (russ.), Moskau 2004

Ahmaev, A., Über Konzessionsvereinbarungen (russ.), in: Pravo i èkonomika, 8/2006, S. 16 f.

Aksakov, A., zit. nach *Smirnov*, E., Die Mission der Entwicklungsbank wird sichtbarer (russ.), in: Upravlenie v kreditnoj organisacii, 3/2008, Garant

Alёšin, E., Perspektiven der Vergabe von Konzessionen in der Verwaltungspraxis Russlands (russ.), in: Èkonomika stroitel'stva, 1/2001, S. 53 ff.

Alfen, Hans-Wilhelm / *Mayrzedt*, Hans / *Tegner*, Henning, PPP-Lösungen für Deutschlands Autobahnen, 2004, abrufbar unter: www.uni-weimar.de/Bauing/bwlbau

Alpatov, A., Gründung und Entfaltung der SWZ in Russland: die ersten Erfahrungen (russ.), Garant

Amunc, D., Rezension zu *Zagorul'ko*, M. (Hrsg.), Ausländische Konzessionen in der UdSSR, Band 2 (russ.), Moskau 2005, Konsultant Plus

Amunc, D., Staatlich-private Partnerschaft. Das Konzessionsmodell der gemeinschaftlichen Beteiligung des Staates und des privaten Sektors an der Realisierung investitionsintensiver Projekte (russ.), in: Spravočnik rukovoditelâ učereždeniâ kul'tury, 12/2005, S. 16 ff.

Andrukovič, L., Staatlich-private Partnerschaft im Bereich der Hochschulbildung (russ.), abrufbar unter: http://www.marstu.net/Default.aspx?tabid

Arbeitsgemeinschaft für wirtschaftliche Verwaltung e.V. (*AWV*) (Hrsg.), Public Private Partnership – ein Leitfaden für öffentliche Verwaltung und Unternehmer, abrufbar unter: http://www.awv-net.de/cms/upload/aktuelles/PPP-Doku-Monitor.pdf

Baer, Susanne, „Der Bürger" im Verwaltungsrecht, Tübingen 2006

Bahrah, D. / *Rossinskij*, B. / *Starilov*, Û., Verwaltungsrecht: ein Lehrbuch (russ.), Moskau 2005

Bauer, Hartmut, Privatisierungsimpulse und Privatisierungspraxis in der Abwasserentsorgung, in: VerwArch 1999, 561ff.

Baženov, Aleksandr, Unsere Mission ist die Förderung und Beschleunigung von Infrastrukturprojekten (russ.), in: Korporativnyj ûrist, 10/2008, Anhang, S. 31

Becker, Joachim, Rechtsrahmen für Public Private Partnership – Regelungsbedarf für neue Kooperationsformen zwischen Verwaltung und Privaten?, in: ZRP, 2002, S. 303 ff.

Beckmann, Klaus J. / *Witte*, Andreas, Stadtplanung im Rahmen von Public Private Partnership – Erfahrungen, Chancen, Risiken, in: Ministerium für Städtebau und Wohnen, Kultur und Sport des Landes NRW (Hrsg.): Stadtentwicklung. Neue Kooperationsformen und Partnerschaften, Düsseldorf 2000

Belokrylova, O., Zusammenwirken von Business und Macht im Rahmen der Strategieplanung für wirtschaftliche Entwicklung der Regionen (russ.), Moskau 2006

Benz, Arthur, Governance – Regieren in komplexen Regelsystemen, Wiesbaden 2004

Beratergruppe „PPP im öffentlichen Hochbau" (*PPP-Beratergruppe*), Gutachten im Auftrag des Lenkungsausschusses beim BMVBW, abrufbar unter: www.ppp-bund.de/hochbau.htm

Bernštain, I., Grundriss des Konzessionsrechts der UdSSR (russ.), Moskau 1930

Bertelsmann Stiftung u.a. (Hrsg.), Public Private Partnership und E-Government, abrufbar unter: http://www.bertelsmann-stiftung.de/cps/rde/xbcr/SID-98A78E9E-7765CA31/bst/xcms_bst_dms_18433_18434_2.pdf

Blumenthal, Julia von, Governance – eine kritische Zwischenbilanz, in: ZPol 2005, 1149 ff.

Bobin, P., Probleme zivilrechtlicher Regulierung der Nutzung des Erdinneren (russ.), in: Zakon 2/2007, S. 61 ff.

Bode, Ingo, Public-Private-Partnerships im Pflegesektor, in: Sozialer Fortschritt, 2007, S. 64 ff.

Bogatyrёv, A., Investitionsrecht (russ.), Moskau 1992

Bogdanov, E., Rechtsregime des Vermögens der Staatskorporation (russ.), in: Hozâjstvo i pravo, 5/2008, S. 115 ff.

Bogomol'nyj, E., Gesetzgebung und Verwaltungspraxis betreffend öffentliches Eigentum in Russland (russ.), abrufbar unter: http://www.duma.gov.ru/sobstven/analysis/corporation/161007/2bogomol.htm

Boguslavskij, Mark, Ausländische Investitionen und Investitionsschutz in Russland, S. 301 ff., in: *Heiss*, Helmut, Brückenschlag zwischen den Rechtskulturen des Ostseeraums, 2001

Boguslavskij, Mark, Ausländische Investitionen: rechtliche Regulierung (russ.), Moskau 1996

Boguslavskij, Mark, Internationales Privatrecht (russ.), Moskau 2004

Boguslavskij, Mark, Perestrojka der internationalen Wirtschaftsbeziehungen und Rechtsnatur der Konzessionsvereinbarungen (russ.), in: Meždunarodnoe sotrudničestvo i meždunarodnoe pravo, 1997, S. 102 ff.

Boguslawskij, Mark / *Trunk*, Alexander (Hrsg.), Rechtslage von Auslandsinvestitionen in Transformationsstaaten. Festgabe für Prof. Dr. Wolfgang Seiffert zum 80. Geburtstag, Berlin 2006

Bohn, Thomas M. / *Neutatz*, Dietmar (Hrsg.), Studienhandbuch Östliches Europa, Band 2: Geschichte des Russischen Reiches und der Sowjetunion, Köln, Weimar, Wien 2009

Böhret, Carl / *Kanzendorf*, Götz, Handbuch Gesetzfolgenabschätzung, Baden-Baden 2001

Bondarenko, E., Risikooptimierung der privat-öffentlichen Partnerschaft mit Beteiligung internationaler Finanzinstitute (russ.), in: Èkonomičeskie nauki, Moskau 2008

Bonk, H. J., Fortentwicklung des öffentlich-rechtlichen Vertrages unter besonderer Berücksichtigung der Public Private Partnership, in: DVwBl 2004, 141 ff.

Borisov, A. / *Kraev*, N., Kommentar zum Gesetz über die Auftragsvergabe zur Lieferung von Waren, Ausführung von Arbeiten und Erbringung von Leistungen für staatlichen und munizipalen Bedarf (russ.), Moskau 2009

Borisov, A., Kommentar zum ZGB (russ.), Moskau 2008

Borisov, A., Steuersystem im Rahmen der Produktionsteilungsvereinbarungen (russ.), Moskau 2005

Borodyčёva, I., Verhältnis von Staat und Business. Konzession als eine Form der Partnerschaft im Bereich der Wohn- und Kommunalwirtschaft (russ.), in: Obozrevatel', 9-10/2004, abrufbar unter: http://www.rau.su/observer/N9-10_2004/9-10_08.HTM

Bovaird, Tony, Public-private partnership: from contested concepts to prevalent practice, in: International Review of Administrative Sciences 70 (2004), S. 199 ff.

Braginskij, M. / *Vitrânskij*, V., Vertragsrecht, Buch 5, Band 2 (russ.), Konsultant Plus

Brandt, Arno / *Bredemeier*, Sonning / *Jung*, Hans-Ulrich / *Lange*, Joachim, Public Private Partnership in der Wirtschaftsförderung. Herausforderungen, Chancen und Grenzen, Stuttgart 2007

Brandt, Arno, Sind Cluster machbar? Zur ökonomischen Begründung von Clusterpolitik und der politischen Gestaltbarkeit von Clusterkonzepten, in: *Schätzel*, L. / *Kiese*, M. (Hrsg.): Cluster und Regionalentwicklung: Theorie, Beratung und Beispiele clusterorientierter Wirtschaftsförderung, Münster 2007

Brusser, P. / *Rožkova*, S., Staatlich-private Partnerschaft – der neue Mechanismus der Investitionsbeschaffung (russ.), in: Rynok cennyh bumag, 2/2007, S. 29 ff.

Budäus, Dietrich (Hrsg.), Kooperationsformen zwischen Staat und Markt, Baden-Baden 2006

Budäus, Dietrich / *Eichhorn*, Peter (Hrsg.), Public Private Partnership, Neue Formen öffentlicher Aufgabenerfüllung, Baden-Baden 1997

Budäus, Dietrich / *Grüb*, Birgit, Ergebnisqualität und Vertrauen als kritische Erfolgsfaktoren von PPP im Gesundheits- und Sozialwesen, in: Sozialer Fortschritt, 56 (2007), S. 56 ff.

Budäus, Dietrich / *Grüb*, Birgit, Public Private Partnership: Theoretische Bezüge und praktische Strukturierung, in: Zeitschrift für öffentliche und gemeinwirtschaftliche Unternehmen, 2007, S. 245 ff.

Budäus, Dietrich / Grüning, Gernot, Public Private Partnership – Konzeption und Probleme eines Instruments zur Verwaltungsreform aus Sicht der Public Choice-Theorie, in: *Budäus,* Dietrich / *Eichhorn,* Peter (Hrsg.), Public Private Partnership, Neue Formen öffentlicher Aufgabenerfüllung, Baden-Baden 1997, S. 25 ff.

Budäus, Dietrich, Public Private Partnership – Kooperationsbedarfe, Grundkategorien und Entwicklungsperspektiven, in: *Budäus,* Dietrich (Hrsg.), Kooperationsformen zwischen Staat und Markt, Baden-Baden 2006, S. 11 ff.

Budäus, Dietrich, Public Private Partnership – Strukturierung eines nicht ganz neuen Problemfeldes, in: zfo, 6/2004, S. 312 ff.

Bukatin, V., Konzessionen in den Flughäfen: Theorie und moderne Praxis (russ.), Moskau 2004

Bulatov, V. / *Zagorul'ko*, M., Wasserstraße Wolga-Don-Asowsches Meer. Nichtrealisierte Konzessionen (russ.), Volgograd 2007

Bundesministerium für Verkehr, Bau und Stadtentwicklung (*BMVBS*), Erfahrungsbericht – Öffentlich-Private-Partnerschaften in Deutschland, 2007, abrufbar unter: http://www.ilb.de/rd/files/documents/PPP-BMVBS-Erfahrungsbericht-OePP-2007.pdf?PHPSESSID=q2c5l233v1

Bundesministerium für Verkehr, Bau und Stadtentwicklung (*BMVBS*), PPP-Handbuch. Leitfaden für Öffentlich-Private Partnerschaften, 2. Auflage, Bad Homburg 2009

Bundesrechnungshof, Gutachten des Bundesbeauftragten für Wirtschaftlichkeit in der Verwaltung zu Öffentlich Privaten Partnerschaften (ÖPP) im Bundesfernstraßenbau, abrufbar unter: http://bundesrechnungshof.de/bundesbeauftragter-bwv/ergebnisse-des-bwv-1/sonstige-gutachten-berichte-bwv/05-V3-2006-0201.pdf

Bundesregierung, Stellungnahme vom 16. August 2004 zu dem Grünbuch der EU-Kommission zu öffentlich-privaten Partnerschaften und den gemeinschaftlichen Rechtsvorschriften für öffentliche Aufträge und Konzessionen, abrufbar unter: www.bmfa.bund.de/redaktion/inhalte/ Pdf/ stellungnahme-der-regierung-der-bundesrepublik-deutschland-zu-dem-gruenbuch,property=pdf.pdf

Bunsen, C. / Sester, P., Finanzierungsverträge für PPP-Projekte im öffentlichen Hochbau und Refinanzierung durch Pfandbriefe, in: ZflR 2005, 81 ff.

Burgi, Martin, Funktionale Privatisierung und Verwaltungshilfe, Tübingen 1999

Burgi, Martin, Privatisierung öffentlicher Aufgaben – Gestaltungsmöglichkeiten, Grenzen, Regelungsbedarf, Verhandlungen des siebenundsechzigsten Deutschen Juristentags, Band I, Gutachten Teil D, D 15, Erfurt 2008

Burgi, Martin, Warum die „kommunale Zusammenarbeit" kein vergaberechtspflichtiger Beschaffungsvorgang ist, in: NZBau 2005, 208 ff.

Büschgen, Hans E., Praxishandbuch Leasing, München 1998

Busse, Jürgen, Kooperatives Recht im Bauplanungsrecht, in: BayVBl 1994, 353 ff.

Čelyšev, M. / *Ogorodov*, D., Gemischte Verträge im Privatrecht: Fragen der Theorie und Praxis (russ.), in: Zakonodatel'stvo i èkonomika, 10/2005, S. 23

Černigovskij, M., Entwicklungsbank als Grundlage der Finanzierung von GČP (russ.), in: Korporativnyj ûrist, 10/2008, Anhang, S. 29 ff.

Černigovskij, M., Investitionsfonds kann nach Beseitigung rechtlicher Hindernisse wesentlich effektiver werden (russ.), in: Korporativnyj ûrist, 10/2008, Anhang, S. 14 ff.

Černigovskij, M., Partnerschaft im Namen der Entwicklung (russ.), in: Korporativnyj ûrist 10/2008, Anhang, S. 3

Cimmermann, Û., Staatskorporation – die Besonderheiten der rechtlichen Regulierung (russ.), in: Pravo i èkonomika, 10/2008, S. 4 ff.

Collenberg, Dominikus, Paradigmenwechsel zögerlich umgesetzt, in: Entwicklung und Zusammenarbeit, 2006, S. 370 ff.

Čumakov, O., Rechtliche Regulierung der Pachtbeziehungen bei Ausübung unternehmerischer Tätigkeit (russ.), in: Predprinimatel'skoe pravo, 2/2005, S. 41

Cvetkov, V., / *Medkov*, A., Perspektiven der staatlich-privaten Partnerschaft beim Bau und in der Modernisierung der Eisenbahninfrastruktur (russ.), in: Žurnal èkonomičeskoj teorii, 1/2008, S. 170 ff.

Delloite Research, Closing the Infrastructure Gap, Staat und Privatunternehmen: Partner für eine bessere Infrastruktur (russ.), 2007, abrufbar unter: www.deloitte.com

Demočkin, Ûrij, Kommentar zum Beitrag: Investitionen in Projekte komplexer Flächenerschließung (russ.), in: Korporativnyj ûrist, 10/2008, Anhang, S. 22

Derâbina, M., Theoretische und praktische Probleme der staatlich-privaten Partnerschaft (russ.), Moskau 2006

Detenyšev, S., Bewertung der Effektivität des Gesetzes über Konzessionsvereinbarungen (russ.), abrufbar unter: http://www.avia.ru/aut/48/

Deutsches Institut für Urbanistik (*Difu*), Public Private Partnership Projekte – Eine aktuelle Bestandaufnahme in Bund, Ländern und Kommunen, Berlin 2005

Di Fabio, Udo, Privatisierung und Staatsvorbehalt, in: JZ 1999, 585 ff.

Dmitriev, Û. / *Polânskij*, I. / *Trofimov*, E., Verwaltungsrecht der Russischen Föderation: Lehrbuch für juristische Hochschulen (russ.), Garant 2008

Dmitrieva, G. K., Internationales Privatrecht (russ.), 2. Auflage, Moskau 2004

Doronina, N. / *Semilutina*, N., Staat und Investitionsregulierung (russ.), Moskau 2003

Doronina, N., Untersuchungsthema – Konzessionsvereinbarungen (russ.), in: Žurnal rossijskogo prava, 9/2002, S. 169

Doronina, N., Zur Frage über die Rechtsnatur von Konzessionsvereinbarungen (russ.), in: Pravo i èkonomika, 1/1997, S. 48 ff.

Dörrenbächer, Heike, Die Sonderwirtschaftszone Jantar' von Kaliningrad (Königsberg), Bonn 1994

Dose, Nicolai / *Voigt,* Rüdiger (Hrsg.), Kooperatives Recht, Baden-Baden 1995

Dreher, Meinrad, Public Private Partnerships und Kartellvergaberecht, Gemischtwirtschaftliche Gesellschaften, In-house-Vergabe, Betreibermodell und Beleihung Privater, in: NZBau 2002, 245 ff.

Drozdov, I., Entwicklungsperspektiven der Konzessionsgesetzgebung in Russland (russ.), abrufbar unter: http://www.mintrans.ru/pressa/Round_Table/Round_t_programm_Drozdov_rus.htm

Drozdov, I., Zur Rechtsnatur der Konzessionsvereinbarung (russ.), in: Hozâjstvo i pravo, 6/2006, S. 48 ff.

Efimova, L., Über die Rechtsnatur der Staatskorporationen (russ.), in: Hozâjstvo i pravo, 8/2008, S. 65 ff.

Eganân, Al'bert, Effektivitätssteigerung für staatliche Infrastrukturinvestitionen mittels GČP (russ.), in: Korporativnyj ûrist, 10/2008, Anhang, S. 18

Eggers, Mark, Public Private Partnership. Eine strukturierende Analyse auf der Grundlage von ökonomischen und politischen Potenzialen, Frankfurt am Main u.a. 2004

Eggert, Anna / *Rousinova*, Anastasia, Neues russisches Gesetz über die Konzessionsvereinbarungen - Freud und Leid der Investoren, in: WiRO 10/2006, 289 ff.

Ehrlich, Anna, Neue Rahmenbedingungen für Investitionen in der Kaliningrader Sonderwirtschaftszone (russ.), in: WiRO 2007, 106 ff.

Ipsen, Knut, Völkerrecht, 5. Auflage, München 2004

Erichsen, Hans-Uwe (Hrsg.), Kommunale Verwaltung im Wandel, Köln 1999

Erichsen, Hans-Uwe / *Ehlers*, Dirk (Hrsg.), Allgemeines Verwaltungsrecht, 14. Auflage, Berlin u.a. 2010

Erpyleva, N., Internationales Privatrecht (russ.), Ljuberzy 2010

Eschenbruch, Klaus / *Windhorst*, Heiko / *Röwekamp*, Hendrik / *Vogt*, Henrik, Bauen und Finanzieren aus einer Hand, Köln 2004

Evstratova, U., Möglichkeiten und Perspektiven der geschlossenen Investmentfonds als GĈP-Instrument (russ.), in: Rynok cennyh bumag, 19/2007

Fabian, Roland / *Farle*, Valentina, Bilanzielle Beurteilung von „Public Private Partnerships" am Beispiel des „A-Modells", in: DStR 2004, 929 ff.

Falter, Manuela, Vertragsrecht, in: *Breitenbach* (Hrsg.), Handbuch Wirtschaft und Recht in Osteuropa, RUS D. II

Farhutdinov, Insur / *Trapeznikov*, V., Investitionsrecht (russ.), Moskau 2006

Farhutdinov, Insur, Internationales Investitionsrecht. Theorie und Anwendungspraxis (russ.), Moskau 2005

Fëdorov, Â., / *Varnavskij*, V., Der Verwaltungsmechanismus der Konzession im Verkehrswesen: ein Lehrbuch (russ.), Moskau 2003

Fëdorov, I., Kommentar zum Beitrag: Investitionen in Projekte komplexer Flächenerschließung (russ.), in: Korporativnyj ûrist, 10/2008, Anhang, S. 23

Fettig, Wolfgang / *Späth*, Lothar (Hrsg.), Privatisierung kommunaler Aufgaben, Baden-Baden 1997

Finanzministerium des Landes Nordrhein-Westfalen (Hrsg.), Public Private Partnership im Hochbau, Vergaberechtsleitfaden, 2003

Fleckenstein, Martin, Abbau von Hemmnissen für Public Private Partnership: Das ÖPP-Beschleunigungsgesetz, in: DVBl 2006, 75 ff.

Flömer, Volker / *Tomerius*, Stephan, Interkommunale Zusammenarbeit unter Vergaberechtsvorbehalt?, in: NZBau 2004, 660 ff.

Fluck, Jürgen, Grundprobleme des Öffentlich-Rechtlichen Vertragsrechts, in: Die Verwaltung 1989, 185 ff.

Fomičev, Û., Staatlich-private Partnerschaft – ein Instrument der Investitionsbeschaffung (russ.), St. Petersburg 2005

Franzius, Claudio, Governance und Regelungsstrukturen, in: VerwArch 97/2006, 186 ff., abrufbar unter: http://www.claudio-franzius.de/FranziusC/texts/Governance%20und%20Regelungsstrukturen.pdf

Gallwas, Hans-Ulrich, Die Erfüllung von Verwaltungsaufgaben durch Private, Veröffentlichungen deutscher Staatsrechtler, Heft 29, S. 214 ff.

Garagozov, D., HafenSWZ: mögliche Gründungs- und Funktionshindernisse (russ.), in: Morskie novosti, 10/2008

Garagozov, D., Investitionen in Projekte komplexer Flächenerschließung (russ.), in: Korporativnyj ûrist, 10/2008, Anhang, S. 21 ff.

Gerstelberger, Wofgang / *Hoeppner*, Rolf-Roger, Public Private Partnership in der Stadtentwässerung, in: RRR international, 1/2004, S. 18

Gerstlberger, Wolfgang / *Schmittel*, Wolfram, Public Private Partnership als neuartiges Regelungsmuster zwischen öffentlicher Hand und Unternehmen, Düsseldorf 2004, abrufbar unter: http://www.boeckler.de/pdf/p_edition_hbs_121.pdf

Gerstlberger, Wolfgang, Public Private Partnerships und Stadtentwicklung, München und Mering 1999, abrufbar unter: http://elib.tu-darmstadt.de/tocs/60557397.pdf

Glumov, E., Finanzierung durch den Investitionsfonds: rechtliche Neuerungen und Risiken (russ.), in: Korporativnyj ûrist, 10/2008, Anhang, S. 12

Godunova, D., Konzessionsvertrag: von der Theorie zur Praxis (russ.), in: Korporativnyj ûrist, 10/2008, Anhang, S. 27 ff.

Gončarov, O., Organisationsmodell zur Versicherung industrieller Risiken (russ.), Garant

Gončarov, P., Staatliche Regulierung ausländischer Investitionen in der Russischen Föderation (russ.), Diss., Moskau 2003

Gordeev, A., / *Kiselëv*, K., Funktionsweise der staatlich-privaten Partnerschaft im Bereich der Wissenschaft (russ.), abrufbar unter: http://www.opec.ru/docs.aspx?id=225&ob_no=87106

Gottschalk, Wolf, Praktische Erfahrungen und Probleme mit Public Private Partnership (PPP) in der Versorgungswirtschaft, in: *Budäu*s, Dietrich / *Eichhorn*, Peter (Hrsg.), Public Private Partnership – Neue Formen öffentlicher Aufgabenerfüllung, Baden-Baden 1997

Götz, Roland, Reform der öffentlichen Wirtschaft in Russland, in: Osteuropa-Wirtschaft, 3/2003, S. 214 ff.

Grišaev, S. / *Èrdelevskij*, A., Kommentar zum Zivilgesetzbuch der RF, Teil 1 (russ.), Konsultant Plus

Gromyko, I. / *Zusman*, E., Investitionsfonds: neue Möglichkeiten für die Regionen (russ.), in: Korporativnyj ûrist, 10/2008, Anhang, S. 6

Gul'neva, V., Einige Fragen der rechtlichen Regelung der Garantien des ausländischen Investors im Rahmen von Konzessionsvereinbarungen (russ.), Konsultant Plus

Gutbrod, Max / *Plagemann*, Florian, Zur Typisierung von Verträgen im russischen und deutschen Zivilrecht, in: WiRO 2008, S. 33 ff.

Hardina, Û., Staatlich-private Partnerschaft in der russischen Transformationsgesellschaft (russ.), Diss., Moskau 2007

Harms, Jens, Organisations-PPP: Kontrolle, Controlling und Governance, in: *Budäus*, Dietrich (Hrsg.), Kooperationsformen zwischen Staat und Markt, Baden-Baden 2006

Hart, Thomas / *Welzel*, Carolin / *Gerstlberger*, Wolfgang / *Sack*, Detlef, Public Private Partnership und E-Government, Eine Publikation aus der Reihe PPP für die Praxis, Gütersloh 2003, abrufbar unter:

http://kommforum.difu.de/upload/files/beitraege_aufsaetze/280/Hart_PPP_Bertelsmann.pdf

Harter, Stefanie, Reformen des öffentlichen Sektors in Russland im Jahre 2004, in: Russland-Analysen, 36/04, S. 2 ff.

Hataeva, M. / *Cirin*, A., Gesetzgebung zu staatlich-privaten Partnerschaften in der RF: Probleme, Tendenzen, Perspektiven (russ.), in: Žurnal rossijskogo prava, 10/2008, S. 156 ff.

Hausmann, Friedrich / *Bultmann*, Peter, PPP im Hochbau, Vergaberechtsleitfaden, Berlin 2007, abrufbar unter: http://www.bmvbs.de/cae/servlet/contentblob/32254/publicationFile/10419/ppp-im-hochbau-vergaberechts-leitfaden.pdf

Heinz, Werner (Hrsg.), Public Private Partnership – ein neuer Weg zur Stadtentwicklung, Stuttgart 1993

Herdegen, Matthias, Rechtsprobleme des internationalen Konzessionswesens, in: *Baur, Jürgen F.* / *Hobe*, Stephan (Hrsg.), Rechtsprobleme von Auslandsinvestitionen: *Konzessionen, Vertragsanpassung, Vergabeverfahren, Baden-Baden* 2003, S. 13 ff.

Heudorf, Frank, Erfolgsfaktoren für die Konzeption, Ausschreibung und Vergabe von PPP-Projekten im kommunalen Hochbau, in: Schriftenreihe Bauwirtschaft, Institut für Bauwirtschaft an der Universität Kassel, Kassel 2006

Heuer, Ernst, Leasing als Instrument modernen Finanzmanagements, in: VM 1995, 205 ff

Hodge, Graeme / *Greve*, Carsten (Hrsg.), The Challenge of Public Private Partnership – Learning from International Experience, Cheltenham – Northhampton 2005

Hoffmann-Riem, Wolfgang / *Schmidt-Aßmann*, Eberhard (Hrsg.), Verwaltungsverfahren und Verwaltungsverfahrensgesetz, Baden-Baden 2002

Hoffmann-Riem, Wolfgang / *Schmidt-Aßmann*, Eberhard / *Voßkuhle*, Andreas, Grundlagen des Verwaltungsrechts. Gesamtwerk in 3 Bänden, Band I: Methoden, Maßstäbe, Aufgaben, Organisation, München 2006

Höftmann, Björn, Public Private Partnership als Instrument der kooperativen und sektorübergreifenden Leistungsbereitstellung, Lütjensee 2001

Hoppe, Werner / *Uechtritz*, Michael (Hrsg.), Handbuch Kommunale Unternehmen, Köln 2004

Hufen, Friedhelm, Verwaltungsprozessrecht, 8. Auflage 2011

Hüfner, Peter, PPP-Markt gewinnt an Dynamik, in: Die Bank, 5/2007, S. 24 ff.

Ignatûk, N., Russische Gesetzgebung zur staatlich-private Partnerschaft, Institut für Gesetzgebung und Rechtsvergleichung bei der Regierung der RF (russ.), Moskau 2008

Ignatûk, N., Staatlich-private Partnerschaft in Russland (russ.), in: Pravo i èkonomika, 8/2006, S. 5 ff.

IMÈMO RAN, Staat und Business: institutionelle Aspekte (russ.), Moskau 2006

Ingenstau, Heinz / *Korbion*, Hermann, VOB Teile A und B. Kommentar, 17. Auflage 2009, Köln

Inšakova, E., Konzessionen in der GUS: historische und theoretische Entstehungsgrundlagen (russ.), Volgograd 2001

Iskrenko, D., Entwicklung der Konzessionsbeziehungen im Infrastrukturbereich der russischen Wirtschaft (russ.), Diss., Volgograd 2007

Ivanov, S. / *Lifšic*, Z., Verwaltung der Kommunalinfrastruktur: Erfahrungen des Auslands und Anwendungsmöglichkeiten unter russischen Bedingungen (russ.), Konsultant Plus

Jacob, Dieter, Freiberger Handbuch zum Baurecht, 2. Auflage, Bonn 2003

Jaeger, Wolfgang, Public Private Partnership und Vergaberecht, in: NZBau 2001, 6 ff.

Jahndorf, Christian, Alternative Finanzierungsformen des Staates, in: NVwZ 2001, 620 ff.

Kabaškin, V. / *Kabaškin*, A., Entstehung und Entwicklung der Partnerschaftsbeziehungen des Staates mit den Unternehmensstrukturen in der Russischen Föderation (russ.), Vladikavkaz 2006

Kabaškin, V. / *Levčenko*, A. / *Sidorov*, V., Entwicklung der staatlich-privaten Partnerschften in den Regionen der RF (russ.), Belgorod 2008

Kämmerer, Jörn-Axel, Privatisierung. Typologie – Determinanten – Rechtspraxis – Folgen, Tübingen 2001

Kapoguzov, Evgeny, Verwaltungsreform in Russland – Grundprämissen, Besonderheiten, Zwischenbilanz, in: DÖV 2008, 810 ff.

Karasev, M., Deklarierung zweckgebundener Ausgaben als effektiver finanzrechtlicher GČP-Mechanismus in der RF (russ.), in: Nalogovyj vestnik, 3/2008, Garant

Karass, A., Konzessionen im sowjetischen Recht (russ.), in: Sovetskoe pravo, 6-8/1923, S. 112

Karp, M., Finanzprobleme beim Abschluss der Konzessionsverträge (russ.), in: Zakon i pravo, 1/2004, S. 19

Kaufmann, Franz-Xaver, Diskurse über Staatsaufgaben, Gastvortrag am Max-Planck-Institut für Gesellschaftsforschung 91/5 vom 18. April 1991

Kesler, A., Wirtschaftliche Grundlagen der staatlich-privaten Partnerschaft (russ.), Moskau 2007

Kesting, Andreas / *Siems*, Thomas, Ausschreibungspflicht für staatliche Kooperationen?, in: DVBl 2005, S. 477 ff.

Kettler, Stefan Hans, Eigentumsvorbehalt und Sicherungsübereignung an beweglichen Sachen im Recht der Russischen Föderation (Diss.), Osnabrück 2008

Kim, W., Staat als Subjekt des Eigentumsrechts (russ.), Diss., Ekaterinenburg 2005

Kirchhof, Ferdinand, Haushaltssanierung durch „sale and lease back" von Verwaltungsgebäuden?, in: DÖV 1999, S. 242 ff.

Kirchhof, Gregor, Rechtsfolgen der Privatisierung, in: AöR 2007, 215 ff.

Kitanina, E., Konzessionsvereinbarungen nach russischem Recht: Theorie und Praxis (russ.), Konsultant

Klišas, A. (Hrsg.), Staatsarchiv der RF, Reihe Die vaterländischen Erfahrungen mit Konzessionen (russ.), Band III, Moskau 2005

Klûkin, B., Über die Entwicklung vertraglicher Grundlagen zur Nutzung des Erdinneren (russ.), in: Gosudarstvo i pravo, 9/2004, S. 50 ff.

Knaul, A. / *Klaus*, U., Russisches Gesetz über Sonderwirtschaftszonen, in: WiRO 2007, Heft 3, S. 70 ff.

Kommission der Europäischen Gemeinschaft, EU-Guidelines for Successful Public-Private Partnership, Brüssel 2003, abrufbar unter: http://ec. europa.eu/regional_policy/sources/docgener/guides/ppp_en.pdf

Kommunalkredit Public Consulting, Finanzierung der öffentlichen Infrastruktur in Russland, Wien 2006, abrufbar unter: http://www.publicconsulting.at/uploads/ruland_finanzierung_ffentlicher_infrastruktur_2006.pdf

Kondrat'ev, V., Korporative Verwaltung und der Investitionsprozess (russ.), Moskau 2003

König, Klaus, Öffentliches Management und Governance als Verwaltungskonzepte, in: DÖV 2001, 617 ff.

Konoplânik, A. / *Subbotin*, M., Staat und Investor: über die Kunst des Einigwerdens (die Konzessionsgesetzgebung in Russland), Band 1: Theorie und Praxis des Abschlusses von Konzessions- und anderen Verträgen (russ.), Moskau 1996

Konoplânik, A. / *Subbotin*, M., Staat und Investor: über die Kunst des Einigwerdens, Band 2: Die Geschichte der Schaffung des Gesetzes über SRP (russ.), Moskau 1996

Kooiman, Jan (Hrsg.), Modern Governance – New Government-Society Interactions, London 1993

Kopp, F. O. / *Ramsauer*, U., Verwaltungsverfahrensgesetz: VwVfG, 9. Auflage, München 2005

Korobejnikov, A., Über die unaufschiebbare Notwendigkeit von Konzessionen in Russland (russ.), in: Rynok cennyh bumag, 11/ 2005, S. 44 ff.

Korogod, S., Stellungnahme zum Gesetz über Konzessionsvereinbarungen, vorgestellt auf der Sitzung der Projektgruppe der Staatsduma am 6. April 2005 (russ.), Moskau 2005

Kotov, V., Fragen der Gestaltung staatlicher (munizipaler) Konzessionen und ihrer wirtschaftlichen Sicherheit (russ.), in: Èkonomika stroitel'stva, 4/2001, S. 29 ff.

Kotov, V., Staatliche und munizipale Konzessionen im System der Eigentumsverhältnisse (russ.), in: Èkonomika stroitel'stva, 9/2004, S. 33 ff.

Krohn, Wolfram, „Aus" für In-house-Vergaben an gemischtwirtschaftliche Unternehmen, in: NZBau 2005, 92 ff.

Kroll, Michael (Hrsg.), Leasing-Handbuch für die öffentliche Hand, 11. Auflage, Lichtenfels 2010

Krüßmann, T., Finanz-Industrie-Gruppen in der Russischen Föderation, in: WiRO 12/1996, 447 ff.

Kukla, M., Vertragsschluss im Wege einer Ausschreibung (russ.), Konsultant Plus

Kunkel, Carsten / *Weigelt*, Alexander, Anwendbarkeit des Rechts der Allgemeinen Geschäftsbedingungen auf Öffentlich-Private Partnerschaften (PPP), in: NJW 2007, 2433 ff.

Kurbanov, R., Rechtliche Regulierung ausländischer Investitionen in die Erdöl- und Erdgasindustrie (russ.), Moskau 2005

Kurys', A. / *Tišenko*, S., Konzession und Konzessionsrecht in Zeiten der neuen Wirtschaftspolitik (1920-30er Jahre) (russ.), in: Žurnal rossijskogo prava, 10/2003, S. 15 ff.

Kus, Alexander, Die richtige Verfahrensart bei PPP-Modellen, insbesondere Verhandlungsverfahren und Wettbewerblicher Dialog, in: VergabeR 2006, 851 ff.

Kuz'minov, Â., Staatlich-private Partnerschaft: auf dem Weg zur Intensität (russ.), Konferenz 21.-22. Oktober 2008, abrufbar unter: http://www.hse. ru/news/recent/4016069.html

Kuznezova, E. / *Zareckaâ*, D., Staatlich-private Partnerschaft bei der Umsetzung der Innovationsstrategie: neue Möglichkeiten zur Zusammenarbeit des Business mit dem Staat (russ.), in: *Sil'vestrov*, S., Staatlich-private Partnerschaft auf dem Investitionssektor Energie (die Vortragsthesen) (russ.), abrufbar unter: http://www.koism.rags.ru/science/actions/ silv2. php, S. 214.

Lange, K., Abgrenzung des öffentlich-rechtlichen vom privatrechtlichen Vertrag, in: NVwZ, 313 ff.

Larin, S., Staatlich-private Partnerschaft: Erfahrungen aus dem Ausland und die russische Realität (russ.), in: *Sil'vestrov*, S., Staatlich-private Partnerschaft auf dem Investitionssektor Energie (die Vortragsthesen) (russ.), abrufbar unter: http://www.koism.rags.ru/science/actions/ silv2.php, S. 53

Laskovyj, W., Investitionsvertrag im Bauwesen als selbstständiger Vertragstypus in der RF (russ.), in: Pravo i politika, 5/2006

Lebedeva, M., Anwendungsschwierigkeiten des Gesetzes über Konzessionsvereinbarungen im Bereich der Flughäfen in der RF (russ.), Konsultant Plus

Leenen, M. / *Döing*, M. / *Wille*, N., Markt- und Investitionsvolumina in der Bahntechnik in Mittel- und Osteuropa, Studie der Vossloch-AG, Köln 2004

Leinemann, Ralf, Die Vergabe öffentlicher Aufträge, Köln 2007

Lenčuk, E. / *Vlasin*, G., Schaffung der Institute der Innovationsentwicklung in Russland (russ.), in: *Sil'vestrov*, S., Staatlich-private Partnerschaft auf dem Investitionssektor Energie (die Vortragsthesen) (russ.), abrufbar unter: http://www.koism.rags.ru/science/actions/silv2.php, S. 29

Lenin, Vladimir I., Gesammelte Werke, Band 43, abrufbar unter: http://vilenin.eu/

Leont'ev, S., Kommentar zum föderalen Gesetz über Konzessionsvereinbarungen vom 21. Juli 2005, Nr. 115-FZ (russ.), Moskau 2009, Konsultant Plus

Levickaâ, E., Pacht und Konzession als Formen staatlich-privater Partnerschaft bei der Verwaltung kommunalen Eigentums munizipaler Einheiten (russ.), Konsultant Plus

Levickaâ, E., Pacht- und Konzessionsverträge: Fragen der Abänderung und Beendigung (russ.), in: Zakon 11/2007, S. 221 ff.

Levitin, I. / *Majboroda*, V. / *Stepanov*, V., Theoretische Aspekte partnerschaftlicher Beziehungen in der Übergangswirtschaft. Eine Einführung in die Theorie von GČP (russ.), Moskau 2008

Löffler, Elke, Governance – die neue Generation von Staats- und Verwaltungsmodernisierung, in: VM 2001, S. 212 ff.

Loster, Thomas, Ungehobene Schätze, in: Entwicklung und Zusammenarbeit, 10/2006, S. 362 ff.

Lüdemann, Jörn, Die öffentliche Hand als Leasingnehmer, Köln 2003

Lysihina, O., Konzessionsvereinbarung als eine Form der staatlich-privaten Partnerschaft im Transportwesen (russ.), Konsultant Plus

Mad'ârova, A., Kompetenzen der kommunalen Selbstverwaltungsorgane im Bereich der Verkehrsstraßen (russ.), Konsultant Plus

Mahortov, E., Gosudarstvenno-častnoe partnërstvo als eine Form der Beziehungen zwischen Staat und Business (russ.), abrufbar unter: http://www.lobbying.ru/content/sections/articleid_2359_linkid_16.html

Makarov, Ivan, Entwicklung der staatlich-privaten Partnerschaft in Monopolinfrastrukturunternehmen (russ.), Diss., Tambov 2006

Mankulova, Ž., Alternative Finanzierungsquellen für Infrastrukturprojekte (russ.), in: Korporativnyj ûrist, 10/2008, Anhang, S. 24 ff.

Markov, S., Gebaut im öffentlichen Auftrag. Ist Immobilienerwerb im Rahmen der Konzessionsvereinbarung möglich? (russ.), in: Ûrist kompanii, 11/2008, abrufbar unter: http://www.lawyercom.ru/reader.htm?id=694

Martusevič, R., ÖPP in der Kommunalwirtschaft (russ.), Institut der Stadtwirtschaft USAID, Moskau 2006

Matveev, D., GČP. Ausländische und russische Erfahrungen (russ.), St. Petersburg 2007

Maurer, Hartmut, Allgemeines Verwaltungsrecht, 18. Auflage, München 2011

Mazurok, V., Einige Aspekte der Teilnahme öffentlicher Organisationen an Konzessionsvereinbarungen (russ.), in: Zakon, 2/2007, S. 46 ff.

Medvedev, R., Čubajs und der Voucher. Aus der Geschichte der russischen Privatisierung (russ.), Moskau 1997

Mehde, Veith, Ausübung von Staatsgewalt und Public Private Partnership, in: VerwArch 2000, S. 540 ff.

Meyer-Hoffmann, Bettina / *Riemenschneider*, Frank / *Weihrauch*, Oliver (Hrsg.), Public Private Partnership, 2. Auflage, Köln 2007

Miheev, V. / *Miheev*, A., Soziale Partnerschaft: Theorie, Politik, Praxis (russ.), Moskau 2003

Miheev, V., Staatlich-private Partnerschaft bei der Realisierung prioritärer nationaler Projekte (russ.), Moskau 2006

Miheev, V., Staatlich-private Partnerschaft: Politik und Realisierungsmechanismen (russ.), in: Problemy formirovaniâ gosudarstvennoj politikiv Rossii, Moskau 2006

Minina, E., Probleme der Gesetzgebung über die Reservierung der Grundstücke für staatliche und munizipale Zwecke (russ.), in: Žurnal rossijskogo prava, 8/2008, S. 78 ff.

Minskova, M. / *Revsina*, O., GČP in Russland: rechtliche Regelung heute, Perspektiven für morgen (russ.), in: Korporativnyj ûrist, 2008 Nr. 10, S. 16

Mintrans, Analytische Unterlagen „Über die Arbeit des Föderalen Verkehrsstraßendienstes zur Entwicklung des Straßennetzes in der RF" (russ.), veröffentlicht am 13. Februar 2008

Mironova, L., Zivilrechtliche Verträge im Bereich der Naturressourcen (russ.), Diss., Kazan 2004

Mišenko, V., Entstehung von Marktmechanismen professioneller Verwaltung von Wohnimmobilien, in: Reforma ŽKH, 3/2004, S. 12 ff.

Motzke, Gerd / *Pietzcker*, Jost / *Prieß*, Hans-Joachim, Beck'scher VOB-Kommentar, Verdingungsordnung für Bauleistungen Teil A, München 2001

Mühlenkamp, Holger, Public Private Partnership aus der Sich der Transaktionskostenökonomik und der Neuen Politischen Ökonomie, in: *Budäus*, Dietrich (Hrsg.), Kooperationsformen zwischen Staat und Markt, Baden-Baden 2006, S. 29 ff.

Mühlenkamp, Holger, Public Private Partnership ökonomisch analysiert. Eine Abhandlung aus der Sicht der Transaktionskostenökonomik und der Neuen Politischen Ökonomie, Speyerer Arbeitsheft Nr. 166, 2004, S. 10 ff.

Müller, Hermann / *Veil*, Winfried, Wettbewerblicher Dialog und Verhandlungsverfahren im Vergleich, in: VergabeR 2007, 298 ff.

Müller-Wrede, Malte, Vergabe- und Vertragsordnung für Leistungen - VOL/A: Kommentar, 3. Auflage, Köln 2010

Nalëtov, K., Noch einmal zur Rechtsnatur der Konzessionsvereinbarung im Bereich der Nutzung des Erdinneren (russ.), in: Zakonodatel'stvo i èkonomika, 10/2005, S. 24 ff.

Naryškin, S. / *Habrieva*, T. (Hrsg.), Verwaltungsreform in Russland. Wissenschaftlich-praktische Anleitung (russ.), Moskau 2006, Kap. 4, Garant

Naumenkov, N., Kommentar zum föderalen Gesetz vom 8. November 2007, Nr. 257-FZ über Verkehrsstraßen und Verkehrsstraßentätigkeit in der RF (russ.), Konsultant Plus

Nabiullina, Elvira, Business Guide Deutschland Russland, 9. Edition, Potsdam 2011, S. 16 ff.

Nikolaenkova, I., Wasserversorgung und Abwasserentsorgung: die Suche nach Wegen einer Neugestaltung (russ.), in: *Lahno*, P. (Hrsg.), Unternehmensrecht in der Marktwirtschaft: ein Lehrbuch, Moskau 2004, S. 78 ff.

Nikolaev, A., / *Bočkov*, S., Staatlich-private Partnerschaft in der RF: wirtschaftlicher Inhalt und rechtliche Grundlage (russ.), in: Nedvižimost' i investicii, 1-2/2007

Noch, Rainer, Vergaberecht Kompakt, 4. Auflage, Köln 2008

Nötzold, Jürgen / *Beitel*, Werner, Deutsch-sowjetische Wirtschaftsbeziehungen in der Zeit der Weimarer Republik, Baden-Baden 1979

Novikov, A., Erdöl- und Erdgasvorhaben am Kontinentalschelf: Konzessionsmechanismen und die investitionelle Wettbewerbsfähigkeit (russ.), Moskau 2006

Novikov, S., Investitionsvertrag und die Mehrwertsteuer (russ.), in: Hozâjstvo i pravo, 9/2004, S. 101 ff.

Nussbaum, A., Anmerkung zum Schiedsspruch vom 2. September 1930, Lena Goldfields Company Limited v. Government of the Socialist Soviet Republics, in: Cornell Law Quarterly 36 (1950), S. 31 ff.

Nußberger, Angelika (Hrsg.), Einführung in das russische Recht, München 2010

Ognev, V. / *Popov*, A., Konzessionsvertrag im Zivilrecht (russ.), Moskau 2007

Oppen, Maria / *Sack*, Detlef / *Wegener*, Alexander, Innovationsinseln inkorporatistischen Engagements, Discussion Paper SP III 2003-117 des Wissenschaftszentrums Berlin für Sozialforschung 2003

Orlova, E. / *Zarânkina*, O., Ausländische Investitionen in Russland (russ.), Moskau 2009

Osadčaâ, I. / *Osadčij*, N., Entstehung großer Businessstrukturen in Russland und deren Zusammenwirkung mit dem Staat (russ.), in: Nauka i žizn, 2/2007

Osadčaâ, Û., Konzessionsvereinbarungen im Transportsektor (russ.), in: Korporativnyj ûrist, 3/2005, S. 10 ff.

Ossenbühl, Fritz, Die Erfüllung von Verwaltungsaufgaben durch Private, Veröffentlichungen deutscher Staatsrechtler, Heft 29, S. 145 ff.

Oster, Rudolf, Wirtschaftliche Betätigung: Privatisierung – Rechtsformen, Gemeinde und Staat, Beilage 9/2000 zu Heft 6/2000

Patokov, V., Staatlich-private Partnerschaft: Entwicklungsperspektiven und rechtliche Umsetzung (russ.), Garant

Peters, Hans, Öffentliche und staatliche Aufgaben, in: Festschrift für Hans Carl Nipperdey, Band II, München, Berlin 1965, S. 877 ff.

Pfnür, Andreas / *Eberhardt*, Tim, Allokation und Bewertung von Risiken in immobilienwirtschaftlichen Public Private Partnerships, in: *Budäus*,

Dietrich (Hrsg.), Kooperationsformen zwischen Staat und Markt, Baden-Baden 2006, S. 159 ff.

Platonova, N., Gesetzliche Regulierung ausländischer Investitionen in die russische Wirtschaft (russ.), in: Graždanin i pravo, 6/200, S. 45 ff.

Plehanova, V., Der Staat sucht Geschäftspartner (russ.), Konsultant Plus

Podberezkin, A. / *Strelâev*, S. / *Hohlov*, O. / *Âstrebov*, Â., Geheimnisse der russischen Privatisierung (russ.), Moskau 2004

Polâkova, I., Staatlich-private Partnerschaft – der Umsetzungsmechanismus für FZP (russ.), in: Èkonomika, 30/2008

Popondopulo, V., Konzessionsvereinabrung – die rechtliche Form der staatlich-privaten Partnerschaft (russ.), in: Provovedenie, 6/2007

Popov, A., Konzessionsvereinbarungen (zivilrechtlicher Aspekt) (russ.), Diss., Moskau 2007

Popova, E., Umsetzungsmechanismen zum Gesetz über Konzessionsvereinbarungen (russ.), in: Nedvižimost' i investicii. Pravovoe regulierovanie, 6/2006

Prieß, Hans-Joachim, Handbuch des Europäischen Vergaberechts, 3. Auflage, Köln 2005

Proll, Uwe R. / *Drey*, Franz, Die 20 Besten: PPP-Beispiele aus Deutschland. Konzeption und Umsetzung von Public Private Partnership-Projekten anhand praktischer Beispiele, Köln 2006

Pünder, Hermann / *Franzius*, Ingo, Auftragsvergabe im wettbewerblichen Dialog, in: ZfBR 2006, 20 ff.

Puseizer, Eugen, Politisches Risiko Russlands: Beurteilung ausgewählter Risiken, Wien 1994, abrufbar unter: http://www.wu.ac.at/fowi/publika/arbeitspapiere/rus/ap017

Püttner, Günter, Chancen und Risiken von PPP aus juristischer Sicht, in: *Budäus*, Dietrich (Hrsg.), Kooperationsformen zwischen Staat und Markt, Baden-Baden 2006

RAN, Institut für internationale wirtschaftliche und politische Forschung, Regime der Konzessionen als einer Form direkter privater Investitionen in die Volkswirtschaften zentral- und osteuropäischer Länder (russ.), Moskau 1999

Reichard, Christoph, Organisations-PPP – Typologie und praktische Ausprägungen, in: *Budäus*, Dietrich (Hrsg.), Kooperationsformen zwischen Staat und Markt, Baden-Baden 2006

Reicherzer, Max, Die gesetzliche Verankerung der Public Private Partnerships – Überlegungen zur Novellierung der §§ 54 ff. VwVfG, in: DÖV 2005, 603 ff.

Reidt, Olaf / *Stickler*, Thomas / *Glahs*, Heike, Vergaberecht: Kommentar, 2. Auflage, Köln 2003

Reuter, Alexander, PPP-Finanzierung unter Haushalts-, Gebühren-, Preis- und Beihilferecht: Zielkonflikte und Lösungsansätze, in: NVwZ 2005, S. 1246 ff.

Roentgen, Frederik, Public-Private Partnership: eine effizienzorientierte Analyse kommunaler Aufgabenerfüllung unter Einbeziehung erwerbswirtschaftlicher Unternehmungen, Aachen 2001

Roggemann, Herwig / *Lowitzsch*, Jens, Privatisierungsinstitutionen in Mittel- und Osteuropa, Berlin 2002

Roggencamp, Sybille, Public Private Partnership – Entstehung und Funktionsweise kooperativer Arrangements zwischen öffentlichem Sektor und Privatwirtschaft, Frankfurt am Main u.a. 1999

Romanenko, N. / *Srangov*, A., Staatlich-private Partnerschaft in der Finanzierung der Berufsbildung (russ.), Volgograd 2007

Rügemer, Werner, „Heuschrecken" im öffentlichen Raum. Public Private Partnership. Anatomie eines globalen Finanzinstruments, Bielefeld 2008

Rügemer, Werner, Maut und Mehr. Toll Collect oder der Ausverkauf der Politik, in: Blätter für deutsche und internationale Politik, 04/2004, S. 415 ff.

Rügemer, Werner, Privatisierung in Deutschland. Eine Bilanz. Von der Treuhand zu Public Private Partnership, Münster 2006

Rusinova, A., Laufzeit der Konzessionsvereinbarung: die Bedeutung und die Bestimmungsmethoden (russ.), Konsultant Plus

Rusinova, A., Verfahren und Grundsätze für die Auswahl des Konzessionärs: die europäischen Erfahrungen und das russische Gesetz (russ.), Konsultant Plus

Russische Gesellschaft für Erdgas, Kommentar zum föderalen Gesetz vom 21. Juli 2005, Nr. 115-FZ „Über Konzessionsvereinbarungen" (russ.), abrufbar unter: http://council.gov.ru/files/journalsf/item/200704 20104853.pdf

Sack, Detlef, Eine Bestandsaufnahme der Verbreitung, Regelungen und Kooperationspfade vertraglicher PPP in Deutschland – effizient, Kooperation und relationaler Vertrag, in: *Budäus*, Dietrich (Hrsg.), Kooperationsformen zwischen Staat und Markt, Baden-Baden 2006

Šadrina, T., Rechtliche Regelung ausländischer Investitionen in der Russischen Föderation (russ.), Diss., Moskau 2003

Saenko, A., Gesetzgebung der RF über Konzessionsverträge mit ausländischen Investoren (russ.), Diss., Moskau 2004

Safarov, G., Staatliche Regulierung natürlicher Monopole (russ.), St. Petersburg 2005

Šamarova, N. / *Barsukova*, N. (Hrsg.), Staatlich-private Partnerschaft im Bereich Wissenschaft und Bildung – die Grundlage der Zusammenarbeit der Regionen und des Business (russ.), Tver 2006

Šamhalov, F., Staat und Wirtschaft. Macht und Business (russ.), 2. Auflage, Moskau 2005

Šaringer, L., Das neue Modell der Investitionspartnerschaft des Staates mit dem privaten Sektor (russ.), in: Mir peremen, 2/2004, S. 13 ff.

Savinova, O., Rechtsgarantien der Konzessionäre (russ.), Konsultant Plus

Savinova, O., Vertragliche Regelung der Konzessionsbeziehungen nach dem Recht der RF (russ.), Diss., Kasan 2006

Schlette, Volker, Verwaltung als Vertragspartner, Empirie und Dogmatik verwaltungsrechtlicher Vereinbarungen zwischen Behörde und Bürger, Tübingen 2007

Schoch, Friedrich, Privatisierung von Verwaltungsaufgaben, in: DVwBl 1994, 962 ff.

Schröder, Holger, Die vergaberechtliche Problematik der interkommunalen Zusammenarbeit am Beispiel der Bildung von Zweckverbänden, in: NVwZ 2005, 25 ff.

Schröder, Holger, Voraussetzungen, Strukturen und Verfahrensabläufe des Wettbewerblichen Dialogs in der Vergabepraxis, in: NZBau 2007, S. 216 ff.

Schulz-Nieswandt, Frank, Public-Private-Partnership im Sozialsektor, in: Sozialer Fortschritt, 56/2007, S. 51 ff.

Schulze-Fielitz, Helmuth, Grundmodelle der Aufgabenwahrnehmung, in: *Hoffmann-Riem/Schmidt-Aßmann/Voßkuhle*, Grundlagen des Verwaltungsrechts Bd. 1, 2006

Schulze-Fielitz, Helmuth, Staatsaufgabenentwicklung und Verfassung, in: *Grimm*, Dieter, Wachsende Staatsaufgaben – sinkende Steuerungsfähigkeit des Rechts, Baden-Baden 1990, S. 9 ff.

Schuppert, Gunnar Folke (Hrsg.), Governance-Forschung, Vergewisserung über Stand und Entwicklungslinien, Baden-Baden 2005

Schuppert, Gunnar Folke, Grundzüge eines zu entwickelnden Verwaltungskooperationsrechts. Regelungsbedarf und Handlungsoptionen eines Rechtsrahmens für Public Private Partnership, abrufbar unter: http://www.verwaltunginnovtiv.de/cln_110/nn_684674/SharedDocs/Publikationen/Bestellservice/zweites__gutachten__verwaltungskooperationsrecht,templateId=raw,property=publicationFile.pdf/zweites_gutachten_verwaltungskooperationsrecht.pdf

Schweitzer, Michael, Staatsrecht III – Staatsrecht, Völkerrecht, Europarecht, 8. Auflage, Heidelberg 2004

Sedjari, Ali, Public-private Partnerships as a tool for modernizing public administration, in: International Review of Administrative Sciences 70 (2004), S. 291 ff.

Selin, M., Konzession als Verwaltungsform in der Forstwirtschaft (russ.), Diss., Krasnojarsk 2004

Selivestrov, S., Konzessionsvereinbarungen in Russland: Anwendungsperspektiven im Bereich des Rohrleitungstransports (russ.), in: Moskovskij žurnal meždunarodnogo prava, Sonderausgabe: Energiewirtschaft und Recht 2006, S. 71

Selmer, Peter / *Kirchhof,* Ferdinand / *Burmeister,* Joachim / *Krebs,* Walter, Grundsätze der Finanzverfassung des vereinten Deutschlands. Verträge und Absprachen zwischen der Verwaltung und Privaten, Bayreuth 1992

Semënova, E., Partnerschaft von Staat und Business im Interesse der Innovationsentwicklung in den Staaten der OECD (russ.), Moskau 2007

Sergeev, A. / *Tolstoj,* Û. (Hrsg.), Zivilrecht: ein Lehrbuch, Teil 1 (russ.), 3. Auflage, Moskau 1998

Siebel, Ulf R. / *Röver,* Hendrik / *Knütel,* Christian, Rechtshandbuch Projektfinanzierung und PPP, 2. Auflage, Köln 2008

Sil'vestrov, S., Staatlich-private Partnerschaft auf dem Investitionssektor Energie (die Vortragsthesen) (russ.), abrufbar unter: http://www.koism.rags.ru/science/actions/silv2.php

Sinâkova, A., Konzessionsvereinbarungen: Investitionsbeschaffung für die Regionen mit Hilfe der staatlich-privaten Partnerschaft (russ.), in: Regional'naâ politika: teoriâ i praktika, 10/2007, S. 59 ff.

Šiškin, S., Staatliche Regulierung der Wirtschaft: unternehmensrechtlicher Aspekt (russ.), Moskau 2007

Skyner, L., A Viable Framework for Private Investment in the Utility Sector: An Analysis of the 2005 RF Law on Concession Agreements, in: Review of Central and East European Law, 31 (2006), S. 155 ff.

Smirnov, E., Aktuelle Probleme der wirtschaftlichen Verwaltung einer Region: Materialien der IV. Gesamtrussischen wissenschaftlich-praktischen Konferenz vom 20. April 2007 (russ.), St. Petersburg 2007

Smirnov, W. I., Kommentar zum föderalen Gesetz über die Auftragsvergabe zur Lieferung von Waren, Ausführung von Arbeiten und Erbringung von Leistungen für staatlichen und munizipalen Bedarf (russ.), Moskau 2006, abrufbar unter: http://www.macroeconomics.ru/komment3.pdf

Smitts, Peter / *Schwarz,* Helfried / *Sander,* Daniel, Ausgewählte Risiken und Probleme bei US-Leasingfinanzierungen, in: NVwZ 2003, 1061 ff.

Smotrickaâ, I., Innovationsfunktion der Vergabe öffentlicher Aufträge im Rahmen der gelenkten Volkswirtschaft (russ.), in: *Sil'vestrov,* S., Staatlich-private Partnerschaft auf dem Investitionssektor Energie (die Vortrags-thesen) (russ.), abrufbar unter: http://www.koism.rags.ru/ scien-ce/actions/silv2.php, S. 233

Sokol, P., Investitionsvertrag als zivilrechtliche Form des Investierens im Wohnwesen (russ.), Diss., Volgograd 2002

Sokolova, N., Die Abflugbereitschaft (russ.), in: Stroitel'stvo i gorodskoe hozâjstvo, 102/2008

Solotych, S., Bodenrechtliche Aspekte ausländischer Investitionen in der UdSSR, in: RIW 1990, 621 ff.

Sosna, S. / *Subbotin*, M., Konzessionsgesetzgebung in Russland: Entstehungs-probleme (russ.), in: Büro für wirtschaftliche Analyse, Die Politik der Beschaffung direkter ausländischer Investitionen in die russische Wirt-schaft, Moskau 2001, S. 100 ff.

Sosna, S., Kommentar zum föderalen Gesetz „Über Produktionsteilungsverein-barungen" (russ.), Moskau 1997

Sosna, S., Konzessionsvereinbarung – ein neuer Vertragstypus im russischen Recht (russ.), in: Žurnal rossijskogo prava, 2/2003, S. 109 ff.

Sosna, S., Konzessionsvereinbarungen: Theorie und Praxis (russ.), Moskau 2002

Sosna, S., Konzessionsverträge mit ausländischen Investoren: Rechtliche Rege-lung ausländischer Investitionen in Russland (russ.), Moskau 1995

Sosnova, S., Umsetzungsmöglichkeiten für PPP-Projekte im Bereich der Wohn-und Kommunalwirtschaft (russ.), in: Stroitel'stvo i gorodskoe hozâjstvo, 7/2007

Späth, Lothar / *Michels*, Günter / *Schily*, Konrad, Das PPP-Prinzip. Public Pri-vate Partnership. Die Privatwirtschaft als Sponsor öffentlicher Interes-sen, München 1998

Stelkens, Paul / *Bonk*, Heinz Joachim / *Sachs*, Michael, Verwaltungsverfahrens-gesetz, 6. Auflage, München 2001

Stober, Rolf (Hrsg.), Public-Private-Partnerships und Sicherheitspartnerschaften, Köln/Berlin/Bonn/München 2000

Stober, Rolf, Allgemeines Wirtschaftsverwaltungsrecht, 15. Auflage, München 2006

Stober, Rolf, Police-Private-Partnership aus juristischer Sicht, in: DÖV 2000, 264 ff.

Stober, Rolf, Privatisierung öffentlicher Aufgaben, Phantomdiskussion oder Ge-staltungsoption in einer verantwortungsgeteilten, offenen wirtschafts-, Sozial- und Sicherheitsverfassung?, in: NJW 2008, 2301 ff.

Storr, Stefan, Public Private Partnerships – Kommunale Kooperationen und Vergaberecht, in: LKV 2005, 521 ff.

Subbotin, M. / *Averkin*, A. / *Sosna*, S. / *Alëšin*, D., Werdegang der Konzessionsgesetzgebung in Russland (russ.), Moskau 2002, Garant

Suhanov, E. A., Bürgerliches Recht – Schuldrecht (russ.), Moskau 2006

Sulakšin, S. / *Vilisov*, M. / *Pogorelko*, M. / *Hrustalëva*, E., Konzessionen im Schienenverkehr: eine Analyse der Einsatzmöglichkeiten (russ.), Moskau 2006

Sulaškin, S. / *Vilisov*, M. / *Hrustalëva*, E., Staatlich-private Partnerschaft im Verkehrsbereich (russ.), in: Naučnyj ėkspert: Problemy pravovogo regulirovaniâ, 2/2005

Sulejmanov, S., Beteiligung der ausländischen Personen an der Privatisierung in der RF (russ.), in: Zakonodatel'stvo, 08/2003, S. 9 ff.

Surovceva, Olga, Bewertung der Effektivität der staatlich-privaten Partnerschaft in Form von vertraglichen Konzessionen im Bereich des Eisenbahnverkehrs (russ.), Diss., St. Petersburg 2005

Svistunov, N., Konzession als Aktivierungsinstrument internationaler Invesstitionsprojekte in Russland (russ.), in: Problemy teorii i praktiki upravleniâ, 3/2004, S. 79 ff.

Sysoev, A. P., Aktuelle Instrumente der Investitionsentwicklung der Regionen (russ.), Moskau 2007

Tchekoev, Soslan, Analyse der Privatisierung in der Russischen Föderation, Belin 2005

Tegner, H. / *Rehberg*, J., Öffentlich Private Partnerschaften – Lösungspotenziale für technische Infrastrukturen?, in: Bundesamt für Bauwesen und Raumordnung (Hrsg.): Informationen zur Raumentwicklung, Heft 5/2006, Bonn 2006, S. 281 ff.

Tendal', Nil, GČP braucht gute Argumente im Kampf für die Finanzierung! (russ.), in: Korporativnyj ûrist 2008, Nr. 10, S. 12

Teplov, O., Entwicklung der föderalen Gesetzgebung über das Erdinnere (russ.), in: Žurnal rossijskogo prava, 3/2003, S. 30

Tettinger, Peter, Public Private Partnership, Möglichkeiten und Grenzen – ein Sachstandbericht, in: NWVBl 2005, 1 ff.

Tiefenbacher, Ernst Georg, Einführung von Wärmecontracting in bestehende Mietverhältnisse bei bislang vermieterseitig beheizter Wohnung, in: NZM 2000, 161 ff.

Titûhin, N., Staatlich-private Partnerschaft bei der Entwicklung des russischen Logistikmarktes: die unrealistische Realität (russ.), abrufbar unter: http://www.loginfo.ru/arhiv/2006/log12_06s1_pr.php

Tolkušin, A., Kommentar zum föderalen Gesetz vom 21. Juli 2005, Nr. 115-FZ „Über Konzessionsvereinbarungen" (russ.), Konsultant Plus

Tuktarov, Û., Garantien der munizipalen Körperschaften und der Subjekte der RF (russ.), in: Zakon, 2/2007, S. 27 ff.

Ûrčenko, L., Pressedienst des Gouverneurs des Gebietes Kurgansk (russ.), abrufbar unter: http://kurganobl.ru/4252.html

Vahtinskaâ, I., Rechtsnatur der Konzessionärsrechte (russ.), Garant

Varnavskij, V., Konzessionen als Formen der Verwaltung staatlichen Eigentums (russ.), in: Problemy teorii i praktiki upravleniâ, 4/2002, S. 14 ff.

Varnavskij, V., Konzessionen in Wirtschaftsbeziehungen des Staates mit dem privaten Sektor (russ.), Diss., Moskau 2003

Varnavskij, V., Konzessionen in der Transportinfrastruktur: Theorie, Praxis, Perspektiven (russ.), Moskau 2002

Vasilenko, A., Vereinbarungen über die Teilung der Produktion in Russland (russ.), Moskau 2002

Vasûhina, A. / *Lysak*, O., Antrag beim Investitionsfonds: Schritt für Schritt (russ.), in: Korporativnyj ûrist, 10/2008, Anhang, S. 10

Velikomyslov, Û., Ausländische Investitionen. Völkerrechtliche und innerstaatliche Regulierung der Tätigkeit der Unternehmen mit ausländischen Investitionen (russ.), Moskau 2005

Vereŝagin, S., Verwaltung der Freien und Sonderwirtschaftszonen (russ.), Konsultant Plus

Vihrân, A., Entstehungsperspektiven des Konzessionsinstituts im modernen Russland (russ.), Moskau 2005

Vlasov, Sergej, Èkonomičeskaâ èffektivnost' stroitel'stva paltnyh abtomobil'nyh dorog v usloviâh gosudarstvenno-častnogo partnërstva (russ.), Diss., Voronesh 2005

Volkov, V., Jenseits der Geschichte. Warum die Gesetze nicht so funktionieren, wie sie sollen, in: Osteuropa, 10/2005, 75 ff.

Voznesenskaâ, N., / *Kormoŝ*, Û., Rechtsstatus der Lizenz zur Nutzung des Erdinneren (russ.), in: Hosâjstvo i pravo, 12/1998, S. 45

Weber, M. / *Schäfer*, M. / *Hausmann*, F. (Hrsg.), Praxishandbuch Public Private Partnership, München 2006

Weber, Martin, Die Wirtschaftlichkeitsuntersuchung bei PPP-Projekten, in: *Budäus*, Dietrich (Hrsg.), Kooperationsformen zwischen Staat und Markt, Baden-Baden 2006, S. 139 ff.

Wedde, Rainer, Russische Föderation: Bodengesetzbuch, in: WiRO 4/2002, S. 110 ff.

Weiss, Wolfgang, Privatisierung und Staatsaufgaben, Tübingen 2002

Wiegert, Ralf, Hindernisse für Wachstum und Wettbewerb: Korruption, Rent Seeking und Subventionen in Russland, in: Osteuropa-Wirtschaft, 3/2003, S. 261 ff.

Wissenschaftsrat, Empfehlungen zu Public Private Partnerships (PPP) und Privatisierungen in der univesitätsmedizinischen Krankenversorgung, Berlin 2006

Wolff, Hans J. / *Bachof*, Otto / *Stober*, Rolf / *Kluth*, Winfried, Verwaltungsrecht Band 1, 12. Auflage, München 2007, Band 2, 7. Auflage, München 2010, Band 3, 5. Auflage, München 2004

Yannaca-Small, Catherine, Indirekte Enteignungen und das Recht zur Regulation, in: *Boguslawskij/Trunk* (Hrsg.), in: Festgabe für Wolfgang Seiffert 2006, S. 71 ff.

Zagorul'ko, M., Ausländische Konzessionen in der nationalen Fischwirtschaft (1920-1930er Jahre): Unterlagen und Materialien, Reihe „Nationale Erfahrung auf dem Gebiet der Konzessionen" (russ.), Band I, Moskau 2003

Zamorenova, N., Lokale Monopole und Reformen der Wohn- und Kommunalwirtschaft: Anwendungsperspektiven für Konzessionsmechanismen (russ.), Moskau 2005

Zeiss, Christopher / *Günther*, Markus, LKW-Maut und Europarecht – Wettbewerbsverzerrung auf dem Telematikmarkt durch Toll Collect, in: EuZW 4/2004, 103 ff.

Ziekow, Jan / *Siegel*, Thorsten, Die Vergaberechtspflichtigkeit von Partnerschaften der öffentlichen Hand – Neue Entwicklungstendenzen im Bereich der In-House-Geschäfte und der In-State-Geschäfte, in: VergabeR 2005, 145 ff.

Ziekow, Jan / *Siegel*, Thorsten, Public Public Partnerships und Vergaberecht: Vergaberechtliche Sonderbehandlung der „In-State-Geschäfte"?, in: VerwArch 2005, 119 ff.

Ziekow, Jan / *Windoffer*, Alexander, Public Private Partnership. Struktur und Erfolgsbedingungen von Kooperationsarenen, Baden-Baden 2008

Ziekow, Jan, Public Private Partnership – auf dem Weg zur Formierung einer intermediären Innovationsebene?, in: VerwArch 2006, 626 ff.

Ziekow, Verankerung verwaltungsrechtlicher Kooperationsverhältnisse (Public Private Partnership) im Verwaltungsverfahrensgesetz, 2001, abrufbar unter: http://www.staat-modern.de/Anlage/original_548355/Gutachten-Prof.-Dr.-Ziekow.pdf

Zinčenko, S. / *Galov*, V., Eigentum und abgeleitete dingliche Rechte: Theorie, Praxis (russ.), Rostow am Don 2003

Zinčenko, S. / *Lomidze*, O. / *Galov*, W., Konzessionsvereinbarung – eine rechtliche Form der Zusammenarbeit von Business und Staat (russ.), in: Zakon, 2/2007, S. 65 ff.

Zoloeva, Â., Konzessions- und andere Verträge mit ausländischen Investoren im Bereich der Gewinnung von Bodenschätzen (russ.), Diss., Moskau 2003

Zusman, E., Konzession als perspektivreiche Form der Privatisierung (russ.), in: Sliâniâ i poglošeniâ, 7/2008

Zverev, A. (Hrsg.), Gosudarstvenno-častnoe partnërstvo, Verbesserungswege für die Gesetzgebung (russ.), Moskau 2009, abrufbar unter: http://www.ebrd.com/country/sector/law/concess/framewk.pdf

Zvorykina, Û., Organisatorisch-ökonomischer Mechanismus der Konzessionsverwaltung in Russland (russ.), Moskau 2003

Zvorykina, Û., Staatliche und munizipale Konzessionen in Russland (russ.), Moskau 2002

Aus unserem Verlagsprogramm:

Martin Schimrick
Die unmittelbar grenzüberschreitende Forderungsvollstreckung
im internationalen und europäischen Rechtsraum
Aus dem Blickwinkel des deutschen und des französischen Rechts
Hamburg 2012 / 354 Seiten / ISBN 978-3-8300-6452-7

Caroline Brazel
Der Diebstahl nach section 1 (1) des Theft Act 1968
im Rechtsvergleich mit § 242 Abs. 1 StGB
Hamburg 2012 / 290 Seiten / ISBN 978-3-8300-6204-2

Dennis Geissler
Aktuelle Rechtsfragen zu Parteispenden in Österreich –
ein systematischer Vergleich mit Deutschland
Hamburg 2012 / 278 Seiten / ISBN 978-3-8300-6194-6

Hans-Georg Schreier
Die rechtzeitige Einleitung deutscher
und englischer Insolvenzverfahren
Eine funktionale Rechtsvergleichung
Hamburg 2012 / 276 Seiten / ISBN 978-3-8300-6176-2

Nina Höning
Das Recht am eigenen Bild und der Schutz prominenter
Persönlichkeiten im deutschen und US-amerikanischen Recht
Hamburg 2012 / 324 Seiten / ISBN 978-3-8300-6063-5

Robert Bürger
Mitteilungspflichten für Inhaber wesentlicher Beteiligungen
(§ 27a WpHG) im deutsch-US-amerikanischen Rechtsvergleich
Hamburg 2011 / 294 Seiten / ISBN 978-3-8300-6052-9

Sarah Ossenberg
Die Fernwirkung im deutsch-U.S.-amerikanischen Vergleich
Unter besonderer Berücksichtigung der Funktionen
der Beweisverwertungsverbote
Hamburg 2011 / 240 Seiten / ISBN 978-3-8300-5773-4

Constantin Frank-Fahle
Das Wahlrecht zum Deutschen Bundestag und
zum Neuseeländischen House of Representatives
Hamburg 2011 / 680 Seiten / ISBN 978-3-8300-5611-9

VERLAG DR. KOVAČ
FACHVERLAG FÜR WISSENSCHAFTLICHE LITERATUR

Postfach 57 01 42 · 22770 Hamburg · www.verlagdrkovac.de · info@verlagdrkovac.de